Helmut Brenner

Musik als Waffe?

Theorie und Praxis der politischen Musikverwendung,
dargestellt am Beispiel der Steiermark 1938–1945

Mit einem Vorwort von Wolfgang Suppan

H. Weishaupt Verlag · Graz

Folgende Institutionen haben die Forschungsarbeiten zu diesem Projekt finanziell unterstützt:
Jubiläumsfonds der Österreichischen Nationalbank,
Kulturreferat der Stadt Graz,
Amt der Burgenländischen Landesregierung.

Gedruckt mit Unterstützung des Fonds zur Förderung der wissenschaftlichen Forschung, Wien, und des Amtes der Steiermärkischen Landesregierung, Graz.

Gestaltung des Schutzumschlages nach einem Aquarell von Heinz Pacher.

Inhalt

Vorwort

„Jacobo Belbo ... erinnert darin die Stunde, als er, ein Knabe noch am Kriegsende 1945, beim feierlichen Begräbnis zweier Partisanen auf einem piemontesischen Dorffriedhof die Trompete bläst. Zwischen dem ‚Attenti‘ und dem ‚Riposo‘, dem ‚Hab Acht‘ und ‚Rührt euch‘ erfährt Jacobo einen, SEINEN Augenblick, der ihm das Gefühl gibt, allmächtig zu sein, Sonne und Gestirne festhalten zu können. Den Augenblick, ‚der Geburt und Tod rechtfertigt‘ und der nie wiederkehrt."

Über „Das Foucaultsche Pendel" von Umberto Eco.
In: Welt am Sonntag, 4. März 1990.

In der Politik seien heute noch Erkenntnisse aktuell, die im alten China, im alten Indien und im alten Griechenland gewonnen worden seien: Diese Aussage von Ernst Topitsch[1] gilt auch für den Musikgebrauch – in den alten wie in den neueren Kulturen. Von Konfuzius und Plato führt eine direkte Linie zu dem „politicum"-Heft des Bildungszentrums der ÖVP-Steiermark, das im April 1990 der Öffentlichkeit vorgelegt wurde.[2] Dazu einige beweiskräftige Zitate:

Konfuzius richtete sein Denken nach dem Geist der die Harmonie verkörpernden und bewirkenden Musik aus. Als Vorbild erkannte er die harmonische Ordnung der von den legendären Kulturbringern festgesetzten Musik. Diese – als Ausdruck des Unveränderlichen an den Gefühlen – wirke auf die Seele des Menschen, veredele sein Gemüt, schaffe das Gleichgewicht im Herzen und bändige Begierden und Leidenschaften. Nur wer so durch Musik eingestimmt sei, vermöge der wahren Erkenntnis nahezukommen. – An der Musik eines Volkes könne man erkennen, ob der Staat im Aufstieg oder im Niedergang begriffen sei: Wenn ein Geschlecht in Verwirrung ist, so wird die Sitte vergessen, und die Musik wird unmäßig. – Über die Menschen zu herrschen und sie gut zu regieren bedeute, über die Zu- und Abneigungen der Menschen zu wachen und sie durch Musik zu beeinflussen. Daher beruhe die Reform des Staates zum größten Teil auf einer Regelung der Musik.[3]

Platon ist von der ethischen Macht der Musik zutiefst überzeugt und weist ihr daher in seinem Staat wichtige Funktionen zu. Änderungen musikalischer Topoi gingen stets Hand in Hand mit tiefgreifenden politischen Veränderungen. Musik würde, so wie alle Künste, zur Mimesis gehören, daher müßte in einem vorbildlichen Staat darauf geachtet werden, daß nichts Schlechtes oder Schädliches nachgeahmt würde. Bei der Auswahl der Harmoniai seien diejenigen auszusondern, die mit Klagen, mit Weichlichkeit, mit trägem Leben und Trunksucht in Verbindung stünden. – Für die Ordnung im Staat sei die Erkenntnis wichtig, daß der *„vernünftige Seelenteil"* durch Logos und Philosophie lenkbar sei, der irrationale Seelenbereich hingegen durch Musiké, da diese die tieferen Schichten der Persönlichkeit beeinflussen und mobilisieren würde.[4]

„politicum", 10. Jg., Graz, April 1990: *„Pop und Politik":* *„Je nachdem, wie weit man den Begriff der Pop-Musik faßt, muß man auch die Auswirkungen auf die Politik betrachten ... Und dennoch wird auch dabei gesellschaftliches Bewußtsein geformt ... So entwickelte sich nach meinem Wissen der Begriff ‚popmusic‘ in den fünfziger Jahren als Protest gegen den etablierten Ungeist einer materialistisch orientierten Wiederaufbau- und Konsum-Mentalität, gegen Polizei-Gewalt, gegen die Erwachsenenwelt und ihre erstarrrenden Werte, gegen den Kalten Krieg, gegen den Vietnam-Krieg und andere Fehlentwicklungen der Nachkriegsgesellschaft. Popmusik wurde und wird bis heute als Medium für die Schwachen, für Unterdrückte, für Minderheiten eingesetzt"* (Josef *Riegler*). – *„Da unter Politik ‚Gemeinschaftsgestaltung und die Verwirklichung von Zielen und Werten innerhalb einer sozialen Gemeinschaft‘ verstanden wird, stehen Pop und Politik nicht im Widerspruch zueinander, sondern üben Wechselwirkungen aufeinander aus"* (Robert *Lichal*).[5]

Nun mag es nicht sehr „professionell" klingen, was Politiker in diesem April 1990 zum Verhältnis zwischen (Pop-)Musik und Politik zu sagen wußten. Auch ist bezeichnend, daß nicht von Musik als Kunstgegenstand gesprochen – sondern der Problemkreis sorgfältig auf Popularmusik eingeengt wurde. Sachkundige Musikologen fehlten im Kreis der Referenten. Trotzdem spiegelt sich in den Aussagen eine Entwicklung, in der die „alten Weisheiten" über Zusammenhänge zwischen Politik und Musik wieder hervorbrechen. Den entscheidenden Anstoß dazu vermittelte eine Kommission des Deutschen Musikrates, die 1972 eingerichtet wurde und sich mit dem Thema „Musik in der Planung der Städte" befaßte. Inhalt und Sprache dieses Papiers sind in der bundesdeutschen (Kultur-)Politik intensiv verarbeitet worden, so daß kein Politiker mehr ungestraft von der „unpolitischen Kunst" oder von der „international verständlichen, die Völker einenden Musik" Festreden halten konnte. Für die Kommission, der auch der Verfasser dieser Zeilen angehörte, formulierte der inzwischen verstorbene Heidelberger Philosoph Georg *Picht* das Grundkonzept:[6]

> ... *Wenn Musik ein lebensnotwendiges Element jeder Gesellschaft ist, und wenn rhythmisches Pulsieren des affektiven Bereiches jede Gestalt von gesellschaftlichem Bewußtsein konstituiert, dann wird moderne Städteplanung auch die Strukturen eines möglichen Klangraumes der von ihr gestalteten Wohn- und Lebensbereiche entwerfen müssen. Sonst läuft sie Gefahr, die Population dieser künstlichen Welt von einem Lebenselement abzuschneiden, das für die Gattung „Mensch" ebenso existenznotwendig ist wie Luft und Wasser. – Die Unwiderstehlichkeit des Bedürfnisses nach Musik erweist sich im schrankenlosen Massenkonsum der von den Medien verbreiteten Musikkonserven. – Die moderne Gesellschaft konsumiert Musik als Droge; wüßten wir über dieses ungenügend erforschte Gebiet besser Bescheid, so würden wir vermutlich erkennen, daß die Musikdroge für unsere psycho-physische Konstitution ebenso gefährlich ist wie jene Drogen, die unter die Strafgesetzgebung fallen. – Musik, die an die affektive Haltlosigkeit der Massen appelliert, ist, wie Diktatoren wissen, ein nahezu unwiderstehliches Mittel, die Kritikfähigkeit des gesellschaftlichen Bewußtseins zu zerstören. – Musik ist das empfindlichste Instrument einer Kultur.*

Eine im Jahre 1976 in Österreich begonnene Diskussion zu diesem Thema blieb an den Äußerlichkeiten damals veröffentlichter Modelle parteigebundener Kulturpolitik hängen.[7] Inzwischen ist das Thema auch hierzulande „diskussionsreif" geworden. Daß zwischen Diskothekenbesuch und Verkehrsunfällen ein Zusammenhang besteht, erscheint erwiesen: *„Totaler Sound, jäher Tod. Was die Landjugend auf ihrer nächtlichen Jagd von Disko zu Disko findet – und riskiert"*, so überschreibt Johann Skocek einen aufschlußreichen PRESSE-Bericht (31. 12. 1989/1. 1. 1990). Aber die psychische und physische Beeinflussung des Menschen durch Musik hängt nicht von der sogenannten „ästhetischen Qualität" einer Musik ab; die Heilpädagogik weiß, daß die „heilende" Wirkung mit der kulturellen Disposition des Patienten zu tun hat und nicht mit Mozart oder Bach. Opern- und Konzertreferenten finden immer häufiger politische Bezüge auch in sogenannter Ernster Musik: In der Aufführung von Händels Oper „Giustino" in der Wiener Volksoper ortet Peter Vujica *„politischen Belang: Die Großen der Welt als deren eigener Popanz"* (STANDARD, 15. 12. 1989). Die Kultfigur der musikalischen Avantgarde, John Cage, äußert in einem PRESSE-Gespräch mit Klaus Khittl: *„Ich bin grundsätzlich gegen Regierungen eingestellt; darum schreibe ich Musik, die dem Interpreten seine Freiheiten läßt"* (30. 4. 1982).[8] *„Mitsingen heißt, dem Teufel den kleinen Finger reichen"* (Konrad Lorenz),[9] Lieder eignen sich *„zur politischen Indoktrinierung"* (Irenäus Eibl-Eibesfeldt).[10]

Die Problematik bedarf der sachkundigen Aufarbeitung. Nachdem Helmut Brenner seine Arbeiten über das Arbeiterchorwesen in Österreich vorgelegt hatte, wurde er am Institut für Musikethnologie der Hochschule für Musik und darstellende Kunst in Graz mit dem Forschungsauftrag betraut, die Geschichte der „Staatlichen Hochschule für Musikerziehung" in Graz-Eggenberg von 1938/39 bis 1945 zu erhellen. Helmut Brenner hat diese landeskundlichen Forschungen eingebettet in jenes sowohl ethnomusikologisch wie zeitgeschichtlich faszinierende „Musik-Politik-Thema", das der Unterzeichnete im Rahmen seiner Anthropologie-

Vorlesungen an den Universitäten in Mainz, Göttingen und Graz sowie im Rahmen von Gastvorträgen in vielen Ländern Europas und Amerikas immer wieder aktualisiert hat. Zudem hat die deutsche Musikpädagogik ihr Interesse an einem Thema angemeldet, das für die Geschichte des Faches und seine Bindung an parteipolitische Ideologie von Wichtigkeit ist.

Die Gusle, das Musikinstrument des balkanischen Epensängers, ist eine weit gefährlichere Waffe als ein Dolch oder ein Gewehr; denn die gesungene Anklage zerstört die Identität eines Menschen, ein Ansehen in der Gemeinschaft, bedeutet Ausschluß aus dieser Gemeinschaft – und ist daher schlimmer als der Tod.

„Musik als Waffe" bedarf nur in unserer Kultur eines Fragezeichens. In den alten Hochkulturen und in Naturvolkkulturen handelt(e) es sich um eine selbstverständliche Feststellung. Wer das großartige Buch „Musik als Botschaft" von Constantin Floros liest,[11] der wird hoffen dürfen, daß Musik: *„ein kommunikatives Phänomen ‚par excellence'"* (C. Floros), stärker als bisher unter dem Aspekt kommunikativer Prozesse untersucht wird. Weil – so Hans Werner Henze – *„Musik eine öffentliche und eine politische Angelegenheit [ist, die] mit Dingen zu tun hat, die alle Menschen angehen".*[12]

Wolfgang Suppan

1. Einleitung

Wenn im Titel die Frage nach der „Waffenfähigkeit" von Musik gestellt wird, also nach der Entfernung der Kunst vom „l'art pour l'art-Standpunkt", so wird diese Formulierung mancherorts bestimmt Widerstand hervorrufen; denn, ein Kunstwerk *„als dienenden Gegenstand werkzeuglich zu handhaben, wird als Entweihung gesehen. Darin liegt geradezu ein Glaubensbekenntnis und damit – andersherum – ein Stabilisierungsfaktor bürgerlicher Musikkultur: Weil auch scheinbar unpolitische Musik ihre politischen Wirkmechanismen entfaltet."*[14] Wenn es also stimmt, was Wolfgang Suppan über die bürgerliche Musikkultur sagt, muß dies nicht nur in gleichem, sondern sogar in wesentlich stärkerem Maße auch für die nationalsozialistische Musik zutreffen.

Unter diesem Gesichtspunkt entstand, ausgehend von einer Anregung der inzwischen leider verstorbenen Ordinaria Professor Sigrid Abel-Struth an der Universität Frankfurt am Main und von Professor Wolfgang Suppan, dem Leiter des Institutes für Musikethnologie an der Hochschule für Musik und darstellende Kunst in Graz, ab Jänner 1987 ein diesbezügliches Forschungsprojekt, das die bisher beinahe völlig im dunkeln der Geschichte liegende Tätigkeit der „Staatlichen Hochschule für Musikerziehung in Graz-Eggenberg" erforschen sollte.

Allerdings erwies sich bald die Unmöglichkeit, die „Hochschule für Musikerziehung" losgelöst vom übrigen staatlich organisierten Musikleben in der Steiermark zu untersuchen, zumal die Hochschule selbst integrierter Bestandteil und oberster Baustein einer Pyramide, eines organischen Ganzen, eines dichten Netzes von Musikzentren war, welches ab 1938 in einer bisher weder in Österreich noch im „Altreich" bekannten Form über die gesamte Steiermark, über Teile des heutigen Burgenlandes und ab 1941 auch über die damals und auch heute wieder slowenische Untersteiermark gezogen wurde.

So erweiterte sich das ursprünglich kleine Forschungsvorhaben zu einem umfassenden Musik-Politik-Projekt, das anhand des konkreten Beispieles der Steiermark zwischen 1938 und 1945 die große Bandbreite der Methoden und Möglichkeiten politischer Beeinflussung durch Musik untersuchen soll.

Die Fragen nach den Zusammenhängen von Musik und Politik sind ja keinesfalls neu und lassen sich Jahrtausende zurückverfolgen. Die historischen Grenzen dieser Betrachtungen – jene der geschriebenen Sprache – sind jedoch offensichtlich nur scheinbare, denn wenn uns auch eindeutige diesbezügliche Hinweise auf einen „politischen" Musik„gebrauch" in prähistorischen Sozietäten fehlen, so läßt die Musikverwendung in verschiedenen heutigen, auf neo- oder mesolithischer Stufe stehenden Kulturen dennoch gewisse Analogieschlüsse in diese Richtung zu.[15]

In diesen Kulturen dient Musik als *„Sprache der Götter"*[16] der Kommunikation mit den Überirdischen und ist damit ein bedeutendes – vorerst magisches – Werkzeug, um bekannte oder unbekannte Kräfte zu zwingen und somit zur Bewältigung der Probleme des Alltags und zum Wohl der Gesellschaft. Die Kenntnis der richtigen Musik ist meistens bestimmten Personen – Schamanen, Zauberern, Medizinmännern – vorbehalten und bildet in deren Hand ein Wissens- und somit Machtmonopol, das bei der Herausbildung ganz spezifischer sozialer Strukturen – durchaus nicht auf den magischen Bereich beschränkt – eine Rolle spielt.[17] Damit wohnt der Musik – wenn auch größtenteils auf einer sehr impliziten Ebene – eine starke politische Funktion inne.

Diese Vorstellung, durch Musik Macht auszuüben, setzt sich in den die Schrift verwendenden Kulturen fort. Konfuzius berichtet über den Vorzeit-Herrscher Shun, daß sich dieser, um Staat, Sitte, Naturlauf und Weltordnung zu beinflussen, sich des Musikers K'ui (K'uei) bedient:

Einst wollte Shun durch die Musik die ganze Welt beinflussen. Da ließ er durch Chung Li den K'ui in der Steppe aufsuchen und vor den Thron bringen. Shun machte ihn zum Musikmeister. K'ui stimmte die sechs Röhren, harmonisierte die fünf Noten, um sie mit den acht Kräften der Diagramme in Übereinstimmung zu bringen, und die ganze Welt unterwarf sich.[18]

In weiten Bereichen der alten orientalischen Kulturen ist diese Beziehung Musik-Staat bekannt[19] und findet von da ihren Weg in die griechischen Erziehungs- und von dort weiter in die Staatslehren. Für Pythagoras hat die Musik für die Erziehung und Menschenformung große Bedeutung, und in der zweiten Hälfte des 5. vorchristlichen Jahrhunderts, zur Zeit Damons, scheint sich bereits – auch wenn die Zeugnisse darüber spärlich sind – so etwas wie eine systematische Lehre herausgebildet zu haben. Damon zufolge gehen Veränderungen der Musik stets Hand in Hand mit tiefgreifenden politischen Veränderungen[20], und Aristides Quintilianus bezieht sich ebenfalls auf Damon, wenn er über die Möglichkeiten, bei Jugendlichen bestimmte sittliche Haltungen zu erzeugen, spricht.[21] In Platons „Politeia" tritt uns erstmals eine explizit formulierte Theorie über die Möglichkeiten der Beeinflussung durch Musik – also Musikpolitik im ursprünglichsten Sinn – entgegen. Bei ihm gehört Musik wie alle Künste zur Mimesis. Demnach muß in einem vorbildlichen Staat darauf geachtet werden, daß nichts Schlechtes oder Schädliches nachgeahmt wird. Den verschiedenen Harmoniai ordnet er unterschiedliche Eigenschaften zu, und daher müßten jene, die mit Klagen und Weiblichkeit, trägem Leben oder Trunksucht in Verbindung stehen, ausgesondert werden. Übrig bleiben daher letztlich nur Dorisch als kriegerisch-männliche und Prygisch als friedliche Tonart. Ebenso trifft er eine Einteilung in erlaubte und unerlaubte Musikinstrumente aus ähnlichen Gründen, und schließlich sei auch noch auf die schichtspezifischen Kriterien zu achten, d. h., daß nicht etwa die Lieder von Freien den Rhythmus von Sklavenliedern hätten. Kern der betreffenden Theorie ist, daß der „vernünftige Seelenteil" durch Logos und Philosophie, der irrationale Bereich jedoch durch Musiké lenkbar sei, da letztere die tieferen Schichten der Persönlichkeit beeinflussen und mobilisieren könne.[22] Schon Karl Popper hat auf die Bezüge zwischen „modernen" autoritären Staaten und Platons „Politeia" hingewiesen[23], und tatsächlich vermeint man, die eben beschriebenen platonischen Modelle im NS-Staat in beinahe identischer Form wiederzufinden.

Noch in der Spätphase der griechischen Kultur scheinen die damonischen und platonischen Ansichten über die Musikverwendung allmählich zu verblassen. Im Leben der Römer hingegen weist die praktische Verwendung der Musik – obwohl sich in der römischen Musiktheorie keine ausdrücklich formulierten Theorien finden – deutlich auf einen sehr bewußten Einsatz in diesem Sinne hin.[24] Auch aus dem frühen Mittelalter sind komplexe diesbezügliche Gedankensysteme nicht überliefert, nur vereinzelt finden sich Hinweise über die Auseinandersetzung mit diesem Gegenstand, etwa aus dem frühen 5. Jahrhundert bei Augustinus:

...so schwankte ich denn hin und her, bald die Gefahr der Ergötzung bedenkend, bald die selbst erfahrene Erspießlichkeit; mehr aber neige ich dazu, ... den herkömmlichen Gesang der Kirche zu billigen in der Meinung, daß durch die Freude, welche die Ohren empfinden, schwächere Gemüter zu frommen Empfindungen angeregt werden können. Trotzdem bekenne ich, daß ich Strafe verdiene, wenn mich, wie es je geschehen mag, mehr der Gesang bewegt als die Sache, welcher der Gesang gilt...[25]

Isidor von Sevilla erkennt offensichtlich in seinem um 630 entstandenen Traktat „Ethymologiae sive origines" ebenfalls die Möglichkeiten musikalischer Lenkung: *„Musica movet affectus et provocat in diversum habitum sensus.* "[26]

Im ausgehenden Mittelalter und in der Neuzeit weisen strenge Strukturen im gesellschaftlichen System – etwa im Bereich der Zuordnung der Musikinstrumente zu bestimmten sozialen Schichten – zwar teilweise deutlich platonische Züge auf, ein bewußter theoretischer Bezug ist jedoch offensichtlich nicht gegeben. Während der Bauernkriege,[27] Reformation[28] und Gegen-reformation[29] und auch späterer Epochen „gebraucht" man wohl das Lied als politisches Agitationsmittel, eine philosophische Auseinandersetzung damit findet jedoch kaum statt. Im Gegenteil, seit dem 16. Jahrhundert *„geistert die Idee des absoluten, von seiner Gebrauchsfunk-tion abgelösten Kunstwerkes ... durch das Schrifttum".*[30] Fortan wird der Gedanke der Beeinflussung, des „Gebrauchs" von Musik immer mehr in den Hintergrund gedrängt, bis schließlich im 19. Jahrhundert „l'art pour l'art" überhaupt zur neuen Philosophie erhoben wird. Mit Eduard Hanslik[31] findet diese einen wortgewandten Verfechter und verbreitet sich in der Folge in weiten Kreisen des Bürgertums – trotz erst kurz zurückliegender 1848er-Revolution mit ihrem exzessiven Musikgebrauch[32] und trotz aufblühender Arbeitermusikbewegung[33] – sehr rasch.

Im ausgehenden 19. und beginnenden 20. Jahrhundert gehen die Ansichten über dieses Thema weit auseinander – die philosophischen Bruchlinien decken sich hier offenbar mit den sozialen und damit weltanschaulichen –, bis schließlich ab den dreißiger Jahren der Gedanke, Musik als „bildende Kraft" zu verwenden, weitere Verbreitung auch über soziale, wenn auch nicht weltanschauliche Grenzen hinweg findet. Wohl kaum in einem Zeitraum wurde so viel über die politische Kraft von Musik geschrieben als in jenem des Nationalsozialismus. Allerdings geht – obwohl in der Analyse deutlich unterschiedliche Stoßrichtungen des Einsatzes von Musik erkennbar sind – die Argumentation fast ausschließlich in diese Richtung. Dies ist nicht weiter verwunderlich und entspricht exakt der von Hitler vorgegebenen Propagandalinie des National-sozialismus:

> *Überhaupt besteht die Kunst aller wahrhaft großen Volksführer zu allen Zeiten darin, die Aufmerk-samkeit eines Volkes nicht zu zersplittern, sondern immer auf einen einzigen Gegner zu konzentrie-ren ... Es gehört zur Genialität eines großen Führers, selbst auseinanderliegende Gegner immer als nur zu einer Kategorie gehörend erscheinen zu lassen ... Aus diesen Tatsachen heraus hat sich jede wirkungsvolle Propaganda auf nur sehr wenige Punkte zu beschränken und diese so lange zu verwerten, bis auch bestimmt der Letzte unter einem solchen Worte das Gewollte sich vorzustellen vermag.*[34]

Somit bietet das offizielle zeitgenössische Schifttum, das sich auf eine „völkische" Argumen-tationsebene mit teilweise platonischen Denkmustern zurückzieht, über die tatsächliche Rolle der Musik im Nationalsozialismus allein wenig Anhaltspunkte. Eine ausführliche Analyse der Primärquellen in den Archiven bleibt somit unumgänglich.

Anhand dieser soll der Versuch unternommen werden, ein in sich stimmiges System der Art und Weise der unterschiedlichen Möglichkeiten politischen Musikeinsatzes, also Musikpolitik im wahrsten Sinne des Wortes, darzustellen. Mehrere grundlegende Fragen stehen dabei von Anfang an im Raum:

Eine wichtige Frage dabei muß natürlich die Frage nach dem „l'art pour l'art-Status" an sich sein. Ist die These von „l'art pour l'art", also von der Kunst der Kunst wegen, bar jeder anderen Funktion, heute noch aufrechtzuerhalten, oder handelt es sich dabei schlichtweg um ein Dogma aus längst vergangenen Tagen, quasi um eine fromme Legende?

Weiters ist die Frage nach dem Politikbegriff zu stellen. Welche Art von Politik ist gemeint, wenn so oft von Politik die Rede ist? Staatspolitik, Parteipolitik oder Gesellschaftspolitik? Vielleicht geht es um Kultur-, Bildungs- oder Minderheitenpolitik? Möglicherweise aber auch um Wirtschaftspolitik, um Friedenspolitik oder etwa Entspannungspolitik? Ist Politik ausschließlich *„das staatliche, oder auf den Staat bezogene Handeln ... oder als Parteipolitik Mittel zur Erringung und Behauptung von Macht oder Einfluß im Staat durch Parteien, Klassen, Interessensverbände..."* oder schließlich alle *„Verfahren ... neue Mittel zu seinen Zwecken, besonders feine Berechnung, Schlauheit"*.[35]

Während sich zahlreiche musikpädagogische Schriften in ihrer Interpretation, welche Musik denn politisch sei, vor allem auf die beiden ersten angesprochenen Punkte beziehen[36] und ein sehr großer Teil der Musiker damit, wie der Verfasser aus zahlreichen Gesprächen und Interviews weiß, konform geht, so sollte das Augenmerk doch auch auf den letzten Punkt gelegt werden, der eine weitläufigere Fassung des Politikbegriffes zuläßt. Um sehr vieles deutlicher spricht diesen Punkt bemerkenswerterweise eine Definition aus dem Jahre 1906 (!) an,[37] die meint, Politik sei *„eigentlich die Lehre vom Staat; heute im weitesten Sinn die Auswahl von Mitteln und Wegen, mit deren Hilfe ein Ziel in der menschlichen Gesellschaft erreicht werden soll"*. Die Zahl der Definitionen ist jedenfalls groß und in ihren Aussagen oft weit auseinanderklaffend, eine Neudefinition für diese Arbeit daher kaum verzichtbar.

Dazu kommt noch die Frage, welche Möglichkeiten von politischen Interessen haben wir im Zusammenhang mit der – vorerst noch hypothetischen – Funktionalisierung von Musik zu beachten? Kann man die Bestrebungen jeglicher Politik auf die zwei Ziele „Veränderung" – in welche Richtung auch immer – und „Verhinderung der Veränderung" – quasi Veränderung der Veränderung in Richtung ihrer Negation – reduzieren?

Weiters: Wenn Musik in der Lage sein sollte, politisch zu wirken – was ja nicht wenige überhaupt bestreiten[26] –, vermag sie es von sich aus, gibt es sozusagen werkimmanente „Botschaften", oder ist das Verständnis der „Botschaft" eine Frage der Interpretation, die je nach individuellem Standort unterschiedliche Ergebnisse zeitigt? Immerhin darf man nicht übersehen, daß Fälle bekannt sind, wo völlig identische Fassungen politischer Lieder von zwei extrem gegenteiligen weltanschaulichen Gruppierungen gleichermaßen verwendet werden. Und wenn es sich nicht um Lieder mit politischen Texten, sondern um subtilere Formen handelt, sind die Intentionen – wessen auch immer – auch den ausführenden Musikern bewußt, oder bewegen wir uns hier in einem Spannungsfeld zwischen subjektiv unpolitischer Musikauffassung und gesellschaftlicher Funktionalisierung jenseits der allgemeinen Bewußtseinsebene? Wodurch wird – wenn überhaupt – die Musik letztlich „politisiert"?

Zweifellos gibt es in Geschichte und Gegenwart politisch gemeinte Intentionen von verschiedenen Komponisten. Bleiben diese Jahrhunderte hindurch gleich, oder gehen die Intentionen des Komponisten mit der Zeit verloren, verkehren sich möglicherweise sogar in das Gegenteil, und wenn ja, worauf ist dies zurückzuführen, oder anders gefragt: Wessen Intentionen bestimmen letztlich den politischen Gehalt?

Die Hauptfrage aber, die alle anderen Fragestellungen überragen muß, ist zuletzt die, ob, wenn ein System der politischen Funktionalisierung von Musik skizziert wird, dieses ausschließlich temporäre systemimmanente Gültigkeit – in diesem Fall für den nationalsozialistischen Staat – hat, oder ob Strukturen herauskristallisierbar sind, die für größere zeitliche und geographische Räume Gültigkeit haben. Der nicht und halbprofessionelle Musikbereich in der Steiermark zwischen 1938 und 1945 dient also als Fallbeispiel, an dem die aufgestellten Thesen im Sinne Poppers auf ihre Falsifizierbarkeit hin überprüft werden sollen.

Vor allem das „Steirische Musikschulwerk", das im bewußten Zeitraum unabhängig von seinem irreführenden Titel eine beinahe flächendeckende, weit über eine musikpädagogische Einrichtung hinausgehende Musikorganisation war, wird die Grundlage dafür bilden. Im Gegensatz etwa zu den zahlreichen musikalischen Vereinen bot dieses durch die zentralistische Führung nicht nur wesentlich bessere und schnellere Eingriffsmöglichkeiten, durch die Neugründung konnten im Gegensatz zu den schon bestehenden Organisationen auch im personellen Bereich ideologische Vorstellungen weitaus effizienter verwirklicht werden. Bewußt ausgeklammert wird somit der sich größtenteils im professionellen Bereich bewegende städtische Musiktheater- und Konzertbetrieb, ebenso die über das „Musikschulwerk" hinausgehende biographische Komponente, da Strukturen und Mechanismen, nicht aber Personen das Hauptthema dieser Untersuchung bilden.

Es kann und soll in dieser Arbeit daher auch nicht darum gehen, Schuldzuweisungen an verschiedene Personen vorzunehmen, sondern Zusammenhänge aufzuzeigen und durchschaubar zu machen. Allerdings – und auch das darf nicht unerwähnt bleiben – sollen ebensowenig Fakten aus falsch verstandener Rücksichtnahme verschwiegen werden, zumal gerade die Bereitschaft von Personen, das System – aus welchen Gründen immer – zu unterstützen, dessen Durchschlagskraft erst ermöglichte. *„Die Wahrheit ist"* – um mit Ingeborg Bachmann zu sprechen – *„den Menschen zumutbar"*. In diesem Kontext muß auch betont werden, daß bei Zitaten nicht auf die Beweggründe der jeweils zitierten Person eingegangen wird, also nicht unterschieden wird zwischen Äußerungen aus Überzeugung und solchen aus Opportunismus, zumal es zum einen heute nach mehr als einem halben Jahrhundert in den meisten Fällen gar nicht mehr möglich ist, auf diese Fragen einzugehen. Verschiedene Nachkriegsaussagen bieten hierbei – soferne sie sich widersprechen – wenig wirkliche Hilfe. Der rationale Schluß, daß, wenn eine Person zwei sich widersprechende Aussagen tätigt, zumindest eine davon falsch sein muß, sagt nichts darüber aus, welche davon die falsche ist bzw. von der Person subjektiv als falsch empfunden wird. Zum anderen war es auch zum Zeitpunkt der Äußerung nur den allerwenigsten Hörern oder Lesern möglich, eine solche Unterscheidung zu treffen.

Somit sind es zwei Absichten, die mit der hier vorliegenden Arbeit verfolgt werden: Einerseits versteht sich die Arbeit als Beitrag zur steirischen Musik-Zeitgeschichte im oben abgesteckten Rahmen, andererseits soll damit der Versuch eines ganz bestimmten theoretischen Ansatzpunktes zur Diskussion gestellt werden.

Neben den bibliographischen Quellen konnten für dieses Projekt zahlreiche in- und ausländische Aktenbestände aus teilweise noch immer gesperrten Beständen durch Sondergenehmigungen zugänglich gemacht werden, so daß die Mehrzahl der verwendeten Quellen – unter anderem auch aus dem sich in US-amerikanischer Hand befindlichen NS-Parteiarchiv im Berlin Document Center – erstmals der Öffentlichkeit präsentiert werden können.

Daneben wurden zahlreiche Interviews mit Zeitzeugen geführt, und viele Betroffene – auf welcher Seite sie damals auch immer gestanden sind – haben Dokumente und Bilder zur Verfügung gestellt. Freilich soll nicht unerwähnt bleiben, daß beinahe ebensoviele Augen- und Ohrenzeugen des bewußten Zeitraumes jegliche Aussage verweigert haben.

All jenen Zeitzeugen, die durch ihre Aussage mitgeholfen haben, diesen Teil steirischer Musikgeschichte zu erhellen und einen neuen theoretischen Ansatz zu ermöglichen, sei an dieser Stelle allgemein und im Anhang namentlich gedankt, ebenso wie den zahlreichen Archiv-Verantwortlichen, die durch ihr großes Fachwissen dem Verfasser in mancher schwierigen Situation weitergeholfen haben. Nicht zuletzt möchte ich meinen Dank an die Professoren Dr. Wolfgang Suppan und Dr. Helmut Konrad richten, die in wissenschaftlichen Fragen jederzeit mit Rat und Tat zur Seite standen. Renate Katzbeck, Silvia Thurner, Harald Schmied und Herbert Burger, die bei den umfangreichen bibliographischen Arbeiten und bei der

Literaturbeschaffung wertvolle Hilfe leisteten, Rainer Leitner, der durch eine kollegiale Diskussion dem Verfasser zahlreiche Anregungen gab, sowie Heinrich Zwittkoviz, der die Karten zeichnete, seien ebenfalls aus der Reihe der zahlreichen Helfer hervorgehoben. Auch ihnen gebührt mein aufrichtiges Dankeschön!

Graz, im Frühjahr 1992   Helmut Brenner

2. Hypothesen zur politischen Musikverwendung

Die weitgehende Verständnislosigkeit respektive Skepsis, die bei der Inbeziehungbringung der Sachgebiete Musik und Politik vielfach anzutreffen ist, geht weniger auf eine etwaige Beziehungslosigkeit der beiden Bereiche als vielmehr auf einen diffusen und/oder auf einen auf wenige Sektoren eingeschränkten Politikbegriff zurück. Der Versuch, eine Theorie der politischen Verwendung von Musik zu formulieren, muß daher die Definition dieses Politikbegriffes an den Anfang stellen. Als politisch werden in umfassender Weise alle von Einzelpersonen oder Gruppen angewandten Versuche angesehen, bestimmte gesellschaftliche Strukturen oder diesen Strukturen dienende Mechanismen bzw. Normen zu verändern oder diese durch andere Einzelpersonen oder Gruppen angestrebten Veränderungen zu verhindern sowie alle der Vorbereitung oder Durchführung dieser Versuche oder deren Verhinderung dienenden Maßnahmen.

Weiters muß, wenn vom gegenwärtigen Gesichtspunkt aus die Frage nach der politischen Effizienz von Musik gestellt wird, der vielfach erhobene Ausschließlichkeitsanspruch der werkimmanenten Analyse zugunsten eines gleichberechtigten, gesamtheitlichen musik-, sprach- sowie kontextbezogenen Faktorenkanons auf die Seite gestellt, bzw. die Werkimmanenz lediglich als partieller Faktor dieses Kanons ohne jedweden Prioritätsanspruch begriffen werden. Die Wirksamkeit von politisch verwendeter Musik entwickelt sich somit auf drei unterschiedlichen Ebenen, einer tendenziellen, einer alle dazu fähigen Faktoren umfassenden immanenten und einer intentionalen Ebene, von der jede mit den jeweils anderen frei kombinierbar ist, und von denen gegebenenfalls auch mehrere parallel auftreten können.

2.1 Die Faktoren der immanenten Ebenen

Wie schon einleitend festgestellt wurde, hat die Analyse der politischen Intention – unabhängig von ihrer tatsächlichen Effizienz – von der Gesamtheit der ihr zugrundeliegenden Faktoren auszugehen. Eine Beschränkung auf ausschließlich werkimmanente Aspekte würde in diesem Zusammenhang analog zum Versuch zu sehen sein, die politische Bedeutung von Fahnen mittels chemisch/physikalischer Analyse nachweisen zu wollen.

2.1.1 Text

Am mühelosesten sind politische Intentionen musikalischen Werken zuzuordnen, wenn diese über eine verbale Komponente verfügen, allerdings ist es selbst bei den eindeutigsten Verbalisierungen nicht ausschließlich die Wortsprache, die Wirkung entfaltet. Vielmehr weisen verschiedene Experimente – allen voran jene Helga de la Motte-Habers[39] – unmißverständlich darauf hin, daß die Wortsprache dem musikalischen Effekt untergeordnet ist.

2.1.1.1 Direkter Textbezug

Jenseits der Frage, welcher Bestandteil des Musikstückes auf den Zuhörer stärkeren Einfluß ausübt, ist – sofern vorhanden – für die Analyse der Tendenz der Text doch in den meisten Fällen von herausragender Bedeutung. Dies umsomehr, wenn im Textteil direkt Bezug auf die politische Richtung genommen wird.

Die Intention eines Liedes mit folgendem Text wird tendenziell unschwer einzuordnen sein:

> *Wir sind des Hitlers braune Sturmkolonnen,*
> *wir führen stolz das Hakenkreuzpanier,*
> *wir haben kühn den Kampf ums Recht begonnen,*
> *wir künden froh: Das Dritte Reich sind wir...* [40]

2.1.1.2 Indirekter Textbezug

Problematischer ist eine Zuordnung, wenn diese direkte Bezugnahme fehlt und stattdessen bestimmte, von ihrer Semantik her unterschiedlich interpretierbare Werte postuliert werden. Freundschaft, Kampfbereitschaft, Zukunftshoffnungen und dergleichen werden von verschiedenen Personen und Gruppen unterschiedlich mit Sinn belegt: Freundschaft mit wem, Kampfbereitschaft gegen wen? Aufgrund dieses Faktums ist es möglich, daß ein und dieselben Texte sogar von Gruppen gegensätzlicher politischer Zielsetzung verwendet werden können.

> *Wenn wir schreiten Seit' an Seit'*
> *und die alten Lieder singen,*
> *und die Wälder widerklingen,*
> *fühlen wir, es muß gelingen:*
> *Mit uns zieht die neue Zeit!*
> *Mit uns zieht die neue Zeit!*

Dieses Lied findet sich sowohl im aus den 1980er Jahren stammenden Liederbuch der Sozialistischen Partei als auch im Liederbuch der Hitlerjugend[41] an prominenter Stelle. Der Text muß erst von der jeweiligen Gruppe „mit Sinn erfüllt", interpretiert werden. Im Gegensatz zum vorigen Beispiel, in dem schon in der ersten Zeile das Bekenntnis – *„Wir sind des Hitlers braune Sturmkolonnen"* – eindeutig definiert ist, ist das „Wir" am Beginn dieses Exempels nicht a priori festgelegt und wird je nach Interpreten unterschiedlich ausgelegt werden. Auch die angesprochenen alten Lieder, die gesungen werden, können durchaus gegensätzlicher Natur sein, und letztlich deutet die Endzeile *„Mit uns zieht die neue Zeit"* zwar prinzipiell auf einen avantgardistischen Anspruch hin, ohne jedoch näher zu beschreiben, worin dieser Anspruch besteht, wie diese neue Zeit aussehen soll: ist es für die einen die „klassenlose Gesellschaft", die als erstrebenswertes Ziel gesehen wird, kann dies für die anderen die Dominanz der Gesellschaft, ja der Welt, wie es in einem anderen Lied beschworen wird, durch eine „Herrenrasse" sein, ohne daß im konkreten Lied selbst etwas darüber ausgesagt würde. Der Sinn wird, ohne ausgesprochen zu sein, erst durch die Kongruenzierung mit dem jeweiligen Weltbild des oder der Sänger „aktiviert". Für die Analyse müssen hier werkimmanente Aspekte durch weitere Parameter ergänzt werden.

Ähnliche tendenzielle Veränderungen treten uns auch durch mehr oder weniger umfangreiche Veränderungen des Textes in der Kontrafaktur entgegen, wobei die Motive für die Mutation mannigfaltig sein können. Die einfachste Form ist jene, wo die Grundtendenz gleich bleibt und nur die Richtung verändert wird, wie dies beispielsweise in den unterschiedlichen Versionen des alten Soldatenliedes *„Auf, auf zum Kampf"* sichtbar wird:[42]

a) *Auf, auf zum Kampf!*	b) *Auf, auf zum Kampf!*	c) *Auf, auf zum Kampf!*
Zum Kampf sind wir geboren.	*Zum Kampf sind wir geboren.*	*Zum Kampf sind wir geboren.*
Auf, auf zum Kampf!	*Auf, auf zum Kampf!*	*Auf, auf zum Kampf!*
Zum Kampf fürs Vaterland!	*Zum Kampf sind wir bereit!*	*Für's deutsche Vaterland!*
Dem Kaiser Wilhelm	*Dem Karl Liebknecht*	*Dem Adolf Hitler*
haben wir's geschworen,	*haben wir's geschworen,*	*haben wir's geschworen.*
dem Kaiser Wilhelm	*der Rosa Luxemburg*	*Dem Adolf Hitler*
reichen wir die Hand!	*reichen wir die Hand!*	*reichen wir die Hand!*

Das Grundmotiv – die signalisierte Kampfbereitschaft, gepaart mit einem Bekenntnis zu einer bestimmten, in diesem Fall durch gewisse Personen symbolisierten Ideologie – ist in allen drei Varianten dasselbe, lediglich das Ziel des Kampfes, das in zwei Varianten verbalisiert und in einer nicht benannt ist, vor allem aber die Leitfigur, bzw. die Leitfiguren ändern sich und mit ihnen die politische Stoßrichtung.

Bei einer anderen Form der Kontrafaktur, der Karikatur, wird mit der Unterlegung eines anderen Textes oft nicht nur die Stoßrichtung, sondern der gesamte ursprüngliche Sinn ins Gegenteil verkehrt. Dies dient größtenteils der Herabwürdigung des Widerparts und/oder seiner Werte. Demzufolge werden dafür zumeist auch vom Gegner hochgeachtete Lieder herangezogen:

a) *Stille Nacht, traurige Nacht,*	b) *Stille Nacht, heilige Nacht,*
rings umher, Lichterpracht!	*Deutschlands Söhne halten Wacht.*
In der Hütte nur Elend und Not,	*In den Schützengräben verschneit,*
kalt und öde, kein Licht und kein Brot,	*liegen wir Mann für Mann bereit,*
schläft die Armut auf Stroh,	*lauern bei Tag und bei Nacht.*
schläft die Armut auf Stroh.[43a]	*Lauern bei Tag und bei Nacht.*[43b]

2.1.2 Musikalische Elemente

2.1.2.1 Melodie/Rhythmus/Harmonie/Instrumentation

Das Übergewicht der musikalischen Elemente gegenüber den verbalen geht aus einer Experimentreihe von Helga de la Motte-Haber hervor, die im Zusammenhang mit Filmmusiken die durch die Musik erzielten Spannungszustände von Rezipienten mittels Veränderungen des galvanischen Hautreflexes nachgewiesen hat, der trotz gleichbleibender Filmhandlung bei unterschiedlicher Musik völlig veränderte Werte zeigte. Die vorgestellten, von rechts nach links zu lesenden Graphiken zeigen die veränderten Hautwiderstände einer 27jährigen Medizinstudentin beim Ansehen einer etwa zweiminütigen Sequenz aus *„High noon"*, in der der Titelheld in Erwartung schlimmer Dinge sein Testament macht. Die Originalmusik von Dimitrij Tiomkin simuliert den Pendelschlag einer Uhr, die auch zeitweilig im Bild erscheint, womit das Näherrücken des Unheils angedeutet wird. In der zweiten Fassung wird die lyrische Musik von Camille Saint–Saëns *„Der Schwan"* aus dem *„Karneval der Tiere"* unterlegt. Trotz gleichbleibender visueller Eindrücke und Handlung fällt die körperliche Reaktion im Vergleich zur ersten Version völlig unterschiedlich aus, werden emotionale Höhepunkte an ganz anderen Stellen registriert. De la Motte–Haber berichtet, daß manche Propanden die unterschiedliche Musik nicht einmal bewußt registrierten, die meßbare körperliche Reaktion jedoch trotzdem eindeutig abweichend war. *„Es scheint dies eine Form der Erregung zu sein, die nicht bewußt verarbeitet wird"*.[44]

Diese Experimente lassen eindeutig die Schlußfolgerung zu, daß, um bestimmte Bereitschaften zu erzielen, bestimmte melodisch/harmonische Modelle notwendig bzw. diese Modelle nicht beliebig austauschbar sind. Der Text von *„Auf, auf zum Kampf"* wird selbst bei Stimmigkeit aller anderen Komponenten mit einer unterlegten, stufenweise fortschreitenden Choralmelodie weniger gut im Sinne der Weckung von Kampfbereitschaft funktionieren als die lediglich durch einige Durchgangstöne verschleierte, auf trompetenrufartigen Dreiklangszerlegungen basierende Originalmelodie im Marschrhythmus. Auch Vladimir Karbusicky deutet unter Hinweis auf die Häufigkeiten von melodischen Floskeln für bestimmte politische Lieder in diese Richtung,[45] von der lediglich die karikierenden Kontrafakturen eine Ausnahme bilden.

Letztlich ist für die Ansprechung bestimmter Reaktionen im Menschen – gezielt oder intuitiv – die harmonische Komponente und die Klangfarbe, die größtenteils von der jeweiligen Verwendung bestimmter Instrumente abhängt, von grundlegender Bedeutung. Diese Faktoren sind freilich, stärker als viele andere, vom kulturellen Hintergrund abhängig. Für den europäischen Raum und den von Europa beeinflußten Teil der Welt etwa ab der Vorklassik hat zweifellos das Dur/Mollschema eine dominierende Rolle erlangt, das über weite Teile funktionale Bereiche in der politisch verwendeten Musik mitübernommen hat. Das zur Ehre der Toten der Märzrevolution des Jahres 1848 geschaffene Lied „Den Märzgefallenen" oder der „Trauermarsch der Russischen Revolution" würden ihrer Funktion, Trauer um die „Helden" zu erwecken, in Dur wesentlich schlechter gerecht werden als in ihrer Moll–Harmonik, während ein anderes Lied, das Lied „Der kleine Trompeter", das später von den Nationalsozialisten unter dem Titel „In München sind viele gefallen" als Kontrafaktur verwendet wurde und in dem es ebenfalls um Gefallene geht, das aber die Bereitschaft erwecken soll, gerade damit die Toten nicht umsonst ihr Leben gelassen haben, noch stärker weiterzukämpfen, das also kampfbereit und nicht trauernd stimmen soll, selbstverständlich in Dur steht.

Die Klangfarbe, die in erster Linie von den instrumentalen Gegebenheiten abhängt, ist ohne Zweifel ebenfalls von hervorragender Bedeutung für die politische Verwendbarkeit von Musik, und somit kann schon eine Veränderung der Instrumentation auch eine Veränderung der Intention zur Folge haben. Die Haydn-Hymne verändert selbst bei gleichbleibender melodischer und harmonischer Struktur grundlegend ihren Charakter, je nachdem, ob sie in der Fassung des „Kaiserquartetts" in Streichquartett- oder Blasmusikbesetzung gespielt wird.

2.1.3 Symbolik

Symbolik spielt im Zusammenhang mit politischer Musikverwendung gleich nach der Verwendung von Text die zweitwichtigste Rolle. Auch in ihrer Funktionsweise ist das Symbol – obwohl Karbusicky zu recht davor warnt, Musik als Sprache zu verstehen[46] – mit dieser insofern verwandt, als beide auf Konventionen beruhen.

In der deutschen Sprache kann nicht anstatt „Stuhl" ohne weiteres von heute auf morgen das Wort „Krzkwantz" gebraucht werden, auch wenn man annähme, daß es für einen einzelnen diese Bedeutung hätte, wohl aber „Sessel". Zwischen jenen Menschen, die Deutsch verstehen, besteht also eine Vereinbarung darüber, daß die Anordnung von Konsonanten und Vokalen in bestimmter Reihenfolge, nämlich in der Reihenfolge „Sessel" oder „Stuhl" ein Sitzmöbel in bestimmter Form meint, während diese Vereinbarung über die Konsonanten/Vokale-Anordnung in der Reihenfolge „Krzkwantz" nichts entsprechendes vermerkt, das Wort also nicht verstanden werden kann. Doch selbst, sollte auch diese Verbindung konventionalisiert werden, bedeutet das noch nicht, daß „Krzkwantz", „Stuhl" und „Sessel" Sitzmöbel sind. Es sind nach wie vor nur Anordnungen von – in der geschriebenen Sprache durch Buchstaben symbolisierten – Lauten, die ein bestimmtes Sitzmöbel lediglich bezeichnen. Es tritt uns hier also durch eine zweifache Überhöhung – zum einen durch die Symbolisierung eines Möbels durch Laute und zum anderen durch die Symbolisierung von Lauten durch graphische Zeichen – ein äußerst komplexes und trotzdem durch Konventionen allgemein verständliches System gegenüber.

Eine Übertragung dieser Mechanismen – die interkulturell in beiden Fällen allerdings nicht zu wirken vermögen – auf die Musik erscheint durchaus statthaft. Die „Marseillaise" wird – ohne hier auf die Problematik der Intentionen eingehen zu wollen – heute auch ohne Text zumindest von den meisten im Einflußbereich europäischer Kultur stehenden Rezipienten mit Frankreich in Verbindung gebracht werden können. Sie ist zwar nicht Frankreich, aber ein Symbol Frankreichs, über das eine weitgehende „Vereinbarung" besteht. Ob dies noch immer auch in gleichem Maße für den „Sozialistenmarsch" gilt, ist zu bezweifeln, die Symbolik und damit die dieser Symbolik innewohnende Intention ging im Laufe der Zeit verloren und dies, obwohl noch in den 80er Jahren des 19. Jahrhunderts der textlose Marsch von den Behörden für so aufrührerisch gehalten wird, daß diese ihn immer wieder mit zahlreichen Aufführungsverboten belegen, während er seitens bestimmter Zuhörer jedesmal wahre Begeisterungsstürme aus-löst.[47] Weder Verbote noch Begeisterung galten zwar primär der Musik, sondern vielmehr einer politischen Idee, beide sind jedoch untrennbar an die Musik gebunden.

Auch hier haben wir es also mit einem Symbol einer politischen Richtung zu tun, das in einer bestimmten Epoche in weiten Kreisen „verstanden" wird, über das eine Vereinbarung besteht. Sohin haben also die Anordnung von Tönen und Rhythmen in Form der „Marseillaise" und des „Sozialistenmarsches" und die Anordnung von Konsonanten und Vokalen in Form der Worte „Sessel" und „Krzkwantz" mehr Gemeinsamkeiten als man auf den ersten Blick gemeinhin annehmen würde, zumal auch durch die Notenschrift eine ähnliche Doppelüberhöhung, wie dies in Form des geschriebenen Wortes der Fall ist, auftritt.

Bei symbolischer Bedeutung von Musik wird etwas anderes, Außermusikalisches durch die Melodie/Harmonie substituiert. Hymnen stehen als Symbole für den Staat oder für bestimmte Gemeinschaften, doch auch wesentlich detailliertere Substitute finden sich in der Musizierpraxis. Während heute die „Marseillaise" als Symbol Frankreichs gilt, stand sie einst stellvertretend für die Worte des Textes, wie wir es auch an vielen anderen Beispielen nachvollziehen können.

Als die Entwicklung der jungen Arbeiterbewegung Österreichs im 19. Jahrhundert immer wieder durch behördliche Zensurmaßnahmen gestört wird und bei Konzerten der Arbeiter-Gesangvereine häufig einzelne der Behörde aufrührerisch erscheinende Textpassagen heraus-gestrichen werden müssen, nützen die Sänger diese „Konventionen", indem sie diese Strophen auf die Silben „la-la-la" singen. Die Wirkung ist völlig dieselbe, da die Zuhörer, die die Texte ohnehin kennen, die nun textlose Melodie als Substitut für die Worte verstehen, die somit zum Symbol wird, dessen Bedeutung trotz nonverbaler Darbietung von allen nachvollzogen werden kann.

2.1.4 Kontext

Intention entsteht auch durch bestimmte Zusammenhänge. Indem ein bestimmtes Stück zu immer gleichen Anlässen verwendet wird, bildet sich dadurch beim Zuhörer eine Art „Konditionierung". In der Zeit des Nationalsozialismus wird beispielsweise der „Badenweiler-Marsch" auf Anordnung Hitlers ausschließlich anläßlich dessen Auftreten gespielt.[48] Bei den Massenveranstaltungen brandet daher schon tosender Jubel auf, sobald nur der Marsch erklingt, auch wenn die Jubelnden von Hitler – schon aufgrund räumlicher Entfernungen – noch lange nichts sehen können; der Marsch ist Symbol für sein Erscheinen. Auf ähnliche Weise wirkt die Bläserfassung jenes Themas aus Franz Liszts „Les Preludes", das als Kennmelodie für Sondermeldungen im Rundfunk verwendet wird. Auch der Marsch „Stars and Stripes" von John Philipp Sousa wirkt aufgrund seines oftmaligen Einsatzes bei einschlägigen Anlässen als eine Art „Signation" für die Vereinigten Staaten, und schließlich arbeitet die Werbeindustrie der Gegenwart ebenso mit diesem Phänomen wie sich der Rundfunk dessen bedient.

Doch auch ohne diese „Konditionierung" kann in einem speziellen Zusammenhang die Musik eine bestimmte – oft weitere – Intention erhalten, die bei anderen Anlässen nicht auftritt. Anläßlich einer Veranstaltung des „Jewish World Congress" würde beispielsweise der zur Eröffnung gespielte „Badenweiler-Marsch" oder Wagners Meistersinger-Arie „Was deutsch und echt, wüßt keiner mehr..." ihre innewohnende Intention wesentlich verändern bzw. erweitern.

Der von Hans Albers und Heinz Rühmann gesungene Schlager „Jawohl, meine Herrn" aus dem Film „Der Mann, der Sherlock Holmes war" ist beim ersten Hinhören unverdächtig.

> Wer hinterm Ofen sitzt und die Zeit wenig nützt,
> schont zwar seine Kraft, aber wird auch nichts erreichen.
> Wer aber nicht viel fragt und geht los unverzagt,
> für den gibts kein Fragezeichen
> und dergleichen Bitterschaft.
> Jawohl meine Herrn, so habens wir's gern,
> von heut an gehört uns die Welt.
> Jawohl meine Herrn, die Sorgen sind fern,
> wir tun, was uns gefällt.
> Und wer uns stört, ist eh er's noch begreift,
> längst von uns schon eingeseift.
> Jawohl, meine Herrn, darauf könn' sie schwörn,
> jawohl, jawohl, jawohl.

Bei Analyse der vermittelten Werte – den Draufgängern gehört die Welt, niemand wird sie stoppen – und bei Inbeziehungbringung zum zeitlichen und geographischen Raum – Deutschland der 1940er Jahre – erweist er sich jedoch als Soft-Version von „Es zittern die morschen Knochen".

2.1.5 Komponist/in

Schließlich kann Intention auch in Personen – des(r) Komponisten/innen oder Interpreten/innen – begründet liegen. Was Josef Scheu den Sozialdemokraten, ist Hans Baumann den Nationalsozialisten und Verdi – um nur einige Beispiele zu nennen – den für die Unabhängigkeit von der k.u.k. Monarchie eintretenden Italienern. Auch ist es kein Zufall, daß die Aufführung von Werken Richard Wagners noch vor einiger Zeit in Israel auf heftigsten Widerstand stieß.

Gerade die nationalen Schulen sind Beispiel dafür, daß durchaus nicht nur Musik, sondern auch bestimmte Personen – beispielsweise für die Stiftung einer ethnischen Identität – von Bedeutung sind. Die kann in der Forcierung bestimmter Personen ihren Niederschlag finden oder – gegenteilig – in der Ablehnung oder gar Ausgrenzung bestimmten Ethnien zugeordneter Komponisten. So bildet sich im Ersten Weltkrieg unter der Führung von Camille Saint–Saëns in Paris eine Musikgesellschaft, die „das französische Publikum von dem ‚barbarischen' Einfluß deutscher Musik zu befreien" sich zur Aufgabe stellt und sowohl Haydn, Mozart, Schumann, Wagner als auch Brahms auf eine Bannliste setzt, lediglich Beethoven ist wegen seiner belgischen Abstammung ausgenommen.[49] Auch im Moskauer Konservatorium wird eine Bekanntmachung erlassen, die den Schülern wohl die Einstudierung von Werken deutscher Komponisten gestattet, nicht aber deren öffentliche Aufführung.[50] Den bisherigen Höhepunkt solcher Gedanken bildet schließlich die Zeit des Nationalsozialismus, die zum Zweck der totalen Eliminierung jüdischer Komponisten und Musiker sogar eigene Lexika – etwa Theo Stengels und Herbert Gerigks 1940 in Berlin erschienenes „Lexikon der Juden in der Musik", dem einige andere Werke folgen, eines der ersten davon erscheint in Graz – hervorbringt.

Nach dem Ende der NS-Herrschaft wird in Israel die Musik Richard Wagners – wenngleich auch nicht allein wegen seines Deutschtums, sondern vor allem wohl wegen seiner durch mehrere Schriften dokumentierten antisemitischen Haltung[51] – auf breiter Basis abgelehnt.

2.1.6 Ort der Aufführung

Der Ort, an welchem Musik erklingt, kann ebenfalls intentionserzeugend oder intentionsverändernd wirken und dem Stück eine Bedeutung verschaffen, die ausschließlich an diesem Ort, oder doch zumindest an diesem Ort besonders stark ihre Wirkung entfaltet.

Das *„Treuelied der SS"*, dem an sich schon eine extrem starke Intention innewohnt, würde diese radikal verändern, bzw. eine neue dazu erhalten, wenn es etwa im ehemaligen Konzentrationslager Auschwitz erklingen würde. Zweifellos hat auch die Aufführung oder Nichtaufführung Wagnerscher Musik in Israel – typischer Fall einer im letzten Abschnitt dieses Kapitels beschriebenen theoretischen Mehrfachzuordnung – eine ähnliche intentionale Grundlage.

Durch die Herstellung eines historischen Bezuges gewinnt der Ort der Aufführung eine wesentliche Relevanz für die Ausprägung der intentionalen Bedeutung einer musikalischen Betätigung. Selbstverständlich wirkt die Intention Bartóks in *„Kossuth"* zur Zeit der Entstehung am stärksten in Ungarn und würde in Norwegen nur mehr schwer, in Indien vermutlich überhaupt nicht mehr verstanden werden, und wenn Verdi *„Aida"* als Auftragswerk für die Eröffnung des Suezkanals schreiben soll, schlägt dies – unabhängig davon, daß das Werk nicht rechtzeitig fertig wird – in dieselbe Kerbe.

2.1.7 Musikorganisation als politische Organisation

Etwas abgesetzt vom Vorhergehenden, ohne jedoch geringer bewertet zu werden, sollte die Musikorganisation als politische Organisation gesehen werden. Alle Funktionen politischer Wirkungsweisen durch Musik können nicht nur durch musikalische Werke, sondern auch durch musikalische Organisationen entfaltet werden. Die verschiedenen Sängerbünde, etwa der Arbeiter-Sängerbund mit seinen zahlreichen Arbeiter-Gesangvereinen, sind nur eines von vielen Beispielen dafür.[52] Freilich ist es auch hier primär die Musik, die – in welcher Form auch immer – ihre Wirkung entfaltet, aber eben nicht einzig und ausschließlich.

2.2 Die tendenziellen Ebenen

Im wesentlichen sind es vier Grundtendenzen mit zahlreichen Variationen, die für die Verwendung von Musik für politische Zwecke möglich sind.

      a) Widerstand
      b) Identitätsstiftung
      c) Ablenkung/Verschleierung
      d) Machtdemonstration

Angesichts bereits erläuterter Mechanismen wird es in der Folge genügen, Beispiele für die jeweiligen Formen und ihrer Untergruppen anzuführen und auf längere Erläuterungen weitestgehend zu verzichten.

2.2.1 Widerstand

Der Frage nach der Musik als Mittel des Widerstands aufzugreifen geht die Frage nach dem Begriff „Widerstand" an sich voraus. Als Widerstand werden in dieser Arbeit von Schwächeren gegen Mächtigere gesetzte Reaktionen verstanden, in denen von ersteren etwas den Intentionen der letzteren Zuwiderlaufendes entgegengesetzt wird. Die Bandbreite ist dabei sehr groß und geht von der stärksten Form, dem bewaffneten Kampf – etwa von Partisaneneinheiten oder der Resistance – bis hin zu einfachen Zeichen dafür, daß – auch wenn es unter den gegebenen Umständen nicht möglich ist, öffentlich aufzutreten – zumindest im Verborgenen jemand existiert, der mit der herrschenden Situation nicht einverstanden ist, wie es etwa verstreute Flugblätter, Symbole oder Aufschriften an Hauswänden u.s.w. sind.

Die Lieder der Bauernkriege mit ihrer direkten Anklage gegen die Unterdrücker sind frühe Beispiele dafür:[53]

> *Hüt euch, ir Wucherknaben,*
> *Es thut in die Lent' kain Gut!*
> *Bauren seind ainig worden*
> *Und kriegen mit Gewalt*
> *Sie hand ain großen Orden*
> *Und seind auf manigfalt,*
> *Und seind auf manigfalt:*
> *Und thund die Schlösser zreissen*
> *Und brennen Klöster aus,*
> *So kan man uns nit pseyssen* [bescheißen]
> *Was sol ain bös Rabhaus?* [Raubhaus]
> *Was sol ain bös Rabhaus?*

Freilich ist in diesem speziellen Fall die Musik bereits Symbol der Reaktion und nicht Aktion selbst. In vielen anderen Fällen ist jedoch das Lied als Anklage selbst Widerstand, der in stärkerer Form zu diesem Zeitpunkt nicht möglich ist. Ein Beispiel dafür ist etwa jenes Lied aus dem Siebenjährigen Krieg, das den Bauernhimmel besingt, in dem all jene Zustände, die die Bauern bedrücken – ohne sie direkt mit der Gegenwart in Verbindung zu bringen –, nicht mehr möglich sein werden und dadurch gerade diese hier und jetzt an den Pranger gestellt werden.[54]

Doch nicht nur im Lied des Volkes, auch im „klassischen" Bereich der Oper, des Oratoriums, u.s.w. finden wir ähnliche Formen. Haydns *„Missa in tempore belli"*, die „Messe in Kriegszeiten", entsteht gerade zu jener Zeit, als in Wien die Generalmobilmachung gegen Napoleon durchgeführt wird. Im Agnus dei wird hier jedoch – freilich ohne die Angelegenheit direkt zu nennen – vehement der Friede gefordert, und die Trompeten, die ja zu dieser Zeit noch immer der Herrschaftsmusik vorbehalten sind, weisen auch die Adressaten dieser Forderung deutlich aus: Nicht von irgendeiner Gottheit wird der Frieden erbeten, sondern an die irdischen Machthaber ist die Aufforderung „Gebt Frieden!" gerichtet. Ein schönes Beispiel also, wo die Instrumentation eine sowohl über den Text als auch über musikalische Aufgaben hinausgehende Funktion erfüllt.

Bereits zehn Jahre zuvor hat Mozart ein verbotenes Theaterstück Piere Augustin Caron de Beaumarchais', einer der Wegbereiter der Französischen Revolution, als Grundlage für seine Oper *„Le Nozze di Figaro"* verwendet, das sich zwar vordergründig gegen das „Ius primae noctis" richtet, das als Substitut für die Privilegien des Adels steht, durch eine allgemeine Verspottung der höfischen Gesellschaft jedoch generell den Unwillen gegen herrschende Strukturen ausdrückt. In logischer Folge dessen ist daher auch der Graf der Dumme der Geschichte und nicht wie üblich der kleine Mann. Aubers *„Die Stumme von Portici"*, die sogar revolutionsartige Tumulte auslöst, ist ein weiteres Beispiel in diese Richtung.

Doch auch ohne Text kann Musik als Widerstandsmittel verwendet werden. Als 1938 Österreich von der Landkarte verschwunden ist, malen Widerstandskämpfer ein „O5" an die Wand des Stephansdomes. „O" steht für den Buchstaben O und „5" für den fünften Buchstaben des Alphabets, das e, „O5" bedeutet also nicht „Null–fünf", sondern „Oe", die Anfangsbuchstaben von „Oesterreich". Es ist ein Symbol dafür, daß da noch irgendwo andere Menschen sind, die für ein Österreich eintreten, was zu dieser Zeit gleichviel bedeutet wie „Befreiung vom Nationalsozialismus" und das von Gleichgesinnten in den meisten Fällen sicher richtig gedeutet wird. Das musikalische „O5" ist der Straußsche *Donauwalzer"*, der immer wieder bewußt in dieser Funktion auf das Programm oppositioneller Musiker gesetzt wird.

Ein typisches Beispiel von Kontextintention ist hingegen jenes während des Ersten Weltkrieges, als der aus Mitgliedern des Wiener Arbeitergesangvereines „Typographia" bestehende „Sibirische Gesangchor ‚Machorka'" in Kriegsgefangenschaft Freiheitschöre als Kontrafaktur singt, die speziell in dieser Situation ihre besondere Bedeutung erhalten und die in Österreich etwa anläßlich eines Arbeitersänger-Konzertes eine völlig andere wäre.[55]

Widerstand durch die Instrumentation wird in der wohlbekannten Geschichte von Joseph Haydns *45. Symphonie in fis-moll* deutlich vor Augen geführt. Als Fürst Esterhazy immer wieder einen Grund findet, seinem von Haydn geleiteten Orchester den längst fälligen Urlaub nicht zu gewähren – eine andere Version der Geschichte spricht sogar von drohender Auflösung der Kapelle – läßt Haydn völlig gegen die damaligen Hörgewohnheiten nach dem Presto-Finale einen Adagiosatz folgen, der in seiner Instrumentation immer dünner wird, wobei ein Musiker nach dem anderen seine Kerze löscht und sich entfernt, bis zum Schluß nur mehr zwei Violinen müde und klagend den Satz beenden. Eine durchaus handfeste Kritik ohne Worte also, mit rein musikalischen Mitteln, die der Legende zufolge von den Betroffenen auch richtig verstanden worden ist.

„Musik hat einen großen Vorteil: Man kann ohne zu sprechen alles sagen", schreibt auch Schostakowitsch und zeigt in seiner *10. Symphonie in e-moll,* was er damit meint. Der zweite Satz dieser Symphonie soll ein Porträt Stalins darstellen, und Schostakowitsch benützt, um seine Meinung über Stalin zum Ausdruck zu bringen, ein Zitat aus Modest Mussorksys *„Boris Godunow"*, wo die Hauptfigur ein wahnsinniger Zar ist. Damit befindet sich Schostakowitsch auf intellektuell sehr hohem Niveau. Die auf die Aufführung folgende dreitägige Debatte im sowjetischen Komponistenverband zeigt allerdings, daß auch hier der Wink trotzdem verstanden wird.

Schließlich ist noch die Herabwürdigung, die Lächerlichmachung oder Verzerrung, kurz die Parodie eines musikalischen Symbols als Form des Widerstandes zu nennen. Es ist sicher kein Zufall, daß Bela Bartók 1904, also in einer Zeit des wachsenden Widerstands Ungarns gegen die österreichische Hegemonie, gerade mit seiner 1903 komponierten symphonischen Dichtung „Kossuth" – eine Art ungarische Version des Strauss'schen *„Heldenlebens"*[56] –, in der der ungarische Revolutionsheld des Jahres 1848 im Mittelpunkt steht, erst 22jährig, mit einem Schlage bekannt wird.

Er verwendet darin unter anderem eine dämonisierte Version der Haydn'schen Kaiserhymne, um damit mehr als deutlich zu sagen, wie man die Habsburgermonarchie ungarischerseits sieht. In dieselben Fußstapfen tritt mehr als sechs Jahrzehnte später Jimmy Hendrix auf dem legendären Woodstock-Festival, der, um gegen die Politik der Vereinigten Staaten von Amerika, vor allem gegen den seit August 1964 geführten Krieg in Vietnam, in dem von amerikanischer Seite bis 1968 mehr Bomben abgeworfen werden als von den gesamten Alliierten im gesamten Zweiten Weltkrieg, zu protestieren, die US-Hymne mittels E-Gitarre derart verzerrt, daß für die Zuhörer scheinbar all das Grauen, die Flugzeuge und Bombardements und das Schreien der Opfer hörbar werden und damit Staat und menschliches Leid auf musikalischem Weg in direktem Zusammenhang bringt.

Wie Widerstand mit der Person des Komponisten bzw. der Komponistin in Verbindung gebracht werden kann, soll an der Person Verdis verdeutlicht werden. Verdi, der in seiner Zeit als glühender Patriot gilt und als solcher gegen die Herrschaft der Habsburger über weite Teile Italiens und für eine italienische „Befreiung" eintritt, wird von seinen Gesinnungsgenossen durchaus auch musikalisch „verstanden". Es ist sicher kein Zufall – übrigens eine deutliche musikalische Parallele zum ein halbes Jahrhundert später mit „Kossuth" aufsteigenden Bela Bartók, auch wenn dieser sich bereits wesentlich deutlicher ausdrücken kann –, daß Verdi 1842 mit der Oper „Nabucco", einem Stoff, der das Schicksal der Juden in der babylonischen Gefangenschaft – Nabucco ist Nebukadnezar – beschreibt und dessen stärkste Wirkung seinerzeit der Chor „Flieg, Gedanke auf goldenen Schwingen", der vom Publikum ohne Zweifel als Freiheitshymne verstanden wird, erzielte, seinen ersten großen Erfolg verbuchen kann. Es bleibt bei weitem nicht Verdis einzige „revolutionäre" Oper, wie „Die Lombarden" (1843), „Ernani" (1844), „Attila" (1846) und „Die Schlacht von Legnano" (1849) zeigen. Gerade letztere löst – wohl auch angesichts des gerade erst niedergeschlagenen Aufstandes von 1848 – Demonstrationen und Tumulte in Rom aus, und der Ruf „Evviva Verdi" wird allgemein als Substitut für den verbotenen Ruf „Evviva Italia" angesehen. Später, als man sich geeinigt hat, Victor Emanuel von Sardinien den Königsthron eines geeinten Italien anzubieten, buchstabierte man Verdis Namen mit „V(ittorio) E(manuele) R(e) d'I(talia)".[57]

Neben der Musik selbst haben jedoch oft auch die Strukturen musikalischer Organisationen für den Widerstand Bedeutung. Als – um nur ein Beispiel zu nennen – im Februar 1934 die Sozialdemokratische Arbeiterpartei Österreichs mit allen ihren Teilorganisationen nach ihrem Aufstand gegen den Austrofaschismus aufgelöst wird,[58] hat der Republikanische Schutzbund auch in den Vereinen des Österreichischen Arbeiter-Sängerbundes zahlreiche Mitglieder. Bereits 1930 war anläßlich einer Fragebogenuntersuchung der ÖASB-Bundesleitung die Präsenz der Arbeitersänger im Republikanischen Schutzbund festgestellt worden, die je nach Gebiet zwischen 21 und 58 Prozent betrug.[59]

Obwohl viele der Arbeiter-Gesangvereine 1934 ebenfalls aufgelöst werden, beginnt sich hier bald eine geheime Tätigkeit zu entfalten, und schließlich gelingt sogar eine teilweise Reaktivierung aufgelöster Vereine unter anderem Namen und vielfach mit anderer Organisationsstruktur, aber faktisch mit denselben Sängern.[60] Der Postenkommandant des Gendarmeriepostens Steyr berichtet im Dezember 1934 über einen von vielen Fällen an die Sicherheitsdirektion,

> daß die Anhänger marxistischer Parteien im Bezirke bestrebt sind, sich in Gesangs- und anderen Geselligkeitsvereinen zusammenzuschließen und auf diese Weise die Möglichkeit illegaler Betätigung für die marxistischen Parteien zu gewinnen... Die Überwachung der Tätigkeit eines bestimmten Vereines in St. Ulrich, der sich nur aus früheren Sozialdemokraten rekrutiert und bis jetzt nicht verboten wurde, hat nun die interessante Tatsache ergeben, daß sich die Mitglieder dieses Vereines verdoppelt haben und daß die neueingetretenen Personen fast lauter frühere Schutzbündler sind. Der schon seit dem Jahre 1927 bestehende Verein entwickelte, wie erst jetzt in Erfahrung gebracht werden konnte, in den letzten Wochen und Monaten eine nie gekannte Tätigkeit, die in der Abhaltung von Klubabenden gipfelt, die unangemeldet in einem Privathause an der Stadtgrenze ..., das einem an der Februarrevolte beteiligten Schutzbündler gehört, abgehalten werden.[61]

Es ist dies selbstverständlich nicht das erstemal in der Geschichte, daß Chöre als Ort der Begegnung in politisch schwierigen Zeiten dienen, und es ist – wie später auch am Beispiel des Nationalsozialismus zu zeigen sein wird – auch nicht das letztemal.

2.2.2 Identitätsstiftung

Die Hauptrolle im Zusammenhang mit der Frage nach der Identität spielt der Enkulturations-
vorgang.

> *Als Enkulturation wird das Erlernen und die Internalisierung der kulturspezifischen Handlungsmuster durch das heranwachsende Individiuum in seiner Kulturgruppe bezeichnet. Sie bezieht sich nicht auf einmalige und individuelle Erfahrungen, sondern auf die gemeinsamen Erfahrungen und den Wissensvorrat der Gruppe. Im Enkulturationsprozeß gewinnt das Individiuum seine Kulturpersönlichkeit, jenen Bestandteil an Persönlichkeitsmerkmalen, den es mit Mitgliedern seiner Kultur gemeinsam hat und der die kulturelle Identität der Gruppe ausmacht.[62]*

Diese Enkulturation kann auf unterschiedlichsten Ebenen erfolgen und sowohl ethnische, soziale, religiöse als auch weltanschauliche Bereiche umfassen, und Musik spielt dabei eine bedeutende Rolle. Allerdings ist das Faktum der vollzogenen Enkulturation noch nicht mit Identität gleichzusetzen, vielmehr muß sie als Grundbedingung verstanden werden. Identität selbst entsteht aus der Erkenntnis der Unterschiedlichkeit – aus welchen Gründen auch immer – von Verhaltensmustern verschiedener Sozietäten einerseits und einer weitgehenden Übereinstimmung dieser Muster innerhalb dieser andererseits, d.h., Identität kann erst durch das Zusammentreffen von in ihren Grundmustern divergierenden Gruppen entwickelt werden. Es ist kein Zufall, daß der Nationalismus in Europa in einer Zeit steigender Mobilität entsteht, und gesetzt den Fall, daß alle Individuen einer Gruppe annähernd denselben Lebensstandard haben, wird sich keine soziale Identität entwickeln. Erst wenn das Niveau auseinanderzuklaffen beginnt, wird sich das Bewußtsein, je nach Standort zu den Reichen, zum Mittelstand oder zu den Armen zu gehören – Identität eben –, einstellen. Die Musik übernimmt dabei sehr oft die Rolle eines emotionalen Katalysators. Faktisch sind es vier Grundlinien, die im Zusammenhang mit Identitätsstiftung durch Musik zutage treten.

Die einfachste Variante ist jene des Bekenntnisliedes. „Wir sind . . .", oder ähnliche Formulierungen sind kennzeichnend dafür, wobei auffallend ist, daß – mit Ausnahme des ethnischen und topographischen Bekenntnisses im weitesten Sinn, wo relativ oft, wie noch zu zeigen sein wird, auch eine singulare Form anzutreffen ist – die pluralen Formen, quasi kollektive Bekenntnisse, quantitativ bei weitem dominieren. Die zweite Variante beschreibt Ruhmestaten direkter oder geistiger Vorfahren und soll den Stolz der derzeitigen Generation, Nachfolger dieser Heroen zu sein, wecken und erzeugt somit ein gewisses Überlegenheitsdenken gegenüber nicht zur eigenen Gruppe Gehörenden. Gleichzeitig wird auch der Boden für die Bereitschaft, die von den Vorläufern gemachten Errungenschaften zu bewahren oder zu verteidigen, bereitet und fördert damit zusätzlich eine Art „Gralshüterbewußtsein".

Oft verwoben mit der zweiten ist die dritte Variante. Diese ist den Leiden und Niederlagen der Vorläufer zugewandt, die entweder Rache fordern oder zumindest zur Vorsicht gegenüber jenen, die einst diese Leiden oder Niederlagen zufügten, aufrufen und damit der Definition eines Feindbildes dienen. Letztlich ist darin auch der Appell enthalten, weiterzumachen und mitzuhelfen, daß die Opfer der „Helden" nicht umsonst gewesen sind.

Die vierte Variante ist den Vorzügen zugewandt, die im Zusammenhang mit der eigenen Gruppe stehen. Diese können durch die Schönheit einer Landschaft ebenso repräsentiert werden wie durch die Überlegenheit eines politischen Programms, der Richtigkeit und Reinheit des Glaubens und vielem anderen. Sowohl Gegenwärtiges als auch – noch öfter – Zukünftiges wird hier thematisiert.

Allen vier Varianten gemeinsam ist jedoch Eingrenzung der eigenen Gruppe und Werte und damit die Ausgrenzung aller anderen, größtenteils, wenn auch nicht immer, verbunden mit der Definition eines die eigene Gruppe und eigenen Werte bedrohenden Feindbildes.

2.2.2.1 Ethnische und topographische Identitätsstiftung

Wie sich anhand der historischen Beispiele zeigen wird, wird der Begriff „Ethnos" durchaus unterschiedlich interpretiert und zudem meistens auch noch mit dem Begriff „Nation" vermischt. „Heimat", „Patriotismus" – und sei es nur solcher lokaler Provenienz –, „Blut und Boden" sind weitere Begriffe, die im zur Diskussion stehenden Fall das eine oder andere Mal – je nach bestimmtem Kontext – eine Rolle spielen.

Bei der Frage der ethnischen Identitätsstiftung ist die Definition des Begriffes Ethnos daher im Sinne von Bekenntnisethnos zu verstehen, das heißt, die Musik hilft mit, den Menschen im Sinne des oben Gesagten in einer bestimmten Kultur zu festigen und ihm das Bekenntnis zu dieser Kultur bewußt zu machen, oder in anderen Worten

> in der Sprache der Musik wird dem jungen Menschen das Wissen um die Herkunft und Sinn seines Stammes eingepflanzt und die nach rückwärts gerichtete Ausbildung verankert den heranwachsenden Menschen in der Tradition, daraus ergibt sich in weiterer Folge die kulturelle Stabilität und Kontinuität der Gemeinschaft.[63]

Die Hervorhebung der Vorzüge einer bestimmten Ethnie, der Schönheiten eines Landes oder einer Region bewirkt einen gewissen Stolz, diesem Land oder dieser Ethnie anzugehören und stiftet somit Identität. *„Oh say can you see a land like this"* beginnt etwa die Hymne der Vereinigten Staaten von Amerika und *„Karntn is lei ans, is a Landle a klans"* zielt genau in dieselbe Richtung wie *„Bei uns in Steiermark, da san d' Leut groß und stark, san wia die Tannenbam, bei uns dahoam"*.

Vor allem seit der Romantik wird Ethnos vielfach primär über den Faktor Sprache definiert, und je stärker diese Ethnie von Assimilierung bedroht ist, desto mehr gewinnt das Liedgut an identitätsstiftender Intention – auch wenn die Bekenntnisformel nicht vorhanden ist.

Im symphonischen und musikdramatischen Bereich werden Zugehörigkeiten beschworen, werden die Heldentaten oder auch Niederlagen der Vorfahren beschrieben, letzteres wohl mit der Intention, „einstens Rache zu nehmen für die zugefügte Schmach".

Auch ist die negative Darstellung einer „Konkurrenz-Ethnie" identitätsstiftend für die eigene. Wenn etwa im Zuge der Auseinandersetzungen um die Befreiung von österreichischer Vorherrschaft und Erringung einer eigenen ungarischen Autonomie – die zwar politische Gründe haben, aber unter dem ethnischen Deckmantel ausgetragen werden – die Ungarn nicht nur fast ausschließlich als Zigeuner (womit allein schon alte Ressentiments der österreichischen Bevölkerung angesprochen werden), sondern auch noch in dümmlicher Art und Weise (*„das Schreiben und das Lesen, ist nie mein Fach gewesen ... mein idealer Lebenszweck ist Borstenvieh und Schweinespeck"*) dargestellt werden, wofür allein die österreichische Operettenliteratur Beispiele ohne Zahl liefert, so ist dahinter doch System zu erkennen.

Ohne Text kann unter Zuhilfenahme verschiedener Techniken sinnstiftend im ethnischen Bereich gewirkt werden. Im wesentlichen gehören dazu die Verwendung oder Zitate von ethnisch oder geographisch zugeordneten Melodien – Tänzen oder Liedern – sowie als nächsthöhere Stufe die Tonmalerei. Für beides sind Konventionen nötig, und für beides finden sich in Friedrich Smetanas *„Die Moldau"* aus dem Zyklus *„Mein Vaterland"* reichlich Beispiele. Auch für eine weitere Kategorie – dem Bekenntnis zu einer Volksgruppe, oft substituiert durch Heroen, oder zu einer bestimmten Landschaft durch die Benennung der Werke – ist die eben angesprochene Komposition exemplarisch. Bartóks ungarische Nationalmusik fällt genauso in diesen Bereich wie Griegs *„Peer Gynt"* oder Richard Strauss' *„Alpensymphonie"* und viele andere. Bei Liszt und anderen kommt hier auch rein instrumental die vorher erwähnte Gleichstellung von ungarisch = zigeunerisch zum Tragen, die unabhängig von ihren primären

Intentionen, die möglicherweise lediglich auf Unkenntnis basieren (aus Unkenntnis passieren, wäre wohl treffender gesagt), ihre Wirkung aber trotzdem nicht verfehlen.

Im organisatorischen Bereich sind alle die Zusammenschlüsse, die durch ethnische Gruppen erfolgen, zu vermerken, wobei auch hier das Dualitätsprinzip zum Tragen kommt: organisatorische Zusammenschlüsse sind Eingrenzungen auf bestimmte – im weitesten Sinne – ethnische Gruppen und damit gleichzeitig Ausgrenzungen aller anderen. Im größeren Rahmen sind die im 19. Jahrhundert entstehenden deutlich deutschnational tendenziellen Sängerbünde[64] zu nennen, die sich nicht nur die Pflege deutschen Liedgutes und „deutscher Werte" zur Aufgabe stellen, sondern vielfach mit dem sogenannten „Arierparagraphen" in ihren Statuten auch deutlich antisemitische Züge aufweisen und damit zumindest in diesem Bereich nationalsozialistische Kulturpolitik vorwegnehmen. Im übrigen haben teilweise auch die im ausgehenden 19. Jahrhundert sich etablierenden sozialdemokratischen österreichischen Arbeiter-Sängerbünde noch im Jahr 1914 einen sich nach sprachlichen Kriterien orientierenden Ausgrenzungsparagraphen – *„Mitglied kann jeder Gesangverein, Sängerklub und jede Gesangsektion deutscher Zunge werden"* – in ihren Statuten.[65]

Konventionalisierte Melodien zur ethnischen Identitätsstiftung werden von Tschaikowsky in der für die Eröffnung der Moskauer Weltausstellung des Jahres 1882 als Auftragswerk entstandenen *„Ouvertüre solenelle 1812"*, mit der musikalischen Beschreibung von Napoleons Rußlandfeldzug und dem Sieg der Russen, verwendet. Zum einen wird der französische Feind durch die Marseillaise, das russische Volk durch die Zarenhymne (!) – je nach Stand der Schlacht entsprechend moduliert – symbolisiert, schließlich treten zur Verkündigung des Sieges auch noch – ein weiteres starkes Symbol – Glocken in Erscheinung.

2.2.2.2 Religiöse Identitätsstiftung

Bei der Frage nach religiöser Identitätsstiftung sind zwei Funktionsweisen der Musik zu unterscheiden. Zum einen ist es die magische Funktion der Musik, wie sie uns noch heute in verschiedenen Kulturen entgegentritt, und zum anderen die sakrale Funktion, wie sie in der europäisch dominierten Kirchenmusik, aber auch in „modernen" Religionen verwendet wird.

Gerade in auf einer frühen Entwicklungsstufe stehenden Kulturen, denen ja größtenteils die Kenntnis über das Vorhandensein anderer Religionen und damit das Problem der religiösen Identität fehlt, dient Musik als „Sprache der Götter" der Kommunikation mit den Überirdischen. Sie ist damit ein bedeutendes Werkzeug zur Bewältigung der Probleme des Alltags, und die Kenntnis der „richtigen" Musik bildet daher ein Wissens- und somit Machtmonopol, das bei der Herausbildung ganz spezifischer sozialer Strukturen eine Rolle spielt. Damit wohnt auch dieser Musik eine politische Funktion, allerdings nicht im Sinne religiöser Identität, inne.

Ganz anders liegen die Umstände im Falle der Religionen sogenannter „Hochkulturen", wie dies etwa anhand der europäisch-christlichen Konfessionen in ihren zahlreichen Varianten sowie deren Zusammentreffen mit anderen Glaubensrichtungen – inklusive anderen Kulturen – deutlich nachvollzogen werden kann. Die Musik der „hochkulturellen" Religionen dient hier viel weniger dem Lob Gottes als vielmehr der Erbauung der Gläubigen sowie – im Falle der Konfrontation mit anderen Glaubensrichtungen – dem Lob des „eigenen Gottes", womit auch die Musik als wichtiger Bestandteil zur äußeren, vor allem aber zur inneren Differenzierung der Richtungen beiträgt, wie dies schon allein aus der Bedeutung der Musik in Reformation und Gegenreformation deutlich wird.[66]

Was über die ethnische Identitätsstiftung gesagt wurde, gilt somit im wesentlichen auch für die religiöse, vielleicht mit der Ausnahme, daß „Religion" um einiges leichter zu definieren ist als

„Ethnos". Somit erübrigen sich im weiteren auch lange Ausführungen über das Wie und Was der religiösen Sinnstiftung, und es genügt statt dessen, Beispiele anzuführen.

Viele Texte nehmen direkt Bezug auf die religiöse Identität des oder der Sänger, beispielsweise der Großteil der Suren des Korans, die gesungen werden. Diese beginnen, mit Ausnahme der neunten Sure, immer mit den Worten *„Im Namen Allahs, des Allbarmherzigen".*[67] Auch die gesungene Form des in 12 Punkte unterteilten römisch-katholischen „Apostolischen Glaubensbekenntnisses" spricht im neunten Abschnitt – *„Ich glaube an . . . die heilige katholische Kirche, Gemeinschaft der Heiligen, Nachlaß der Sünden . . . "* – wörtlich die konfessionelle Zugehörigkeit und zudem das Bekenntnis zur Heiligenverehrung aus.[68]

Anders bei vielen christlichen Liedern, die aufgrund ihres Inhaltes die Unterscheidung zu anderen Konfessionen vornehmen. So verfügt etwa die katholische Richtung über eine Vielzahl von Marienliedern oder Heiligenliedern und unterscheidet sich dadurch etwa von den Protestanten, die die Marien- und Heiligenverehrung ja ablehnen. Gleichzeitig nehmen zahlreiche historische Lieder – vor allem solche der Jesuiten – mit einer deutlich antisemitischen Haltung eine klare Abgrenzung zum Judentum vor.[69]

> *Er [Christus] trägt das Kreuz, er trägt die Welt,*
> *Er ist dazu von Gott bestellt,*
> *Er trägt es mit gelassnem Mut,*
> *Es strömet von ihm Schweiß und Blut.*
>
> *Erschöpfet will er ruhen aus,*
> *Vor eines reichen Juden Haus,*
> *Der Jude stieß in spottend weg,*
> *Er [Christus] blickt ihn an, geht seinen Weg . . .*

Die Verwendung – oder auch die theologisch vorgegschriebene Nichtverwendung – ganz bestimmter Instrumente zielt fast immer auf die Erzielung bestimmter eng mit Identitätsstiftung verknüpfter Emotionen hin. Seien es die rein vokalen Formen jüdischer Synagogalmusik, die verwandten Formen der Gregorianik oder im späteren christlichen Bereich die Verwendung der Orgel, bzw. bei besonders festlichen Anlässen der Einsatz großer Orchester und Chöre, sie alle dienen nur scheinbar dem Lob Gottes, tatsächliche Aufgabe hingegen ist die Erbauung der Feiernden, die Schaffung festlicher, feierlicher Stimmungen und damit das Gefühl, einer Gemeinschaft anzugehören, die den „wahren" Glauben vertritt.

> *Die Liturgie gebraucht die Musik als Symbol der Einheit der feiernden Gemeinschaft, als Symbol der Freude über das jeweils zu feiernde Ereignis, als Symbol der Hoffnung auch in ausweglos erscheinenden Situationen und als eschatologisches Symbol, d.h. als Symbol für die vollkommene Freude der Vollendung der Ewigkeit . . . Wo immer im Gottesdienst auf Musik (Gesang) verzichtet wird, da verzichtet man auf eine Dimension im rituellen Handeln, die durch nichts anderes ersetzt werden kann.*[70]

Noch deutlicher als bei anderen musikalischen Formen spielt bei der religiösen Musik der Zusammenhang, in dem sie erklingt, eine bedeutende Rolle, die schon allein genügt, um die Konfessionen zu differenzieren und die einer näheren Erläuterung wohl nicht bedarf.

2.2.2.3 Weltanschauliche Identitätsstiftung

Die Erkenntnis, einer bestimmten weltanschaulichen Gruppierung anzugehören, findet nicht nur sehr bald ihren Niederschlag in musikalischen Äußerungen, vielmehr wird auch umgekehrt die Musik zu einem Mittel, den Mitgliedern einer Gruppe diese Mitgliedschaft im allgemeinen und die Bedeutung dieser Gruppe im besonderen zu verdeutlichen.

Auch hier sind die Bekenntnislieder die augenscheinlichste Form, im weltanschaulichen Bereich kommt dabei der Singular kaum vor, statt dessen wird fast immer die Wir-Form verwendet.

Eines der bekanntesten und beliebtesten Lieder der österreichischen Sozialdemokratie, das Ende der 20er Jahre entstandene Lied „Die Arbeiter von Wien" mit einem Text von Fritz Brügel, weist allein in der ersten Strophe das Bekenntnis „wir sind" nicht weniger als siebenmal auf:

> *Wir sind das Bauvolk der kommenden Welt,*
> *wir sind der Sämann, die Saat und das Feld,*
> *wir sind die Schnitter der kommenden Mahd,*
> *wir sind die Zukunft und wir sind die Tat.*
> *So flieg du flammende, du rote Fahne*
> *voran des Weges, den wir ziehn,*
> *wir sind der Zukunft getreue Kämpfer,*
> *wir sind die Arbeiter von Wien.*

Ausschließlich Heldentaten der Vorfahren beschreibende Werke mit direktem Textbezug sind im weltanschaulichen Bereich eher selten, viel öfter finden sich durch die „Hinterhältigkeit des Feindes" tragisch endende Helden-Schicksale thematisiert, sie zählen also eigentlich zur dritten Variante der „Leidensgeschichte", wie etwa das Lied von Robert Blum. Robert Blum ist ein populärer Vertreter der Arbeiter und Abgeordneter zur Frankfurter Nationalversammlung. Im Zuge der Niederschlagung der Revolution von 1848 wird er in Wien verhaftet und am 9. November nach einem Standgerichtsverfahren in Wien-Brigittenau erschossen. Daher spricht die ursprüngliche Textfassung von einem „Brigittenauer Tor", das jedoch sehr bald zu „Brandenburger Tor" zurechtgesungen wird.[71]

> *Ja, frühmorgens zwischen vier und fünfen,*
> *da öffnet sich das Brandenburger Tor,*
> *die Hand am Rücken festgebunden,*
> *tritt Robert Blum mit festem Schritt hervor.*
> *…*
> *Der erste Schuß traf ihn in seine Schläfe,*
> *der zweite in sein treues Herz,*
> *so starb der erste Freiheitskämpfer,*
> *der erste Freiheitskämpfer Robert Blum.*

Ähnliche Lieder sind quer durch alle weltanschaulichen Gruppierungen anzutreffen und berichten teils von anonym bleibenden kollektiven Opfern – „Bei München sind viele gefallen" – oder benennen diese, wie im Fall Robert Blums oder Horst Wessels, persönlich. Diese Opfer können – vor allem in kollektiver Form – durchaus auch in der Gegenwart liegen, wie etwa „die vom Klassenfeind noch immer unterdrückte Arbeiterschaft", das von „jüdischer Beeinflussung bedrohte Deutsche Erbe" u.s.w.

Schließlich werden noch die Vorzüge der eigenen Gruppe, die als einzige die im Lied beschriebene bessere Zukunft garantiert, angesprochen, wie dies in der vierten Strophe des Liedes „Avanti Popolo", in dem die eigene Gruppe durch das Symbol „Rote Fahne" substituiert wird, zum Ausdruck kommt:[72]

> *Es wird die neue Zeit den Haß bezwingen,*
> *die rote Fahne wird Frieden bringen,*
> *zu freien Menschen formt sie Untertanen,*
> *die rote Fahne zieht uns voran.*
> *Blutrote Fahnen grüßt das Sonnenlicht,*
> *blutrote Fahnen rufen zum Gericht,*

Fortsetzung auf Seite 49

Werbeplakat der Reichsjugendführung für das Erlernen von Musikinstrumenten. (aus: Musik für Jugend und Volk, 1. Jg., 1937, S. 121)

Nationalsozialistische Deutsche Arbeiterpartei
Gau Steiermark

Burg, II.Stock, Zimmer 2o

Telegrammanschrift: Gau Graz   Graz, ~~Landhaus, Herrengasse~~, Fernruf 83·000

Propagandaleiter ,Hauptstelle Kultur,
             Gauorchester

Graz, den __25.November 1939__

Zeichen: Ho/39
Zeichen, Datum und Gegenstand
bei Antwort stets angeben.

Ihr Zeichen: 715/5-G/H v. 21./11.39

        An den Musikverein für Steiermark
           Graz, Landhausgasse 12

       In Beantwortung Ihres Schreibens vom 21./11. 39
teile ich auf Ihre vier Fragen folgendes mit:
     1) Der offizielle Titel lautet:
       Orchester der N.S.D.A.P. Gau Steiermark
       (Abgekürzter Gebrauchstittel: Gauorchester)

    2) Besetzung: 2 gr. Flöten, 2 Hoboen, 2 Klarinetten,
2 Fagotte, 4 Hörner in F, 2 Trompeten, 2 Posaunen, Pauken,
8 erste Violinen, 8 zweite Violinen, 4 Bratschen, 4 Violon-
celle, 3 Kontrabässe
     Dies ist der normierte Stand (zirka 45 Musiker),
jedoch sind einige Mitglieder derzeit nicht verfügbar z. B.
ist ein Flötist an der Westfront, ein Hornist krank.

    3) Die Proben des Gauorchesters finden jeden Mittwoch
im Landhaus statt und können in diesen Proben die Werke des
geplanten Konzertes studiert werden.
     4) Der N.S.D.A.P. steht das Gauorchester vollkommen
kostenlos zur Verfügung. Bei allen anderweitigen Veranstaltungen setzt sich das Honorar für Proben und Aufführungen
nach Rücksprache mit dem Gauschatzamt wie folgt zusammen:
     a) Ehrenhonorar   Rm. 5o.--
     b) Instrumententransportkosten für Proben und Auf-
          führungen außerhalb des Landhauses   Rm. 12.--
          (Wenn der Musikverein f. Steiermark den Instru-
          mententransport selbst durchführt, fällt dieser

Höflichkeitsformeln fallen bei allen parteiamtlichen Schreiben weg   Betrag weg)

c) Spesenersatz pro Kopf der mitwirkenden Musiker
Rm.2.--.(Zu Ihrer Information teile ich hiezu das
Folgende mit: Angenommen, es wirken 3o Musiker mit,
so wären Rm. 6o.-- zu bezahlen. Dieser Betrag wird
unter den Minderbemittelten und Familienvätern mit
mehreren Kindern aufgeteilt,wobei die besser Situ-
irten auf ihren Anteil verzichten).
d) Für Berufsmusiker, die an Stelle eingerückter
oder erkrankter Musiker des Gauorchesters mitwir-
ken, die für die Mitglieder des städtischen Opern-
orchesters üblichen Tarifsätze.

Um jede Unklarheit zu vermeiden, stelle ich hier noch
eine Kostenrechnung für die Inanspruchnahme des Gauorchesters für
mehrere Proben und eine Aufführung auf unter der Annahme, daß 4o
eigene Musiker und 2 Berufsmusiker benötigt werden:

Ehrenhonorar	Rm. 50.--
Ein Instrumententransport	Rm. 12.--
4o Musiker zu je Rm. 2.--=	Rm. 8o.--
2 Berufsmusiker für General- probe und Aufführung	Rm. 2o.--
Summe	Rm.162.--

Das Gauorchester ist wie jede Formation auf autori-
tärer Grundlage aufgebaut,mit der Verpflichtung für jeden einzelnen Musiker, bei Veranstaltungen der N.S.D.A.P. mitzuwirken. Was
jedoch den Einsatz des Gauorchesters bei privaten Veranstaltungen
betrifft, so ist es meine Gepflogenheit, die Mitgliederschaft zu
befragen. Dies wird in der übernächsten Probe geschehen und werde
ich Ihnen dann sogleich diesbezüglich Nachricht zukommen lassen.

                    H e i l   H i t l e r   !

Seite 34–35: Schreiben der NSDAP betreffend das Parteiorchester, dessen Aufgabenbereich später größtenteils vom Steirischen Landesorchester übernommen wird. (Original: Archiv des Musikvereins für Steiermark)

Auftritt von Studierenden der Hochschule für Musikerziehung in Graz-Eggenberg anläßlich einer Wehrbetreuungsfahrt der Kriegsmarine an die Kanalküste nach Frankreich 1941. (Foto aus dem Privatbesitz von Ursula Steinecke)

Tanzanimation mit Soldaten der Kriegsmarine anläßlich der Wehrbetreuungsfahrt der Studierenden der Hochschule für Musikerziehung in Graz-Eggenberg nach Litauen und Lettland im April 1942. (Foto aus dem Privatbesitz von Ursula Steinecke)

Steirisches Musikschulwerk

Staatliche Hochschule für Musikerziehung Graz — Landesmusikschule Graz —
Musikschulen für Jugend und Volk

Tag der Musik

im Kreis Mürzzuschlag

am Mittwoch, den 20. November 1940

Konzerte in

Mürzzuschlag

Krieglach

Kindberg

Veitsch

Neuberg

ausgeführt vom Steirischen Landesorchester unter Leitung von Felix Oberborbeck
und dem Lehrgang für Jugend= und Volksmusikleiter
an der Staatlichen Hochschule für Musikerziehung Graz
unter Leitung von Reinhold Heyden

**Seite 37–39: Programm zum Steirischen Musiktag im Kreis Mürzzuschlag.
(Im Privatbesitz des Verfassers)**

Veranstaltet in Verbindung mit der  NS.=Gem. „Kraft durch Freude"

MÜRZZUSCHLAG

14.30 Uhr

Jugendmusizierstunde

im Koburger Haus

Franz-Schubert-Stunde

Deutsche Tänze
2 Lieder für Sopran und Orchester
a) An die Musik
b) Du bist die Ruh
Menuett aus der 5. Symphonie B-Dur
2 Lieder für Sopran und Orchester
a) Wiegenlied
b) Seligkeit
Ballettmusik aus „Rosamunde"

Ausführende: Ella Teusch-Döinghaus (Wien), Sopran
Das Steirische Landesorchester
unter Leitung von Felix Oberborbeck

KRIEGLACH

10 Uhr

Jugendmusizierstunde

im Saal des Gasthofes Stocker

Instrumente stellen sich vor

Werke für Violine, Viola, Cello, Flöte, Oboe, Klarinette und Fagott

11.30 Uhr

Werkpause

für die Gefolgschaft der Eisenwerke Krieglach
veranstaltet von der NS-Gemeinschaft „Kraft durch Freude"

Ausführende: Ella Teusch-Döinghaus (Wien), Sopran
Dr. Walter Greiner (Leoben), Tenor
Herbert Klomser (Volksoper Wien), Bariton
Das Steirische Landesorchester
unter Leitung von Felix Oberborbeck

Wiener Musik aus drei Jahrhunderten

Josef Haydn: Menuett D-Dur
Arie: „Nun eilet froh der Ackersmann" (aus den „Jahreszeiten")
Franz Schubert: Ballettmusik aus „Rosamunde"
Josef Haydn: Duett für Sopran und Tenor „Ihr Schönen aus der Stadt"
Johann Strauß: Perpetuum mobile

VEITSCH

11 Uhr

Jugendmusizierstunde

Lieder und Tänze

gesungen vom Lehrgang für Jugend- und Volksmusikleiter
an der Staatlichen Hochschule für Musikerziehung Graz
unter Leitung von Reinhold H e y d e n

NEUBERG

15 Uhr

Jugendmusizierstunde

im Kinosaal

Der Lehrgang für Jugend- und Volksmusikleiter
an der Staatlichen Hochschule für Musikerziehung Graz
unter Leitung von Reinhold H e y d e n

KINDBERG

16.30 Uhr

Jugendmusizierstunde

Leitung: Rupert D o p p e l b a u e r

20 Uhr

Konzert

veranstaltet von der NS-Gemeinschaft „Kraft durch Freude"

in der Narvikhalle

Ausführende: Herta Günthert, Violine
Ella Teusch-Döinghaus (Wien), Sopran
Dr. Walter Greiner (Leoben), Tenor
Herbert Klomser (Volksoper Wien), Baß
Der Männergesangverein und Frauenchor Mürzzuschlag
Der gemischte Chor und die BDM-Singschar Kindberg
Der Chor der Hochschule für Musikerziehung Graz
Das Steirische Landesorchester

I. Teil, Leitung Felix O b e r b o r b e ck

L. v. B e e t h o v e n:	Ouvertüre zu „Coriolan"
J. S. B a ch:	Violinkonzert a-moll
	Allegro
	Andante
	Allegro assai
F. S ch u b e r t:	Ballettmusik aus „Rosamunde"

II. Teil, Leitung Fritz S ch a a r s ch m i d t

J. H a y d n:	Aus dem Oratorium „Die Jahreszeiten": „Der Herbst"
	für Solostimmen, Chor und Orchester

Zuhörer beim Auftritt der Studierenden im Umsiedlungslager der Buchenlanddeutschen. (Fotos aus: Die Pause, 6. Jg., Heft 10)

Studierende der Hochschule für Musikerziehung in Graz-Eggenberg singen im Umsiedlungslager der Buchenlanddeutschen.

14. Konzert des 125. Arbeitsjahres

Graz

Montag, den 11. Dezember 1939, Kammermusiksaal, 19.30 Uhr

Das Mozart-Quartett
2. Abend

Ausführende: Norbert Hofmann, 1. Violine
Josef Schröcksnadel, 2. Violine und Bratsche
Wolfgang Grunsky, Cello
Heinrich Kohnle, Flöte
Dr. Rudolf Stejskal, Klavier

Ludwig v. Beethoven: Flötenserenade, D-dur op. 25 (für Violine, Viola und Flöte)

Allegro — Tempo ordinario d'un Menuetto — Allegro molto — Andante con variazioni — Allegro scherzando e vivace — Adagio — Allegro vivace e disinvolto.

W. A. Mozart: Quartett in D-dur (für Flöte, Geige, Bratsche und Cello) K.V. 285

Allegro — Adagio — Rondo.

A. Dvorak: Klavierquartett in Es-dur

Allegro con fuoco — Lento — Allegro moderato gracioso — Allegro, ma non troppo.

Bösendorfer-Flügel aus dem Klavierhaus Fiedler

Es folgen:

Freitag, 15. Dezember: **Violinabend Ella Kasteliz**
Am Ehrbarflügel: Hugo Kroemer.

Montag, 18. Dezember: **Gründungskonzert der Städtischen Chorgemeinschaft**
Dirigent: Hermann von Schmeidel.
Ausführende: Die Städtische Chorgemeinschaft, das Orchester der NSDAP., Gau Steiermark, und Franz Illenberger (Orgelsolo und -continuo).

41

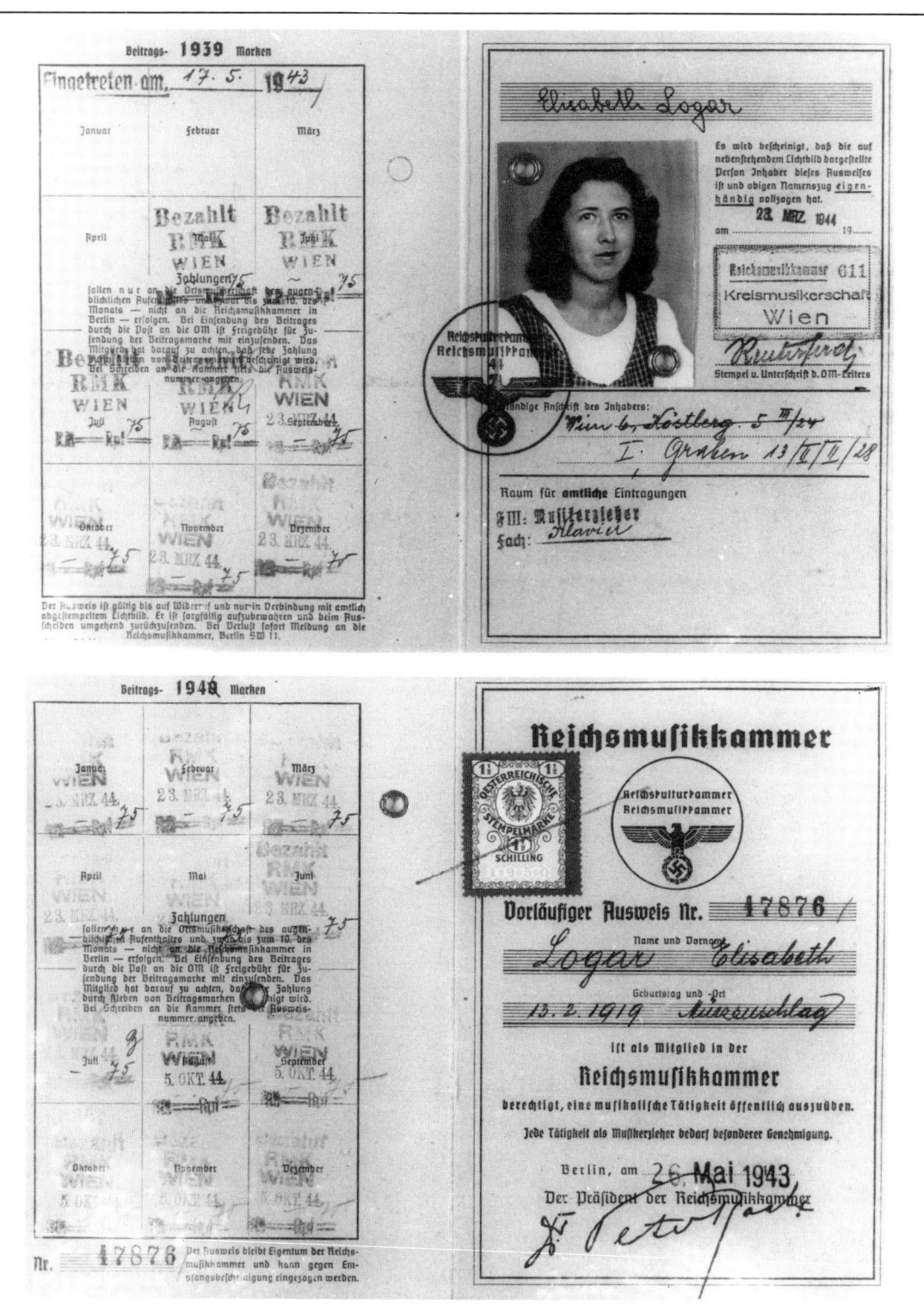

Reichsmusikkammerausweis von Elisabeth Mirtl-Logar. Die Mitgliedschaft in der RMK ist die Voraussetzung für jede erwerbsmäßige Musikausübung. (Foto aus dem Privatbesitz von Prof. Elisabeth Mirtl-Logar)

Musik studieren in Graz

Titelbild eines Werbeprospektes des Steirischen Musikschulwerkes in Graz. (Privatbesitz des Verfassers)

Amt für Konzertwesen
Aktenzeichen Nr. 3010/39.

Berlin, den 9. September 1939.
Postanschrift: NW 40,Alsenstr.7
Fernsprecher: 12 68 01

V e r t r a u l i c h !
————————————————————————————

Rundschreiben Nr. 6 an die Städtischen und Kreismusikbeauftragten
an die gemeinnützigen Konzertveranstalter
an die gewerbsmässigen Konzertveranstalter

Konzertwesen während des Krieges.

1.Der Reichsminister für Volksaufklärung und Propaganda und Reich-
propangandaleiter Dr. Goebbels hat am 4. September 1939 an die Reichs=
statthalter, Gauleiter und Gauptopagandaleiter usw. folgende ANWEISUNG
erlassen:

"Die Musik hat heute mehr den je die grosse Aufgabe, unser Volk zu erheben und seine seelischen Kräfte zu stärken. Deswegen ist die Programm=
gestaltung des deutschen Musiklebens dem Ernst der Zeit und dem nationalen Volksempfinden anzupassen. Damit soll keineswegs die heitere
Musik ausgeschalten werden; sie ist jedoch freizuhalten von Würdelo-
sigkeit und Übertreibung in der Wiedergabe.

Ich ordne deshalb an, dass Werke, die dem nationalen Empfinden entgegen=
stehen, sei es durch das Ursprungsland, den Komponisten und ihre Äus=
sere Aufmachung, nicht mehr aufzuführen, sondern durch andere zu er=
setzen sind.

Weiter ist dafür Sorge zu tragen, dass eine Einschränkung der öffent=
lichen musikalischen Betätigung nach Möglichkeit in nennenswertem Um=
fang nicht eintritt oder das Konzerte nicht grundlos abgesagt werden."

2. Das Amt für Konzertwesen wurde vom Reichministerium für Volksauf=
klärung und Propaganda beauftragt, alle Massnahmen zu treffen, um einen planmässigen und schlagkräftigen Einsatz auf dem Gebiet des Konzertwesens während des Krieges zu sichern.

Der Leiter der Musikabteilung des Reichsministeriums für Volksaufklärung und Propaganda, Generalintendant Dr. Drewes, hat hat den Vor=
sitz des Amtes für Konzertwesen übernommen. Stellvertretender Vor=
sitzender ist Staatsrat Oberbürgermeister Dr. Krebs. Die Leitung
des Amtes bleibt bei Dr. Otto Benecke, Beigeordneter des Deutschen
Gemeindetages.

Das Amt für Konzertwesen hat einen Beirat bestellt, der aus in Berlin ansässigen Künstlern, gemeinnützigen und gewerbsmässigen Konzertveranstaltern und sonstigen Vertretern der Konzertwirtschaft sowie aus Vertretern der beteiligten Dienststellen der Partei, des Staates und der Berufsstände besteht.

3. GRUNDSÄTZE des KONZERTWESENS WÄHREND DES KRIEGES!
Das Amt für Konzertwesen erlässt im Rahmen der ihm erteilten Vollmacht folgende Richtsätze für das Konzertwesen während des Krieges:

    1.) Die Musika erhebt und erfreut den Menschen. Musikpflege ist also auch während des Krieges dringend geboten.

    2.) Das Programm der Konzerte bedarf besonderer Sorgfalt; im Vordergrund stehen Werke erfreuenden und erhebenden Inhalts; Werke problematischer und niederdrückender Art sollen nach Möglichkeit vermieden werden. Die Konzerte sollen mehr denn je den Charakter musikalischer Freistunden tragen.

4. Das AMT DES STÄDTISCHEN MUSIKBEAUFTRAGTEN ist durch die vorstehend veröffentlichten Richtsätze über das Konzertwesen während des Krieges bedeutungsvoller geworden. Es kommt entscheidend darauf an, dass das Amt mit einer geeigneten Persönlichkeit besetzt ist. Sobald der Städtische Musikbeauftragte durch Heeresdienst oder aus anderen Gründen behindert ist, werden die Oberbürgermeister (Bürgermeister) gebeten, sogleich einen neuen Städtischen Musikbeauftragten zu bestellen.

      Der Vorsitzende des Amtes für Konzertwesen
        Dr. Drewes

        Generalintendant

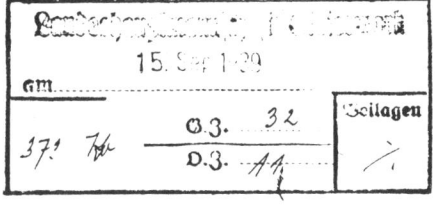
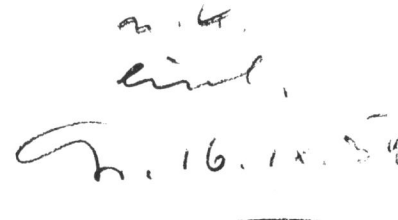

Seite 44–45: Auszug aus einem Schreiben des Reichspropagandaministeriums, betreffend die ungehinderte Veranstaltung von Konzerten als Mittel zur Stärkung der Bevölkerung. (Original: Steiermärkisches Landesarchiv)

Ottokar Kernstocks Gedicht „Das Hakenkreuz" in der Vertonung von Sepp Rosegger. (Original: Steiermärkisches Landesarchiv)

Lied aus Hermann Pferschys „Grenzlandkantate" in der Vertonung von Hans Holenia. (Original: Steiermärkisches Landesarchiv)

Der Reichsminister
für Wissenschaft, Erziehung
und Volksbildung
V a 223/44

Berlin W 8, den 3. April 1944
Postfach

Durch die Terrorangriffe der Gegner sind verschiedentlich auch
Gebäude betroffen worden, in denen Kunst- und Musikhochschulen untergebracht sind. Der Unterrichtsbetrieb an diesen Hochschulen ist als
kriegswichtig anerkannt. Es ist daher die aufrechterhaltung des
Unterrichtsbetriebes

An
a) die Herren Direktoren der preuß.Kunsthochschulen,
b) die Unterrichtsverwaltungen der Länder mit Kunsthochschulen - außer Preußen -
c) die Herren Reichsstatthalter in Wien, Graz und Salzburg,
d) den Herrn Deutschen Staatsminister für Böhmen und
Mähren in Prag
- Deutsche Dienstpost Böhmen-Mähren -

Abschrift der Musikhochschule zur
Kenntnis.
Graz am 16. April 1944.

13 APR. 1944

3) Im eigenen Bereich erledigen

Unterrichtsbetriebes an den Kunst- und Musikhochschulen mit allen
Mitteln anzustreben, und zwar, solange irgend möglich, am bisherigen Orte. Wenn ein geregelter Unterrichtsbetrieb mangels einer geeigneten Unterbringungsmöglichkeit an diesem Ort - auch in einer
Ersatzunterkunft - nicht mehr möglich ist, so ist der Betrieb der
betreffenden Hochschule an der dafür vorbereiteten Ausweichstelle
weiterzuführen. Im Interesse der Ausbildung der Studierenden und
der Fortführung der Hochschulen in der bisherigen Form ist dabei
eine möglichst geschlossene Unterbringung der Hochschule - wenn
auch erforderlichenfalls in verkleinertem Umfange - anzustreben.
Ich ersuche,
a) um Bericht, welche Kunst- und Musikhochschulen Ihres Bereichs
bisher betroffen worden sind und wo und in welcher Weise der
Unterrichtsbetrieb fortgeführt wird;
b) um sofortigen Bericht, falls Kunst- oder Musikhochschulen zu-
künftig betroffen werden. Es ist dann auch darüber zu berichten,
an welchem Ort und in welcher Weise der Unterrichtsbetrieb weitergeführt werden soll. Für die Wegverlegung einer Kunst- oder
Musikhochschule vom bisherigen Ort behalte ich mir die Genehmigung vor.

Im Auftrage
gez. Hermann

Beglaubigt:

Angestellte

Der Reichsstatthalter in der Steiermark

am 14 APR. 1944

Entfertigt am 18 APR. 1944

Schreiben des Reichserziehungsministers, betreffend der Zuerkennung der Kriegswichtigkeit der Musikhochschulen. (Original: Steiermärkisches Landesarchiv)

blutrote Fahnen werden Sieger sein.
Sie tragen neue Hoffnung in die Welt hinein.

Eines der bekanntesten Lieder dieser Gattung ist wohl das auf den amerikanischen Sezessionskrieg zurückgehende Lied „*Oh freedom*", für das u.a. Pete Seeger neue Strophen für die amerikanische „Equal-Rights-Movement", für die Bewegung zur Durchsetzung gleicher Rechte für Schwarze und Weiße, schreibt.

Auf die Leistungen der Vorfahren wird gerade im weltanschaulichen Bereich seltener direkt Bezug genommen als vielmehr durch historisierende, indirekte Formen. Indem Beschreibungen bestimmter schlimmer historischer Zustände für die Vorgänger der eigenen Gruppe thematisiert werden, die im Gegensatz zur besseren Gegenwart stehen, werden indirekt die Taten ersterer, die die Veränderung zum Besseren herbeigeführt haben, gewürdigt, und die Gruppe kann sich gleichzeitig als Nachfolger begreifen, die dieses Erbe zu bewahren hat:[73]

Bet und arbeit! ruft die Welt.
Bete kurz, denn Zeit ist Geld!
An die Türe pocht die Not,
bete kurz, denn Zeit ist Brot!

Sich selbst als politisch verstehende Komponisten versuchen immer wieder, ihren den Werken verliehenen Intentionen durch spezielle harmonische, melodische oder instrumentale Ausdrucksformen Gewicht zu verleihen. Im Sinne weltanschaulicher Ideen sind vordergründig die vielen Revolutionsmusiken zu sehen sowie Kompositionen zu Ehren bestimmter politischer Gruppierungen. Neben vielen anderen ist vor allem Dimitrij Schostakowitsch – etwa mit seiner anläßlich des zehnten Jahrestages der russischen Oktoberrevolution entstandenen *2. Symphonie op. 14* – einer der Hauptvertreter dieses Genres. Abgesehen von den Worten des Chores „*Die Losung für die kommenden Generationen: Oktober, Kommune und Lenin*" kommt – wie Reinhard Schulz dazu schreibt[74] – auch in der melodisch/harmonischen Komponente die Intention zum Tragen:

Die Symphonie steht in H-dur, schon zu Beginn aber verschlingen sich die Linien zu einem polytonalen und polyrhythmischen Klanggemisch, in das verhaltene Fanfarenmotivik hineinklingt. Daraus lösen sich ein grell durchbrechender Marsch, dann ein von surrealen Elementen durchzogener Tanz. Exponierte Überlagerungstechniken führen zu tumultartigen Partien von ganz unmittelbarer Bildhaftigkeit. Hier tritt dann der Chor ein, lösend und klärend. Ein hymnischer Ton entsteht, abgelöst von aggressiven, parolenartigen Einwürfen. Diese avancierten Sprachmittel bilden den Widerpart zum hymnischen Ton, sie verhindern Wehleidigkeit. Die zweite Symphonie Schostakowitschs spiegelt wie kaum ein anderes Werk den überschäumenden Aufbruchscharakter der jungen Sowjetunion in den zwanziger Jahren.

Die meisten zu Symbolen gewordenen Melodien haben zwar auch einen Text, der jedoch für die Symbolik nicht mehr weiter von Bedeutung ist, wie etwa die oben angeführten Beispiele der „*Marseillaise*" oder des „*Sozialistenmarsches*" beweisen. Auch die „*Internationale*", das „*Horst-Wessel-Lied*" und viele andere hymnisch verwendete Werke fallen in diesen Bereich, der weniger Symbolik in der Musik als vielmehr Musik als Symbol weltanschaulicher Gruppierungen oder deren Ideen bedeutet.

Die oben beschriebene zweite Symphonie Schostakowitschs ist ebenfalls ein gutes Beispiel für die Bedeutung des Kontexts, der zum Zeitpunkt ihrer Entstehung geprägt ist von revolutionärer Aufbruchsstimmung und nur in diesem Rahmen ihren sinnstiftenden Charakter zu erfüllen in der Lage ist. In den Ländern der ehemaligen Sowjetunion des Jahres 1992 würde dieses Werk seine ursprünglich geplante Wirkung nicht nur gänzlich verfehlen, vermutlich würde es vielmehr als eine Provokation aufgefaßt werden.

Fallweise übernimmt die Person des Komponisten jene Rolle, die anderweitig der Inhalt der

Musikstücke innehat, wobei oft Geisteshaltungen der Person auf Stücke übertragen werden und die Stücke für die Wissenden quasi stellvertretend für die Anschauung des Komponisten stehen, mit der man sich selbst identifiziert und sich somit in einer Linie stehend betrachtet.

Eines der Beispiele dafür ist Ludwig van Beethoven, der in der aufstrebenden Arbeiterbewegung und noch weit herein in das 20. Jahrhundert wegen seiner bekannt freiheitlichen Grundhaltung in großem Ansehen steht. Paradoxerweise wird einige Jahre später Beethoven – in einer Reihe mit Schütz, Wagner, aber auch Mozart und Händel – dann auch von den Nationalsozialisten – diesmal als „deutscher" Komponist, als „Schaffer deutschen Ahnenerbes" – vereinnahmt.

Wenn Mikis Theodorakis ein antifaschistisches Oratorium in einem ehemaligen nationalsozialistischen Konzentrationslager aufführt, übt der Ort der Aufführung ebenso wesentlichen Einfluß auf Wirksamkeit und Intensität von Intentionen aus, wie wenn seinerzeit die Nationalsozialisten im Rahmen der Propaganda zu „Schönheit der Arbeit" Sinfoniekonzerte vor Arbeitern in Werkshallen, sogenannte „Werkspausenkonzerte", veranstalten.

Wie mit der Kristallisation weltanschaulicher Gruppierungen die Bedeutung der Musik als Mittel der Eigendefinition und somit Ein- bzw. Ausgrenzung, aber auch als Mittel der Propaganda erkannt wird, ruft man bald nach dem Entstehen der politischen Parteien im 19. Jahrhundert in Erkenntnis dieser Bedeutung der Musik für die Ideologie daher den jeweils entsprechenden Gruppierungen zugehörende Musikorganisationen ins Leben.

Auch die Arbeiterbewegung, die anfangs noch unter dem Einfluß des liberalen Bürgertums steht, emanzipiert sich bald und mit ihr die Gesang- und Musikvereine, und gegen Ende des 19. und Anfang des 20. Jahrhunderts entstehen die ersten ihrer überregionalen Verbände.[75] Der bürgerliche, in seiner Mehrheit deutschnational eingestellte „Steirische Sängerbund" argumentiert zwar dagegen noch im Sinne von über dem Klassenkampf stehenden Musikverbänden, indem er schreibt:

> *Das deutsche Lied hat kein Verständnis für den Kampf der Klassen, es umfaßt die ganze Gemeinschaft vom Ärmsten bis zum Reichsten. Bei den Festen des Steirischen Sängerbundes berührt die Schulter des schlichten Arbeiters das feinere Kleid des Industriellen, des Beamten, des wohlhabenden Bürgers,*[76]

doch in der Praxis ist diese Anschauung bereits überholt, und die Replik des sozialdemokratischen Arztes Michael Schacherl auf diesen Artikel entspricht wesentlich besser der allgemeinen Stimmungslage dieser Zeit, wenn er schreibt, daß es gerade jene, die solcherart argumentieren, seien, die

> *in der gehässigsten Weise gegen das Wahlrecht der Arbeiter agierten und die Bürgerlichen alle Gewaltmittel bis hin zu Kanonen verlangten, damit ja nicht im Parlament die Schulter des schlichten Arbeiters das feinere Kleid des Industriellen, des Beamten, des wohlhabenden Bürgers berühre.*[77]

Im übrigen ist freilich auch die oben beschriebene Argumentation des Sängerbundes nicht frei von politischen Gedanken, sie verlagert lediglich den Schwerpunkt von der weltanschaulichen auf eine ethnische Ebene.

Die solcherart geschaffenen weltanschaulich dominierten Musikverbände spielen fortan regelmäßig, vor allem aber in Zeiten politischer Unterdrückung der jeweiligen Gruppe – wie unten noch am Beispiel des Nationalsozialismus in der Illegalität zu zeigen sein wird – eine bedeutende politische Rolle – oft die Hauptrolle – als unverdächtiger Treffpunkt, Agitationsinstrument, aber auch als psychologische Stütze der im Untergrund Agierenden.[77a]

2.2.2.4 Soziale Identitätsstiftung

Für die Tatsache, daß Musik ein wichtiger Bestandteil sozialer Identität ist, liefert nicht nur die Vergangenheit zahllose Belege, selbst in einer Zeit aufgeweichter sozialer Grenzen sind unterschiedliche Gruppen und Klassen schon anhand musikalischer Formen – größtenteils manifestiert in den Hörgewohnheiten – deutlich erkennbar. Auch wenn in den heutigen Rezeptionsgewohnheiten eine Trennung nicht mehr so scharf vorgenommen werden kann wie dies noch im 19. Jahrhundert der Fall gewesen ist, steht wohl außer Zweifel, daß in ihrer großen Majorität die Besucher von Symphoniekonzerten sich in bezug auf ihre Ausbildung, damit in den meisten Fällen verbunden ihre berufliche und gesellschaftliche Stellung und somit ökonomische Potenz, von der Mehrzahl der Besucher eines Bierzeltes unterscheiden. Dies ist schon allein in der Tatsache begründet, daß der „Genuß" einer Symphonie durch die Fähigkeit zur Erbringung einer gewissen analytischen Leistung wesentlich erhöht wird, welche wiederum an einen gewissen Grad an einschlägiger „Bildung" gebunden ist. Mit anderen Worten: Um ein Werk Strawinskys, Weberns oder Luigi Nonos genießen zu können, bedarf es eines größeren Wissens als dies im Falle der „Oberkrainer" der Fall ist. Dies läßt im ersteren Fall vielfach ein gewisses Exklusivitätbewußtsein entstehen. Für die Rezeption oder Ausübung von Formen sogenannter „Subkultur" gelten ähnliche Mechanismen.

Nachdem also kein Zweifel bestehen kann, daß etwa die bäuerliche Bevölkerung in ihrer großen Mehrzahl andere Hör- und, soweit vorhanden, auch andere Musiziergewohnheiten hat als beispielsweise Angehörige einer sogenannten High Society, daß andererseits sich die musikalischen Präferenzen von 15jährigen wesentlich von jenen der Generation der über 70jährigen unterscheiden, kann festgestellt werden, daß Musik nicht nur je nach Stand und Alter unterschiedlich ist, sondern kann der Umkehrschluß gezogen werden, daß unterschiedliche Musik einen wesentlichen Bestandteil des jeweiligen Selbstverständnisses unterschiedlicher Gruppen darstellt, zumal auch finanzielle Gegebenheiten den Besuch bestimmter Musikdarbietungen zu einem Statussymbol machen.

Der direkte Textbezug im Hinblick auf die Erkenntnis der Zugehörigkeit zu einer bestimmten sozialen Gruppe – in vielen Fällen ist diese ökonomisch definiert – ist in seiner überwiegenden Mehrheit gekennzeichnet durch die Verbalisierung von Unzufriedenheit über die eigene Situation, welche wiederum im Sinne des oben Gesagten aus dem direkten Vergleich mit anderen Gruppen resultiert.

Frühe Beispiele dafür sind aus der Zeit der Bauernkriege in der ersten Hälfte des 16. Jahrhunderts überliefert, die im Vergleich mit dem Leben der *„Pfaffen und Wucherknaben"* auf ihre triste Situation Bezug nehmen.[77b]

Wiertenberger, gib wein,
landgraf, schenk ein,
kaiser Karl, trink auß,
reich, bezals – dem schmalzhafen ist der poden auß.

Diese und ähnliche Lieder dienen nicht allein der Anklage, sondern vielmehr der Mobilisierung der „Bawern" zum Aufstand, und bald sind auch wesentlich deutlichere Gesänge im Umlauf:[78]

Hüt euch, ir Wucherknaben,
Es thut in die Leng' kein Gut!
Bauren seind ainig worden
Und kriegen mit Gewalt
Sie hand ain großen Orden
/: Und seind auf Manigfalt, :/
Und thundd die Schlösser zreissen

Und brennen Klöster aus,
So kan man uns nit pseyssen [bescheißen],
/: Was sol ain bös Rabhaus ? [Raubhaus] :/

Weitere Beispiele finden sich quer durch die Geschichte, mit dem Entstehen der Arbeiterbewegung sind diese oft eng verknüpft mit weltanschaulichen Bekenntnissen. Auch Berufs- und Handwerkslieder – vor allem jene der Gesellen – fallen in diese Kategorie.

Im Gegensatz zum direkten Textbezug ist im indirekten auch die soziale Mittel- und Oberschicht durchaus stärker präsent. Vor allem, wenn es sich um Texte, die ein schichtadäquates Insiderwissen voraussetzen, handelt, bei Themen aus der griechischen Mythologie oder fremdsprachlichen Texten etwa, die faktisch nur bei entsprechender Kenntnis verständlich werden, setzt eine deutliche Ausgrenzung ein, die umgekehrt gruppenimmanent identitätsstiftend wirkt.

Eine andere Form der sozialen Abgrenzung bildet das Instrumentarium. Bereits im Mittelalter sind bestimmte Instrumente bestimmten sozialen Schichten vorbehalten und bilden dort – streng durch Reichsverordnungen und Privilegien geschützt – gleichsam ein Symbol der sozialen Stellung und damit – worauf unten noch eingegangen werden wird – ein Symbol der Macht.[79] Trompeten und Pauken sind dem Adel vorbehalten, während den Landsknechten – später auch den Bürgern in den Städten – Pfeifen und Trommeln zustehen. Den armen Schichten hingegen sind die Sackpfeifen und Fideln zugeeignet, die Drehleier gilt gemeinhin als Instrument der Bettler. Beim Adel ist sogar die Anzahl der Trompeten Zeichen sozialen Ranges, der sich später in der Größe der jeweiligen Hofkapellen widerspiegelt[81] und somit eine nahtlose Fortsetzung dieser Linie darstellt. Letzteres Beispiel zeigt den sozialen Rang über den Umweg der finanziellen Potenz, die sich wiederum in der Größe der Kapelle widerspiegelt, an. Ähnliche Wurzeln hat auch die spätere bürgerliche Präferenz für Streichinstrumente, da die Erlernung von Streichinstrumenten viel Zeit – und damit viele teure Musikstunden – in Anspruch nimmt. Es ist daher kein Zufall, daß die ersten organisierten musikalischen Äußerungen der Arbeiterbewegung singenderweise im Chor stattfinden, für den weder kostspielige Instrumente noch teure Noten vonnöten sind und mangelnde Ausbildung noch am ehesten durch Fleiß wettgemacht werden kann.[82]

Die Erkenntnis dieser sozialen Sinnstiftung durch musikalische Form und Instrumentarium führt daher dazu, daß eine sich dieser Fakten bewußt werdende Arbeiterbewegung versucht, diese durch ökonomische Grenzen festgelegten Fronten aufzubrechen. Dies kann am leichtesten und vorrangig im Bereich Bildung geschehen, wo es David Josef Bach ist, der ab 1905 versucht, mit seinen „Arbeiter-Sinfonie-Konzerten" den Einzug der Arbeiter in den Konzertsaal zu ermöglichen.[83] In weiterer Folge wird auch von den Nationalsozialisten, wenn auch aus anderen Motiven, in dieselbe Richtung gearbeitet.

Im Bereich der Substituierung außermusikalischer Motive ist einerseits die oben angesprochene Instrumentation – Trompeten und Pauken als Symbole sozialen Standes – zu betrachten, andererseits die Themenwahl, die ebenfalls zu bestimmten Zeiten stark symbolisch – etwa mythologische Themen – wirkt. Ähnliche Funktionen haben heute die Verwendung der E-Gitarre, oder Thematisierungen bestimmter Bereiche, die auch Tabuthemen wie Rauschgifte und dergleichen mehr nicht ausklammern.

Der Ort der Aufführung spielt gerade im Bereich der sozialen Identitätsstiftung eine hervorragende Rolle wie in kaum einem anderen Fall. Konzertsaal und Oper einerseits sind ja geradezu Synonyme für adelige bzw. bürgerliche Musik, wie es andererseits das Wirtshaus – und heute das Bierzelt – für „proletarische" und auch bäuerliche Schichten darstellte, und zweifellos sind diese Vorstellungen, wenn auch mit Aufweichungen, heute noch durchaus intakt.

Nachdem die Bedeutung der Musik für das Selbstverständnis der sozialen Gruppe erkannt wurde, ist es nur verständlich, wenn sich die jeweiligen sozialen Schichten und Gruppen auch adäquate Organisationsstrukturen dafür schaffen. Dazu zählen ein Hoftheater und eine kaiserliche oder königliche Musikgesellschaft genauso wie später die bürgerlichen Musikorganisationen – etwa der „Wiener Männergesangverein" oder der „Musikverein für Steiermark"[84] – und schließlich als Reaktion darauf die Arbeiter-Musikorganisationen. Zudem sei etwa auf die zahlreichen Branchen-Gesangvereine, die sich im ausgehenden 19. Jahrhundert etablieren, hingewiesen.[85]

2.2.3 Ablenkung bzw. Verschleierung

Ablenkung von oder die Verschleierung der Realität ist eine weitere wesentliche Funktion von Musik. Die Methode, von unangenehmen Dingen, die eventuell Widerstand herausfordern könnten, durch Musik abzulenken, hat bereits eine lange Tradition und bedarf als solche nicht bestimmter Musik, wohl aber bestimmter Eigenschaften. Wenn beispielsweise in den römischen Arenen Musik eingesetzt wird, um die Schreie der tierischen oder menschlichen Opfer zu übertönen,[86] so ist diese Funktion zwar nicht an bestimmte Stücke, wohl aber an eine bestimmte Lautstärke gebunden, die im speziellen Fall besonders gut von großen Varianten der Wasserorgel „Hydraulis" erbracht wird.

Zu unterscheiden ist ferner zwischen Fremdablenkung und Selbstablenkung, wobei für erstere in den meisten Fällen ein bewußtes Vorgehen vorausgesetzt werden kann, zweitere hingegen vielfach in einem Stadium des Halb- oder Unbewußtseins vollzogen wird.

Eines der typischen Beispiele dafür ist der Schlager, der sowohl literarisch als auch melodisch, harmonisch und rhythmisch eine heile, von der Realität stark abweichende Welt vorspiegelt, die es überflüssig zu machen scheint, sich mit den unangenehmen Dingen des Lebens auseinanderzusetzen, bzw. eine gewisse – wenn auch nur scheinbare – Distanz von dieser Auseinandersetzung anbietet. Nicht zufällig sind die Hochblüten der Schlagerkultur in wirtschaftlich schwierigen Zeiten zu suchen[87] – seien dies die 20er Jahre oder die unmittelbare Nachkriegszeit, wo der „Fernweh-Schlager" – etwa eines Freddy Quinn – in andere Länder, an ferne Strände, jedenfalls weit weg von der tristen Alltagssituation führt.[88] Diese Formen können durchaus als Selbstablenkung angesehen werden, obwohl nicht übersehen werden darf, daß auch dafür ein gewisses Angebot dieser manchmal als „Happy-Music" bezeichneten Gattung Voraussetzung ist. Substituierung spielt dabei eine wesentliche Rolle.

Auch die klischeehafte Darstellung bestimmter gesellschaftlicher Strukturen in gewissen Genres – etwa die Fremddarstellung des Adels oder des Militärs in der Operette – oder die Selbstdarstellung der Armee mittels Militärmusik als Promenanden- und Kurpark-Orchester, die jeweils weit an der Realität der tatsächlichen Rolle der Dargestellten vorbeigehen, müssen in diesem Licht gesehen werden.

Andererseits sind auch durchaus anspruchsvollere Formen aus dem Bereich der sogenannten „Hochkultur" zur Verschleierung einsetzbar und in der Lage, selbst Menschen auf relativ hohem intellektuellem Niveau von der Realität abzulenken. Nicht von ungefähr wird in fast allen autoritären Regimen auf kulturelle Spitzenleistungen – zusammen mit dem Sport quasi Aushängeschilder, die von einem Blick hinter die Fassade abhalten sollen und dies auch tun – allergrößtes Augenmerk gelegt und diese in jeder erdenklichen Weise gefördert.

2.2.4 Machtdemonstration

Die Verwendung von Musik zur Demonstration von Macht hat eine lange Tradition. Einerseits symbolisiert sie ökonomische Macht durch eine große Anzahl von Musikern, andererseits direkt oder indirekt durch den oder die Macht habenden preisende Musik. Drittens kann durch Musik auch die Ohnmacht des Gegners, die eigene Macht zu reduzieren, demonstriert werden.

Wer durch Kunst gewürdigt wird, ist scheinbar mächtig. Daher stehen die Preisgesänge etwa schwarzafrikanischer „Hofsänger"[89] durchaus in einer Traditionslinie mit der *„Jubelouvertüre"* Carl Maria von Webers und den Widmungen und Hymnen zahlreicher Komponisten an Mussolini und Hitler.

Schließlich ist noch auf eine Form hinzuweisen, die durch akustische „Vergrößerung des Volumens" Stärke vortäuscht – ähnlich wie dies in der Tierwelt durch Aufplusterung des Gefieders oder Aufstellen der Haare der Fall ist. So gründet sich etwa die militärische Überlegenheit der türkischen Heere seinerzeit unter anderem auf die lautere Musik der „Janitscharen-Kapellen",[90] die einerseits den Feind einschüchtert, andererseits den eigenen Leuten Mut einflößt, und auch diese Mechanismen finden – wenn auch in stark verändertem Kontext – in den „Monsterkonzerten" ebenso ihre Fortsetzung wie etwa in den Phonstärken so mancher „Heavy Metal Band".

In Zeiten äußerer Bedrohung ermöglicht es die Abhaltung von Veranstaltungen hingegen, Normalität zu signalisieren und damit sowohl nach außen als auch nach innen die Machtlosigkeit des „Feindes" zu demonstrieren, der trotz großem Aufwand nicht in der Lage ist, das Leben der Bedrohten einzuschränken, was nicht nur die Schwäche des Gegners, sondern auch die eigene Stärke zur Schau stellen soll.

2.3 Die intentionalen Ebenen

Das Bestreben, einem Musikstück eine politische Wirksamkeit zu verleihen, bzw. durch die Verwendung bestimmter Musikformen bestimmte Wirkungen auf der politischen Ebene im Sinne des in der Einleitung definierten Politikbegriffes zu erzielen, wird – unabhängig von der tatsächlichen Effizienz – in dieser Arbeit als „Intention" bezeichnet, wobei dieser Vorgang auch als solche benannt wird, wenn dies – wie in zahlreichen Fällen politischer Musikverwendung – intuitiv erfolgt.

Die dem jeweiligen Werk zugrundeliegende Intention wird prinzipiell unterschieden in Primärintention, Prä- und Postintention. Wenn hier unterschiedliche Formen benannt werden, so ist allerdings anzumerken, daß diese als Modelle zu verstehen sind, als Idealtypen im Max Weberschen Sinn, die gewonnen werden

> *durch einseitige Steigerung eines oder einiger Gesichtspunkte und durch Zusammenschluß einer Fülle von diffus und diskret, hier mehr, dort weniger, stellenweise gar nicht vorhandenen Einzelerscheinungen, die sich jenen einseitig herausgehobenen Gesichtspunkten fügen, zu einem einheitlichen Gedankengebilde. In seiner begrifflichen Reinheit ist dieses Gedankenbild nirgends in der Wirklichkeit empirisch vorfindbar, es ist eine Utopie, und für die historische Arbeit erwächst die Aufgabe, in jedem Falle festzustellen, wie nahe oder wie fern die Wirklichkeit jenem Idealbild steht.[91]*

Nach diesem Verständnis wird die analytische Praxis immer wieder die Vermischung unterschiedlicher Intentionen – auch unterschiedlicher Intentionstypen – ans Tageslicht fördern, zumal auch die reale oder zumindest erstrebte Wirksamkeit mindestens vom Dualitätsprinzip geprägt ist; was für eine Sache konfirmierend wirkt, muß naturgemäß für die zu dieser Sache in Opposition stehende im selben Ausmaß positionsschwächend sein. Im Gegensatz zu den übrigen Faktoren ist der Intentionstypus lediglich für die Analyse wichtig, für die politische Effizienz „vor Ort" hingegen ist er von völlig untergeordneter Bedeutung, in den meisten Fällen sogar überhaupt belanglos.

2.3.1 Primärintention

Als „Primärintention" wird ausschließlich die vom Komponisten bzw. Autor dem Werk zugrundegelegte Intention verstanden, wobei, um es noch einmal in aller Deutlichkeit zu sagen, es keine Rolle spielt, ob dies bewußt oder unbewußt geschieht. Die Primärintention – wie überhaupt jede Intention – wird nicht a priori gemeinsam mit dem Werk tradiert und ist daher durchaus nicht von unbeschränkter Dauer; vielmehr verblassen mit dem zeitlichen Abstand zur Entstehungszeit des mit Primärintentionen belegten Werkes diese und gehen in den meisten Fällen überhaupt verloren, bzw. werden durch Postintentionen ersetzt.

Wenn beispielsweise Johann Strauß mit seinem heute noch berühmten Marsch den Feldmarschall Radetzky, dem mit seinen Truppen Ende Juli/Anfang August 1848 in Italien die Niederwerfung der Piemontesen und die Rückgewinnung Mailands gelungen war und der damit einen wesentlichen Beitrag zur Niederlage der Märzrevolution von 1848 geleistet hatte, ehrt, so ist die Widmung des Marsches durch den bekannten Kapellmeister ein starkes politisches Symbol sowohl der Restauration als auch des Meinungsumschwungs bestimmter Bevölkerungsteile zuungunsten der Revolution und ihrer Träger. Trotz Eindeutigkeit und Stärke der ursprünglichen Intention durch die Namensgebung bringt heute, obwohl der Marsch nach wie vor einen hohen Bekanntheitsgrad aufweist, kaum jemand Musikstück und historisches Ereignis in Beziehung. Die Primärintention ging durch den zeitlichen Abstand verloren.

2.3.2 Postintention

Die zu einem bestimmten Zeitpunkt einem bestimmten Werk zugrundeliegende Intention kann also von der Primärintention durchaus verschieden sein und ist dies – vor allem, wenn die „Nutzung" des Werkes in gewissem zeitlichem Abstand zu seiner Entstehung steht – sogar in den meisten Fällen. Diese Unterschiedlichkeit kann zum einen dadurch entstehen, daß ein ursprünglich intentionsfreies Werk eine Intention erhält, daß eine andere Intention an die Stelle der Primärintention tritt oder daß die Primärintention – aus welchen Gründen auch immer – lediglich verloren geht, ohne daß eine andere an ihre Stelle tritt.

Alle jene Intentionen, die, falls eine Primärintention vorhanden ist, von dieser unterschiedlich und chronologisch in einem darauffolgenden Abschnitt angesiedelt sind, oder jene, die einem ursprünglich ohne Intention entstandenen Werk nach dessen Entstehung beigegeben wurden, werden in dieser Arbeit mit dem Begriff „Postintention" bezeichnet.

So wird etwa Haydns Thema der habsburgischen Kaiserhymne – ursprünglich ein Preislied – in verzerrter Form in Bartóks „*Kossuth*" Symbol für das Gefühl vieler Ungarn, von der Habsburgermonarchie unterdrückt zu sein und somit zum Zeichen politischer Emanzipationsbestrebungen, noch später, als „*Deutschlandlied*", aggressive Hymne des nationalsozialistischen Deutschland, dann Hymne der Bundesrepublik Deutschland und neuerdings – zuletzt anläßlich eines einschlägigen Prozesses in Graz sogar in einem Gerichtssaal – wieder Symbol von „Alt- und Neonazis". Anläßlich der Nachricht vom Fall der Berliner Mauer erheben sich im deutschen Bundestag in Bonn spontan die Abgeordneten und singen – diesmal als Symbol der sich anbahnenden Wiedervereinigung der beiden Staaten – ebenfalls Haydns Hymne. Die Veränderung der Primärintention hin zu Postintentionen, die nicht allein vom Text, sondern vielmehr vom jeweiligen Kontext ausgehen, kann eindeutiger wohl nicht ausfallen.

2.3.3 Präintention

Als „Präintention" sollen hier alle jene Intentionen bezeichnet werden, die aufgrund unterschiedlicher Faktoren intentional sind, ohne daß vom Komponisten oder Autor diese Intention – bewußt oder unbewußt – vorgegeben wäre. Mit anderen Worten: Die Intention ist bereits vorhanden, noch ehe das Stück entsteht. Die Gründe dafür können gattungsbedingt sein oder von der Herkunft des Stückes, von der Instrumentation, von der Person des Komponisten oder anderen Faktoren abhängen; Erwartungshaltungen und Vorurteile spielen bei der Entstehung von Präintentionen nicht immer, aber oft eine bedeutsame Rolle.

Für eine unter starkem Assimilationsdruck stehenden Gruppierung – sei dies eine ethnische, politische, religiöse oder soziale Gruppe – wirkt ein für diese Sozietät typisches Musikstück automatisch resistiv gegen die Assimilation, auch wenn dies vom „Hersteller" weder bewußt noch unbewußt vorgesehen ist. Ein Faktum, das von Sozietäten, die Assimilationsdruck auf eine andere Gesellschaft ausüben, meist sehr früh – bewußt oder intuitiv – erkannt und durch entsprechende Maßnahmen zu verhindern versucht wird.

„In den Jahren, da um den Anschluß an das Reich hier erbittert gerungen wurde, sah das alte Konservatorium ungewöhnliche Musikschüler in seinen Mauern: hier versammelten sich im Zeichen einer ,Singstunde' regelmäßig all die, denen es um die Parole ,Ein Reich, ein Volk, ein Führer' ging; und wenn irgendwo in Deutschland, so erlebte man hier die Wahrheit des Wortes, daß das großdeutsche Reich nicht nur erkämpft, sondern auch ersungen worden ist."

Felix Oberborbeck, 1940.[94]

3. Die Rolle des Musikvereins für Steiermark

Der Musikverein für Steiermark ist in der Zeit der Illegalität der Nationalsozialisten Österreichs – also von 1933 bis 1938 – vor allem durch sein Konservatorium ein weit über die Grenzen von Graz hinausgehendes Zentrum, ein Treffpunkt der Illegalen, und behält auch nach der Machtübernahme im März 1938 für das im Entstehen begriffene „Steirische Musikschulwerk" größere Bedeutung.[95]

3.1 Der Musikverein zwischen 1933 und März 1938

Das Konservatorium hat – wie der Musikverein – eine bis fast an den Anfang des 19. Jahrhunderts zurückreichende Tradition. Der Musikverein selbst entsteht nach dem Vorbild der „k.u.k. Gesellschaft der Musikfreunde des österreichischen Kaiserstaates in Wien" durch eine Initiative von 30 Akademikern, ehemaligen Schülern des „Lyceums", um 1815. Die endgültigen Statuten werden 1821 genehmigt.[96] Von Anfang an teilt der Musikverein seine Tätigkeit in Übungsstunden, Konzerte und Unterricht ein und ist, wie Harald Kaufmann betont, *„eminent gesellschaftsreformatorisch und politisch gefärbt. Musik wurde als Bildung aufgefaßt, und Bildung wirkt politisch verändernd".*[97] Daher wird bereits 1816 eine eigene Singschule errichtet und 1819 auch der Unterricht in Blasinstrumenten sowie Gesang und Kontrabaß, 1820 Violine und Cello aufgenommen.[98] Im Laufe der nächsten hundert Jahre kann der Musikverein eine – wenige Rückschläge ausgenommen – ständig steigende Schülerzahl verzeichnen.[99] Dies wird man später zum Anlaß nehmen, vom ältesten Musikbildungsinstitut auf deutschem Boden zu sprechen.[100]

Ab welchem Zeitpunkt Lehrer des Konservatoriums begannen, mit den Ideen des Nationalsozialismus zu sympathisieren, kann wohl heute nicht mehr festgestellt werden, daß Graz jedoch eine lange deutschnationale Tradition hat, ist evident und somit die Bemerkung Kelbetz, die Steiermark wäre *„von jeher ... Vorkämpfer gesamtdeutschen Denkens"* gewesen, nicht ganz unbegründet.[101] Bedeutung gewinnt diese Einstellung jedoch ab einem ganz bestimmten Zeitpunkt:

Als 1933 in Deutschland die Nationalsozialisten an die Macht kommen und nach verschiedenen Provokationen in Richtung Österreich Deutschland die „Tausendmarksperre" verhängt – deutsche Staatsbürger müssen fortan tausend Mark für eine Reise nach Österreich zahlen, wodurch faktisch der Reiseverkehr völlig zum Erliegen kommt, was die österreichische Volkswirtschaft natürlich schwer trifft –, und nach einem schweren Anschlag der österreichischen Nationalsozialisten in Krems, wird am 19. Juni 1933 der Nationalsozialistischen Partei jede weitere Tätigkeit verboten, was einerseits die Flucht zahlreicher Nationalsozialisten nach Deutschland und die dortige Aufstellung der „Österreichischen Legion" zur Folge hat, andererseits zahlreiche der verbleibenden Parteianhänger in den Untergrund gehen läßt, von wo aus zahlreiche Anschläge und verstärkte Propagandatätigkeit durchgeführt wird. Dies ist vor allem deshalb von Bedeutung, weil es die ohnehin schon gespannte innenpolitische Lage noch explosiver macht.

Schon im März zuvor waren ja auch die Kommunistische Partei und der „Republikanische Schutzbund" aufgelöst und somit auch diese in die Illegalität gedrängt worden. Der von der Regierung dagegen erwartete Widerstand setzt freilich erst fast ein Jahr später, am 12. Februar 1934 ein, als eine Waffensuche im Linzer „Hotel Schiff", dem Sitz des Arbeiterheims, bewaffneten Widerstand und in weiterer Folge die Ausrufung des Generalstreiks auslöst. In Wien und anderen Industriezentren, vor allem in Linz, Steyr und der Obersteiermark, kommt es daraufhin zu schweren Kampfhandlungen zwischen Schutzbund und Bundesheer bzw. Exekutive. Der Widerstand bricht aber nach wenigen Tagen zusammen, neben den rund 300 Todesopfern werden neun Arbeiterführer, unter ihnen der steirische Abgeordnete Koloman Wallisch, hingerichtet. Am 13. Februar wird auch die Sozialdemokratische Arbeiterpartei und alle ihr angeschlossenen Organisationen verboten[102] und im Mai 1934 eine neue Verfassung auf „berufsständischer Grundlage" erlassen, der „Ständestaat" hat begonnen.

Gleich der Beginn des Ständestaats ist gekennzeichnet von einer Serie von nationalsozialistischen Anschlägen, von denen einer sich am 25. Juli 1934 gegen Bundeskanzler Engelbert Dollfuß selbst richtet. 154 Mitgliedern einer illegalen SS–Standarte dringen in das Bundeskanzleramt ein und erschießen den Kanzler. Auf die Nachricht von den Wiener Ereignissen hin kommt es auch in den Bundesländern zu Aufständen der Nationalsozialisten mit zum Teil schweren Kämpfen, in der Steiermark liegt eines der Hauptgebiete der Kampfhandlungen im Raum Leoben. Diese Ereignisse führen zu einer verstärkten Verfolgung der Nationalsozialisten und zu erhöhter Nervosität und Aufmerksamkeit der Behörden. Dies wiederum zwingt die im Untergrund agierenden Illegalen, ihre Aktivitäten und Zusammenkünfte so zu organisieren, daß die Tarnung die Vertreter des Ständestaates keinen Verdacht schöpfen läßt. Eine dieser Tarnungen, die – wie sich später herausstellen wird – bis zur Machtergreifung der Nationalsozialisten am 13. März 1938 nahezu perfekt funktioniert, sind nicht nur in Graz, sondern faktisch über das ganze Land verstreut stattfindende Veranstaltungen des Musikvereins für Steiermark. Glücklicherweise sind wir in der Lage, gerade diese Tätigkeit aufgrund der hervorragenden Quellenlage – es gibt mehr als ein Dutzend diesbezüglicher zeitgenössischer, größtenteils auf Aussagen Beteiligter, zum Teil auf Behördenakten beruhender Belege – ausgezeichnet untermauern und analysieren zu können. Aus diesem Grunde wird dieser Abschnitt auch größtenteils aus Zitaten bestehen, die die Situation wohl besser als alles andere dokumentieren können.

> *Während der Kampfjahre war seit 1934 im Konservatorium ein Kreis junger, nationalsozialistischer Künstler und Musikerzieher tätig, die in gemeinsamer Arbeit im stillen die Voraussetzungen für diesen Aufbau schufen, die in oft schwieriger und mühevoller Kleinarbeit den Grund legten, auf dem dieses Werk heute stehen kann ... Wer in den Kampfjahren die alten Räume in der Griesgasse besuchte, der spürte bald, daß dort eine Keimzelle neuer völkischer Musikerziehung bestand.[103]*

Daß dies alles mit Wissen der Führung, also des Direktors Hermann Ritter von Schmeidel und des Präsidenten Emmerich Ritter von Schreiner vonstatten geht, ist durch die Quellen ausreichend belegt:

> *In den sechs Jahren seiner [Schmeidels] Wirksamkeit ist das Konservatorium des Musikvereins eine Pflegestätte künstlerischen Geistes und musikpolitischer Vorbereitung einer neuen Zeit geworden. Der Saal des Konservatoriums in der Griesgasse war in der illegalen Zeit der Treffpunkt zu öffentlichen*

Singstunden, in denen sich die politischen Vorkämpfer eines einigen deutschen Reiches aufs neue stärkten.[104]

Die treibende Kraft dabei ist Friedrich Kelbetz zufolge nicht Schmeidel, sondern Schreiner:

Es ist in erster Linie sein [Schreiners] Verdienst, daß der Musikverein für Steiermark eine einheitliche Linie und Ausrichtung im nationalsozialistischen Sinne erhielt. Eine Reihe von erstklassigen jungen Lehrern wurde verpflichtet, die nicht nur fachlich Hervorragendes leisten, sondern die sich während der letzten fünf Jahre auch weltanschaulich in die Reihen der großen Armee des Führers gestellt haben.[105]

Das Konservatorium engagiert also in dieser Zeit gezielt nationalsozialistisch eingestellte Lehrer und bildet, wie Friedrich Kelbetz es ausdrückt, ein Institut, *„das stets bemüht war, nicht nur Musik zu vermitteln, sondern weit darüber hinaus ein nationalsozialistisches Kulturzentrum für die Alpenländer aufzubauen.“*[106]

Doch vor allem der Kreis um den im Konservatorium seit 1936 tätigen Ludwig Kelbetz, der von 1932 bis 1934 als Musikreferent der deutschen Angestelltenschaft, dann für zwei Jahre als Dozent an der Hochschule für Lehrerbildung in Danzig tätig war und ab 1936 eben in Graz arbeitet und in dieser Zeit als Musikreferent der illegalen Hitlerjugend für Österreich für Schulungsmaßnahmen der illegalen Parteiformationen zuständig ist, der durch den Bruder Friedrich Kelbetz und Walter Kolneder – letzerer kommt wie Ludwig Kelbetz 1936 ans Konservatorium – seine wesentlichen Stützen findet,[107] ist in diesem Sinne tätig. Dies bestätigt auch Oberborbeck:

In diesen Offenen Singstunden stärkte sich die Widerstandskraft der Steirer, die treu zum Reiche standen. Die Leiter dieser Singstunden, Ludwig Kelbetz, Walter Kolneder und andere, standen an führender Stelle bei der musikalischen Neugestaltung des Gaues.[108]

Der „Erfolg“ dieser Bemühungen ist enorm, und das Konservatorium kann nicht nur zu Beginn des Schuljahres 1934/35, also fast unmittelbar nach dem nationalsozialistischen Juliputsch, in dessen Folge natürlich der behördliche Druck auf die illegalen Nationalsozialisten sich signifikant verstärkt, auf den Zuzug über hundert neuer, bisher der Anstalt fremder Schüler verweisen,[109] die Schülerzahl kann in den Jahren zwischen 1933 und 1938 überhaupt vervierfacht werden.[110] Hauptform dieser illegalen Parteiarbeit des Konservatoriums, der *„planmäßigen musikpolitischen Tätigkeit“*, wie Reichsstatthalter Uiberreither es bezeichnet,[111] ist das „Offene Singen“, eine aus der Jugendmusikbewegung des Kreises um Fritz Jöde stammende Einrichtung, die nun jedoch eine Wandlung von primär pädagogisch-musikalischen hin zu weltanschaulich-politischen Motivationen erfährt, was sich freilich umso leichter vollziehen läßt, als man auch in Jödes Bewegung bereits ständig auf Begriffe wie „sauber, rein, organisch, völkisch, deutsch“ stößt,[112] was es beispielsweise Fritz Reusch, einen der wichtigsten Mitarbeiter Jödes, ohne Schwierigkeiten ermöglicht, die Auffassungen der Jugendmusikbewegungen auf das Dritte Reich zu übertragen,[113] und auch Reinhold Heyden kann sich ohne Schwierigkeiten auf Jöde beziehen.[114] Nun wird also das Volksliedsingen zur *„Feierstunde völkischer Gemeinschaft“*,[115] auch wenn diese vorerst von den österreichischen Machthabern offensichtlich nicht erkannt wird. In einem Revisionsbericht des Konservatoriums vom Wiener Professor Josef Lechtaler, Leiter der Abteilung für Kirchen- und Schulmusik der Wiener Staatsakademie für Musik und darstellende Kunst, findet sich beispielsweise auch ein Bericht über ein weihnachtliches Offenes Singen, in dem sich der Revisor zwar über *„den etwas ungewöhnlichen Kommandoton“* Ludwig Kelbetz' wundert und allgemein ein geringes Österreich-Bewußtsein der Veranstaltung bemängelt, – *„das Liedmaterial entstammt ausschließlich dem deutschen Volksliede. Es wird durchaus wertvolles Liedgut verwendet, leider ohne ausreichende Betonung des österreichisch steirischen Heimatliedes“* – allerdings ohne im wesentlichen die tatsächliche Intention zu erkennen.[116]

Ganz anders äußert sich dazu natürlich der Hauptverantwortliche selbst über diese, wie er es nennt, *„Illegale Musikarbeit"*,[117] und für die *„neue Fest- und Feiergestaltung"* stand ja bereits eine Fülle neuer, *„aus dem Geiste der Zeit geborener Musik und Dichtung"* zur Verfügung.

> *Es galt nun, diesen Strom nationalsozialistischen Kulturgutes trotz der hermetisch abgeschlossenen Grenzen, trotz scharfer Zensur nach Österreich zu lenken und ihn hier als starke seelische Kraft einzusetzen. Etwas Unerwartetes kam uns zu Hilfe. Die Gegenseite redete und schrieb zwar unentwegt vom neuen Österreich, neuem Geist, neuer Zeit und neuem Schaffen, aber es ist aus diesen Reihen nicht ein einziges Lied entstanden, das hätte aufhorchen lassen. Leblose Textunterlegungen und traurige Anleihen an jüdischen Geist sind alles, was zu finden war. Deshalb hat sich polizeiliche Zensur immer nur mit einer Textprüfung zufriedengegeben, ohne zu ahnen, daß der revolutionäre Schwung auch ebenso in der Melodie stecken kann. Freilich war man nachträglich oft erstaunt, daß ein Lied, welches die Zensur passiert hatte, wie Hans Baumanns „Und die Morgenfrühe, das ist unsere Zeit", oder Ernst Lothar Knorrs „Wir Werkleute" trotzdem in der offenen Singstunde so revolutionär und NS.-verdächtig klang. Viele Deutschösterreicher konnten vom Liede her dem Nationalsozialismus gewonnen, zumindest aber in ihrem Glauben und ihrer Zuversicht gestärkt werden. Wer zweifeln sollte, daß die Musik eine politische Macht ist, der hätte diese Macht bei uns täglich spüren können. Worte wie „Führer", „Deutschland", „Reich" waren ausgeschlossen, manche Strophe mußte gestrichen und manche textliche Wendung etwas umgebogen werden. So sangen wir „und heute da hört uns die Heimat, und morgen die ganze Welt", oder „Unter den Fahnen streiten wir". Die Lieder wurden lebendig, und alle hatten ihre geheime Freude, wenn es wieder einmal gelungen war, die gestrenge Staatspolizei zu überlisten.*

Neben dem Volkslied ist es nachgewiesenermaßen vor allem nationalsozialistisches Liedgut, das im Konservatorium verbreitet wird: *„Im Saale des Konservatoriums erklangen in der Ostmark in diesen Jahren zum ersten Male die Lieder der Bewegung"*, schreibt der Musikschriftsteller Hans Wamlek dazu,[118] und auch Felix Oberborbeck äußert sich mehr als deutlich:

> *In den Jahren, da um den Anschluß an das Reich hier erbittert gerungen wurde, sah das alte Konservatorium ungewöhnliche Musikschüler in seinen Mauern: hier versammelten sich im Zeichen einer „Singstunde" regelmäßig all die, denen es um die Parole „Ein Reich, ein Volk, ein Führer" ging; und wenn irgendwo in Deutschland, so erlebte man hier die Wahrheit des Wortes, daß das großdeutsche Reich nicht nur erkämpft, sondern auch ersungen worden ist. In diesen Offenen Singstunden stärkte sich auch die Widerstandskraft der steirischen Nationalsozialisten aufs neue; nicht verwunderlich, daß aus den Reihen des Lehrkörpers einige mit an vorderster Front des Kampfes standen. Mancher der führenden politischen Männer hat hier mitgesungen; eine Selbstverständlichkeit, daß man, als der Sieg errungen war, dem Lied und der Musik in diesem Gau eine Ehrenstellung im gesamtpolitischen Aufbau gab.[119]*

Sehr bald zeitigt diese Tätigkeit ihre entsprechende Wirkung, und als Schüler der 8. Klasse der Landesoberrealschule anregen, im Turnunterricht auch zu singen, stimmt der zuständige Lehrer dieser Anregung vorerst gerne zu. *„Zwei Schüler waren in der offenen Singstunde des Konservatoriums des Steiermärkischen Musikvereines gewesen und kannten von dort das Lied ‚Nur der Freiheit gehört unser Leben'".*[120]

Der Klassenvorstand Dr. Hans Kloepfer findet das Lied für den Zweck geeignet, die Schüler vervielfältigen den Text, und das Lied findet über die offene Singstunde in den Schulunterricht Eingang und wird wenig später in Anwesenheit eines anderen Lehrers – offensichtlich als antisemitische Demonstration – abgesungen, was eine Disziplinaruntersuchung gegen den Klassenvorstand auslöst.[121] Die entsprechende Disziplinarkommission hat jedoch lediglich gegen den Anlaß des Absingens, nicht jedoch gegen das Lied selbst vom politischen Standpunkt her etwas einzuwenden,[122] was kurz nach der nationalsozialistischen Machtübernahme 1938 Ludwig Kelbetz zu Hohn und Spott veranlassen wird.

Doch nicht nur für die Grazer Parteiformationen – *„in den Räumen des Konservatoriums haben fast alle nationalsozialistischen Formationen einen Teil ihrer kulturellen Schulungsarbeit durchgeführt"*[123] – werden regelmäßige Veranstaltungen durchgeführt, vielfach strahlt die nationalsozialistische Tätigkeit des Musikvereines auf ganz Österreich aus:

> *Das Grazer Konservatorium war der Mittelpunkt für die Musikerziehung der steirischen Hitlerjugend, zum Teil sogar der gesamten österreichischen Hitlerjugend, für SA und SS wurden Singstunden und Fest- und Feierstunden durchgeführt... Die in Graz veranstalteten offenen Singstunden waren meistens aufgebaut zu Fest- und Feierstunden anläßlich des ersten Mai, des Totengedenken usw.[124]*

Diese Ausstrahlung kann naturgemäß nicht allein durch Veranstaltungen in Graz verwirklicht werden, vielmehr muß man irgendwie die gesamte Steiermark erfassen, und auch dies geschieht – unter den Augen der ständestaatlichen Behörden – mittels offener Singstunden:

> *Über 40 offene Singstunden wurden in jedem Jahr veranstaltet, in denen nationalsozialistisches Liedgut verbreitet wurde. In manchen Orten der Steiermark waren diese offenen Singstunden die einzige Möglichkeit eines Zusammenkommens der Parteigenossen,[125]*

und auch Wamlek spricht davon, daß diese Veranstaltungen des Musikvereins für die Illegalen oft einzig mögliche Treffpunkte darstellen:

> *Der Musikverein beherbergte die nationalsozialistische Jugend in seinen Räumen, hielt im ganzen Lande „musikalische Arbeitslager" ab, veranstaltete in Graz und in der Provinz... „Offene Singstunden", die nicht nur die weitesten Schichten an die Musik heranbrachten, die vielmehr immer wieder den nationalen Kampfgeist wachhielten und es in schwersten Tagen möglich machten, daß Gleichgesinnte sich zusammenfanden.[126]*

Allein im Jahr 1936 sollen über 10.000 Menschen die offenen Singstunden besuchen,[127] und wenn diese auch nicht den Argwohn der ständestaatlichen Behörden erwecken – ein bewußtes Wegschauen eines Teils der zu diesem Zeitpunkt bereits nationalsozialistisch unterwanderten Beamtenschaft scheint sich in diesem Zusammenhang kaum von der Hand weisen zu lassen –, so sind zumindest vereinzelt Widerstände dagegen zu vermerken. Die entsprechenden behördlichen Untersuchungen verlaufen jedoch meistens im Sande.

Natürlich wissen die Veranstalter, daß es doch einige wache Geister gibt, die die wahre Intention durchschauen könnten und bauen daher entsprechend vor. Als Schmeidel ein Weihnachtssingen in Radkersburg anbietet, tritt er die Flucht nach vorne an und schreibt schon im voraus an den zuständigen Oberregierungskommissär, daß *„manche Einzelheit einer derartigen festlichen Stunde auf den Unorientierten politisch statt kulturpolitisch [wirkt]"* und *„legt die Gutheißung des Programmes je nach den örtlichen Umständen gerne und vertrauensvoll in die Hand der Bezirkshauptmannschaft".*[128] In der Tat bleibt die erwartete Reaktion nicht aus, sowohl Dechant als auch örtlicher Kaplan erstatten Anzeige beim Gendarmerieposten über – wie das Gendarmerieprotokoll es ausdrückt – *„Unzukömmlichkeiten beim Weihnachtssingen"*:[129]

> *Am 19. 12. 1936 abends veranstaltet der steierm. Musikverein „Südmark"... unter der Leitung des Professors Schmeidel mit einem Doppelquartett des Männergesangvereines Radkersburg und einer Jugendgruppe des Südmarkvereines Graz... im hiesigen Sparkassengebäude ein Weihnachtssingen... Während der Weihnachtsfeier, also des zweiten Teiles der Veranstaltung, wurde von 2 Burschen der genannten Jugendgruppe ein Zwiegespräch und von einem ein Alleingespräch vorgetragen, deren Inhalt bei den dort anwesenden geistlichen Herren Anstoß erregte. Auch 2 während der Weihnachtsfeier vorgetragene Marschlieder wurden von dem im Vortragssaale noch anwesenden Herrn Kaplan Fastl wegen ihres Textes als nationalsozialistische Lieder bezeichnet... Kreisdechant Dr. August Kraus in Radkersburg gab im Gegenstande an: „Ich habe an dem Weihnachtssingen nur kurze Zeit teilgenommen... Von der Veranstaltung gewann ich schon beim zweiten Lied den Eindruck, daß sie irgendwelchen nationalsozialistischen Zwecken dienten... Aufgefallen ist mir auch, daß sehr viele Teilnehmer der Jugendgruppe Südmark weiße Strümpfe trugen. Solche Strümpfe werden aber vorwiegend nur von nationalsozialistischen Anhängern getragen".*

Kaplan Fastl gibt weiterhin an, daß er bereits am nächsten Tag bei der politischen Expositur ein Programm sowie die Texte der Dialoge einholen wollte, ihm aber erklärt wurde, diese seien nicht mehr auffindbar, und Fastl dann weiter: „*Über diese Vorfälle habe ich bereits den Heimatdienst in Graz und Wien verständigt.*"[130] In einem weiteren Gendarmerieprotokoll deutet Fastl eine zumindest nicht ständestaatlich-klerikal eingestellte Bezirksverwaltung an, ob er allerdings meint, bestimmte Behördenvertreter seien nationalsozialistische Sympathisanten, ist nicht mit Sicherheit zu sagen, doch mit großer Wahrscheinlichkeit anzunehmen, wenn er zu Protokoll gibt:

> *Eine solche Veranstaltung sollte die Behörde schon gleich bei der Anmeldung verbieten. Wir haben aber leider in Radkersburg bei der Behörde keine Stütze, diese haben wir durch den Wechsel in der Leitung der Expositur verloren, und damit haben wir auch Österreich verloren.*[131]

Immerhin beschäftigt der Vorfall nicht nur das Präsidium der Landeshauptmannschaft, auch dem Landeshauptmann wird die Angelegenheit referiert und an den Musikverein die „*Einladung*" ausgesprochen, „*für eine entsprechende Änderung des Programmes, das zum Teil Unwillen hervorrief, Sorge zu tragen*".[132]

Worin bestand nun das Programm,[133] in dem außer den Geistlichen kaum jemand in Radkersburg etwas Politisches oder gar Nationalsozialistisches erkennen konnte?

Es begann mit dem geblasenen und gesungenen Adventruf vom Stadtturm mit Johann Walters „*Wach auf, wach auf, du deutsches Land*":

> *Wach auf, wach auf, du deutsches Land,*
> *Du hast genug geschlafen,*
> *Denk, was Gott an dich gewandt,*
> *Wofür er dich erschaffen.*
> *Bedenk, was Gott dir hat gesandt,*
> *Und dir vertraut dein höchstes Pfand,*
> *Drum magst du wohl aufwachen.*
>
> *Gott hat dich, Deutschland, hoch geehrt*
> *Mit seiner großen Gnaden,*
> *Groß Hilf und Gnad dir auch beschert,*
> *Elend und Not zu tragen.*
> *Dazu der Feinde Haßgeschrei.*
> *Tritt an und fürcht ihr keinerlei,*
> *Ihr Rott wirst du zerschlagen.*

Es folgten als gemeinsame Lieder aller Teilnehmer „*Es ist ein Ros entsprungen*" und „*Vom Himmel hoch*" sowie ein Kanon und eine Lesung, betitelt „*Gedanken zur Weihnacht*", die die Sonnenwende behandelte und in der es unter anderem heißt:

> *... Wenn dann in solchen Gedanken, in solchen Weihnachten das Licht bei den Menschen Eingang fand, wenn alle Schranken der Stände und Klassen, des Dunkels und des Neides, von Gedanken der Liebe überwunden werden, dann bricht das Licht hell und klar aus den Herzen und Augen, dann glänzen die Lichter von den Weihnachtsbäumen, dann brennen die Sonnwendfeuer in den Bergen, rennen die Feuerräder zu Tal und geben Zeugnis von der Lichtwende. Je tiefer die Not und Nacht ist, die uns umgibt, umso heller muß unser Licht leuchten. Erst wenn wir alle Fackelträger dieses Lichtes, dieses neuen Bundes der Liebe sind, wird uns Lichtwende auch Notwende sein. Erst dieser große leuchtende Brand wird die Kraft geben, die Sorgen und Nöte des Alltags zu meistern. Und wir wollen über unser Schicksal nicht klagen, sondern wir wollen stolz darauf sein, daß wir diese schwere Aufgabe zu erfüllen haben, daß wir Vorposten sein dürfen im Kampf des Glaubens und des Lichtes gegen die Macht des Unglaubens und der Nacht.*

Nach einem instrumentalen Zwischenspiel schloß dann ein Zwiegespräch zwischen Vater und Sohn an, in dem es um die große Arbeitslosigkeit geht und das in die Ermahnung des Vaters an den Sohn mündet:

Du sollst einst nicht vor diesem Tore stehen. Wenn für dich kein Platz in diesem Haus der Arbeit ist, dann sollst du dir selbst einen solchen Platz schaffen. Ein neues Haus soll groß und prächtig erstehen, in dem alle Arbeit finden, in dem Licht und Liebe, Freude und Frohsinn wohnen. Deine und unsere Arbeit ist es, Steine zum Neubau herbeizutragen.

Als nächstes folgte das Lied „*Wir kommen aus Not*" sowie Lothar Stengls Gedicht „*Und wäre die Welt gestorben*":

Wir kommen aus Not, wir kommen aus Tod:
Von lauterndem Brande in Not und in Schande,
Sind wir durchloht.
Wir wollen zum Licht, vor Gottes Gericht,
Den Drachen erschlagen, der Morgen will tagen.
Wir fürchten uns nicht, wir fürchten uns nicht.

Und wäre die Welt gestorben in Kälte, Reif und Schnee,
Und wäre das Volk verdorben in Jammer, Trug und Weh,
Wir wollen ein Feuer anzünden und selber ein Feuer sein,
Und neuen Geschlechtern künden vom Leben und Sonnenschein.
Nicht wollen wie Knechte wir wimmern,
Verlassen von Glaube und Kraft,
Wir wollen getrost uns zimmern
Eine Wiege aus eigenem Schaft.
Wir werden Geschlechter zeugen, verwurzelt tief im Land,
Die nimmermehr sich beugen, wenn sie ihr Schicksal fand.
Es wird nicht Müden und Zagen vor die Füße gestellt,
Man muß aus den Steinen schlagen,
Der Wille nur formt die Welt.

Das nächste gemeinsame Lied „*Und wenn wir marschieren*" scheint faktisch in fast allen Liederbüchern der nationalsozialistischen Formationen auf:

Und wenn wir marschieren, dann leuchtet ein Licht,
Das Dunkel und Wolken strahlend durchbricht.
Und wenn wir uns finden beim Marsch durch das Land,
Dann glüht in uns allen ein heiliger Brand.
Und wenn wir im Sturme dem Ziel uns genat,
Dann ragt vor uns allen Neuland der Tat.
Du Volk aus der Tiefe, du Volk aus der Nacht,
Vergiß nicht das Feuer, bleib auf der Wacht!

Daraufhin sang der Singkreis aus Graz „*Licht muß wieder werden*", gefolgt vom Sprechchor mit dem vorgetragenen Gedicht „*Wir tragen ein Licht*":

Licht muß wieder werden nach diesen dunklen Tagen,
Laßt uns nicht fragen, ob wir es sehen,
Es wird geschehen, auferstehen ein neues Licht.

Wir tragen ein Licht im Dunkel der Nacht,
Wir tragen ein Licht, von Sehnsucht entfacht:
Wir glauben an eine Wiederkehr,
Einst sind wir ein großes, ein gläubiges Heer,
Und siegend werden wir den Morgen beschaun,
Dann werden wir rasten und Hütten baun.

„*Für einen liberalen Staat und seine Polizei*", schreibt Ludwig Kelbetz an anderer Stelle, „*waren Musik und Lied trotz strenger Zensur im Grunde eine unpolitische Sache*"[134] und auch Papesch meint, *äußerlich geschah ja auch nichts Besonderes, nichts, was uns heute ungeheuerlich wäre. Lieder, die heute auch allen Ostmärkern lieb und geläufig sind, wurden gesungen. Aber sie wurden damals zum erstenmal gesungen, sie drangen mit der wunderbaren Kraft des Neuen in unsere Herzen ein, und sie waren damals in einem viel gefährlicheren und daher leidenschaftlicheren Sinn Bekenntnis.*[135]

Und somit wird ein Netz von Singstunden über die gesamte Steiermark gezogen, die auch in den für die Nationalsozialisten schwierigsten Gebieten die Anhänger der NSDAP – unter den Augen der teils ahnungslosen, teils wegschauenden Behörden – in aller Öffentlichkeit zusammenbringt.

In einem kleinen Industrieort in der Nähe von Graz war ein besonders heißer Boden. Die illegale nationalsozialistische Ortsgruppe zählte 170 Mitglieder, die ebenfalls illegale sozialistische an 500, und darüber thronte, gestützt von Polizei und Gendarmerie, der schwarze Bürgermeister. Unsere Singstunden waren in diesem Ort von etwa 200 Teilnehmern besucht; – zum Teil Arbeiter, zum größeren Teil Bauernburschen aus der Umgebung. Der „Sachverständige" konnte im Saale sofort die Formationen erkennen: rechts vorne saß der BDM., dahinter die Frauenschaft und PO., ganz rückwärts HJ. und links SA. . . . Ein reichsdeutscher Besucher, den ich zu einer solchen Singstunde mitgenommen hatte, versicherte mir, er hätte noch nie die neuen Lieder mit solcher Wucht und Ursprünglichkeit singen hören wie hier. „Nun laßt die Fahnen fliegen", „Der helle Tag ist aufgewacht", „Lever dod as Slav", „Wenn die Stürme Leben wecken", „Wo wir stehen, steht die Treue", „Unser die Sonne, unser die Erde" u.v.a. wurden gesungen . . . In einem weststeirischen Industrieort kamen bis zu 500 Besucher. In Graz fanden jeden Monat mehrere Singstunden statt. Eine für Studenten, die besonders scharf kontrolliert wurde, für HJ., BDM., und anderes nationalsozialistisches Volk. 200 SA.-Männer waren in dem Konservatoriumssaal zu einer offenen Singstunde „Österreichische Soldatenlieder" gekommen. Dazwischen saß, schon von weitem herauszukennen, als harmloser Zivilist ein Mann der Geheimen Staatspolizei. Die Disziplin war musterhaft, das Singen mächtig, und er konnte nichts Anstoßerregendes finden.[136]

Schließlich werden die Anforderungen offener Singstunden immer mehr, daß sie vom Konservatorium allein nicht mehr erfüllt werden können, und so schreitet man zur Ausbildung von neuen Kräften, die die offenen Singstunden im nationalsozialistischen Sinn übernehmen können. Als erstes findet vom 6. bis 13. September 1936 in Ferlach eine „Musikpädagogische Woche" statt, die diesem Ziel gewidmet ist, dem anfangs zwar behördliche Schwierigkeiten entgegengesetzt werden, aber durch die Schirmherrschaft des Musikvereins und Hermann von Schmeidels kann die Veranstaltung schließlich doch stattfinden.

Am Tage der Eröffnung zunächst die bange Frage: sind auch keine Spitzel unter den Teilnehmern? Wir gehen die Liste genau durch, finden nur einige farblose, sonst aber lauter richtige Leute. Zum Morgenturnen und zur Morgenfeier des nächsten Tages sind 80 Burschen und Mädchen angetreten – eine gute Auslese, eine einsatzfähige Gruppe . . . Die Woche verläuft in strenger Lagerform; es wird fleißig gearbeitet: Mannschaftssingen, Chorsingen, Instrumentalspiel, Vorträge aus dem Gebiete Musik und Volk (in denen manches offene Wort fällt), Morgenturnen, an einem Nachmittag Ausmarsch, am letzten Sonntag großer Ferlacher Musiktag mit Morgenfeier, Volksliedsingen und Offener Singstunde. Durch diese Woche wurde besonders der Kärntner Arbeit ein starker Auftrieb gegeben.[137]

Die Nationalsozialisten hoffen stark auf die Wirkungen des Juli-Abkommens des Jahres 1936. Als sich jedoch herausstellt, daß dieses die gesteckten Erwartungen nicht erfüllen wird, geht der Untergrundkampf in unverminderter Schärfe weiter, und für die Musik werden weitere Kräfte benötigt. Daher wird ein einmonatiger Musikführerlehrgang in Graz vorbereitet, an dem Teilnehmer aus ganz Österreich zusammenkommen sollen. Nachdem der Kurs zweimal verschoben werden muß, wird er schließlich am 1. Februar 1937 mit 25 Teilnehmerinnen und Teilnehmern eröffnet.[138] Trotz einiger polizeilicher Schwierigkeiten – eine der Teilnehmerinnen hatte Tagebuchaufzeichnungen gemacht – wird bereits kurze Zeit später, vom 20. bis 27. März 1937 in Trofaiach ein weiteres Schulungslager abgehalten, und wiederum zeichnet Hermann von Schmeidel den Behörden gegenüber verantwortlich. Diesmal sind 120 Teilnehmer, bestehend aus illegaler Hitlerjugend, illegalem Bund Deutscher Mädel und Studentenbund, einberufen.[139]

An einem Abend gedenken wir der Toten der Bewegung. Schweigend marschieren wir das enge Gebirgstal entlang; es wird immer enger und einsamer. Wir stellen Wachen aus. Auf einer Wiese ist der Feuerstoß vorbereitet. Das Feuer wird entzündet, Worte des Gedenkens und der Treue zu unserem Führer hallen in die Nacht; nach gemeinsamen Liedern geht es wieder ins Lager zurück.

Vom 1. bis 10. Mai 1937 leiten Walter Kolneder und Ludwig Kelbetz einen unter dem Deckmantel der „Akademischen Sängerschaft Ghibellinen" stattfindenden Musikführerlehrgang in Wien, und vom 17. bis 23. Jänner 1938 findet in Graz eine sogenannte „Abendsingwoche" statt, an der sich sogar der Mitarbeiter der deutschen Reichsjugendführung, Wolfgang Stumme, und der Komponist zahlloser NS–Lieder, Hans Baumann, als Lehrer sowie 214 Teilnehmerinnen und Teilnehmer – ausschließlich Mitglieder illegaler NS-Formationen – beteiligen. Daneben finden unter der Leitung Reinhold Heydens eine Veranstaltung mit hundert Teilnehmern in Kärnten sowie unter Robert Tremls Führung Veranstaltungen in Oberösterreich statt.[140]

Nach all dem Vorhergehenden kann also gesagt werden, daß zumindest zwischen 1936 und 1938 das Konservatorium des Musikvereins für Steiermark eine der bedeutenden und weit über musikalische Belange hinausgehenden Institutionen für die in der Illegalität operierenden Nationalsozialisten ist, und wenn in der Festschrift anläßlich seines 150jährigen Bestandes der Eindruck zu erwecken versucht wird, daß die nationalsozialistische Kulturpolitik etwas im Jahr 1939 gewaltsam Übergestülptes sei und *„(bis dahin) die Mitgliedschaft beim Musikverein . . . nur auf Erreichung des spezifischen musikalisch-bildenden oder gesellig-unterhaltenden Zweckes ausgerichtet (war)",*[141] dies somit schlichtweg falsch ist.

Als am 13. März 1938 die Nationalsozialisten in Österreich die Macht übernehmen, kommt dies für viele der Illegalen sogar etwas überraschend. Wie auch immer, nun hat die Untergrundtätigkeit ein Ende, und die Leute des Konservatoriums – die Josef Papesch zufolge bis dahin auch finanziell so schlecht gestellt waren, daß sie nur mit dem Hinweis *„es sei nationalsozialistische Pflicht, in Österreich zu bleiben und zu wirken"* gehalten werden können[142] – bringen nun die Ernte dieser Jahre ein:

Als im Frühjahr 1938 Österreich ins Reich heimkehrte, wurde auch das Musikschulwesen auf neue Grundlagen gestellt. Nirgends in der Ostmark ging dies so reibungslos und leicht vor sich wie am Grazer Konservatorium. Wurde doch hier seit Jahren von einem einheitlich abgestimmten Lehrkörper im Sinne der nationalsozialistischen Musikerziehung gearbeitet,[143]

und auch Ludwig Kelbetz stellt am 3. April 1938, *„am Tage des Führerbesuches",* wie er betont, erleichtert fest, daß nun *„alle Tarnung, alle Kompromisse, alle Halbheiten fallen (können)".*[144] Von nun an erfolgt tatsächlich der Aufbau einer Musikorganisation im nationalsozialistischen Sinne nicht nur offen, sondern mit Unterstützung allerhöchster Partei- und Staatsstellen. Jetzt interessieren sich unter Hinweis auf gerade diese illegale Tätigkeit sowohl Reichserziehungsministerium als auch Reichsjugendführung und Reichsstudentenführung für Graz als neues Zentrum nationalsozialistischer Musikausbildung.[145]

3.2 Der Musikverein nach dem März 1938

Aufgrund der Personalunion von Ludwig Kelbetz einerseits als Gebietsmusikreferent der Hitlerjugend und andererseits als Kommissarischer Leiter des Musikvereins ist der tatsächliche Umfang der im Musikverein für diesen Aufbau geleisteten Tätigkeit oft nur schwer nachzuvollziehen, da Kelbetz für seinen offiziellen Briefverkehr ohne erkennbaren Zusammenhang, bunt gemischt offenbar, jenes Briefpapier verwendet, welches er gerade zur Hand hat.

Jedenfalls wird – wohl nicht zuletzt wegen seiner „Verdienste" in der illegalen Zeit – der

Musikverein für Steiermark unter der Leitung von Kelbetz und dem geschäftsführenden Vizepräsidenten Hofrat Dr. Erwin Laupert-Peharnik schließlich als Treuhänder mit dem vorläufigen Aufbau des Steirischen Musikschulwerkes beauftragt[146] und ist bis zum Abschluß der entsprechenden Dienstverträge sogar Träger desselben.[147] Er ist auch für die finanziellen Belange – etwa die Bezahlung der bereits angestellten Lehrer – verantwortlich, so daß ab etwa 1939 faktisch der gesamte Apparat des Musikvereins fast ausschließlich für das Musikschulwerk arbeitet.[148]

Im Laufe des Jahres 1939 ist jedoch eine Übernahme der Musikschularbeit – und somit auch des Konservatoriums – in die Oberhohheit des Landes geplant, die, um den Schulbetrieb nicht vollständig lahmzulegen, gleitend vor sich gehen soll.[149] Allerdings wird bereits in der Übergangsphase *„bei der Gestaltung der Lehrpläne, der Auswahl des Lehrkörpers und der Zusammenarbeit mit den NS-Formationen . . . schon jetzt diese Übernahme vorbereitet",*[150] und auch bei der Ausarbeitung des Statuts und der Schulordnung wird darauf bereits Rücksicht genommen.[151] Eine Reihe von bisher am Konservatorium beschäftigten Lehrkräften wird aus verschiedensten Gründen der Landesmusikschule nicht mehr angehören, sondern lediglich an der „Musikschule für Jugend und Volk" Graz angestellt werden.[152]

Der ursprünglich ins Auge gefaßte Termin der Übernahme des Konservatoriums am 1. Jänner 1939 kann aus Etatgründen allerdings nicht eingehalten werden, so daß mit Ersatztermin 1. April das Musikschulwerk in die Landesverwaltung übergeht.[153] Die offizielle Übernahme des Konservatoriums durch das Land findet in einem Festakt erst am 25. Oktober 1939 statt.[154]

Kurz nach der Übernahme des Konservatoriums entsteht daraufhin eine Auseinandersetzung zwischen Musikverein und Gau Steiermark über finanzielle Abgeltungen einerseits jener Kosten, die der Musikverein für die Vorbereitung des Musikschulwerkes aufgewendet hat, und andererseits für das Schulinventar des Konservatoriums – einschließlich jener Anschaffungen, die mit den vom Reichspropagandaministerium seinerzeit zur Verfügung gestellten 50.000 Reichsmark getätigt wurden. In einem Aktenvermerk bestätigt Papesch, daß der Musikverein *„formalrechtlich gesehen zweifellos berechtigt ist, den Ersatz für die von ihm abgetretenen Inventargegenstände . . . zu verlangen",*[155] offiziell vollzieht man allerdings eine Wendung um 180 Grad und argumentiert,

> *daß das Land dafür, daß es den Musikverein von seiner Hauptlast, nämlich der Führung des Konservatoriums befreite und ihm nur mehr die Konzerttätigkeit überläßt, . . . für die Übernahme des Konservatoriums überhaupt nichts zu ersetzen hat* [und] *dem Musikverein aus der Übergabe des Schulinventars und des wertvollen Archivs gegenüber dem Lande keine Forderung zusteht, weil das Land ihm die Schulaufgaben abgenommen hat und ihn für die übriggebliebene Tätigkeit weiter subventioniert. Die Vorbereitungsarbeiten werden daher . . . nicht ersetzt.*[156]

Der Musikverein selbst wird nach der Abgabe des Konservatoriums auf eine reine Konzertveranstalter-Funktion – ihm obliegt fortan als an die Abteilung „Kultur- und Gemeinschaftspflege" der Reichsstatthalterei angeschlossene Institution[157] die Gesamtplanung des Grazer und des steirischen Konzertlebens[158] – eingeschränkt. Betrachtet man die Vorgeschichte und die damit verbundenen „Verdienste" dieser Institution um den Nationalsozialismus, so ist eine dermaßen starke Einschränkung der bisherigen Tätigkeit des Musikvereins doch einigermaßen überraschend.[160]

Gleichzeitig mit dieser Neugestaltung des Aufgabenbereiches wird Hermann von Schmeidel als künstlerischer Leiter dieses neuen Bereiches berufen und scheidet aus dem Konservatorium aus. Der neue Aufgabenbereich des Musikvereines wird folgendermaßen definiert:[160]

* Durchführung von Konzerten mit auswärtigen und heimischen Künstlern.

* Einflußnahme auf die Auswahl der Werke, die nicht mehr den Künstlern alleine

überlassen werden soll. *„Vielmehr wurde auf eine einheitliche Ausrichtung hingezielt, um in erster Linie deutsche Kunst aus allen Epochen mit besonderer Berücksichtigung des zeitgenössischen Schaffens zu bieten."*

* Werbung mittels Presse und eines eigenen Mitteilungsblattes in der Auflagenhöhe von 10.000 Stück *„an die Gliederungen der Partei und an die früheren Mitglieder des Mv.f.St."*

* Herabsetzung der Eintrittspreise und Mitgliedsbeiträge auf das Niveau von Kinokarten selbst bei Konzerten der teuersten Künstler, *„daß der Besuch der Konzerte auch minderbemittelten Kreisen möglich wird"*. Für Mitglieder von „Kraft durch Freude" soll ein 30prozentiger Nachlaß, für die Hitlerjugend und den Bund deutscher Mädel gar nochmals ein 50prozentiger Nachlaß auf den um 30 Prozent reduzierten Eintrittspreis eingeführt werden.

* Durchführung von geschlossenen Sonderveranstaltungen für die Hitlerjugend.

* Vorbereitung von Ortsgruppen des Musikvereines in den Städten und Dörfern der Steiermark.

* Beratung und Lenkung öffentlich und privat musikalisch tätiger Personen im Sinne einer bodenständigen und dem Kulturleben Großdeutschlands entsprechenden Musikpflege.

* Vermittlung bekanntester Künstler nicht nur für Konzerte in Graz, sondern auch für kleine Dorfgemeinden.

* Gründung einer leistungsfähigen gemischten Chorgemeinschaft nach dem Vorbild der meisten Städte des Altreiches.

* Musikhistorische Forschungen und Veröffentlichungen.

* Die musikalische Ausgestaltung von politischen Feiern, Kongressen und anderen festlichen Ereignissen, soweit jeweils Aufträge an den Musikverein erteilt werden.

Zweifellos vollzieht mit der Umwandlung in ein *„monopolisiertes Konzertunternehmen"*, wie Harald Kaufmann es nennt,[161] der Musikverein eine Wendung hin zu größerer Professionalität und – so Kaufmann – auch zu einer qualitativen Steigerung durch die Vermittlung internationaler Künstler und Künstlerinnen und erreicht somit ein Niveau, hinter das auch nach 1945 nicht mehr zurückgegangen werden kann. Gemeinsam mit dem Steirischen Musikschulwerk, der NS-Gemeinschaft „Kraft durch Freude" gehört der Musikverein für Steiermark nun einem „Triumvirat" an, das faktisch eine Monopolstellung im Bereich Musikveranstaltungen für die gesamte Steiermark innehat.

4. Erste Maßnahmen der Nationalsozialisten

Sofort nach der Machtübernahme der Nationalsozialisten in Österreich gehen diese daran, im nicht- und halbprofessionellen Musikbereich, den sie ja selbst als bedeutenden Faktor politischer Agitation und als Widerstandszellen nicht nur kennen-, sondern auch nützengelernt hatten, jene Veränderungen vorzunehmen, die eine nunmehr gegen sie gerichtete derartige Funktionalisierung weitestgehend ausschließen sollen.

4.1 Die Rolle des Stillhaltekommissars

Erstes Werkzeug dazu – noch vor dem Transfer deutscher Gesetze, Verordnungen und organisatorischer Strukturen nach Österreich – ist die Installierung des Stillhaltekommissars, der vorerst alle Vereine (1938 bestehen in der Steiermark u.a. etwa 400 Blasmusikkapellen und 270 Gesangvereine[163]) bis zu deren politischen Überprüfung sistiert. In der Folge haben alle Vereine ihre Vermögensverhältnisse dieser Behörde offenzulegen und – sollte eine weitere Betätigung angestrebt werden – um Wiederzulassung anzusuchen.[164] In Anbetracht der Tatsache, daß während der ständestaatlichen Diktatur neben den Nationalsozialisten sich vor allem auch die im Untergrund agierende Sozialdemokratie in den Musikvereinen Widerstandszentren aufgebaut hatte, wird der Maßstab für die Wiederzulassung seitens des NS-Regimes nun besonders streng angelegt. Wie schon seinerzeit werden zahlreiche Funktionäre Sänger und Musiker, die – oft nicht unbegründet – im Verdacht stehen, Anhänger oppositioneller Parteien zu sein, verhaftet.[165]

Nach der Offenbarung der Vermögensverhältnisse und einem poltischen Gutachten des jeweiligen Ortsgruppenleiters der NSDAP entscheidet der Stillhaltekommissar über das weitere Schicksal des Vereins. Größere Vereine werden nun – sofern möglich – zusammengelegt und in die großen deutschen Reichsverbände, etwa den „Deutschen Sängerbund", den „Reichsbahnchören" u.a. eingegliedert.[166] Zahlreiche weltanschaulich geprägten Vereine werden dabei mit ihren einstigen Gegnern zwangsvereinigt. Diese Vereinigungen werden von den Behörden größtenteils durchgeführt, ohne die Betroffenen vorher diesbezüglich zu kontaktieren. So wird beispielsweise der Vorstand des „Stahlklang" Kapfenberg lediglich durch ein Schreiben des Ortsgruppenleiters *in Kenntnis gesetzt*, daß die drei in Kapfenberg bestehenden Chöre zu einem Verein „Kapfenberger Sängerschaft" zusammengeschlossen und drei Funktionäre des „Stahlklang" in den Vereinsvorstand dieser Vereinigung delegiert werden.[167]

Kleinere Vereine hingegen werden vom Stillhaltekommissar größtenteils überhaupt aufgelöst, das Vereinseigentum beschlagnahmt. Allerdings ist „beschlagnahmt", wenn man sich darunter vorstellt, daß etwa die Polizei die Gegenstände abholt, der falsche Ausdruck. Diese Methoden waren den Behörden des Ständestaates eigen, die Nationalsozialisten gehen wesentlich zynischer vor, denn nun haben die Vereine ihren Besitz selbst abzuliefern. Im Juni 1938 erhält beispielsweise der Gesangverein „Eisenblüte" in Eisenerz, der ehemalige AGV „Freiheit" und heutige AGV „Stadtchor", vom Beauftragten des Stillhaltekommissars Hruby folgendes Schreiben:[168]

Über Anordnung des Stillhaltekommissars für Vereine, Organisationen und Verbände in Wien ist der Verein aufgelöst. Ich ersuche Sie, mittels beiliegender Zahlkarte das Bargeld einzuzahlen. Ein genaues Inventar-Verzeichnis mit beiläufigem Schätzungswert wollen Sie mir ehestens übermitteln. (Das Notenmaterial ist gesondert anzuführen.) Gleichzeitig wollen Sie zu Ihrer Entlastung eine Endbilanz beischließen.
Heil Hitler!
Hruby.

Viele Noten und andere Gegenstände, vor allem die noch vorhandenen, für die Sänger sehr symbolhaften Vereinsfahnen werden vernichtet, soweit man ihrer habhaft werden kann. Demzufolge versuchen viele der Vereinsmitglieder, diese Dinge – oft unter höchst abenteuerlichen und gefährlichen Umständen – dem Zugriff der Nationalsozialisten zu entziehen, und diese wiederum trachten, möglichst vieler dieser Gegenstände habhaft zu werden. So wird die Vereinsfahne des ehemaligen AGV „Stahlklang" Zeltweg zwar versteckt, doch durch Verrat gefunden und von Parteigängern der neuen Machthaber verbrannt.[169] Die Fahne des vormaligen ASB „Vorwärts" Wartberg, der heute wieder seinen ursprünglichen Namen trägt, wird – für die Vereinsmitglieder besonders demütigend – einem Altwarenhändler zur Verwertung für die Spinnstoffsammlung übergeben.[170]

Den meisten Vereinen wird ein Kommissarischer Leiter oder zumindest eine Aufsichtsperson der NSDAP beigegeben. Diese tragen dafür Sorge, daß die Vereinsführung ab sofort nach nationalsozialistischen Richtlinien erfolgt. Widerstand gegen diese „Gleichschaltung" ist, wie sich später herausstellen wird, im Gegensatz zum Ständestaat, der dem Musikbereich lediglich geringe Beachtung schenkte, nur in sehr beschränktem – eher symbolischem – Ausmaß möglich.

Einhergehend mit der Gleichschaltung hat auch im Vereinsleben die Demokratie zu bestehen aufgehört. Anstelle der Generalversammlung, die bisher den Vereinsausschuß gewählt hatte, tritt nunmehr eine Jahreshauptversammlung, die jetzt – zumindest theoretisch – lediglich den „Vereinsführer" wählt, dieser wiederum „bestimmt" allein den Ausschuß. In der Praxis wird jedoch auch der Vereinsführer in den meisten Fällen von den neuen Machthabern bestimmt. Sowohl Vereinsleitung als auch die Mitgliederschaft werden in diesem Zusammenhang nach den Bestimmungen der Nürnberger Rassengesetze[171] „gesäubert": *„Streichung von 6 ausübenden Mitgliedern und 11 unterstützenden Mitgliedern (Juden und Halbjuden)"*, bemerkt dazu eine der Vereinschroniken lakonisch.[172]

Unter dem großen politischen Druck und den durch den Krieg eingeschränkten Bedingungen können von 1938 bis 1945 nicht allzu viele Konzerte und Auftritte veranstaltet werden. Mit zunehmender Kriegsdauer und den damit vermehrt zur Wehrmacht einberufenen Musikern und Sängern werden es noch weniger,[173] und der Großteil der Vereine muß sogar trotz Zusammenlegungen seine Tätigkeit einstellen. Aufgrund dieser kriegsbedingten Probleme kann auch der Plan, die Musikvereine als Zweigstellen des Musikvereins für Steiermark unter eine einheitliche Führung zusammenzufassen,[174] nur teilweise und in sehr lückenhafter Form realisiert werden. Dies bleibt jedoch für die Machthaber weitgehend ohne Folgen, da nun ohnehin andere Gruppierungen die Rolle dieser Musik- und Chorvereinigungen übernehmen. Es sind dies einerseits wenige durch Uk-Stellungen spielfähig erhaltene, professionelle Ensembles, andererseits aber vor allem von Kindern und Jugendlichen getragene Musiziergruppen, die nun an die Stelle der „alten" Vereine treten.

4.2 Neugründungen

Die seit dem im Zuge der Ausgleichsgesetze von 1867 auch neugeschaffenen Vereins- und Versammlungsrecht[175] im Amateurmusikbereich dominierenden Vereinsstrukturen verlieren somit ab dem Zeitpunkt der Machtergreifung durch die Nationalsozialisten rapid an Bedeutung, und es ist daher nicht verwunderlich, daß es in der Folge kaum zu nennenswerten Neugründungen kommt. Jene Neugründungen hingegen, die nunmehr an Tragweite gewinnen, haben größtenteils eine völlig andere Struktur. Zum einen sind es die Fanfarengruppen und -züge der Hitlerjugend, die in den überall installierten Ortsgruppen entweder als eigene Ensembles, zumeist jedoch als Gruppierung der örtlichen Blasmusik[176] oder der Musikschule für Jugend und Volk als „Neugründungen" anzusehen sind, zum anderen jedoch in weit stärkerem Maße die zahlreichen übrigen Ensembles im Bereich des weitverzweigten Musikschulnetzes.

4.2.1 Die Kameradschaft steirischer Künstler

Eine der wenigen Vereins-Neugründungen, die in diesem Zeitraum Beachtung verdient, ist die „Kameradschaft steirischer Künstler und Kunstfreunde". Diese Vereinigung wird auf Betreiben des Gaupropagandaleiters und Landeskulturwalters der Steiermark, SA-Oberführer Gustav Fischer, der später auch das Amt ihres Präsidenten innehat, 1940 ins Leben gerufen und kann als eine Art Interessensvertretung der steirischen Kulturschaffenden erst nach längerer Anlaufphase Fuß fassen.[177]

> Sie möge ein enges Band um alle schließen, die sich mitverantwortlich fühlen am kulturellen Leben unserer Heimat. Ihre vordringliche Aufgabe ist es, den Künstlern den nötigen Widerhall zu schaffen und das ganze Volk an die Kunst heranzuführen ... Die Kunstvereine alten Stils haben hier versagt, deshalb muß eine wahre Kameradschaft von Künstlern und Kunstfreunden, von Kulturschaffenden und Kulturvermittlern, von Politikern und Männern der Wissenschaft und Wirtschaft diese Arbeit in ihre Hände nehmen.[178]

Die Kameradschaft besteht aus vier Einzelgruppen: Bildende Kunst, Schrifttum und Presse, Theater und Musik. Nach der Besetzung der slowenischen Untersteiermark im April 1941 wird für dieses Gebiet eine Zweigstelle in Marburg/Maribor errichtet, und auch die Obersteiermark erhält eine solche in Leoben.[179] Zur Führung der Geschäfte ist dem Präsidenten ein Beirat, der aus dem Vizepräsidenten, den Leitern der vier Untergruppen, den vier Landesleitern der Kammern für Bildende Kunst, Musik, Schrifttum und Theater in der Reichskulturkammer, dem Kulturreferenten des Reichsstatthalters, dem Kulturreferenten des Reichspropagandaamtes in der Steiermark, dem Hauptstellenleiter für Kultur in der Gaupropagandaleitung der NSDAP, dem Kulturreferenten der Stadt Graz, einem Abgeordneten des Musikvereins für Steiermark, einem Schriftführer, einem Schatzmeister und einem Geschäftsführer besteht, beigegeben.[180]

Jede der vier Einzelgruppen tritt in den folgenden Jahren mit einer Reihe von Veranstaltungen oder mit der Herausgabe eigenen Schrifttums an die Öffentlichkeit. Für die Gruppe Musik organisieren Arthur Michl und Josef Kolleritsch gemeinsam mit dem Musikverein für Steiermark einen Zyklus „Neues Musikschaffen", in dem vor allem Werke von Friedrich Frischenschlager, Hans Holenia, Hermann Kundigraber, Josef Kolleritsch, Arthur Michl, Franz Mixa und Roderich von Mojsisovics zur Aufführung gelangen. Auch werden gemeinsam mit dem italienischen „Instituto Dante Alighieri" oder mit jungen kroatischen Künstlern Kammer- oder Solistenkonzerte durchgeführt.[181]

4.3 Die Rolle der NS-Gemeinschaft „Kraft durch Freude"

Die NS-Gemeinschaft „Kraft durch Freude" ist eine hierarchisch aufgebaute Gliederung der „Deutschen Arbeitsfront" – letztere wurde an Stelle der alten Gewerkschaften gesetzt – und setzt sich aus den Ämtern „Reisen", „Wandern", „Urlaub", „Feierabendgestaltung", „Betriebssport", „Volksbildung", „Schönheit der Arbeit" und „KdF-Wagen" zusammen. Die unterste Stufe der Hierarchie bildet die Betriebsorganisation mit dem „KdF-Betriebswart" an der Spitze.[182]

Als Hauptaufgabe von „KdF" – nicht nur in den Anfangstagen nach der nationalsozialistischen Machtübernahme – ist zweifellos die Propagandafunktion zu nennen. Zu diesem Zweck werden unter anderem zahlreiche Arbeiter, unter ihnen auch Sympathisanten der ehemaligen anderen Parteien, zu Propangandafahrten nach Deutschland eingeladen. Gerade die Berichte der „Andersdenkenden" sollen die Zweifel der Betriebsbelegschaften zerstreuen.

Daneben werden Konzerte – Liederabende mit alten und neuen Soldaten- und Volksliedern etwa[183] – und Theaterabende veranstaltet, in die in den meisten Fällen die örtlichen Ensembles eingebunden werden. Eine besonders KdF-charakteristische Veranstaltungsform ist das sogenannte „Werkspausenkonzert", das in den Betrieben für die Arbeiter und ihre Angehörigen durchgeführt wird.

Für die einzelnen Orte wird gemäß Übereinkommen zwischen der Führung der NS-Gemeinschaft „Kraft durch Freude" und der Oberleitung des Steirischen Musikschulwerkes ein Jahresmindestprogramm – einen Musiktag, eine Kammermusik- oder Liederabend, ein Konzert einheimischer Kräfte und ein Schulkonzert – vorgeschrieben.[184] Überhaupt ist, wie im Abschnitt über die „Tage der Musik" noch dargestellt werden wird, die Zusammenarbeit zwischen KdF und Musikschulwerk äußerst eng.

Somit sind es – zusammenfassend betrachtet – neben der unter der kommissarischen Leitung des Gaumusikbeauftragten Hans Holenia[185] stehenden Landesgruppe der „Reichsmusikkammer", die jedoch eher eine den persönlichen Bereich der Künstler betreffende administrative Einrichtung ist, vor allem die drei Organisationen NS-Gemeinschaft „Kraft durch Freude", „Steirisches Musikschulwerk" und – dieser auch schon vor der Machtergreifung – der „Musikverein für Steiermark", die im steirischen Musikleben zwischen 1938 und 1945 dominierend und von größerer Tragweite sind.[186]

„Im nationalsozialistischen Staate darf Musik kein Sondergebiet für blasierte reiche Leute sein, sondern Seelen- und Geistesbrot für unser ganzes Volk . . . Eine nationalsozialistische Staatsführung wird deshalb auf die Musikerziehung ein besonderes Gewicht legen, weil es ein Teil der weltanschaulichen Erziehung ist.“

Josef Papesch, 1938.[187]

5. Die flächendeckende Musikorganisation „Steirisches Musikschulwerk“

Die zweite große Veränderung auf musikalischem Gebiet, die die Machtübernahme der Nationalsozialisten neben der Tätigkeit des Stillhaltekommissars für die Steiermark bringt, ist die sofort nach der Machtergreifung im März 1938 in Angriff genommene Errichtung einer umfassenden Musikorganisation, die völlig irreführend den Titel „Steirisches Musikschulwerk“ trägt und somit den Eindruck erweckt, eine ausschließlich musikpädagogische Einrichtung zu sein.

5.1 Die Entwicklung bis Herbst 1938

Bereits im Mai 1938 legt Ludwig Kelbetz – von 1932 bis 1934 Musikreferent der deutschen Angestelltenschaft, dann für zwei Jahre Dozent an der Hochschule für Lehrerbildung in Danzig und ab 1936 am Grazer Konservatorium des Musikvereins tätig und in dieser Zeit als Musikreferent der illegalen Hitlerjugend für Österreich für Schulungsmaßnahmen der illegalen Parteiformationen zuständig – ein fertiges, seinerseits wiederum eine Idee Hermann von Schmeidels modifizierendes[188] Konzept vor.[189] Eine Schrift Kelbetz‘ über den Aufbau einer Musikschule ist bereits Anfang 1938, noch vor der Machtergreifung der Nationalsozialisten in Österreich, in Deutschland erschienen.[190] Mitte Juni legt der Referent für Kunst und Wissenschaft, Landesrat Dr. Josef Papesch, dem Gauleiter und Landeshauptmann auf der Denkschrift Kelbetz‘ fußende „Vorschläge zum Aufbau der gesamten Musikerziehung in der Steiermark“ vor,[191] die *„das Ergebnis vieler, seit Wochen geführter Besprechungen mit den auf diesem Gebiete mitarbeitenden Männern, vor allem mit dem Kommissarischen Leiter des Musikvereines für Steiermark, Dozenten Dr. Ludwig Kelbetz“*,[192] sind.

Der dem Gauleiter vorgelegte Entwurf sieht im wesentlichen jene Bestandteile vor, die das Musikschulwerk letztlich auch wirklich erhalten wird, ohne jedoch den späteren hierarchischen Aufbau zu erwähnen: „Musikschulen für Jugend und Volk“, „Landesmusikschule“ und „Hochschule für Musikerziehung“.

Definitiv ist vorerst jedoch nur die Errichtung einer „Musikschule für Jugend und Volk“ in Graz geplant, wofür der Grazer Bürgermeister ebenfalls die oben erwähnte Denkschrift erhält. Eine endgültige Entscheidung über die für Herbst 1938 geplante Eröffnung ist allerdings zu diesem Zeitpunkt noch nicht getroffen, da der Vizebürgermeister Verdino zwar grundsätzlich für die Errichtung der Schule ist, aber angesichts des von der Stadt Graz zu leistenden Beitrages von 16.800 Reichsmark im Hinblick darauf, *„daß der gegenwärtige Haushaltsplan der Stadt stark beansprucht sei“*,[193] noch Bedenken hat. Die Grazer „Musikschule für Jugend und Volk“ soll vorerst nur von ausgewählten fünf Prozent der „Hitlerjugend“ und des „Bundes deutscher

Mädel" besucht werden. Wenn Arbeiter die Schule besuchen, würde auch die NS-Gemeinschaft „Kraft durch Freude" einen Beitrag leisten.

Für die Errichtung je einer „Musikschule für Jugend und Volk" im Ort des Sitzes einer Kreisleitung und Bezirkshauptmannschaft bestehen zwar grundsätzliche Planungen, allerdings muß erst beim für die Zeit vom 3.–11. Juli im Schloß St. Martin bei Graz geplanten Schulungslager für Musikerzieher, zu welchem jene Musikreferenten der HJ, des BdM und Musiklehrer einberufen werden, die *zur Mitarbeit in solchen Schulen in Frage kämen"*, festgestellt werden, *„wieviel geeignete Musiklehrer vorhanden sind und für wieviel Musikschulen in der Steiermark die vorhandenen Kräfte ausreichen"*. Papesch schätzt, daß außer der Schule in Graz die Eröffnung von noch vier bis fünf „Musikschulen für Jugend und Volk" im Herbst möglich sein wird *„und weitere in den nächsten Jahren"*.[194]

Des weiteren sei in der Steiermark eine Landesmusikschule nötig, da am Konservatorium des „Musikvereins für Steiermark" in der bisherigen Art wegen der zu hohen Schulgelder nur *„Bemittelte die Möglichkeit haben, zu studieren"*. Wegen der zu niedrigen Gehälter würde *„mindestens die Hälfte der jungen und begabten Lehrer abwandern".* somit wäre *„das Konservatorium ab Herbst ein unbedeutendes Institut minderen Ranges". „Es ist"*, schreibt Papesch, *„. . . nicht möglich, um einen Fall zu nennen, den über die Grenzen unseres Landes weit hinaus bekannten Geiger Norbert Hofmann mit einem Monatseinkommen von RM 120,– zu halten, der schon dreimal ein Angebot als Geiger zu den Wiener Philharmonikern erhalten hat"*.[195]

Als dritte Einrichtung des Musikschulwerkes plant man die Errichtung einer „Hochschule für Musikerziehung", und Ludwig Kelbetz hat diesbezügliche Vorverhandlungen auch schon mit den maßgebenden Personen des damaligen Musiklebens geführt.[196] So habe sich der Musikreferent des „Reichserziehungsministeriums", Dr. Miederer, bereits mit der Gründung einverstanden erklärt und Kelbetz beauftragt, entsprechende Pläne zu entwerfen, die Miederer dann dem Minister vortragen werde. Nach Ansicht Miederers ist die Errichtung der Hochschule sehr wahrscheinlich.

Die Reichsstudentenführung sei, so deren Musikreferent Reinhold Schroth, ebenso an einer Neugründung interessiert und hoffe, *„in Graz eine Hochschule aufbauen zu können, die ganz den nationalsozialistischen Erziehungsgrundsätzen entspricht und frei von kleinlichen Rücksichtnahmen und Kompromissen bleiben soll"*. Der Musikreferent der Reichsjugendführung, Bannführer Wolfgang Stumme, erklärt, daß seine Organisation, die ja *„zwecks Ausbildung von Musikleitern für ihre Gliederungen staatliche Lehrgänge für ‚Jugend- und Volksmusikleiter' errichtet habe"*, plant, auch in Graz einen solchen Lehrgang einzurichten.

Für die Hochschule und die Landesmusikschule schlägt Papesch dem Gauleiter sodann vor, ein eigenes „Haus der Musikerziehung" zu errichten, wobei Kelbetz ein entsprechendes Schreiben auch bereits an die „Planungsstelle zum Ausbau der Stadt Graz" gerichtet habe.[197] Da das Schuljahr am 3. Juli 1938 schließt und es gut wäre, *„wenn bis dahin die Grundsätze der Neugestaltung bekannt wären, damit die Vorarbeiten für das kommende Schuljahr richtig in Angriff genommen werden könnten"*, ersucht Papesch den Gauleiter, *„zu dieser Angelegenheit rasch Stellung zu nehmen"*. Er selbst, schreibt Papesch, sei von der außerordentlichen Wichtigkeit der Frage der Musikerziehung tief überzeugt.

Im nationalsozialistischen Staate darf Musik kein Sondergebiet für blasierte reiche Leute sein, sondern Seelen- und Geistesbrot für unser ganzes Volk.

Besonders für die in den verschiedenen Formationen erfaßten und geordneten Massen unseres Volkes ist das Marschlied Ausdruck ihrer Haltung und Bekenntnis ihrer Gesinnung, und es ist bezeichnend, daß seit 1933 ein neues Liedgut entsteht, das schlichthin als „moderne Musik" anzusprechen ist. Aus diesem Liedgut entstehen die neuen Formen der Fest- und Feiergestaltung, die Kantaten.

Eine nationalsozialistische Staatsführung wird deshalb auf die Musikerziehung ein besonderes Gewicht legen, weil es ein Teil der weltanschaulichen Erziehung ist... Alle Formationen werden in den nächsten Jahren Musikführer brauchen, damit die marschierende Mannschaft eine singende Mannschaft werde.

Interessant an dieser Denkschrift Papesch' sind vor allem zwei Dinge: Zum einen sind die darin gesetzten Maßstäbe wesentlich bescheidener als die nur wenige Wochen später begonnene Umsetzung in die Realität, die – sowohl was den Umfang als auch die zur Verfügung gestellten finanziellen Mittel betrifft – um einiges großzügiger sein wird, so daß – andersherum formuliert – Papesch und seine Helfer im Endeffekt mehr bekommen werden als sie verlangen, ja vermutlich zu verlangen wagen.

Dies steht möglicherweise in direktem Zusammenhang damit – das ist der zweite bemerkenswerte Punkt –, daß Papesch augenscheinlich eine Art Musikschulsystem für die Formationen, also im wesentlichen für die „Hitlerjugend", den „Bund deutscher Mädel" und die NS-Gemeinschaft „Kraft durch Freude" vorschwebt, er somit ein rein auf die Partei und ihre Unterorganisationen bezogenes Ausbildungswesen ins Auge faßt.

Wie dem auch sei, jedenfalls stimmt Uiberreither dem Plan zu und beauftragt *„den Gebietsmusikreferenten der HJ und derzeitigen Kommissarischen Leiter des Musikvereins für Steiermark, Dr. Ludwig Kelbetz, mit dem Aufbau des Steirischen Musikschulwerkes".*[198]

5.2 Die Entwicklung ab Herbst 1938

Die aus der Anfangsphase des Dritten Reiches in Deutschland schon bekannten Kompetenzschwierigkeiten erleben bei der Machtergreifung der Nationalsozialisten in Österreich eine Neuauflage, und natürlich bleibt auch das Musikschulwerk in der Steiermark davon nicht verschont. Im wesentlichen betreffen diese Schwierigkeiten die Kompetenzen des Ministeriums für innere und kulturelle Angelegenheiten in Wien, das – um nur ein Beispiel vorwegzunehmen – die Papesch-Denkschrift kurzerhand als *„Elaborat"* bezeichnet und stärkste Bedenken dagegen anmeldet.[199]

Trotzdem wird noch im September 1938 in der Steiermark wie in allen anderen Gauen der nunmehrigen „Ostmark" auch eine hochrangig besetzte „Gauarbeitsgemeinschaft Musikschulwerk" ins Leben gerufen, der der Gaupropagandaleiter und Landeskulturwalter Gustav Fischer, der Gaubeauftragte für Musik und Kommissarische Leiter der Reichsmusikkammer Hans Holenia, der Gebietsmusikreferent der HJ, Gaumusikbearbeiter des Deutschen Volksbildungswerkes und Kommissarische Leiter des Musikvereines für Steiermark Dr. Ludwig Kelbetz, der Kommissarische Leiter der Musikschule für Jugend und Volk in Graz und Referent im Kulturamt der Reichsjugendführung Reinhold Heyden, der Gauwart der NS-Gemeinschaft „Kraft durch Freude" Robert Komarek, der Gaubildungswart Walter Haider, der Landesmusikdirektor und Direktor des Konservatoriums, Prof. Hermann von Schmeidel, sowie im Einvernehmen mit dem Sachbearbeiter der Fachschaft Volksmusik in der Reichsmusikkammer der Reichsmusiksachbearbeiter des Deutschen Volksbildungswerkes, Dr. Sigfried Goslich, angehören. Der Gauleiter und Landeshauptmann wird gebeten, das Protektorat über diese Arbeitsgemeinschaft zu übernehmen.[200] Wohl in Anspielung auf die Bedenken des Ministeriums für innere und kulturelle Angelegenheiten in Wien schreibt daraufhin Uiberreither an Staatskommissar Plattner:[201]

Ich vertraue darauf, daß seitens der maßgebenden Reichsstellen das steirische Musikschulwerk, das zweifellos in jeder Hinsicht den Beifall des Führers finden wird, unterstützt werden wird und daß sich kaum jemand finden dürfte, der einem so wichtigen Unternehmen an den Grenzen des Großdeutschen Reiches Schwierigkeiten machen wird.

Obwohl das „Steirische Musikschulwerk" – wie später noch zu zeigen sein wird – als organisches Ganzes zu betrachten ist, muß von hier an die Darstellung schon aus technischen Gründen räumlich hintereinander folgen, wobei vorerst die hierarchische Struktur von der Basis zur Spitze hin verfolgt, also mit den Kreismusikschulen und ihren Zweigstellen begonnen wird, worauf die Landesmusikschule und dann die Hochschule für Musikerziehung folgen werden. Den Abschluß dieses Blockes bilden dann die gemeinsamen Aktionen und Gemeinschaftskräfte sowie je nach Bereich das vorläufige oder endgültige Ende der jeweiligen Institutionen spätestens mit Kriegsende im Frühjahr 1945.

> *„Die Musikschulen für Jugend und Volk stellen sich als besondere Aufgabe, die Erziehung zur Musik vom deutschen Volkstum her zu begründen und aufzubauen."*
>
> Wolfgang Stumme, 1939.[202]

5.2.1 Die „Musikschulen für Jugend und Volk"

5.2.1.1 Die geographische Dimension

Die „Musikschulen für Jugend und Volk", deren Bezeichnung übrigens keine Erfindung des Nationalsozialismus ist, sondern auf Fritz Jöde, der diesen Begriff schon 1924 geprägt hatte,[203] und die Jugendmusikbewegung zurückgeht, bilden also die unterste Ebene einer zentral gelenkten und weite Bereiche erfassenden Musikorganisation. Allein die Errichtung der „Musikschulen für Jugend und Volk" ist jedoch keine spezifisch steirische Angelegenheit. Vielmehr kommt es auf Reichsebene, wo es spätestens seit der Werbeaktion der Reichsjugendführung unter dem Motto: *„Lernt Instrumente spielen"* im Jahre 1937 dahingehende Überlegungen gab, parallel zur steirischen Entwicklung zur *„Vereinbarung über die Errichtung von Musikschulen für Jugend und Volk"*[204] zwischen Reichsjugendführung und dem Reichsministerium für Wissenschaft, Erziehung und Volksbildung, welche in einem Erlaß des Ministeriums[205] den verantwortlichen Stellen, in diesem Fall den Unterrichtsverwaltungen der Länder einschließlich Österreich, mitgeteilt wird. Somit ist Oberborbecks Feststellung, daß der Gau Steiermark *„als erster Gau des Großdeutschen Reiches ... die Betreuung der Musikpflege in Jugend und Volk in eigene Hand genommen hat"*, nicht ganz richtig. Immerhin sind Pläne vorhanden, überall im Einflußbereich des Deutschen Reiches[206] mit Ausnahme von Wien auch in der gesamten „Ostmark" Musikschulen für Jugend und Volk einzurichten,[207] und in einigen anderen Gauen scheinen wesentlich mehr solche Musikschulen geplant zu sein als in der Steiermark. So berichtet der Landeshauptmann von Niederdonau Anfang 1940 über 61 bereits in Betrieb stehende und 18 demnächst zu eröffnende Musikschulen,[208] jener von Oberdonau über 17 Schulen mit über 6.000 Schülerinnen und Schülern,[209] der Landesschulrat von Kärnten meldet vier Schulen,[210] jener von Tirol eine[211] und der Landeshauptmann von Salzburg ebenfalls eine, die der Hochschule „Mozarteum" angeschlossene Musikschule für Jugend und Volk.[212]

Allerdings ist in der Steiermark – wohl aufgrund der Vorarbeiten Ludwig Kelbetz'– nicht nur die Planung, sondern auch die Organisation bereits weiter fortgeschritten als in den meisten anderen Gauen, so daß Papesch bereits Ende September Plattner mitteilen kann, daß im Gegensatz zur im Juni verfaßten Denkschrift nunmehr sowohl die nötigen Mittel bereitgestellt sind als auch Orte und Eröffnungsdaten bereits festgelegt wurden.[213] Im Prospekt, den er gleichzeitig an Plattner absendet, wird auch schon auf Lehrmethoden und -pläne eingegangen: *„Der Musikunterricht in der Musikschule für Jugend und Volk ist nur zugänglich für HJ., BdM., JV. und JM. und für Werktätige der DAF.“*[214]

Das Steirische Musikschulwerk gliedert sich in Kreismusikschulen und deren Zweigstellen, gewöhnliche Musikschulen sowie vorerst eine Städtische[215] und eine Gau-Musikschule.[216] Felix Oberborbeck, der spätere Leiter des Musikschulwerkes, gibt folgende Definitionen der einzelnen Schultypen:[217]

Kreismusikschulen sind Musikschulen, die einen vom Reichsgau verpflichteten Leiter haben und in einer Kreisstadt oder einer anderen wichtigen Stadt des Kreises ihren Sitz haben.

Musikschulen sind Schulen, die einen eigenen Leiter haben, der vom Landrat des betreffenden Kreises mit Genehmigung der Oberleitung des Steirischen Musikschulwerkes angestellt ist. Zweigstellen sind Musikschulen in Märkten oder Dörfern, die von der Kreismusikschule aus geführt werden und keinen eigenen Leiter haben.

Die offizielle Eröffnung des Musikschulwerkes findet am 16. Dezember 1938 durch den Gauleiter statt.[218]

Bis Ende 1938 werden fünf Kreismusikschulen eröffnet,[219] wovon zwei sogenannte Doppelschulen sind, womit sich vorerst folgendes Bild bietet:

Graz (eröffnet am 15. Oktober 1938)
Köflach–Voitsberg (eröffnet am 1. November 1938)
Mureck–Radkersburg (eröffnet am 1. November 1938)
Weiz (eröffnet am 1. November 1938) und
Eggenberg (eröffnet am 15. November 1938).

Diesen folgen bis zum Ende des Schuljahres weitere neun Schulen, so daß nunmehr 14, oder wenn die Doppelschulen mitgezählt werden 17 Schulen in Betrieb sind:[220]

Murau (eröffnet am 1. April 1939)
Knittelfeld (eröffnet am 1. April 1939)
Leoben–Donawitz (eröffnet am 1. April 1939)
Mürzzuschlag (eröffnet am 1. April 1939)
Deutschlandsberg–Stainz (eröffnet am 1. April 1939)
Feldbach (eröffnet am 1. April 1939)
Leibnitz (eröffnet am 1. April 1939)
Fürstenfeld (eröffnet am 1. April 1939)
Hartberg (eröffnet am 1. April 1939) und
Admont (eröffnet am 8. Jänner 1939).

Fünf weitere geplante Schulen können vorerst aufgrund des strengen Ausleseverfahrens für die zukünftigen Leiter nicht in Betrieb genommen werden, da den Vorstellungen der Organisatoren entsprechende Leiter vorderhand nicht zur Verfügung stehen. Die Eröffnung der Musikschule Bruck wird sogar zurückgestellt, weil der in Aussicht genommene Leiter krankheitshalber nicht am von Juni auf den 1. bis 8. April vorverlegten, im Martinshof stattfindenden Schulungslager teilnehmen kann und *„die Teilnahme an einem solchen Lager nach den entsprechenden Richtlinien der Reichsdienststellen Pflicht ist“*.[221] Mit dem Beginn des Krieges treten dann weitere Schwierigkeiten auf, so daß *eine zwischen Hofrat Dr. Pokorny, Prof. Dr. Oberborbeck und Dr. Kelbetz am 13. September stattgefundene Besprechung... zum Ergebnis (hatte), daß die Eröffung der Musikschulen für Jugend und Volk in Judenburg, Schladming, Weiz, Oberwart-Oberschützen infolge der durch die kriegerischen Ereignisse hervorgerufenen unklaren Lage vorläufig zurückgestellt wird.*[222]

Die Kriegsereignisse können freilich den weiteren Aufbau nur kurzfristig stoppen. In weiterer Folge wird dieser – nicht zuletzt sogar wegen der Kriegsereignisse – zügig vorangetrieben, so daß Ende 1944 im Gebiet des damaligen Reichsgaues Steiermark mit Ausnahme der besetzten slowenischen Untersteiermark, die gesondert behandelt wird, noch folgende Schulen dazukommen:

Eibiswald (eröffnet am 15. Februar 1940)[223]
Graz-St. Peter (Eröffnungsdatum nicht nachgewiesen, 1941/42)[224]
Laßnitzhöhe (Eröffnungsdatum nicht nachgewiesen)[225]
Friedberg (eröffnet 1. Februar 1940)[226]
Judenburg (eröffnet am 1. November 1939)[227]
Fohnsdorf (eröffnet am 15. Februar 1940)[228]
Zeltweg (Eröffnungsdatum nicht nachgewiesen)[229]
Wildon (eröffnet im Herbst 1939)[230]
Eisenerz (eröffnet am 1. März 1940)[231]
Kindberg (eröffnet im Februar 1940)[232]
Krieglach (eröffnet am 1. Mai 1939)[233]
Veitsch (eröffnet im Februar 1940)[234]
Mariazell (Eröffnungsdatum nicht nachgewiesen)
Neuberg (Eröffnungdatum nicht nachgewiesen)[235]
Oberwart (Eröffnungsdatum nicht nachgewiesen)[236]
Pinkafeld (Eröffnungsdatum nicht nachgewiesen, 1941/42)[237]
Gratwein (Eröffnungsdatum nicht nachgewiesen)[238]
Gratkorn (Eröffnungsdatum nicht nachgewiesen, 1941/42)[239]
Arnfels (Eröffnungsdatum nicht nachgewiesen)[240]
Birkfeld (Eröffnunsdatumg nicht nachgewiesen).[241]

Eine geplante Eröffnung von Schulen in Schladming und Liezen kann trotz bereits bestellter Leiterin nicht verwirklicht werden, so daß letztlich diese Bestellung wieder aufgehoben werden muß.[242]

Mit Ausnahme einiger kleiner Schulen und natürlich der Gebiete der ehemaligen slowenischen Untersteiermark ist die Gründungsphase Ende des Wintersemesters 1939/40 im wesentlichen abgeschlossen. Ein Blick auf die Karte von Seite 89 zeigt, welch dichtes, beinahe flächendeckendes Netz von Musikzentren damit über die gesamte Steiermark gezogen worden ist.

Allerdings handelt es sich dabei nicht um ausschließliche Neugründungen, sondern teilweise um Übernahmen, teilweise um Wiedergründungen von meist im Zuge der Wirtschaftskrise eingestellten Schulen. Rupert Doppelbauer gibt von einigen Schulen sogar Gründungsdaten an, die weit ins 19. Jahrhundert zurückreichen.[243] Von den 17 bis zum Ende des Schuljahres 1938/39 in Betrieb genommenen Schulen haben neun schon vorher bestanden, mehrere davon allerdings nicht durchgehend bis 1938.[244]

Jedenfalls scheint man in der Steiermark, auch wenn andere Gaue umfangreichere Musikschulwerke installiert hatten, doch zumindest organisatorisch um soviel weiter zu sein, daß sich manche am steirischen Modell zu orientieren versuchen. Der Reichsstatthalter von Oberdonau beispielsweise fragt Ende 1940 bei der steirischen Reichsstatthalterei an, wie Organisation und Verwaltung des Steirischen Musikschulwerkes aufgezogen seien, wie die Finanzierung erfolge und wer rechtlicher Träger der Schulen sei,[245] und auch das Reichspropagandaamt in Frankfurt ersucht um Übermittlung der Richtlinien für den Aufbau sowie um Erfahrungsberichte über die Bewährung des Organisationsmodells.[246]

5.2.1.2 Die organisatorische Ebene

Von der organisatorischen Ebene her sind in der Steiermark – was den Aufbau betrifft – seit der Kelbetz-Denkschrift die Ziele bereits im wesentlichen abgesteckt. Nicht so jedoch auf der Ebene der Verantwortlichkeit. Hier gibt es, zumal mit dieser Verantwortung auch finanzielle Belastungen verbunden sind, durchaus unterschiedliche Auffassungen. Ludwig Kelbetz, der im Winter 1938 die entsprechenden „Verhandlungen" mit den einzelnen Gemeinden, d.h. mit den Bürgermeistern und Parteistellen führt,[247] geht dabei durchaus nicht zimperlich vor. So erinnert Walter Kolneder[248] an einen Fall, wo faktisch die gesamten örtlichen Verantwortlichen gegen die Errichtung einer Musikschule waren, Kelbetz am Ende der Sitzung kurzerhand die Musikschule *„im Namen des Gauleiters"* für gegründet erklärte.

Während man sich mancherorts um eine Schule geradezu bewirbt und auch bereit ist, finanzielle Belastungen in Kauf zu nehmen, müssen, wie an einigen exemplarischen Schulen zu zeigen ist, in anderen Orten dem Bürgermeister selbst die kleinsten Dinge nahezu abgerungen werden.

In Judenburg, wo wie in Mureck–Radkersburg, Stainz–Deutschlandsberg, Köflach–Voitsberg oder Bruck–Kapfenberg eine Doppelschule mit Knittelfeld geplant ist, sprechen sich sowohl der Kreisleiter als auch der Bürgermeister von Judenburg gegen diesen Plan aus und fordern, da *„die Größe der Aufgaben unbedingt einen Leiter erfordert, der nicht nur an zwei Tagen in der Woche nach Judenburg kommt"* statt dessen einen eigenen Leiter, der *„seinen Wohnsitz da hat und seine ganze Kraft für das örtliche Musikleben einsetzten kann"*. Dafür wäre man sogar bereit, die zugesagte Beihilfe um ein Drittel auf 1.800 Reichsmark zu erhöhen. Ähnliche Argumente bringt auch der Bürgermeister von Knittelfeld vor. Für beide Städte handelt es sich hierbei offensichtlich um eine Prestigeangelegenheit. *„Da zwischen den beiden Städten Juden-burg und Knittelfeld große Spannungen bestehen"*, bemerkt Kelbetz, *„wurden die Besprechun-gen in sehr scharfem und leidenschaftlichem Tone geführt"*.[249]

Ebenso vehement wird die Errichtung einer Musikschule für Eisenerz gefordert, wo die Einwohnerzahl infolge der Bedeutung des Eisenerzabbaues für die Rüstungsindustrie sprung-haft auf 16.000 gestiegen ist, und infolge der schlechten Verkehrsverbindung ein eigenes Kulturzentrum vonnöten sei.[250] Die Stadt Eisenerz erklärt sich bereit, 2.000 Reichsmark beizusteuern und als zwei Varianten – eine ohne und eine mit hauptamtlichem Leiter – diskutiert werden, ist DAF-Gauwart Komarek zwecks Errichtung von Chören, Orchestern und Blaskapellen für die nationalsozialistische Fest- und Feiergestaltung sogar bereit, diesen Betrag noch weiter auf 2.900 Reichsmark zu erhöhen.

Der örtliche Männergesangverein von Birkfeld wiederum richtet die Aufforderung

> *an alle in Betracht kommenden Stellen, sich endlich auch mit der Errichtung einer Zweigmusikschule in Birkfeld zu befassen, [da] die Jugend der größten Ortsgruppe von Steiermark (Birkfeld) und der ganzen Umgebung . . . seit ca. 20 Jahren, ohne musikalisch geschult zu werden, auf(wächst). Wenn Siegesfeiern oder andere Feiern kommen, stehen wir hier ohne Musik.*[251]

Ebenfalls aufgrund der *„geographisch abgesonderten Lage"* fordert der Bürgermeister von Mariazell die Errichtung einer zweiten Kreismusikschule in seinem Markt.

Als Begründung für mein Ansuchen führe ich an, daß Mariazell der größte Fremdenverkehrsort der Steiermark ist und als solcher unbedingt eine musikalisch ausgebildete Jugend beansprucht . . . Seit dem Bekanntwerden der Gründung einer Musikschule haben sich bisher 107 Kinder angemeldet. Es dürfte sich diese Zahl noch auf 150 bis 200 erhöhen. Damit ist die Gewähr gegeben, daß der Anspruch auf eine Musikschule gerechtfertigt ist.[252]

Da mit zunehmender Kriegsdauer und der damit verbundenen verstärkt erfolgenden Bombardierung von Graz mehrere Oberschulen und Hauptschulen ins Ennstal verlegt werden, wird auch für da von Seiten der Eltern und Schulen die Fortsetzung des in Graz begonnen Musikunterrichts gefordert. Allerdings scheitert dieser Aufbau vermutlich an den mit fortschreitender Kriegsdauer zunehmenden Problemen unterschiedlichster Art, und eine Leiterberufung vom 1. Oktober 1944 muß bereits am 15. Oktober wieder aufgehoben werden, *„da der Aufbau einer Musikschule in Schladming und Liezen nicht möglich war".*[253]

In Mürzzuschlag hingegen – um auch ein anders geartetes Beispiel anzuführen – teilt der Bürgermeister zwar dem Landrat des Kreises mit, daß er nicht nur die Wünsche bezüglich Musikschule erfüllen wolle, sondern die Absicht habe, *„zwecks Ausgestaltung des Musiklebens in absehbarer Zeit größere Renovierungen im Haus der Musikschule durchführen zu lassen".*[254] Rund ein halbes Jahr später erreicht den Landrat jedoch die Mitteilung, daß die Trockenlegung eines weiteren Raumes die Summe von 1.385 Reichsmark erfordern würde.

Da diese Kosten mit der Herstellung eines einzigen Raumes in keinem entsprechenden Verhältnis stehen, möchte ich davon Abstand nehmen, denselben zu verwenden, und werde ich mich bemühen, sobald als möglich geeignete andere Räume für die Unterbringung der Musikschule zu beschaffen.[255]

Daraufhin verfaßt der Leiter der Kreismusikschule einen Bericht an den Landrat, der die Raumverhältnisse drastisch schildert:

Der Musikschule steht im alten Bürgerspital . . . ein ebenerdiger Raum straßenwärts und ein kleinerer rückseitig zur Verfügung. Im ersteren finden Zusammenkünfte und Proben der Stadtkapelle statt, außerdem Proben der HJ-Fanfaren- und Spielmannszüge. Der Zustand der Räume ist vom Stadtbaumeister und verschiedenen anderen Herren, die ich zur Besichtigung einlud . . ., als untragbar bezeichnet worden. Feuchtigkeit steht an den Straßenwänden zum Abwischen und quillt aus den Fußbodenritzen.

Die Beheizung des großen Raumes geschieht durch einen großen Ofen, der bei Holzheizung ausreicht, die Umstellung auf Kohlenheizung nicht verträgt und in jedem Falle erst beträchtlich qualmt. Der Ofen im zweiten Raum . . . hat keinen Zugregler, einen viel zu großen Rost, keinerlei wärmehaltende Auskleidung, das Rauchrohr besteht aus Stücken, deren Durchmesser 2 cm differiert, so daß die Stücke auseinanderfallen müssen, ein 5 cm breiter Spalt klafft und natürlich die ganzen Heizgase in den Raum strömen . . .

Die Fenster fallen fast aus dem Rahmen, die Klammern, die das Zuhalten besorgen sollen, sind aus dem Holz herausgefault. Es klaffen weit offene Spalte, durch die die kalte Außenluft ungehindert hereintritt.

Wenn schon nicht im Hinblick auf Lehrer und Schüler, so doch mit Rücksicht auf die Instrumente habe ich immer wieder auf die Unhaltbarkeit dieser Zustände hingewiesen.[256]

Der Bürgermeister vertröstet den Leiter vorerst auf Räume, *„die nach dem Krieg frei werden",* und erst nach längerem Briefwechsel zwischen Bürgermeister und Landrat, unter Einschaltung von Landesrat Papesch,[257] ist ersterer bereit, zumindest die allergröbsten Mängel beseitigen zu lassen.

5.2.1.3 Die Stellung der „Musikschulen für Jugend und Volk" im Musikschulwerk

Die „Musikschulen für Jugend und Volk" mit ihren oben beschriebenen Unterteilungen sind die unterste Ebene, die Basis des „Steirischen Musikschulwerkes". Im Unterschied zu den Musikschulen im übrigen Reich, wo aufgrund der herrschenden Konkurrenzsituation zwischen „Musikschulen für Jugend und Volk" und den vor allem in Bayern beheimateten „Singschulen"[258] erst ab Juli 1943 mit der Aussendung der Entwürfe erste Schritte für eine gewisse Normierung des Musikunterrichts stattfinden,[259] die die „Musikschulen für Jugend und Volk" als Grundlage der außerschulischen Musikerziehung vorsehen, findet diese Vereinheitlichung in der Steiermark bereits sehr früh statt und erreicht ihren Höhepunkt im Aufbau der Selbstverwaltung der Musikschulen Ende 1940.

Aus Gründen einer effizienteren Durchführung der Aufgaben wird in diesem Rahmen sogar eine Dezentralisierung des Musikschulwerkes durchgeführt und die Trägerschaft und Verwaltungshoheit – mit Ausnahme der Kreismusikschule in Leoben, die unter der Trägerschaft der Stadt steht – den Landkreisen übertragen.[260] Damit wird der Landrat des jeweiligen Kreises direkter Vorgesetzter der Musikschulleiter und Lehrer und auch für die Einholung der politischen Gutachten bei Neuanstellungen zuständig. Den Leitern der Musikschulen wird die Einholung einer politischen Beurteilung neu anzustellender Lehrer deziert untersagt.[261]

Der Reichsgau übernimmt jedoch nicht nur die Bezahlung des Leiters der jeweiligen Kreismusikschule, sondern nimmt auch die musikalische Oberleitung wahr. Das bedeutet, daß eine Anstellung weiterer Lehrkräfte nur im Einvernehmen mit der Oberleitung des „Steirischen Musikschulwerkes" gestattet ist.[262] Damit bildet das „Steirische Musikschulwerk" zwar kulturell eine Einheit, ohne jedoch in seiner Gesamtheit Rechtspersönlichkeit zu besitzen.[263]

Im Zuge dieser verwaltungstechnischen Neuordnung wird auch der Aufgabenbereich und die Rolle der Kreismusikschulen neu definiert. Die Kreismusikschule hat demnach für den gesamten Landkreis und nicht nur für den Ort ihres Sitzes Aufgaben zu übernehmen, Josef Papesch zufolge stellt sie überhaupt das wichtigste Instrument des kulturellen Lebens dar.[264] Der Leiter der Kreismusikschule – größtenteils identisch mit dem Städtischen oder Kreismusikbeauftragten der NSDAP – hat nicht nur den Gemeinden und Ortsgruppen der NSDAP[265] in allen Fragen der Musikpflege und Feiergestaltung beratend zur Seite zu stehen, sondern trägt die Verantwortung dafür, das Musikleben in jeder Weise im nationalsozialistischen Sinne zu fördern.[266] Im Zuge dessen hat er unter dem auf einem Führererlaß basierenden Schlagwort, *„Aktivierung der Dorfkultur"*, auch alle nicht zur Kreismusikschule gehörenden Musikgruppen, Chöre und Singscharen, Kapellen und Spielscharen, Kammermusikvereinigungen, Laienspielscharen, musikalische Einzelkräfte sowie Laienschauspieler und Sprecher zu erfassen und zur Meldung zu bringen, um sie in das Kulturleben der einzelnen Orte zielführend einzubinden.[267] Damit werden nicht nur umliegende HJ-Musikzüge der Musikschule unterstellt,[268] sondern auch die traditionellen Musikgruppen „gleichgeschaltet". Zudem gewinnt die Musikschule bald nach Kriegsbeginn infolge der zunehmenden Zahl von Einberufungen sinkenden Effizienz der örtlichen Musikinstitutionen immer stärker an Bedeutung.

Der Zugang zu den Musikschulen für Buben zwischen dem 10. und 18. Lebensjahr und Mädchen zwischen dem 10. und 21. Lebensjahr ist nur möglich, wenn sie Mitglied des Jungvolkes, der Jungmädel, der Hitlerjugend bzw. des Bundes deutscher Mädel sind. Nach Anweisung des Reichsjugendführers gehört der Musikunterricht zum Formationsdienst und wird vom Einheitsführer überwacht. *„So ist für den Musikunterricht nicht nur die Autorität des Elternhauses, sondern auch der Formation eingesetzt."*[269]

Fortsetzung auf Seite 97

Schüler der Musikschule für Jugend und Volk anläßlich eines NSDAP-Propagandamarsches in Mürzzuschlag. (Foto aus dem Privatbesitz von Fritz Schaarschmidt)

Schüler der Musikschule für Jugend und Volk in Mürzzuschlag bei einer Kundgebung mit Bannführer Bauernfeind. (Foto aus dem Privatbesitz von Fritz Schaarschmidt)

Mittagskonzert des Steirischen Landesorchesters im Sanatorium auf der Stolzalpe. (Foto aus dem Privatbesitz von Fritz Schaarschmidt)

Der Chor der Hochschule für Musikerziehung in Graz-Eggenberg. (Foto aus: Die Pause, 6. Jg., Heft 10)

Eröffnung eines Steirischen Musiktages. (Foto aus: 1. Jahresbericht 1939/40, S. 70)

Serenade im Landhaushof mit dem Mozart-Quartett und der BdM-Singschar Graz. (Foto aus: Die Pause, 6. Jg., Heft 10)

Jugendmusizierstunde anläßlich des Tages der Musik in Murau. (Foto aus: 1. Jahresbericht 1939/40, S. 78)

Werkspausenkonzert anläßlich des Tages der Musik in Oberwart. (Foto aus: Zeitschrift für Musik, 107. Jg., 1940, S. 693)

Schüler und Lehrer/innen der Musikschule für Jugend und Volk in Krieglach. (Foto aus dem Privatbesitz von Anna Weilharter)

Felix Oberborbeck und das Steirische Landesorchester beim Konzert im Umsiedlungslager der Buchenlanddeutschen. (Foto aus: Die Pause, 6. Jg., Heft 10)

Appell anläßlich eines Schulungslagers auf der Tollinghöhe bei Leoben. (Foto aus dem Privatbesitz von Fritz Schaarschmidt)

Appell anläßlich eines Schulungslagers im Schloß St. Martin. (Foto aus dem Privatbesitz von Fritz Schaarschmidt)

Besuch von Reichsfeldmarschall Göring in der Hochschule für Musikerziehung in Graz-Eggenberg. (Foto aus dem Privatbesitz von Erna Schlenz)

Bernd Poieß (links) mit dem Verfasser zahlreicher bekannter NS-Lieder, Hans Baumann (Mitte), und einem unbekannten Soldaten. (Foto aus dem Privatbesitz von Ilse Kelbetz)

Musikschulen für Jugend und Volk

Kreis	Schulen	Leiter	eröffnet	Schülerzahl Juni 1939	Schülerzahl Juni 1940	Gliederung nach Altersstufen						Gliederung nach Instrumenten								
						Kinder	Jungvolk	Jung-mädel	HJ	BDM	BDM Er-wachsene	Klavier	Streicher	Block-flöte	Hohe Holz-Blas-Instrumente	Blech-Blas-Instrumente	Ausl. Instrumente	Schlag-zeug	Har-monika	Anderes
Bruck/Mur	Bruck/Mur–Kapfenberg	Heinz Liebminger	1. Oktober 1939	251	305	31	61	79	52	52	30	69	59	22	3	—	32	—	120	—
Deutschlandsberg	Deutschlandsberg	Hans Weber	1. April 1939	85	140	29	31	40	15	10	15	22	39	15	5	12	7	—	40	—
	Eibiswald		15. Februar 1940	—	50	10	6	6	10	9	9	9	18	8	—	4	5	—	6	—
	Stainz		1. April 1939	40	52	9	15	18	4	5	1	10	9	5	—	3	13	—	12	—
Feldbach	Feldbach	Robert Lobooško	1. April 1939	—	68	19	20	11	5	3	10	16	15	10	5	12	4	3	8	—
Fürstenfeld	Fürstenfeld	Franz Schuschnig	1. April 1939	74	132	21	46	47	16	20	28	32	13	39	2	23	12	3	60	—
Graz	Graz	Paul Probuška	15. Oktober 1938	547	898	157	198	236	143	111	53	297	174	134	42	78	31	4	143	—
Hartberg	Friedberg	Josef Stampel	1. Februar 1940	40	55	17	9	22	2	2	4	13	7	12	2	4	14	4	13	10
	Hartberg		1. April 1939	40	86	12	17	23	17	10	7	20	10	11	8	22	8	—	14	13
Judenburg	Fohnsdorf	Konrad Erkel	15. Februar 1940	—	75	11	27	8	8	6	15	17	10	10	1	—	20	—	22	—
	Judenburg		1. November 1939	252	306	46	49	66	49	39	57	42	44	23	2	41	59	8	90	—
	Knittelfeld	Otto Kristsche	1. April 1939	46	171	23	46	27	41	18	16	19	19	37	17	45	5	12	16	12
Leibnitz	Wildon	Hans Kortschak	Herbst 1939	62	104	35	16	38	3	8	4	28	13	35	—	—	9	—	22	—
Leoben	Eisenerz	Rudolf Bachmaier	1. März 1940	—	112	16	39	32	14	7	4	6	27	6	—	2	17	—	54	—
	Leoben	Kurt Feigner	1. April 1939	266	286	46	64	52	40	62	22	60	70	38	18	10	29	—	35	26
Liezen	Admont	Kurt Floro	8. Dezember 1938	63	41	—	18	12	3	8	—	19	10	7	—	1	4	—	1	—
Murau	Murau	Max Buglien	1. April 1939	40	57	11	15	21	3	7	—	7	7	13	—	1	9	—	19	1
Mürzzuschlag	Kindberg	Fritz Schwartschmidt	1. Februar 1940	—	105	14	44	38	6	3	—	15	10	34	6	4	15	—	12	—
	Krieglach		1. Mai 1939	10	47	4	13	28	1	1	—	9	6	8	—	—	12	—	15	—
	Mürzzuschlag		1. April 1939	19	64	5	32	19	4	3	1	9	22	10	2	3	11	—	9	2
	Rettich		1. Februar 1940	—	26	4	8	8	6	—	—	—	—	8	—	9	—	—	8	—
Murek	Mureck	Oskar Seifert	1. November 1938	62	50	12	20	7	4	6	1	7	1	6	6	10	6	3	12	—
	Radkersburg		1. April 1939	40	58	5	13	18	8	12	2	9	7	7	2	4	2	1	35	—
Voitsberg	Köflach	Karl Nemiß	1. Oktober 1938	54	71	17	38	11	1	5	—	13	24	3	3	23	11	—	10	—
	Voitsberg		1. Oktober 1938	76	80	5	19	46	6	2	1	5	17	24	2	18	11	—	17	—
				2067	3439	559	864	913	461	409	280	753	613	525	126	328	347	35	793	64

Statistik der Musikschulen für Jugend und Volk. (In: 1. Jahresbericht 1939/40, S. 80ff.)

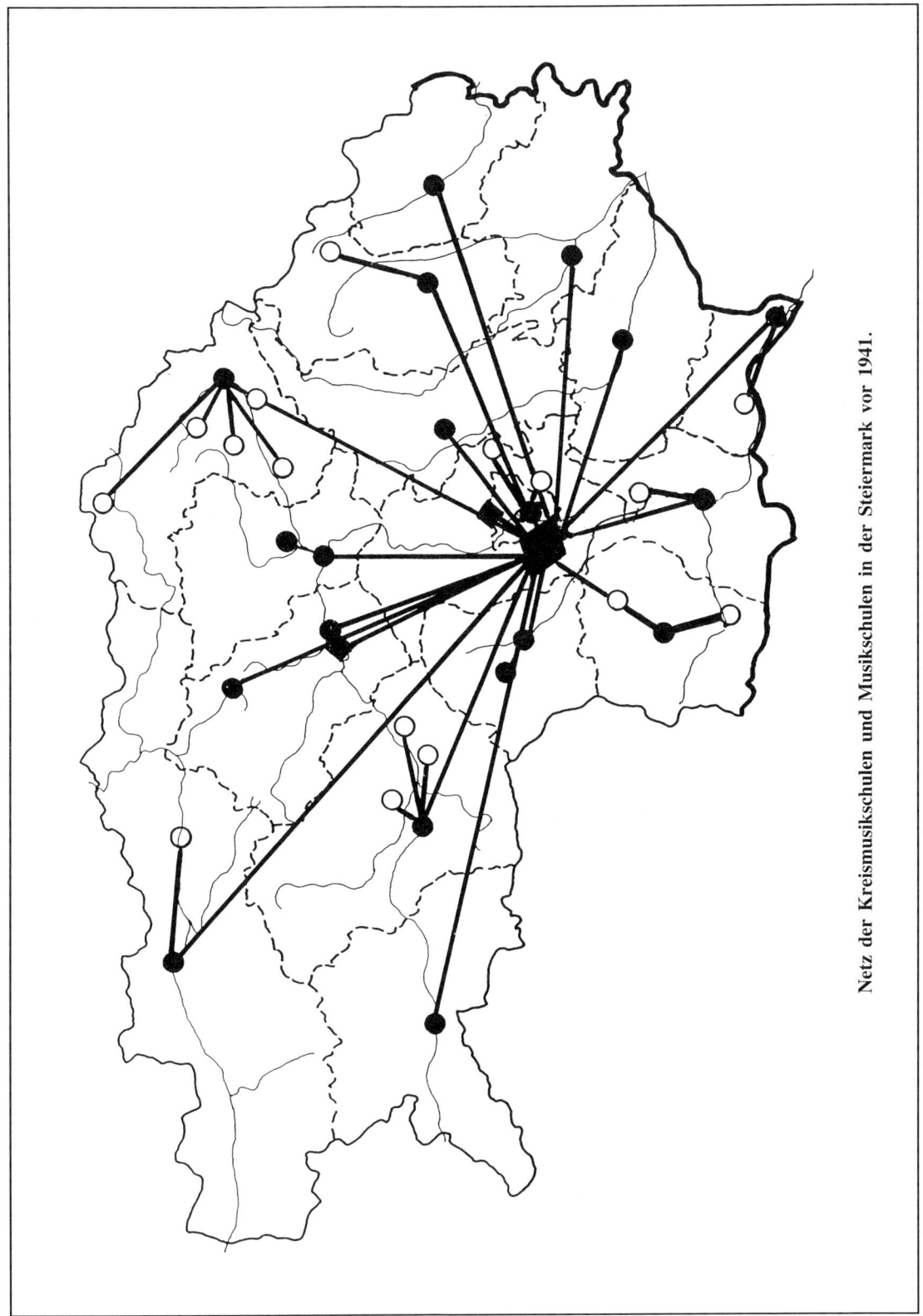

Netz der Kreismusikschulen und Musikschulen in der Steiermark vor 1941.

Aufruf
an die musikliebende Bevölkerung der Stadt der Volkserhebung!

Unsere Oper hat mit neuer kraftvoller Führung das Musikjahr erfolgreich eröffnet. Der Konzertplan des „Musikvereines für Steiermark" gewährt die notwendige Ergänzung zur dramatischen Musik: Symphonik, Kammermusik und Lied.

Was unserer Stadt aber noch fehlt, ist ein großer Gemischter Chor, der Oratorium und Kantate würdig pflegt und bei Festen und Feiern künstlerisch eingesetzt werden kann.

Jede Stadt des Altreiches verfügt über einen solchen Chor, zu dem die musikalischesten Familien Sängerinnen und Sänger stellen, und der alljährlich in mehreren Aufführungen die größten Meisterwerke der Musik im Dienste der städtischen Kulturpflege zur Geltung bringt. Ob singende Gruppe, ob Verein oder Einzelperson, jeder ernsthaft Musikbeflissene ist in der neuen Chorgemeinschaft unserer Stadt willkommen. Fehlt ihm die nötige Erfahrung, so wird er kostenlos dahin geschult, ein wertvolles Mitglied des Chores seiner Heimatstadt zu werden.

Sängerinnen und Sänger und alle, die es werden wollen, meldet Euch zu diesem in der Zeit des harten Außenkampfes unseres Volkes erstehenden Beweis inneren Friedens!

Anfang Oktober muß mit der Chorarbeit begonnen werden, denn im Dezember spätestens soll das erste Konzert stattfinden.

Die Anmeldungen werden vorläufig nur schriftlich entgegengenommen. Sie sind zu richten an unser Konzertinstitut, den „Musikverein für Steiermark", Graz, Landhausgasse 12 (nicht Griesgasse). Es müssen folgende Angaben in der Anmeldung enthalten sein: Name, Beruf, Wohnung, Alter, Stimmlage, bisherige musikalische Tätigkeit, eventuelle Zugehörigkeit zu einem musikalischen Verein, Notenkenntnisse oder Bereitschaft zum Besuch der Chorschule. Mit der Teilnahme an der Chorgemeinschaft werden keine Pflichtbeiträge verbunden sein.

Die Anmeldungen sind sofort einzureichen und werden in den ersten Oktobertagen geschlossen.

Der Kulturdezernent:
Dr. Verdino.

Sonderdruck aus der Tagespost vom 30. September 1939

Die Musikschulen
für Jugend und Volk

sind nur zugänglich für HJ., BdM., JV. und JM., also für Jungens und Mädels vom 10. Lebensjahre an, sie sind bestimmt für Werktätige der DAF. Sie vermitteln die musikalischen Grundstufen, es werden alle Instrumente mit Ausnahme von Klavier unterrichtet, der Unterricht wird in der Form des neuen Gemeinschaftsunterrichtes erteilt.

Das Konservatorium

nimmt in seinen Jugendklassen schon Kinder vom 5. Lebensjahre an auf, es werden alle Instrumente einschließlich Klavier unterrichtet, es wird Einzelunterricht erteilt, besonders Begabte werden bis zur musikalischen Reifeprüfung geführt, alle Gebiete der Berufsausbildung sind vertreten.

Links: Aufruf der Bevölkerung zur Teilnahme am Musikschulwerk. (Tagespost vom 30. September 1939)

Werbeprospekt des Steirischen Musikschulwerkes mit dem Hinweis, daß die Musikschulen nur Mitgliedern von HJ, BdM, Jungvolk und Jungmädeln zugänglich sind. (Original: Österreichisches Staatsarchiv, Allgemeines Verwaltungsarchiv)

90

Der Musikzug der HJ in Leoben. (Foto aus dem Privatbesitz von Werner Pucher)

Musikschulleiter und Kreismusikbeauftragter Fritz Schaarschmidt bei einer Singstunde in der Veitsch. (Foto aus dem Privatbesitz von Fritz Schaarschmidt)

Propagandaauftritt der Musikschule für Jugend und Volk in Kindberg. (Foto aus dem Privatbesitz von Fritz Schaarschmidt)

Propagandamarsch der Musikschule für Jugend und Volk in Wartberg. (Foto aus dem Privatbesitz von Fritz Schaarschmidt)

37718 28

Nationalsozialiſtiſche Deutſche Arbeiterpartei
Gau Steiermark

Telegrammanſchrift: Gau Graz   Graz, Landhaus, Herrengaſſe, Fernruf 83·000

Perſönlichkeit   Landesrat Dr. Papesch   Graz, den 28. September 1938.
                 Landes-und Gaukulturreferent

Zeichen:
Zeichen, Datum und Gegenſtand
bei Antwort ſtets angeben.

Ihr Zeichen:

       Herrn
       Staatskommissär Dr. Friedrich Plattner
       W i e n
       Unterrichtsministerium

       Sehr verehrter Herr Staatskommissär!

          Wenige Wochen nach dem Umbruch haben ver-
schiedene Parteistellen und Staatsstellen mit den einzelnen Städten der Ostmark Fühlung genommen, um sich
über die bisherigen kulturellen Leistungen zu orientieren,
um Vorschläge für eine Neugestaltung von den örtlichen
Stellen zu hören und eigene Überlegungen anzustellen
über eine Reichsplanung im Hinblick auf Grossdeutschland.
Da Graz schon seit mehreren Jahren Mittelpunkt der
völkischen Musikerziehung ist, haben sich die Musikreferate verschiedener Reichsstellen besonders für Graz
interessiert; und zwar waren das im einzelnen der Musikreferent des Reicherziehungsministeriums Regierungsrat
Dr. M i e d e r e r , der geschäftsführende Vizepräsident der Reichsmusikkammer Präsidialrat I h l e r t ,
der Musikreferent der Reichsjugendführung Bannführer
S t u m m e , der Musikreferent des NS-Studentenbundes
Rolf S c h r o t h .

Schon in den Kampfjahren bestand zu diesen Persönlichkeiten stetige Verbindung und in zahlreichen persönlichen Gesprächen wurden Pläne erwogen und Vorschläge geprüft. Inzwischen wurden alle Einzelheiten soweit durchgedacht, dass wir in der Lage sind, sachlich fundierte Vorschläge zu machen. Soweit es sich um die Musikschulen für Jugend und Volk und das Landeskonservatorium handelt, ist an den Wirkungsbereich des Gaues Steiermark gedacht. Die Hochschule für Musikerziehung hätte ihren Wirkungsbereich nicht nur für die Ostmark, sondern [zumindest] für Süddeutschland.

Die beiliegende Denkschrift ist am 17. Juni verfasst. Seither haben sich einige Dinge entwickelt, die wir nachstehend kurz anführen.

I. Betreffend Musikschulen für Jugend und Volk.

Es steht fest, dass in Graz, Eggenberg, Liezen, Judenburg, Köflach-Voitsberg und Weiz Musikschulen für Jugend und Volk gegründet werden. Die finanziellen Mittel von Land und Städten sind bereitgestellt, Lehrkräfte geschult, die Werbung hat bereits begonnen, die Richtlinien sind ausgearbeitet. Infolge der Verschiebung des Schulanfanges werden die Musikschulen für Jugend und Volk nicht, wie ursprünglich vorgesehen, am 3. Oktober, sondern erst am 17. Oktober voll einsetzen können. Ausser den genannten Orten sind für diesen Herbst noch Schulen vorgesehen in Leibnitz und Mureck. Einzelheiten werden noch geklärt. Während der Wintermonate finden weitere Besprechungen statt, um auch in den übrigen Orten Musikschulen zu errichten. Als Ziel steht fest, dass bis zum 1. April 1939 in jedem Kreise eine Musikschule für Jugend und Volk bestehen soll. Ein Prospekt der Grazer Musikschule liegt bei.

II. Betreffend Landesmusikschule.

Das Grazer Konservatorium ist eine private Anstalt des Musikvereines für Steiermark. Es soll zu einer Landes-Musikschule umgewandelt werden, die vom Land

Steiermark getragen wird. Ursprünglich war als Termin
der 1. Jänner 1939 vorgesehen. Aus Gründen des Etats
wird sich die Übernahme bis zum 1. April 1939 verzögern
müssen. Bei der Gestaltung der Lehrpläne, der Auswahl des
Lehrkörpers und der Zusammenarbeit mit den NS-Formationen
wird schon jetzt diese Übernahme vorbereitet.

III. Betreffend Hochschule für Musikerziehung in Graz.

Wie in der Denkschrift ausgeführt ist, soll die
Grazer Hochschule für Musikerziehung frei von Kompromissen
und nur bestimmt von nationalsozialistischen Grundsätzen
und Erfahrungen aufgebaut werden. Vorgesehen sind drei
Abteilungen: 1. Für Schulmusiker, 2. für Privatmusiklehrer,
(in Zukunft Leiter und Lehrkräfte für Musikschulen für
Jugend und Volk) 3. Staatliche Lehrgänge für Jugend und
Volksmusikleiter, durchgeführt von der Reichsjugendführung
für zukünftige Gebiets- und Bannmusikreferenten der HJ.

Die Reichsjugendführung ist fest entschlossen
am 1. April 1939 in Graz einen solchen staatlichen Lehrgang
zu eröffnen. Sollte die Hochschule für Musikerziehung
bis dahin nicht zustande kommen, so müssen Wege gefunden
werden, dass dieser Lehrgang im Rahmen der Landesmusikschule durchgeführt werden kann. Zur besonderen Vorbereitung dieser Lehrgänge und um alle bisher gemachten Erfahrungen richtig verwerten zu können, hat die Reichsjugendführung den bisherigen Leiter dieser Lehrgänge an der Hochschule in Weimar Dozent Reinhold H e y d e n nach Graz
versetzt. Reinhold Heyden zählt zu den führenden Fachkräften der neuen Musikerziehung und ist in Graz als Musikreferent von K.d.F. und als Mitarbeiter bei den Musikschulen für Jugend und Volk gegenwärtig tätig.

Anlässlich der Reichsmusiktage des NS-Studentenbundes in Salzburg fiel aus berufenem Munde das Wort: dass
in musikalischer Beziehung nicht die Ostmark an das Reich,
sondern das deutsche Reich an die Ostmark angeschlossen
worden sei. Dieses Wort darf nicht dazu verführen darauf
stolz zu sein, im Geburts- und Wirkungsland von Haydn, Mozart,

Beethoven, Schubert, Bruckner, Brahms usf. leben zu dürfen,
sondern ist als verpflichtender Appell zu werten, aus der
zweifellos grossen musikalischen Substanz unseres Landes
Führungskräfte nicht nur für die Ostmark, sondern für das
gesamte Reichsgebiet heranzubilden und zur Verfügung zu
stellen. Bei der grossen Bedeutung, die das Singen und
Musizieren in unserer Zeit haben, macht sich schon jetzt
in Schulen und Formationen ein grosser Mangel an geeigneten
Musiklehrern bemerkbar.

Heil Hitler!

(Dr. Papesch)

Seite 93–96: Schreiben Josef Papesch', betreffend die Errichtung des „Steirischen Musikschulwerkes".
(Original: Österreichisches Staatsarchiv, Allgemeines Verwaltungsarchiv)

Vor allem die Hitlerjugend selbst hatte natürlich größtes Interesse, aus der Musikschule heraus Spielscharen, Bläserkameradschaften, Singscharen und Streichergruppen für die nationalsozialistische Fest- und Feiergestaltung zu gewinnen.[270] Für Erwachsene innerhalb der Musikschulen ist das Deutsche Volksbildungswerk der NS-Gemeinschaft „Kraft durch Freude" – eine Unterorganisation der „Deutschen Arbeitsfront" – zuständig, und diese Kompetenz ist durch die Berufung des Gau-Sachbearbeiters für Musik der DAF in die Oberleitung des „Steirischen Musikschulwerkes" sichergestellt.[271] Der Einfluß der Deutschen Arbeitsfront auf die Musikschulen wird durch einen Erlaß des Reichserziehungsministers Rust – also von höchster Ebene – sichergestellt und umfaßt folgende Rechte:

> Von den Musikschulen sind die Arbeitspläne und Lehrmittel des Deutschen Volksbildungswerkes zu verwenden.

> Der Gauobmann der DAF muß zu Sitzungen des „Steirische Musikschulwerkes" zugezogen werden und erhält eine planmäige Mitarbeiterstellung in der Leitung des Musikschulwerkes.

> Das Deutsche Volksbildungswerk muß an der Ausbildung der Jugend- und Volksmusikleiter mitbeteiligt werden.,

> Alle durch KdF geworbenen Einzelschüler werden den Musikschulen überwiesen, für Betriebsmusikgruppen kann hingegen lediglich ein Lehrer von der Musikschule angefordert werden.

> Bei Ankündigungen muß auch das KdF-Zeichen aufscheinen.

Somit sind es faktisch zwei NS-Organisationen – Hitlerjugend und Deutsche Arbeitsfront –, die einschneidenden Einfluß auf die Linie der Musikschulen nehmen können und davon auch reichlich Gebrauch machen. Dies führt soweit, daß Eberhard Harnoncourt in einem Brief an den zuständigen Hofrat Pokorny vor allem über die Belastung der Jugend durch das Zusammenfallen von Musikschule und HJ-Dienst Klage darüber führt, daß Gesundheit und Schulbetrieb, vor allem aber der Kontakt zur Familie stark in Mitleidenschaft gezogen werden.[272]

Wie auch immer, jedenfalls scheint sich durch das oben Geschilderte zumindest die oft reklamierte Vorreiterrolle des Reichsgaues Steiermark am Sektor des Musikschulwesens nicht nur zahlenmäig, sondern vor allem anhand des Organisationsgrades sowohl einzelnen anderen Gauen wie auch dem Reich gegenüber[273] zu bestätigen, was auch aus zahlreichen Anfragen über die Art des Musikschulwerkes, etwa aus Klagenfurt, Reichenberg, Tirol, Vorarlberg, Mannheim, Innsbruck und Linz, hervorgeht.[274] 1944 bestehen im gesamten Deutschen Reich ca. 160 Musikschulen,[275] davon 51 im Einzugsgebiet des Reichsgaues Steiermark.

5.2.1.3.1 Instrumentenverteilung

Die ursprüngliche Planung sieht noch im Schuljahr 1938/39 den Gemeinschaftsunterricht für die Grundstufen aller Instrumente vor, wovon lediglich Klavier dezidiert ausgenommen ist.[276] Namentlich angeführt sind im zitierten Prospekt allerdings nur folgende Instrumente:

Streichinstrumente:	Geige, Bratsche, Cello, Baßgeige
Holzblasinstrumente:	Blockflöte, Querflöte, Klarinette, Oboe, Fagott
Blechblasinstrumente:	Fanfare, Trompete, Waldhorn, Posaune u.a.
Zupfinstrumente:	Gitarre, Laute
Schlaginstrumente:	Kleine und Große Trommel, Pauke, Handharmonika.

Beachtenswert sind die beiden Tatsachen, daß bei den Blechblasinstrumenten die Fanfare –

d a s Instrument der Hitlerjugend schlechthin – an erster Stelle steht sowie die aus unerfindlichen Gründen erfolgte Einreihung der Handharmonika unter die Schlaginstrumente.

Die ursprünglich geplante Aussparung des Klavierunterrichts – für deren Gründe heute nur mehr Vermutungen angestellt werden können – kommt jedoch nicht zur Durchführung, und bereits in einer ersten Aufstellung über die Erfordernisse von Instrumenten für die „Musikschulen für Jugend und Volk" führt man auch den Bedarf von 25 Klavieren an.[277]

Vorwegnehmend kann gesagt werden, daß die Zurverfügungstellung von Musikinstrumenten, die es auch minderbemittelten Kindern erlaubt, Musikunterricht zu nehmen, einer der Gründe für die breite Akzeptanz der Schulen bildet. Steiermarkweit werden daher also eine größere Anzahl von Instrumenten durch das Land angeschafft. Die Streuung zeigt dabei folgendes Bild:[278]

25 Klaviere	20 Tenorblockflöten	20 Posaunen
40 Geigen	20 Baßblockflöten	20 Große Trommeln
20 Bratschen	20 Querflöten	20 Paar Pauken
20 Violoncelli	20 Klarinetten	40 Kleine Trommeln
20 Kontrabässe	20 Oboen	40 Landsknechtstrommeln
40 Lauten	20 Fagotte	40 Tambourine
40 Sopranblockflöten	20 Trompeten	40 Xylophone
20 Altblockflöten	20 Waldhörner	

Wie allerdings die Anforderungsschreiben der einzelnen Musikschulleiter zeigen, gehen die Planungen am tatsächlichen Bedarf teilweise weit vorbei.[279] So sind die im Mürztal stark gefragten Zithern im Plan überhaupt nicht enthalten.[280] Auch das Instrumentarium der österreichischen Blasmusik – Flügelhörner, Euphonien, Baßflügelhörner, B- und F-Tuben u.s.w. – ist kaum berücksichtigt.[281] Die Instrumenten-Anforderungen einiger exemplarischer Bezirke sollen dies untermauern:

	Weiz[282]	Leoben[283]	Eisenerz[284]	Radkersburg[285]
Piccoloflöten	1	?*	–	–
Querflöten	1	?*	3	–
Es-Klarinetten	1	?*	–	1
B-Klarinetten	6	?*	3	1
A-Klarinetten	2	?*	–	–
Oboen	1	?*	1	–
Fagotte	1	?*	–	–
Flügelhörner	2	?*	3	2
B-Trompeten	4	?*	3	1
Fanfaren	–	?*	3	–
Althörner	–	?*	–	1
Waldhörner in F	2	?*	–	–
Tenorhörner	3	?*	–	1
Posaunen	3	?*	–	–
Euphonien	–	?*	–	1
Tuben	2	?*	–	1
Violinen	–	?*	3	–
Bratschen	–	?*	1	1
Celli	–	?*	1	–
Kontrabässe	1	?*	–	–
Becken	2	–	–	2

	Weiz[282]	Leoben[283]	Eisenerz[284]	Radkersburg[285]
Große Trommeln	1	–	–	1
Kleine Trommeln	–	–	–	–
Klaviere	–	2	–	–
Cembali	–	1	–	–
Lauten	–	–	2	–

---

* die Angabe lautet lediglich „Blas- und Streichinstrumente", ohne näher zu spezifizieren.

Um den späteren Ausbau von Ensembles zu gewährleisten, sollen die Schüler die Instrumente so wählen, daß alle Instrumente gleichmäig verteilt werden. Je ein Sechstel der Gesamtschülerzahl soll Tasten-, Streich-, Blechblas-, Holzblas-, Zupf- und Schlaginstrumente erlernen.[286] Diese Ziffern entsprechen jedoch – wie die exemplarisch angeführte Statistik vom Juni 1940 zeigt – in keiner Weise den tatsächlichen Wünschen der Schüler:[287]

	Klav.	Str.	Bfl.	Holz	Blech	Zupf	Schlz.	Harm.	Sonst.
Bruck–Kapfenberg	69	59	22	3	–	32	–	120	–
Deutschlandsberg	22	39	15	5	12	7	–	40	–
Eibiswald	9	18	8	–	4	5	–	6	–
Stainz	10	9	5	–	3	13	–	12	–
Feldbach	16	15	10	5	12	4	–	8	–
Fürstenfeld	32	13	39	2	23	12	3	60	–
Graz	297	174	134	42	78	31	4	143	–
Friedberg	13	7	12	2	4	14	–	13	10
Hartberg	20	10	11	8	22	8	4	14	13
Fohnsdorf	17	10	10	1	–	20	–	22	–
Judenburg	42	44	23	2	41	59	8	90	–
Knittelfeld	19	19	37	17	45	5	12	16	12
Leibnitz–Wildon	28	13	35	–	–	9	–	22	–
Eisenerz	6	27	6	–	2	17	–	54	–
Leoben	60	70	38	18	10	29	–	35	26
Admont–Liezen	19	10	7	–	–	4	–	1	–
Murau	7	7	13	–	1	9	–	19	1
Kindberg	15	10	34	6	4	15	–	12	–
Krieglach	9	6	8	–	–	12	–	15	–
Mürzzuschlag	9	22	10	2	3	11	–	9	2
Veitsch	–	–	8	–	9	1	–	8	–
Mureck	7	1	6	6	10	6	3	12	–
Radkersburg	9	7	7	2	4	2	1	35	–
Köflach	13	24	3	3	23	11	–	10	–
Voitsberg	5	17	24	2	18	11	–	17	–
Gesamt	753	631	525	126	328	347	35	793	64

Um die instrumentalen Planungsziffern auch in die Realität umzusetzen, wird von den Musikschulleitern daher eine sogenannte „Instrumentenlenkung" vorgenommen, die vorerst auf unterschiedliche Weise durchgeführt wird. Vor allem die Harmonikaklassen sind total überlaufen und werden teilweise von einzelnen Leitern gesperrt, sobald das Plansoll erfüllt ist, andere wieder erteilen nur denen Harmonikaunterricht, die gleichzeitig auch ein anderes Instrument belegen.[288] Doch auch diese Maßnahmen bringen nicht den gewünschten Erfolg, so daß schließlich sogar der Gauhauptmann Armin Dadieu eingeschaltet wird, der ab dem Wintersemester 1943 obligat vor Beginn des Instrumentalunterrichts ein „Singejahr" einführen läßt, das gleichzeitig auch der *„Förderung der Pflege des Singens und des heimischen Liedgutes"* dienen soll.[289]

Wie sich aus dem Instrumentenbedarf eindeutig ergibt, ist dieser bereits auch auf die Gründung von verschiedenen Ensembles wie etwa Spielscharen, Fanfarenzüge, HJ-Musikzüge, Bannorchester u. dgl. abgestimmt. Diese unterscheiden sich sowohl durch Besetzung als auch durch den Aufgabenbereich.

Die Fanfarenzüge sind als Musikeinheit dem Jungvolk, also den Buben von 12 bis 14 Jahren vorbehalten. Der Aufgabenbereich ist dabei ein eindeutig politischer:

> So dient der Fanfarenzug in der Hitlerjugend nicht konzertanten, sondern im besten Sinne propagandistischen Zwecken. Der Fanfarenzug bläst nicht, um zu musizieren oder zu unterhalten, sondern erfüllt in der Feiergestaltung der Jugend und der Partei wesentliche und jugendeigene Aufgaben. Schon allein das festliche Bild der blitzenden Instrumente, der mit der Siegrune gezeichneten Fahnentücher und der schwarz-weiß geflammten Landsknechtstrommeln gibt der Kundgebung oder Feier festlichen Ausdruck. Es ist wieder Brauch geworden, daß die Führer und Sprecher des Volkes mit Fanfaren angekündigt und in die Versammlung geleitet werde. Ein Fanfarenruf, oft verbunden mit dem dumpfen Wirbel der Trommel, stellt die notwendige Sammlung und erwartungsvolle Stille für den Redner oder den Sprecher her. Am Schluß blasen die Fanfaren den festlichen Ausklang und geleiten den Redner wieder aus der Versammlungsgemeinschaft. Als Marscheinheit auch in Verbindung mit dem Musikzug oder als Liedbegleiter ist der Fanfarenzug der vorderste Propagandist der marschierenden Kolonne.[290]

Der Musikzug ist eine *„nach Besetzung, Spielweise und Bewegungsform nach militärischem Muster gebildete Einheit"*.[291] Von der Besetzung her gleicht er faktisch der herkömmlichen Blasmusik, von der er sich jedoch in erster Linie durch das Repertoire unterscheidet:

> An Stelle unsoldatischer „Tanz- und Operettenmärsche" sind die Liedmärsche der HJ getreten, die im Zusammenklang von Fanfarenzug und singender Mannschaft eine neue und eigene Form darstellen. Statt stilwidriger Bearbeitung von Ouvertüren für Harmoniemusik werden von den Musikzügen für feierliche Anlässe Feier- und Trummusiken bereitgestellt, deren Besetzung sich nach dem Inhalt der Feier und nach den Erfordernissen des Raumes richtet. An Stelle des üblichen „donnernden" Marsches zum Beginn oder Beschluß einer Kundgebung erklingt ein festlicher Ruf für Bläser im herben Klang von z. B. drei Trompeten und drei Posaunen, der die Worte des Redners wesentlich sinnvoller einleitet als eine äußerlich lärmende Blasmusik, die aus einer politischen Kundgebung unter reichlichem Aufwand von Schlagzeug eine militärische Demonstration zu machen sich bemüht.[292]

Wo „Musikschulen für Jugend und Volk" bestehen, werden nun alle Bemühungen gesetzt, die entsprechenden Ensembles für die Hitlerjugend zu installieren, wofür auch seitens des Gauleiters Extra-Geldmittel bewilligt werden.[292]

5.2.1.3.2 Die „Lehrpläne"

Die „Lehrpläne" für die „Musikschulen für Jugend und Volk", soferne man überhaupt von solchen sprechen kann, sind dominiert von zwei Besonderheiten.

Zum einen ist der Gruppenunterricht zu nennen, der für alle Instrumentalklassen eingeführt wird. Durchschnittlich ist geplant, den Instrumentalunterricht für jeweils drei Schüler gleichzeitig zu erteilen, die Musiklehre und die Singstunde sollen etwa in 20er-Gruppen durchgeführt werden. Somit erhält jeder Schüler und jede Schülerin drei Unterrichtsstunden pro Woche, für die wöchentlich ein Beitrag von RM 1,50 zu bezahlen ist.[294]

Das zweite Charakteristikum ist der Schwerpunkt „des Liedsingens", wobei hier – wie ein Prospekt verrät – Kampf-, Marsch- und Volkslieder (in dieser Reihenfolge) zum Einsatz kommen sollen.[295] *„Die Musikschulen für Jugend und Volk stellen sich als besondere Aufgabe, die Erziehung zur Musik vom deutschen Volkstum her zu begründen und aufzubauen"*, begründet Wolfgang Stumme diese Vorgabe,[296] *„die schließlich 1943 mittels Verfügung des Reichsministers für Wissenschaft, Erziehung und Volksbildung als ,Lied der Woche' für alle Stufen des Musikschulwerkes obligat wird".*[297]

Die Begründung Felix Oberborbecks fällt dabei noch um einiges deutlicher aus als jene Wolfgang Stummes:

> *Während viele unserer deutschen Kulturdenkmäler in Schutt und Asche liegen, schärft sich unser Blick für das Bleibende, Unzerstörbare. Zugleich wird unser Wille wachgerufen, es als inneren Besitz zu gewinnen. Zu diesen Werten gehört das deutsche Volkslied. Es ist eine starke Waffe im Schicksalskampf unseres Volkes ... Um dem Volkslied im Rahmen des Instrumentalunterrichts, des Singens und der Musiklehre die Stellung zu geben, die ihm gebührt, gebe ich ... folgendes bekannt:*
>
> *1) In allen Anstalten des Steirischen Musikschulwerkes ... wird die Pflege des Volksliedes in der Form des Singens und Spielens eines „Liedes der Woche" für verbindlich erklärt.*
> *2) In allen Vorspielstunden, Jahresprüfungen und Staatlichen Prüfungen sind Leistungen in der Volksliedbegleitung auf dem Klavier, im Volksliedspiel in den instrumentalen Fächern und im Volksliedsingen im Gesang zu fordern.*
> *3) Alle ... Schüler führen ein handschriftliches Liederbuch, in das sie die selbstgelernten Lieder in Wort und Ton ... eintragen ...*
>
> *Je nach den örtlichen Verhältnissen kann das Lied der Woche monatlich, vierzehntägig oder wöchentlich wechseln ... Lieder des Volkes und der Bewegung sollen je nach den Festen im Jahreskreis mit Landschaftsliedern und Jodlern wechseln. Das Lied der Woche wird im Singunterricht gemeinsam gesungen, im Instrumentalunterricht gespielt, in Musiklehre und Gehörbildung niedergeschrieben und gesetzt.*[298]

Im Schuljahr 1940/41 werden etwa in den Musikschulen Judenburg und Fohnsdorf folgende *„Lieder der Woche"* gesungen, von denen es sich doch lohnt, zumindest bei einigen auch die Texte, die aus dem Gebrauchsliederbuch *„Lied über Deutschland"* zitiert sind,[299] näher zu betrachten:

> *Jetzt müssen wir marschieren ...*
>
> *Jetzt müssen wir marschieren, ich und mein Kamerad,*
> *in langen Reihen ziehen, denn ich bin Soldat.*
> *Wissen wir auch nicht, wohin es geht,*
> *wenn nur die Fahne vor uns weht.*
>
> *Jetzt müssen wir marschieren, ich und mein Kamerad ...*
>
> *Wir kämpfen für Vaterlandes Ehre, ich und mein Kamerad,*
> *drum führen wir die Wehre, denn ich bin Soldat.*
> *Gib mir heut den Abschiedskuß, weil ich morgen marschieren muß.*
> *Wir kämpfen für Vaterlandes Ehre, ich und mein Kamerad.*

Es leben die Soldaten...

Es leben die Soldaten so recht von Gottes Gnaden.
Der Himmel ist ihr Zelt, ihr Tisch das grüne Feld.
Tralali, tralala, tralalei, ihr Tisch das grüne Feld...

Die Sterne haben Stunden, sie machen ihre Runden
und werden abgelöst: drum Schildwach sei getröst!
Tralali, tralala, tralalei, drum Schildwach sei getröst!

Ich habe Lust im weiten Feld...

Ich hab Lust im weiten Feld zu streiten mit dem Feind,
wohl als tapfrer Kriegesheld, ders treu und ehrlich meint.
Wohlan die Fahne, wohl dem, der zu ihr steht.
Die Trommeln schallen weit und breit,
frisch auf, frisch auf zum Streit!

Weit laßt die Fahnen wehen...

Weit laßt die Fahnen wehen, wir wolln zum Sturme gehen,
treu nach Landsknechtsart.
Laßt den verlornen Haufen voran zum Angriff laufen,
wir folgen dicht geschart.

Die Mauern wir erklettern, die Türme wir zerschmettern,
und in die Stadt hinein!
Wer uns den Lauf will hemmen, uns sich entgegenstemmen,
der soll des Teufels sein...

Die Reihen fest geschlossen und vorwärts unverdrossen!
Falle, wer fallen mag.
Kann er nicht mit uns laufen, so mag er sich verschnaufen
bis an den jüngsten Tag.

Somit sind 50 Prozent der angeführten Lieder einschlägigen weltanschaulichen Inhalts, die andere Hälfte besteht aus deutschen Volksliedern:

Auf, du junger Wandersmann
Der Mai, der Mai, der lustige Mai
Laß regnen
Alle Leute gehn jetzt nach Hause

Otto Krischke, der Leiter der Kreismusikschule Knittelfeld, entwickelt für das Singen einen eigenen, sich über vier Klassen erstreckenden Lehrplan, der für die Vermittlung allgemeiner musikalischer Grundkenntnisse immer wieder auf die *„Lieder der Bewegung"* zurückgreift und auch für die rhythmische Erziehung den *„Marschschritt der Pimpfe"* als eines der didaktischen Modelle vorschlägt.[300]

Zur Verbreitung der entsprechenden Lieder wird die Reihe *„Steirisches Liederblatt"* gegründet, die in verschiedenen Kategorien – vom gemischten über den Männer- und Frauenchor, Lieder für die Deutsche Jugend und Jungmädel bis hin zum Spielscharsatz und zur Zithermusik – von den Musikschulen bezogen wird.[301]

5.2.1.3.3 Statistik

Die genauen Schülerzahlen in den einzelnen Musikschulen sind heute nur mehr sehr lückenhaft festzustellen, zumal verschiedene Berichte über ein und dasselbe Jahr stark voneinander abweichen.[302] Trotzdem läßt sich sagen, daß die Tendenz – zumindest anfänglich – stark steigend ist, so daß in manchen Schulen bereits 1940 nicht nur nicht mehr geworben zu werden braucht, sondern teilweise sogar die Aufnahme der Schüler – zumindest vorübergehend – eingestellt werden muß.[303]

	Juni 1939[304]	Juni 1940[305]
Bruck–Kapfenberg	251	305
Deutschlandsberg	85	140
Eibiswald	–	50
Stainz	40	52
Feldbach	–	68
Fürstenfeld	74	132
Graz	547	898
Friedberg	40	55
Hartberg	40	86
Fohnsdorf	252*	75
Judenburg	*	306
Knittelfeld	46	171
Leibnitz	62**	104**
Eisenerz	–	112
Leoben	266	286
Admont	63	41
Murau	40	57
Kindberg	–	105
Krieglach	10	47
Mürzzuschlag	19	64
Veitsch	–	26
Mureck	62	50
Radkersburg	40	58
Köflach	54	71
Voitsberg	76	80
Weiz	38	–
Gesamt	2105	3439

* Fohnsdorf und Judenburg zusammen.
** Leibnitz und Wildon zusammen.

Einer entsprechenden Verordnung zufolge dürfen nur Angehörige der der jeweiligen Altersgruppe entsprechenden nationalsozialistischen Formationen die Musikschulen besuchen. Die Einteilung der Musikschüler und -schülerinnen erfolgt daher nach dem Formationsschema, d.h. in Kinder (7–10 Jahre), Jungvolk (Burschen 10–14 Jahre), Jungmädel (Mädchen 10–14 Jahre), Hitlerjugend (Burschen 14–18 Jahre), Bund deutscher Mädel (Mädchen 14–21 Jahre) und Deutsches Volksbildungswerk (Erwachsene).[306]

Stand Juni 1940	Kinder	JV	JM	HJ	BdM	DVW	Gesamt
Bruck–Kapfenberg	31	61	79	52	52	30	305
Deutschlandsberg	29	31	40	15	10	15	140
Eibiswald	10	6	6	10	9	9	50
Stainz	9	15	18	4	5	1	52
Feldbach	19	20	11	5	3	10	68
Fürstenfeld	21	46	47	16	20	28	178
Graz	157	198	236	143	111	53	898
Friedberg	17	9	22	2	2	4	56
Hartberg	12	17	23	17	10	7	86
Fohnsdorf	11	27	8	8	6	15	75
Judenburg	46	49	66	49	39	57	306
Knittelfeld	23	46	27	41	18	16	171
Leibnitz–Wildon	35	16	38	3	8	4	104
Eisenerz	16	39	32	14	7	4	112
Leoben	46	64	52	40	62	22	286
Admont	–	18	12	3	8	–	41
Murau	11	15	21	3	7		57
Kindberg	14	44	38	6	3	–	105
Krieglach	4	13	28	1	1	–	47
Mürzzuschlag	5	32	19	4	3	1	64
Veitsch	4	8	8	6	–	–	26
Mureck	12	20	7	4	6	1	50
Radkersburg	5	13	18	8	12	2	58
Köflach	17	38	11	1	5	–	72
Voitsberg	5	19	46	6	2	1	79

Leider ist für die folgenden Jahre das Zahlenmaterial nicht mehr sehr detailliert, so daß lediglich für einzelne Schulen – etwa die Schulen Judenburg/Fohnsdorf und Leoben – Zahlen zumindest bis 1942 vorliegen und somit genauere Aussagen getroffen werden können.

	1939/40[307]	1940/41[308]	1941/42*[309]
Fohnsdorf gesamt	75	210	142
7–10jährige Kinder	11	24	26
10–14jährige Burschen	27	63	52
10–14jährige Mädchen	8	64	39
14–18jährige Burschen	8	31	2
14–21jährige Mädchen	6	19	19
Erwachsene	15	9	4
Judenburg gesamt	306	310	255
7–10jährige Kinder	46	43	35
10–14jährige Burschen	49	63	35
10–14jährige Mädchen	66	93	107
14–18jährige Burschen	49	33	26
14–21jährige Mädchen	39	29	25
Erwachsene	57	39	27

*Die Verringerung der Schülerzahlen ergibt sich aus der zusätzlichen Eröffnung der Musikschule Zeltweg, die für das Schuljahr 1941/42 folgende Reihung der Schülerzahlen aufweist:[310]

Judenburg gesamt	172
7–10jährige Kinder	8
10–14jährige Burschen	46
10–14jährige Mädchen	55
14–18jährige Burschen	38
14–21jährige Mädchen	15
Erwachsene	10

	1939/40[311]	1940/41[312]	1942/43[313]	1943/44[314]
Leoben gesamt	286	339	283	260
7–10jährige Kinder	46	24	69	33
10–14jährige Burschen	64	84	61	28
10–14jährige Mädchen	52	76	57	67
14–18jährige Burschen	40	51	28	37
14–21jährige Mädchen	62	79	38	48
Erwachsene	22	25	30	67

5.2.1.3.4 Veranstaltungen

5.2.1.3.4.1 Öffentliche Veranstaltungen

Bei den für die Musikschulen – und überhaupt für den gesamten Einzugsbereich des „Steirischen Musikschulwerkes" – relevanten Veranstaltungen ist zu unterscheiden zwischen solchen im öffentlichen Raum und internen. Letztere dienen der „Weiterbildung" der Lehrerinnen und Lehrer, wobei über die Art der Weiterbildung noch zu berichten sein wird.

Eine ideologisch bedeutende Art der öffentlichen Veranstaltungen, die sogenannten „Steirischen Musiktage", werden hier ausgeklammert, da sie ausführlich unten im Abschnitt „Gemeinsame Einrichtungen" behandelt werden.

Auch wenn hier nicht die gesamten Veranstaltungen der einzelnen Kreise ausführlich darge-stellt werden können, so lassen sich doch anhand einzeln herausgegriffener Orte die Funktio-nen und vor allem die eingangs erwähnte Gesamtheitlichkeit des „Steirischen Musikschulwer-kes" exemplarisch darstellen. Neben den unten detailliert untersuchten Schulen der 1941 okkupierten slowenischen Untersteiermark sollen an dieser Stelle vorerst die Veranstaltungen der Musikschulen der Kreise Leoben und Judenburg untersucht werden. Obwohl beide Beispiele dem obersteirischen Raum entnommen sind, unterscheiden sie sich doch wesentlich. Während der Leiter der Schule in Leoben, Hugo Miksch, der die Schule schon seit 1927 leitet,[315] Zeitzeugen zufolge als Gegner des Nationalsozialismus, der unvorsichtigerweise auch vor lautstarken, abfälligen Äußerungen über die neuen Machthaber nicht zurückschreckt, geschildert wird, ist Konrad Stekl, der Leiter der Schulen Judenburg und Fohnsdorf bzw. Zeltweg, bemüht, sich dem veränderten politischen System anzupassen und die „Vorteile" dieses Systems zu nutzen. Obwohl er sich weder vor dem Verbot noch in der Zeit der Illegalität der NSDAP angeschlossen hatte, erkennt er offensichtlich, daß es von Vorteil wäre, den durch eine niedrige Mitgliedsnummer kenntlichen „Illegalen" anzugehören und nicht, wie in seinem Fall, erst Monate nach der Machtergreifung der Partei – am 1. Mai 1938 – beigetreten zu sein und somit eine entsprechend hohe Mitgliedsnummer (6,301.765) zu haben.[316] Im November 1939 ersucht er daher das Mitgliedschaftsamt der NSDAP in München um Rückdatierung seines Aufnahmeantrages und um Zuteilung einer niedrigeren Mitgliedsnummer, was jedoch seitens der Parteistellen abgelehnt wird.[317] Stekl muß daher weiterhin mit dem „Makel" der hohen Nummer, der ihn dem Verdacht, aus Opportunismus der NSDAP beigetreten, ein sogenanntes „Märzveigerl" zu sein, leben und scheint dies durch die Betonung seiner Parteimit-gliedschaft bei jeder Gelegenheit zu kompensieren. So zeichnet er nicht nur die Jahresberichte, sondern auch den größten Teil der Konzertprogramme mit „Pg. Konrad Stekl".[318]

Aus den äußerst knapp verfaßten Berichten Hugo Miksch' wird klar, daß selbst bei größter Distanziertheit es nicht möglich zu sein scheint, sich den politischen Gegebenheiten – Miksch leitet beispielsweise den BdM-Chor – gänzlich zu entziehen. Allerdings ist es auffällig, daß etwa im Schuljahr 1940/41 dem Bericht zufolge es in Leoben nur wenige eigene Veranstaltungen der Schule gibt, so daß gerade noch das von der Oberleitung des Musikschulwerkes und der Führung der NS-Gemeinschaft „Kraft durch Freude" in einem Abkommen festgelegte Jahres-mindestprogramm – einen Musiktag, einen Kammermusik- oder Liederabend, ein Konzert einheimischer Kräfte und ein Schulkonzert – erfüllt wird.[319] Miksch scheint offensichtlich auch versucht zu haben, zumindest die Kinder vom politischen Geschehen so gut als möglich fernzuhalten, jedenfalls erfolgt die musikalische Umrahmung der entsprechenden Feiern durch die Lehrer der Schule.[320]

Im Bezirk Judenburg finden im selben Untersuchungszeitraum zwei Musiktage, fünf offene Singstunden, vier musikalische Jugendstunden – davon zwei anläßlich des „Tages der deutschen Hausmusik" –, acht Vorträge, 13 Musiklehrerbesprechungen, 12 Konzerte und acht Mitwirkungen bei politischen Veranstaltungen statt. Letztere beinhalten etwa Auftritte anläßlich der „Eröffnung der Kulturarbeit", einer „Führerbesprechung der Hitlerjugend", eine „Gedenk-feier für die Gefallenen", zwei Veranstaltungen im „Buchenlandlager", eine „Muttertagsfeier" sowie die Aufführung der Kantate *Jugend, wir tragen die Fahne* anläßlich des „Führerge-burtstages" unter Mitwirkung der Singgruppe der Hitlerjugend, der Singschar des Bundes deutscher Mädel und der Jungmädel, von dem Fanfarenzug der Deutschen Jugend, dem Spielmannszug der Hitlerjugend, Musikschülern sowie dem Orchester der Musikschule. Die Gesamtleitung hat Konrad Stekl.[321]

Daß dieses Jahr keine Ausnahmesituation darstellt, beweist ein Blick auf die Mitwirkungen des vorhergehenden und des nachfolgenden Schuljahres:

1939/40[322]
Offene Singstunde („*Flamme empor*", „*Roter Brand, lodere empor*", „*Hohe Nacht der klaren Sterne*")
Sagenabend des BdM
Wimpelweihe des BdM
Auflegung eines Opferbuches in Judenburg
Morgenfeier in Judenburg
Feierstunde beim Landrat
Ehrenzeichenverleihung der NSDAP-Kreisleitung
Namensgebung
Ehrenzeichenverleihung der NSDAP

1941/42[323]
Namensgebung
„Glaube und Schönheit", Vortrag über häusliches und kameradschaftliches Musizieren
Heldengedenkfeier der NSDAP
„Glaube und Schönheit", Vortrag über Mozart
Tag der deutschen Hausmusik in Judenburg
Tag der deutschen Hausmusik in Fohnsdorf
Morgenfeier der NSDAP
Zehnjährige Gründungsfeier der NSDAP-Ortsgruppe Zeltweg
Offene Singstunde
Muttertagsfeier

Abschließend kann also gesagt werden, daß eine Absentierung von der unmittelbar politischen Szenerie wohl schwer möglich wäre, gewisse – wohl in der Persönlichkeit der einzelnen Verantwortlichen zu suchende – Unterschiede aber offensichtlich trotzdem bestehen.

5.2.1.3.4.2 Interne Veranstaltungen

Bereits kurz nach der Machtübernahme der Nationalsozialisten, noch im Herbst 1938, beginnt in der Steiermark eine interne Schulungstätigkeit, deren Grundlagen im folgenden noch näher zu beleuchten sein werden. Den Anfang dieser internen Ausbildungsveranstaltungen macht ein am 7. November 1938 beginnender und vom Reichsstatthalter immerhin mit 4.000 Reichsmark unterstützter Lehrgang für Musikführer der Hitlerjugend, der später – auch wenn vorerst noch das Gegenteil davon behauptet wird – nahtlos als eigene Abteilung in die neu gegründete Hochschule für Musikerziehung integriert werden wird.[324] Bezeichnend ist, daß die baldige Überweisung der erwähnten 4.000-Reichsmark-Beihilfe ausgerechnet vom Propandaleiter der NSDAP des Gaues Steiermark urgiert wird.[325]

Ein vom Steiermärkischen Landesschulrat für die Musikerzieher aller Schulgattungen vorgesehenes Schulungslager in Admont mit Referenten der Hochschule für Musikerziehung in Berlin-Charlottenburg wird trotz ebenso zugesicherter finanzieller Unterstützung der Reichsstatthalterei letztlich – aus welchen Gründen immer – doch nicht durchgeführt.[326]

Wohl aber beginnt mit der vom 1. bis 8. April 1939 im Schloß St. Martin bei Graz abgehaltenen Veranstaltung eine kontinuierlich fortgesetzte Reihe von Schulungslagern, an denen die Teilnahme für Leiter und Lehrer der Musikschulen obligat ist.[327] Da der für die Musikschule Bruck vorgesehene Leiter infolge Krankheit nicht an diesem Lager teilnehmen kann, wird sogar die Eröffnung der Schule verschoben.[328] Zusätzlich zu den Leitern der Musikschulen wird zu diesem ersten Schulungslager auch der Lehrkörper der künftigen Hochschule und der

Landesmusikschule einberufen, da *„alle, die hier mitarbeiten, ... einen kameradschaftlichen Führungskörper bilden (müssen)“*.[329]

Auch vom 7.–13. 7. 1940 findet ein ähnliches Schulungslager für die neu eingetretenen Lehrkräfte – deren pädagogische *„Ausrichtung“* hält Kelbetz für *„unbedingt notwendig“* – statt. Ursprünglich war auch dieses Lager im Schloß St. Martin geplant, da jedoch das Schloß bereits anderweitig vergeben ist, schlägt Papesch die Abhaltung im Schloß Eggenberg vor. Auf Kelbetz' Einwand, daß dies nicht möglich sei, da einerseits das Hochschulsemester noch laufen würde, und andererseits das Kameradschaftshaus in Eggenberg nur 30 der erwarteten 60 bis 70 Teilnehmer aufnehmen könne.[330] Papesch schmettert dieses Argument jedoch glattweg ab: *„Pokorny! Lager in Eggenberg durchführen; Zelte, Stroh. Es ist Krieg, und die Jugend kann sich wohl auch helfen, wenn die Armee im Felde behilft. Papesch.“*[331] Das Lager findet daraufhin mit 75 Teilnehmern und drei Dozenten tatsächlich in Eggenberg statt.[332]

Die Vorbereitungen für das Schulungslager des Jahres 1941, das für die Zeit vom 20. bis 27. April geplant ist, sind bereits überschattet vom unmittelbar bevorstehenden Überfall auf Jugoslawien. Am 1. April sendet Oberborbeck ein Merkblat über die *„Möglichkeit der Durchführung des Schulungslagers ... im Hinblick auf die augenblickliche politische Lage in Graz (Jugoslawien)“* aus, in dem er fünf Möglichkeiten darlegt:[333]

A) Geschlossenes Lager laut Plan mit Unterbringung der Teilnehmer in St. Martin und im 15 Minuten entfernten Grottenhof.
Anmerkung: *„Am 1. April sind beide Stellen durch Militär besetzt. Lager nur möglich, wenn Militär bis dahin abgezogen.“*

B) Geschlossenes Lager im Schloß Eggenberg mit Unterbringung aller Teilnehmer in Eggenberg.
Anmerkung: *„Am 1. April nicht durchführbar, da Teile des Schlosses ... vom Luftschutz besetzt.“*

C) Schulungslager im Schloß Eggenberg. Unterbringung jedoch nur der auswärtigen Teilnehmer.

D) Im Falle der Beschlagnahme sämtlicher Schlafräume des Schlosses Eggenberg durch den Luftschutz einwöchige Tagung mit Unterbringung der Teilnehmer in Privatquartieren in der Stadt.
Anmerkung: *„Bei weiterer Zuspitzung der politischen Lage ist mit stärkerer Belegung des Schlosses durch den Luftschutz zu rechnen.“*

E) Das gesamte Lager fällt aus.
Anmerkung: *„Eine Absage des Lagers würde nur bei allerstärkster Zuspitzung der politischen Lage erfolgen.“*

Welcher Plan zur Durchführung kommt, geht aus den erhaltenen Quellen nicht hervor. Der Einmarsch deutscher Truppen auf jugoslawisches Territorium beginnt jedenfalls in den frühen Morgenstunden des 8. April und zieht eine Fülle von Unterdrückungsmaßnahmen mit sich, auf die im Abschnitt „Untersteiermark“ noch im Detail eingegangen werden wird.[334]

Knappe fünf Monate später findet in der okkupierten Untersteiermark – in Rohitsch-Sauerbrunn/Rogaška Slatina – bereits ein Schulungslager für alle Lehrer und Studierenden der Hochschule für Musikerziehung – 12 Dozenten und 88 Studierende – statt.[335] Titel der von Walter Wünsch präsentierten Abendveranstaltung: *„Gegenwartslage der Kunst mit besonderer Behandlung der Verantwortung gegenüber dem Kunsterbe.“*[336]

Noch zuvor wird gemeinsam mit dem Reichspropagandaamt Schlesiens im Schloß St. Martin ein „Kulturpolitisches Gemeinschaftslager“ organisiert.[337]

Auch für 1942 wird eine Arbeitstagung für das Musikschulwerk durchgeführt. Für alle Lehrer mit einer Lehrverpflichtung von mehr als fünf Wochenstunden ist die Teilnahme an der vom 30. März bis 4. April laufenden Tagung obligatorisch.[338]

20. bis 25. Mai 1943: Musisches Lager in Rohitsch-Sauerbrunn/Rogaška Slatina.[339]
14. bis 21. Juli 1943: Schulungslager im Schloß Eggenberg.[340]
1. bis 7. Juni 1944: Musisches Lager in Rohitsch-Sauerbrunn/Rogaška Slatina.[341]

Neben diesen speziellen für das Musikschulwerk vorgesehenen Schulungslagern finden immer wieder auch solche für Außenstehende statt, die jedoch größtenteils von den Lehrkräften der Hochschule und Landesmusikschule betreut werden. So etwa das Ausbildungslager für Volkstumswartinnen, die in den Kreisen das Singen und Musizieren mit den Frauen und Mädchen, fallweise auch mit den Burschen, übernehmen sowie für das Üben der Volkstänze und das Bilden der Laiengruppen eingesetzt werden sollen. Das Lager findet unter der Domäne des Reichspropagandaamtes Steiermark statt.[342]

Vom 1. bis 21. Juni gibt es den ersten Lehrgang für Kultur- und Gemeinschaftspflege, der teilweise von Otto Krischke und Felix Oberborbeck unterrichtet wird.

Für die „Führer kultureller Einsatzgruppen an Musikhoch- und Fachschulen" wird vom 2. bis 7. Mai 1944 in Eggenberg ein Lager mit der speziellen Zielsetzung, mit den Aufgaben und Methoden kultureller Einsätze und Fronteinsätze vertraut zu werden, veranstaltet. Die Teilnehmer – etwa 40 an der Zahl – werden von der Reichsstudentenführung entsandt, und auch die Fahrtkosten werden von dieser Stelle übernommen. Die Unterbringung erfolgt durch das Reichspropagandaamt Steiermark in Gemeinschaft mit der Hochschule für Musikerziehung. Für die Durchführung zeichnen Reichspropagandaamt Steiermark, Reichsstatthalter, Gaustudentenführer und NS-Gemeinschaft „Kraft durch Freude" verantwortlich, die Dozenten kommen alle von der Hochschule für Musikerziehung in Graz-Eggenberg. Die Teilnehmer dieses Lehrganges nehmen als praktische Übung am Musiktag in Fürstenfeld, an Veranstaltungen in Judenburg, Mureck und Radkersburg, einem Lazarett-Einsatz und an der Pfitzner-Feier der Landesmusikschule anläßlich des 75. Geburtstages des Komponisten teil.[343]

Für alle in der Kulturarbeit stehenden Musiker werden von Oberborbeck drei Wochenendschulungen zum Zweck der *„einheitlichen weltanschaulichen volkspolitischen und musikalischen fachlichen Schulung"* entworfen, deren Veranstalter die NSDAP gemeinsam mit der Gau-Selbstverwaltung ist, deren Durchführung jedoch in den Händen des „Steirischen Musikschulwerkes" liegt. Als Unterrichtsstoff ist das einstimmige politische Lied und Volkslied, politische Schulungen sowie die Vorbereitung und Durchführung einer Feierstunde vorgesehen.[344]

Vom 14. bis 20. Juli 1943 steht eine Chor- und Kammermusikwoche auf dem Programm. Der Tag beginnt mit dem Hissen und endet mit dem Einholen der Fahne.[345]

Schießlich wird ab 1943 für bereits im Beruf stehende Musikerzieher ein Fortbildungsstudium nach Plänen Oberborbecks entworfen, das vor allem Musikerzieher, *„die infolge der früheren politischen Verhältnisse keine Möglichkeit hatten, eine staatliche Prüfung abzulegen"*, erfassen soll. Da die Teilnehmer als Gaststudierende der Hochschule für Musikerziehung angehören, wird die Errichtung im dortigen Abschnitt näher besprochen werden.[346]

5.2.1.4 Personalfragen

Bei den personellen Fragen des Musikschulwerkes auf Ebene der „Musikschulen für Jugend und Volk" ist zu unterscheiden zwischen dem Leiter und der Lehrerschaft. Während für die Lehrer die Teilnahme an den obligaten Ausbildungslagern als Anstellungskriterium offensichtlich als ausreichend angesehen wird, werden bei den Leitern – schon aufgrund der ihnen zugedachten Aufgabe in den einzelnen Landkreisen – zweifellos höhere Anforderungen gestellt, wobei die politische Komponente unübersehbar im Vordergrund steht. Ludwig Kelbetz nennt drei Kriterien, die von den Musikschulleitern gefordert werden:

1. *eine klare weltanschauliche Haltung,*
2. *eine umfassende fachliche Qualifizierung,*
3. *ein echtes Verhältnis zur Jugend.*[347]

Bezeichnenderweise steht hier also die fachliche Qualifikation erst an zweiter Stelle hinter der politischen. Diese Reihung wird verständlich, wenn man den Aufgabenbereich des Leiters näher betrachtet: Er ist Oberborbeck zufolge der „Generalmusikdirektor" der steirischen Kreisstadt, der über die pädagogischen Aufgaben hinaus grundsätzliche Bedeutung gewinnt.

> *An seiner Musikschule erteilt er Unterricht in einigen Instrumenten, er gibt Kursstunden in Singen und Musiklehre, er baut Streichergruppen und Bläserkameradschaften auf, er ist der Berater des Bürgermeisters und Kreisleiters für die Fest- und Feiergestaltung. Er übernimmt nach seiner Veranlagung und seinen Fähigkeiten das Musikreferat der HJ oder KdF, er leitet HJ-Spielschar, die BdM-Singschar, das Müttersingen der NS-Frauenschaft oder versucht, den am Ort bestehenden Männergesangverein, den Instrumentalverein oder die Blaskapelle mit frischem neuen Leben zu erfüllen. Er zieht seine Lehrkräfte zu Musikaufgaben des öffentlichen Lebens heran, er legt dem Bürgemeister den musikalischen Jahresplan vor... Neben diesem musikalischen Bereich stehen die mannigfaltigen Aufgaben, die im Dienste der politischen und volklichen Jahresfeste zu bestreiten sind.*[348]

Zwar gibt es in der Steiermark natürlich zahlreiche schon früh mit den Nationalsozialisten symphatisierende Musiklehrer – Oskar Seifert etwa, Leiter der städtischen Musikschule Radkersburg, muß im Zusammenhang mit den politischen Ereignissen des Juli 1934 (dem Putschversuch der Nationalsozialisten, in dessen Rahmen auch Bundeskanzler Dollfuß ermordet wird) sogar flüchten –,[349] doch um alle Musikschulen mit diesen Anforderungen entsprechenden Leiter zu besetzen, reicht das Reservoire einheimischer Kräfte nicht aus, so daß – wie noch gezeigt werden wird – auch auf Männer aus dem „Altreich" zurückgegriffen werden muß. Als 1939 auch eine Musikschule in Donawitz errichtet werden soll, wird Luis Steiner aus Stuttgart in Aussicht genommen, denn

> *es ist nötig, für diese große Musikschule einen Fachmann einzusetzen, der nicht nur über musikalische Qualitäten verfügt, sondern möglichst auch selbst aus den Reihen der HJ kommt, damit von vornherein die richtige Beziehung hergestellt ist. Luis Steiner ist gegenwärtig Musikreferent des Gebietes Württemberg.*[350]

Daß Steiner letztlich ein besseres Angebot erhält und daher nicht in die Steiermark kommt, ist für die Darstellung der Grundsituation unwesentlich, zumal es auch zahlreiche andere Beispiele für den „Import" von Musikschulleitern und -lehrern gibt. Hans Georg Kortschak kommt aus Berlin,[351] Fritz Schaarschmidt aus Leipzig,[352] Max Langer ebenfalls aus Leipzig.[353] Die Leiter sind Angestellte des Reichsgaues und werden vom Reichsgau den Landkreisen zur Verfügung gestellt,[354] die Lehrer können nach Rücksprache mit der Oberleitung des Musikschulwerkes von den Kreisen nach vorgegebenen Kriterien – u.a. ist von allen Lehrern ein „Ariernachweis" zu erbringen – angestellt werden. Die Gutachten über die politische Eignung der aufzunehmenden Lehrkraft sind dabei ausschließlich vom Landrat einzuholen, die Einholung politischer Gutachten durch die Direktoren ist diesen ausdrücklich untersagt.[355]

Mit zunehmender Kriegsdauer und damit einhergehenden Einberufungen von Musiklehrern wird es zunehmend schwieriger, qualifizierten Ersatz für die zur Wehrmacht Eingerückten zu bekommen. Zwar beabsichtigt der Präsident der Reichsmusikkammer Mitte 1943, Musiklehrer aus bombengefährdeten Gebieten in die Steiermark umzusiedeln und läßt daher über den Landeskulturverwalter bei den Bürgermeistern den etwaigen Bedarf erheben, doch entwickelt sich die Sache – vor allem aufgrund der Tatsache, daß eine Zuweisung von der Bereitstellung einer Wohnung abhängig gemacht wird – als nicht so einfach.[356] Daher müssen immer stärker minder qualifizierte Kräfte zum Ersatz herangezogen werden.[357]

Beim Abschluß der Verträge ergeben sich von Anfang an Schwierigkeiten, zumal das Musikschulwerk keine eigene Rechtspersönlichkeit besitzt und die Reichsstatthalterei für Abschlüsse mit ihr juristische Schwierigkeiten sieht, die Oberborbecks Ansicht nach das gesamte Musikschulwerk gefährden. Der Gauleiter gibt daraufhin – Indiz für wie bedeutend die Angelegenheit bis in höchste Parteikreise angesehen wird – persönlich den Auftrag, die notwendigen Verträge abzuschließen.[358]

Doch damit sind noch nicht alle Probleme aus dem Weg geräumt, zumal auch die Gehaltsfragen unklar sind. Bei den Löhnen von Leitern und Lehrern besteht nämlich anfänglich Uneinigkeit darüber, wie weit die Tarifordnung A der Ostmark anzuwenden sei. Ein anfängliches Angebot der Personalabteilung der Landesregierung beträgt 60 Reichsmark pro Unterrichtsstunde und Jahr, was bei zehnmonatigem Unterricht einem Stundenhonorar von RM 1,50 gleichkommt[359] – dies entspricht der Hälfte des von der Reichsmusikkammer festgelegten Stundenhonorars. Grundsätzlich ist man sich allerdings einig, daß diese genannte Tarifordnung, falls überhaupt, aus Konkurrenzgründen nur für die untere Stufe des Musikschulwerkes, also für die „Musikschulen für Jugend und Volk" Gültigkeit haben könnte,

und selbst hier hat es sich herausgestellt, daß einige Lehrpersonen Angebote von auswärts erhalten haben, die über die Ansätze der Tarifordnung hinausgehen. Die Landeshauptmannschaft ist aber gerade hinsichtlich der Musikschulen für Jugend und Volk mit Rücksicht auf die zeitlich weit gesteckte Erziehungsarbeit an einer möglichst großen Stabilität des Lehrkörpers interessiert, die nur dann auf Dauer gewährleistet ist, wenn bei der Festsetzung der Bezüge auf konkurrierende Angebote Rücksicht genommen werden kann, wozu die Tarifordnung keine Möglichkeit bietet.[360]

Auch Ludwig Kelbetz macht sich in diesem Zusammenhang für eine Erhöhung der Gehälter stark:

Da in der kurzen Zeit die endgültigen Gehaltslisten nicht ausgestellt werden können, zahlen wir jetzt, Ihr Einverständnis vorausgesetzt, einen weiteren Vorschuß, so daß insgesamt 80% des Bruttobezuges zur Auszahlung gelangen. Die Gehaltsliste der Leiter der Musikschule für Jugend und Volk läßt bei genauerer Durchsicht die Befürchtung aufkommen, daß die jungen und tüchtigen Kräfte infolge der außerordentlich niederen Einstufung rasch abwandern werden. Ich erlaube mir daher den Vorschlag, daß die Einstufung nicht nach Tarifordnung, sondern frei gemacht wird und daß wir Einstufungen je nach Alter und Familienstand von RM 260,– bis RM 340,– vornehmen.

Die Entscheidung über diese Frage liegt beim „Reichstreuhänder der Arbeit", mit dem am 28. April 1939 auch eine diesbezügliche Besprechung stattfindet, die jedoch keine eindeutige Entscheidung zeitigt, so daß vorerst Dienstverträge nur vorläufig abgeschlossen werden können.[361] Die Höhe der Bezüge für Lehrer und Leiter wird jedoch nach dieser Besprechung, wenn auch nicht den Vorschlägen Kelbetz' folgend, so doch zumindest geringfügig angehoben und beträgt nunmehr zwischen 150 und 310 Reichsmark,[362] wobei die konkrete Aufteilung folgendermaßen aussieht:[363]

	Bruttobezug	Dienstgeberbeitrag	Gesamtsumme
Hartberg	RM 320,–	18,60	338,60
Leibnitz	RM 300,–	22,38	322,38
Radkersburg	RM 320,–	24,88	344,88
Murau	RM 275,–	21,34	296,34
Fürstenfeld	RM 295,–	22,17	317,17
Feldbach	RM 360,–	24,88	384,88
Knittelfeld	RM 310,–	24,88	334,88
Leoben	RM 310,–	24,88	334,88
Deutschlandsberg	RM 300,–	22,38	322,38
Admont	RM 150,–	–	150,00

	Bruttobezug	Dienstgeberbeitrag	Gesamtsumme
Judenburg	RM 310,–	24,88	334,88
Bruck	RM 300,–	22,38	322,38
Mürzzuschlag	RM 300,–	16,08	316,08
Weiz	RM 300,–	22,38	322,38
Voitsberg			300,00
sonstige			334,88
monatlich			5.076,99
jährlich			60.923,88

Die Auszahlung der Gehälter verzögert sich aufgrund der vorangegangenen Schwierigkeiten jedoch weiter bis Ende Juni, so daß manche Leiter sogar gezwungen sind, Kredite aufzunehmen.[364]

Ab Februar 1940 müssen über Weisung der Reichsmusikkammer auch in der Steiermark die reichsweit geltenden Mindestrichtsätze der RMK, das sind 8 Reichsmark pro Einzelinstrumentalunterrichtsstunde für zwölf Monate pro Jahr, verbindlich eingeführt werden, womit gleichzeitig der unlautere Wettbewerb durch minderqualifizierte Lehrer ausgeschaltet werden soll.[365]

Anfang 1943 beträgt die Stundenvergütung für einfache Lehrer einer Musikschule für Jugend und Volk mindestens 120 Reichsmark, für unterrichtende Mitglieder des Städtischen Orchesters 160 Reichsmark pro Monat.[366]

Insgesamt werden die Verträge nicht für eine bestimmte Stelle, sondern für den Einsatz im Musikschulwerk abgeschlossen und die Verwendung an einer bestimmten Stelle nur *„in Aussicht genommen“*.[367]

Folgende Personen werden mit der Leitung von Musikschulen, bzw. mit der Vertretung (= V.) der zur Wehrmacht eingezogenen Leiter beauftragt:

	Juni 1940[368]	Nov. 1940[369]	Feb. 1942[370] 1943	1944/45
Bruck–Kapfenberg	Liebminger	detto	detto	
Deutschlandsberg	Weber	detto	Keller, V.	
Eibiswald	Weber	detto	Rigold, V.	
Stainz	Weber	detto	Gratzer, V.	
Feldbach	Lobovsky*	detto	detto	
Fürstenfeld	Schuchlenz	detto	Urschler, V.	
Graz	Prohaska	Lorenz	Kundigraber, V.	
Laßnitzhöhe			Kniely, V.	
St. Peter			Monsberger	
Gratkorn				Brumetz[371]
Gratwein				R. Doppelbauer[372]
Hartberg	Kampl	detto	detto	
Friedberg	Kampl	detto	Sowinetz	
Judenburg	Stekl	detto	Fuchs, V.	
Fohnsdorf	Stekl	detto	Müller, V.	
Knittelfeld	Krischke	detto	detto**	
Zeltweg			Zarfl, V.	

Leibnitz	Kortschak	detto***	Czeyka, V.
Wildon			Czeyka, V.
Eisenerz	Bachmaier	detto	Briesner, V.
Leoben	Felgner	detto	Miksch
Admont	Flöry	Flöry	dzt. geschlossen
Murau	Augsten	detto	dzt. geschlossen
			Müller-Beck E., V.
			Müller-Beck E., V.
Mürzzuschlag	Schaarschmidt****	detto	Österreicher, V.
Krieglach	Schaarschmidt	detto	Österreicher, V.
Kindberg	Schaarschmidt	detto	Österreicher, V.
Veitsch	Schaarschmidt	detto	Österreicher, V.
Neuberg			Österreicher, V.
Wartberg			Österreicher, V.
Radkersburg	Seifert	detto	detto
Mureck	Seifert	detto	detto
Oberwart		Kundigraber	Drusovitsch, V.
Voitsberg	Romich	detto	Schabl
			Wölfel, V.
Köflach	Romich	detto	Wölfel, V.
Weiz		Langer	detto

Auflösung der Namen: Augsten Max, Briesner Maria, Czeyka Friedrich, Drusovitsch Heinrich, Felgner Kurt, Flöry Kurt, Fuchs Franz, Gratzer Luise, Kampl Josef, Keller Lina, Kniely Ottilie, Kortschak Georg, Krischke Otto, Langer Max, Liebminger Heinz, Lobovsky Robert, Lorenz Adalbert, Miksch Hugo, Monsberger Sepp, Müller Emmi, Müller-Beck Else, Müller-Beck Heinz, Österreicher Gabi, Rigold Oskar, Schaarschmidt Fritz, Schabl Ernst, Schuchlenz Franz, Seifert Oskar, Sowinetz Leopold, Stekl Konrad, Urschler Gertrud, Weber Hans, Wölfel Wilhelm, Zarfl Martin.

Interessant ist in diesem Zusammenhang auch die Tatsache, daß einige der Leiter dann entgegen den ursprünglichen Plänen ganz woanders zum Einsatz kommen – im großen und ganzen Zeichen für die weitestgehende Improvisation, aber auch für die Flexibilität der Organisation. Fritz Schaarschmidt ist beispielsweise – ohne daß ihm dies selbst bekannt ist – für Weiz vorgesehen, Franz Riesenfellner für Oberwart–Oberschützen und Konrad Stekl für Schladming.[378]

---

* Lobovsky wird zu Beginn des Krieges zur Wehrmacht eingezogen, so daß vorerst der Musiklehrer Dorfner und nach dessen Einberufung Christl Brumetz von Graz aus vorübergehend die Schule leiten.[373] Im November 1939 wird Lobovsky jedoch – auf Betreiben der damaligen Dienststellen, wie er selber schreibt – vom Wehrdienst freigestellt und übernimmt wieder die Schulleitung. Nach der Okkupation der Untersteiermark übernimmt er auch noch die Leitung der Schule in Pettau/Ptuj. Anfang 1943 wird er erneut einberufen.[374]

** Walter Titz vermerkt, daß Krischke 1942 an die Hochschule für Musikerziehung nach Graz berufen worden sei und daher dorthin übersiedelte. Seine Nachfolge hätte der Banater Felix Glückselig angetreten.[375] In den zeitgenössischen Dokumenten ist davon allerdings nichts erwähnt.

*** Franz Koringer berichtet, daß nach der Einberufung Kortschaks und vor Friedrich Czeyka eine Zeitlang Luise Schellauf die Schule leitete.[376] Czeyka wiederum sei von Heinrich Drusovitsch abgelöst worden.

**** Die Musikschule Mürzzuschlag steht von April bis Herbst 1939 unter der Leitung von Ernst Günthert, dann übernimmt Fritz Schaarschmidt die Direktion.[377]

Wenn auch nicht verwunderlich, so doch beachtenswert ist des weiteren die Tatsache, daß es ausschließlich Männer sind, die ursprünglich für die Leitung der Schulen herangezogen werden, und erst mit zunehmender Kriegsdauer und der damit zahlreicheren Einberufung rücken Frauen als Substitute in Führungsrollen nach.

Die Situation der Lehrkräfte in den einzelnen Schulen ist sehr unterschiedlich, sowohl was die Zahl als auch was die Bedingungen betrifft. Die Zahl der Lehrer, über die die Musikschulen verfügen, ist erst einmal natürlich stark ansteigend. Mit zunehmender Kriegsdauer stellen allerdings die zahlreichen Einberufungen ein immer größer werdendes Problem dar, das letztlich, wie noch im Abschnitt über die Schwierigkeiten zu zeigen sein wird, immer weniger zu lösen sein wird. Insgesamt sind in den Steirischen Musikschulen 153 Lehrkräfte tätig.[379] Nach der ersten Aufbauphase stellt sich die Lehrerbelegschaft 1940 folgendermaßen dar:[380]

	Lehrkräfte	eigene Räume	Veranstaltungen
Bruck–Kapfenberg	13	4	8
Deutschlandsberg	10	3	9 + Mitwirkung bei Partei und Staat
Feldbach	4	ja	4
Fürstenfeld	5	?	?
Graz	?	nein	10 eigene + Mitwirkungen
Hartberg	9	?	17 inkl. Mitwirkungen
Judenburg–Fohnsdorf	14	?	39 inkl. Mitwirkungen
Knittelfeld	12	?	4
Leibnitz	5	nein	2
Leoben	14	ja	3
Eisenerz	10	?	?
Admont	4	?	5
Murau	3	?	?
Mürzzuschlag	?	?	6 + Mitwirkungen
Mureck	?	?	?

Die „Musikschule für Jugend und Volk" Graz wird nach 1938 neben dem Konservatorium von Reinhold Heyden aufgebaut, die Trennung ist vorerst nur eine schematische. Rupert Doppelbauer baut daneben auch eine Zweigschule in Eggenberg auf. Im April 1939 übernimmt Paul Prohaska die Leitung der Grazer Schule, im Herbst erfolgt die Trennung von der Landesmusikschule.[381]

Ursprünglich bestand der Plan, für den Bezirk Liezen „Musikschulen für Jugend und Volk" in Liezen, Schladming und Rottenmann zu gründen, infolge kriegsbedingter Schwierigkeiten erweist sich dies als nicht möglich, so daß nur in Admont in enger Zusammenarbeit mit der örtlichen Oberschule eine Musikschule aufgebaut werden kann.[382] Es gibt zwar immer wieder Versuche, den ursprünglichen Plan zu realisieren, zuletzt im April 1944, als angesichts der Tatsache, daß mehrere Oberschulen und Hauptschulen wegen der Bombengefahr von Graz ins Ennstal verlegt werden und die Eltern der betreffenden Schüler auf die Fortsetzung des Musikunterrichts drängen, dieser Versuch aussichtsreich scheint. Oberborbeck führt auch diesbezügliche Gespräche mit Resl Pömsl-Ulz, und tatsächlich wird ab 1. Oktober 1944 Emmi Wierer als Leiterin der Ennstaler Schule bestellt. Ihre Berufung wird allerdings nur zwei Wochen später widerrufen, da es abermals nicht möglich ist, Schulen in Liezen und Schladming zu installieren. Die Schule in Admont wird von Frau Karstung übernommen.[383]

In Leoben, wo sowohl eine Zweigstelle der Landesmusikschule als auch eine „Musikschule für Jugend und Volk" besteht, gibt es, da einerseits beide Schulen nicht wirklich getrennt sind, jedoch mit Hugo Miksch und Kurt Felgner zwei eigene Leiter haben, bald Konflikte zwischen beiden, deren Auslöser wohl Kompetenzprobleme sind. Jedenfalls spitzt sich bis im April 1940 die Sache soweit zu, daß die Oberleitung des Musikschulwerkes eingreifen muß, eine Besprechung bringt folgende Klarstellung der Verhältnisse und Standpunkte:[384]

1) Alle Anwesenden sind der Meinung, daß beide Schulen unter einer Leitung stehen sollten.

2) Sowohl Miksch als auch Felgner beanspruchen diese Führungsposition für sich. Felgner bezweifelt die fachliche Kompetenz von Miksch zur Führung einer Schule.

3) Beide Kontrahenten sind an einer baldigen Lösung der Frage interessiert.

4) Auf die Frage, ob einer der Beteiligten bereit wäre, einen gleichwertigen Posten an einer anderen Schule anzunehmen, verhält sich Miksch mit dem Argument, daß er seit 14 Jahren das Leobner Musikleben aufbaue und daher nicht einsehe, weichen zu sollen, ablehnend. Felgner gibt dazu keine Erklärung ab und verhält sich abwartend.

5) Felgner erklärt, daß er die in einem Brief an den Leobner Bürgermeister gemachte Zusage über die Übertragung der Leitung beider Schulen auf Miksch nicht zur Kenntnis nehme, da ihm sowohl Oberborbeck als auch Kelbetz mehrfach versichert hätten, beide Schulleiter wären gleichgestellt.

6) Felgners Mindestforderung ist die Leitung einer eigenen Schule, auf das Dirigieren des Leobner Musikvereinsorchesters könnte er gegebenenfalls verzichten.

Auch der Landrat des Kreises Leoben wendet sich in dieser Sache an Papesch und erklärt, *„daß das Verbleiben beider Herrn in Leoben für die Entwicklung des Musiklebens sehr störend ist"*, und er deshalb um eine baldige Entscheidung ersucht.[385] Wenn es auch nicht ausgeschlossen ist, so fällt es doch schwer, angesichts der folgenden Ereignisse an einen Zufall zu glauben und erstaunt daher einigermaßen, daß trotz der eingangs erwähnten und durch mehrere Zeitzeugen bestätigten Antipathie Miksch' gegen die Nationalsozialisten dieser gegenüber Felgner letztlich am längeren Ast zu sitzen scheint, denn

durch die Einberufung Felgners zum Militärdienst ist für die nächste Zeit die Lage in Leoben ohnedies eindeutig durch das Verbleiben des Leiters der Zweigstelle, Miksch, bestimmt. Dieser wird auch die Schule für Jugend und Volk zu führen haben und wird hierbei beweisen müssen, ob er seiner Aufgabe gewachsen ist.[386]

5.2.1.5 Finanzierung

Gerade der zu jeder Zeit heikle Punkt des Geldes ist geeignet, als Parameter der tatsächlichen Wertigkeit einer Sache in einem bestimmten System zu dienen. Allerdings gingen in diesem Fall – wie in so vielen Teilbereichen zur Thematik „Nationalsozialismus" – viele der für eine lückenlose Darstellung der Finanzierung des Musiksystems notwendigen Unterlagen „verloren", so daß der verbliebene Rest notgedrungen exemplarisch für das Ganze stehen muß. Doch auch anhand der Überreste wird deutlich, daß einerseits die Angelegenheit den Machthabern doch bedeutende Summen – wie auch immer diese aufgebracht werden – wert ist, und andererseits die ursprüngliche Planung von den tatsächlichen Kosten teilweise erheblich abweicht.

5.2.1.5.1 Finanzplanung

Die ersten Ansätze einer Finanzplanung tauchen in der eingangs erwähnten, auf dem Kelbetz-Entwurf basierenden Papesch-Denkschrift[387] vom Juni 1938 auf. Für die Grazer „Musikschule für Jugend und Volk", die zu diesem Zeitpunkt für 600 Schüler geplant ist, wird ein Zuschußbedarf von RM 16.800,– pro Jahr angenommen. Dementsprechend ist dann mit einem auf die jeweilige Größe der geplanten Schulen in den Kreisstädten entsprechenden Zuschußbedarf zu rechnen. Diese für Graz veranschlagte Summe muß Papesch zufolge

> *als gering bezeichnet werden, besonders in Hinblick darauf, daß damit 600 jungen Nationalsozialisten eine musikalische Ausbildung vermittelt werden kann, die, was sie dort gelernt haben, an ihre Kameraden wieder weitergeben.*[388]

In weiterer Folge werden die Finanzierungspläne weiter konkretisiert, so daß im Dezember 1938 schließlich folgender Aufteilungsschlüssel festgelegt wird: Die Gemeinden haben die Schulräume mit freier Beleuchtung und Beheizung sowie eine Schreibkraft während der Aufbauzeit für ein bis zwei Stunden täglich, später je nach Maßgabe des vorhandenen Bedarfs und je nach Notwendigkeit auch einen bestimmten Barbetrag zur Verfügung zu stellen, das Land Steiermark stellt als indirekte Subvention geeignete Volksschul- und Fachschullehrkräfte zur Verfügung, die mit einer bestimmten Stundenanzahl zur Dienstleistung an die entsprechenden Musikschulen überwiesen werden. Zur Raumbeschaffung werden – wie etwa in Graz – meistens nachmittags Räume von Volks- oder Oberschulen verwendet.[389] Zudem müssen die Leiter – insgesamt 16 – vom Land angestellt werden, was entsprechend den Richtlinien der Reichsmusikkammer mit einem Monatshonorar von je 300 Reichsmark, zusammen also jährlich 57.600 Reichsmark, honoriert werden müßte.[390]

Für die bis 15. Oktober 1938 zu eröffnenden Schulen ergibt sich anhand dieses Schlüssels folgender Bedarf:[391]

Standort	Vom Land der Stadt überwiesene Barhilfe der Schule	Wochen-stunden-zahl
Graz	RM 18.000,– + RM 5000,– als einmaliger Beitrag des Landes	
Eggenberg	RM 3000,–	15
Judenburg	RM 1000,–	15
Liezen	RM 800,–	10 (15 ab 1.4.1939)
Köflach–Voitsberg	RM 2000,–	30
Weiz	RM 800,–	14
Mureck		15
Leibnitz		15

Für die ab 1. April 1939 in Betrieb gehenden Schulen ist zu diesem Zeitpunkt mit den Gemeinden noch kein Schlüssel ausgehandelt worden, an abgestellten Wochenstunden seitens des Landes besteht folgender Bedarf:

Schladming	15	Deutschlandsberg	20
Gröbming	15	Fürstenfeld	30
Murau	20	Hartberg	30
Knittelfeld	30	Oberwart	20
Leoben	40	Feldbach	20
Bruck	30	Radkersburg	20
Mürzzuschlag	30	zusammen	340
Stainz	20		

Da für 1940 eine Steuerreform geplant ist, nach der man sich eine starke Verbesserung der Finanzlage der Städte und Gemeinden erhofft, könnte nach Ansicht Kelbetz' ab diesem Zeitpunkt die Landessubvention um etwa ein Drittel gekürzt werden, allerdings *„ganz werden die Musikschulen nur in einer so großen Stadt wie Graz getragen werden können, so daß eine gewisse Beihilfe des Landes immer nötig sein wird"*.[392]

Für das Schuljahr 1939/40 wird dieser Zuschußbedarf des Landes zu den Gehältern auf 57.600 Reichsmark geschätzt.[393] Für das Schuljahr 1938/39 betragen die Kosten für die „Musikschule für Jugend und Volk" 65.600 Reichsmark,[394] und bis zum Jahr 1941 erhöht sich der Zuschußbedarf auf 80.180 Reichsmark.[395]

Ab April 1941 werden aufgrund des Aufbaues der Selbstverwaltung der Kreise[396] auch die Musikschulen in die Trägerschaft der Landkreise übernommen,[397] die Leiter werden weiterhin vom Reichsgau bezahlt, die Anweisung der Bezüge erfolgt allerdings durch den Landrat.[398] Damit treten jedoch, vor allem bedingt durch den Krieg, ernsthafte Probleme auf,

> *weil bei den jetzigen Verhältnissen es nicht ausgeschlossen ist, daß hie und da Störungen im Schulbetrieb eintreten, die zur Folge haben, daß die zu erwartenden Schulgelder nicht zur Gänze einlangen und Forderungen von zusätzlichen Lehrkräften teilweise ungedeckt bleiben. Bisher haben die Eingänge an Schulgeldern in bar und Naturalzuschüssen der Gemeiden sowie der lebende Zuschuß des Reichsgaues durch die zur Verfügungstellung des Leiters in der Regel ausgereicht, um das Erfordernis der Kreismusikschule zu decken. Um nun zu vermeiden, daß die finanziellen Grundlagen der Kreismusikschulen gefährdet werden, bitte ich die Herren Landräte, den jetzigen Stand der dortigen Kreismusikschule zu untersuchen und gegebenenfalls auf eine Einschränkung der Ausgaben hinzuweisen.*[399]

Wie sich im Abschnitt über die Schwierigkeiten noch zeigen wird, werden tatsächlich eine Reihe von Maßnahmen aufgrund dieser Fakten eingeleitet werden.

5.2.1.5.2 Beiträge der Gemeinden

Wie schon oben erwähnt, müssen seitens der Gemeinden die Räumlichkeiten inklusive Beleuchtung und Beheizung zur Verfügung gestellt und auch erhalten werden, was – wie das eingangs erwähnte Beispiel Mürzzuschlags zeigt – nicht immer ganz problemlos eingelöst wird.[400] Allerdings sind die Reaktionen der Bürgermeister auf die entsprechend eingeleiteten Schritte Ludwig Kelbetz' – wie die nachfolgenden Beispiele zeigen – in der Regel doch eher positiv.

Leibnitz:
In Erledigung Ihrer Zuschrift vom 29. 4. 39 teile ich mit, daß für die Musikschule Jugend und Volk von mir außer der Zurverfügungstellung der Räume, Beleuchtung und Beheizung eine Subvention von RM 1.500,– festgesetzt ist. Der Betrag wird in Raten der MS überwiesen, und ich habe die erste Zahlung in der Höhe von RM 300,– bereits geleistet. Die Beistellung einer Hilfskraft ist mir infolge meines geringen Personalstandes unmöglich, und ich habe mit Herrn Kortschak ausgemacht, daß er sich für die schriftlichen Arbeiten eine geeignete Kraft aus seinem Schülerkreis nimmt.[401]

Fürstenfeld:
Mit dem Einlaufen der Gelder aus der Gemeindesteuer werden wir Ihnen den Betrag von RM 3.000,– in monatlichen Raten überweisen. Die Zahlung wurde in Vormerk genommen, und ich bitte Sie, sich zu gedulden, da wir derzeit über keine Mittel verfügen.[402]

Donawitz:
Ich nehme Bezug auf Ihr Schreiben vom 29. 4. 1939 Dr. Kel/War und teile mit, daß die Subvention der Stadt Donawitz im Betrage von RM 2.500,– für das laufende Etatjahr . . . in monatlichen Teilbeträgen von 208,– RM zur Verfügung gestellt wird.[403]

Hartberg:

Über Ihre Anfrage vom 29. 4. 1939 teilen wir Ihnen mit, daß ein Betrag von RM 2.200,– als Subvention im Stadthaushalte vorgesehen ist und wird diese Subvention im laufenden Etatjahr in monatlichen Raten im vorhinein zur Verfügung gestellt werden.[404]

Bruck:

... die von der Stadt Bruck an der Mur ... zugesicherte Barsubvention von RM 2.000,– ... in monatlichen Raten zur Verfügung gestellt werden kann. Ich möchte aber bemerken, daß die MS ihre Tätigkeit bis heute nicht aufgenommen hat und anscheinend vor Herbst kaum aufnehmen dürfte.[405]

Feldbach:

Ihr Schreiben ... habe ich erhalten. Bevor ich jedoch zum Inhalt desselben endgültig Stellung nehmen kann, muß ich noch um Klärung einer Frage bitten. Der Stadtkapellmeister Robert Lobovsky bezieht von der Stadt Feldbach ein Monatsgehalt ... Da er nunmehr den Hauptteil der Arbeiten im Rahmen der Musikschule für Jugend und Volk leistet, für welche wir beitragspflichtig sind, wäre eine Entlohnung des Kapellmeisters neu zu regeln. Ich stelle mir das so vor, daß er für die Betreuung der Stadtkapelle nur einen Zuschuß erhält, während die Hauptentlohnung durch Sie erfolgt ... Vielleicht kann die Entlohnung des Kapellmeisters Lobovsky weiterhin durch die Stadt Feldbach erfolgen, und so würden in diesem Falle die einzelnen Beiträge mit der von uns zu leistenden Subvention kompensiert werden.[406]

Kapfenberg:

Die vorgesehene Subvention von Mark 1.000,– wird Ihnen ... zur Verfügung gestellt, und ich bitte Sie um ... Mitteilung, auf welches Konto die Teilbeträge überwiesen werden sollen.[407]

Leoben:

... teile ich Ihnen mit, daß ich dem Steirischen Musikschulwerk für die Errichtung einer Musikschule für Jugend und Volk und einer Zweigstelle der Steirischen Musikschule in Leoben die notwendigen Räume samt Beheizung und Beleuchtung, eine Hilfskraft für ungefähr 12 Wochenstunden für die Verwaltungsarbeiten und eine Barsubvention in der Höhe von RM 3.000,– (Dreitausend Reichsmark) ab 1. 4. 1939 bis 31. 1. 1940 in 12 Monatsraten zu je RM 250,– zur Verfügung stellen werde.[408]

Knittelfeld:

... teile ich wunschgemäß mit, daß die Stadt Knittelfeld die in Aussicht gestellte Subvention ... in monatlichen Raten, und zwar vorläufig bis 1. Juli 1939 zur Verfügung stellen wird. Die äußerst schwierige Finanzlage der Stadt zwingt mich jedoch, Sie davon in Kenntnis zu setzen, daß die restlichen Raten für das Etatjahr 1939/40 nur nach Maßgabe der vorhandenen Mittel flüssiggestellt werden können.[409]

Eisenerz:

Auch der Eisenerzer Bürgermeister erklärt sich bereit, jährlich 2.000 Reichsmark zuzuschießen, wenn Eisenerz eine eigene Kreismusikschule erhält. Vor allem durch die abgelegene Lage einerseits, die jedoch sprunghaft auf 16.000 angestiegene Einwohnerzahl andererseits erscheint es ihm wichtig, mit Hilfe der ansässigen Volksschullehrer ein eigenes Kulturzentrum zu errichten. Vor allem der DAF-Gauwart Komarek hat wegen der Einrichtung von Chören, Orchestern, Blaskapellen und dergleichen für die Fest- und Feiergestaltung größtes Interesse, möglichst auch einen hauptamtlichen Leiter zu bekommen und wäre seinerseits bereit, seitens der Deutschen Arbeitsfront weitere 2.900 Reichsmark dafür aufzubringen.[410]

5.2.1.5.3 Exemplarischer Haushaltsplan einer Kreismusikschule

Um die Streuung der Gelder näher zu beleuchten, soll stellvertretend für all die anderen der Haushaltsplan der „Musikschule für Jugend und Volk" Murau mit der Zweigstelle in Neumarkt des Zeitraumes vom 1. April 1939 bis 31. Mai 1940 als Beispiel dienen.[411] Die Größenordnung der Schule entspricht mit ihren 100 Schülern in Murau und 60 Schülern in Neumarkt im großen und ganzen dem oberen Durchschnitt.

EINNAHMEN:

160 Schüler, RM 4,20, 10mal pro Jahr 6.720,–
Beihilfen Land Steiermark für Leiter 1.120,–
Beihilfen des Landes für Leistungen der
Arbeitsgemeinschaften, Fest- und Feier-
gestaltung und Leitung der Schule 1.680,–
Beihilfe der Stadt Murau 2.000,–
Beihilfe der Stadt Neumarkt 1.000,–

zusammen 13.200,–

AUSGABEN:

25 Freiplätze 1.430,–
16 Gruppenstunden Singen und Musiklehre
pro Woche à RM 3,– für 10 Monate 1.920,–
Instrumentalunterricht in Dreiergruppen,
53 Gruppen à RM 3,– für 10 Monate 6.360,–
10 Prozent Arbeitgeberanteil der Honorare 828,–
Instrumentalnoten, Verwaltung, Reperaturen, Werbung 1.102,–
Tätigkeit des Leiters für Fest- und Feier-
gestaltung, Arbeitsgemeinschaft, Chor- und Orchesterleitung 1.680,–

zusammen 13.320,–
Abgang 120,–

Dieser Etat-Vorschlag entspricht in seiner Struktur im großen und ganzen den übrigen Etats, die in größerer Zahl im Steiermärkischen Landesarchiv aufliegen.[412]

5.2.1.6 Probleme

5.2.1.6.1 Probleme allgemeiner Art

Auf einige der Probleme, etwa jenem unwilliger Bürgermeister, wurde bereits im Vorhergehenden hingewiesen, wenngleich gesagt werden muß, daß hierin der Mürzzuschlager Bürgermeister Neunkirchner tatsächlich eine Ausnahme darstellen dürfte.

Ein ganz anders gelagertes Problem ist die starke Beanspruchung der Kinder durch verschiedene Dienste – der Musikunterricht gilt ja, wie oben erwähnt, als Formationsdienst und ist damit, sofern sich jemand einmal dafür entschieden hat, obligat. Trotzdem haben die Kinder und Jugendlichen auch noch sonstige Dienste in der Hitlerjugend u.s.w. zu leisten, so daß es faktisch zu einer regelrechten Mehrfachbelastung durch HJ-Dienste, Musikunterricht und Musiklehre, eventuell sogar noch eines zweiten Instrumentes, Orchesterspiel mit oft zwei bis drei Sonderproben für Aufführungen bis 22 Uhr sowie Sonderproben für HJ-Aufführungen kommt, was, wie Eberhard Harnoncourt in einem Schreiben an die Reichsstatthalterei besorgt feststellt, schlimme Folgen nach sich zieht:

Gesundheit, Schulbetrieb leiden darunter, und die in der heutigen Zeit wirklich oft dringende Hilfe im Haus (Beispiel Verdunklung, Brennmaterial tragen etc.) wird sonst faktisch ganz unterbunden, vor allem aber der Kontakt mit der Familie. Die Musiker sollten als Gesamtbelastung nicht wesentlich mehr zu tun haben als die anderen...[413]

5.2.1.6.2 Materialbeschaffungsprobleme

Ein ganz anders geartetes Problem sind die durch den Krieg bedingten Schwierigkeiten in der Beschaffung verschiedener Materialien. Dies beginnt mit einem „Papierkrieg" für die Beschaffung einer einfachen Schreibmaschine, für die erst Metallscheine angefordert werden müssen, was wiederum von unterschiedlichsten Dienststellen befürwortet werden muß, wie etwa das Beispiel der Musikschule Eisenerz – nur eines von vielen – zeigt[414] und endet bei den schlechten Verkehrsverhältnissen und bei Treibstoffproblemen, da Benzin für Dienstfahrten des Musikschulwerkes ab spätestens Ende 1939 nur mehr unter größten Schwierigkeiten aufzutreiben ist:

> *Im gegenwärtigen Stadium des Aufbaues der steirischen Musikschulen für Jugend und Volk ist es von besonderer Wichtigkeit, daß die Oberleitung und die Dozenten der Hochschule möglichst oft die einzelnen Musikschulen besuchen... Bei den gegenwärtigen Verkehrsverhältnissen ist uns das nicht möglich. Um beispielsweise in Judenburg, Mürzzuschlag, Admont oder Hartberg zwei bis drei Stunden zu unterrichten und eine Besprechung des örtlichen Lehrkörpers durchzuführen, müssen bis zu 1 1/2 Tage aufgewendet werden...[415]*

Kelbetz schlägt daher vor, das Angebot Oberborbecks anzunehmen, seinen Privatwagen für solche Inspektionsreisen zu verwenden und ersucht die Reichsstatthalterei, dafür für etwa 180 Kilometer pro Woche Benzin zur Verfügung zu stellen. Dies wird auch von Hofrat Pokorny wärmstens befürwortet, indem er in Begründung dieser Befürwortung *„auf verschiedene Erlässe des Propagandaministeriums, in denen die ungestörte Aufrechterhaltung des Musiklebens angeordnet wird...",* hinweist.[416] Später wird sich jedoch auch dies nur als Zwischenlösung vor dem Auftreten weitergehender Probleme erweisen.

5.2.1.6.3 Personalprobleme

Spätestens mit Beginn des Krieges und den damit verstärkt erfolgenden Einberufungen erweist sich das ausschließlich von Männern beherrschte, auch auf die Musikschulen übertragene Führersystem als unbrauchbar. Nicht nur die Musikschule in Eisenerz bekommt nach dem Einrücken ihres Leiters Probleme,[417] die Musikschule Murau wird nun sogar in ihrer Existenz in Frage gestellt:

> *Der Leiter der Musikschule Murau Max Augsten wurde vor kurzem zur Wehrdienstleistung einberufen. Da die vorhandenen Hilfskräfte Augsten jedoch nicht zu ersetzen vermögen, erscheint die Schule in ihrem Weiterbestand gefährdet.[418]*

Angesichts dieser Situation muß nun seitens der Oberleitung des Musikschulwerkes versucht werden, rasche Lösungen zu finden. Diese bestehen vorerst im Versuch, zumindest einen Teil der einberufenen Leiter „Uk" stellen, also wegen Unabkömmlichkeit vom Wehrdienst befreien zu lassen. Im August 1941 sind von 18 Musikschulleitern sechs bei der Wehrmacht, und vor allem auch angesichts der Erweiterung des Gebietes durch die Besetzung der ehemaligen Untersteiermark und des damit ohnedies gestiegenen Personalaufwandes versucht man, zumindest Fritz Schaarschmidt, Müller-Beck und Hans Kortschak befreien zu lassen.[419] Papesch teilt daraufhin mit, daß es zu diesem Zeitpunkt völlig zwecklos sei, Uk-Anträge einzubringen, da diese von den zuständigen Stellen nicht einmal weitergeleitet werden dürfen:

> *Laut Geheimerlaß des OKW werden Uk-Stellungen von Personen, die einem Feldheer angehören oder eine Feldpostnummer haben, vor 31. Oktober nicht Uk-gestellt. Für den Leiter der Musikschule*

Mürzzuschlag wurde der Versuch von hieraus trotzdem unternommen, jedoch abgewiesen . . . Das gleiche gilt auch für die übrigen eingerückten Leiter von Musikschulen . . .[420]

Um wenigstens einen Teil der Soldaten zu ersetzen, versucht man später, Musiklehrer aus bombengefährdeten Gebieten einzusetzen. Dies umsomehr, als der Präsident der Reichsmusikkammer ohnedies diesen Personenkreis unter anderem in die Steiermark umsiedeln möchte.[421]
In einem Schreiben an die steirische Dienststelle der Reichsmusikkammer teilt Franz Maria Kapfhammer, der Sekretär des „Steirischen Musikschulwerkes", jene Schulen mit, die dringenden Bedarf an Lehrkräften haben:[422]

Ort	Stunden	benötigte Instrumente
Feldbach	30	Blockflöte, Klavier, Gitarre, Singeleitung
Gratkorn	20	Bläser
Judenburg	25	Violine, Blockflöte, Gitarre, Cello, Musikleitung
	30	Singeleitung
Knittelfeld	30	Klavier, Harmonika
	30	Violine, Singeleitung
Leibnitz	15–20	Violine, Musiklehre, Singen
Mürzzuschlag	20	Klavier, Harmonika
Oberwart	15	Klavier, Violine
Radkersburg/Mureck	20	Gitarre, Harmonika, Blechbläser
Murau	20	Violine, Blockflöte, Gitarre

Dazu kommen noch zahlreiche Schulen in der Untersteiermark, auf die noch gesondert eingegangen werden wird. Allerdings kann letztlich auch durch diese Aktion das Fehlen der eingerückten Lehrer nicht kompensiert werden, vor allem, da die Anstellung von bombengefährdeten Musiklehrern mit der Zurverfügungstellung einer Wohnung abhängig gemacht wird, was die Sache nahezu unlösbar macht.[423]

Somit bleibt nur, die fehlenden Lehrkräfte notdürftig zu ersetzen und nötigenfalls die Schülerzahlen der Unterrichtsgruppen zu erhöhen, was in vielen Fällen dermaßen auf Kosten der Qualität geht, daß sogar das Ministerium für Unterricht, Erziehung und Volksbildung in Berlin Wind von der Angelegenheit bekommt und der zuständige Ministerialrat an Oberborbeck schreibt, ihm sei

> *zur Kenntnis gelangt, daß mehrere Lehrkräfte des dortigen Musikschulwerkes ihren Dienst gekündigt haben sollen, weil der an dem dortigen Musikschulwerk herrschende Massenbetrieb eine gedeihliche Arbeit nicht zuließe. Es soll vorgekommen sein, daß eine Lehrkraft alleine 40 Schüler aller Jahrgänge und Klassen unterrichtete, wobei sich Kinder mit Erwachsenen, Anfänger mit Fortgeschrittenen in bunter Folge ablösten . . .[424]*

In seiner Antwort gibt Oberborbeck solche Mißstände dann auch unumwunden zu, wobei das Ansteigen der Schülerzahlen von ihm interessanterweise in unmittelbaren Zusammenhang mit der Wirtschaftssituation gestellt wird, da „*infolge der Verknappung vieler Kaufgegenstände in breiten Kreisen Mittel zur Anwendung solcher Ausgaben wie Musikunterricht frei geworden sind*".[425] Dem steht eine Reduzierung der Lehrkräfte gegenüber.

> *Die Steiermark verfügt über einen kleinen Teil ausgezeichneter Privatmusiklehrkräfte. Zu diesen ist seit 1939 eine größere Zahl von Fachleuten aus den übrigen Ostmarkgauen und dem Altreich in die Steiermark berufen worden. Gerade diese neu berufenen Kräfte befinden sich fast ausnahmslos im wehrfähigen Alter. Ein starker Prozentsatz von ihnen ist seit Kriegsbeginn einberufen worden und steht bei der Wehrmacht. Im umgekehrten Verhältnis nimmt jedoch fast an allen Anstalten die Schülerzahl zu, so daß eine Vielzahl von Hilfskräften . . . herangezogen werden mußten. Diese Hilfskräfte genügen nur zum Teil den Anforderungen, die man an einen zeitgemäßen Musikunterricht stellen muß. Ich halte*

es jedoch für besser, diese Kräfte unter guter Führung im Steirischen Musikschulwerk zu verankern und ihnen damit Gelegenheit zu geben, unter sachgemäßer Führung die eigene Fortbildung zu betreiben als diese Kräfte ganz sich selbst zu überlassen ... Sobald die Verhältnisse normalisiert sind, werden weniger brauchbare Lehrer ohnehin ausgeschieden.[426]

Es liegt in der Natur der Sache, daß die Situation mit zunehmender Kriegsdauer nicht besser wird und daß dies nicht allein „Musikschulen für Jugend und Volk" in der Steiermark betrifft. Davon gibt Zeugnis, daß sich ein Schnellbrief des Ministeriums an alle Direktoren der Kunsthochschulen, die Unterrichtsverwaltungen der Länder und die Reichsstatthalter in Wien, Graz und Salzburg mit demselben Problem befaßt.[427]

Daß nicht nur minderqualifizierte Lehrer, sondern sogar Schüler für den Unterricht eingesetzt werden, wird durch das 30. Leiterrundschreiben Kapfhammers belegt, der scharf mit solchen Praktiken ins Gericht geht:

Es mehren sich in letzter Zeit die Fälle, daß infolge von Einberufungen Hilfslehrer an steirischen Musikschulen beschäftigt werden, die weder die fachliche noch persönliche Eignung für das verantwortungsvolle Amt eines Musikerziehers besitzen... Eine Beschäftigung von Schülern der Musikschulen im Unterricht ist unter keinen Umständen statthaft... Wir werden lieber eine Instrumentalklasse sperren und die Schüler warten lassen als die Musikschulen durch einen unzulänglichen oder unzuverlässigen Lehrer in Verruf zu bringen... Der Lehrermangel bringt ein Ansteigen der wöchentlichen Überstundenzahl bei Leitern und Lehrern mit sich. Auch der Musiklehrer muß im Kriege sein Möglichstes tun und die letzten Kräfte anspannen. Es gibt aber eine Grenze der Leistungsfähigkeit in der Arbeit des Erziehers; wer darüber hinaus dauernd angestrengt wird, gefährdet die Güte seiner Arbeit, ja stellt sie sogar in Frage.[428]

Daher wird mit Zustimmung des Reichsstatthalters die Zahl der wöchentlichen Überstunden mit höchstens acht über die volle Beschäftigung von 28 Wochenstunden hinaus beschränkt. Bereits zu Kriegsbeginn wurde ja die Wochenstundenzahl sowohl für die Lehrer der Hochschule, der Landesmusikschule als auch der „Musikschulen für Jugend und Volk" erhöht.[429]

5.2.1.6.4 Raumprobleme

Neben den personellen Problemen wird es mit zunehmender Kriegsdauer auch immer schwieriger, die entsprechenden Unterrichtsräume bereitzustellen. Die Räume der Hochschule und Landesmusikschule werden mehrfach von Luftschutzeinheiten okkupiert, und auch die Unterrichtsräume der Musikschulen sind im Zuge der Umschichtungen von Schulen nicht mehr unbeschränkt benützbar. So muß die Grazer „Musikschule für Jugend und Volk", die in sechs Räumen der Oberschule am Murkai ihren Unterricht abhält, im Zuge von Umquartierungen von anderen Grazer Schulen diese räumen, etwa, weil die umquartierte Oberschule aus der Lichtenfelsgasse diese Räume nun für den Unterricht am Nachmittag benötigt.[430]

Vorerst behilft man sich damit, den Unterricht in die Privatwohnung der Lehrkräfte zu verlegen so daß allein von der „Musikschule für Jugend und Volk" in Graz im März 1944 bereits 29 Lehrkräfte – davon nur mehr vier Männer – in ihren Wohnungen unterrichten. Doch bald ist auch mit der Beschlagnahme dieser Räume für Einquartierungen zu rechnen, so daß sich Oberborbeck zu einem Appell an die Reichsstatthalterei veranlaßt sieht:

Fräulein von Wurzbach wurde bereits ihr Unterrichtsraum beschlagnahmt. Ich bitte, beim Wohnungsamt zu bewirken, daß solchen Lehrern des Steirischen Musikschulwerkes, die im staatlichen Interesse ihre eigenen Wohnräume zu Unterrichtszwecken ohne Entgelt zur Verfügung stellen, die Wohnräume erst in letzter Linie beschlagnehmt werden, wenn keine anderen Räume mehr zur Verfügung stehen.[431]

Doch nun geht es Schlag auf Schlag. Nach der Einberufung der Männer und der Beschlagnahme von Räumen wird nun der „totale Kriegseinsatz" der Kulturschaffenden vorbereitet, der mit einer Meldepflicht u. a. aller Musikerzieher und Musikerzieherinnen auch das „Steirische Musikschulwerk" voll trifft. Der Reichsbevollmächtigte für den totalen Kriegseinsatz, Goebbels, der auch Präsident der Reichskulturkammer ist, verfügt *„im Zuge der Totalisierung des Krieges"*, daß die Einzelkammern der Reichskulturkammer grundsätzlich alle ihre Mitglieder – Männer bis zum vollendeten 65., Frauen bis zum vollendeten 50. Lebensjahr – für einen kriegswichtigen Arbeitseinsatz freistellen müssen.[432] Tatsächlich werden in der Folge laufend Lehrkräfte zum Arbeitseinsatz überwiesen,[433] so daß letztlich nur mehr ein Rumpflehrkörper von 14 Männern und 18 Frauen für weiteren Unterricht zur Verfügung steht.[433]

5.2.1.7 Ende durch den Krieg

Zwar nehmen am 11. September 1944 *„unbeschadet aller Maßnahmen, die der totale Kriegseinsatz fordert"* die Musikschulen in der Steiermark den Unterricht für das Wintersemester 1944/45 auf,[435] doch zeichnet sich ein baldiges Ende – in jedem Sinne – durchaus schon ab. Im Oktober sind es neben den sieben weiteren Lehrern, die noch für die Wehrmacht bereitgestellt wurden, 19 Männer und 72 Frauen, die für die Rüstungsindustrie eingesetzt werden und damit als Lehrkräfte ausscheiden. Zudem sind allein aus dem Schülerkreis der Grazer Musiklehranstalten 35 Burschen und 85 Mädchen ebenfalls zum Rüstungseinsatz abkommandiert.[436] Es gibt zwar Bemühungen, das Ende des Unterrichtsbetriebes durch den Einsatz der nichtabkommandierten Lehrer aufzuhalten, da *„ganz abgesehen davon, daß der durch eine Schließung der Musikschulen verursachte kulturelle Schaden . . . in keinem Verhältnis zu dem für die Rüstung hieraus erwachsenden tatsächlichen Nutzen steht . . ."*[437] und somit eine Aufrechterhaltung des Unterrichtsbetriebes durch die noch verbleibende Zahl von Lehrern versucht wird. *„Die Schulen werden mit den restlichen Lehrern und Schülern, die nicht für den Rüstungseinsatz in Frage kommen (Krankheit, Alter) und vom Arbeitsamt nicht eingesetzt wurden, weitergeführt"*, heißt es zwar im obgenannten Bericht, doch schon allein aus der Zahl der arbeitsverpflichteten Lehrkräfte ist zu ersehen, daß kaum noch solche für den Unterricht zur Verfügung stehen können.

Dies bestätigt sich auch durch die Meldungen der Landräte aus den einzelnen Kreisen, etwa jenem aus Mürzzuschlag, der sich, *„da die Lehrkräfte . . . für Rüstungsbetriebe freigestellt werden mußten und bereits im Einsatz sind"* veranlaßt sieht, die Kreismusikschule mit sämtlichen Zweigstellen ab 15. Dezember 1944 zu schließen.[438] Eine ähnliche Entwicklung darf wohl auch in allen übrigen Landkreisen angenommen werden.

*„Herr Gauleiter! Wissen Sie und billigen Sie es, daß am
Konservatorium unserer ‚Stadt der Volkserhebung‘ die uneheliche
Tochter des staatenlosen Juden Rosenzweig . . . heuer einen
Freiplatz erhielt? Man fragt sich staunend: Darf das Konservatorium
seinen judenfreundlichen Kurs auch im neuen Staate noch
beibehalten, oder herrscht in der Steiermark ein derartiger Mangel
an ausbildungswürdigen, rein arischen Musiktalenten, daß man
jüdische Mischlinge zu Musikerziehern unserer deutschen Jugend
heranbilden muß?“*

Anonymes Schreiben an Gauleiter Uiberreither, 1939.[444]

5.2.2 Die Landesmusikschule

Die Landesmusikschule ist die zweite Stufe der gesamtheitlichen Musikorganisation „Steirisches Musikschulwerk" und dient sozusagen als „Mittelstufe", als Bindeglied zwischen den „Musikschulen für Jugend und Volk" und der Staatlichen Hochschule für Musikerziehung in Graz-Eggenberg. Während erstere die Elementarstufe darstellen, dient die Landesmusikschule der Ausbildung von Berufsmusikern. Doch damit sind wir bereits der Zeit vorausgeeilt. Noch gibt es keine Landesmusikschule, noch heißt die betreffende Anstalt „Konservatorium des Musikvereins für Steiermark".

5.2.2.1 Die Stellung der LMS im Musikschulwerk

Die neue Landesmusikschule wird nunmehr als Musikberufsschule angesehen, die – wenn auch die Laienausbildung nicht gänzlich vernachlässigt werden soll – vorrangig doch der Heranbildung von Berufsmusikern dienen soll.[445] Zu diesem Zweck werden verschiedene bisher wahrgenommene Aufgaben ausgegliedert und anderen Institutionen übertragen. Die Jugendklassen werden aufgelöst und der „Musikschule für Jugend und Volk" eingegliedert, die Musikerzieherausbildung wird nunmehr von der Hochschule für Musikerziehung wahrgenommen. Allerdings wird die „Musikschule für Jugend und Volk" schon Anfang 1940 *aus Gründen der Vereinfachung und Verbilligung der Verwaltung und des Betriebes*[446] der Landesmusikschule angegliedert werden, doch vorerst gilt noch das neue Konzept.

Gemäß der neuen Bedeutung durch die Eingliederung in das Steirische Musikschulwerk wird auch die an den „Musikschulen für Jugend und Volk" geltende Bestimmung der Pflichtmitgliedschaft in Hitlerjugend respektive Bund deutscher Mädel für die nunmehrige als höhere Fachschule fungierende Landesmusikschule modifiziert. Demgemäß gilt für alle über 18jährigen, d.h. nicht mehr in HJ und BdM erfaßten Vollstudierenden die Pflichtmitgliedschaft im Nationalsozialistischen Deutschen Studentenbund,[447] der ja als „Stoßtrupp" in Deutschland schon vor 1933 an den Universitäten Fuß fassen konnte.[448] Am 20. September 1939 findet der erste Pflichtappell in der Landesmusikschule statt, Othmar Pail wird vom Reichsstudentenführer zum Kameradschaftsführer an der Landesmusikschule ernannt und beginnt zusammen mit Else Mühl mit dem Aufbau einer eigenen NSDStB-Kameradschaft.[449] Deren Arbeit erstreckt sich bald über alle für die damaligen Formationen üblichen Gebiete: Weltanschauliche Schulung, Singen, Kulturpolitik und dergleichen. Ab Mitte Mai 1940 – nach der Gründung einer entsprechenden Kameradschaft an der Hochschule für Musikerziehung – wird die Formation der Landesmusikschule der Studentenführung der Hochschule unterstellt. Nach der Einberufung von Othmar Pail Ende Mai 1940 übernimmt Manfred Ortner die studentische Führung, und in der Folge verzeichnet die Landesmusikschule eine Reihe von NSDStB-Aktivitäten.[450]

Besonderes Interesse des Gauleiters erweckt der an der Landesmusikschule ins Leben gerufene Gebietsmusikzug der Hitlerjugend, mit dessen Leitung Kurt Jeßrang beauftragt wird.[451]

5.2.2.2 Die Abteilungen

Entsprechend der neuen Zielrichtung – Erziehung von Instrumentalisten und Sängern bis zur mittleren und höheren Reife, von Orchestermusikern und Bühnen- und Konzertsängern sowie Kapellmeistern[452] – wird nun die Landesmusikschule in fünf Abteilungen gegliedert und eigenen Abteilungsleitern unterstellt.[453]

5.2.2.2.1 Die Orchesterschule

Die Orchesterschule dient zur Ausbildung zu Musikern *„in den deutschen Kulturorchestern"*, worunter teilweise durchaus auch SA-Kapellen verstanden werden. Das Studium hiefür hat eine Mindestdauer von drei bis vier Jahren und schließt mit einer Reifeprüfung für ein oder auch mehrere Instrumentalfächer ab.[454] Zum Leiter der Orchesterschule wird Walter Kolneder ernannt.[455]

5.2.2.2.2 Die Instrumentalschule

Auch die Instrumentalschule schließt mit der künstlerischen Reifeprüfung in einem Instrumentalfach ab, soll jedoch im Gegensatz zur Orchesterschule einerseits zur Aufnahme an die Hochschule für Musikerziehung vorbereiten, andererseits dient sie der gehobeneren Laienausbildung.[456] Hugo Kroemer ist der Leiter der Instrumentalschule.[457]

5.2.2.2.3 Die Gesangschule

Die Gesangschule dient als Vorstufe der Opernschule und schließt ebenfalls mit der künstlerischen Reifeprüfung ab. Ihr Leiter ist Dr. Theodor Warner.[458]

5.2.2.2.4 Die Opernschule

Bei der ursprünglichen Planung wird vor allem im Hinblick auf die Finanzierung auf die Errichtung einer Schule für Oper, Ballett und Schauspiel verzichtet und erst im nachhinein, nachdem bei entsprechenden Verhandlungen im Reichsfinanzministerium die Wichtigkeit einer „Theaterschule" – wie man es bezeichnet – herausgestellt wurde, ein Übergangsetat erstellt und seitens des Musikvereins für Steiermark, der ja zu diesem Zeitpunkt noch Träger des Konservatoriums ist, Franz Mixa mit der Errichtung beauftragt. Ab 1. April 1939 ist diese Theaterschule dann als selbständige Abteilung mit eigenem Etat – 1939 immerhin 38.000 RM – der Landesmusikschule angegliedert.[459]

Ziel dieser Abteilung ist die Ausbildung für die Oper, Operette und für den Opernchor. Sowohl die Aufnahmeprüfung als auch die Abschluß-Reifeprüfung findet vor der Reichstheaterkammer statt.[460] Die Leitung der Opernschule übernimmt Dr. Franz Mixa.[461]

Allerdings besteht auch nach der Gründung der Abteilung ein akutes Raumproblem, das Mixa dadurch zu lösen versucht, indem er die Räumlichkeiten der ebenfalls in Graz bestehenden Privatschule Neuber-Gaudernak für diese Zwecke nutzen will.

> *Abgesehen von der Forderung nach einer höheren fachlichen Durchschnittsleistung muß vor allem die innere Einstellung des Theatermitgliedes zu seinem Beruf, seiner engeren und weiteren Umgebung, der Volksgemeinschaft, eine andere werden. Die Theaterschule Neuber-Gaudernak erfüllt nicht die Voraussetzungen, die zur Erfüllung einer solchen erzieherischen Arbeit gegeben sein müssen... Die Theaterschule des Konservatoriums braucht unbedingt geeignete Proberäume... Die Konzession an Neubauer-Gaudernak ist an positive Leistungen der Schule gebunden, andernfalls sie entzogen werden kann. Demnach hat die Schule keine Existenzberechtigung, da sie eine gründliche musikalische, schauspielerische und weltanschauliche Durchschulung des Theaternachwuchses nicht betreiben kann.[462]*

Mixas Idee, die konkurrierende und nicht bis ins letzte kontrollierbare Privatschule durch Entzug der Konzession auszuschalten und dadurch gleichzeitig in den Besitz derer Räume zu kommen, machen sich in weiterer Folge auch Kelbetz und Oberborbeck zu eigen.[463] Allerdings läßt sich nicht mit letzter Sicherheit sagen, ob die Konzession sofort *„aus staatspolitischen und sittlichen Gründen"* entzogen oder erst nach deren Ablaufen am 30. September 1940 nicht mehr verlängert wurde. Die Opernschule nimmt jedoch in der Folge einen regen Aufschwung, wie anläßlich einer Truppenbetreuung in Agram vom Landesleiter der Reichsmusikkammer, Hans Holenia, festgestellt wird.[464]

5.2.2.2.5 Die Dirigentenschule

Ausbildungsziel dieser Abteilung ist die Heranbildung von Singleitern, Chorleitern, Leitern von Blas- und Konzertkapellen oder Orchester- und Operndirigenten. Sie schließt ebenfalls mit der Reifeprüfung ab.[465] Felix Oberborbeck, der neben der Gesamtleitung des Steirischen Musikschulwerkes auch die Leitung der Landesmusikschule übernommen hat, leitet die Abteilung 5, die Dirigentenschule.[466]

5.2.2.2.6 Die Zweigstelle in Leoben

Neben den fünf Abteilungen in Graz wird – wohl aus Prestigegründen von Leobner Seite – auch ein Teil der Musikschule in Leoben als Zweigstelle der Landesmusikschule geführt, was – nebenbei bemerkt – unter anderem zu der oben geschilderten Kontroverse Felgner-Miksch führt. Über die Sinnhaftigkeit einer eigenen Zweigstelle in Leoben entstehen jedoch bald Zweifel, und obwohl sich 1941 der Bürgermeister der Stadt Leoben rechtsverbindlich bereiterklärt, beide Schulen – sowohl die Zweigstelle der Landesmusikschule als auch die „Musikschule für Jugend und Volk" – in die Trägerschaft der Stadt zu übernehmen, wird die Zweigstelle nur mehr vorübergehend aufrechterhalten.

> *Dr. Kelbetz hat mich seit Jahren wiederholt darauf aufmerksam gemacht, daß ein Bedürfnis nach einer Zweigstelle der Landesmusikschule nicht vorliege... Inzwischen stellt sich anhand der Jahresberichte heraus, daß Vollstudierende in Leoben überhaupt nicht vorhanden sind... Ich schlage daher vor, mit Beginn des kommenden Schuljahres [1943/44, Anm.d.Verf.] die Zweigstelle in Leoben aufzulassen und die dort studierenden Gastschüler an der Musikschule für Jugend und Volk einschreiben zu lassen, da ich in den vom Reichsminister zur Genehmigung der Landesmusikschule verlangten Vorlagen keine Begründung für die Betreibung einer Zweigstelle anführen kann.[467]*

5.2.2.2.7 Die Musikschule des Reichsarbeitsdienstes

Eine siebente Abteilung an der Landesmusikschule, eine Musikschule des Reichsarbeitsdienstes, ist bereits mit der Reichsleitung des RAD abgesprochen und wird von dort – vor allem unter Hinweis auf die Möglichkeiten der „Stadt der Volkserhebung" einerseits und die großen Verdienste Oberborbecks um den Reichsarbeitsdienst, die ersterer sich in seiner Funktion als Direktor der Hochschule für Musik in Weimar erworben hat – auch sehr befürwortet.[468] Das Vorhaben befindet sich bereits in einem konkreten Planungsstadium – mit einem entsprechenden Entwurf wird Oberborbeck beauftragt – und soll 1940 errichtet werden.[469] Die Planung ist schon soweit gediehen, daß auch die entsprechenden Grundstücke bereit gestellt sind.[470] Warum letztlich trotz der Bemühungen der zuständigen Stellen es zu keiner Realisierung kommt, ist heute nicht mehr festzustellen, die entsprechende RAD-Musikschule wird jedenfalls Ende 1941 in Straßburg errichtet, womit die Grazer Pläne gegenstandslos geworden sind.[471]

5.2.2.3 Die Lehrpläne

Für alle Abteilungen werden nach der Übernahme des alten Konservatoriums durch den Gau Steiermark verbindliche Lehrpläne erstellt und gleichzeitig ein Schülerausweis eingeführt.[472] Die Reifeprüfungsordnung der Landesmusikschule[473] wird im August 1943 genehmigt.[474]

5.2.2.3.1 Statistik

Statistisch läßt sich im Laufe der Jahre ein deutlicher Trend hin zur auch im Konzept vorgesehenen Berufsausbildung ablesen, der vor allem im steigenden Anteil der Vollstudierenden – die in Klammer stehende Ziffer – deutlich wird.

	39/40[475]	40/41	41/42	42/43[476]	43/44	44/45[477]
Orchesterschule	61 (14)			12 (9)		7
Instrumentalschule	139 (28)			76 (60)		39
Gesangschule	50 (15)			33 (25)		16
Opernschule	16 (4)			16 (14)		–
Dirigentenschule	5 (5)			1 (1)		–
gesamt	271 (66)	192[478]		138 (109)	41	62 (53)

5.2.2.3.2 Veranstaltungen

Neben internen Übungsabenden der Studierenden *„vor einem geschlossenen Kreise von Lehrern und Schülern"*[480] werden jedes Jahr auch eine Reihe von öffentlichen Veranstaltungen durchgeführt, die vorerst, um – wie es heißt – *„einen Beitrag zur Zusammenfassung des Musiklebens zu leisten"*, ausschließlich am Mittwochabend stattfinden. Mittwoch ist jener Tag, an dem sowohl an der Hochschule für Musikerziehung als auch an jeder einzelnen „Musikschule für Jugend und Volk" des Landes schulfrei ist und an dem sich alle Leiter der Musikschulen zur Leiterbesprechung und zur Probe des Landesorchesters in Graz befinden. An diesen Mittwochen wechseln also öffentliche Schülerkonzerte mit Solokonzerten und Kammermusikabenden der Lehrer und öffentlichen Vorträgen in Zusammenarbeit mit dem Deutschen

Volksbildungswerk der NS-Gemeinschaft „Kraft durch Freude", über die noch im Abschnitt über gemeinsame Veranstaltungen ausführlich berichtet werden wird, ab.[481]

5.2.2.4 Personalfragen

Als rund eine Woche nach der Machtergreifung der Nationalsozialisten in Österreich der Direktor des Salzburger „Mozarteums" – zu dem Zeitpunkt noch Konservatorium – aus politischen Gründen von seinem Posten enthoben wird, gilt es, einen politisch „zuverlässigen" Direktor zu gewinnen, welcher die so entstandene Lücke ausfüllen soll, und eine entsprechende Persönlichkeit ist auch bald gefunden:

> *Der Herr Landeskulturwalter der NSDAP (Hitlerbewegung) Österreich hat unterm 18. März 1938 anher den Vorschlag gemacht, daß Pg.* [Parteigenosse, Anm.d.Verf.] *Prof. Hermann Ritter von Schmeidel, Graz, kommissarisch die Leitung des Mozarteums Salzburg übertragen werde,*

schreibt das Unterrichtsministerium an den Landesschulrat in Graz.[482]

Im Schuljahr 1939/40 besteht der Lehrkörper der Landesmusikschule aus neun planmäßigen und aus zehn vertraglich verpflichteten Lehrerinnen und Lehrern. Dazu kommen noch neun Mitglieder des Städtischen Orchesters, 23 mit Unterricht beauftrage Lehrkräfte der Hochschule für Musikerziehung oder der „Musikschule für Jugend und Volk", vier bereits sich im Ruhestand befindliche, jedoch wieder mit Unterricht beauftragte Lehrer und vier Hilfslehrer, und zwar:[483]

Planmäßige Lehrer

Rupert Doppelbauer, Musiklehre, Satzlehre, Cello, Blockflöte,
Herta Günthert, Violine,
Heinrich Kohnle, Querflöte, Blockflöte,
Prof. Hugo Kroemer, Klavier,
Dr. Franz Mixa, Klavier, Opernschule,
Otto Pröbstle, Violine,
Erich Rabensteiner, Klavier,
Johanna Seelig, Klavier,
Dr. Rudolf Stejskal, Klavier.

Vertragslehrer

Margarethe Bratke, Klavier,
Margit Feßler, Klavier, Gesang,
Erna Herwelly, Sologesang,
Ludovika von Kaan, Klavier,
Erna Kasteliz, Violine,
Dr. Mercedes Reinisch, Klavier,
Maria Salmar, Sologesang,
Marianne Schmidt, Klavier,
Anny Spanner, Klavier, Blockflöte,
Lotte Wlach, Klavier, Korrepetition.

Mitglieder des Städtischen Orchesters

Franz Brugger, Trompete, Fanfare,
Franz Frizenschaft, Oboe,
Ernst Heinz, Klarinette, Kontrabaß,
Josef Hopper, Klarinette,

Fortsetzung auf Seite 145

128

Liederblatt der Hitler-Jugend

Lieder vom Reich

NR. 66

Die Singstunde Nr. 67

Jugend im Gleichschritt

Neuere Fahrtenlieder

Die Singstunde Nr. 118

Der Morgen singt

Neue Lieder
von Hans Baumann

Liederblätter, die als Unterlagen für die Offenen Singen verwendet wurden. (Privatbesitz von Eva Gmeindl-Pokorny)

Nachrichten des Musikvereines für Steiermark

119. Arbeitsjahr 1934/1935

Graz, im September 1934.

Mit der Eröffnung des Schuljahres am Konservatorium hat auch die Vereinstätigkeit wieder begonnen.

Das **Konservatorium** meldet neben den alten Schülern den Zuzug von über 100 neuen, der Anstalt bisher fremden Schülern. (Stand vom 19. Sept.)

Es wird nachdrücklich darauf aufmerksam gemacht, daß verspätete Anmeldung — etwa im Oktober — nicht mehr die Ersparnis des Schulgeldes für einen Monat bringt, sondern das Schulgeld unter allen Umständen für das ganze Semester bezahlt werden muß. Der in solchen Fällen seit Schulbeginn nicht erteilte Unterricht kann nachgeholt werden.

Ratenweise Zahlung des Schulgeldes ist auch heuer wieder möglich.

Es wird um Lesung und Verbreitung des neuen Schulprospektes gebeten; das Sekretariat stellt beliebig viele Exemplare zu Werbezwecken zur Verfügung. Die Verbilligung der Hilfsfächer (S 2·— pro Hilfsfach und Monat!) hat zu einer in die Hunderte gehenden Frequenz dieser Fächer geführt, überall werden 3—4 Parallelkurse aufgestellt.

Die Ensembleübungen — Chor, Kammermusik und Orchester — sind kostenlos.

Die Anrechnung des Schuljahres eines **Vollschülers** (siehe Prospekt) wie an der Staatsakademie in Wien (Öffentlichkeitsrecht der Anstalt) hat die Zahl der Vollschüler ein vielfaches der Hospitantenzahl erreichen lassen.

Dadurch wurde die Heranziehung verschiedener Privatlehrkräfte und junger Absolventen des Staatsseminars möglich, wie es ja auch das Bestreben der Direktion ist, allmählich alle bedeutenden Privatlehrkräfte an die Anstalt zu ziehen, um ihren Arbeitskreis unter den Schutz des Konservatoriums zu stellen und ihren Schülern die musikalische Allgemeinbildung zugänglich zu machen.

Die Namen der bisher neueingestellten Lehrer werden in Kürze veröffentlicht.

Der **Musikverein** eröffnet sein musikalisches Arbeitsjahr mit einem

Vortrag „Vom Stilwandel unserer Zeit"

Dr. Ludwig Kelbetz (Graz — Berlin)

Dienstag, 25. September, 20 Uhr im Konservatoriumssaale

Eintritt S 1·— (für Mitglieder des M.-V., der Chorgemeinschaft Bachchor, Lehrergesangverein, Singverein und Konservatoriumsschüler S —·60)

Mittwoch, 26. September, halb 8 Uhr abends findet die

1. Offene Singstunde

bei schönem Wetter im Landhaushof, sonst im Konservatoriumssaale statt.

Eintritt frei.   Leitung: Fritz Kelbetz   Singblatt 50 Groschen

Die regelmäßigen Proben des **Bachchores** beginnen Montag, 24. September 7 Uhr abends, im Konservatorium. Die Proben der Chorgemeinschaft haben am 20. September begonnen.

Die Plakmiete für die 8 Musikvereinskonzerte und die zwei großen Oratorienkonzerte im Stefaniensaal (Händel „Samson" und Bach „Mathäuspassion") wird demnächst aufgelegt. Die Termine werden einvernehmlich mit der städtischen Kunstverwaltung festgelegt, sodaß keine Terminkollisionen möglich sind.

Um Anschriften von unserer Arbeit Nahestehenden wird gebeten.

Der Musikverein für Steiermark

Präsident: Direktor:

Dr. Emerich v. Schreiner   Prof. H. v. Schmeidel

Ankündigung einer Offenen Singstunde des Konservatoriums. Diese Singstunden bilden eine der Hauptaktivitäten der illegalen nationalsozialistischen Musikarbeit in Österreich vor dem März 1938. (Original: Österreichisches Staatsarchiv, Allgemeines Verwaltungarchiv)

MUSIKVEREIN FÜR STEIERMARK
GEGRÜNDET 1815

Zahl 522

Graz. **29. August 1938.**
Griesgasse 28 / Tel. 02-82

An das

Ministerium für innere und kulturelle Angelegenheiten
Abteilung IV

W I E N   I.,

Minoritenplatz 5.

Mit dem Erlasse vom 19. Juli 1938 Zl. 26316 hat das Ministerium für innere uns kulturelle Angelegenheiten allen Privatschulen und Privatlehranstalten mit sofortiger Wirksamkeit das Öffentlichkeitsrecht entzogen. Einer beim Steiermärkischen Landesschulrate eingezogenen Information zufolge erstreckt sich die Wirksamkeit dieses Erlasses auch auf das mit dem Öffentlichkeitsrecht ausgestattete Konservatorium des Musikvereines für Steiermark, so dass das mit dem Erlasse des bestandenen Bundesministeriums für Unterricht vom 7. Dezember 1934 Zl. 36646/I/6b dieser Anstalt auf die Dauer weiterer 5 Jahre verliehene Öffentlichkeitsrecht in Wegfall gekommen ist.

Der Musikverein gestattet sich nun um die ehestmögliche Wiederverleihung des Öffentlichkeitsrechtes anzusuchen, wobei er darauf hinweist, dass eine öffentliche Musikbildungsanstalt auf dem Boden des Gaues Steiermark überhaupt nicht besteht und der Wegfall der einzigen mit dem Öffentlichkeitsrecht ausgestatteten Musikbildungsanstalt der Steiermark, die das Konservatorium des Musikvereines darstellt, daher eine schwere Beeinträchtigung der musikalischen Ausbildungsmöglichkeiten für die Bevölkerung der Steiermark und insbesonders der Landeshauptstadt Graz

bedeuten würde. Zur Begründung seiner Bitte gestattet sich der Verein
weiter darauf hinzuweisen, dass die Anstalt schon seit Jahren nach dem
für die Akademie für Musik und darstellende Kunst in Wien geltenden
Lehrplänen eingerichtet ist, zum großen Teil durch Subventionen öffentlicher Faktoren (bisher Bund, Land und Gemeinde) erhalten wird und dem
dringenden Bedürfnis nach Bestand einer vollwertigen Musikbildungsanstalt
in der Hauptstadt der Steiermark Genüge leistet. Die im Juni ds.Js.
abgehaltenen diesjährigen Reifeprüfungen im Beisein des Vertreters des
Landesschulrates Professor Johann G r e t t l e r haben ein Bild der
vollwertigen Leistungen unserer Anstalt geboten.

Wir fügen noch bei, dass für das Schuljahr 1938/39 im Lehrkörper
jene Veränderungen vorgenommen wurden, welche nach den Bestimmungen der
Nürnberger Gesetze bezw. des Deutschen Beamtengesetzes hinsichtlich der
öffentlichen Angestellten erforderlich wurden.

Es ist dem Ministerium für innere und kulturelle Angelegenheiten
zweifellos bekannt, dass die musikalische Volks- und Jugenderziehung
insoweit sie vom Musikverein bezw. Konservatorium geführt wurde, schon
während der Verbotszeit durchaus im neuen Geiste des 3. Reiches gehalten
wurde und der steiermärkischen Jugend sowohl wie den erwachsenen Volks-
genossen durch dieses Institut insbesondere durch die Offenen Singstunden
Bekanntschaft mit dem nationalsozialistischen Liedgut vermittelt und
während der schweren verflossenen Jahre der so notwendige enge Kontakt
mit dem Altreich fortgesetzt aufrecht erhalten wurde. Beinahe alle
Formationen der NSDAP (SA,SS, BdM etz) haben ihre musikalische Ausbildung im Konservatorium bezw. durch Lehrkräfte des Musikvereines (insbesondere Dr. K e l b e t z und Walter K o l n e d e r) erhalten und
es ist nicht zum geringsten Teile dieser systematischen und nachhaltigen
Einflußnahme zu verdanken, dass sich gerade die Jugend in der Stadt

132

der Volkserhebung in den entscheidenden Februar- und Märztagen 1938
so schlagkräftig und begeistert in die Bewegung eingegliedert hat.

Gestützt auf die vorstehenden Ausführungen bitten wir neuerlich
um die Wiederverleihung des Öffentlichkeitsrechtes und um möglichste
Beschleunigung der dortigen Entscheidung, da die Unsicherheit in diesem
Belange gerade jetzt unmittelbar vor Beginn der Einschreibungen sich
in der Frequenz der Anstalt ungünstig auswirken könnte und hiedurch
die in finanzieller Hinsicht ohnehin sehr bedrängte Existenz der Anstalt
besonders gefährdet wäre.

Der Unterbevollmächtigte des
Stillhaltekommissars f.d.
Konservatorium:

Der kommissarische Leiter
des Musikvereines :

Seite 131–133: Schreiben des Musikvereins für Steiermark, bezugnehmend auf die illegale nationalsozialistische Musikarbeit vor dem März 1938. (Original: Österreichisches Staatsarchiv, Allgemeines Verwaltungsarchiv)

Politische Expositur Radkersburg.

Vst.Zl. M 1/2-1937.   2o. Jänner 1937.

Musikverein für Steiermark,
Weihnachtssingen in Radkersburg.

Dem
          Herrn Bezirkshauptmann
                    in   L e i b n i t z .

über mündlichen Auftrag vorgelegt.
        Nach dem angeschlossenen Programm(Akt Bl.2) hatte ich
nicht den Eindruck einer geplanten nat.soz.Veranstaltung.Die
Veranstaltung erschien mir umsomehr unbedenklich, als sich
Landesmusikdirektor Prof.Schmeidel in seinem Briefe vom
1o.12.1936(Akt Bl. 3)auf eine Verfügung des Herrn Landeshauptmannes berief und sie in Graz und anderen Orten/stands-
los gebracht worden sei. Wegen der Berufung auf den Herrn
Landeshauptmann glaubte ich vielmehr die Sache fördern zu
sollen und habe ich demnach auch der Veranstaltung bis zur
Pause, also im ersten Teil beigewohnt. In diesem Teile wurden
lediglich die auf Akt Bl. 1 wieder/gegebenen Lieder mit dem
Publikum eingelernt und ergab sich hiebei kein Anstand.
        Dass die aus Graz gekommene Sängergruppe der Südmark ange-
hörte, wurde mir erst nachträglich bekannt.Von dem bei mir
erschienenen Beauftragten des steirischen Musikvereines,
Helmut Kanzler,wurde hievon nichts erwähnt.
        Dass der zweite Teil der Veranstaltung Bedenken in
politischer Hinsicht erweckte, wurde mir erst durch die von
Helmut Kanzler mir übermittelte Abschrift seines Briefes an
Herrn Kaplan Fastl (Akt Bl4) bekannt. An die Expositur ist von
keiner Seite hierüber eine Meldung oder Mitteilung ergangen.
Ich habe auf Grund des bezogenen Briefes Herrn Kaplan Fastl
durch den Stadtamtsvorstand vor das Amt bitten lassen und ist
er bei mir am 4.Jänner 1937 erschienen. Der Gendarmeriebericht
vom 11.Jänner 1937 (Akt Bl.1o, 2 Seite) wonach Kaplan Fastl
am nächsten Tage, d.i. Sonntag 2o.Dezember 1936 bei der
Politischen Expositur Radkersburg in das Programm Einsicht
nehmen wollte, entspricht daher nicht den Tatsachen.

Nach der Rücksprache mit Herrn Kaplan Fastl wurde die Gendarmerie mit der Durchführung von Erhebungen beauftragt, deren Ergebnis ich hiemit vorlege.

Für den Bezirkshauptmann
der exponierte politische Beamte:

Bezirkshauptmannschaft Leibnitz
eingelangt am 2 1. JAN. 1937
Zahl:

Seite 134–135: Bericht der Bezirkshauptmannschaft Leibnitz über die als Weihnachtssingen getarnte illegale nationalsozialistische Kundgebung des Musikvereins für Steiermark in Radkersburg. (Original: Steiermärkisches Landesarchiv)

Weihnachtssingen in Radkersburg

1.

2.

3.

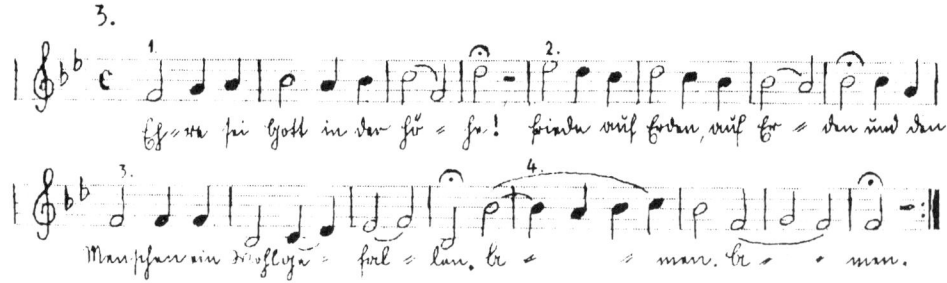

Seite 136–137: Liederblatt der als Weihnachtssingen getarnten illegalen nationalsozialistischen Kundgebung des Musikvereins für Steiermark in Radkersburg. (Original: Steiermärkisches Landesarchiv)

Der Reichsminister
für Wissenschaft, Erziehung
und Volksbildung

Berlin W 8., den 4.Februar 1942.
- Postfach -

V a 220/42, WJ

Es hat sich gezeigt, daß Gesuche von Mischlingen ersten Grades auf Zulassung zum Beginn oder zur Fortsetzung des Studiums doch in größerer Zahl vorgelegt werden, als dies ursprünglich angenommen wurde. Daraus hat sich die Notwendigkeit ergeben, in vielen Fällen die Gesuche abzulehnen. Ich habe bisher Gesuche von Mischlingen ersten Grades auf Zulassung zum Studium nur dann genehmigt, wenn ganz besondere Verhältnisse in der Person des Gesuchstellers eine Zulassung rechtfertigen sowie in solchen Fällen, in denen es sich um den unmittelbar bevorstehenden Abschluß eines Studiums handelte. Dabei konnten die Fälle nicht berücksichtigt werden, in denen zwar nach Ansicht des Gesuchstellers Verdienste der arischen Vorfahren des Gesuchstellers vorlagen, in denen aber in der Person des Gesuchstellers selbst keine besonders hervortretenden günstigen Voraussetzungen gegeben waren. Um in Zukunft die Vorlage und die Entscheidung aussichtsloser Gesuche zu erübrigen, ermächtige ich nunmehr die Direktoren der Kunsthochschulen, nach sorgfältiger Prüfung in meinem Auftrag derartige aussichtslose Gesuche abzulehnen. Um zu verhindern, daß an einer Hochschule abgewiesene Gesuchsteller sich an anderen Hochschulen melden, ersuche ich, künftig von jedem Gesuchsteller eine Erklärung einzufordern, daß er ein Gesuch auf Zulassung zum Studium an einer anderen Kunsthochschule noch nicht eingereicht habe. Danach hat künftig eine Vorlage von Gesuchen der Mischlinge ersten Grades auf Zulassung zum Studium an mich nur dann zu erfolgen, wenn nach pflichtgemäßer Prüfung besondere Gesichtspunkte die Zulassung rechtfertigen (z.B. abgeleisteter Kriegsdienst und insbesondere Frontdienst). Hierbei ist nach meinen früheren Anordnungen zu verfahren und die oben erwähnte Erklärung des Gesuchstellers anzuschließen. In allen anderen Fällen sind die Gesuche abzulehnen. Es steht dem Gesuchsteller, worüber eine besondere Belehrung notwendig ist, frei, im Rahmen der Dienstaufsichtsbeschwerde die Nachprüfung der Ablehnungsentscheidung der Kunsthochschule zu verlangen.

                                                              Die

An
1. die Herren Direktoren der preuß.Kunsthochschulen,
2. die Unterrichtsverwaltungen der Länder mit Kunsthochschulen,
3. die Herren Reichsstatthalter in Wien, Graz und Salzburg,
4. den Herrn Reichsprotektor in Böhmen und Mähren - für die
   Hochschulinstitute für Musik und für bildende Künste -
   in Prag (Deutsche Dienstpost Böhmen-Mähren)
   - mit 5 Abdrucken -,
5. die Reichsstudentenführung in München 33
   - mit 5 Abdrucken -,
6. das Reichsstudentenwerk in Berlin-Charlottenburg 2
   - mit 5 Abdrucken -.

Zu 5. und 6.: Abdruck zur Kenntnisnahme.

Seite 138–139: Schreiben des Reichserziehungsministers, betreffend die Zulassung von „Mischlingen" im Sinne der Nürnberger Rassengesetze zum Studium. (Original: Steiermärkisches Landesarchiv)

Die Gesuche von Mischlingen zweiten Grades sind nach
wie vor in der bisherigen Form, aber ebenfalls unter Ein -
forderung und Anschluß der oben erwähnten Erklärung mir vorzulegen. Hierbei ersuche ich zu beachten, daß selbstverständlich nicht in Frage kommt, daß eine Hochschule die Zulassung
eines bestimmten Mischlings oder von Mischlingen überhaupt
an ihrer Anstalt als untragbar bezeichnet, zugleich aber
anderen Hochschulen zumutet. Die geringe Zahl der Mischlinge,
die von mir endgültig zugelassen werden, muß an jeder Hoch -
schule ertragen werden. Von vorläufigen Einschreibungen vorbehaltlich meiner Genehmigung ersuche ich abzusehen, da in
diesen Fällen eine nachträgliche Verweigerung der Zulassung
als besondere Härte empfunden werden müßte.

In Vertretung des Staatssekretärs

gez. Krümmel.

Beglaubigt:

Angestellte.

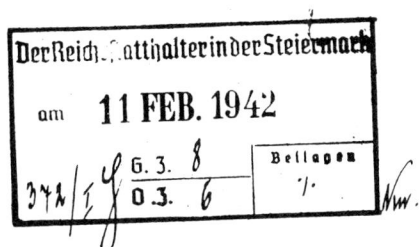

Unter Abschrift des Einganges

dem Direktor der Staatl. Hochschule für Musikerziehung

in   GRAZ, Schloß Eggenberg

zur Kenntnis.

Graz am 13.Februar 1942.

Im Auftrage.:

in der Abteilung IId

Reingeschrieben:

Verglichen:

Entfertigt:

Herr Gauleiter!

Wissen Sie und billigen Sie es,
daß am Konservatorium unserer „Stadt
der Volkserhebung" die uneheliche Tochter
des staatenlosen Juden Rosenzweig
▬▬▬▬▬▬▬▬▬▬ heuer einen Freiplatz
erhielt?

Man fragt sich staunend: darf
das Konservatorium seinen judenfreundlichen Kurs auch im neuen Staate noch
beibehalten? oder herrscht in Steiermark ein derartiger Mangel an ausbildungswürdigen reinarischen Musiktalenten, daß man jüdische Misch=
linge zu Musikerziehern unserer
deutschen Jugend heranbilden
muß??

Denn die kühne Behauptung
dieser Halbjüdin, ein Sohn ihres Vaters
sei im Altreich hoher SA-Führer (!)
und demzuliebe werde über die
Abstammung des Herrn Rosenzweig
„ein Auge zugedrückt" — möchte
man denn doch nicht für wahr
halten...

Heil Hitler!

373 P₁ 12 1938

Stürmerin.

**Anonymes Denunziationsschreiben, betreffend eine Schülerin des Konservatoriums. (Der Name der Schü-
lerin mußte in diesem Faksimile auf Anordnung des Steiermärkischen Landesarchivs unkenntlich gemacht
werden.) (Original: Steiermärkisches Landesarchiv)**

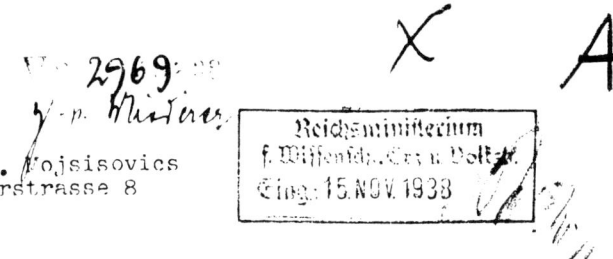

Prof. Dr. Roderich v. Mojsisovics
München 13, Aihmillerstrasse 8

17. November 1938

Sehr geehrter Herr Oberregierungsrat !

Meine Frau teilte mir mit , dass Sie ,sehr geehrter Herr Partei=
genosse ,eine Darstellung der Gründe meines Rücktritts von der
Stelle des artistischen Direktors des Grazer Konservatoriums
wünschen. Insoweit dies aus der Erinnerung nach so langer Zeit
möglich ist,will ich in folgendem eine knappe Darstellung zu geben
versuchen,die ich meritorisch auch beeiden könnte,falls man es von
mir verlangt.

Vorausschicken muss ich aber folgende,-die seit Jahrzehnten am
Steiermärkischen Musikvereine herrschenden Zustände charakterisie=
renden Ausführungen.

Die Leitung des Vereines hatte die "Vereinsdirektion"; eine aus
Kunstliebhabern(Juristen, Mittelschullehrern, Beamten) zusammenge=
setzte Körperschaft,die absolute Herrschaft beanspruchte.Nur die
Direktionsmitglieder konnten"abstimmen";der artistische Direktor
hatte zwar allen Sitzungen beizuwohnen,hatte aber keine Stimme,
kein Vetorecht;war also auf Gnade und Ungnade den Herrschaften, die
sehr präpotent in Kunst=und Organisationssachen waren, ausgelie=
fert. Daher kam es auch , dass der Musikverein alle paar Jahre die
Direktoren"hinausschmiss"(ich zitiere das Wort eines Vorgängers).
Der "Herr Schulreferent"war ein Gymnasialprofessor,der "Alles" bes=
ser verstand als der artistische Direktor;so wollte er doch mir
eines Tages sagen"wie ich dirigieren solle".Als ich dies einst
Dr. Carl Muck erzählte,(der 33 Jahre vor mir dort gewirkt hatte),

Seite 141–144: Auszug aus einem Schreiben Roderich von Mojsisovics' an das Ministerium für Wissenschaft, Erziehung und Volksbildung, betreffend u. a. seine antisemitische Haltung. (Original: Österreichisches Staatsarchiv, Allgemeines Verwaltungsarchiv)

sagte er ,dass auch ihm (!!!) dies passiert sei. Für Alles ,was
am Konservatorium vorgieng war aber "demgemäß natürlich"(!) der
art. Direktor verantwortlich, ,obwohl er eigentlich gar nichts ver=
fügen konnte(es aber doch musste, da sonst der Betrieb stehen ge=
blieben wäre.Den Direktionsmitgliedern war das Halten von Sitzun=
gen meist lästig;und nach knapp einer Stunde suchte jeder unter e.
anderen Ausrede das Weite!)Trotz wiederholter dringlicher Vorstel=
lungen meinerseits gab es weder für den Direktor , noch für die
Lehrer ein Dienststatut(zahlreiche Entwürfe von mir müssten eigent=
lich noch vorhanden sein);aber :man wollte sich auf nichts festle=
gen,damit man-dies eine stete Ausrede, wenn ich mit irgend einem Vor
schlage kam,-nichts "einhalten " müsse. Tatsache!So war der art. Dir
der Puffer zwischen Vereinsdirektion, Lehrkörper und Publikum.Als
ich dies einst aussprach,herrschte allgemeine "Entrüstung",was ich
mir "herausnähme".Ein besonderer Uebelstand war die fast durchgän=
gig ungenaue und unklare Protokollführung. Oft fehlten wichtige Be=
schlüsse im Protokoll, ohne dass ich dagegen einschreiten konnte.
Z.B. wurd e einst eine mich betreffende Gehaltssache nicht prpto=
kolliert. Inwieweit dies nur "Schlamperei" oder "Absicht " war, konn
te ich nie sicher herausbekommen. Zudem waren die Schriftführer
jahrelang Juden(Wilhelm Fischer,der"Grazer Stadtpoet",Prosener ,bei
de lange tot)Aufrichtigkeit war gewiss nicht der Grundzug dieser
Körperschaft.
Mein Sturz.
Ich war den Leuten zu antisemitisch und wegen meiner "Judenrieche=
rei"(gabs doch fast in jeder Grazer Familie -vom Marburger Ghetto-
derartige "dunkle" Punkte)und auch dadurch ,dass ich im Weltkrieg
die Verwendung aller nur irgendwie entbehrlichen erke der Feindes=
staaten im Unterrichtsbetrieb des Konservatoriums verbot,als zu
radikal"verschrieen. Auch die Lehrer waren mit meinen den Lehrplan

betreffenden Maßnahmen keineswegs einverstanden. Auch im Unterricht
machte ich aus meiner antisemitischen Einstellung und alldeutschen
Gesinnung kein Hehl(Musikgeschichte, Seminar für Theorie & Geschich=
te der Musik).Judenwerke außer dem damals noch unvermeidlichen Men=
delssohn und Saint- saéns brachte ich nie zur Aufführung. Daher unter=
stützte mich die Presse nicht,oder z. Th. nur ungenügend. Die "Gra=
zer Tagespost" ,die Hauptzeitung der Stadt,-war in den Händen von
"Liberalen";der üble Jude Ernst Decsey war Musikkritiker ,der den ·
jüdischen Kapellmeister O.C. Posa (Posamentier) überall herausstrich
mich meist totschwieg. Unsere Konservatoriumsaufführungen wurden in
der Tagespost nie besprochen-außer, wenn es sich in der Kriegszeit
um Offizierskinder ,die auftraten , handelte(!);nachher musste auf
Umwegen hie und da eine Notiz über stattgehabte Aufführungen hin=
eingeschmuggelt werden. Diese "feindselige "Haltung der Presse är=
gerte die Lehrer,die darin-nicht unbegründet-eine Schädigung der An=
stalt sahen. Bis zum Beginn der roten Aera "hielt" mich aber die Di=
rektion des Vereines;weil die Anstalt unter meiner Führung blühte:
wir hatten über 800 Schüler; da kam die Intrigue:der Schulreferent
(s.o.) brachte einen,so viel ich mich erinnere nicht protokollier=
ten Beschluss zustande:ich dürfe nicht mehr als 500 Schüler auf= g
nehmen. Mein Plan war gewesen ,die Anstalt auf 1000 Schüler zu brin=
gen, um dadurch ein Reservoir für verbesserte Gehaltszahlungen
der Lehrerschaftzu gewinnen. (Mein Bezug von zuletzt 454 Schilling
im Monat;ohne irgendwelche "Funktionszulagen";war ja auch elend ge=
nug)Ich war über diesen Beschluss verzweifelt;denn nun wusste ich,
dass es bei der Psyche des Grazer Publikums rapid bergab gehen würde .
Und es kam auch so. Diesen Rückgang schoben aber die inzwischen
"rot" infizierten Lehrer mir in die Schuhe. Denn die von den Ro=
ten aufgehetzten Lehrer ,wollten überhaupt keinen Direktor mehr; sie
wollten selbst die Anstalt leiten.Ein früherer Dirigierschüler von
mir,nun Hilfslehrer(den ich immer für einen Judenstämmling hielt;der
dies aber als nicht zutreffend ableugnete-inzwischen hörte ich , dass

er eine Jüdin geheiratet habe!) sollte angeblich auf Wunsch der Leh=
rer,das Konservatoiumsorcheseter übernehmen. Ich , der ich die An=
stalt mit etlichen 350 Schülern 1911 übernommen hatte und durch mei=
ne Reorganisation in die Höhe gebracht hatte, wurde von den Lehrern
plötzlich als völlig ungeeignet zum Unterrichte-und was da Lügen u.
Gemeinheiten mehr waren-bezeichnet. Zum Glück erliegt im Wiener Unter=
richtsministerium ein Inspektionsbericht des nunmehrigen Berliner
Staatsopernkapellmeisters Robert Heger ,der meinem Wirken das glänzend
ste Zeugniss ausstellt. Insbesondere hatte ihm die von mir geleitete
Meisterklasse für Komposition und Operndramaturgie gefallen;die Art
wie ich die Studierenden zu eigenen Arbeiten (Regie) anleitetu.s.w.
Ein früherer Bericht August Göllerichs ,aus dem Jahre 13oder14 ,
der ebenfalls äußerst günstig für mich war, ist in der Kriegszeit
aus dem Aktenschrank des Ministeriums verschwunden. Wie ich hörte ,
soll in der Kriegszeit, als alle felddiensttauglichenArier drau=
ßen waren, ein Judenjüngel vertretungsweise dort "gearbeitet" haben,
Vielleicht ließe sich dieser Bericht noch irgendwo "finden". Rädels=
führer der verschworenen Lehrer war der Geigenlehrer,der noch wenige
Tage,ehe er gegen mich revoltierte ,meine Unterschrift zur Gutste=
hung für seine Aufnahme in die GDT(AFMA) erbeten hatte; die ich ihm
gab.

Ich hoffe das Wesentlichste hier zusammengefasst zu haben, damit Sie,
Herr Oberregierungsrat über die Angelegenheit ,die zu meinem Sturze
in Graz führte , im Bilde sind.
Ich betone noch ,dass infolge der Haltung der Musikvereinsdirektion
ich auf die Ausstellung eines Dienstzeugnisses verzichtete.
Zu jeder weiteren Auskunft bereit ,und mit der Bitte,sich gütigst für
meine Unterbringung im musiktheoretischen Lehrfache verwenden zu
wollen, bin ich in ausgezeichneter Hochachtung mit

Heil Hitler !
Ihr sehr ergebener

Josef Landenhammer, Schlagwerk,
Arthur Michl, Violine,
Engelbert Pirker, Querflöte,
Franz Schmid, Posaune,
Eduard Zugmeister, Waldhorn.

Lehrer der Hochschule für Musikerziehung

Ernst Günthert, Klavier,
Wolfgang Grunsky, Violoncello,
Reinhold Heyden, Gitarre,
Norbert Hofmann, Violine,
Franz Illenberger, Orgel,
Dr. Ludwig Kelbetz, Musiklehre,
Walter Kolneder, Satzlehre, Orchester,
Karl Marx, Satzlehre,
Dr. Felix Oberborbeck, Dirigieren, Chor,
Joseph Schröcksnadel, Violine,
Theodor Warner, Sologesang,
Dr. Walter Wünsch, Musikgeschichte.

Lehrer der „Musikschule für Jugend und Volk"

Lotte Berger, Klavier,
Lotte Fetter, Klavier, Blockflöte,
Karl Frießnegg, Gitarre, Violine,
Grete Kern, Klavier, Blockflöte,
Isolde Müller, Klavier, Blockflöte,
Helga Reiser, Violine, Blockflöte,
Franz Riedinger, Gitarre, Zither,
Maria Rosanelli, Klavier, Musiklehre,
Margarethe von Schragl, Klavier.

Aus dem Ruhestand zurückgeholte Lehrer

Prof. Karl Krehahn, Violine,
Prof. Franz Meder, Violine,
Leo Pretterebner, Violine,
Prof. Waldemar Schlövogt, Cello, Klavier.

Hilfslehrer

Auguste Bolzano, Klavier,
Benno Bolzano, Klavier,
Josef Doppelbauer, Blockflöte, Harmonika,
Josefine Selko, Zither, Harmonika.

Wie schon an den „Musikschulen für Jugend und Volk", so erweist sich auch hier das Konzept der männlichen Dominanz des Lehrkörpers – von den neun Planstellen innehabenden Lehrkräften ist mit Johanna Seelig überhaupt nur eine weiblich, und auch sonst ist im Verhältnis 37:22 der Frauenanteil deutlich unterrepräsentiert – als problematisch, da infolge des Krieges immer mehr Männer zur Wehrmacht einberufen werden und somit immer mehr Ersatzkräfte eingesetzt werden müssen. 1942 ist bereits ein Großteil der Posten zumindest vorübergehend von solchen Substituten besetzt.[484]

Im ursprünglichen Plan des „Steirischen Musikschulwerkes" ist für die Landesmusikschule ein eigener Leiter vorgesehen, nach dem Ausscheiden Schmeidels aus dem Konservatorium – dieser bleibt beim Musikverein für Steiermark – übernimmt Oberborbeck diese Kompetenz vorerst mit und behält sie aufgrund des Krieges, der keine geeignete Persönlichkeit finden läßt, auch zumindest bis Oktober 1942. Die faktische Führung der Schule hat Hermann Kundigraber inne, der auf Vorschlag Oberborbecks mit 1. Oktober 1941 durch den Kommissarischen Leiter Franz Illenberger ersetzt werden soll. Kundigraber soll die Leitung der „Musikschule für Jugend und Volk" vertretungsweise für Adalbert Lorenz übernehmen.[485]

5.2.2.4.1 Der „Fall Mojsisovics"

Auch wenn nichts oder wenig davon in der Öffentlichkeit bekannt wird, sorgt in den Jahren 1938 und 1939 zumindest intern quer durch alle Verwaltungs- und politischen Stellen bis hinauf auf reichsministerielle Ebene Roderich von Mojsisovics für einiges Aufsehen. Mojsisovics, seit 1911 künstlerischer Leiter des Musikvereins für Steiermark, wurde *„aufgrund öffentlicher und schulinterner Angriffe"* in der ersten Hälfte des Jahres 1931 seitens des Vereinsvorstandes des Musikvereins sein Rücktritt nahegelegt und schließlich auch durchgesetzt, was Roderich von Mojsisovics immerhin eine Pension einbrachte, die dieser gelegentlich auch auf dem Prozeßwege einforderte.[486]

Nach der Machtübernahme durch die Nationalsozialisten sieht nun Mojsisovics seine Stunde gekommen und versucht unter Berufung auf seine Parteimitgliedschaft – eigenen Angaben zufolge seit 5. 5. 1933 – und seine illegale Tätigkeit als Nationalsozialist, neuerdings eine adäquate Anstellung zu bekommen. Daher stellt er in einem entsprechenden Schreiben an das Reichsministerium für Wissenschaft, Erziehung und Volksbildung die Gründe seiner seinerzeitigen Entlassung als *„jüdische und kommunistische Verschwörung"* dar:

> *Ich war den Leuten zu antisemitisch und wegen meiner ‚Judenriecherei' (gabs doch fast in jeder Grazer Familie – vom Marburger Ghetto – derartige ‚dunkle' Punkte) und auch dadurch, daß ich im Weltkrieg die Verwendung aller nur irgendwie entbehrlichen Werke der Feindesstaaten im Unterrichtsbetrieb des Konservatoriums verbot … Auch im Unterricht machte ich aus meiner antisemitischen Einstellung und alldeutschen Gesinnung kein Hehl … Judenwerke außer dem damals noch unvermeidlichen Mendelssohn und Saint-Saëns brachte ich nie zur Aufführung.[487]*

Pikanterweise bezeichnet er ausgerechnet den Gaumusikbeauftragten und Kommisarischen Leiter der Reichsmusikkammer in der Steiermark nicht nur als Rädelsführer der Verschwörung, sondern stellt diese zudem noch als kommunistische Aktion dar:

> *Rädelsführer der verschworenen Lehrer war der Geigenlehrer Arthur Michl … Es war eben eine ausgemacht bolschewikische Sache. Die Rädelsführer hatten damals mit jungen Leuten Verkehr, die direkt mit Moskau Verbindung hatten. Heute würde jeder dieser ‚Helden' es natürlich in Abrede stellen, bei den ‚Roten' gewesen zu sein.[488]*

Da sich die Lehrer der Landesmusikschule sofort gegen diesen Vorwurf zur Wehr setzen und die von Mojsisovics vorgebrachten Beschuldigungen als *„völlig aus der Luft gegriffen"* bezeichnen, wird sein Ansuchen seitens des Reichsministeriums im Mai 1939 abschlägig behandelt.[489] Doch schon Monate zuvor bewirbt sich Mojsisovics auch um die Stelle des verstorbenen Franz Schmidt in Wien, nicht ohne nebenbei Josef Marx, den er immerhin als seinen Freund bezeichnet, dem er nicht schaden möchte, zu denunzieren, dieser hätte es sich – *„unter uns bemerkt"* – mit den Schülern verscherzt, *„indem er es mit seinem Dienst allzu leicht nahm".*[490] Jedenfalls erreicht Mojsisovics die Durchführung zweier eingehender Untersuchungen der Musikvereinsangelegenheit durch die Reichsmusikkammer,[491] und das Reichsministerium für Wissenschaft, Erziehung und Volksbildung verlangt immerhin eine Stellungnahme des Reichskommissars für die Wiedervereinigung Österreichs mit dem Deutschen Reich darüber, ob eine Stelle für Mojsisovics frei wäre, was allerdings – nicht zuletzt wegen des relativ hohen Alters des Betreffenden – ebenfalls negativ beantwortet wird.[492]

Mojsisovics erhält 1941 entsprechende Stellen an den Hochschulen für Musik in Mannheim und Heidelberg, 1944 wird er Kommissarischer Leiter der „Musikschule für Jugend und Volk" in Bruck.[493] Ans Konservatorium kehrt er erst nach dem Krieg zurück, ab April 1946 wird er wieder an der Opernschule beschäftigt werden.[494]

5.2.2.4.2 Der Kampf um das Öffentlichkeitsrecht

Bereits ab 1938 bemüht sich die Landesmusikschule – zu diesem Zeitpunkt noch als Konservatorium – den seit 1933/34 innegehabten,[495] jedoch mit der generellen Entziehung des Öffentlichkeitsrechts aller Privatlehranstalten nach der Machtergreifung verlorengegangenen Status wiederzuerlangen[496] und ersucht auch den Landesschulrat für Steiermark in dieser Hinsicht um Intervention.[497] Tatsächlich befürwortet dieser den Antrag des *„sehr verdienstvoll wirkenden, in künstlerischer und politischer Hinsicht sehr angesehenen Konservatoriums"* wärmstens,[498] woraufhin das Ministerium für innere und kulturelle Angelegenheiten in Wien zwar grundsätzlich nichts gegen eine solche Verleihung einzuwenden hat, diese aber nur für ein Jahr verleihen will, da dann das Konservatorium durch seine Übernahme in die Landeshoheit ohnehin automatisch eine öffentliche Schule werde.[499]

Doch mit dem Öffentlichkeitsrecht alleine soll es in Zukunft nicht getan sein, nun will man auch die offizielle Anerkennung durch den Reichsminister für Wissenschaft, Erziehung und Volksbildung, was dieser vorerst aber unter Hinweis auf die Hochschule für Musikerziehung als steirische Spitzenanstalt ablehnt, jedoch eine Anerkennung als Fachschule und die Aufnahme in Fachschulverzeichnis in Aussicht stellt.[500] Das Engagement der Gaustudentenführung in dieser Sache beruht vor allem auf finanziellen Erwägungen, da die vom Reichsstudentenführer im Rahmen des Studentenwerkes gewährten Förderungen nur an Hochschulen Studierenden zugute kommen, wodurch in Graz der sonderbare Fall einträte,

> *daß junge Studierende der Hochschule für Musikerziehung eine Förderung des Reichsstudentenwerkes erhalten, aber nach ihrer Überweisung an die Opernschule wegen besonderer Begabung dieser Unterstützung verlustig gehen, da die Opernschule eine Abteilung der Landesmusikschule ist.*[501]

Im November 1943 wird daher auch der offizielle Antrag an den Reichsminister für Wissenschaft, Erziehung und Volksbildung eingebracht, die Landesmusikschule als Fachschule anzuerkennen und dem Studentenwerk zur Betreuung zuzuweisen,[502] nicht ohne zu erwähnen, daß *„beispielsweise das Grenzlandkonservatorium in Klagenfurt vom Reichserziehungsminister bereits als Fachschule anerkannt ist"* und Papesch daher nicht annehmen möchte, *„daß die Unterrichtsleistung dieser Schule höher zu bewerten ist als die der Landesmusikschule in Graz".*[503] Diese Bemühungen sind schließlich erfolgreich, und der Reichsminister gewährt nach längerem Hin und Her die gewünschte Anerkennung.[504]

5.2.2.5 Finanzierung

Um die Finanzen des Musikvereins für Steiermark und damit auch des Konservatoriums ist es seit der Mitte der 20er Jahre äußerst trist bestellt, als im Zuge der Wirtschaftskrise die Subventionen der Stadt eingestellt werden und nach der Einstellung der Mitgliederkonzerte wenigstens versucht wird, die Schule zu retten, doch muß ein Teil des wertvollen Archivs verkauft werden.[505] Auch die Lehrergehälter werden oft nur zögernd und sehr verspätet ausgezahlt, was Papesch 1938 zur Aussage veranlassen wird, daß es *„in den letzten Jahren nur möglich (war), Kräfte zu gewinnen und zu halten unter dem Hinweis, daß es nationalsozialistische Pflicht ist, in Österreich zu bleiben und zu wirken und daß damit finanzielle Entbehrungen in Kauf genommen werden müssen".*[506]

Eine Besserstellung der finanziellen Situation der Lehrkräfte steht daher an vorderster Stelle nach der Machtübernahme durch die Nationalsozialisten. Im ersten Entwurf von Papesch sind für die haupt- und nebenamtlichen Lehrerinnen und Lehrer an die 80.000,- Reichsmark jährlich vorgesehen, die sich folgendermaßen aufteilen:[507]

Fach	Zahl der Lehrer	Monatsgage in Reichsmark	Jahresbetrag in Reichsmark
Violine/Viola	4 hauptamtlich	300,-	14.400,-
	1 nebenamtlich	100,-	1.200,-
Violoncello	1 hauptamtlich	300,-	3.600,-
Kontrabaß	1 nebenamtlich	100,-	1.200,-
Klavier	10 hauptamtlich	300,-	36.000,-
Orgel	1 nebenamtlich	100,-	1.200,-
Gesang	2 hauptamtlich	300,-	7.200,-
Holzblasinstrumente	4 nebenamtlich	100,-	4.800,-
Blechblasinstrumente	3 nebenamtlich	100,-	3.600,-
Schlagzeug	1 nebenamtlich	100,-	1.200,-
Theoriefächer	25 Wochenstunden	à 4,-	4.800,-
zusammen			79.200,-

Für den Posten des Direktors ist anfangs eine Personalunion mit jenem der Hochschule für Musikerziehung vorgesehen, so daß der Posten für ein Monatsgehalt von 700,-, das sind jährlich 8.400,- Reichsmark zum Teil entfallen kann. Für den Sekretär, die Schreibhilfe, den Schulwart und Heizer werden noch RM 7.800,- sowie für den Sachaufwand RM 18.000,- kalkuliert, man rechnet also mit Ausgaben von 113.400,-, in die das Schulgeld von 250 Schülern à RM 10,- monatlich durch zehn Monate – 25.000,- Reichsmark – eingerechnet werden, so daß eine jährliche Beihilfe von 88.400,- Reichsmark veranschlagt wird.

Doch bereits im ersten Schuljahr, dem Jahr 1938/39, zeigt sich, daß diese Kalkulation – ob bewußt aus taktischen Gründen oder irrtümlich läßt sich heute kaum mehr feststellen – wesentlich zu niedrig angesetzt wurde. Allein für Mai 1939 wird dieser durchschnittliche Monatsbedarf von etwa 7.400,- Reichsmark um beinahe das Doppelte überzogen und beträgt 13.120,- Reichsmark,[508] ein Phänomen, das übrigens auch bei den „Musikschulen für Jugend und Volk" für den gesamten Berichtszeitraum festgestellt werden kann. Die zuständige Abteilung IId der Landeshauptmannschaft verlangt daher im Oktober 1941 energisch Aufkärung über die ständigen Überziehungen und rechnet der Direktion der Landesmusikschule vor, daß durch die notwendig gewordenen Überstunden unmöglich derartige Beträge zustandekommen könnten, zumal während des Krieges die Wochenstundenanzahl ohnehin auf 28 erhöht worden wäre.[509]

Allerdings ist es – wie schon erwähnt wurde – so, daß infolge zahlreicher Einberufungen männlicher Lehrkräfte in zunehmendem Maße außerplanmäßig Hilfskräfte eingestellt werden müssen.[510] Außerdem werden andernorts verpflichtete Lehrer – etwa Hermann Kundigraber oder Prof. Rudolf Weiß-Ostborn – stundenweise für Unterrichtsleistungen an der Landesmusikschule herangezogen.[511]

Spätestens ab 1942 wird immer deutlicher, daß die bisher in Personalunion mit dem Direktor der Hochschule für Musikerziehung bestehende Funktion des Direktors der Landesmusikschule eigenständig werden muß, und dafür wird nun gegenüber der ursprünglichen Planung ein um mehr als 30 Prozent höheres Gehalt veranschlagt, was jedoch von der Reichsstatthalterei vorerst nicht bewilligt wird, bzw. hinausgeschoben wird,[512] so daß man schließlich – da infolge des Krieges der ursprünglich für diese Stelle vorgesehene Ludwig Kelbetz einberufen, der ebenfalls in Frage kommende Dr. Haas inzwischen gefallen ist und andere geeignete (männliche, Anm. d. Verf.) Persönlichkeiten nicht zu gewinnen sind – auf die Notlösung, Franz Illenberger für acht Wochenstunden von seiner Unterrichtsverpflichtung an der Hochschule zu entbinden und ihn als Kommissarischen Direktor einzusetzen, wofür man ihm eine *„widerrufliche Leiterzulage"* von 300,– Reichsmark zugesteht, zurückgreifen möchte.[513]

5.2.2.6 Probleme

Bereits in den vorhergehenden Abschnitten wurden ja die grundlegenden, sich aus dem Krieg ergebenden Probleme der Landesmusikschule bereits angedeutet. Vor allem durch die Einberufungen der Männer entstehen Lücken, die immer schwerer aufzufüllen sind. Im Jahr 1942 beschäftigt die Landesmusikschule 58 Lehrkräfte, 32 Männer und 26 Frauen, davon sieben männliche und fünf weibliche Hauptamtliche. Sechs davon – Doppelbauer, Kohnle, Pröbstle, Prohaska, Grabensteiner und Stejskal – sind bei der Wehrmacht.

> *Ein großer Teil des Lehrkörpers steht nicht vollamtlich zur Verfügung, sondern ist hauptamtlich in anderen Instituten verpflichtet oder durch Verpflichtungen als Hausfrau nur beschränkt zur Dienstleistung heranzuziehen. Die Mitglieder des Städtischen Orchesters können ihren Unterricht nur in den verbleibenden Reststunden außerhalb des Dienstes erteilen... Fast sämtliche männlichen planmäßigen Lehrer der Landesmusikschule, die die Gewähr für eine künstlerische Führung des Studierenden geben, sind augenblicklich einberufen... Die Bildung eines geschlossenen Lehrkörpers mit einheitlicher künstlerischer Zielsetzung begegnet bei dem augenblicklichen Lehrerstand aus äußeren und inneren Gründen den größten Schwierigkeiten.[514]*

Zwar wird durch allerhand Einsparungsmaßnahmen schon ab Herbst 1939 versucht, das Fehlen der Lehrkräfte zu kompensieren, jedoch – wie das vorherstehende Zitat aus dem Jahr 1942 zeigt – ohne wesentlichen Erfolg. Jedenfalls wird die Wochenstundenzahl für die Dauer des Krieges von 25 auf 28 Stunden hinaufgesetzt, die dreistündige Orchesterpflicht wird nur zu 50 Prozent angerechnet, für die Teilnahme an der sogenannten Arbeitsgemeinschaft der Lehrer, dem Lehrerchor, der Schulungs- sowie Sportstunde – insgesamt sechs Stunden – wird sogar nur eine Stunde bezahlt. Gleichzeitig wird die Schüleranzahl für den Gruppenunterricht von drei auf vier erhöht, Singen und Musiklehrestunden werden halbiert, Nebeninstrumente prinzipiell nur mehr in Gruppen unterrichtet und für Lehrer, die bisher kostenlos bei ihren Kollegen Unterricht nehmen konnten, entfällt diese Vergünstigung ebenfalls.[515]

Mit zunehmender Kriegsdauer erfaßt dieser Personalmangel alle Bereiche, so daß – um nur ein Beispiel zu nennen – Oberborbeck erfolglos mehrfach die Anlegung eines Hauptbuches für die Landesmusikschule durch das Sekretariat fordert und faktisch auch seine diesbezügliche Beschwerde an die Reichsstatthalterei nichts fruchtet.[516] Mit 8. Jänner 1945 wird auch Oberborbeck endgültig zur Wehrmacht einberufen und Prof. Hugo Kroemer mit der Kommissarischen Leitung der Landesmusikschule beauftragt.[517]

Ein mit zunehmender Kriegsdauer sich verschärfendes Problem ist die Bombengefahr, die einige Studierende sogar veranlaßt, entsprechend begründete Urlaubsansuchen einzureichen, ohne freilich Erfolg damit zu haben, da *„Beurlaubungen vom Fachstudium nicht möglich sind. Falls das Studium nicht fortgesetzt wird, hat die Meldung an das Arbeitsamt zu erfolgen"*, was gleichbedeutend mit einer Kriegsdienstverpflichtung ist.[518] Daß die entsprechenden Befürchtungen der Studentin oder deren Eltern nicht unberechtigt sind, zeigt sich spätestens am 6. Dezember 1944, als der Saal der Landesmusikschule inklusive der sich darin befindlichen Orgel, sieben darunterliegende Unterrichtsräume, ein Zimmer im Hauptgebäude sowie zwei Sekretariatsräume durch einen Volltreffer komplett zerstört werden.[519] Die Bergungsarbeiten von wertvollen Noten – Wolf, Schubert etc. – werden in einer Bergungsaktion „Joanneum" weggeschafft, Instrumente werden in den Luftschutzraum des Schlosses Eggenberg sowie an andere Orte der Steiermark gebracht.[520] Die Sanierung der Bombenschäden wird sich bis in das Jahr 1946 hinziehen.[521] Durch den Bombentreffer ist es auch nicht mehr möglich, die Landesmusikschule abzuschließen, da durch die zerstörten ebenerdigen Räume ein Eindringen jederzeit möglich ist und die mehrfach zugenagelten Öffnungen immer wieder aufgebrochen werden.

5.2.2.7 Der Einfluß der Nürnberger Rassengesetze

Wie fast alle Bereiche des Lebens ist auch der Musikbereich von den Nürnberger Rassengesetzen[522] beeinträchtigt, und zwar gleichzeitig auf mehreren Ebenen, die sowohl die Toten als auch die Lebenden betreffen. So ist es auch in der Steiermark, die eine lange deutschnationale und antisemitische Tradition hat, auf die unter anderem der ehemalige Direktor des Konservatoriums, Mojsisovics, seine Schwierigkeiten mit dem Musikverein – „ich war den Leuten zu antisemitisch"[523] – zurückführt.

Es ist daher kein Zufall, daß noch lange vor Stengels und Gerigks „Lexikon der Juden in der Musik"[524] eines der überhaupt ersten Nachschlagewerke dieser Art vom Gaupropagandaamt Steiermark herausgegeben wird und noch im Herbst 1938 erscheint.[525]

> Die Kapellmeister der Kulturorchester, der Blasorchester und Salonkapellen haben die Noten-Repertoires von Werken jüdischer Komponisten zu säubern. Eine weitere Aufführung solcher Werke ist untersagt. Auch aus den Sammelpotpourris sind die Einlagen jüdischer Komponisten zu entfernen (Striche anbringen!). Die Leiter öffentlicher und privater Musikschulen haben darauf zu achten, daß die Werke jüdischer Komponisten aus dem Unterrichtsbetrieb ausgemerzt werden. Die Notenbibliotheken sind von solchen Werken zu säubern.[526]

War für Mojsisovics seinerzeit Mendelssohn-Bartholdy noch „unvermeidlich", so ist auf ihn jetzt gemeinsam mit anderen jüdischen Komponisten nicht nur in den Programmen, sondern auch in jeder anderen Form in den Konzertsälen – etwa im Stephaniensaal – verzichtbar:

> Auf Ihre Zuschrift ... beehren wir uns mitzuteilen, daß wir Ihrem Vorschlag entsprechend an Stelle des entfernten Portraits Mendelssohn's das Bild des steirischen Komponisten Johann Josef Fux anbringen lassen werden.[527]

Die Lehrer des Musikschulwerkes haben ebenfalls die „arische Abstammung" nachzuweisen und werden seitens der Archivdirektion der Landeshauptmannschaft im Fall der Säumigkeit dem Vorstand der Landeshauptmannschaft zur Meldung gebracht.[528]

Auch die Zulassung zum Studium an Fachschulen – und eine solche ist die Landesmusikschule – wird von einer „arischen" Herkunft im Sinne der Nürnberger Rassengesetze[529] abhängig gemacht, die schon bei der Anmeldung in Form einer „Erklärung über die deutschblütige Abstammung" vorzulegen ist. Zur Aufnahmeprüfung sind Geburts- und Trauungsurkunden zurück bis zu den Großeltern oder ein amtlich beglaubigter Ahnenpaß mitzubringen.[530] In Übereinstimmung mit den Rassengesetzen trennt man in „Volljuden" sowie „Mischlinge ersten und zweiten Grades".[531] „Mischlingen ersten Grades" wird ein Zugang nur dann genehmigt, wenn ganz besondere Verhältnisse in der Person des Antragstellers – die im entsprechenden

Erlaß allerdings nicht näher definiert sind – vorliegen. Für *„Mischlinge zweiten Grades"* sind die Anträge dem Reichsminister für Wissenschaft, Erziehung und Volksbildung zur Entscheidung vorzulegen.[532] Dies betrifft sowohl die Hochschule – über den Fall der Irmtraut Neumann wird unten noch berichtet werden – als auch die Landesmusikschule.

> *Mischlingen zweiten Grades ist es nach den bestehenden gesetzlichen Bestimmungen möglich, einen Antrag auf Aufnahme in die Reichsmusikkammer zu stellen. Sofern es sich dabei um die Ausübung einer Tätigkeit als Unterhaltungsmusiker oder Solist handelt, ist es möglich, daß diesem Antrag stattgegeben wird.*[533]

In diesem Sinne wird von Oberborbeck als obersten Verantwortlichen für die Landesmusikschule im Mai 1944 das Ansuchen Alfred Gerstls eingereicht, von dort jedoch aufgrund fehlender Unterlagen vorerst wieder zurückgeschickt:

> *Dem Gesuch eines Mischlings um Zulassung zum Studium an einer Berufsfachschule sind ein fachliches Gutachten, der Abstammungsnachweis und die Stellungnahme des Gaupersonalamtes beizulegen.*[534]

Diese Stellungnahme des Gaupersonalamtes wird zwar angefordert, man zieht von dort die Sache jedoch immer mehr hinaus, so daß Oberborbeck Ende September die Anfrage stellt, *„ob Alfred Gerstl . . . vorbehaltlich der Genehmigung der Parteikanzlei einstweilen bis auf Widerruf beginnen kann"*.[535] Schließlich wird die Angelegenheit – wie ein entsprechender Aktenvermerk Kapfhammers von Ende November dokumentiert – in einer für die Nationalsozialisten charakteristischen Weise gelöst: *„Da Alfred Gerstl zur Wehrmacht einberufen wurde, ist die Anfrage der Leitung der Landesmusikschule gegenstandslos."*[536]

Sollte eventuell der Achtsamkeit der Behörden die Existenz eines *„Mischlings"* oder gar *„Volljuden"* entgangen sein, so gibt es für diesen Fall immer noch genügend Leute, die – wie im folgenden Fall in Form eines anonymen, mit *„Stürmerin"* gezeichneten Denunziationsschreibens – auf diese Fälle von sich aus aufmerksam machen:[537]

> *Herr Gauleiter!*
> *Wissen Sie und billigen Sie es, daß am Konservatorium unserer ‚Stadt der Volkserhebung' die uneheliche Tochter des staatenlosen Juden Rosenzweig . . . heuer einen Freiplatz erhielt? Man fragt sich staunend: Darf das Konservatorium seinen judenfreundlichen Kurs auch im neuen Staate noch beibehalten, oder herrscht in der Steiermark ein derartiger Mangel an ausbildungswürdigen, rein arischen Musiktalenten, daß man jüdische Mischlinge zu Musikerziehern unserer deutschen Jugend heranbilden muß? Denn die kühne Behauptung dieser Halbjüdin, ein Sohn ihres Vaters sei im Altreich ein hoher SA-Führer (!), und dem zuliebe werde über die Abstammung des Herrn Rosenzweig „ein Auge zugedrückt", möchte man denn doch nicht für wahr halten.*
> *H.H. Stürmerin.*[538]

Diese Fälle sind wohl, wie kaum in größerer Deutlichkeit möglich, geeignet, die Auffassung des Musikbeauftragten der Reichsjugendführung, Wolfgang Stumme, zu dokumentieren, derzufolge *„Musikerziehung . . . politischer Auftrag für das ganze Volk . . . , nicht mehr ‚privates' Tun und Lassen des Einzelnen"* sei, der Staat hingegen als Bewacher des *„Deutschen Erbes"* jeden zum *„Mitträger des Erbes"* zu machen versuche.[539]

5.2.2.8 Ende und Neubeginn

Am 11. September 1944 beginnt in der Landesmusikschule und in den „Musikschulen für Jugend und Volk" das Wintersemester 1944/45 – die Hochschule für Musikerziehung startet eine Woche später[540] –, doch nicht einmal ein Monat später vollzieht sich die Schließung, da inzwischen der „totale Kriegseinsatz" begonnen hat. Die Fachschulen sind längst geschlossen, und „*mit der offiziellen Schließung* [der Landesmusikschule] *wird nach der Einberufung der Vollstudierenden zum Arbeitseinsatz gerechnet werden müssen*".[541]

Oberborbeck versucht in diesem Zusammenhang jedoch, die Schließung auf jeden Fall zu verhindern und wendet sich zu diesem Zweck direkt an den Gauleiter Uiberreither, dem er folgende Argumente – „*Sonderverhältnisse*", wie er es nennt – zur Aufrechterhaltung des Betriebes der Landesmusikschule anführt:[542]

* Außer den Vollstudierenden gibt es eine große Anzahl von Schülern und Berufstätigen – voraussichtlich etwa 60 –, die von den Einberufungen nicht betroffen sind.

* Aufgrund der Einsatzbestimmungen werden nur Männer bis zum 65. und Frauen bis zum 50. Lebensjahr eingezogen. Zahlreiche der Lehrkräfte sind jedoch älter und fallen daher nicht unter diese Bestimmungen, könnten daher den Unterricht weiterführen.

* Die Landesmusikschule „*könnte als eines der ältesten Musikinstitute auf deutschem Boden mit ihrem Gesamtbetrieb in eine ruhigere Zeit hinübergerettet werden*".

Auch Hofrat Pokorny schließt sich in einem Brief an den Verteidigungsreferenten beim Reichsstatthalter der Auffassung Oberborbecks an, da

> *das Musikschulwerk … gerade jetzt, wo die Vernachlässigung der Jugend manchmal gefährliche Formen annimmt, eine besondere, auch unter dem Gesichtspunkt des Krieges wichtige Aufgabe der Bewahrung und Erziehung unserer Jugend zu erfüllen hat,*[543]

und er schlägt daher die Aufrechterhaltung eines Notbetriebes und die Freistellung von drei bis vier Lehrkräften vor. Tatsächlich werden in der Beantwortung eines entsprechenden Fragebogens trotz der vielen für den „totalen Kriegseinsatz" abkommandierten Lehrkräfte und Schüler weder die Landesmusikschule noch die „Musikschulen für Jugend und Volk" offiziell geschlossen,[544] und manche von ihnen erleben faktisch nur eine kurze Unterbrechung im Mai 1945.

> *„Darin zeigt sich die Kraft und Stärke des deutschen Volkes, daß zur selben Zeit, da das Großdeutsche Reich an seiner Westgrenze zum großen Entscheidungskampf angetreten ist, der sein Schicksal für ein Jahrtausend bestimmt, an der äußersten Südostecke des Reichs ein Werk von großer kultureller Bedeutung eröffnet werden kann."*

Reichsminister Bernhard Rust, 1940.[551]

5.2.3 Die Hochschule für Musikerziehung

Die Hochschule für Musikerziehung – später soll sie „Staatliche Hochschule für Musikerziehung" heißen – in Graz-Eggenberg ist die Spitze jener imaginären Pyramide, die die gesamtheitliche, unter dem Titel „Steirisches Musikschulwerk" zusammengefaßte Musikorganisation bildet. Die unterschiedliche Wertigkeit von Landesmusikschule und Hochschule wird zwar später – vor allem im Zusammenhang mit der Argumentation für die Anerkennung der Landesmusikschule als öffentliche und somit geförderte Fachschule – des öfteren in Abrede gestellt werden,[552] de facto ist die angesprochene Hierarchie jedoch nicht zu leugnen, und letztlich findet sich eine dieses Faktum beurkundende graphische Darstellung sogar in einer offiziellen Hochschulpublikation.[553]

5.2.3.1 Die Planungsphase

Schon in den ersten Planungen des Musikschulwerkes durch die Nationalsozialisten, die ihre vorläufige Zusammenfassung in der auf dem Kelbetz-Entwurf fußenden Denkschrift Josef Papesch' finden,[554] ist die Errichtung einer Hochschule für Musikerziehung vorhanden, wenngleich deren ins Auge gefaßte Grundstruktur vom später realisierten Projekt doch in verschiedenen Punkten erheblich abweicht.

Die Argumentation für einen Standort Graz ist neben den oben im Abschnitt über das Konservatorium des Musikvereins für Steiermark beschriebenen Aktionen zur Förderung der illegalen Nationalsozialisten auch auf das Vorhandensein personeller Ressourcen und geographischer Vorzüge aufgebaut. Vor allem auf die praktischen Möglichkeiten einer Ausbildung im „Grenzland" wird mehrfach hingewiesen:

> *Die Veranstaltung von Grenzlandfahrten, Singstunden, Werkskonzerten, Feierstunden für Partei und Staat, die Musikerziehung für HJ und KDF liefern dem jungen Musikstudenten unmittelbare Anschauung und geben reichlich Gelegenheit, ihn vom ersten Semester an umittelbar in die Praxis einzubauen, [wodurch] in Graz schon in vielfacher Hinsicht günstige Voraussetzungen für die Erziehung junger, nationalsozialistischer Musikführer [bestehen].*[555]

Für die entsprechenden zuständigen Stellen in Berlin – in erster Linie ist dies das Reichsministerium für Wissenschaft, Erziehung und Volksbildung – ist diese Argumentation allerdings vorerst nicht stichhältig genug. Dort wird von der Auffassung, eine einzige Hochschule für Musikerziehung im Deutschen Reich sei genug, nur zögernd abgegangen,[556] zumal auch die Wiener Stellen – allen voran das Ministerium für innere und kulturelle Angelegenheiten – sich anfänglich äußerst ablehnend gegenüber einer Neugründung in Graz verhalten. Letzteres hat wohl vor allem mit der in den Entwürfen geforderten Ausgliederung der Schulmusik-Abteilung aus der Hochschule für Musik in Wien und deren Verlegung nach Graz[557] zu tun. Da jedoch der Reichsminister für Wissenschaft, Erziehung und Volksbildung die Stellungnahme Wiens zum Papesch-Entwurf einholt,[558] scheint – obwohl die letztliche Enscheidung beim Minister liegt – die hier geforderte Bewertung schwerwiegend für den weiteren Verlauf zu sein. Ein vom Musikkonsulenten des Wiener Ministeriums Prof. Viktor Junk verfaßtes Gutachten[559] über die Sinnhaftigkeit einer zu gründenden Hochschule für Musikerziehung in Graz fällt daher auch vernichtend aus. Dieser vermißt im Papesch-Entwurf nicht nur den Namen des Direktors – übrigens ein ungerechtfertigter Vorwurf, da Ludwig Kelbetz eindeutig als *„Leiter und Professor für Musikerziehung"* angeführt ist[560] –, sondern meint überhaupt, daß von den vorgeschlagenen Abteilung nur die dritte – der Lehrgang für Jugend- und Volksmusikleiter – seiner Bestimmung entsprechen würde, und im übrigen der Entwurf in vielen Bereichen sehr unklar sei, und der Plan, ein Hauptinstrument in sechs Semestern mit einer Wochenstunde zu erlernen, praktisch unmöglich sei – *„auf diese Weise würden nur Dilettanten herangezüchtet"* – und kommt daher zum Schluß, daß die Gründung einer eigenen Hochschule für die Schulmusikausbildung völlig überflüssig sei:

> *Da in Graz schon ein Konservatorium besteht und die fachliche Ausbildung mit Haupt- und Nebeninstrumenten dort schon gewährleistet ist, erscheint es ratsam, diesem Konservatorium eine Abteilung für Musikerziehung einzugliedern, die es jedem Studierenden ermöglicht, sein oft erst während des Studiums zutage tretendes pädagogisches Talent neben der Fachausbildung in dieser angeschlossenen Abteilung in kürzester Zeit während des Hauptstudiums auszubilden, so daß eine Zeitersparnis gegeben und trotzdem die fachlich einwandfreie Ausbildung gewährleistet wäre.*

Diese ablehnende Haltung verzögert die vorgesehene Gründung der Hochschule erheblich, so daß Papesch Ende September 1938 etwas Druck zu machen versucht, indem er mitteilt, daß,

> *da Graz schon seit mehreren Jahren Mittelpunkt der völkischen Musikerziehung ist, ... sich die*

Musikreferate verschiedener Reichsstellen besonders für Graz interessiert (haben); und zwar waren das im einzelnen der Musikreferent des Reichserziehungsministeriums Regierungsrat Dr. Miederer, der geschäftsführende Vizepräsident der Reichsmusikkammer Präsidialrat Ihlert, der Musikreferent der Reichsjugendführung Bannführer Stumme, der Musikreferent des NS-Studentenbundes Rolf Schroth... Die Reichsjugendführung ist fest entschlossen, am 1. April 1939 in Graz einen solchen Lehrgang [für Jugend- und Volksmusikleiter] zu eröffnen. Sollte die Hochschule für Musikerziehung bis dahin nicht zustande kommen, so müssen Wege gefunden werden, daß dieser Lehrgang im Rahmen der Landesmusikschule durchgeführt werden kann. Zur besonderen Vorbereitung dieser Lehrgänge und um alle bisher gemachten Erfahrungen richtig verwerten zu können, hat die Reichsjugendführung den bisherigen Leiter dieser Lehrgänge an der Hochschule in Weimar Dozent Reinhold Heyden nach Graz versetzt. Reinhold Heyden zählt zu den führenden Fachkräften der neuen Musikerziehung und ist in Graz als Musikreferent von K.d.F... tätig.[561]

Die Bedenken im Ministerium für innere und kulturelle Angelegenheiten in Wien gegen die Errichtung einer Ausbildungsstätte für Schulmusiker in Graz erlöschen jedoch ab dem Beginn des Studienjahres 1938/39, ab jenem Zeitpunkt, ab dem die Staatsakademie für Musik und darstellende Kunst in Wien die Heranbildung sowohl von Schulmusikern als auch Privatmusik-erziehern aus ihrem Lehrplan ausgegliedert und der neuerrichteten Musikschule der Stadt Wien übertragen hat. Der Kommissarische Direktor der Staatsakademie, Franz Schütz, wäre in diesem Zusammenhang auch bereit, die ausgegliederte Abteilung eventuell einer neuen Hochschule in Graz zu überlassen.[562]

Hingegen müssen gegen die Bezeichnung Hochschule bzw. gegen die Verleihung des Hochschul-charakters an eine derartige Lehranstalt Bedenken erhoben werden, da es sich dabei um keine Hochschulangelegenheit, zumindest im Sinne der bisherigen österreichischen Praxis, handelt. Ferner muß hervorgehoben werden, daß, speziell was die Lehrbefähigung für Schulmusiker betrifft, das Abschlußzeugnis einer derartigen nichtstaatlichen Anstalt als Nachweis der Lehrbefähigung nicht genügen dürfte, die Absolventen hätten sich vielmehr einer staatlichen Lehrbefähigungsprüfung zu unterziehen.[563]

Diese Bedenken werden jedoch von den Verantwortlichen in der Steiermark vorläufig igno-riert, und man spricht auch weiterhin dessen ungeachtet von einer „Hochschule". Anfang November 1938 werden die entsprechend revidierten Berichte an den Reichsminister für Wissenschaft, Erziehung und Volksbildung sowie an den Reichskommissar für die Wiederver-einigung Österreichs mit dem Deutschen Reich übermittelt,[564] und Ludwig Kelbetz unternimmt als Sachverständiger für die Landeshauptmannschaft im Auftrag Papesch' mehrere Dienstrei-sen *„hauptsächlich zum Zweck der Organisierung der Grazer Hochschule für Musikerzieher".*[565] Am 23. Dezember 1938 gibt auch Staatskommissar Friedrich Plattner in einem Schreiben an den Reichsminister für Wissenschaft, Erziehung und Volksbildung seine Bedenken gegen die neue Hochschule auf, womit der Weg zu einer Zustimmung auch des Ministers geebnet ist. Diese erfolgt dann auch bereits Anfang Jänner 1939,[566] Mitte Februar folgt auch die Zusage, 40 Prozent der laufenden Ausgaben zu übernehmen.[567]

Ende März kauft das Land Steiermark von Leopold Graf Herberstein das Schloß Eggenberg samt dem umgebenden Gelände,[568] womit die Raumfrage für die neu zu errichtende Hoch-schule ebenfalls – zumindest vorläufig bis zur Realisierung des im Zuge der *„Neugestaltung der Stadt der Volkserhebung"* geplanten *„würdigen, monumentalen Baues"*[569] – gelöst ist.

Eine vorerst geplante Eröffnung bereits im Sommersemester 1939 ist allerdings aus budgetären Gründen nicht möglich,[570] so daß die Hochschule für Musikerziehung erst im Wintersemester 1939/40 ihren Betrieb aufnehmen kann. Die offizielle Eröffnung durch den Reichsminister für Wissenschaft, Erziehung und Volksbildung, Bernhard Rust, findet am 10. und 11. Mai 1940, beginnend mit einem Festkonzert im Stephaniensaal – Karl Marx hat zu diesem Anlaß eigens ein *„Festliches Vorspiel für großes Orchester"* (op. 34, Nr. 1) geschrieben und Oberborbeck gewidmet –, dem eigentlichen Festakt am 11. Mai mit der Eröffnung durch Rust und einer

Musizierstunde im Landhaushof am Nachmittag desselben Tages unter Teilnahme zahlreicher Gruppen der „Musikschule für Jugend und Volk" statt.[571]

> *Darin zeigt sich die Kraft und Stärke des deutschen Volkes, daß zur selben Zeit, da das Großdeutsche Reich an seiner Westgrenze zum großen Entscheidungskampf angetreten ist, der sein Schicksal für ein Jahrtausend bestimmt, an der äußersten Südostecke des Reichs ein Werk von großer kultureller Bedeutung eröffnet werden kann... Im Schlosse Eggenberg ... fand gestern eine eindrucksvolle Feierstunde statt, getragen vom feierlichen Ernst der Zeit, dessen sich jeder Deutsche heute bewußt ist, getragen aber auch vom Bewußtsein, daß im Deutschen Volk selbst in härtesten Zeiten jene Kräfte nicht schweigen, die es befähigt, zum Höchsten vorzudringen,[572]*

schreibt die Tagespost aus diesem Anlaß. Mit dieser Eröffnung bestehen in Österreich nunmehr fünf Hochschulen: die Staatliche Akademie der bildenden Künste und die Staatsakademie für Musik und darstellende Kunst sowie die aus der Kunstgewerbeschule hervorgegangene Hochschule für angewandte Kunst in Wien, die Hochschule für Musik „Mozarteum" in Salzburg und nun eben die Hochschule für Musikerziehung in Graz-Eggenberg.[573] Erstaunlicherweise berichtet Ulrich Günther, daß – obwohl gerade erst die Schulmusikerausbildung von der Staatsakademie in Wien ausgegliedert worden war – 1940 auf Drängen Erich Marckhls dieser mit der erneuten Einrichtung eines Seminars für Schulmusik beauftragt wird, das schon im Herbst 1939 – also noch vor der offiziellen Auftragserteilung – seine Tätigkeit aufnimmt.[574] Wie auch immer, jedenfalls hat sich mit der Grazer Gründung die Zahl der im gesamten Deutschen Reich existierenden musikalischen Hochschulen auf 11 Musikhochschulen und zwei Hochschulen für Musikerziehung erhöht.[575]

5.2.3.2 Der Kampf um die Anerkennung

Mit der Gründung der „Hochschule" für Musikerziehung in Graz sind allerdings noch nicht alle Schwierigkeiten aus dem Weg geräumt. Zwar hat Staatskommissar Friedrich Plattner seine Bedenken im Oktober 1939 zurückgezogen und der Reichsminister für Wissenschaft, Erziehung und Volksbildung danach grünes Licht gegeben,[576] doch scheint es mit der Anerkennung durch verschiedene Stellen trotzdem Schwierigkeiten zu geben, da Papesch Anfang November 1939 einen geharnischten Brief an das Ministerium für innere und kulturelle Angelegenheiten in Wien losläßt, in der die sofortige Anerkennung gefordert wird:

> *Mit der Beseitigung der finanziellen Schwierigkeiten glaubte ich, alle Hindernisse weggeräumt zu haben, die der Errichtung der Hochschule für Musikerziehung entgegenstehen. Umsomehr mußte die dortige Mitteilung außerordentlich überraschen und befremden, in der der Herr Reichsminister darauf aufmerksam macht, daß „im gegenwärtigen Zeitpunkt es nicht möglich sei, eine Entscheidung zu treffen, ob die Anstalt als staatliche Hochschule für Musikerziehung anerkannt werden kann"... Die Nichtanerkennung oder auch nur die Verzögerung der Anerkennung stellt eine außerordentliche Beeinträchtigung des mit so großen Opfern des Reichsgaues aufgerichteten steirischen Musikschulwerkes dar.[577]*

Die Annahme Papesch', daß es offenbar Konkurrenzgründe seien, die zu dieser Situation führen, scheint zumindest nicht völlig ausgeschlossen, jedenfalls hat sich

> *in Berlin ... auf einmal der Kurs geändert: Trotz Krieg wird die Weimarer Hochschule erweitert fortgeführt, in Salzburg wurde eine neue Hochschule gegründet, bei uns aber, in der Steiermark, macht man Schwierigkeiten, obwohl diese Hochschule gar keine „Neugründung", wie man uns einwendet, sondern ganz organisch aus dem Konservatorium des Musikvereins für Steiermark im Laufe der Jahre gewachsen ist, und wir lediglich für eine bereits geleistete und wohl erprobte Arbeit die verdiente Anerkennung verlangen... Durch Einberufungen zur Wehrmacht ist unser Akt in andere Hände gelangt, die wohl noch weniger um die Dinge wissen, als es bisher der Fall war. Dem Akt liegt auch das*

Gutachten einer Stelle bei, die selbstverständlich sehr interessiert ist, jede Konkurrenz auf diesem Gebiete von vornherein auszuschalten. So werden zum Beispiel darin die Räumlichkeiten der Hochschule für „ungenügend" bezeichnet: Ich möchte wissen, welche deutsche Hochschule in so einem Schloß mit so vielen Zimmern ... und in dieser wunderbaren Lage untergebracht ist.

Der Streit endet erst Anfang August 1941 mit der offiziellen Anerkennung der Hochschule durch den Reichsminister für Wissenschaft, Erziehung und Volksbildung,[578] allerdings ohne das begehrte Prädikat „staatlich". Der Kampf um die Anerkennung in der von den steirischen Stellen gewünschten Form wird also weitergehen.

Diese Bemühungen haben ganz pragmatische Gründe. Wie bereits aus einem im Oktober 1938 erstellten Gutachten des Ministeriums für innere und kulturelle Angelegenheiten in Wien festgestellt wurde, würde die Abnahme von Prüfungen einer nichtstaatlichen Institution *„als Nachweis der Lehrbefähigung nicht genügen ..., die Absolventen hätten sich vielmehr einer staatlichen Lehrbefähigungsprüfung zu unterziehen".*[579] Aus diesen Gründen, die selbstverständlich auch noch 1942 gelten, beschwert sich Oberborbeck über die *„konsequente Weglassung der Bezeichnung ‚staatlich'",* die nicht nur eine Benachteiligung, sondern auch eine Schädigung der Hochschule darstelle.[580] Immerhin hat derselbe Minister dem Drängen der steirischen Stellen ja bereits im Februar 1940 nachgegeben und die Hochschule endlich als „Staatliche Hochschule für Musikerziehung" anerkannt.[580] Vermutlich unmittelbar darauf fordert Oberborbeck Papesch auf, sich energisch für die Verlagerung der Prüfungen für Schulmusiker von Wien nach Graz einzusetzen,[582] zumal bisher die angehenden Schulmusiker zur Prüfung nach Wien fahren mußten. Allerdings wird auch die nächste Prüfung im Mai 1940 unter dem Vorsitz von Erich Marckhl noch in Wien abgenommen, von den 14 angetretenen steirischen Kandidaten – allesamt Teilnehmer einer entsprechenden Ausbildung an der Hochschule für Musikerziehung in Graz – bestehen nur vier die Prüfung, was Oberborbeck zur Feststellung veranlaßt, daß

das Verfahren der Prüfung sowie die Behandlung der steirischen Teilnehmer ... den Eindruck erweckt (haben), da sowohl bei dem gesamten Prüfungsverfahren, wie auch bei dem Verhalten einzelner Kommissionsmitglieder nicht die bei solchen Gelegenheiten erforderliche Sachlichkeit geherrscht habe.[583]

Wenigstens für die Abteilung 3, dem Lehrgang für Jugend- und Volksmusikleiter, gestattet der Reichsminister für Wissenschaft, Erziehung und Volksbildung die Abhaltung von Prüfungen in Graz,[584] die Genehmigung, auch für Privatmusiklehrer – die an der Abteilung 2 ausgebildet werden – Prüfungen in Graz abzuhalten, erfolgt vermutlich 1941,[585] die ersten Prüfungen mit vier Kandidaten finden jedenfalls am 21. und 24. März 1942 statt.[586] Ebenfalls Anfang 1941 wird dann auch ein Prüfungsausschuß für die Abteilung I dem Reichsminister vorgeschlagen[587] und – nachdem auch die politische Unbedenklichkeit der einzelnen Mitglieder von der NSDAP bestätigt wurde –[588] genehmigt.

Das Recht, Prüfungen abzunehmen, sagt allerdings noch nichts über den Hochschulcharakter der soganannten Lehrgänge für Jugend- und Volksmusikleiter aus, und Oberborbeck mokiert sich Ende 1941 darüber, daß diese Lehrgänge ständig als *„HJ-Lehrgänge"* angekündigt würden.[589] Tatsächlich hat der Minister den Lehrgängen den Hochschulcharakter sogar aberkannt,[590] und Oberborbeck fordert daher vehement die Revidierung dieser Entscheidung, zumal seiner Ansicht nach die Lehrgänge alle Voraussetzungen eines Hoschschulstudiums – Mindestalter, verbindliche Bildungsvoraussetzungen, musikalische Aufnahmeprüfung, sechssemestriges Studium und Prüfung nach der Prüfungsordnung des Reichserziehungsministeriums – erfüllten.[591] Dieser Argumentation schließt sich auch die Reichsjugendführung an, wonach es nicht gebilligt werden könne, *daß die Ausbildung des Nachwuchses für die Schulmusik- und Privatmusiklehrer Hochschulcharakter hat, den Ausbildungszweig aber, der sich der Heranbildung des Nachwuchses für die Musikerziehung in der Partei, ihren Gliederungen und angeschlossenen Verbänden annimmt, der Hochschulcharakter vorenthalten werde.*[592]

Erst als die Lehrgänge – ursprünglich zwei-, später viersemestrig – auf sechs Semester ausgedehnt werden und gleichzeitig von *„Lehrgang"* in *„Seminar für Musikerzieher der HJ"* umbenannt werden,[593] ist eine de facto-Anerkennung des Hochschulcharakters der Lehrgänge gegeben.

5.2.3.3 Die Stellung und Struktur der Hochschule

Die Stellung und der Aufgabenbereich der Hochschule für Musikerziehung in Graz aus der Sicht der Zeitgenossen wird mehrfach, besonders deutlich aber in der Rede Oberborbecks am zweiten Gaustudententag des Reichsgaues Steiermark im Februar 1942,[594] definiert:

Hochschulsysteme und nationalsozialistische Erziehungsprinzipien stehen als zwei Elemente nebeneinander, die versuchen, miteinander eine Bindung einzugehen, zum mindesten in Frieden miteinander auszukommen, im Idealfall aber zu einer Einheit zu verschmelzen... Sind diese Entwicklungsfragen für die in alten Traditionen lebenden Hochschulen ein Problem, so ist es bei den neuen Typen der nationalpolitischen Erziehungsanstalten, wie etwa die Ordensburgen und Adolf-Hitler-Schulen, die Lösung bedeutend leichter. In der gleich glücklichen Lage ist die jüngste Musikhochschule des Reiches, die Staatliche Hochschule für Musikerziehung in Graz... Ihre Aufgabe liegt nicht in der Heranbildung der im deutschen Musikleben tätigen Berufsmusiker ... sondern in der Ausbildung des Erziehernachwuchses für Schule, Haus und Formation. Alle Studierenden müssen gewissen allgemeinen Bildungsvoraussetzungen genügen, müssen musikalisch begabt sein und sind genötigt, ihr Studium mit einer der drei Staatsprüfungen zu beenden. Damit ist zum ersten Mal die Gewähr gegeben, daß alle Hochschulstudierenden ausnahmslos auch den Bedingungen genügen, die Reichserziehungsminister, Reichsjugendführer und Reichsstudentenführer an den Nachwuchs als politische Mannschaft stellen. Das bedeutet einen ersten Vorstoß politischer Führung in die Erziehung der künftigen Träger des Kunstlebens.[595]

Es sind – nach Oberborbeck – vor allem drei Säulen, auf denen die Hochschule ruht: Hochschule des Reiches, Hochschule der steirischen Landschaft und Hochschule des Grenzlandes zu sein. Entsprechend diesem – laut Eigendefinition politischen Profil – findet sich auch immer wieder zahlreiche politische Prominenz an der Hochschule ein, allein im Studienjahr 1941/42 Reichsinnenminister Wilhelm Frick – der als Architekt des deutschen Polizeistaates und Mitinitiator der Konzentrationslager gilt und vom Nürnberger Militärtribunal 1946 zum Tod verurteilt werden wird[596] –, Gauleiter Uiberreither, General-Arbeitsführer Willi Decker, der Kärntner Gauleiter Friedrich Rainer, der Leiter des NSDAP-Kulturamtes Carl Cerff und der Reichsminister für Wissenschaft, Erziehung und Volksbildung, Bernhard Rust.[597]

Des weiteren besteht nicht nur eine *„dauernde Arbeitsverbindung"* mit dem Volksbund für das Deutschtum im Ausland, sondern auch eine enge Verbindung mit dem kroatischen Ustascha-staat, die unter anderem im Austausch von Studierenden ihren Ausdruck findet.[598] Nachdem Kroatien als *„befreundeter Staat"* gilt, bestehen selbstverständlich auch keinerlei politische Bedenken gegenüber Austauschkonzerten etwa mit dem kroatischen Staatskonservatorium.[599]

5.2.3.3.1 Die musikalisch/pädagogischen Abteilungen

Bei der Unterteilung der Hochschule handelt es sich um drei grundlegend verschiedene Arten: um musikalisch/pädagogische, politische und organisatorische Einheiten. Die musikalisch/pädagogische umfaßt bis 1944 drei, spätestens ab 1944 – wo noch eine Abteilung zur Ausbildung von Musikzugführeranwärtern des Reichsarbeitsdienstes dazukommt – vier Abteilungen:[600]

I) Institut für Schulmusik,

II) Seminar für Lehrer und Leiter an „Musikschulen für Jugend und Volk" und für Privatmusikerzieher und

III) Lehrgang für Jugend- und Volksmusikleiter, der ab 1942 Seminar für Musikerzieher der Hitlerjugend heißen wird.

Schon kurz nach der Gründung der Abteilungen II und III scheint es, als ob auch schon wieder deren Ende gekommen sei, da der mit dem Kriegsbeginn in Zusammenhang stehende Erlaß des Reichsministers für Wissenschaft, Erziehung und Volksbildung, alle Hochschulen zu schließen, in Kraft tritt. Die Grazer Verantwortlichen argumentieren allerdings – dies kann wohl als Ausflucht angesehen werden –, daß „fast alle Studierenden aus anderen Gauen stammen und in diesen Zeiten der Ungewißheit Graz nicht verlassen" könnten, und daher der Erlaß auf die Hochschule für Musikerziehung auch keine Anwendung finden könne. Die beiden schon in Betrieb stehenden Abteilungen werden daher kurzerhand bis Anfang 1940 als Abteilungen der Landesmusikschule weitergeführt und erst, nachdem am 8. Jänner 1940 der Erlaß aufgehoben wird, wieder als Hochschulabteilungen installiert. Gleichzeitig wird auch die Abteilung II eröffnet.[601]

5.2.3.3.1.1 Die Abteilung I

Die Abteilung I – das Institut für Schulmusik – ist die kleinste der drei Abteilungen und wird am 8. Jänner 1940 eröffnet. Die Ausbildung dauert mindestens sechs Semester und hat die Ausbildung von Musiklehrern an höheren Schulen zum Ziel. Alle Studenten dieser Abteilung müssen parallel ein wissenschaftliches Fach an der Universität belegen, das Studium wird nach der Prüfungsordnung des Reichsministers für Wissenschaft, Erziehung und Volksbildung[602] mit dem künstlerischen Lehramt an höheren Schulen abgeschlossen.[603] Über Studienziele und -strukturen wird unten noch berichtet werden. Jedenfalls erfährt die Hochschule von seiten der Reichsstatthalterei jede erdenkliche Unterstützung. Als 1941/42 die ersten Studenten dieser Abteilung in ihr fünftes Semester gehen und gemäß den Studienvorschriften den Musikunterricht an höheren Schulen zuerst kennenzulernen und dann auch selbst zu übernehmen haben, weist Papesch den Leiter der entsprechenden Unterabteilung, Oberschulrat Greil, an, sich diesbezüglich sofort mit Oberborbeck – nicht umgekehrt – in Verbindung zu setzen und ihn selbst in dem Fall einzuschalten, falls ein Einvernehmen in der Angelegenheit zwischen beiden nicht erzielt werden sollte. „Ich erkläre jedoch gleich vorsorglich, daß der Wunsch der staatl. Hochschule für Musikerziehung erfüllt werden muß."[604] Im Jahr 1945 ist das Institut eines von 13 im Deutschen Reich bestehenden Schulmusikinstituten.[605] Die Absolventen dieser Abteilung sind die späteren Lehrer an höheren Schulen, die höheren Schulen aber nehmen als „Ausleseschule" im Dritten Reich unter den allgemeinbildenden Schulen eine Sonderstellung ein, und man bemüht sich von Anfang an, diese zu einer nationalsozialistischen „Weltanschauungsschule" umzugestalten. Die Musik wird dabei nach der Leibeserziehung an die Spitze des Fächerkanons gereiht und soll zur „Gestaltung germanisch-deutschen Wesens" beitragen:[606]

> Eine Schule ist nur so viel wert, wie die Erzieher, die in ihr wirken... Vom nationalsozialistischen Lehrer und seinem Einsatz wird es abhängen, wie die höhere Schule ihrer Aufgabe, volksverbundene und entscheidungsfreudige Menschen zu erziehen, gerecht wird.[607]

Aus diesem Grund wird die Musik auch ab 1938 unter die deutschkundlichen Fächer eingereiht,[608] und dies hat selbstverständlich – wie unten gezeigt werden wird – seine Auswirkungen auch auf die Ausbildung der Schulmusiker an der Abteilung I der Hochschule für Musikerziehung in Graz.

5.2.3.3.1.2 Die Abteilung II

Die Abteilung II – das Seminar für Lehrer an „Musikschulen für Jugend und Volk" und für Privatmusikerzieher – beginnt am 15. September 1939 mit seiner Tätigkeit,[609] sein Aufgabenbereich ist schon aus dem Titel hinlänglich erklärt. Die Studiendauer beträgt mindestens vier Semester, wobei von den verantwortlichen Stellen jedoch von Anfang an in der Regel fünf bis sechs Semester als faktisch notwendig angegeben werden; die Abschlußprüfung erfolgt vor einem staatlichen Prüfungsausschuß nach vom Reichsstatthalter erlassenen und vom zuständigen Reichsminister genehmigten Richtlinien.[610]

Ursprünglich ist an der Abteilung II auch die Ausbildung von Lehrern an den Lehrerbildungsanstalten geplant, dagegen erhebt der Landesschulrat allerdings sofort Einspruch, da die Ausbildung an dieser Abteilung seiner Ansicht nach viel zu gering sei und daher auf jeden Fall an der Abteilung I erfolgen sollte.[611]

5.2.3.3.1.3 Die Abteilung III

Der Lehrgang für Jugend- und Volksmusikleiter der Hitlerjugend – der ab 1942 Seminar für Musikerzieher der Hitlerjugend heißen wird – stellt die dritte und größte Abteilung der Hochschule für Musikerziehung in Graz dar und ist eine geschlossene Formation der Hitlerjugend.[612]

> *Teilnahmeberechtigt sind Jungen und Mädel aus HJ und BdM, in erster Linie solche, die sich als aktive Führer und Führerinnen bewährt haben und bereits eine musikalische Vorbildung besitzen. Das Mindestalter für HJ-Führer ist 18 Jahre, für BdM-Führerinnen 17 Jahre.[613]*

Die Aufnahmeprüfung wird im Rahmen und mittels einwöchigen Ausleselagers durchgeführt; das erste, von wo Teilnehmer auch in den Lehrgang in Graz eingewiesen werden, findet im März 1939 in Kassel, das zweite im März 1940 in Hummelshain in Thüringen statt.[614] Der Lehrgang selbst dauert vier Semester, im Anschluß daran ist noch ein praktisches Jahr bei einem Musikreferenten, in einer „Musikschule für Jugend und Volk" oder bei einem deutschen Sender zu absolvieren.[615] Ab 1942 – im Zuge der Aufwertung und der mit der Umbenennung vollzogenen Verleihung des Hochschulstatus – wird auch die Studiendauer auf sechs Semester erhöht. Der Lehrgang wird in so enger Zusammenarbeit mit der Reichsjugendführung durchgeführt, daß praktisch von einer de facto-Trägerschaft der Reichsjugendführung gesprochen werden kann. Diese Zusammenarbeit kommt auch in der Prüfungsordnung[616] und in der Zusammensetzung des Prüfungsausschusses – 1940/41 Felix Oberborbeck, Reinhold Heyden als Leiter des Lehrgangs und Mitarbeiter des Kulturamtes der Reichsjugendführung sowie der jeweilige Musikreferent der Reichsjugendführung – deutlich zum Ausdruck.[617] Auch die angegebenen Berufsaussichten –

> *auf Grund der bestandenen Prüfungen erfolgt der Einsatz in der Arbeit der HJ, und zwar in den Führerschulen der HJ und des BdM, in der Musikarbeit der Gebiete und Obergaue und der Jugendmusikarbeit der deutschen Sender[618]*

– weisen ohne Zweifel in dieselbe angesprochene Richtung. Schließlich ist auch die Finanzierung des Lehrganges – worüber in einem eigenen Abschnitt noch berichtet werden wird – Indiz für die Trägerschaft des Lehrganges durch die Hitlerjugend.

Mit seinem Beginn zu Ostern 1939 ist der Lehrgang nicht nur die erste Abteilung der Hochschule, die mit 23 Teilnehmern[619] ihre Arbeit aufnimmt,[620] er beginnt überhaupt noch vor der Gründung der Hochschule und muß daher vorerst im Rahmen der Landesmusikschule abgehalten werden.[621] Schon zuvor hatte – da „*in der Ostmark derzeit ein so großer Mangel an*

Musikführern der H.J. vorhanden ist" – ein achtwöchiger Lehrgang in Graz stattgefunden, wofür der Reichsstatthalter einen einmaligen Förderungsbeitrag von 4000 Reichsmark zur Verfügung stellte. Das Ministerium für innere und kulturelle Angelegenheiten in Wien, über dessen Stellen die Vorbereitung dieses Lehrganges noch lief, teilte dazu allerdings dem Landeshauptmann von Steiermark mit, daß der Reichsstatthalter zwar eine Beihilfe gewährt habe, aber sowohl diese als auch der Lehrgang *„in keinen Zusammenhang mit dem Plan der Errichtung einer Hochschule für Musikerziehung gebracht werden kann".*[622] Dennoch ist nicht zu leugnen, daß die Lehrgänge der Hitlerjugend den Grundstock, die Urzelle der Hochschule darstellen. Zur Vorbereitung eines längeren Lehrganges und späteren Leitung der Abteilung III wird Reinhold Heyden – seit 1934 Gebietsmusikreferent der Hitlerjugend und seit 1935 Dozent und Leiter des Lehrgangs für Jugend- und Volksmusikleiter an der Hochschule für Musik in Weimar[623] – extra nach Graz berufen.

Seit dem HJ-Gesetz vom 1.12.1936, das der Hitlerjugend überträgt, *„die gesamte deutsche Jugend ... körperlich, geistig und seelisch im Geiste des Nationalsozialismus ... zu erziehen",*[624] beginnt diese auch sofort mit der Musikerzieherausbildung, wozu allerdings nicht eigene Ausbildungsstätten errichtet, sondern bereits vorhandene Strukturen mitbenützt werden. Nach der Einrichtung entsprechender Abteilungen an der Hochschule für Musikerziehung in Berlin-Charlottenburg im Jahr 1936 und der Hochschule für Musik in Weimar 1937 ist der Lehrgang für Jugend- und Volksmusikleiter an der Hochschule für Musikerziehung in Graz der dritte im Deutschen Reich.[625] Freilich sind diese Lehrgänge nicht überall gleich anerkannt, was schon im Fall von Berlin-Charlottenburg, wo diese Abteilung zwar geduldet, aber fachlich nicht ernstgenommen und isoliert wird.[626] Im Gegensatz dazu ist jene unter der Direktion Oberborbecks stehende Abteilung in Weimar infolge dessen persönlicher Einstellung besser integriert. Allerdings dürfte doch nicht allein die Person des Direktors für Integration oder Nichtintegration verantwortlich sein, da auch bei Befragungen ehemaliger Studenten über den Lehrgang der Grazer Hochschule eine gewisse Geringschätzung der Abteilung III durch die Studenten der übrigen Abteilungen zutage getreten ist.[627] Dies alles tut jedoch vorerst dem durchschlagenden Erfolg der Angelegenheit keinen Abbruch. Im Gegenteil, bereits ab dem zweiten Jahrgang ist der Lehrgang für Jugend- und Volksmusikleiter an der Hochschule für Musikerziehung in Graz so stark belegt, daß die Räumlichkeiten im HJ-eigenen Kameradschaftsheim nicht mehr ausreichen und die Teilnehmer sogar in Gaststätten untergebracht werden müssen, vorläufig zumindest, denn *„diese Regelung gilt bis zur Verwirklichung des in der Planung befindlichen Neubaues eines Kameradschaftshauses für den Lehrgang nach Kriegsende".*[628]

Der in den Augen mancher Studenten geringere Wert der Abteilung III hat ganz konkrete Ursachen, die einerseits in den Auswahlkriterien des Lehrgangs für Jugend- und Volksmusikleiter begründet liegen, die der „Führerqualität" vor musikalischer Leistung eine eindeutige Priorität einräumen. In Graz wird ab Herbst 1941 der Lehrgang sogar in zwei Gruppen geführt. Die eine Gruppe besteht aus solchen Studierenden, die gleichzeitig die staatliche Musikerzieherprüfung anstreben, während die zweite jene Teilnehmer umfaßt, die dazu zu wenig begabt sind, andererseits als Formationsführer und Singescharleiter solche Führerqualitäten haben, daß sie in der Formationsarbeit nicht entbehrt werden können.

> *Diesem Typ begegnen wir vielfach unter den bei uns studierenden Volksdeutschen. Es kann nicht verantwortet werden, solchen Menschen, die führermäßig Hervorragendes leisten, die Möglichkeit einer späteren Führertätigkeit in der Formation abzuschneiden, andererseits würde die Hinführung zu den Zielen der Privatmusiklehrerprüfung auf große Schwierigkeiten stoßen.*[629]

Andererseits hat wohl auch die damit zusammenhängende, teilweise schon angedeutete Nichtanerkennung eines Hochschulcharakters der Lehrgänge durch die Behörden Mitschuld an dieser Geringschätzung. Wolfgang Stumme, der Musikreferent der Reichsjugendführung, ist daher seit längerem bemüht – übrigens gemeinsam mit Felix Oberborbeck –, die Wertschätzung für die Lehrgänge zu verbessern. Oberborbeck verlangt erstmals im September 1941 dem Reichsminister für Wissenschaft, Erziehung und Volksbildung gegenüber vehement die Verlängerung der Studiendauer.[630] Noch im selben Jahr treten dann sukzessive die oben beschriebenen Veränderungen – Ausdehnung der Studiendauer zuerst auf fünf und dann auf mindestens sechs Semester und Umbenennung des Lehrgangs für Jugend- und Volksmusikleiter in Seminar für Musikerzieher der Hitlerjugend – in Kraft. Pikanterweise vergißt oder verzichtet man im Reichserziehungsministerium, ausgerechnet den in dieser Sache so engagierten Oberborbeck über die laufenden Veränderungen in dieser Sache zu informieren, so daß dieser – wohl etwas verbittert – um Aufklärung ersucht, was es denn mit der Umbenennung der Lehrgänge in Seminare, von denen er nur aus den Anzeigen anderer Hochschulen Kenntnis erlangt hätte, auf sich habe. *„Eine entsprechende amtliche Mitteilung darüber ist bisher an uns nicht ergangen.“*[631] Im September 1942 berät sich Stumme jedoch in Graz abermals mit Oberborbeck, um weitere Verbesserungen des Images zu erreichen, die Beratungen führen dazu, daß an der Abteilung III der Grazer Hochschule noch eine Reihe neuer Fächer eingeführt werden.[632]

5.2.3.3.1.4 Die Abteilung IV

Das Studium an dieser Abteilung – die spätestens seit dem Wintersemester 1942/43 besteht[633] – dauert fünf bis sechs Semester und soll – auch wenn es aufgrund der bekannten Ereignisse nicht mehr dazu kommt – bei erfolgreichem Abschluß den Absolventen die offizielle Befähigung vermitteln, einen Musikzug des Reichsarbeitsdienstes zu leiten.[634]

5.2.3.3.2 Politische Abteilungen

5.2.3.3.2.1 Der Nationalsozialistische Deutsche Dozentenbund

Der NSD-Dozentenbund – eine Gliederung der NSDAP – wurde faktisch im Juli 1937 durch seine Ausgliederung aus dem NS-Lehrerbund als selbständige Organisation ins Leben gerufen und bezweckt die Verbreitung nationalsozialistischer Ideologie durch die Zusammenfassung aller nationalsozialistischen Hochschullehrer, welche gleichzeitig über das politische Wohlverhalten der nichtorganisierten Kollegen zu wachen und für die Ideologisierung des Lehrbetriebes sorgen sollen. Mit der Zusammenlegung der Funktionen des Leiters der Staatlichen Dozentenschaft und des Dozentenführers des NSD-Dozentenbundes wird gleichzeitig die Aufsicht der Partei auf die staatliche Lehre sichergestellt.[635] Am 1. Mai 1940 treten die planmäßigen Lehrer der Grazer Hochschule für Musikerziehung geschlossen dem NSD-Dozentenbund bei, und Ludwig Kelbetz wird auf Vorschlag des Reichsdozentenführers Walther Schultze von Gauleiter Uiberreither zum Dozentenführer der Hochschule und Franz Illenberger zu seinem Stellvertreter ernannt.[636]

5.2.3.3.2.2 Der Nationalsozialistische Deutsche Studentenbund

Der NSD-Studentenbund erregte schon vor 1933 als „Stoßtrupp“ an den Universitäten und Hochschulen einiges Aufsehen und gewann als Gliederung der NSDAP nach der vollständigen Machtübernahme immer mehr an Bedeutung. Die Organisation ist hierarchisch gegliedert und besteht im wesentlichen aus Studentenführung mit ihren politischen Aufgaben und Studentenwerk als Betreuungseinrichtung für die Studierenden. Die unterste Ebene der Studentenführung an den jeweiligen Hochschulen ist die Kameradschaft, an der Hochschule für Musikerziehung bestehen zwei Kameradschaften – die Landesmusikschule hat ihre eigene – sowie aus zwei

Gruppen der sogenannten „Altherrenschaft", die an der Hochschule den Namen „Narvik" trägt.[637] Studentenführer der Hochschule ist vorerst Gerd Reinfeld,[638] der später von Eduard Stöckl abgelöst wird.[639] Ab Wintersemeter 1941/42 wird der Lehrgang wieder aus dem Studentenbund ausgegliedert und bleibt gemäß eines Übereinkommens mit der Gaustudentenführung weiterhin in der HJ bzw. dem BdM. Die beiden anderen Abteilungen werden von dieser Abmachung nicht tangiert.[640]

> *Die Kameradschaft ist die Erziehungs- und Lebensgemeinschaft des deutschen Studenten... Sie hat den Auftrag, den deutschen Studenten zu deutscher Auffassung, Charakterfestigkeit, Verantwortungsfreudigkeit, Zucht, Einsatzbereitschaft und Treue zu erziehen... Die Kameradschaft ist daher kein Verein, sondern eine politische Mannschaft. In eine Kameradschaft eintreten kann jeder deutsche Student, der gewillt ist, sich einer Gemeinschaft deutscher Studenten einzuordnen... Der einzelne kann sich die Kameradschaft wählen, in die er nach Bewährung feierlich aufgenommen wird... In den ersten drei Semestern ist der einzelne zu vollem Dienst in der Kameradschaft der Stammhochschule verpflichtet, er ist Jungkamerad... Nach dem dritten Semester wird der Studentenbundmann bei geringerer Dienstverpflichtung in der Kameradschaft Alt-Kamerad... Nach Abschluß seines Studiums wird der Studentenbundmann in die entsprechende Altherrenschaft des NS-Altherrenbundes der Deutschen Studenten überstellt.*[641]

An der Hochschule für Musikerziehung gestaltet sich die Arbeit des NSD-Studentenbundes allerdings etwas anders als an den übrigen Hochschulen und Universitäten. Dies hängt damit zusammen, daß der Lehrgang für Jugend- und Volksmusikleiter ohnehin schon eine geschlossene Formation der Hitlerjugend darstellt. Erst nachdem im Wintersemester 1939/40 auch die beiden übrigen Abteilungen dazukommen, wird eine eigene Studentenführung, eine Gruppe des Studentenbundes, ins Leben gerufen, in die nun auch die Mitglieder des Lehrganges eintreten. Der wöchentlich zu veranstaltende Heimabend wird fortan alternierend von Studentenbund und Lehrgang gestaltet. Als Hauptaufgabe sieht der Studentenbund der Hochschule vorerst die musikalische Ausgestaltung der Kameradschaftsabende der anderen Kameradschaften an Universität und Technik. Daneben werden auch öffentliche Auftritte – etwa 1940 eine Morgenfeier im Landhaushof, wo die Kantate *„Deutsches Land"* von Karl Schäfer im Mittelpunkt steht – durchgeführt. Anstatt der an anderen Hochschulen üblichen Sommereinsätze bei der Ernte oder in Fabriken leisten die Studierenden der Hochschule ihren Dienst in den Sommerlagern von HJ und BdM ab. Trotz Freiwilligkeit des Beitritts sind alle Studierenden der Hochschule im NSD-Studentenbund organisiert, und dieser soll laut Oberborbeck, der sich angeblich auf Angaben der Reichsstudentenführung bezieht, eine der vorbildlichsten Studentenbundgruppen im gesamten Reich sein.[642] Internen Akten zufolge sieht die Sache jedoch etwas anders aus, und im April 1944 schreibt der Gaustudentenführer Franz Höfler sogar an Oberborbeck, daß es *„trotz mehrfacher Versuche bisher nicht gelungen ist, eine zufriedenstellende Arbeit in der studentischen Führungsstelle an der Staatlichen Hochschule für Musikerziehung einzurichten".*[643]

Das Reichsstudentenwerk hingegen hat die Betreuung der Studierenden zur Aufgabe und setzt mit der finanziellen Förderung nationalsozialistischer Studierender, die ihr Engagement für die Partei durch Mitgliedschaft in einer ihrer Gliederungen wie NSDSB, HJ, SA, SS, NSFK oder NSKK unter Beweis stellen müssen, in Form von Gesundheitsdiensten und Kranken- bzw. Unfallvorsorge, Berufsberatung und eines sogenannten Wirtschaftsdienstes – gemeint ist damit die finanzielle Überwachung der studentischen Einrichtungen – seine Schwerpunkte.[644]

5.2.3.3.3 Organisatorische Abteilungen

Die organisatorischen Einheiten der Hochschule für Musikerziehung bestehen aus dem Sekretariat, das bis 14. August 1940 von Regierungsrat Hans Passini, ab 15. August von Franz Maria Kapfhammer geleitet wird und 1940 neben einer Sekretärin – Margarete Trolp-Brand – auch aus einem Schulwart und einer Schulwartin – Wilhelm Felizetti und Maria Casotti-Lafogler –, der Schloß- und Parkverwaltung, die neben Passini bzw. Kapfhammer aus dem Kastellan Josef Ferner, dem Heizer Johann Gröbl, dem Obergärtner Max Alfred Reddi, dem Torwart Franz Reindl sowie zwei Putzfrauen, einem Gärtnergehilfen und sechs Hilfsarbeitern besteht und dem Kameradschaftsheim des Lehrgangs für Jugend- und Volksmusikleiter. Letzteres wird neben dem Lehrgangsleiter Reinhold Heyden von der Heimleiterin Hilde Piechot, der Wirtschafterin Erna Siegert sowie zwei Hausgehilfinnen und zwei weiterer Mädchen – sogenannten Pflichtjahrmädchen – geführt.[645]

5.2.3.4 Lehrpläne, Studienziele und Strukturen

Sowohl die Zulassungsbedingungen als auch die Lehrpläne einer Ausbildungseinrichtung spiegeln naturgemäß die Ziele und Aufgabenbereiche der künftigen Absolventen – in welcher Einrichtung auch immer – wider. Es würde allerdings den Rahmen dieser Arbeit sprengen, auf die Entwicklung und Rolle etwa der Schulmusik als solche hier im Detail einzugehen. Dies ist im Hinblick auf Ulrich Günthers umfangreiches Werk,[646] welches darüber ausführlich Auskunft gibt, auch gar nicht nötig, und daher kann hier der Fokus in erster Linie auf die Bedeutung der Ausbildung an der Hochschule für Musikerziehung in Graz-Eggenberg gerichtet werden.

5.2.3.4.1 Zulassungsbedingungen zu den einzelnen Abteilungen

Für die Zulassung zum Studium an der Hochschule für Musikerziehung wird im Gegensatz zur Universität nicht generell die Reifeprüfung, das Abitur, verlangt.

> *Dieser Grad der Reife (läßt sich) nicht auf ein künstlerisches Studium übertragen. Die künstlerische Hochschulreife hängt auch von anderen Faktoren ab. Dazu gehört vor allem musikalische Begabung, Gehör, Beherrschung der Musiklehre, technisches Rüstzeug, Führereigenschaften. Die größte Zahl unserer großen musikalischen Meister haben keine „Hochschulreife" im üblichen Sinne gehabt.*[647]

Allerdings gibt es außer dem Abitur noch andere Zulassungsbedingungen bzw. Ausschließungsgründe, die vor allem etwaige Studenten besetzter Gebiete – ab April 1941 etwa Sloweniens – betreffen. Nach dem Einmarsch der deutschen Truppen in die ehemalige Untersteiermark führt die Hochschule für Musikerziehung dort sofort sogenannte Einsatzwochen – die im betreffenden Abschnitt schon erläutert wurden – durch. Diese Einsätze sind natürlich nicht nur für die Germanisierungskampagne werbewirksam, sie stellen gleichzeitig auch eine Reklame in eigener Sache dar und verstärken solcherart den Wunsch mancher Bewohner der Untersteiermark, selbst an einer Hochschule zu studieren. Dies ist jedoch nicht immer ganz so einfach. Für jene Personen, die nach der Okkupation die deutsche Staatsbürgerschaft erhielten, gibt es zwar keine Beschränkungen, wohl aber für jene Bewohner aus den „befreiten" Gebieten, wie man die besetzten Teile Sloweniens und Krains nennt, die lediglich eine „Staatsbürgerschaft auf Widerruf" erhielten oder gar nur zu „Schutzangehörigen des Deutschen Reiches" erklärt wurden. Für erstere ist die Zulassung zu einem Hochschulstudium von einer „Unbedenklichkeitserklärung" durch den Chef der Zivilverwaltung abhängig, welche außerdem lediglich für je ein Semester und nur für eine bestimmte Hochschule und ein bestimmtes Fach erteilt wird. Für Schutzangehörige ist der Besuch von Hochschulen überhaupt verboten. Sofern sie bereits studieren, haben sie die Hochschule unverzüglich zu verlassen.[648] In sogenannten Frequenzmeldungen haben die jeweiligen Hochschulen und Universitäten den jeweiligen Stand von ausländischen und *„nichtdeutschstämmigen"* Studierenden an das Reichsministerium für Wissenschaft, Erziehung und Volksbildung zu berichten.[649] Für die Hochschule für Musikerziehung berichtet Kapfhammer etwa 1942, daß weder von der einen noch von der anderen Art Studierende im Sommersemester eingeschrieben wären. Allerdings gibt es einige *„Volksdeutsche"* ausländischer Staatsangehörigkeit an der Schule, die teils aus besetzten Gebieten, teils von außerhalb – vornemlich aus befreundeten faschistischen Staaten – kommen.[650]

	männlich	weiblich
Dänemark	1	1
Kroatien	–	1
Protektorat	1	1
Rumänien	–	1
Serbien	1	1
Italien	–	2
Ungarn	–	1
zusammen	3	8

Für weibliche Studierende gilt weiters die Bestimmung, daß sie nach dem Abitur noch vor Aufnahme des Studiums an einer Universität oder Hochschule den Arbeitsdienst abzuleisten haben. Sie können zwar inskribieren, mit dem Studium aber erst im dritten Trimester beginnen, wozu sie dann aufgrund der Inskriptionsbestätigung vorzeitig aus dem RAD entlassen werden.[651] Diese Bestimmungen der vorzeitigen Entlassung zu Studienzwecken werden allerdings mit zunehmender Kriegsdauer immer mehr zuungunsten der Studierenden verändert, so daß bis 1944 faktisch kaum mehr etwas davon übriggeblieben ist.[652] Lediglich für Frauen, die vor Beginn des Studiums das 21. Lebensjahr bereits vollendet haben und bisher den Arbeitsdienst nicht abgeleistet haben, gibt es ab 1944, sofern sie ein Studium antreten wollen, eine Befreiung.[653]

Ein weiterer Punkt ist eine Überprüfung der gesundheitlichen Eignung – gesundheitliche Auslese genannt –, deren Durchführung in einer eigenen Gesundheitsdienstordnung für deutsche Hochschulen vom Reichsstudentenwerk veröffentlicht wird.[654]

Selbstverständlich wird – wie faktisch fast das gesamte Leben – auch die Zulassung zu einem Studium von einer „arischen" Herkunft im Sinne der Nürnberger Rassengesetze[655] abhängig gemacht, die schon bei der Anmeldung in Form einer *„Erklärung über die deutschblütige Abstammung"* vorzulegen ist; zur Aufnahmeprüfung sind Geburts- und Trauungsurkunden bis zu den Großeltern oder ein amtlich beglaubigter Ahnenpaß mitzubringen.[656] Allerdings unterscheidet man in Übereinstimmung mit den Rassengesetzen in *„Volljuden"* sowie *„Mischlinge ersten und zweiten Grades"*.[657] *„Mischlingen ersten Grades"* wird ein Zugang zu Hochschulen nur dann genehmigt, wenn ganz besondere Verhältnisse in der Person des Antragstellers – die im entsprechenden Erlaß allerdings nicht näher definiert sind – vorliegen. Als jedoch daraufhin für die Kunsthochschulen mehr Anträge als erwartet eingebracht werden, ermächtigt der Reichsminister für Wissenschaft, Erziehung und Volksbildung kurzerhand die Direktoren der Hochschulen, diese Anträge zu überprüfen und in seinem Namen größtenteils abzulehnen. Für *„Mischlinge zweiten Grades"* sind die Anträge nach wie vor dem Minister zur Entscheidung vorzulegen.[658] Dieser Erlaß betrifft sowohl die Hochschule als auch die Landesmusikschule. An der Hochschule stellt Oberborbeck – ohne jedoch eine entsprechende Stellungnahme abzugeben – am 30. Juni 1944 den Antrag an das Ministerium, Irmtraut Neumann – nach nationalsozialistischer Terminologie „*Mischling zweiten Grades*" – zum Studium an der Hochschule für Musikerziehung zuzulassen.[659] Für das angegebene Berufsziel „freie Künstlerin" im Fach Konzertgesang wird vom Minister auch die entsprechende Genehmigung erteilt, der gleichzeitig eingebrachte Antrag auf Zulassung auch zum Privatmusikerzieherstudium wird allerdings abgelehnt.

> *Mischlingen zweiten Grades ist es nach den bestehenden gesetzlichen Bestimmungen möglich, einen Antrag auf Aufnahme in die Reichsmusikkammer zu stellen. Sofern es sich dabei um die Ausübung einer Tätigkeit als Unterhaltungsmusiker oder Solist handelt, ist es möglich, daß diesem Antrag stattgegeben wird. Anträge von Mischlingen aber, die als Privatmusikerzieher tätig werden wollen, haben dagegen kaum Aussicht auf Erfolg, da gerade bei der Bedeutung, die dieser Tätigkeit zukommt, der schärfste Maßstab angelegt werden muß.*[660]

Bemerkenswert an diesem ganz speziellen Fall ist allerdings, daß Irmtraut Neumann bereits seit Sommersemester 1942 an der Hochschule für Musikerziehung studiert,[661] der entsprechende Antrag aber erst im Sommersemester 1944 gestellt wird. Auch ist somit die Frequenzmeldung Kapfhammers – bewußt oder unbewußt –, die die Nichtanwesenheit „*reichsdeutscher Studierender nichtdeutschen Volkstums*" an das Ministerium meldet, nicht den Tatsachen entsprechend.[662]

Sollte ein Aufnahmekandidat oder eine -kandidatin also sowohl Staatsbürgerschafts- als auch Arierhürde geschafft haben, muß noch eine musikalische – und für die Abteilung III auch eine darüber hinausgehende – Aufnahmeprüfung abgelegt werden.

Das Abitur ist nur für die Zulassung zum Schulmusikstudium der Abteilung I erforderlich, wofür jedoch zusätzlich ebenso eine musikalische Aufnahmeprüfung vorgeschrieben ist, die folgende Anforderungen an die Kandidaten stellt:[663]

1) Vorspielen (Vorsingen) eines mittelschweren Musikstückes im als Hauptgegenstand angestrebten Fach im Schwierigkeitsgrad einer leichteren Beethoven-Sonate,
2) Nachweis eines guten relativen Gehörs,
3) Blattsingen einer mittelschweren Chorstimme,
4) Beherrschung der Grundlagen der Satzlehre (Harmonisierung einer einfachen Melodie, Aussetzen eines bezifferten Basses, Ausführung einer einfachen Modulation, Begleitung eines Volksliedes),
5) Kenntnis deutscher Volkslieder nach Text und Melodie.

Für die Abteilung II, das Seminar für Lehrer an „Musikschulen für Jugend und Volk" und für Privatmusikerzieher, wird zwar neben der musikalischen Vorbildung kein Abitur, wohl aber mindestens der Abschluß der 5. Klasse einer höheren Schule oder einer gleichwertigen – durch Erreichen des entsprechenden Mindestalters als erfüllt angesehenen – Vorbildung verlangt, wovon nur im Falle einer besonderen musikalischen Begabung Abstand genommen wird. „*In diesen Fällen ist der Grad der notwendigen Allgemeinbildung in einer gesonderten Prüfung nachzuweisen.*"[664] Die musikalische Aufnahmeprüfung ist dafür im Hauptfach doch um einige Grade schwieriger als jene der Abteilung I und umfaßt folgende Erfordernisse:

1) Vorspielen (Vorsingen) eines Musikstückes der klassischen deutschen Meister im Schwierigkeitsgrad einer dreistimmigen Bach-Invention oder Mozart-Sonate,
2) Nachweis eines guten relativen Gehörs,
3) Beherrschung der Grundlagen der Satzlehre (Dreiklang, Septakkord und Umkehrungen, leichte Modulationen),
4) Kenntnis deutscher Volkslieder nach Text und Melodie.

Für die Abteilung II, den Lehrgang für Jugend- und Volksmusikleiter respektive dem Seminar für Musikerzieher der Hitlerjugend, wird an der Hochschule keine Aufnahmeprüfung durchgeführt, da diese im Rahmen eines einwöchigen Ausleselagers von der Hitlerjugend durchgeführt wird und es auch vollständig der HJ überlassen bleibt, wen sie an die Hochschule abkommandiert. Voraussetzung zur Zulassung zum Ausleselager[665] ist die aktive und bewährte Führertätigkeit in der HJ oder im BdM, ein Mindestalter von 18 Jahren für HJ-Führer und von 17 Jahren für BdM-Führerinnen sowie der Nachweis einer musikalischen Grundbildung in Form von

1) Beherrschung eines Instruments bis zu einem mittleren Grad,
2) Beherrschung zumindest der Grundlagen für ein Zweitfach,
3) eines Nachweises eines guten Gehörs und einer stimmlichen Veranlagung,
4) einer nicht näher definierten Kenntnis der Grundlagen der Musiklehre.

Mit zunehmender Kriegsdauer werden allerdings – sowie die Lehrer – auch immer mehr Studenten zur Wehrmacht einberufen und die Hochschulen verpflichtet, in regelmäßigen Abständen die Zahl der eingeschriebenen männlichen Studierenden zur Meldung zu bringen.[666] Zum Studium sind fortan nur Studenten, die entweder von ihren Einheiten zu Studien- oder Prüfungszwecken beurlaubt sind, aus gesundheitlichen Gründen zeitweilig vom Wehrdienst befreit sind[667] oder nicht Wehrpflichtige – das sind Wehrunfähige, unter 18 Jahre alte, Ausländer oder Staatenlose – berechtigt. Die Studienberechtigung der Soldaten wird vom Standortältesten bzw. Standortbereichsältesten überprüft, jene der übrigen durch die jeweilige Hochschule.[668] Im Zuge der totalen Mobilmachung wird ab 1943 auch der Studienerfolg der männlichen Studierenden peinlich genau überprüft, um „*diejenigen, die den erhöhten Anforderungen eines Studiums im Kriege nicht genügen, einem anderen, der totalen Mobilmachung besser entsprechenden Arbeitseinsatz zuzuführen*"[669] und zu diesem Zweck ein System der gegenseitigen Bespitzelung eingeführt, in dem die Lehrer in erster Linie den Studienerfolg zu kontrollieren und im Dienstwege dem Rektor zu melden haben, der Studentenführer jedoch unabhängig davon ebenfalls überprüft und darüber Bericht erstattet.[670] Diese Überprüfungen setzen sich bis zur Niederlage des Dritten Reiches in immer stärker werdendem Ausmaß fort.[671]

Für das Studium an der Hochschule für Musikerziehung ist neben den Pflichtbeiträgen für Studentenschaft und Studentenwerk eine Studiengebühr, deren Höhe und Verwendung vom Reichsministerium festgelegt ist,[672] von 150,– Reichsmark pro Jahr zu entrichten, die zu einem Drittel für das Sommersemester und zu zwei Dritteln für das Wintersemester im voraus zu bezahlen sind. Für jene, die aus eigenen Mitteln diese Gebühren nicht bezahlen können, gibt es jedoch eine Reihe von Förderungsmöglichkeiten.

Das Reichsstudentenwerk gewährt unter den oben darstellten Bedingungen – totale körperliche und geistige Gesundheit sowie Engagement für die NSDAP durch Mitgliedschaft in einer ihrer Gliederungen wie NSDSB, HJ, SA, SS, NSFK oder NSKK – sowohl Unterstützungen als auch langfristige Darlehen und gegebenenfalls sogar einen Erlaß der gesamten Studiengebühren. Dies ist nach Eigendefinition allerdings

keine Wohlfahrtseinrichtung, die von karitativen Grundsätzen geleitet wird, sondern eine Notwendigkeit für Partei und Staat zur Heranbildung eines rassisch wertvollen, in der nationalsozialistischen Weltanschauung fest verankerten Nachwuchses.[673]

Auch die Städte, Gemeinden und Kreise gewähren Stipendien, die über die Städtischen oder Kreismusikbeauftragten beantragt werden können und nach den Richtlinien des Deutschen Gemeindetages vergeben werden. Die Reichsmusikkammer vergibt auf Veranlassung des Reichspropagandaministers (!) ebenfalls Stipendien, und schließlich hat auch die Hochschule selbst Unterstützungen in Form von ganzen oder halben Freistellen zu vergeben, welche allerdings grundsätzlich erst ab dem dritten Semester bei entsprechender Studienleistung in Anspruch genommen werden können.[674] Für die Hochschule für Musikerziehung in Graz werden vom Reichsgau hundert Freistellen zur Verfügung gestellt und zur Gänze in Anspruch genommen.[675] Für den Kriegseinsatz bereitgestellte Studenten sind von den Gebühren befreit.[676]

5.2.3.4.2 Lehrpläne der einzelnen Abteilungen

Die Lehrpläne der einzelnen Abteilungen weisen sowohl starke Unterschiede als auch Gemeinsamkeiten auf. Bei der Neuordnung der Studienpläne für die Schulmusikerausbildung, die gemeinsam mit dem weitläufigen Ausbau der Musikhochschulen und Schulmusikinstitute einhergeht, sind es vor allem Oberborbeck und Kelbetz, beide auf eine stärkere Einbeziehung der Volksmusik Bedacht nehmend – ersterer jedoch mehr auf musikalisch/musikerzieherischer, zweiter eher in gemeinschaftsideologischer Richtung –, die federführend an einer inneren Neuordnung der Lehrpläne beteiligt sind.[677]

Einzelne Schwerpunkte, die nunmehr neu in die Lehrpläne aufgenommen werden, sind neben der allgemeinen Aufwertung des Liedes und Singens – was seinen Ausdruck in der Einführung für den Schulunterricht obligater Kernlieder findet und Oberborbeck etwa eine *„Deutsche Geschichte im Spiegel des Liedes"* ankündigen läßt[678] – im besonderen beispielsweise die Fächer „Stimmpflege", „Sprecherziehung" und „Rhythmische Erziehung".[679]

Die Betonung einer Stimmpflege wäre an sich noch kein bemerkenswertes Faktum, zumal der Musikunterricht bislang vor allem als Singunterricht verstanden wurde. An Bedeutung gewinnt er erst, als durch das unkontrollierte Singen in den Jugendformationen das Problem der Stimmschäden besonders akut wird und die HJ nach Lösungen sucht, die schließlich Eingang in die Lehrpläne finden. Die starke Forcierung der Sprecherziehung ist im Zusammenhang mit der nationalsozialistischen Fest- und Feiergestaltung – die ja auch als eigenes Fach Eingang in die Lehrpläne der Hochschulen gefunden hat – zu sehen,[680] wo sowohl Deklamationen einzelner als auch – was als besonders wirksam angesehen wird – Sprechchöre zum Einsatz kommen.

Die „Rhythmische Erziehung" – bereits zur Zeit des Ersten Weltkrieges von Emile Jaques-Dalcroze und seiner Schülerin Elfriede Feudel, später von Carl Orff propagiert[681] und somit an und für sich nichts Neues – gewinnt in der Musikerziehung im Dritten Reich eine so große Bedeutung, daß sich 1944 der Reichsminister für Wissenschaft, Erziehung und Volksbildung die Berufung der Lehrkräfte für dieses Fach selbst vorbehält.[682]

Als Besonderheit an der Hochschule für Musikerziehung in Graz ist die gegenüber anderen Musikhochschulen wesentlich stärkere Betonung der Improvisation, die hier nicht nur im Rahmen der „Rhythmischen Erziehung", sondern, *„um den Berufsmusikernachwuchs wieder zum schöpferischen Gestalten zu führen",* als eigenes Lehrfach eingeführt wird. Am Ende eines jeden Schuljahres findet der „Ludwig-Kelbetz-Wettbewerb für Improvisation" statt, bei dem jeder Teilnehmer drei Aufgaben – eine Improvisation über ein gegebenes Thema, die Ausführung einer musikalischen Form und Variationen über ein deutsches Volkslied – zu lösen hat. Sowohl Lehrer als auch Studierende sind zugelassen, der Preis wird vom Reichsstatthalter persönlich überreicht.[683]

In der ursprünglichen Planung sind einige Fächer in einem Ausmaß vorgesehen – etwa Musikgeschichte und Satzlehre mit je zwei Wochenstunden durch sechs Semester, Musikerziehung mit vier Wochenstunden durch sechs Semester und Chor mit zwei Stunden[684] –, das sich später in diesem Umfang nicht verwirklichen läßt.

Die Studierenden der Abteilung I haben vom ersten bis zum vierten Semester pro Semester 18 Wochenstunden (16 Pflicht- und 2 Wahlfachstunden), im fünften und sechsten Semester 12 Wochenstunden (10 Pflicht- und 2 Wahlfachstunden) zu absolvieren, deren Zusammensetzung folgendermaßen im Studienführer geregelt ist (E = Einzelunterricht, G = Gruppenunterricht, K = Kurs):[685]

PFLICHTFÄCHER	SEMESTER 1/2	SEMESTER 3/4	SEMESTER 5/6
Hauptfachinstrument	1 E	1 E	1 E
Nebenfachinstrument	0,5 E	0,5 E	0,5 E
Kammermusik	1 G	1 G	1 G
Stimmbildung	1 G	1 G	–
Sprecherziehung	1 G	–	–
Satzlehre	1 G	1 G	–
Instrumentation	–	–	1 G
Dirigieren	1 G	1 G	im Chor
Partiturspiel	1 G	1 G	–
Volksliedsingen	1 K	1 K	–
Musikgeschichte/Formenlehre	1 K	1 K	–
Musikerziehung	1 K	1 K	–
Chor	1,5 K	1,5 K	1,5 K
Orchester	2 K	2 K	–
Kunstgeschichte	–	1 K	–
Methodik des Musikunterrichts	–	–	1 K
Schul-Unterrichtspraktikum	–	–	2
Hospitieren im Unterricht	–	–	2
Schulungsstunden	1 K	1 K	–
Freie Wahl	1	1	–
Wahlfächer	2	2	2

Die Zulassung zum fünften Semester erfolgt aufgrund einer Zwischenprüfung in den musikalischen und praktischen Fächern.[686]

Die Studierenden am Seminar für Lehrer an „Musikschulen für Jugend und Volk" und für Privatmusikerzieher, der Abteilung II also, haben im ersten und zweiten Semester 20, im dritten und vierten Semester 18 Wochenstunden nach folgendem Stundenplan vorgeschrieben:[687]

PFLICHTFÄCHER	SEMESTER 1/2	SEMESTER 3/4
Hauptfachinstrument	1 E	1 E/1 G je ein Semester
Nebenfachinstrument	0,5 E	0,5 E
Einführung in das Cembalo-, Klavichord- und Orgelpositivspiel bzw. Bratschen- oder Gambenspiel	–	1 E
Pflichtfach Blockflöte	0,5 K	–
Kammermusik	1 G	1 G
Sprecherziehung	0,5 G	–
Stimmbildung	–	1 G
Satzlehre	1 G/1 K	1 G/1 K
Musikgeschichte/Formenlehre	2 K	1 K
Volksliedsingen	1 K	1 K
Chor	1,5 K	1,5 K
Orchester	2 K	2 K
Fest- und Feiergestaltung und deutsche Literaturkunde	–	1 K
Musikerziehung	2 K	–
Methodik des Hauptfaches	–	1 K
Rhythmische Erziehung	–	1 K
Leitung von Sing- und Spielgruppen	1 K	–
Hospitieren	1	–
Kunstgeschichte	1 K	–
Schulungsstunden	1 K	–
Lehrproben	–	1
Freie Wahl	2 K	1 K

Dem Lehrgang für Jugend- und Volksmusikleiter sind bis zur Ausdehnung der Studiendauer auf sechs Semester und der damit einhergehenden Umbenennung in Seminar für Musikerzieher der Hitlerjugend im Jahr 1942 22 Wochenstunden im ersten und zweiten, 18 im dritten und vierten Semester nach folgendem Stundenplan vorgeschrieben:[688]

PFLICHTFÄCHER	SEMESTER 1/2	SEMESTER 3/4
Hauptfachinstrument	1 E	1 E
Zwei Nebenfachinstrumente	1 E	1 E
Stimmbildung	0,5 G	0,5 G
Sprecherziehung	1 G	1 G
Satzlehre und Gehörbildung	2 G/K	1 G
Musikerziehung	1 K	1 K
Hospitieren und Lehrproben	–	1 K
Musikgeschichte und Formenlehre	2 K	2 K
Volksliedsingen	1 K	1 K
Volksspiel, Fest- und Feiertagsgestaltung	2 K	–
Volkslied und Volkstanz	2 K	1 K
Lehrgangs-Chor	1 K	1 K
Singeleitung	1 K	–
Hochschul-Chor	1,5 K	1,5 K
Instrumentales Zusammenspiel und Leitung von Instrumentalgruppen	2 K	2 K
Schulungsstunde	1 K	1 K
Freie Wahl	2 K	2 K

Ab der Umwandlung des Lehrganges für Jugend- und Volksmusikleiter in ein Seminar für Musikerzieher der Hitlerjugend und der damit einhergehenden Ausdehnung der Studiendauer auf sechs Semester im Jahr 1942 sind für HJ und BdM im ersten und zweiten Semester 23,5 Wochenstunden, im dritten und vierten 29,5, im fünften und sechsten Semester sind für die HJ 21,5, für den BdM 20,5 Wochenstunden nach folgendem Stundenplan vorgeschrieben:

PFLICHTFÄCHER	SEMESTER 1/2	SEMESTER 3/4	SEMESTER 5/6
Hauptfachinstrument	1 E	1 E	1 E
Nebenfachinstrument	0,5 E	0,5 E	0,5 E
Pflichtfachinstrument	0,5 E	0,5 E	0,5 E
Stimmbildung	0,5 G	0,5 G	0,5 E
Sprecherziehung	1 G	1 G	–
Satzlehre (und Instrumentation)	1 G	1 G	2 G
Gehörbildung	1 G	1 G	–
Musikerziehung	1 K	1 K	1 K
Hauptfachmethodik und Lehrproben	–	1 G	1 G
Musikgeschichte und Formenlehre	2 K	1 K	2 K
Volksspiel	–	1 G	1 G
Chor	–	2 K	–
Sing- und Instrumentalgruppe (einschließlich Leitung)	4 K	3 K	2 K
Musikalische Volkskunde	2 K	–	–
Akustik und Instrumentenkunde	1 K	–	–
Rhythmische Erziehung (nur BdM)	1 K	1 K	–
Dirigierübungen	1 K	–	–
Orchester	–	2 K	–
Bläserschulung (nur HJ)	1 K	1 K	1 K
Kammermusik	–	2 K	2 K
Fest- und Feiergestaltung	–	1 K	–
Literaturkunde	–	1 K	1 K
HITLERJUGEND-DIENST			
Weltanschauliche Schulung	2	2	2
Werkarbeit und Tanz	in Kursen bzw. Lagerlehrgängen		
Darstellendes Spiel	2	2	2
Leibesübungen (Gymnastik für Mädel)	2	2	2
Formationseinsatz	–	2	2

Quelle: Stumme, Musik im Volk. Berlin-Lichterfelde 1944, S. 64.

Vom 16. September bis 20. Dezember 1940 findet an der Abteilung III auch ein 18 Wochenstunden umfassender Lehrgang für Musikzugführeranwärter des Reichsarbeitsdienstes statt, der Stundenplan für dieses Ausbildungslager sieht folgendes vor:[689]

Hauptfachinstrument	1 E	Musikerziehung	1 K
Nebenfachinstrument	0,5 E	Schulungsstunde	1 K
Satzlehre	1 G	Chor	1,5 K
Instrumentation	1 G	Arbeitsgemeinschaft	1 K
Arrangement für Blasorchester	1 G	Streichorchester	3 K
Dirigieren	1 K	Blasorchester	2 K
Musikgeschichte	1 K	Politischer Unterricht	2 K

Ein Blick auf die komplett vorliegenden Vorlesungsverzeichnisse der Hochschule für Musikerziehung, wo sich Lehrveranstaltungen wie *„Ausbildung in der Technik des Offenen Singens"*, *„Volksmusik der deutschen Stämme"*, *„Fest- und Feiergestaltung"* finden, oder auch *„Der Jahreskreis in Fest und Feier"*, *„Volksspiel"*,[690] *„Deutsche Geschichte im Spiegel des Liedes"*,[691] *„Fest- und Feiergestaltung in der Hitlerjugend"*,[692] *„Musik und Rasse"*, *„Zeitgenössisches Musikschaffen in der Volkstumsarbeit"*,[693] *„Praktische Übungen im Sprechen von Poesie und Prosa"*, *„Darstellendes Spiel"*[694] und schließlich *„Musikalische Volkskunde"* – das Fach wird ab Sommersemester 1944 vom Leiter der Parteischule im Stift Rein, Karl Haiding, übernommen –,[695] um nur einige herauszunehmen, zeigt doch einerseits die „Völkische" Grundlage des Lehrangebotes im Sinne des oben Erwähnten, und andererseits die Blickrichtung auf den praktischen Einsatz, wie er bei „Volkstumseinsätzen" in der Untersteiermark oder bei Frontbetreuungsfahrten gefordert wird.

Abschließend ist noch zu bemerken, daß nach der neuen Prüfungsordnung von 1940 – bis dahin war ja jene von 1922 in Kraft"[696] – für die Zulassung zu einer Prüfung die politische Einstellung der Prüfungskandidaten zu überprüfen ist und selbst bei Verdacht auf politische „Unzuverlässigkeit" keine Zulassung erfolgen darf. Für Studierende, die zum Wehrdienst einberufen werden, kann die Prüfung in vereinfachter Form abgehalten werden.[697]

5.2.3.5 Statistik

	Abteilung I männl./weibl.		Abteilung II männl./weibl.		Abteilung III männl./weibl.		Abteilung IV männl./weibl.	
WS 1939/40[698]	–	1	2	12	6	15		
SS 1940[699]	2	2	–	15	13	29		
WS 1940/41[700]	5	5	–	18	14	29		
SS 1941[701]	6	7	1	28	24	33		
WS 1941/42								
SS 1942								
WS 1942/43[702]	10	18	4	29	23	48	6/0	
SS 1943[703]	14	21	5	25	25	39	5/0	
WS 1943/44								
SS 1944								
WS 1944/45[704]	26		26		27		4	

Aufgrund zahlreicher zum Kriegsdienst einberufener Studenten entsprechen die hier angegebenen Zahlen allerdings in keiner Weise dem tatsächlichen Stand der Studierenden, sondern stellen vielmehr lediglich den Stand der Inskribierten dar. Allein im Sommersemester 1943 sind von den 124 Studierenden der Hochschule 32 einberufen.[705]

Zahl der Neuinskriptionen:[706]

	Abteilung I	Abteilung II	Abteilung III	Abteilung IV
SS 1939	–	–	18	–
WS 1939/40	3	9	3	–
SS 1940	2	3	23	–
WS 1940/41	7	5	1	–
SS 1941	2	11	36	–
WS 1941/42	1	3	1	–
SS 1942	6	8	3	–
WS 1942/43	13	3	21	6
SS 1943	8	4	1	–
WS 1943/44	7	8	17	–
SS 1944	13	9	2	–

Wechsel von einer Abteilung zur anderen:[707]

I nach II	2	III nach I	1
I nach III	0	III nach II	15
II nach I	1	VI nach I	1
II nach III	0		

Die Herkunftsländer der Studierenden[708] machen deutlich, daß die Hochschule für Musikerziehung keinesfalls als Hochschule für die „Ostmark" oder gar nur die Steiermark angesehen werden kann, sondern weit über die ehemaligen Grenzen Österreichs hinaus Bedeutung erlangt hat. Selbstverständlich hat Österreich mit 84 Studierenden – 60 davon kommen aus der Steiermark (ohne besetzte slowenische Untersteiermark) – einen großen Anteil, aber schon allein die Tatsache, daß dieser lediglich der zweitgrößte ist, macht die überregionale Geltung der Hochschule deutlich. Damit geht die Schule sogar weit über den in der ursprünglichen Planung formulierten Anspruch, Hochschule nicht nur für Österreich, sondern auch für den gesamten süddeutschen Raum zu sein,[709] hinaus. Dies ist vor allem durch die deutsche Expansions- und Eroberungspolitik – mit wirklich geringfügigen Ausnahmen kommen faktisch alle nicht aus dem „Altreich" oder Österreich stammenden Studierenden aus okkupierten Gebieten – möglich geworden.

Deutsches Reich (ohne besetzte Gebiete)	133
Österreich (ohne besetzte slowenische Gebiete)	84
Jugoslawien (inklusive Untersteiermark)	9
Belgien	9
Protektorat Böhmen/Mähren	7
Rumänien	6
Italien	4
Holland	1
Sowjetunion	1
Polen	1
Brasilien	1

5.2.3.6 Veranstaltungen

5.2.3.7 Personalfragen

Als Papesch den ersten Plan zur Errichtung einer Hochschule für Musikerziehung in Graz vorlegt, unternimmt er auch einen ersten Versuch, Lehrkräfte für die Besetzung der einzelnen Fächer vorzuschlagen,[710] ein Vorschlag, der später zwar nicht vollständig, aber doch zu einem erstaunlich großen Teil verwirklicht wird. Der endgültige Lehrkörper – sofern man dieses Wort angesichts des sich durch die zahlreichen Einberufungen eigentlich ständig ändernden Personenkreises der Lehrer überhaupt verwenden kann – unterscheidet sich allerdings dann doch einigermaßen vom Entwurf. Doch vorerst sind es nur zwei Stellen, für die andere Personen vorgesehen sind als dann berufen werden: Als Leiter ist ursprünglich Ludwig Kelbetz vorgesehen, für den Lehrstuhl für Musikgeschichte – vor allem auch im Hinblick auf die bevorstehende Einrichtung einer musikwissenschaftlichen Lehrkanzel an der Universität – der vom Musikreferenten des NS-Studentenbundes Rolf Schroth und seinen Mitarbeitern forcierte Rostocker Musikwissenschafter Erich Schenk, der dann allerdings 1940 nach Wien berufen wird. Teilweise werden übrigens die Verträge mit den künftigen Lehrern bereits vor der Gründung der Hochschule abgeschlossen, da – wie der Gauleiter Uiberreither in einem Schreiben an Staatskommissar Friedrich Plattner betont –

> *es doch kein Geheimnis (ist), daß fähige Lehrkräfte für ein qualifiziertes Musikinstitut nicht in jenem Ausmaße vorhanden sind, das es mir ersparen könnte, sofort die erforderlichen Maßnahmen zu treffen, selbst dann, wenn formell noch nicht alles festliegt.*

Er sei daher aus Konkurrenzgründen gezwungen gewesen, jene Lehrkräfte, die vermutlich für die in Entstehung begriffene Hochschule in Betracht kommen, rechtzeitig in ein Vertragsverhältnis zum Land Steiermark zu bringen, *„weil ich nicht zusehen konnte, wie die von mir vorgesehenen Kräfte teils nach Salzburg, teils nach Oberdonau gezogen werden“.*[711]

Offiziell sind die Berufungen vom Reichsminister für Wissenschaft, Erziehung und Volksbildung vorzunehmen, an den entsprechende Anträge von den Reichsstatthaltern gestellt werden müssen. Diesen Anträgen ist auch eine Äußerung über die politische Zuverlässigkeit und die *„Deutschblütigkeit“* sowohl des Vorgeschlagenen als auch seiner gegebenenfalls vorhandenen Ehefrau beizufügen. Das Ministerium holt dann noch ein politisches Gutachten der Parteikanzlei ein, und auch der Führer des Nationalsozialistischen Deutschen Dozentenbundes der jeweiligen Hochschule hat dem Minister ein Gutachten über die in Aussicht genommene Person zu übermitteln.[712] Bereits ab 1937 ist auch die Beurteilung des nationalsozialistischen Einsatzes und dessen Art vorzulegen.[713] Man sichert sich also gleich von mehreren Seiten her ab, wirklich nur „politisch zuverlässige“ Lehrer an die Hochschulen zu berufen. Dies ist vor allem im Zusammenhang mit Oberborbeck von Interesse, da an mehreren Stellen immer wieder auf die quasi Dissidentenrolle Oberborbecks gegenüber dem Nationalsozialismus und den daraus resultierenden Schwierigkeiten hingewiesen wird. So soll er per 1. September 1939 aus seinem Weimarer Direktorat angeblich wegen politischer Unzuverlässigkeit entlassen worden sein, und schon seit 1937 soll er bereits Schreibverbot gehabt haben. Die diesbezüglichen Angaben[714] beziehen sich jedoch – sofern sie nicht überhaupt autobiographisch sind – auf persönliche Aussagen Oberborbecks. Aus den entsprechenden Akten – auch jenen im Berlin Document Center[715] – können diese Aussagen, da sich keinerlei Hinweise auf derlei Vorgänge finden, nicht verifiziert werden. Dagegen sprechen mehrere Dokumente, die im Zusammenhang mit Oberborbecks Berufung nach Graz, bzw. in den Prüfungsausschuß zum Inhalt haben, ausdrücklich von einer politischen Unbedenklichkeit des Genannten.[716]

Wie auch immer, der Papesch-Entwurf weist bereits folgendes, den späteren Tatsachen weitestgehend entsprechendes Bild auf:

Fach	Name	Stellung
Leiter und Musikerziehung:	Ludwig Kelbetz	Professor
Musiktheorie:	Karl Marx	Professor
Satzlehre:	Walter Kolneder	Dozent
Musikgeschichte:	Erich Schenk	Professor
Stimmbildung:	Theodor Warner	Professor
Violine und Kammermusik:	Norbert Hoffmann	Dozent
Quer- und Blockflöte, Kammermusik, Musikerziehung:	Fritz Kelbetz	Dozent
Orgel:	Franz Illenberger	Dozent
Gesang:	Hermann Achenbach	?
Leiter des HJ-Lehrganges:	Reinhold Heyden	Professor

Tatsächlich werden dann als planmäßige Lehrkräfte – zu diesen kommen noch mit Unterricht an der Hochschule beauftragte Lehrkräfte der Landesmusikschule und sogenannte Hilfslehrer – fünf „Ostmärker", zwei Sudetendeutsche, ein Brandenburger, ein Bayer, zwei Württemberger, ein Rheinländer, ein Westfale, ein Mitteldeutscher und ein Hamburger[717] – bezeichnender-, wenn auch nicht überraschenderweise lauter Männer – berufen:

Felix Oberborbeck,
geb. am 1. März 1900 in Essen,
Musikstudium bei Alfred Patzig, Ludwig Riemann und am Kölner Konservatorium bei Hermann Abendroth sowie Musikwissenschaft in Münster, Freiburg, München und Bonn.
1923 Staatsprüfung in Bonn, 1924 künstlerische Staatsprüfung in Berlin.
1925–1934 Städtischer Musikdirektor in Remscheid und Lehrer an der Musikhochschule in Köln. 1930 Ernennung zum Professor für die Dauer seiner Tätigkeit an der Staatlichen Hochschule für Musik in Köln, Mitarbeiter beim Reichssender Köln und Fachberater beim Oberpräsidenten der Rheinlande.
1934–1939 Direktor der Staatlichen Hochschule für Musik in Weimar und Musikreferent des Thüringischen Volksbildungsministers. 1939 Berufung zum Direktor der Hochschule für Musikerziehung in Graz, gleichzeitig Leiter des Steirischen Musikschulwerkes.[718]
Dienstantritt 1. September 1939.

Ludwig Kelbetz,
geboren am 18. Juni 1905 in Graz.
Orgel- und Flötenstudium am Konservatorium des Musikvereins für Steiermark in Graz, Studium der Germanistik und Philosophie an der Universität Graz, Promotion 1929.
1929–1930 Dozent am Musikheim Frankfurt an der Oder, 1930–1934 Musikreferent des Deutschen Handelsgehilfenverbandes Hamburg.
1934–1936 Dozent für Musik an der Hochschule für Lehrerbildung in Danzig.
1936–1938 Lehrer für Musikerziehung am Konservatorium des Musikvereins für Steiermark in Graz.
März 1938 Ernennung zum Kommissarischer Leiter des Konservatoriums.
Geistiger Vater des Steirischen Musikschulwerkes.
1939 Berufung zum stellvertretenden Direktor der Hochschule für Musikerziehung und Leiter der „Musikschulen für Jugend und Volk".[719]

Reinhold Heyden,
geboren am 5. April 1904 in Hamburg.
Studium der Musikwissenschaft in Freiburg, Berlin und Halle.
1934 Gebietsmusikreferent der Hitlerjugend.

1935 Dozent an der Staatlichen Hochschule für Musik in Weimar, Leiter des dortigen ersten Lehrganges für Jugend- und Volksmusikleiter.

Komponist mehrerer Lieder der NSDAP und ihrer Formationen.

Herausgeber der Sammlung *„Volk musiziert"*.

Mitarbeiter im Kulturamt der Reichsjugendführung.

1938 Berufung zum Leiter des Lehrganges für Jugend- und Volksmusikleiter an der Hochschule für Musikerziehung in Graz.[720]

Wolfgang Grunsky,

geboren am 2. Juli 1902 in Friedrichshafen.

Musikstudium in Stuttgart und Wien.

1926 Diplomprüfung für Cello, Gambe, Klavier und Komposition in Wien.

Solocellist in Lübeck und Regensburg.

Lehrer für Violoncello und Kammermusik am Staatskonservatorium Lübeck und Mozarteum Salzburg.

1931 Mitglied des Mozart-Quartetts.

1937 Lehrer am Konservatorium des Musikvereins für Steiermark in Graz.

1939 Lehrer für Violoncello an der Hochschule für Musikerziehung in Graz.[721]

Ernst Günthert,

geboren am 26. Oktober 1907 in Asch im Sudentenland.

Besuch der Lehrerbildungsanstalt in Prag.

Musikstudium an der Deutschen Akademie in Prag.

Studium der Musikwissenschaft an der Deutschen Universität in Prag.

Künstlerische Reifeprüfung in Orgel und Klavier.

1930–1938 Lehrer und Organist der deutschen evangelischen Gemeinde in Prag.

1934 Assistent am Musikwissenschaftlichen Institut in Prag.

1936–1938 Herausgeber der *„Beiträge zur Klaviermusik"* im Auftrag der Universität Prag.

1939 Berufung zum Lehrer für Klavier an die Hochschule für Musikerziehung in Graz.[722]

Norbert Hofmann,

geboren am 23. Juli 1911 in Neuhaus in Böhmen.

Violinstudium am Mozarteum Salzburg und in Prag.

Studium der Musikwissenschaft an der Deutschen Universität in Prag und an der Universität in Wien.

1931 Primarius des Mozart-Quartetts, zahlreiche Konzertreisen.

1935 Lehrer am Konservatorium des Musikvereins für Steiermark in Graz.

1939 Berufung zum Lehrer für Violine an die Hochschule für Musikerziehung in Graz.[723]

Franz Illenberger,

geboren am 23. August 1907 in Wels.

Orgel-, Dirigenten- und Kompositionsstudium in Linz und am Mozarteum in Salzburg.

Schüler von Johann Nepomuk David.

Dirigent des Bachchores in Linz.

Organist in St. Florian.

1938 Lehrer des Konservatoriums des Musikvereins für Steiermark in Graz.

1939 Berufung zum Orgellehrer an die Hochschule für Musikerziehung in Graz.[724]

Walter Kolneder,

geboren am 1. Juli 1910 in Wels.

Violin-, Dirigenten- und Kompositionsstudium am Mozarteum in Salzburg.

Mitglied des Mozarteumorchesters.
1936 Lehrer am Konservatorium des Musikvereins für Steiermark in Graz.
Herausgeber steirischer Lieder und Tänze.
Verfasser zahlreicher Aufsätze über die Volksmusik des Ostalpenraumes.
1939 Lehrer an der Hochschule für Musikerziehung in Graz.[725]

Karl Marx,
geboren am 12. November 1897 in München.
Musikstudium an der Akademie der Tonkunst in München.
Schüler von Hausegger und Carl Orff.
1924–1939 Lehrer an der Münchner Akademie.
1928 Dirigent des Münchner Bachvereins.
1932 Verleihung des Münchner Musikpreises.
1939 Lehrer für Komposition und Satzlehre an der Hochschule für Musikerziehung in Graz.[726]

Bernd Poieß,
geboren am 10. April 1900 in Herne.
1919 nach Entlassung aus dem Kriegsdienst zuerst Freikorpskämpfer, dann Bergmann und Buchhändler.
Beschäftigung mit der Vortragskunst, Gestalter von Dichterlesungen und Märchenabenden.
1933 hauptamtlich in der Kultur- und Rundfunkarbeit für die Hitlerjugend.
Kulturreferent des Gebietes Mittelland (Halle).
1937 Herausgeber des Buches *„Kamerad, erzähle"*.
1939 Lehrer für Sprecherziehung an der Hochschule für Musikerziehung in Graz.[727]

Joseph Schröcksnadel,
geboren am 21. April 1910 in St. Martin in Oberösterreich.
Violinstudium am Mozarteum in Salzburg.
1931 Mitglied des Mozarteumquartetts.
1932–1937 Konzertmeister des Stadttheaters in Salzburg und Mitglied des Mozarteumorchesters sowie des Musikvereinsorchesters.
1936 und 1937 Leiter des Salzburger Hausmusikarbeitskreises.
1937 Musikerzieher in Graz.
1939 Lehrer für Violine an der Hochschule für Musikerziehung in Graz und Leiter des Bannorchesters der Hitlerjugend.[728]

Theodor Warner,
geboren am 6. Juli 1903 in Berlin.
Musikstudium am Sterschen Konservatorium und Naturwissenschaften an der Universität in Berlin.
1928 Promotion.
1928–1929 Assistent der Universität in Berlin.
1929–1930 Assistent an der Universität in Heidelberg.
1930–1932 physiologischer Forschungsaufenthalt am Imperial College of Science and Technology in London.
1932–1934 Studium an der Staatlichen Akademie für Kirchen- und Schulmusik in Berlin.
1934–1939 Lehrer für Stimmbildung, Chorleitung und Dirigieren an der Staatlichen Hochschule für Musikerziehung in Berlin.
Leiter des Schulungsamtes und Auslandschores.
1939 Lehrer für Stimmbildung an der Hochschule für Musikerziehung in Graz.[729]

Walter Wünsch,
geboren am 23. Juli 1908 in Gablonz.
Musikstudium an der Deutschen Akademie in Prag.
1932 Absolutorium und Lehrbefähigung für Musik.
Studium der Musikwissenschaft an der Universität Prag.
1932 Promotion.
Assistent und Bibliothekar des musikwissenschaftlichen Instituts in Prag und Lehrer an der deutschen Pädagogischen Akademie.
1935 Assistent am Institut für Lautforschung in Berlin.
1939 Lehrer für Musikgeschichte an der Hochschule für Musikerziehung in Graz.
Leiter des Wünsch-Quartetts.
Veröffentlichungen über Volksliedkunde.
Inhaber des Ordens der jugoslawischen Krone.
Mitglied der wissenschaftlichen Akademie in Belgrad.[730]
1941 Habilitation an der Universität Wien.[731]

Georg Kuhlmann (ab 1941/42),
geboren am 31. Oktober 1905 in Wilhelmshaven.
Klavier- und Violinstudium an den Musikhochschulen Stuttgart, München, Wien, Paris, Berlin, Frankfurt am Main.
1934 Privatmusiklehrerprüfung für Klavier, Theorie und Komposition sowie Gehörbildung.
Lehrer an Hochs Konservatorium und später an der Hochschule für Musik in Frankfurt am Main.
Studium der Musikwissenschaft, Philosophie, Psychologie sowie von Französisch und Griechisch an den Universitäten Tübingen, München und Frankfurt.
1937 Promotion.
ausgedehnte Konzerttätigkeit.
1941 Berufung als Lehrer für Klavier an die Hochschule für Musikerziehung in Graz.[732]

Hermann Achenbach (ab SS 1944),
geboren am 20. November 1899 in Straßburg.
1920–1922 Gesangstudium in Stuttgart, 1921–1925 in Württemberg.
1925 Konzertsänger.
1944 Berufung als Gesanglehrer an die Hochschule für Musikerziehung in Graz.

Heinrich Kohnle,
1942 Berufung als planmäßiger Lehrer der Hochschule für Musikerziehung.[733]

Mit Unterricht an der Hochschule für Musikerziehung werden zusätzlich die folgenden Lehrkräfte der Landesmusikschule beauftragt:[734]

Gambe (ab SS 1941):[735]	Rupert Doppelbauer
Violine (ab SS 1941):[736]	Herta Günthert
	Arthur Michl
Stimmbildung (ab SS 1941):[737]	Erna Hervelly-Illing
Klavier (ab SS 1941):[738]	Hugo Kroemer
	Dr. Mercedes Reinisch-Janetzky
	Marianne Schmid-Mutschlechner
	Johanna Seelig
Klavier (ab SS 1942):[739]	Klara Hülsbeck
	Helga Reiser

Fortsetzung auf Seite 193

Titelbild des Prospektes der Hochschule für Musikerziehung in Graz-Eggenberg. (Privatbesitz des Verfassers)

Nationalsozialistische Deutsche Arbeiterpartei
Gauleitung Steiermark

Gaupersonalamt	An den Reichsstatthalter i.d.Steierm., Gauselbstverwaltung, **G r a z ,** Burg.

Unser Zeichen: We/Pr 1442/   Ihr Zeichen: II d - 373   Graz, den 1o.Feber 1941
            7492   Ho 12/131-1941   Landhaus, Fernruf 83-0-00

Betrifft:

Prof.Dr.Felix O b e r b o r b e c k , geb.19oo, Direktor d.staatl.
Hochschule für Musikerziehung, Graz, Schloss Eggenberg.

       Gegen die Berufung des Genannten in das künstlerische
Prüfungsamt der Hochschule für Musikerziehung in Graz bestehen vom
politischen Standpunkt keine Bedenken.

                      H e i l   H i t l e r   !

                      i.A.

                      (Dr.Webern)

EVIIa 202 41

Politische Unbedenklichkeitserklärung für die Berufung Felix Oberborbecks nach Graz. (Original aus dem Privatbesitz von Ilse Kelbetz)

Schloß Eggenberg — Aus Merians Topographia provinciarum Austriae. Frankfurt 1649

Zur festlichen Eröffnung
der Staatlichen Hochschule
für Musikerziehung
in Graz
durch Reichsminister Bernhard Rust
10. und 11. Mai 1940

Titelblatt der Festschrift anläßlich der Eröffnung der Hochschule für Musikerziehung in Graz-Eggenberg. (Original: Bibliothek des Landeskonservatoriums)

Dr. Josef Papesch

Landeskulturreferent für Steiermark
Leiter der Hauptstelle Kultur in der Gauleitung
der NSDAP. Steiermark

Graz, Burg.

Betr.: Hochschule f. Musikerziehung in Graz.

Graz, den 8. November 1939.

Herrn
Staatskommissar Prof.Dr. Plattner
W i e n I.,
Minoritenplatz 5

      Sehr geehrter Herr Staatskommissar, wie
Sie wissen, macht mir Berlin wieder grosse Sorgen wegen
der staatlichen Anerkennung unserer Hochschule für
Musikerziehung. Nachdem der Reichserziehungsminister
sich im vergangenen Frühjahr durchaus für die Errichtung
der Hochschule ausgesprochen hat, ist das Land Steiermark
mit allen Mitteln, unter sehr grossen finanziellen
Opfern an den Aufbau der Hochschule gegangen. Trotzdem
das Reich uns einstweilen jeden Zuschuss versagt, steht
die Hochschule fix und fertig zur Aufnahme ihrer Arbeit
bereit. In Berlin jedoch hat sich auf einmal der Kurs
geändert: Trotz Krieg wird die Weimarer Hochschule
erweitert fortgeführt, in Salzburg wurde eine neue
Hochschule gegründet, bei uns aber, in Steiermark, macht
man Schwierigkeiten, obwohl diese Hochschule gar keine
"Neugründung", wie man uns einwendet, ist, sondern ganz
organisch aus dem Konservatorium des Musikvereins für
Steiermark im Laufe der Jahre gewachsen ist, und wir
lediglich für eine bereits geleistete und wohl erprobte
Arbeit die verdiente staatliche Anerkennung verlangen.

      Hofrat Dr. Pokorny, der Vorstand meiner
Abteilung Kunst und Wissenschaft, war in der vergangenen
Woche im Berliner Erziehungsministerium, um diesen Hin-
dernissen nachzuspüren. Durch Einberufungen zur Wehrmacht
ist unser Akt auch in andere Hände gelangt, die wohl
noch weniger um die Dinge wissen, als es bisher der
Fall war. Dem Akt liegt auch das Gutachten einer Stelle

bei, die selbstverständlich sehr interessiert ist, jede Konkurrenz auf diesem Gebiete von vornherein auszuschalten.
So werden zum Beispiel darin die Räumlichkeiten der Hochschule
für "ungenügend" bezeichnet: Ich möchte wissen, welche deutsche
Hochschule in so einem Schloss, mit so vielen Zimmern, mit
sozusagen unbeschränkter Ausdehnungsmöglichkeit und in dieser
wunderbaren Lage untergebacht ist. Schliesslich hat man sich
in Berlin geeinigt, dass wir einen Lagebericht an das Erziehungsministerium schicken und auf Grund dessen, die Angelegenheit
wieder in das richtige Gleis gebracht werden solle. Ich schicke
also diesen Bericht über Wien, lege auch die Pläne des Schlosses
Eggenberg bei Graz bei, und bitte Sie sehr, lieber Herr
Staatskommissar, uns auch hier wieder zu helfen, und diesen
Bericht mit allem Nachdruck und grösster Beschleunigung nach
Berlin weiter zu senden.
        Mit herzlichem Dank im Voraus und
            H e i l H i t l e r !

Seite 180–181: Schreiben Josef Papesch', betreffend die Anerkennung der Hochschule durch Reichserziehungsminister Rust. (Original: Österreichisches Staatsarchiv, Allgemeines Verwaltungsarchiv)

Feierstunde zur Eröffnung der Hochschule für Musikerziehung in Graz-Eggenberg mit Reichserziehungsminister Rust am Rednerpult. (Foto: Zeitschrift für Musik, 197. Jg., 1940, S. 692)

Reichsstatthalter Uiberreither eröffnet das Wintersemester 1940/41 der Hochschule für Musikerziehung in
Graz-Eggenberg.

Der Reichsminister
für Wissenschaft, Erziehung
und Volksbildung

Berlin W 8, den   **17. Februar 1940.**
Unter den Linden 69

Fernsprecher: 11 00 30
Postscheckkonto: Berlin 144 08
Reichsbank-Giro-Konto

V a 2989/39 (a)

Es wird gebeten, dieses Geschäftszeichen und den
Gegenstand bei weiteren Schreiben anzugeben.

Der Reichskommissar für die Wiedervereinigung
Österreichs mit dem Deutschen Reich

Eingegangen: 22. FEB. 1940

Abt.:

Zu IV–4a–351.676 vom 18. November 1939.
2 Durchschläge, 3 Zeichnungen.

Auf Grund des obigen Berichts und der Ausführungen
der Landeshauptmannschaft Steiermark vom 6. November 1939
erkläre ich mich nunmehr grundsätzlich bereit, die in der
Errichtung begriffene Musikhochschule in Graz als "Staatliche Hochschule für Musikerziehung" anzuerkennen. Damit ich
die endgültige Anerkennung bald aussprechen kann, ersuche
ich, den jetzigen Verhältnissen entsprechend eine neue Erklärung des Reichsgaues Steiermark über die Unterhaltung der
Anstalt und einen neuen Satzungsentwurf für die Hochschule
schnellstens herbeizuführen und mir zur Genehmigung vorzulegen.

gez. Rust

Beglaubigt.

Ministerialkanzleiobersekretär.

An

den Herrn Reichskommissar für
die Wiedervereinigung Österreichs
mit dem Deutschen Reich (Ministerium für innere und kulturelle Angelegenheiten)   in   **W i e n**

(Durchschlag ist unmittelbar an
das Ministerium für innere und
kulturelle Angelegenheiten,
Abt. IV, in Wien I, Minoritenplatz 5 zu senden)

Der Reichskommissar f. inn. u. kultur. Angelegenheit.,
.. Erzieh.,....u. Volksbildung

26. FEB. 1940

mit ...... Beilagen   7 6 1 2

4 a

Schreiben des Reichsministers Rust, betreffend die Anerkennung der Hochschule für Musikerziehung in
Graz-Eggenberg. (Original: Österreichisches Staatsarchiv, Allgemeines Verwaltungsarchiv)

Reichserziehungsminister Rust beim Appell anläßlich der Eröffnung der Hochschule für Musikerziehung in Graz-Eggenberg.

Kammermusikübungen der Hochschule für Musikerziehung in Graz-Eggenberg. (Foto aus dem Privatbesitz von Ilse Kelbetz)

184

**Der Reichsminister
der Finanzen**

LG 1400 Ste - 29 I

Es wird gebeten, dieses Geschäftszeichen
und den Gegenstand bei weiteren
Schreiben anzugeben.

Berlin W 8,   26. August 1939
Wilhelmplatz 1/2
Fernsprecher: 12 00 15
Postscheckkonto: Berlin Nr. 25955

Betr.: Hochschule für Musikerziehung in Graz
Auf Ihr Randschreiben vom 25. Juli 1939 - V a 1760 -.

Bei der Besprechung des Haushaltsplans des Landes Steiermark für das Rechnungsjahr 1939/40 ist ein Reichszuschuß in Höhe von 40 v.H. des laufenden Fehlbetrags der Hochschule für Musikerziehung in Graz nicht bewilligt worden. Hiervon habe ich Ihren Sachbearbeiter am 11. Mai 1939 in Kenntnis gesetzt. Ich habe deshalb auch das Land Steiermark bei der Genehmigung seines Haushaltsplans veranlaßt, den als Einnahme veranschlagten Reichszuschuß von 70 800 RM zu streichen.

Ein Beitrag aus dem Haushalt des Landes Österreich kann auch nicht in Aussicht gestellt werden. Ich bitte deshalb von der Einreichung eines Nachtrags zu dem vorliegenden Entwurf des Haushaltsplans abzusehen.

Nach dem Schreiben des Landeshauptmanns vom 12. Juni 1939 - 373 Ho 12/11 - 1931 - ist die Fortführung der Hochschule sichergestellt.

Eine Abschrift hat der Herr Reichskommissar für die Wiedervereinigung Österreichs mit dem Deutschen - Ministerium für innere und kulturelle Angelegenheiten - erhalten.

Im Auftrag

gez. v. Manteuffel

Herrn Reichsminister für Wissenschaft, Erziehung und Volksbildung

---

Ab-

Schreiben des Reichsfinanzministers, betreffend die Ablehnung eines Zuschusses zur Errichtung und zum Betrieb der Hochschule für Musikerziehung in Graz-Eggenberg. (Original: Österreichisches Staatsarchiv, Allgemeines Verwaltungsarchiv)

Auftritt von Studierenden der Hochschule für Musikerziehung in Graz-Eggenberg anläßlich der Frontbetreuungsfahrt nach Frankreich. (Foto aus dem Privatbesitz von Ilse Kelbetz)

Musikalische Übungen im Schloßpark der Hochschule für Musikerziehung in Graz-Eggenberg. (Foto aus: Die Pause, 6. Jg., Heft 10)

Studierende der Hochschule für Musikerziehung in Graz-Eggenberg musizieren bei einem Steirischen Musiktag. (Foto aus: 1. Jahresbericht 1939/40, S. 54)

Unterricht im Schloßpark der Hochschule für Musikerziehung in Graz-Eggenberg. (Foto aus: 1. Jahresbericht 1939/40, S. 16)

Ankunft von Reichsfeldmarschall Göring in Eggenberg. (Foto aus dem Privatbesitz von Erna Schlenz)

Eintreffen der Parteiprominenz zur Eröffnung der Hochschule für Musikerziehung in Graz-Eggenberg. (Foto aus: 1. Jahresbericht 1939/40, S. 24)

Appell der Lehrer und Studierenden der Hochschule für Musikerziehung in Graz-Eggenberg zum Beginn der Arbeitswoche. (Foto: 1. Jahresbericht 1939/40, S. 12)

Ludwig Kelbetz mit Studierenden der Hochschule für Musikerziehung in Graz-Eggenberg auf dem Weg zur Sportstunde. (Foto aus: Die Pause, 6. Jg., Heft 10)

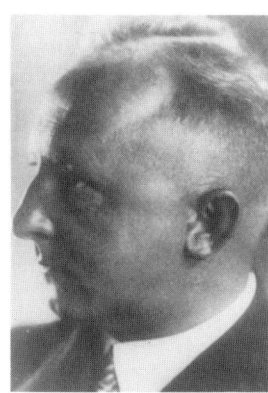

Die Lehrer der Hochschule für Musikerziehung in Graz-Eggenberg
(von links oben nach rechts unten):
Dr. Felix Oberborbeck
Dr. Ludwig Kelbetz
Bernd Poieß
Reinhold Heyden
Dr. Theodor Warner
Karl Marx
Norbert Hofmann
Franz Illenberger
Joseph Schröcksnadel
Ernst Günthert
Dr. Walter Wünsch
Wolfgang Grunsky
Walter Rolneder
(Fotos aus: Zeitschrift für Musik, 107. Jg., 1940, S. 685)

Vorlesungen, Übungen und Unterricht im Wintersemester 1942/43

Aufnahmeprüfung: Montag, den 14. September 1942.
Beginn des Wintersemesters: Dienstag, den 15. September 1942.
Unterrichtsbeginn: Die Einzelstunden beginnen Dienstag, den 15. September; alle übrigen Donnerstag, den 17. September.
Weihnachtsferien: Der Unterricht schließt Samstag, den 19. Dezember 1942, 13 Uhr, und beginnt wieder Montag, den 4. Jänner 1943, 8 Uhr.
Schluß des Wintersemesters: Samstag, den 3. April 1943.

Musikerziehung.

Erörterung kulturpolitischer Fragen: Abt. I, II, III (während 2 Semester verbindlich), Donnerstag 9—10, Zimmer 17. *Warner*

Seminar (Repetitorium): Abt. I, 5. und 6. Sem., Abt. II, 4. und 5. Sem., (III), 4. und 5. Sem., Donnerstag 11—12, Zimmer 17. *Oberborbeck*

Hospitieren (Abt. II, 1. und 2. Sem.) und Lehrproben (Abt. II, 3. und 4. Sem.) in Singen und Musiklehre, in der Musikschule für Jugend und Volk, Dienstag 17—18, Landesmusikschule, Zimmer 8. *Illenberger*

Methodik des Unterrichtes in Singen und Musiklehre (Abt. II, 3. und 4. Sem.), Dienstag 18—19, Landesmusikschule, Zimmer 8. *Illenberger*

Methodik.

a) Klavier: Abt. II, 3. bis 5. Sem., Freitag 17—18, Landesmusikschule, Zimmer 15. *Seelig*

b) Violine: Abt. II, 3. und 4. Sem. Ort und Zeit nach Vereinbarung. *Metzner*

c) Stimm-Physiologie: verbindlich für alle Studierenden mit Hauptfach Gesang, Dienstag 8—9, Zimmer 17. *Warner*

Orgelkunde für Studierende mit Nebenfach Orgel (nach Vereinbarung). *Illenberger*

Volksliedspiel auf dem Klavier, einstündig, Donnerstag (nach Vereinbarung), während 2 Semester verbindlich für alle Studierenden mit dem Hauptfach Klavier, Zimmer 8. *Kuhlmann*

Lehrproben in Stimmbildung: verbindlich während 2 Semester für Studierende mit Hauptfach Gesang (nach Vereinbarung). *Warner*

Lehrproben in der Schule: Abt. I, 5. und 6. Semester (nach Vereinbarung). *Muchitsch*

Lehrproben in der Musikschule für Jugend und Volk: Abt. II, 3. und 4. Sem. (nach Vereinbarung). *Seelig*

Musikgeschichte.

Klingende Musikgeschichte in ausgewählten Kapiteln; Abt. I, II, III, Montag 9—10, Zimmer 17. *Oberborbeck*

Chor, Orchester.

Volksliedsingen: verbindlich für alle Studierenden der Hochschule, Montag 8—9, Zimmer 17. *Verschiedene Dozenten*

Steirisches Sing- und Spielgut: Dienstag 9—11, Zimmer 12. *Krischke*

Hochschulchor, gemeinsam mit der Landesmusikschule: Hermann Grabner „Segen der Erde"; J. S. Bach „Johannespassion"; Volkslieder, Madrigale; Montag 18—20, Landesmusikschule, Saal. *Oberborbeck*

Chorsingen: Alte und neue Chorliteratur und neue Kantaten für Abt. III, Dienstag 16—18. *Warner*

Madrigalchor des Steirischen Musikschulwerks (wahlfrei), Donnerstag 18—20, Landesmusikschule, Zimmer 7. *Marx*

Hochschulorchester, Freitag 15—17, Zimmer 17. *Grunsky*

Kammermusik.

Instrumentales Zusammenspiel in verschiedener Besetzung: Abt. I, II, III, einstündig (nach Vereinbarung). *Grunsky, Metzner, Kuhlmann, Seelig, Watkinson*

Dirigieren.

Chor- und Orchesterleitung: Gruppe 1, wahlfrei, Montag 10—11, Zimmer 16. *Oberborbeck*

Chor- und Orchesterleitung: Gruppe 2, wahlfrei, nur nach Zulassungsprüfung, Montag 11—12, Zimmer 16. *Oberborbeck*

Singleitung: Abt. I, Donnerstag 10—11, Zimmer 16. *Oberborbeck*

Sing- und Spielgruppenleitung: Abt. II, Montag 13—14, Zimmer 12. *Warner*

Sing- und Spielgruppenleitung: Abt. III, Montag 12—13, Zimmer 1 und 9. *Illenberger*

Satzlehre.

Musiklehre, Satzlehre, Kontrapunkt, Komposition: Abt. I, II, III in kleinen Gruppen (nach Vereinbarung). *Haager*

Kursstunden in Satzlehre: Abt. III, 4. Sem., Freitag 8—9; Abt. II, 5. und 6. Sem., Freitag 9—10; 3. und 4. Sem. Freitag 10—11. Zimmer 9. *Marx*

Instrumentale Haupt- und Pflichtfächer, Gesang und Stimmbildung.

Einzel- und Gruppenunterricht (nach Vereinbarung).
Einführung in das Clavichord-, Spinett- und Orgelpositivspiel, einstündig nach Vereinbarung, Zimmer 1. *Illenberger*

Sprecherziehung, Deutsche Literatur, Fest- und Feiergestaltung.

Praktische Übungen im Sprechen von Poesie und Prosa, Übungen in freier Rede, Abt. III, 4. und 5. Sem. (nach Vereinbarung). *Otten*

Grundzüge der Deutschen Literatur für Studierende der Abt. II und III, während 2 Semester, Montag 11—12, Zimmer 12. *Papesch*

Fest- und Feiergestaltung in der Hitler-Jugend, Abt. III, verbindlich während 2 Semester, Donnerstag 14—16. *Blum*

Kunstgeschichte.

Zweistündig, Abt. II, III, 2. Sem., Donnerstag 16—18, Palais Herberstein, Sackstraße. *Riehl*

Körperliche Erziehung.

Gymnastik (wahlfrei): Dienstag 11—13, Zimmer 17. *Kerl*

Gruppentanz für Fortgeschrittene (wahlfrei): Freitag 12—13, Zimmer 17. *Warner*

Gruppentanz für Anfänger (nach Vereinbarung).
Sport (im Rahmen der Erziehungsarbeit des NS.-DStB.)
Sportliche Grundausbildung für Studenten für alle Studierenden durch 3 Semester, Hochschulinstitut für Leibesübungen, Mittwoch 8—9.30.

Wöchentliche Pflichtveranstaltungen für alle.

Mittwoch-Konzerte des Steirischen Musikschulwerks (siehe Veranstaltungsplan).
Schulungsstunden: Freitag 18—19, Saal der Landesmusikschule (siehe Veranstaltungsplan).

Gastdozenten und Dozenten der Hochschule

Vorspielstunde: Dienstag 12—13, Zimmer 18, jeweils verbindlich für die betreffende Abteilung, deren Angehörige vorspielen. *Direktor oder Abteilungsleiter*

Die Staatliche Hochschule für Musikerziehung, Graz, besteht aus der

Abteilung 1: Institut für Schulmusik (Professor Dr. Felix Oberborbeck)

Abteilung 2: Seminar für Musikerzieher (Dr. Ludwig Kelbetz, vertreten durch Dr. Georg Kuhlmann)

Abteilung 3: Musikerzieherlehrgang der Hitlerjugend (Reinhold Heyden, vertreten durch Dr. Theodor Warner)

Direktor:
* Professor Dr. Felix Oberborbeck, Direktor
* Dr. Ludwig Kelbetz, Stellvertretender Direktor

Planmäßige Lehrer der Hochschule:
Wolfgang Grunsky, Violoncello, Gambe und Kammermusik
* Ernst Günthert, Klavier
* Reinhold Heyden, Musikerziehung
Franz Illenberger, Orgel und Klavier
* Dr. Ludwig Kelbetz, Musikerziehung, Rhythmische Erziehung
* Heinrich Kohnle, Flöte
* Walter Kolneder, Satzlehre
Dr. Georg Kuhlmann, Klavier
Karl Marx, Komposition und Satzlehre
Professor Dr. Felix Oberborbeck, Direktor
* Bernd Poiß, Sprecherziehung
* Joseph Schröcksnadel, Violine und Orchester
* Dr. Theodor Warner, Stimmbildung
* Dr. habil. Walther Wünsch, Musikgeschichte

Mit Unterricht beauftragte Lehrer der Landesmusikschule:
* Rupert Doppelbauer, Gambe
Herta Günthert, Violine
Klara Kaempfe, Klavier
Professor Hugo Kroemer, Klavier
Hertha Meiser, Violine
Johanna Seelig, Klavier
Anneliese Watkinson, Flöte und Blockflöte

Mit Unterricht beauftragt:
Dr. Anton Krainz, Stimmbildung
Otto Krischke, Steirisches Lied- und Spielgut
Hanns Muchitsch, Anweisung Musikunterricht in der Schule
* Dr. habil. Georg Wolfbauer, Kunstgeschichte

Vertreter für Wehrmachtsangehörige: Zur Vertretung der zur Wehrmacht einberufenen Dozenten haben sich zur Verfügung gestellt:
Hilde Blum, Fest- und Feiergestaltung
Dr. Max Haager, Satzlehre
Truda Kerl, Gymnastik
Dr. Roman Klasinc, Klavier
Professor Karl Krehan, Violine
Fritz Metzner, Violine, Methodik
Peter Otten, Sprecherziehung
Reg.-Dir. Dr. Josef Papesch, Deutsche Literatur
Univ.-Prof. Dr. Hans Riehl, Kunstgeschichte

* Zum Wehrdienst einberufen

Vorlesungsverzeichnis der Hochschule für Musikerziehung in Graz-Eggenberg. (Original aus dem Privatbesitz von Klaus Oberborbeck)

Besuch von Reichsfeldmarschall Hermann Göring an der Staatlichen Hochschule für Musikerziehung in Graz-Eggenberg. (Foto aus dem Privatbesitz von Erna Schlenz)

Dirigier- und Chorübungen der Abteilung I mit Felix Oberborbeck. (Foto aus dem Privatbesitz von Ursula Steinecke)

Flöte und Blockflöte (ab SS 1941):[740]

Heinrich Kohnle (als SS 1942 als planmäßiger Lehrer)[741]

Flöte und Blockflöte (ab SS 1942):[742]

Anneliese Watkinson

Hilfslehrer:

Klavier:
Klavier (ab SS 1942):[743]
Stimmbildung (ab SS 1942):[744]

Gerda Reinitzer
Dr. Roman Klasinc
Dr. Anton Krainz
Therese Pömsl-Ulz

Dazu kommen in Laufe der Jahre weitere im Unterricht beauftragte Lehrkräfte, die teils Lehrer des Steirischen Musikschulwerkes oder der Universität, teils Mitglieder des Städtischen Orchesters und teils politische und staatliche Funktionäre sind:[745]

Kunstgeschichte (ab SS 1941):[746]
Kunstgeschichte (ab SS 1942):[747]
Steirisches Lied- und Spielgut
(ab SS 1941):[748]
Rhythmische Erziehung:
(ab WS 1943/44):[749]
Satzlehre (ab WS 1941/42):[750]
Gymnastik (ab SS 1942):[751]
Violine (ab SS 1942):[752]
(ab SS 1943):[753]

(ab SS 1944):[754]
Musikalische Volkskunde (ab SS 1944):[755]
Anweisung zum Unterricht in der
Schule (ab SS 1942):[756]
Methodik des Schulunterrichts
(ab SS 1944):[757]
Sprecherziehung (ab SS 1942):[758]
Fest und Feiergestaltung
(ab WS 1942/43):[759]
(ab SS 1943):[760]

Violine/Methodik (ab WS 1942/43):[761]
Deutsche Literatur
(ab WS 1942/43):[762]
(ab WS 1943/44):[763]
Instrumentationslehre und Dirigieren
(ab WS 1943/44):[764]
Flöte und Kammermusik (ab SS 1943):[765]
Oboe und Kammermusik (ab SS 1943):[766]
Kontrabaß (ab SS 1943):[767]
Klavier (ab SS 1943):[768]

Klarinette (ab SS 1943):[769]
Flöte (ab SS 1943):[770]

Dr. Georg Wolfbauer
Univ.-Prof. Dr. Hans Riehl

Otto Krischke
Margarethe von Reeden
Herta Wyneken
Dr. Max Haager
Trude Kerl
Karl Krehahn
Martha Eitler
Oskar Ernst
Heidi Gigler
Dr. Karl Haiding

Paula Muchitsch

Hans Legat
Peter Otten

Hilde Blum
Anneliese Bösken
Dr. Erika Horn
Lilly Metzner

Reg.-Dir. Dr. Josef Papesch
Dr. Karl Adolf Mayer

Wilhelm Schenk
Ursula Berkenkamp
Werner Berkenkamp
Josef Faltys
Ludovika von Kaan
Ilse Kern
Maria Rosanelli
Franz Längauer
Engelbert Pirker

Waldhorn (ab SS 1943):[771]	Eduard Zugmeister
Fest- und Feiergestaltung und musikalische Volkskunde (ab SS 1943):[772]	Anneliese Bösken
Instrumentation für Orchester (ab SS 1943):[773]	Hans Holenia
Stimmbildung und Methodik (ab SS 1943):[774]	Hans Hollmann
	Hans Zeilinger
Darstellendes Spiel (ab SS 1943):[775]	Dr. Erika Horn
Stimmbildung (ab SS 1943):[776]	Lony von Metsch
Orgel und Klavier (ab SS 1943):[777]	Hermann Peter Schelling
Gitarre (ab SS 1944):[778]	Karl Frießnegg

Was die planmäßigen Lehrer der Hochschule betrifft kann also – um noch einmal kurz zurückzublicken – Papesch seine personellen Vorstellungen weitestgehend verwirklichen. Nicht verwirklichen kann er hingegen seine Pläne bezüglich Status der betreffenden Personen: In seinem Entwurf sind neben mehreren Dozenten mindestens fünf Professoren vorgesehen, faktisch ist aber noch im Herbst 1941 kein einziger von ihnen ernannt, was sowohl die Hochschule – vermutlich Oberborbeck – als auch die Reichsstatthalterei zu Anfragen an den Reichserziehungsminister veranlaßt. Vor allem geht es um Kelbetz, Heyden, Marx und Warner. *„Da der Antrag über ein Jahr läuft, erlaube ich mir die Anfrage, wann mit einer Erledigung dieser Anträge zu rechnen ist."*[779] Daneben ist auch für Oberborbeck – der allerdings in diesem Schreiben nicht angeführt ist – erneut um eine Professur anzusuchen, da diesem anläßlich seiner Lehrtätigkeit an der Staatlichen Hochschule für Musik die Dienstbezeichnung „Professor" nur für die Dauer seiner Tätigkeit an dieser speziellen Hochschule verliehen worden ist.[780] Scheinbar sind die nach Berlin übermittelten Anträge unzureichend gewesen oder verlorengegangen, denn Ende April 1943 wird die Reichsstatthalterei und in weiterer Folge Oberborbeck abermals aufgefordert, die entsprechenden Unterlagen zu übermitteln. Trotzdem wird es – nach mehrmaliger Urgenz durch das Ministerium – Anfang Februar 1944 werden, bis die entsprechenden Anträge endlich nach Berlin geschickt werden.[781] Ob und wann die Ernennung der vier Lehrer – Kelbetz ist inzwischen gefallen, an seiner Stelle wird Grunsky für eine Professur vorgeschlagen – erfolgt, ist aus den erhaltenen Quellen nicht rekonstruierbar, lediglich Oberborbecks Ernennungsurkunde ist vorhanden. Ihm wird am 19. Juni 1944 *„im Namen des Führers ... für die Dauer seiner Tätigkeit an einer deutschen Hochschule"* von Reichsminister Rust die Dienstbezeichnung „Professor" verliehen.[782]

Doch abgesehen davon gibt es schon seit längerer Zeit ganz andere Schwierigkeiten zu lösen, die vor allem durch die steigende Zahl von Einberufungen von Lehrern zur Wehrmacht – die in einem eigenen Abschnitt behandelt werden soll – ausgelöst wird.

5.2.3.8 Finanzierung

Die Finanzierung der Hochschule für Musikerziehung in Graz sieht in der ersten Planungsphase[783] einen laufenden Etat zwischen 180.000,– und 200.000,– Reichsmark pro Jahr vor, dazu soll im ersten Jahr noch ein einmaliger Anschaffungs-Etat von 250.000,– Reichsmark erforderlich sein. Im Detail stellt man sich die Ausgaben folgendermaßen vor:

PERSONAL-ETAT	
5 Professorenstellen à monatlich RM 800,–	48.000,–
7 Dozentenstellen à monatlich RM 500,–	42.000,–
Leiterzulage für den Direktor	2.400,–

100 Unterrichtsstunden von Hilfskräften pro Woche à RM 6,– durch 10 Monate	28.000,–
Sekretär monatlich RM 250,–	3.000,–
Bibliothekar monatlich RM 250,–	3.600,–
Schreibhilfe	1.200,–
Hauswart	2.400,–
Heizer	1.200,–
zusammen	131.800,–
SACH-ETAT	
Bücher/Noten	10.000,–
Studienreisen der Dozenten	3.000,–
Beheizung	3.000,–
Beleuchtung	1.000,–
Reinigung	1.000,–
Telefon	1.000,–
Bürobedarf	3.000,–
Reisekosten für Studierende zu Veranstaltungen, Konzerten, Lagern	5.000,–
Instrumenteninstandhaltung	5.000,–
Stipendien für begabte Studierende	5.000,–
Schulungswochen und Kurse	10.000,–
zusammen	48.000,–
Gesamtsumme	179.800,–

Obwohl dieser erste Entwurf für eine entsprechende Eingabe an das Ministerium für innere und kulturelle Angelegenheiten in Wien bereits auf einen Personalaufwand von 119.000,– und einen Sachaufwand von 38.000,– Reichsmark gekürzt wird, bezeichnet das Ministerium diesen Betrag hinsichtlich der Annahme, daß es sich um keine Hochschule handeln wird, vor allem was die Personalkosten betrifft, als viel zu hoch und stellt die wesentlich niedrigeren Personalkosten der bisherigen Abteilung für Kirchen- und Schulmusik an der Staatsakademie in Wien gegenüber und bemängelt im übrigen, daß *„aus den vorliegenden Elaboraten"* die Anzahl der Wochenstunden nicht zu entnehmen sei. Des weiteren sei noch völlig unklar, ob das Reichsministerium für Wissenschaft, Erziehung und Volksbildung tatsächlich die Kosten von etwa 200.000,– Reichsmark aufbringen wird. Wenn dies nicht der Fall sein sollte, könnte eventuell ein ähnlicher Finanzierungsschlüssel wie für das Konservatorium in Klagenfurt, d. h. 40% Land Österreich, 30% Gau Steiermark und 30% Stadt Graz, in Erwägung gezogen werden, der übrigens auch im Falle der Übernahme der laufenden Kosten durch das Reichsministerium für den einmaligen Einrichtungsetat von 250.000,– Reichsmark gelten würde.[748]

Wie das Ministerium für innere und kulturelle Angelegenheiten in Wien angenommen hat, übernimmt das Reichsministerium die Kosten in voller Höhe tatsächlich nicht, so daß für die vorläufige Finanzierung dann ein neuer Schlüssel – 40% Reichsministerium, 30% Gau Steiermark und 30% Stadt Graz – unter Ausklammerung der Unterrichtsräume, die vom Land Steiermark kostenlos zur Verfügung gestellt werden sollen – ausgearbeitet wird.[785] Die Gewährung des Reichsanteils, der an die Sicherung des Landesanteils[786] sowie die Trägerschaft des Landes[787] gebunden ist, ist allerding definitiv noch immer nicht gesichert, die Finanzierung der Einrichtungskosten durch das Reich wird überhaupt abgelehnt,[788] so daß der Reichsgau auch für die Einrichtung einen Betrag von 80.000,– Reichsmark zur Verfügung stellen muß, was eine Ausstattung allerdings nur in eingeschränktem Maß zuläßt.[789] Da auch im Juni 1939 noch immer nicht die Höhe des Reichszuschusses geklärt ist, wird der Betrieb der Hochschule ab September in auf 60 Prozent reduziertem Umfang aufgenommen.[790] Schließlich erfolgt – trotz bereits erhaltener Zusage des Reichsministers für Wissenschaft, Erziehung und Volksbildung[791] – überhaupt eine Absage des Reiches, für das Rechnungsjahr 1939/40 einen Beitrag zur Hochschule für Musikerziehung in Graz zu leisten,[792] was bedeutet, daß der Reichsgau Steiermark und die Stadt Graz zur Gänze dafür aufkommen müssen. Davon ausgenommen ist lediglich die Abteilung III, der Lehrgang für Jugend- und Volksmusikleiter, für welchen seitens der Reichsjugendführung starkes Interesse besteht und die daher einen Teilbeitrag zu dessen Führung leistet.[793]

Die Beschaffung der nötigen Unterrichtsräumlichkeiten für die neue Hochschule wird nun seitens des Reichsgaues Steiermark dadurch gelöst, daß vom Grafen Herberstein das Schloß Eggenberg um 839.700,– Reichsmark angekauft[794] und bis zur geplanten Errichtung eines *„Hauses der Musikerziehung"* im Zuge der Neugestaltung der Stadt der Volkserhebung – die Kosten dafür werden zwischen 800.000,– und 1,000.000,– Reichsmark veranschlagt[795] – dafür zur Verfügung gestellt wird. Bei einer ersten Schloßbegehung muß festgestellt werden, daß, um das Schloß für die vorgesehenen Zwecke verwenden zu können, noch Adaptierungsarbeiten in beträchtlicher Höhe – bis November 1939 werden dafür 175.000,– Reichsmark aufgewendet werden müssen[796] – vorzunehmen sind. Mit Einbruch der kalten Jahreszeit stellt sich dann heraus, daß aufgrund fehlender Isolierungen ständig alle Räume zusätzlich mit Elektroöfen geheizt werden müssen, was den entsprechenden Haushaltsposten in unvorhergesehener Weise beträchtlich in die Höhe treibt.[797]

Es würde zu weit führen, alle Haushaltspläne, die gemäß den Hochschulsatzungen jährlich zu erstellen sind,[798] darzustellen, vielmehr soll zu Vergleichszwecken mit der ursprünglichen, oben darstellten Planung der Haushaltsplan 1941[799] näher beleuchtet werden. Dieser sieht einen Gesamtzuschußbedarf des Reichsgaues in Höhe von 222.750,– Reichsmark – ursprünglich waren 30% der Gesamtsumme von 179.800,– Reichsmark als Beitrag des Gaues veranschlagt – mit folgender Gliederung vor:

Personalausgaben	197.890,–
Sachaufwand	59.600,–
Einmalige Ausgaben	13.500,–
Außerordentliche Ausgaben	25.500,–
Laufende Einnahmen	20.140,–
Zuschuß der Stadt Graz	53.100,–
Laufender Zuschuß des Reichsgaues	184.250,–
Gesamtzuschußbedarf des Reichsgaues	222.750,–

Wie aus diesen Aufstellungen zu ersehen ist, machen die Personalkosten einen Großteil des Gesamtaufwandes aus. Die Lehrkräfte werden ab der Anerkennung der Hochschule durch das Reichsministerium für Wissenschaft, Erziehung und Volksbildung gemäß dem staatlichen Besoldungsrecht entlohnt,[800] lediglich mit Oberborbeck besteht eine Sondervereinbarung mit dem Reichsgau.[801] Die planmäßigen Lehrer der Hochschule erhalten im Jahr 1940 folgende Jahresgagen:[802]

		Wochenstunden	davon an der HS
Felix Oberborbeck	14.880,–	12	8
Wolfgang Grunsky	6.000,–	22	16
Ernst Günthert	4.800,–	24	20

		Wochenstunden	davon an der HS
Reinhold Heyden	7.440,–	24	12
Norbert Hofmann	6.000,–	22	16
Franz Illenberger	6.240,–	24	20
Ludwig Kelbetz	9.120,–	24	12
Walter Kolneder	6.240,–	24	20
Karl Marx	10.080,–	24	18
Bernd Poieß	6.000,–	24	20
Joseph Schröcksnadel	3.240,–	22	18
Theodor Warner	6.240,–	24	20
Walter Wünsch	6.000,–	24	12

Für Mehrleistungen der Hochschullehrer wird im Gegensatz zu jenen der Landesmusikschule und der „Musikschulen für Jugend und Volk" keine Vergütung geleistet.[803] Mit den Mitgliedern des Mozart-Quartetts – Hofmann, Schröcksnadel, Schmidtner und Grunsky – besteht hinsichtlich ihrer Unterrichtsverpflichtung eine Sondervereinbarung, nach der auf die für die Kriegsdauer auf 28 Wochenstunden erhöhte Lehrverpflichtung für Proben und Veranstaltungen des Quartetts 6 Stunden, für Proben im Landesorchester 3 Stunden und für die Weiterbildung eine Stunde – zusammen also zehn Stunden – eingerechnet werden, und demnach 18 Stunden tatsächlich zu unterrichten sind.[804]

Auch für die Beschaffung erstklassiger Instrumente für das Quartett werden seitens der Reichsstatthalterei scheinbar keine Kosten gescheut, andererseits erfolgen – wohl aufgrund der Nichtfinanzierung der Hochschule durch das Reich – strenge Sparmaßnahmen, die soweit gehen, daß etwa die Anzeigen und Veranstaltungshinweise in Zeitschriften und Zeitungen in der Anzahl oder zumindest in der Größe der Einschaltung reduziert werden müssen, Schülerveranstaltungen nicht mehr plakatiert und Programme dafür nicht mehr gedruckt werden dürfen sowie der Telefonverkehr einer strengen Kontrolle unterzogen wird.[805] Dies hat im weiteren zur Folge, daß sich die Hochschule weigert, künftig die Heiz- und Telefonkosten für den einquartierten Luftschutz mitzutragen.[806]

5.2.3.9 Probleme

5.2.3.9.1 Einschränkungen durch den Luftkrieg

Die Probleme mit dem Luftschutz sind bereits symptomatisch für die Veränderungen, die sich durch den Krieg ergeben, stellen allerdings nur einen – wenn auch wesentlichen – Teilbereich der Einengungen dar und können unter dem Titel „Raumnot" zusammengefaßt werden. Ursprünglich stehen der Hochschule im Schloß Eggenberg – zumindest theoretisch – 42 Räume zur Verfügung,[807] deren Inanspruchnahme sich aber nur zögernd realisieren läßt. Vorerst sind es ehemalige Bedienstete des Grafen Herberstein, die infolge der in Graz herrschenden großen Wohnungsnot die sechs von ihnen bewohnten Zimmer trotz Kündigung nicht rasch genug räumen können.[808] Dies führt u. a. zur Situation, daß der Zugang zu den Aufenthaltsräumen nur durch die Zimmer der Hausgehilfinnen möglich ist,[809] oder Übungszimmer nicht benützt werden können, da sie als Lagerräume für die Herbersteinschen Möbel dienen.[810] In dieser Situation überlegt die Landesregierung sogar, gerichtliche Schritte zur Durchsetzung ihrer Forderungen einzuleiten[811] und etwa die Sakristei der Schloßkapelle als Übungsraum einzurichten.[812]

In dieser ohnehin bereits angespannten Situation erfolgt aufgrund der durch den zunehmenden Luftkrieg notwendig gewordenen erhöhten Luftschutzmaßnahmen die Einquartierung von 170

Mann Luftschutzpolizei, zu deren Unterbringung sieben Räume der Hochschule beschlagnahmt werden. Nun müssen die Teilnehmer des Lehrgangs für Jugend- und Volksmusikleiter außerhalb bei den Schulschwestern untergebracht werden – was einer gewissen ideologischen Absurdität nicht entbehrt –, und Oberborbeck muß Räume seiner Dienstwohnung zu Übungszwecken abtreten.[813] Die zu Ostern 1940 „eingerückten" Teilnehmer des Lehrgangs für Jugend- und Volksmusikleiter müssen in für den Unterricht vorgesehenen Räumen einquartiert werden, was – wie Oberborbeck es ausdrückt – zu einer Hochschule unwürdigen Zuständen führt: *„Kleider und Gegenstände hängen an Betten und Öfen, Übungen werden auf den Toilettenanlagen der Hochschule abgehalten",*[814] andere Studierende üben und arbeiten im Park, Pianisten stehen lediglich zehn Übungsstunden pro Woche zur Verfügung. In weiterer Folge werden Vorlesungen und Übungen auf den Nachmittag verlegt und den Studierenden am Vormittag Unterrichtszimmer an der Landesmusikschule zur Verfügung gestellt. Die neuen Jahrgänge des Lehrgangs müssen überhaupt privat wohnen.[815]

Von nun an werden immer wieder Züge von Luftschutzeinheiten einquartiert und Räume – manchmal sogar Betten der im Schloß wohnenden Lehrgangsteilnehmer – beschlagnahmt, was Kapfhammer die Forderung nach einer Verlegung dieser Einheiten erheben läßt, zumal neben den regulären Studierenden ab Sommersemester 1942 auch Singleiterinnenlehrgänge für den weiblichen Arbeitsdienst und für „Volkstumswartinnen für die Ostgebiete" beginnen. Diese Ausbildung sei *„kriegswichtig genug, daß sich eine solche Bitte rechtfertigen läßt".*[816] Im Juni 1942 kommt es dann zu einer entsprechenden Vereinbarung zwischen Reichsstatthalterei und Polizeipräsidium, die betreffenden Räume wirklich nur im Ernstfall in Anspruch zu nehmen,[817] doch der Umfang des diesbezüglichen Schriftverkehrs zeigt, daß auch in den folgenden Jahren eine Verminderung dieser Einsätze kaum zu vermerken ist[818] und schließlich Anfang 1944 einen weiteren Höhepunkt in der Beschlagnahme auch von Privatwohnungen der Lehrkräfte – die inzwischen aufgrund der vorher beschriebenen Situation Teile des Unterrichts dorthin verlegten – findet.[819]

Dieser Situation des erhöhten Luftschutzbedarfes ist auch die Telefonanlage der Hochschule trotz der oben beschriebenen Einschränkungen kaum gewachsen, welche die Oberleitung des Steirischen Musikschulwerkes, die Leitung der Hochschule für Musikerziehung, die Studentenführung, die Heimleitung des Lehrgangs für Jugend- und Volksmusikleiter und nun auch noch die Luftschutzbereitschaft, somit sechs verschiedene Dienststellen von einer einzigen Zentrale aus zu versorgen hat. Daher unterstützen auch die verschiedenen Polizeidienststellen die Bemühungen Oberborbecks um Erweiterung der Anlage, da *„die gegenwärtige Luftlage . . . schnellste fernmündliche Befehlsübermittlung (erfordert) und . . . diese Übermittlungen immer auf Schwierigkeiten (stoßen), weil das Telefon der Musikhochschule infolge Überlastung besetzt ist".*[820] Die Installierung eines zweiten Telefonanschlusses wird jedoch mit der Begründung, daß der Betrieb der Hochschule nicht kriegswichtig sei – ein Widerspruch zu zahlreichen anderen Schriftstücken –, abgelehnt.[821] Somit bleibt als Maßnahme gegen etwaige Lufangriffe lediglich die Anordnung, daß bei Konzerten *„Behelfe zur Verhütung von Bränden"* – eine Einstellspritze, ein Wasserkübel, ein Löschkotzen sowie Notbeleuchtungen – bereitgestellt werden[822] und den Studierenden, *„da mit Rücksicht auf die gesteigerten feindlichen Fliegerangriffe die Gefahr der Vernichtung der bei den Hochschul-Sekretariaten aufbewahrten Studienpapiere durch Brand oder Sprengwirkung besteht",* ihre Dokumente sofort wieder zurückgegeben werden müssen.[823]

Aufgrund der nunmehr auch in Graz angestiegenen Bedrohung durch den Luftkrieg werden auch ursprüngliche Pläne, die Hochschule als Ausweichquartier für den das Seminar für Musikerzieher der Hitlerjugend an der Hochschule für Musikerziehung in Berlin-Charlottenburg vorzusehen, fallengelassen.[824] Aus demselben Grund wird vom Reichsminister für Wissenschaft, Erziehung und Volksbildung angeordnet, daß für alle Hochschulen – man beachte die dem kurz zuvor Geschilderten widersprechende Argumentation – Ausweichquartiere zu organisieren seien:

Durch die Terrorangriffe der Gegner sind verschiedentlich auch Gebäude betroffen worden, in denen Kunst- und Musikhochschulen untergebracht sind. Der Unterrichtsbetrieb an diesen Hochschulen ist als kriegswichtig anerkannt. Es ist daher die Aufrechterhaltung des Unterrichtsbetriebes mit allen Mitteln anzustreben, und zwar, solange irgend möglich, am bisherigen Orte. Wenn ein geregelter Unterrichtsbetrieb mangels einer geeigneten Unterbringungsmöglichkeit an diesem Ort – auch in einer Ersatzunterkunft – nicht mehr möglich ist, so ist der Betrieb der betreffenden Hochschule an der dafür vorbereiteten Ausweichstelle weiterzuführen.[825]

Zur Schaffung einer Ausweichstelle für Eggenberg kommt es allerdings – wohl auch aufgrund der Tatsache, daß Schloß Eggenberg selbst Ausweichstelle ist[826] – nicht mehr. Als die Landesmusikschule Anfang Dezember 1944 von einer Fliegerbombe getroffen und schwer beschädigt wird, setzt eine hektische Sicherungstätigkeit ein, in deren Verlauf wertvolle Noten und Instrumente in einer „Bergungsaktion Joanneum" in Zusammenarbeit mit dem Propagandaamt an verschiedene Orte in Sicherheit gebracht werden.[827]

5.2.3.9.2 Einschränkungen durch Materialmangel

Bald nach Kriegsbeginn werden erste Bewirtschaftungsmaßnahmen wichtiger Güter getroffen und am 28. August 1939 damit einhergehend ein Bezugsscheinsystem eingeführt. Daneben stellt die Kraftstoffversorgung und damit eng verbunden die Benützung privater Kraftfahrzeuge eines der vordringlichsten Probleme dar, das sich auf die weitere Entwicklung des Musikschulwerkes und damit auch der Hochschule für Musikerziehung auswirkt. Anfang September wird die Benützung privater Fahrzeuge mittels Verordnung des Reichsverkehrsministers neu geordnet, wonach der Maßstab für die Erteilung einer Weiterbenützungsbewilligung mit „Aufrechterhaltung des Wirtschaftslebens und die Versorgung der Bevölkerung" nur vage definiert ist und demnach Anlaß zu zahlreichen Interventionen bietet.[828]

Unmittelbar nach dem Inkrafttreten dieser Verordnung sucht Kelbetz um Benzinzuteilung für Oberborbecks Privatwagen an, um wöchentlich etwa 180 Kilometer für Inspektionsreisen zur Verfügung zu haben.[829] Doch in Verfolgung der entsprechenden Vorschriften verweigert der Polizeipräsident diesbezügliche Forderungen und verlangt stattdessen überhaupt „die Stillegung des Kraftfahrzeuges St. 1623".[830] Die Argumentation Oberborbecks, der sich in weiterer Folge Pokorny und Papesch anschließen, daß das Fahrzeug zur Durchführung der Steirischen Musiktage, „die laut Anordnung des Reichsstatthalters . . . auch im Kriegswinter zur Stärkung der inneren Front in regelmäßigen Abständen stattfinden", benötigt werde,[831] wird vom Polizeipräsidium nicht geteilt, der Einspruch gegen den Bescheid abgelehnt und Oberborbeck für „besonders dringende Dienstreisen" die Anforderung eines Dienstfahrzeuges der Reichsstatthalterei empfohlen, für die die entsprechende Benzinmenge dann bewilligt werde.[832] Im April 1941 wird Oberborbecks Wagen überhaupt vom Militär eingezogen. „Aus diesem Grunde erübrigt sich das Ansuchen um Zulassung."[833]

Doch nicht nur Kraftfahrzeuge und Treibstoff werden mit fortdauerndem Kriegszustand knapp, 1943 tritt auch ein massiver Engpaß in der Musikliteratur auf:

Schon seit geraumer Zeit ist es nicht mehr möglich, deutsche Musikliteratur, selbst in den gängigsten und unentbehrlichsten Ausgaben käuflich zu erwerben. Völlig vergriffen sind beispielsweise die Lieder Mozarts, Schuberts, Schumanns und Wolfs, ebenso die Klavierauszüge unserer Meisteropern wie Lohengrin, Meistersinger, Fidelio, Zauberflöte ebenso wie die der großen Oratorien Matthäuspassion, Weihnachtsoratorium, Brahms Requiem, desgleichen sind die Partituren der Sinfonien und Kammermusikwerke Beethovens nicht mehr auf Lager und weder neu noch antiquarisch erhältlich. Es ist also die Lage eingetreten, daß die Schüler aller musikalischen Ausbildungsstätten nicht mehr in der Lage sind, das notwendige Studienmaterial anzuschaffen.[834]

Ähnlich stellt sich die Situation auf dem Sektor der wissenschaftlichen Fachbücher dar, ein Mangel, der *„die erfolgreiche Durchführung eines Studiums überhaupt in Frage (stellt)".*[835] In dieser Lage ist auch in Graz *„die Frage nach der Beschaffung des wichtigsten Notenmaterials für die Studierenden zu einer Unmöglichkeit geworden",*[836] und als Gegenmaßnahme wird – nachdem Oberborbeck schon sein privates Notenmaterial zur Verfügung stellte – die Schaffung einer „Steirischen Notenbibliothek" als musikalisches Pendant zur „Steirischen Landesbibliothek" ins Auge gefaßt. Diese soll Werke, *„die die Steiermark zum Inhalt haben oder verherrlichen . . ., Kompositionen geborener Steirer . . . und in der Steiermark gedruckte oder verlegte Werke",* sammeln.[837] Zur Realisierung dieses Vorhabens kommt es allerdings in Folge des weiteren Kriegsverlaufs nicht mehr.

Schließlich können auch kleine Anschaffungen infolge des Bewirtschaftungssystems nur mehr mit größtem bürokratischen Aufwand erfolgen. Um beispielsweise sechs Stück Krampen, ein Brecheisen und andere von der Polizei geforderte Werkzeuge für den Luftschutztrupp anzuschaffen, muß ein Ansuchen um Eisenscheine für 50 Kilogramm an die Gaukämmerei,[838] und für den Einkauf von einem Dutzend Handtücher, zwei Dutzend Staubtücher, zwei Dutzend Reibtücher und einem Dutzend Tischtücher für die Hochschule muß gar seitens der Reichsstatthalterei ein Antrag an den Deutschen Gemeindetag in Berlin (!) gestellt werden.[839]

5.2.3.9.3 Einschränkungen durch Personalmangel

Aufgrund der Altersstruktur – 1939 ist der älteste der planmäßigen Lehrer der Hochschule 40 Jahre und der jüngste gar nur 24 Jahre alt,[840] was ein erstaunlich niedriges Durchschnittsalter ergibt – ist die Hochschule natürlich mit Kriegsbeginn in zunehmendem Maße von den Einberufungen zum Kriegsdienst betroffen und damit *„früher als die übrigen Musikhochschulen vor eine schwierige Frage des Ersatzes gestellt".*[841]

Bereits 1940 sind von den planmäßigen und mit Unterricht beauftragten Lehrern Ernst Günthert, Heinrich Kohnle, Walter Kolneder, Karl Marx, Bernd Poieß und Walter Wünsch – also immerhin fast die Hälfte der planmäßigen Lehrkräfte – eingezogen, und ihre Fächer müssen von Stellvertretern übernommen werden. Für Wünsch liest nun Oberborbeck Musikgeschichte, für Günthert erteilen Gerda Reinitzer und Franz Illenberger, für Kohnle vorerst Kelbetz und, als dieser auch einberufen wird, bis zu dessen Einberufung Kolneder, und Kolneders Satzlehre wird von Karl Marx übernommen.[842] Auch wenn Kuhlmann sogar mittels Sondererlaß Hitlers von der Wehrmacht freigestellt wird,[843] ist dies nur ein Tropfen auf dem heißen Stein, und mit zunehmender Kriegsdauer erhöht sich die Zahl der Einberufenen ständig, so daß – wie auch aus obiger Aufstellung ersichtlich ist – ständig neue Ersatzkräfte eingestellt werden müssen, was natürlich wiederum eine gewisse notwendige Kontinuität des Hochschulunterrichts illusorisch macht. Aus diesem Grund ist es allerdings nicht ganz verständlich, warum 1940, als infolge der Optionspolitik in Südtirol zahlreiche Lehrer aufgrund ihrer Option für Deutschland ihre Stelle verlieren und nun – wie beispielsweise der Vizedirektor des Musiklyzeums in Bozen/Bolzano Alois Kofler oder Dr. Anton Maier – versuchen, an deutschen Hochschulen unterzukommen, die Reaktion Oberborbecks zwar prinzipiell positiv, aber trotz Drängens Papesch' – *„bitte um rasche Erledigung, der Mann könnte bei unserem Mangel sehr gebraucht werden"*[844] – doch eher kühl ist,[845] so daß zumindest Kofler schließlich in Straßburg eingestellt wird,[846] jedoch auch Maier künftig in keinem Grazer Lehrerverzeichnis auftaucht.

Einberufungen von planmäßigen und mit Unterricht beauftragten Hochschullehrern von 1940 bis 1944 (x = einberufen):

	1939/40[847]	1942[848]	1942/43[849]	1943[850]	1943/44[851]	1944[852]
Günthert	x	x	x	x	x	x
Kolneder	x	x	x	x	x	x
Marx	x	–	–	–	–	–
Poieß	x	x	x	x	x	x
Wünsch	x	x	x	x	x	x
Kohnle	x	x	x	x	x	x
Heyden	–	x	x	x	x	x
Kelbetz	–	x	x	gefallen		
Schröcksnadel	–	x	x	x	x	x
Doppelbauer	–	x	x	x	x	x
Wolfbauer	–	–	x	x	x	–
Illenberger	–	–	–	x	x	x
Warner	–	–	–	x	x	x
Hollmann	–	–	–	x	x	x
Zeilinger	–	–	–	–	–	x

Von dem Augenblick an, wo immer mehr Männer zum Kriegsdienst eingezogen werden, treten Frauen an ihre Stelle. Was in diesem Zusammenhang für die Betriebe der Obersteiermark gesagt wird, gilt in unvermindertem Ausmaß auch für die Hochschulen und Universitäten im allgemeinen und für die Hochschule für Musikerziehung in Graz im besonderen:

Der Ruf nach Leistungssteigerung, Arbeitseinsatz und Dienstpflicht reißt uns mit. Arbeit ist zur selbstverständlichen Forderung für alle geworden, und dies gilt ganz besonders für uns Frauen. Wir haben jetzt in den harten Kriegstagen die Arbeitsplätze der Männer einzunehmen und möglichst vollwertig auszufüllen... Was sagt uns aber die klare Sprache der Zeit, uns Frauen...? Daß es nicht nur unsere Pflicht ist, in jedem Arbeitsbereich die eingerückten Männer zu vertreten, sondern daß wir dabei unsere ganze weibliche Eigenart aufwenden sollen, um durch sie die kriegsbedingten Schwierigkeiten zu meistern und nirgends Reibungen aufkommen zu lassen. Die Frau im Betrieb ist heute keine Hilfskraft im althergebrachten Sinne mehr, sondern bereits eine vollwertige, gewissenhaft arbeitende und denkende Mitarbeiterin... Die Frau im Betrieb bedeutet keinen Widerspruch ihres ureigensten Wesens. Die berufstätige Frau kann auch hier ihre Berufung erfüllen, denn über all den maschinellen und technischen Fortschritten steht immer der Mensch, der zur vollen Kraftentfaltung eine wohlabgestimmte Atmosphäre braucht, und diese Atmosphäre zu schaffen und zu pflegen, das ist die zusätzliche Aufgabe der Frau.[853]

Oder an anderer Stelle wird mit fortschreitender Kriegsdauer noch drastischer und wohl auch unmißverständlicher formuliert:

Heute tragen die meisten unserer Männer, Väter und Söhne den grauen Soldatenrock, sind fern der Heimat, und ihr Arbeitsplatz ist leer. Der muß ersetzt werden... Dazu werden jetzt alle Frauen aufgerufen, vor allem die, die seit Kriegsbeginn ihre bisherigen Lebensverhältnisse unverändert einhalten konnten. Dieses geruhsame Leben können wir uns jetzt nicht mehr leisten. Die persönlichen Interessen müssen zurückstehen, da nur eines gilt: Siegen oder verlieren... Gewinnen wir alle diesen Krieg, oder gehen wir dorthin, wo Stalin uns haben will? Also weiterleben oder untergehen... Es geht nicht um die Arbeitsleistung als solche, nicht um den Verdienst oder um ein zusätzliches Einkommen, sondern: um die Zukunft unserer Kinder![854]

In konkreten Zahlen für die Hochschule für Musikerziehung stellt sich die Zunahme der Frauenbeschäftigung folgendermaßen dar:

WS 1939/40[855]	6 von 11	Wehrmacht 6
SS 1940[856]	4	
WS 1940/41[857]	6	
SS 1941[858]	5	
WS 1941/42[859]	2	
SS 1942[860]	9 von 14	Wehrmacht 9
WS 1942/43[861]	9 von 15	Wehrmacht 10
SS 1943[862]	14 von 21	Wehrmacht 12
WS 1943/44[863]	15 von 20	Wehrmacht 12
SS 1944[864]	14 von 25	Wehrmacht 12

Bereits Anfang 1942 erfordern die zahlreichen Einberufungen auch eine Umstellung der Organisationsstruktur der Hochschule. Kelbetz – Multifunktionär des Musikschulwerkes –, der bisher auch Personalreferent und stellvertretender Direktor der Hochschule war, wird nun durch Oberborbeck als Personalreferent abgelöst, die Direktorstellvertreterstelle wird geteilt in eine pädagogische und verwaltungstechnische Vertretung. Erstere wird nunmehr von Theodor Warner, zweitere von Franz Maria Kapfhammer bekleidet. Als Leiter der Steirischen Musikschulen wird Kelbetz vorerst durch Karl Romich ersetzt, als Führer des NS-Studentenbundes durch Franz Illenberger, als Abteilungsleiter der Abteilung II durch Kuhlmann. Die bisher von Reinhard Heyden geführte Abteilung III wird von Theodor Warner übernommen, als Lehrgangsleiterin fungiert an Stelle Heydens nun Hilde Blum, die Bücherei übernimmt anstelle von Walter Wünsch verantwortlich Oberborbeck und verwaltungstechnisch Maria Casotti.[865]

Ende 1944, als auch die Einberufung Oberborbecks – voraussichtlich zum Grenzwallbau – bevorzustehen scheint, werden auch seine Kompetenzen neu verteilt. Die Oberleitung des Steirischen Musikschulwerkes in musikalischen Fragen soll im Falle des Falles Otto Krischke, in verwaltungstechnischen Fragen Franz Maria Kapfhammer übernehmen, die Leitung der Hochschule für Musikerziehung in künstlerisch/pädagogischen Fragen Karl Marx bzw. in dessen Vertretung Lilli Löbmann, die Verwaltung ebenfalls Kapfhammer, seine Funktionen an der Landesmusikschule in musikalischer Sicht sollen durch Kroemer bzw. im Falle, daß auch dieser zum Grenzwallbau eingezogen wird, durch Hermann Kundigraber (Hofrat Pokorny korrigiert den Vorschlag Kundigraber jedoch auf Otto Krischke) wahrgenommen werden. Die Verwaltung der Landesmusikschule soll vorübergehend durch Dr. Josef Roeger erfolgen.[866] Die tatsächliche Einberufung Oberborbecks erfolgt am 8. Jänner 1945 nicht zum Grenzwallbau, sondern zur Wehrmacht.[867]

Die steigende Zahl der zur Wehrmacht oder zum Arbeitsdienst einberufenen Lehrer bewirkt auch eingreifende, über die personellen Umschichtungen von Aufgabenbereichen hinausgehende Veränderungen im Hochschulbetrieb. Obwohl die wöchentliche Stundenverpflichtung der Lehrkräfte an Hochschule und Landesmusikschule für die Dauer des Krieges generell von 25 auf 28 Wochenstunden hinaufgesetzt, das dreistündige Orchester nur mehr mit einer Stunde, die insgesamt sechs Stunden Teilnahme an Arbeitsgemeinschaften, Lehrerchor, Schulungsstunden und Sport ebenfalls nur mehr mit einer Stunde auf die Lehrverpflichtung angerechnet werden und der bislang in Dreiergruppen erteilte Gruppenunterricht nunmehr zu viert erteilt wird, Kursdoppelstunden halbiert, Nebeninstrumentalunterricht nur mehr in Gruppen, statt wie bisher als Einzelunterricht gegeben und Vorlesungen von zwei auf eineinhalb Stunden reduziert werden,[868] reicht das Lehrkräftepotential nicht aus, die fehlenden Lehrer vollständig zu ersetzen, was unweigerlich eine Einschränkung und damit verbunden ein qualitatives Absinken des Unterrichts mit sich bringt. Der Reichsminister für Wissenschaft, Erziehung und Volksbildung sieht sich daher veranlaßt, generell auf dieses Problem einzugehen und anzuordnen, daß Klassen, für die geeignete Lehrkräfte fehlen, stillzulegen sind. *„Unzulängliche Vertretung eines Fachgebietes durch Heranziehung nicht genügend qualifizierter Vertretungs-*

kräfte oder durch stärkere zeitliche Kürzung des Unterrichts muß unbedingt vermieden werden. "[869] Die Hochschule in Graz reagiert auf diesen Erlaß jedoch nicht mit Stillegung von Abteilungen, sondern offiziell mit Reduzierung durch beschränkte Aufnahme neuer Studierender.[870] Faktisch ist jedoch davon – wie ein Blick auf die Neuaufnahmen der Hochschule zeigt – nicht nur wenig zu bemerken, im Gegenteil; im Hinblick auf die Tatsache, daß die Hauptaufnahme im jeweiligen Sommersemester stattfindet, erreicht die Zahl der Aufnahmen in diesem Jahr überhaupt den höchsten, jene des folgenden Jahres den zweithöchsten Stand im gesamten Zeitraum des Bestehens der Hochschule.[871]

SS	1939	18	SS	1942	17
WS	1939/40	15	WS	1942/43	43
SS	1940	28	SS	1943	13
WS	1940/41	13	WS	1943/44	32
SS	1941	49	SS	1944	24
WS	1941/42	5			

Hochschulintern versucht man daher, die Ausfälle einerseits durch die Anstellung bombengeschädigter Lehrkräfte aus anderen Gebieten zu kompensieren,[872] und andererseits sich abzeichnende Einberufungen durch die Erreichung einer Uk-Stellung des betreffenden Lehrers zu verhindern. „Uk" ist die militärrechtliche Kennzeichnung von Personen, die wegen Unentbehrlichkeit in ihrer momentanen zivilen Tätigkeit „unabkömmlich" und daher vom Wehrdienst freigestellt sind.[873] Im August 1941 werden Uk-Anträge für Walter Kolneder, der Karl Marx, welcher im Sommersemester 1941 den gesamten Theorieunterricht allein bewältigen mußte, da auch der erste Theorielehrer der Landesmusikschule, Rupert Doppelbauer, bei der Wehrmacht ist, entlasten soll, und für Ernst Günthert[874] sowie für die bisher durch Bemühungen des Reichspropagandaministeriums Uk-gestellten Mitglieder des Mozart-Quartetts, Hofmann, Schröcksnadel und Schmidtner, die von dort nicht mehr weiterbetreut werden können, da die Wehrmacht keine Listen von Uk-gestellten Künstlern mehr anerkennt,[875] gestellt. Dies steht im krassen Widerspruch zur Auffassung des Reichspropagandaministeriums, welches, nachdem *„Musik ... heute mehr denn je die große Aufgabe (hat), unser Volk zu heben und seine seelischen Kräfte zu stärken"*, anordnet, daß alle Maßnahmen zu treffen seien, *„um einen planmäßigen und schlagkräftigen Einsatz auf dem Konzertwesen während des Krieges zu sichern".*[876] Auf Intervention des Propagandaamtes wird daher zumindest Hofmann vom Wehrdienst befreit.[877]

In weiterer Folge lehnt Oberborbeck jedoch die Durchführung künftiger Kurzlehrgänge an der Hochschule ab, sollten nicht noch andere Lehrer – vor allem Kelbetz, Heyden, Wünsch, Poieß und Schröcksnadel – den Uk-Status zugesprochen bekommen.[878] Betroffen davon wären vor allem drei dreiwöchige Lehrgänge im Zeitraum von Dezember 1942 bis Februar 1943.

5.2.3.9.4 Einschränkungen durch Arbeitsdienstverpflichtungen

Konnte vorerst – wie oben berichtet – der Einsatz der Studierenden der Hochschule in den Rüstungsbetrieben und bei der Ernte – nicht zuletzt aufgrund der Unterstützung durch Goebbels persönlich – verhindert, bzw. durch die Durchführung von „Volkstumseinsätzen" oder Wehrbetreuungsfahrten kompensiert werden, so wird dies mit dem *„Erlaß des Führers über den umfassenden Einsatz von Männern und Frauen für Aufgaben der Reichsverteidigung"* vom Jänner 1943[879] – wie übrigens auch die Uk-Stellungen – faktisch unmöglich gemacht.

Das Ziel ist, die wehrfähigen Männer für den Fronteinsatz freizumachen. Hierzu ist ein Austausch in der Weise vorzunehmen, daß für die Wehrmacht und die Rüstungsindustrie verwendbare Kräfte durch andere, bereits in der übrigen Wirtschaft verwendete oder noch nicht verwendete Kräfte ersetzt werden.[880]

Zu dem Zweck wird das Oberkommando der Wehrmacht alle Uk-Stellungen erneut schärfstens überprüfen,[881] und die Direktoren der Kunsthochschulen werden angewiesen, die Leistungen aller Studierenden einer scharfen Kontrolle zu unterziehen und jene,

> *die sich den erhöhten Anforderungen, die der totale Krieg mit sich bringt, nicht gewachsen zeigen, oder die das Studium nur als ein Ausweichen vor einem anderen Arbeitseinsatz gewählt haben und nicht zielstrebend auf einen baldigen Berufseinsatz hinarbeiten,*

dem zuständigen Arbeitsamt zur Meldung zu bringen, gleichzeitig ist auch bei Neuaufnahmen der strengste Maßstab anzulegen und *„alles, was nicht zum Kunststudium besonders geeignet ist, ohne Ansehen der Person zurückzuweisen"*. Dies umsomehr, als sich gezeigt hat, daß seit Kriegsbeginn der Zugang an – besonders weiblichen – Studierenden stark zugenommen hat. *„Ich ersuche daher, dafür zu sorgen, daß die Zahl der Studierenden auf keinen Fall weiter ansteigt, sondern sich im Gegenteil vermindert."* Studierende, deren Fleiß oder Ernst zu wünschen übrig läßt, sind *„unnachsichtlich vom weiteren Besuch der Hochschule sofort auszuschließen und dem Arbeitsamt zum Einsatz zu melden."[882]* Die Studienberechtigungen und Wehrverhältnisse werden fortan permanent überprüft,[883] der *„totale Krieg"* hat begonnen.

Ab 1944 werden Studierende nicht wie bisher am Anfang oder Ende des Studienjahres, sondern kurzfristig mitten im Semester zum Arbeitsdienst einberufen,[884] Bedingungen, unter denen eine gedeihliche Hochschularbeit kaum mehr möglich ist. Alle Vorschriften und Vereinbarungen über Erholungsurlaube werden mit sofortiger Wirkung außer Kraft gesetzt, da es *„mit den Aufgaben der Kriegswirtschaft zur Zeit nicht vereinbar (ist), Urlaub in Anspruch zu nehmen".* Laufende Urlaube, die noch länger als eine Woche dauern, sind unverzüglich abzubrechen.[885]

Im September 1944 wird aufgrund der Bestimmungen zum *„totalen Kriegseinsatz"* der Einsatz aller Studierenden vom Generalbevollmächtigten für den Arbeitseinsatz verfügt. Um den Studierenden der Hochschule für Musikerziehung wenigstens einen Nachweis über ihr derzeitiges Leistungsniveau zu geben, sollen, *„falls Zeit zur Durchführung bleibt",* für die niedrigen Semester Leistungsprüfungen abgenommen und eine *„Bescheinigung über den vorläufigen Abschluß des Studiums"* ausgestellt, für die höheren Semester eine Studienabschlußprüfung durchgeführt werden.[886]

In der Folge melden sich einige Studierende auch für den freiwilligen Einsatz in der Rüstungsindustrie der Elin in Weiz. Wolfgang Grunsky – offenbar bereits in Vertretung Oberborbecks – versucht in einem Begleitschreiben, eine möglichst schonende Verwendung der Musikerinnen zu erreichen:

> *Ich hielte es vom Standpunkt der Erhaltung der künstlerischen Leistungsfähigkeit aus für eine sehr glückliche Lösung, wenn die Betreffenden so zum Kriegseinsatz gelangen könnten, daß ihre Spielfähigkeit nicht leidet und sie gleichzeitig in dem Rüstungsbetrieb eine regelmäßige kulturelle Betreuung übernehmen könnten.[887]*

5.2.3.10 Die Stillegung

Am 10. Oktober 1944 wird bereits das Seminar für Musikerzieher der Hitlerjugend, die Abteilung III, geschlossen – infolge dieser frühen Schließung können die Studierenden dieser Abteilung nicht mehr an den Schlußprüfungen teilnehmen, ihnen wird lediglich eine Abgangsbescheinigung ausgestellt.[888] Mit Ende Oktober 1944 werden die Hochschulen für Kunst- und Musikerziehung generell durch den Reichsminister für Wissenschaft, Erziehung und Volksbildung stillgelegt, die Studierenden an die Rüstungsindustrie, die Lehrkräfte für Rüstung und

Wehrmacht bereitgestellt. Von den Hochschulen sind entsprechende Listen zu erstellen und dem Minister, der sich die Freigabe der Lehrkräfte für die Wehrmacht vorbehalten hat, zu übermitteln.[889] Allerdings dürfen einige Gruppen auch nach der offiziellen Schließung der Hochschulen ihr Studium fortsetzen, nämlich Kriegsversehrte, Kriegerwitwen und Studierende im 4. Semester, soweit sie bereits im Sommersemester die Lehramtsprüfung abzulegen gedenken. Weibliche Studierende, die ihren Arbeitsdienst schon abgeleistet haben, sollen hingegen erneut für den Kriegseinsatz herangezogen werden.[890] Ende Oktober 1944 sind bereits alle planmäßigen Lehrkräfte der Hochschule für Musikerziehung zur Wehrmacht oder zum Grenzwallbau eingezogen worden, so daß Oberborbeck Lilli Löbmann beauftragen muß, die Schlußprüfungen an der Hochschule, denen sich 47 von den übrigen 56 Studierenden unterziehen,[891] zu Ende zu führen.[892]

Nach einer Aussprache Oberborbecks mit dem Reichsminister für Wissenschaft, Erziehung und Volksbildung sieht es vorerst so aus, als ob auch die Abteilung I, das Seminar für Schulmusikerziehung, weitergeführt werden könnte, und Oberborbeck schickt Anfang Dezember aus Berlin ein entsprechendes Telegramm an die Verwaltung der Hochschule:

Eben Entscheidung Reichserziehungsminister. Abteilung I geht in Graz weiter. Hochschulräume bereitstellen. Ich muß Leitung übernehmen. Erlaß erscheint nächste Tage. Bitte Reichsstatthalter informieren. Oberborbeck.[893]

Allerdings wurde inzwischen über das Schloß Eggenberg bereits anderweitig verfügt, und auch andere Probleme lassen eine Aufrechterhaltung des Hochschulbetriebes – zumindest in einzelnen Bereichen – fragwürdig erscheinen.

Nach der vom Reichsminister angeordneten Schließung der Hochschule sind jedoch die Räume der Hochschule durch den Gauleiter bereits einer dringenden Kriegsverwendung zugeführt worden. Da außerdem ein Teil der noch vorhandenen Lehrkräfte der Musikhochschule zum Kriegseinsatz herangezogen oder zur Wehrmacht einberufen wurde, stehen nicht genügend Lehrkräfte für eine Weiterführung zur Verfügung. Da unter den gegenwärtigen Verhältnissen mit einer Rückkehr der Studierenden kaum gerechnet werden kann, der in Aussicht gestellte Erlaß bis heute nicht erschienen ist, glauben wir, im Einverständnis mit dem Reichsminister zu handeln, wenn wir etwaige Anfragen auf die noch bestehenden Schulmusikinstitute anderer Hochschulen verweisen.[894]

Dies ist somit das Ende der Staatlichen Hochschule für Musikerziehung in Graz-Eggenberg. Ab Frühjahr 1945 wird Österreich selbst zum Kampfgebiet. Die Rote Armee rückt vom Osten her vor, von Italien aus stoßen die Briten nach Kärnten, die Amerikaner nach Tirol, Salzburg und Oberdonau vor, und die Franzosen dringen in das ehemalige Gebiet Vorarlbergs ein.

„Ein unverhältnismäßig hoher Prozentsatz dieser ausgesiedelten Angehörigen von Erschossenen ist bereits in den Konzentrationslagern verstorben, und beinahe täglich kommen einige Mitteilungen über den Tod des einen oder anderen an die verschiedenen Verwandten solcher Familien im Kreise Trifail. Aufgrund dieser Mitteilungen hat sich eines großen Teiles der Bevölkerung die Meinung bemächtigt, daß die Verstorbenen nicht auf normale Art und Weise starben, sondern einfach in irgendeiner Form von unseren Behörden ins Jenseits befördert wurden."

Der Heimatbund-Kreisleiter von Trifail/Trbovlje, 1942.[917]

„Das Musikschulwerk in der Untersteiermark muß hier vorerst einer politischen Forderung gerecht werden und jeden Musikunterricht als Hilfsmittel zur Rückdeutschung der Bevölkerung einsetzen."

Der Beauftragte des Steirischen Musikschulwerkes für die Untersteiermark, 1941.[218]

5.3 Der „Sonderfall" Untersteiermark

5.3.1 Allgemeine Situation

Um das Besondere an der Situation der Untersteiermark zu beleuchten, muß zuerst kurz auf die allgemeine Situation und Vorgeschichte dieses am 8. April 1941 durch den Einmarsch der Deutschen Truppen dem Einflußbereich des Dritten Reiches angeschlossenen Gebietes eingegangen werden.

Wenn im folgenden von der Untersteiermark gesprochen wird, ist damit das „Spodnja Stajerska" genannte Gebiet des heutigen Slowenien gemeint, welches in der k.u.k. Monarchie die Untersteiermark bildet, inklusive jenes schmalen Streifens südlich der Save und Sotla, der in der Zeit der Besetzung durch die Truppen des „Großdeutschen Reiches" als „Siedlungsgebiet A" bezeichnet wurde und über welchen unten noch Näheres zu berichten sein wird.

Es kann in diesem Zusammenhang als unbestrittenes Faktum angesehen werden, daß die deutschsprachige Bevölkerung dieses Gebietes im betreffenden Zeitraum eine kleine und sich in der Hauptsache auf den urbanen Bereich beschränkende Minderheit bildet, während der ländliche Bereich größtenteils von der slowenischsprachigen Bevölkerung – ganz gleich, welche Klassifizierung diese auch später von den deutschen Machthabern erfahren soll – bewohnt wird.[919]

5.3.1.1 NS-Anschlußpläne vor 1941

Wenn auch bereits ab 1934 da und dort Literatur auftaucht, die einen Anspruch auf die durch die Pariser Vororte-Verträge 1918 abgetrennten Teile der Steiermark mehr oder weniger erhebt,[920] so kann das doch nicht direkt als Anschlußplan bezeichnet werden. Konkrete Pläne einer Besetzung Sloweniens – und damit ist nicht ausschließlich das Gebiet „Untersteiermark", sondern auch „Krain" gemeint – gibt es aber vermutlich seit dem Anschluß Österreichs an das „Dritte Reich".

In erster Linie sind es wohl strategische Gründe, die den Ausschlag für solche Überlegungen geben, und diese sind es auch, die in den entsprechenden Quellen genannt werden, obwohl auch die ökonomische Seite – vor allem was die Kohlebergwerke betrifft – nicht übersehen werden darf.

Spätestens ab 1940 nehmen diese Okkupationspläne konkrete Gestalt an und finden auch ihren Niederschlag in den Akten. Das erste diesbezügliche Dokument – selbstverständlich als Geheimdokument verstanden und auch als solches bezeichnet – ist eine Denkschrift des Südostdeutschen Instituts in Graz, verfaßt von seinem Leiter Helmut Carstanjen. Hier bedient sich Carstanjen ausschließlich strategischer Argumente:

> *Die neue Zwangsgrenze hat das Verkehrsdreieck Graz–Marburg–Villach zerschnitten... Die gegenwärtige Grenze ist strategisch so ungünstig wie nur möglich... Wenn Marburg einmal zum Interessensgebiet einer anderen Großmacht gehören würde, ständen von hier aus bis zur Linie Hohe Tauern–Semmering keine natürlichen Schranken bei einem weiteren Vorstoß über Graz und Klagenfurt entgegen. Unbeschadet der weiteren Entwicklung der Teile Südslawiens ist eine Korrektur der heutigen steirischen Südgrenze eine Lebensnotwendigkeit für die Reichsgaue Steiermark und Kärnten.*[921]

Am 12. August 1940, also genau einen Monat später, richtet das Reichsministerium des Innern ein entsprechendes Schreiben an das Auswärtige Amt, worin über die Grenzziehung der Steiermark in den Jahren 1918 und 1919 berichtet wird,[922] und abermals ungefähr vier Wochen danach unterbreitet der steirische Gauleiter Uiberreither seinen Vorschlag über die *„neue Grenzziehung an der Grenze der Gaue Steiermark und Kärnten gegen Jugoslawien".*[923]

Ende März, Anfang April 1941 liegen die unmittelbar bevorstehenden Ereignisse faktisch in der Luft und werden aufgrund der Vorbereitungen auch nicht mit militärischen Belangen Beschäftigten durchaus deutlich. Felix Oberborbeck, der zu diesem Zeitpunkt gerade ein Schulungslager des Musikschulwerks vorbereitet, arbeitet beispielsweise *„im Hinblick auf die augenblicklich politische Lage in Graz (Jugoslawien) unterschiedliche Varianten des Lagers vor, da am 1. April alle möglichen Lagerorte von Militär oder Luftschutz besetzt sind".*[924]

5.3.1.2 Der Einmarsch

In den frühen Morgenstunden des 8. April 1941 beginnt also der Einmarsch deutscher Truppen in Slowenien, gegen welchen seitens der jugoslawischen Armee kaum Widerstand geleistet wird. Letztere beschränkt sich im allgemeinen darauf, einige Brücken zu sprengen und zieht sich daraufhin zurück, bzw. läßt sich ohne nennenswerte Kampfhandlungen entwaffnen.

In Marburg/Maribor überehmen noch vor dem Eintreffen der Wehrmacht die Mannschaften des „Schwäbisch-deutschen Kulturbundes" unter der Leitung Johann Barons – des Leiters der evangelischen Kirche in Maribor – die Führung.

Auch große Teile der Bevölkerung scheinen dem Vormarsch der Wehrmacht durchaus nicht negativ gegenüberzustehen, was sich vermutlich auf die irrige Annahme stützt, daß mit dem Wiederanschluß an die Steiermark auch jener in der k.u.k. Monarchie herrschende Zustand der relativ ungestörten Koexistenz der ethnischen Gruppen wiederkehren würde. Zudem dürfte sich ein nicht zu geringer Teil auch wirtschaftlich gewisse Besserstellungen versprochen haben.

Wie verfehlt vor allem erstere Annahme war, wird sich später noch deutlich zeigen. Noch während des laufenden Einmarsches werden Sofortmaßnahmen, welche ihren Schwerpunkt vor allem auf zwei Bereiche legen, verfügt.

5.3.1.3 Einrichtung einer Zivilverwaltung

Mit dem Sitz in Marburg/Maribor wird eine „Zivilverwaltung für die Untersteiermark" errichtet, und die Bevölkerung wird durch Presse und Rundfunk über dessen Einrichtung informiert.[925] Chef der Zivilverwaltung (CdZ) ist Gauleiter Uiberreither, welchem 17 sogenannte „Politische Kommissare" für die 17 Bezirke der Untersteiermark unterstellt sind.

> *Diesen Kommissaren ist ebenfalls ein Stab beigegeben. Die Auswahl der Kommissare ist nach solchen Gesichtspunkten erfolgt, die es erwarten lassen, daß sie in der ersten Zeit genügend Initiative entwickeln, um in ihren Bezirken Ruhe und Ordnung wiederherzustellen, die deutschfeindlichen Elemente zu beseitigen, die wichtigsten Anlagen zu schützen und Landwirtschaft und Industrie schnellstmöglich wieder in Gang zu bringen.[926]*

5.3.1.4 Aufstellung des Heimatbundes

In der Untersteiermark wird keine NSDAP-Organisation aufgebaut und stattdessen der „Steirische Heimatbund" errichtet, welcher allerdings dieselbe Organisationsstruktur wie die NSDAP aufweist. Letzteres ist notwendig um den Heimatbund, wie geplant, nach einigen Jahren in die Partei überzuführen. Der „Steirische Heimatbund" spielt die Hauptrolle bei den nationalsozialistischen Entnationalisierungsversuchen in der Untersteiermark:

> *Seine Hauptaufgabe ist die Eindeutschung der Untersteiermark ... Nur ganz besonders verdiente Volksgenossen können schon jetzt in die Partei übernommen werden ... Es ist zunächst nicht so sehr beabsichtigt, das Hauptgewicht auf eine politische Schulung zu legen, sondern erst einmal die Bevölkerung einzudeutschen, d. h. zu erreichen, daß sie sich auf ihre frühere mehrhundertjährige Zugehörigkeit zum Reich besinnt und entsprechend auch jetzt einstellt. Die Schulung wird grundsätzlich in Deutsch erfolgen, jedoch dort, wo die Bevölkerung deutsch nicht versteht, auch in windischem Dialekt durchgeführt werden müssen.[927]*

5.3.1.5 Die Entnationalisierung

5.3.1.5.1 Absichtserklärungen

Wenn oben gesagt wurde, daß der Heimatbund die Hauptrolle bei der slowenischen Entnationalisierung spielt, so geht aus dieser Formulierung schon hervor, daß er nicht das einzige Mittel dazu ist. Vielmehr werden im besetzten Gebiet faktisch alle Organisationen und Institutionen diesem Zweck untergeordnet. Ob Schule, Berufsausbildung oder der Freizeitbereich, alles hat in erster Linie der sogenannten *„Eindeutschung"* zu dienen.

In verschiedenen Reden drückt der Chef der Zivilverwaltung Sigfried Uiberreither deutlich die Zielrichtung und auch die Entschlossenheit dieser Germanisierungsbestrebungen aus:

> *Als mir der Führer vor mehr als drei Wochen den Auftrag gab, unsere Untersteiermark wieder einzugliedern in die engere Heimat, und als er mir damals sagte: „Machen Sie mir dieses Land wieder deutsch!" und er mir weiter sagte, daß er mir in diesem Land alle Macht in die Hand geben wird, da war mir bewußt, daß sich schwere Verantwortung auf meine Schultern senken würde,*

und bereits zwei Wochen vorher hatte er in Marburg/Maribor durchblicken lassen, mit welcher Konsequenz zu rechnen sei:

> *In diesem Land, in dem die Grenze durch Führers Befehl neu gezogen werden wird, gibt es nur mehr Menschen in kurzer Zeit, die sich frei und freudig zum Führer und seinem Großdeutschen Reich*

bekennen. Wir werden mit Eiskälte alle jene Maßnahmen treffen, die erforderlich sind, damit in dieser Entwicklung auch keine Rückstände eintreten können. Denn daß dieses Land, wenn einmal der Führer seinen Beauftragten entsendet hat, deutsch ist auf ewig, daran zweifelt heute auf der Welt niemand mehr.[928]

Zwei Aussagen in diesen Reden sollten hier besondere Beachtung finden und im Hinblick auf die Realität beleuchtet werden.

5.3.1.5.2 Ethnische Zusammensetzung der Untersteiermark

Wenn Hitler Uiberreither angeblich den Auftrag erteilt: *„Machen Sie mir dieses Land wieder deutsch!"*, so impliziert diese Aussage, daß dieses Land seinerzeit deutsches Land war, das jetzt sozusagen nicht nur militärisch, sondern auch ethnisch, „völkisch" nennt man das zu dieser Zeit, zurückerobert werden muß, daß das „Deutschtum" sozusagen zeitweilig verlorengegangen war. Unser Augenmerk sollte vor allem auf das Wort „wieder" gerichtet und die Frage gestellt werden, wie deutsch denn die Untersteiermark seinerzeit wirklich war.

Es erübrigt sich hier, die Volkszählungsergebnisse aus dem vorigen Jahrhundert zu bemühen, um die Zusammensetzung der Sprachgruppen in dem betreffenden Gebiet zu dokumentieren. Die Ergebnisse der jugoslawischen Volkszählung von 1931 sollen – um sich nicht dem Vorwurf der Manipulation auszusetzen – den entsprechenden, von den Nationalsozialisten vorgelegten Zahlen gegenübergestellt werden, wobei niemand den Verdacht hegen wird, daß die deutschen Zahlen den Anteil der Deutschsprachigen zu niedrig angesetzt haben.

Daß also von 1,2 Prozent Deutschenanteil gegenüber 97,8 Prozent Slowenen, oder im „besten" Fall in der deutschen Statistik von 5,7 Prozent Deutschen gegenüber 93 Prozent Slowenen gesprochen wird, widerlegt die wiederholten Aussagen von der *„deutschen Untersteiermark"* auf das entschiedenste und beweist statt dessen eindeutig die slowenische Dominanz in diesem Gebiet. Von einem *„wieder deutsch machen"* kann also keine Rede sein, vielmehr verweisen gerade diese Zahlen – und die Zahlen aus der Monarchie bekräftigen diese Aussage – diese Phrase in den Bereich der Propaganda, wenn auch zugegeben werden muß, daß gerade diese Argumentationsrichtung ihre Wirkung auf die Deutschen nicht verfehlt.

5.3.1.5.3 Konkrete Maßnahmen zur Entnationalisierung

Die Chancen der Germanisierungsbestrebungen Sloweniens im Bereich der damaligen Untersteiermark – wo zur Zeit der Okkupation nur ein Prozent der Schüler deutsch verstehen – auf Erfolg werden in Anbetracht der Brutalität einerseits, und der Kurzfristigkeit andererseits, durchaus auch von überzeugten Nationalsozialisten angezweifelt, doch kam gerade hier das „Führerprinzip" in besonderem Ausmaß zu tragen, und das Mißlingen der Bestrebungen war also – soviel sei hier vorweggenommen – bereits mehr oder weniger vorprogrammiert.

Drei große Bereiche von Maßnahmen können hier festgestellt werden, und um diese Maßnahmen durchführen zu können, teilt man die Bevölkerung der betroffenen Gebiete in drei ethnische Gruppen ein:

a) Deutsche
b) Nationalslowenen
c) Windische

Der Begriff „Deutsche" scheint für uns klar zu sein, jedoch wurden von den seinerzeitigen Machthabern die Grenzen zwischen den Gruppen intern als *„naturgemäß fließend"* bezeichnet, *„und es ist ebenso unmöglich wie unerwünscht, eine klare Grenze zwischen Deutschen und Windischen zu ziehen, um den Umvolkungsvorgang nicht zu hemmen und zu erschweren"*.[929]

Um also die damalige Verwendung der Begriffe für unseren Gebrauch zumindest einigermaßen zu klären, wird es notwendig sein, die nationalsozialistische Definition der Begriffe zu beleuchten.

> *Das wesentliche Merkmal der Bezeichnung als Windischer ist das ehrliche Bekenntnis zum Führer und Reich sowie der Wille, als Steirer mit dem deutschen Volke gemeinsam zu leben.*
> *Nationalslowenen sind alle jene, denen ihr slowenisches Volkstum vor der Lebensgemeinschaft mit den Deutschen geht, die Eigenvölklichkeit anstreben und sich durch ihre Stellungnahme vor der Befreiung der Untersteiermark klar und eindeutig zu dieser Haltung entschieden haben. Bei den nach dem 1. Jänner 1914 aus Krain und dem Küstenland eingewanderten Slowenen wird im allgemeinen angenommen, daß sie eine deutschfeindliche Tendenz haben.*[930]

Somit konstruieren die Nationalsozialisten ein ethnisches Gebilde, in welchem ethnische Zugehörigkeit zumindest in der Theorie auf einem Bekenntnisprinzip beruht, was umso bemerkenswerter ist, als man die Anwendung desselben Prinzips auf jüdische Bürger vehement ablehnt.

Freilich zeigt die im nächsten Abschnitt dokumentierte Praxis, daß es auch im slowenischen Bereich weitere, über den letzten Satz des obigen Zitats über die Nationalslowenen hinausgehende Einschränkungen gibt und das alleinige Bekenntnis *„zum Führer und Reich"* bei weitem nicht ausreicht, um vor Verfolgungen sicher zu sein.

Nun also zu den drei Gruppen von geplanten Maßnahmen, die zusammen die slowenische Entnationalisierung, die „Eindeutschung" der untersteirischen Gebiete, bewirken sollen.

5.3.1.5.3.1 Die Aussiedlung der „Nationalslowenen"

Die Aussiedlung dieser Gruppe laut obenstehender Definition ist in vier sogenannten Wellen geplant und soll insgesamt rund 130.000 Personen betreffen, wobei als neue Siedlungsgebiete Kroatien, vor allem aber Polen in Aussicht genommen werden. Die erste Welle, die etwa 2000 Personen erfassen und bis 5. Juli 1941 abgeschlossen sein soll, soll einem potentiellen Widerstand sozusagen die Führung nehmen und

> *sieht zunächst den Abschub der gesamten slowenischen Intelligenz vor, soweit diese bereits sicherheitspolizeilich erfaßt und soweit sie, wenn auch sicherheitspolizeilich bislang nicht in Erscheinung getreten, als deutschfeindlich anzusprechen ist. Zur Intelligenz werden grundsätzlich außer den Akademikern sämtliche Lehrer, die gehobenen mittleren Beamten und alle Abiturienten gerechnet werden. Der Abschub der Welle 1 . . . ist vordringlich.*[931]

Die Welle zwei soll sich auf die Zuwanderer nach dem 1. Jänner 1914 erstrecken, wobei eine hierfür durchgeführte Erhebung auf die Zahl von rund 44.000 Personen kam. Der Verbindungsmann des Innenministers räumt allerdings ein, daß diese Zahl zu hoch gegriffen scheint und es daher erforderlich sein wird, *„die an sich unter Welle 2 fallenden Personen einer Feinauslese zu unterziehen, wobei es insbesondere auf den rassischen Wert und auf die politische Unbescholtenheit ankommen wird."*[932]

Die Welle drei soll die größte werden. Mit ihr wird im Falle ihrer Durchführung ein gesamter Landstrich bis auf wenige Ausnahmen komplett entvölkert.

Die Welle 3 erstreckt sich auf die gesamte Bevölkerung des Save- und des Sotla-Streifens ... Außer dem verschwindend geringen Teil der Volksdeutschen wird die Bevölkerung dieses Gebietes fast restlos ausgesiedelt werden; die zahlenmäßig auch geringe windische Bevölkerung dieses Gebietes wird allerdings nicht ausgesiedelt, sondern in den nördlichen Teil der Untersteiermark umgesiedelt werden.[933]

Dabei würden je nach Grenzziehung zwischen 50.000 und 82.000 Personen ihre Wohnorte verlassen müssen.

Die in den ersten drei Wellen nicht erfaßten Personen würden schließlich einer weiteren Auslese unterzogen, wobei der dabei angelegte Maßstab die Aufnahme in den „Steirischen Heimatbund" wäre.

Die vom Steirischen Heimatbund trotz vollzogener Anmeldung abgelehnten Personen wie diejenigen, die sich zum Steirischen Heimatbund überhaupt nicht angemeldet haben, werden unter eine Welle 4 fallen und entweder ausgesiedelt oder in das Altreich umgesiedelt werden.[934]

Diese gewaltigen Menschenmassen würden natürlich – was ja geplant ist – große Leerräume hinterlassen, die entsprechenden Ersatz verlangen, sollte nicht die Versorgung – vor allem mit Nahrungsmitteln – zusammenbrechen oder gänzlich von außen abhängig werden.

5.3.1.5.3.2 Die Ansiedlung von „Volksdeutschen"

Bis zum 13. März 1943 sind im „Siedlungsbereich A", dies ist im wesentlichen der Save–Sotla-Streifen, rund 35.000 Personen abgesiedelt worden. Die verlassenen Höfe erhalten – nicht zuletzt aus strategischen Gründen – „volksdeutsche" Ansiedler, vor allem Gottscheer.

Das gesamte Grenzgebiet im Süden soll mit bestem volksdeutschem Menschenmaterial unter möglichst gesunden Lebens- und Wirtschaftsbedingungen besiedelt werden, um hierdurch auch einen guten abschirmenden Menschenwall an dieser lebenswichtigen Reichsgrenze zu errichten ...

Im Sotla-Streifen, bzw. im Raume um Rann sollen geschlossen die rd. 12.000 volksdeutschen Bewohner der Gottschee, die ihren Willen zur Rückkehr in das Reichsgebiet ausnahmslos in eindrucksvoller Weise bekundet haben, angesiedelt werden, während in dem übrigen freizumachenden Grenzgebiet südlich der Save an die Ansiedlung von Buchenlanddeutschen, Südtirolern und auch altsteirischen Bauern gedacht ist.[935]

Bis zum April 1943, also ziemlich genau zwei Jahre nach der Besetzung, sind im betroffenen Gebiet, dem Siedlungsgebiet A, rund 35.000 Personen ausgesiedelt worden. Ihnen stehen folgende Gruppen von bis zu diesem Zeitpunkt angesiedelten Volksdeutschen gegenüber:[936]

Gottscheer	12.000
Bessarabiendeutsche	250
Buchenlanddeutsche	500
Südtiroler	400
Obersteirer	600

Somit konnten die Pläne der Nationalsozialisten vorerst zumindest teilweise in die Tat umgesetzt werden. Allerdings sind diese enormen Menschenbewegungen bei weitem nicht der größte Aufwand, der zur Germanisierung der Untersteiermark betrieben wird, wie aus dem nächsten Abschnitt deutlich werden wird.

5.3.1.5.3.3 Die Germanisierung der „Windischen"

Beim Versuch, die *„Untersteiermark wieder deutsch"* zu machen, wurden, wie oben erwähnt, beinahe alle bestehenden Institutionen in den Dienst der Sache gestellt. Prinzipiell können hier ein administrativer, ein pädagogischer und ein kultureller, besser gesagt ein künstlerischer Bereich unterschieden werden, wobei alle drei Bereiche ein massiver Propagandaaufwand begleitet.

5.3.1.5.3.3.1 Administrative Germanisierung

Unter administrativer Germanisierung sind alle jene Maßnahmen gemeint, die über den Verordnungsweg versucht werden. Bereits kurz nach der Okkupation bricht eine wahre Flut an Verordnungen über die Untersteiermark herein. So müssen etwa bis 1. Mai 1941 alle slowenischen Inschriften und Anschriften *„aus dem Straßenbild der Städte, Märkte und Dörfer verschwunden"* sein.[937]

Ebenso wird versucht, alles slowenische Schriftgut einzuziehen, wobei man allerdings durchaus Bedenken wegen des schlechten Bildes, das mit diesem Versuch verbunden ist, hat:

> *Eine öffentliche Aufforderung zur Ablieferung des vorerwähnten Schriftgutes ist aus optischen Gründen nicht angebracht. Es muß aber trotzdem möglich sein, durch persönliche aktive Fühlungnahme außer den Vereins- und Schulbüchern usw. auch die Privatbüchereien weitgehend zu säubern.[938]*

Für Familien- und Vornamen darf ab 20. Oktober 1941 nur mehr ausschließlich die deutsche Schreibweise benützt werden,[939] wobei bei Vornamen die im Deutschen entsprechenden Namen gebraucht werden müssen und Zuwiderhandlungen unter Strafandrohung gestellt werden.

5.3.1.5.3.3.2 Pädagogische Germanisierung

Die pädagogische Germanisierung erstreckt sich auf zwei wesentliche Bereiche, den schulischen und den außerschulischen. Während im schulischen Bereich relativ einfache Mittel genügen, ist die außerschulische *„Eindeutschung"* in den meisten Fällen mit der Überwindung großer Hindernisse verbunden, die ihrerseits wieder unterschiedlichste Ursachen haben. Auf einer Großkundgebung in Trifail/Trbovlje sagt der Führer des Heimatbundes Franz Steindl:

> *Hier ist Eure Heimat, und sie soll es auch bleiben! Wenn ich Euch so vor mir sehe, dann merke ich keinen Unterschied. Ich weiß nicht, wer ein Volksdeutscher ist. Denn Ihr seht aus wie wir, nur die Sprache trennt uns noch vorläufig. Wir geben Euch drei Jahre Zeit, wenn es notwendig ist auch vier, und wer noch immer nicht deutsch erlernt hat, bekommt noch ein Jahr dazu. Dann aber, nach fünf Jahren, wird in der Untersteiermark nur noch deutsch gesprochen.[940]*

Daß diese Großkundgebung ausgerechnet in Trifail/Trbovlje stattfindet, hat seine Ursache darin, daß gerade hier sich seit Juni 1941 bereits eine starke Widerstandsgruppe organisiert hatte, worauf unten noch näher eingegangen werden wird.

5.3.1.5.3.3.2.1 Schulischer Bereich

Wie oben erwähnt, sind im schulischen Bereich bei der Germanisierung nicht so große Widerstände zu überwinden wie außerhalb der Schule. Die Schule wirkt allein durch die

Kontinuität und schließlich auch durch die Quantität. Im Jahre 1943[941] stehen folgende Schulen im Dienst der slowenischen Entnationalisierung durch die deutschen Machthaber:

> 386 Volks- oder Hauptschulen (91.000 Schülerinnen und Schüler)
> 5 Oberschulen (1637 Schülerinnen und Schüler)
> 3 Lehrer(innen)bildungsanstalten (756 Personen)
> 16 gewerbliche Berufsschulen (7159 Personen)
> 6 Landwirtschaftfachschulen (434 Personen)

Dazu kommen noch eine „Nationalpolitische Erziehungsanstalt", eine Wirtschaftsoberschule, vier Wirtschaftsschulen sowie sieben landwirtschaftliche Berufsschulen mit Heimerziehung. In beinahe allen ländlichen Schulorten unterrichten die Lehrer der Volks- und Hauptschulen auch an landwirtschaftlichen Berufsschulen mit insgesamt über 11.000 Schülern.

5.3.1.5.3.3.2.2 Außerschulischer Bereich

Wirken im schulischen Bereich vor allem Kontinuität sowie obligatorische Teilnahme am Unterricht, so ist der außerschulische Sektor, der ja auf mehr oder weniger freiwilliger Teilnahme aufbaut, naturgemäß auch mit einem größeren Propagandaaufwand verbunden, von dessen Größe Otto Koschitz eine Vorstellung gibt:[942] Eineinhalb Millionen Flugblätter, 1,1 Millionen Broschüren, 420.000 Plakate, 300.000 Liederblätter, 2065 Versammlungen, auf denen 168 Redner zu rund 560.000 Besuchern sprechen, wirken neben zahlreichen Zeitungen und Zeitschriften, Büchern, Bildern und nicht zuletzt den Rundfunkempfängern auf die Menschen der Untersteiermark ein.

Daneben führt man 98 Dauerkindergärten, 34 Hilfskindergärten, 56 Erntekindergärten, drei Krabbelstuben und drei Horte. Der Steirische Heimatbund überwacht ferner die Betreuung von über 6000 Pflegekindern und hat 112 Jugendliche in Schutzaufsicht und 87 in Fürsorgeerziehung. Die sechs- bis zehnjährigen Kinder werden in Kindergruppen erfaßt, die 1943 eine Stärke von 3344 Kindern aufweisen, und wo diese *die Freizeit, die ihnen der Schulbesuch gewährt, unter bester Aufsicht... (verbringen)"*. „Die Ausbildung und Erziehung der Männer zur weltanschaulich-soldatischen Erziehung" findet in den Wehrmannschaften des Heimatbundes statt, in welchem rund 80.000 Männer organisiert sind.

Allein aus dieser nur bruchstückhaften Darstellung kann man die gewaltigen Anstrengungen der Machthaber ermessen, die für die Germanisierung außerhalb der Schulen erbracht werden. Dabei wurden bis jetzt die künstlerischen Aktivitäten, die zu diesem Zweck veranstaltet werden, noch ausgeklammert.

5.3.1.5.3.3.3 Germanisierung über den künstlerischen Bereich

Der künstlerische Bereich im weitesten Sinne, für den die Machthaber den Begriff „kulturell" verwenden, welcher aber in dieser Arbeit aufgrund seiner Unschärfe nicht brauchbar ist, umfaßt einerseits einen musikalischen, andererseits einen literarischen Sektor, wobei ein dritter, volkskundlicher Sektor, die ersteren beiden überlappt.

> *Ausgehend von der Überlegung, daß die untersteirische Bevölkerung überaus spiel- und sangesfreudig ist, wurde nach den organisch gewachsenen Anfängen die Parole der Schaffung von volkskulturellen Gemeinschaften ausgegeben...*[943]

Neben den staatlichen Einrichtungen versucht man – mit mehr oder weniger Erfolg –, sich den politischen Einfluß in den 100 Musik- und 68 Singgemeinschaften und 16 Volkstanzgruppen zu sichern. Dies erscheint den neuen Machthabern schon deshalb notwendig, da

> *selbst in politisch sehr wertvollen Kreisen der Untersteiermark nur eine sehr mangelhafte Kenntnis der neuen nationalsozialistischen Kunstpflege des Dritten Reiches vorhanden ist. Das Vereinsleben der Deutschen steckt noch durchaus im Brauchtum der liberalen Ära.*[944]

Wiederum ist es der Musikverein für Steiermark unter der Leitung Hermann von Schmeidels, der, nachdem die Musikabteilung des Propagandaministeriums fernschriftlich eine Beauftragung des Musikvereins beim Gaupropagandaamt angeregt hatte, ohne noch einen speziellen Auftrag der Zivilverwaltung in der Untersteiermark erhalten zu haben, die Initiative zur Gleichschaltung des untersteirischen Musiklebens ergreift, indem er Papesch die Zusammenarbeit mit „Vertrauensleuten" vorschlägt und auch gleich eine entsprechende Liste der in Frage kommenden Personen[945] sowie eine Analyse des dortigen Vereinslebens mitschickt.[946] Der „Deutsche Männergesangverein" in Marburg/Maribor stellt, diesem Bericht zufolge, seit 1920 die *„Zelle des deutschen Kultur- und Musiklebens"* dar und soll unter der musikalischen Leitung von Hermann Frisch für *„die Rückformung der ‚Glasbena matica' in den Philharmonischen Verein samt deutscher Musikschule, eine deutsche Theatergemeinde usw."* organisieren.

Noch im Juni wird versucht, Konzerte der Wiener Symphoniker in die Untersteiermark zu vermitteln, um dort *„leichtere Musik bester ostmärkischer Prägung aufführen zu lassen"*, die in jener großartigen Besetzung und Klangfülle der Symphoniker *„künstlerisch, und damit erfolgsmäßig, hinreißend und überzeugend wirkt. Gerade darin erblicken wir aber ein sehr wichtiges kulturpolitisches Mittel, das besonders in den rückgewonnenen Gebieten angewandt werden muß".*[947]

Für Marburg/Maribor ist ursprünglich die Gründung einer Zweigstelle des Musikvereins für Steiermark vorgesehen, bereits im Juli 1941 wird jedoch anläßlich einer Besprechung in der Dienststelle Papesch' – der zu diesem Zeitpunkt auch Präsident des Musikvereins ist[948] – davon abgesehen und statt dessen durch das Amt Volksbildung des Steirischen Heimatbundes als Teilorganisation von diesem eine „Musikgemeinschaft Marburg" aufgebaut, die eine *„Zusammenfassung aller am Musikleben der Stadt interessierten Musikausübenden... [sowie]* aller interessierten Zuhörer von musikalischen Veranstaltungen in einem Musikring"* darstellt.[949] Der „Musikring" soll seinen Teilnehmern Konzerte zu verbilligten Preisen anbieten und kann somit als Pendant des Konzertabonnements des Musikvereins für Steiermark angesehen werden.

Das „Amt Volksbildung" veranstaltet in den ersten beiden Jahren 1514 Veranstaltungen, die etwa 452.000 Besucher zählen.[950] Unabhängig davon betreibt die „Deutsche Jugend", das Pendant zur „Hitlerjugend", 36 Fanfarenzüge, fünf Spielmannszüge, zwei Bannorchester und 48 Singscharen.

Auch die Hochschule für Musikerziehung wird nun in das Germanisierungsprogramm eingebaut und veranstaltet im August 1941 erstmals und in den folgenden Jahren immer wieder „Einsätze" in der Untersteiermark, die zuvor in einer Arbeitswoche vorbereitet wurden. Sodann werden unter der Führung der Hochschullehrer und befähigter Studenten 15 Gruppen gebildet, die mit je 6–10 Teilnehmern so zusammengesetzt werden, daß sie sowohl Singstunden für Kinder und Erwachsene als auch Spielstunden für Kinder, Dorfgemeinschaftsabende, Feierstunden und Offene Singstunden für Erwachsene, in denen auch *„allgemein und leicht verständliche Stücke vorgespielt werden"*, durchführen können. Einsätze finden im ersten Jahr am 28., 29., 30. und 31. August sowie am 1., 2., und 3. September 1941 statt. *„Wir bitten, 30 Orte zu bestimmen und schlagen vor, daß mit Ausnahme von Marburg, Cilli und Pettau unter anderem alle Orte enthalten sind, in denen Musikschulen oder Zweigstellen geplant sind."*

Vom 5. bis 12. September findet noch ein Schulungslager für musische Erziehung der Hochschule für Musikerziehung statt, zu dessen Abschluß drei Veranstaltungen der gesamten Hochschule – in Cilli/Celje, Marburg/Maribor und Pettau/Ptuj am 13., 14., und 15. September 1941 – stehen.[951] Insgesamt finden bei diesem Einsatz der Hochschule an die hundert Jugend- musizierstunden und 200 andere Veranstaltungen statt.[952] Auch auswärtige Hochschulen, etwa die Musikhochschule in Weimar, betätigen sich an derartigen „Grenzlandfahrten" und sehen durchaus die politische Seite der Unternehmungen.

Diese Hochschulveranstaltungen sind natürlich nicht nur werbewirksam für die Germanisie- rung, sie stellen gleichzeitig auch eine Reklame in eigener Sache dar und verstärken auch den Wunsch mancher Bewohner der Untersteiermark, selbst an einer Hochschule zu studieren. Dies ist jedoch nicht immer ganz so einfach. Für jene Personen, die nach der Okkupation die deutsche Staatsbürgerschaft erhielten, gibt es zwar keine Beschränkungen, wohl aber für jene Bewohner aus den „befreiten" Gebieten, wie man die besetzten Teile Sloweniens und Krains nennt, die lediglich eine *Staatsbürgerschaft auf Widerruf* erhielten oder gar nur zu *„Schutzan- gehörigen des Deutschen Reiches"* erklärt wurden. Für erstere ist die Zulassung zu einem Hochschulstudium von einer „Unbedenklichkeitserklärung" durch den Chef der Zivilverwal- tung abhängig, welche außerdem lediglich für je ein Semester und nur für eine bestimmte Hochschule und ein bestimmtes Fach erteilt wird. Für Schutzangehörige ist der Besuch von Hochschulen überhaupt verboten. Soferne sie bereits studieren, haben sie die Hochschule, wie schon oben erwähnt, unverzüglich zu verlassen.[953]

Selbst typische Volksmusikinstrumente werden mit einem Verbot belegt, wie dies beispiels- weise mit der Tamburizza-Familie nach dem April 1941 geschieht.[954]

Im literarischen Bereich sind es vor allem die „Volksbüchereien", welche ohne die Stadtbüche- reien Marburg/Maribor, Cilli/Celje und Pettau/Ptuj 229 Büchereien mit 39.000 Bänden *„besten deutschen Schrifttums"*[955] umfassen. Auch die 32 Laienspielgruppen, 14 Puppenspielbühnen sowie die drei Laienspielgruppen und die eine Puppenspielgruppe der „Deutschen Jugend" zählen zu diesem Bereich.

Im professionellen Theaterbereich spielt das Stadttheater Marburg/Maribor die tragende Rolle. Das übrige Unterland wird vom „Steirischen Landestheater" und der „Steirischen Volksbühne" bespielt.

Diese enormen Anstrengungen führen naturgemäß zu – wenn auch nur anfänglichen – Erfolgen, so daß Ende November 1942 bereits mehr als 41 Prozent der Bevölkerung der deutschen Sprache zumindest im Wort mächtig sind.[956] Wie bereits oben erwähnt, ist jedoch in der Art und Weise der „Eindeutschung" bereits der Keim der geistigen Niederlage, die mit der militärischen einher-, wenn nicht sogar ihr vorausgeht, gelegt.

5.3.2 Musikschulwesen in der Untersteiermark

5.3.2.1 Erste Maßnahmen

In dieser Situation wird also sofort nach dem Einmarsch mit dem Aufbau eines untersteirischen Musikschulwerkes begonnen.

Allerdings ist dies nicht ausschließlich ein Neuaufbau, sondern in verschiedenen Fällen auch eine Umgestaltung eines bereits vorhandenen musikpädagogischen Grundpotentials[957] im Sinne der neuen Machthaber. Allein in Marburg/Maribor wurden vor dem deutschen Ein- marsch an die 500 Schüler unterrichtet.[958] Ursprünglich ist Hermann Frisch der Beauftragte des Steirischen Musikschulwerkes,[959] doch später wird mit dem Aufbau des Musikschulwerkes in der Untersteiermark der Hauptschullehrer Karl Romich beauftragt,[960] bzw. dieser Frisch zur Seite gestellt. Bereits am 26. April 1941, nicht einmal drei Wochen nach der Besetzung, beginnen die untersteirischen Musikschulen mit ihrer Tätigkeit.[961] Für die ersten Aufbauarbeiten wird ein Sofortkredit von 12.000,– Reichsmark vom Chef der Zivilverwaltung in der Untersteiermark zur Verfügung gestellt und Franz Kult vom Propagandaeinsatzstab Marburg/Maribor mit der Anordnungsbefugnis über diesen Betrag ausgestattet.[962]

Um diese Summe möglichst effizient einzusetzen, findet am 20. Mai 1941 in Marburg/Maribor eine hochrangige Besprechung statt,[963] bei der folgende Maßnahmen vereinbart werden:[964]

* Zum Zwecke des Aufbaues werden erfahrene Leiter des Musikschulwerkes in die Untersteiermark abbeordert, und zwar der Leiter der Kreismusikschule Bruck an der Mur Heinz Liebminger nach Cilli/Celje, der Leiter der Kreismusikschule Judenburg Konrad Stekl nach Trifail/Trbovlje und der Leiter der Kreismusikschule Feldbach Robert Lobovsky nach Pettau/Ptuj.[965]

* Die Volksdeutschen,[966] die als Musiklehrer zum Einsatz kommen sollen, werden zu einem Schulungslager auf dem Pachern einberufen, *„um sie mit den neuen Aufgaben der Musikerziehung vertraut zu machen.“*[967]

* Sämtliche Studierende der Hochschule für Musikerziehung in Graz leisten ihr musikpädagogisches Praktikum in der Untersteiermark ab. *„Sie werden zweimal für eine Woche in einzelnen Orten eingesetzt, veranstalten Sing- und Spielstunden mit der Jugend, Singstunden und Dorfgemeinschaftsabende mit den Erwachsenen.“*[968]

* Orte, in denen eine Musikschule in Frage kommt, *„müssen bereist werden. Für diese örtlichen Vorarbeiten wird vom Gauamtsleiter Urragg Hauptschullehrer Romich zur Verfügung gestellt. Außerdem soll auch noch Prof. Frisch, Volksdeutscher, eingesetzt werden, der aus seiner 23jährigen Tätigkeit hier eine eingehende Sachkenntnis hat.“*[969]

Als bedeutendster Ort dieses Gebietes wird Marburg/Maribor angesehen, wo vor dem Einmarsch ein bemerkenswertes Musikleben stattfand. Als Kontaktperson ist vom Schwäbisch-Deutschen Kulturbund, der schon vor der Okkupation das Zentrum des Deutschtums war, Hermann Frisch, der bisher neben dem „Deutschen Männergesangverein“ auch die Betreuung kultureller Belange des Bundes wahrnahm, ausersehen, und dieser wird auf Kosten der Gauselbstverwaltung für einige Wochen zur Instruktion nach Graz entsandt.[970] In einer am 20. Mai 1941 stattfindenden Besprechung wird definitiv die Errichtung einer Musikschule – die aber faktisch nur eine Übernahme ist – beschlossen und zwei hauptamtliche Lehrkräfte als Angestellte des Chefs der Zivilverwaltung in der Untersteiermark – quasi als lebender Zuschuß – zur Verfügung gestellt, die Schule selbst wird jedoch rechtlich und finanziell von der Stadt Marburg/Maribor getragen.[971]

Die in Marburg zu errichtende Musikschule muß entsprechend der Größe und Bedeutung der Stadt Marburg sowohl die Unterstufe der musikalischen Ausbildung (Schule für Jugend und Volk) wie auch die Mittelstufe (als Zweigstelle der Landesmusikschule in Graz) umfassen.[972]

Bereits im Februar 1942 wird die Musikschule Marburg/Maribor von 616 Schülern besucht und platzt aus allen Nähten, da im zur Verfügung stehenden Gebäude nur drei Unterrichtsräume vorhanden sind, wodurch *„die weitere Entwicklung durch die unzulängliche Unterbringung außerordentlich gehemmt ist“* und der Oberbürgermeister seitens Papesch ersucht wird, sein *„Augenmerk auf diese Tatsache zu legen und womöglich für eine bessere Unterkunft der Schule zu sorgen. Als geeignetes Gebäude wird mir das Haus des ehemaligen Narodni Dom genannt“.*[973] Dies, obwohl die Schule in Marburg fast ausschließlich von städtischen Schülern besucht wird und nur rund vier Prozent aus anderen Orten des Landkreises kommen. Der Tatsache Rechnung tragend, daß der Landkreis Marburg nicht, wie die anderen Kreise, eine eigene Kreisstadt hat, die Sitz einer Kreismusikschule sein könnte, ergibt sich für die Nationalsozialisten – vertreten durch den Steirischen Heimatbund – daher die Notwendigkeit, eine Reihe weiterer Kulturzentren in diesem Landkreis zu schaffen. Die sollen in Mahrenberg/Radlje ob Dravi, Windisch Feistritz/Slowenska Bistrica und Windischgraz/Slovenjgradec entstehen, wo sowohl die personellen als auch räumlichen Voraussetzungen für die Errichtung von Kreismusikschulen gegeben sind.[974] Speziell Windischgraz/Slovenjgradec als Geburtsort Hugo Wolfs ist für die Nationalsozialisten, die Wolf als „Grenzlandkomponisten" quasi als Vorkämpfer des Deutschtums vereinnahmen, wichtig. Daher wird dort nicht nur ein Hugo Wolf-Museum im Geburtshaus des Komponisten eingerichtet, sondern auch die Musikschule im ersten Stock des Gebäudes untergebracht und sehr bevorzugt behandelt. Als 1943 vier Klaviere und ein Konzertflügel angeschafft werden sollen, beeilt sich die Reichsstatthalterei – um eine reibungslose Lieferung zu gewährleisten – zu bestätigen, daß der Kauf eine „Staatslieferung" darstellt.[975]

Auch in Pettau/Ptuj gibt es vor der Besetzung ein reichhaltiges Musikleben, dessen Zentrum die Musikschule, die auf eine mehr als 50jährige Tradition zurückblicken kann, ist. Nach 1918 wurde die Schule als slowenische Musikschule weitergeführt und „war nun der Mittelpunkt der slowenischen Kulturpropaganda". Da „bei der Festigung des deutschen Volkstums und der geistigen Ausrichtung der gesamten Bevölkerung... dem Lied und der Instrumentalmusik eine besondere Bedeutung zukommen (wird)", wird der Volksdeutsche Hermann Erjautz mit Vorarbeiten zur Rückführung dieser Schule in den deutschen Machtbereich beauftragt.[976]

Auch in Cilli/Celje laufen die Vorbereitungen einer Musikschule auf Hochtouren und sind Anfang Dezember 1941 soweit abgeschlossen, daß die Abkommandierung des Leiters der Musikschule Bruck, Heinz Liebminger, nicht mehr weiter erforderlich ist und dieser an seine eigentliche Schule zurückkehren kann.[977]

Ein weiterer Ort, wo den Nationalsozialisten ein Musik- und damit Propagandazentrum – und das sind die Musikschulen weit über ihre musikpädagogischen Aufgaben hinaus schließlich – erforderlich scheint, ist Luttenberg/Ljutomer. „Luttenberg muß unbedingt eine Musikschule für Jugend und Volk bekommen. Antrag noch an den Chef der Zivilverwaltung", lautet die kurz und bündige Anordnung Papesch' in dieser Sache,[978] der die Reaktion auf ein diesbezügliches Schreiben des zuständigen Politischen Kommissars in Oberradkersburg/Gornja Radgona sein dürfte, der vehement die Errichtung eines musikalischen Zentrums reklamiert, zumal

> berücksichtigt werden muß, daß bei Vorhandensein einer Musikschule(ung) die Rückdeutschung in diesem Gebiete erleichtert, die deutsche Sprache in stärkerem Maße verbreitet und auch der Zuzug von weiteren Deutschen nach Luttenberg oder Umgebung erwirkt wird.[979]

Die Schule wird dem Politischen Kommissar bereits sechs Wochen später verbindlich zugesagt,[980] zumal auch hier sowohl räumlich als auch personell alle Voraussetzungen bereits erfüllt sind, so daß „mit dem Unterricht sofort begonnen werden kann".[981]

Doch damit sind wir der Zeit um einiges vorausgeeilt. Die offizielle Eröffnung des untersteirischen Musikschulwerkes findet am 13. und 14. September 1941 in Marburg/Maribor, Cilli/Celje und Pettau/Ptuj statt, wobei der Reichsstatthalter und Chef der Zivilverwaltung in der Untersteiermark, Sigfried Uiberreither, die Eröffnungsansprache hält.[982]

Etwa ein Jahr später, am Ende des Schuljahres 1941/42, weisen die untersteirischen Musikschulen bereits einen erstaunlich hohen Lehrer- und Schülerstand auf:[983]

	hauptamtliche Lehrkräfte	nebenamtliche Lehrkräfte	Schüler
Marburg/Maribor	11	10	600
Cilli/Celje	4	5	250
Pettau/Ptuj	2	6	150
Trifail/Trbovlje	2	5	160
Eichtal/Hrastnik	–	4	140
Edlingen/Sagorje	–	3	50
Mahrenberg/Radlje ob Dravi	1	3	150
Schönstein/Šošanj	–	5	100
zusammen	20	41	1.600

Im Dezember 1942 ist die Zahl der hauptamtlichen Lehrkräfte zwar von 20 auf 18 gesunken, dafür steigt aber jene der nebenamtlichen von 41 auf 77, die Schülerzahl immerhin von 1600 auf über 1900 Musikschüler und setzt sich folgendermaßen zusammen:[984]

	hauptamtliche Lehrkräfte	nebenamtliche Lehrkräfte	Schüler
Marburg/Maribor	9	19	740
Cilli/Celje	5	10	347
Rohitsch/Rogatec	–	1	–
Schönstein/Šošanj	–	6	79
Trifail/Trbovlje	1	7	123
Edlingen/Sagorje	–	4	80
Eichtal/Hrastnik	–	3	65
Pettau/Ptuj	1	9	177
Luttenberg/Ljutomer	–	7	71
Mahrenberg/Radlje ob Dravi	1	2	60
Windischgraz/Slovenjgradec	–	5	77
Gonobitz/Slovenske Konjice	1	4	84
zusammen	18	77	1.903

Ende 1942 ist der erste Ausbauschritt – in der Organisationsform ganz an das Steirische Musikschulwerk angepaßt – mit einem Netz von Kreismusikschulen (durch * bezeichnet) und den angeschlossenen Ortsmusikschulen im wesentlichen abgeschlossen und bietet folgendes Bild:[985]

* Marburg/Maribor (eröffnet am 12. Mai 1941)
* Windischgraz/Slovenjgradec (eröffnet im September 1942)
   Mahrenberg/Radlje ob Dravi (eröffnet im April 1942)
   Gonobitz/Slovenske Konjice (eröffnet im September 1942)
* Cilli/Celje (eröffnet im Juni 1941)
   Schönstein/Šošanj (eröffnet im April 1942)
   Rohitsch/Rogatec (eröffnet im Dezember 1942)
* Pettau/Ptuj (eröffnet im Juni 1941)
   Hocheneck/Vojnik (eröffnet?)
* Luttenberg/Ljutomer (eröffnet im September 1942)
* Trifail/Trbovlje (eröffnet im Oktober 1941)
   Edlingen/Sagorje (eröffnet im Oktober 1941)
   Eichtal/Hrastnik (eröffnet im Oktober 1941)
* Rann/Brežice (eröffnet am 1. Mai 1942)

Dazu gesellen sich im Laufe der nächsten vier Jahre bis 1944 noch

Friedau/Ormož/Kreis Pettau/Ptuj (eröffnet im Juni 1942)
Ratschach/Rateče/Kreis Trifail/Trbovlje (eröffnet im Mai 1944)

5.3.2.2 Finanzen

Noch 1941 wird für die ersten Aufbauarbeiten ein Sofortkredit von 12.000,– Reichsmark vom Chef der Zivilverwaltung in der Untersteiermark zur Verfügung gestellt und Franz Kult vom Propagandaeinsatzstab Marburg/Maribor mit der Anordnungsbefugnis über diesen Betrag ausgestattet.[986] Dazu kommt im August 1941 ein weiterer Betrag, diesmal in der Höhe von 70.000,– Reichsmark,[987] doch auch diese Summe reicht bei weitem nicht aus, die gewaltigen Abgänge der Musikschulen auch nur annähernd abzudecken, die im ersten Arbeitsjahr mit 173.842,– Reichsmark den geplanten Etat um mehr als 100.000,– Reichsmark übersteigen,[988] und im Arbeitsjahr 1942 erhöht sich der Zuschußbedarf abermals um beinahe 100.000,– Reichsmark auf immerhin 267.050,– Reichsmark,[989] was allerdings schon eine reduzierte Summe darstellt; ursprünglich wurde der Bedarf mit 345.000,– Reichsmark angegeben.[990] Dieser herabgesetzte Betrag setzt sich aus den laufenden Erfordernissen und einem einmaligen Zuschuß anläßlich der Eröffnung zusammen:[991]

	Laufende Ausgaben	Einmalige Ausgabe	Gesamtkosten
Erfordernis für den Beauftragten[992]	60.280,–	7.000,–	67.280,–
Marburg/Maribor	–	11.000,–	11.000,–
Cilli/Celje	12.660,–	10.700,–	23.360,–
Pettau/Ptuj	9.300,–	10.400,–	19.789,–
Trifail/Trbovlje	11.056,–	9.200,–	20.256,–
Rann/Brežice	8.607,–	10.400,–	19.077,–
Luttenberg/Ljutomer	9.707,–	10.400,–	20.107,–
Mahrenberg/Radlje ob Dravi	8.418,–	4.800,–	13.218,–
Edlingen/Sagorje	5.055,–	5.100,–	11.055,–
Schönstein/Šošanj	6.702,–	4.900,–	11.602,–
Eichtal/Hrastnik	8.706,–	7.400,–	16.176,–
Friedau/Ormož	7.314,–	4.900,–	12.214,–
Windisch Feistritz/Slowenska Bistrica	6.093,–	4.900,–	10.993,–
Windischgraz/Slovenjgradec	6.093,–	4.900,–	10.993,–
zusammen	161.050,–	106.000,–	267.050,–

Diesem Plan stehen tatsächliche Ausgaben von 305.311,– Reichsmark gegenüber,[993] was die Tendenz der Obersteiermark, daß kaum eine Schule das Auslangen mit dem budgetierten Zuschuß findet, fortsetzt. Allein die Musikschule in Luttenberg/Ljutomer, für die ein Betrag von insgesamt 20.107,– Reichsmark veranschlagt ist, benötigt bei Gesamtausgaben von 35.960,– Reichsmark und Einnahmen von 9000,– Reichsmark einen definitiven Zuschuß von 26.960,– Reichsmark und liegt damit um über 30 Prozent höher als erwartet.[994]

Generell werden die Musikschulen in der Untersteiermark anfänglich aus Mitteln des Chefs der Zivilverwaltung in der Untersteiermark finanziert, sollen jedoch später in die Trägerschaft der Landkreise überführt werden, was jedoch Anfang 1943 noch immer nicht geschehen ist.[995]

5.3.2.3 Personen

Nachdem sofort nach der Okkupation der Untersteiermark mit dem Aufbau eines Musikschulwerkes nach obersteirischem Vorbild begonnen werden soll, werden vorerst – wie schon erwähnt – erfahrene Leiter aus der Obersteiermark, nämlich der Leiter der Kreismusikschule Bruck an der Mur, Heinz Liebminger, nach Cilli/Celje, der Leiter der Kreismusikschule Judenburg, Konrad Stekl, nach Trifail/Trbovlje und der Leiter der Kreismusikschule Feldbach, Robert Lobovsky, nach Pettau/Ptuj[996] in die besetzten Gebiete entsandt, um ihre Erfahrungen dafür nützen zu können. Während Heinz Liebminger Ende 1941 wieder von Cilli/Celje nach Bruck zurückkehrt, bleiben die beiden anderen in der Untersteiermark,[997] so daß mit Ende 1942 folgende Musikschulleiter in den okkupierten Gebieten im Einsatz sind:[998]

Marburg/Maribor	Hermann Frisch
Cilli/Celje	Gustav Müller
Schönstein/Šošanj	Walter Kainz
Trifail/Trbovlje	Konrad Stekl
Pettau/Ptuj	Hermann Erjautz
Luttenberg/Ljutomer	Wiesinger
Mahrenberg/Radlje ob Dravi	Pauline Mack

Für die noch zu gründende Musikschule in Rann/Brežice, die „. . . *wegen ihrer besonderen Lage einen besonders tüchtigen Leiter (braucht)*",[999] wird mit 1. Oktober 1943 Hauptschuldirektor Gottfried Demmer berufen.[1000]

Anfang Jänner 1943 wird Karl Romich, der bis dahin als Beauftragter des Steirischen Musikschulwerkes die Koordination des Aufbaues in der Untersteiermark besorgt, endültig zur Wehrmacht einberufen, nachdem eine frühere Einberufung wegen seiner Teilnahme an einer Truppenbetreuungsfahrt bis zu diesem Zeitpunkt zurückgestellt worden war. Dieser hatte diese Arbeit nebenberuflich zu seiner Tätigkeit als Hauptschullehrer durchgeführt und dabei auch noch als Musikreferent der Bundesjugendführung und als Leiter des Bannorchesters in Marburg/Maribor gewirkt. Nachdem durch die verwaltungsmäßige Trennung der Untersteiermark von der übrigen Steiermark – eine Vereinigung sollte erst später stattfinden – zahlreiche Aufgaben weiterhin anfallen, schlägt Romich für seine Nachfolge Gustav Müller vor,[1001] was aber offensichtlich seitens der Reichsstatthalterei nicht angenommen wird.

5.3.2.4 Musikschulwesen im Kreis Trifail/Trbovlje

Im Oktober 1941 wird also auch die Kreismusikschule Trifail/Trbovlje mit den Zweigstellen Edlingen/Sagorje und Eichtal/Hrastnik in Betrieb genommen – die offizielle Eröffnung in Trifail/Trbovlje findet am 23. November statt – und steht unter der Leitung des Judenburger Kreismusikschulleiters Konrad Stekl,[1002] der zu diesem Zweck trotz bereits erhaltener Einberufung zur Wehrmacht Uk gestellt[1003] und, wie schon erwähnt, per 1. September 1941 in die Untersteiermark abkommandiert wird. Mit Stekl tritt diese musikalische Spitzenfunktion dieses – wie oben gezeigt wurde – politisch äußerst exponierten Kreises ein erfahrener Musiker und Organisator an. Stekl beginnt neben der eigentlichen Musikschularbeit sogleich mit dem Aufbau eines Bannorchesters nach dem Muster der Hitlerjugend-Bannorchester im „Altreich" und „Altgau", eines Bergmannschores und eines Bergknappen-Symphonieorchesters, die als städtische Körperschaften eingegliedert werden und in den folgenden Jahren nicht nur steigende Mitgliederzahlen aufweisen, sondern auch zahlreiche Auftritte – allein im Schuljahr 1943/44 58 Konzerte und Mitwirkungen[1004] – absolvieren:

	Mitglieder des		
	Symphonieorchesters	Bergmannschores	Bannorchesters
1941/42	38	–	–
1942/43	46	50	20
1943/44	50	50	25

5.3.2.4.1 Lehrer- und Schülerentwicklung

Die Entwicklung des Lehrer- und Schülerstandes läßt einige Rückschlüsse auf die Intensität, mit welcher die Musikarbeit angegangen wird, zu und spiegelt gleichzeitig die Lage des Kreises wider.[1005]

Nach einer relativ problemlosen Gründungsphase bringt das Schuljahr 1942/43 einen Einbruch der Schülerzahlen, was einerseits auf das Anlaufen der Deportationswellen, und andererseits den damit einsetzenden Widerstand zurückzuführen sein dürfte. Dem tritt man seitens der Machthaber mit verstärkter Öffentlichkeitsarbeit entgegen, so daß die Zahl der öffentlichen Auftritte in diesem Schuljahr ihren Höhepunkt erreicht.

Bereits im nächsten Schuljahr (1943/44) macht sich die Ansiedlung von Deutschen – in erster Linie Gottscheern – in den Schülerzahlen bemerkbar. Durch diese Ansiedlung steigert sich der Bedarf an Musikunterricht und findet seinen Ausdruck in der Neugründung einer Musikschule im Siedlungsgebiet A. Die Musikschule Ratschach/Rateče nimmt im Mai 1944 mit 61 Schülern ihren Betrieb auf.

Die stärkste Steigerungsrate läßt sich bei den Gruppen der 7–10jährigen sowie der Mädchen zwischen 10 und 14 Jahren verzeichnen.

	Trifail/ Trbovlje	Eichtal/ Hrastnik	Edlingen/ Sagorje	Ratschach/ Rateče	Gesamtzahl Schüler/Lehrer	
1941/42	189 (181)	155 (146)	38 (38)	–	382 (365)	20
1942/43	205 (179)	84 (81)	63 (62)	–	352 (322)	24
1943/44	309 (294)	113 (102)	85 (78)	61 (61)	568 (525)	26

Entsprechend dem Einbruch des Jahres 1942/43 ist auch das Verhältnis Lehrer/Schüler in diesem Schuljahr mit 1:13 das niedrigste, um schließlich im nächsten Schuljahr auf 1:20 anzusteigen.

Verhältnis	Schüler	pro Lehrer
1941/42	1:19,10	(18,25)
1942/43	1:14,66	(13,41)
1943/44	1:21,84	(20,19)

5.3.2.4.2 Instrumentalverteilung

Äußerst interessant ist auch die Verteilung der einzelnen Musikinstrumente, die – entgegen der allgemein üblichen Auffassung von Musik im Nationalsozialismus – zumindest für das Musikschulwerk keine Dominanz der Blas- und Schlaginstrumente zeigt, sondern eine deutliche Vormachtstellung der Tasteninstrumente, gefolgt von den Streich- und Zupfinstrumenten.

Die Blas- und Schlaginstrumente stehen erst an vierter Stelle und weisen zudem im Gegensatz zu den Tasten- und Zupfinstrumenten eine deutlich rückläufige Tendenz auf. Faktisch müssen die Blas- und Schlaginstrumente einen Rückgang von 17 Prozent (1941/42) auf 6,48 Prozent (1943/44) des jeweiligen Anteils an der Gesamtinstrumentenzahl in Kauf nehmen, während die Streichinstrumente im selben Zeitraum eine Steigerung von 16,75 Prozent auf 22,85 Prozent, die Tasteninstrumente von 35,86 Prozent auf 50,28 Prozent und die Zupfinstrumente immerhin noch von 14,66 Prozent auf 20,19 Prozent zu verzeichnen haben. Dieser Trend ist nicht ausschließlich eine Erscheinung eines einzelnen Kreises, sondern entspricht in seiner Tendenz durchaus der Entwicklung in der Gesamtsteiermark,[1006] einmal mehr ein Beweis, wie stark gerade die nationalsozialistische Musikauffassung in der bürgerlichen Musiziertradition verankert ist. Auch anhand eines Plakates für die Werbewoche der Reichsjugendführung, das weder fanfarenblasende noch trommelnde Kinder – um beim Klischee zu bleiben –, sondern einen Jungen mit einer Violine zeigt, wird dieser Trend deutlich.

Instrumentalverteilung

ST = Streichinstrumente, TA = Tasteninstrumente, ZU = Zupfinstrumente, BS = Blas- und Schlaginstrumente ohne Blockflöte, BF = Blockflöte, VO = Gesang, Sprechtechnik, Italienisch

| | Trifail/Trbovlje | | | | | | Eichtal/Hrastnik | | | | | | Edlingen/Sagorje | | | | | |
	ST	TA	ZU	BS	BF	VO	ST	TA	ZU	BS	BF	VO	ST	TA	ZU	BS	BF	VO
1941/42	33	67	31	23	19	15	26	56	16	41	10	6	5	14	9	–	10	–
1942/43	50	84	19	38	5	9	10	46	24	4	–	–	24	25	13	–	–	–
1943/44	66	159	36	26	12	10	18	54	33	6	–	2	27	30	26	–	–	2

| | Ratschach/Rateče | | | | | | zusammen | | | | | |
	ST	TA	ZU	BS	BF	VO	ST	TA	ZU	BS	BF	VO
1941/42	–	–	–	–	–	–	64	137	56	65	39	21
1942/43	–	–	–	–	–	–	84	124	56	36	5	9
1943/44	17	21	11	2	10	–	120	264	106	34	22	14

5.3.2.4.3 Veranstaltungen

Die Zahl der Veranstaltungen in den drei Schuljahren gliedert sich in Heimatbund-Veranstaltungen, eigenständige Konzerte, musikschulinterne Veranstaltungen wie Vorspielstunden etc. sowie Veranstaltungen außerhalb des Kreises Trifail/Trbovlje. Für eine politische Einschätzung der einzelnen Veranstaltungen haben diese Zahlen allerdings nur einen sehr begrenzten Aussagewert. Für präzisere Angaben müssen die Programme der Aufführungen einzeln im Hinblick auf die aufgeführten Werke beleuchtet werden. Für die nachstehenden Graphiken werden folgende Kriterien herangezogen: Als primärpolitisch werden Auftritte bezeichnet, die entweder eine eindeutig politische Organisation als Veranstalter oder Mitveranstalter – in den meisten Fällen den Steirischen Heimatbund – aufweisen, zu typisch nationalsozialistischen Anlässen – Heldenfeiern, Werbemärsche der „Deutschen Jugend" usw. – stattfinden, oder in deren Verlauf eindeutig nationalsozialistische Lieder und Musikstücke zur Aufführung gebracht werden.

Insgesamt beträgt die Zahl der primärpolitisch einzuschätzenden Veranstaltungen über 64 Prozent der gesamten Aufführungen und liegt somit im Vergleich zum „Altgau" um rund 20 Prozent höher. Die höchste Rate ist auch hier im zweiten Jahr, dem Schuljahr 1942/43, zu verzeichnen, jenem Jahr des Rückganges der Schülerzahlen und des Einsetzens des Widerstandes gegen die Machthaber.

	Heimatbund	MS-intern	Konzerte	auswärts	gesamt
1941/42	10	–	7	–	17
1942/43	21	6	18	1	46
1943/44	26	10	11	11	58
gesamt absolut	57	16	36	12	121
Gesamtanteil	44,83%	17,24%	18,97%	18,97%	100,00%

5.3.2.4.4 Komponistenhäufigkeit

Bei der Häufigkeit der aufgeführten Komponisten überwiegen eindeutig jene der leichteren Muse, allen voran Johann Strauß. Als zweithäufigst gespielter Komponist erweist sich der Leiter der Musikschule, Konrad Stekl, gefolgt von Franz Lehár. Die Häufigkeit Stekls ist insofern bemerkenswert, als dieser sich mit seiner teilweisen Zwölftonigkeit nach damaliger Musikauffassung durchaus im Grenzbereich „entarteter Kunst" bewegt. Erst an der vierten Stelle finden wir mit Ludwig van Beethoven einen Komponisten des symphonischen Bereiches. Ihm folgen Joseph Haydn, Wolfgang Amadeus Mozart, Franz Schubert, Carl Michael Ziehrer und Edward Grieg sowie eine Reihe von Komponisten, die jeweils weniger als zehnmal aufgeführt werden.[1007]

Dies entspricht in der Tendenz durchaus der offiziellen Linie des Propagandaministeriums, das für die Dauer des Krieges einen *„planmäßigen und schlagkräftigen Einsatz auf dem Gebiet des Konzertwesens"* vorsieht:

> *Die Musik hat heute mehr den je die große Aufgabe, unser Volk zu erheben und seine seelischen Kräfte zu stärken . . . im Vordergrund stehen Werke erfreuenden und erhebenden Inhalts; Werke „problematischen Inhalts" sollen nach Möglichkeit vermieden werden.[1008]*

Nicht nur in bezug auf die Komponisten, auch bei der Auswahl ihrer Werke wird dieser Order des Reichspropagandaministeriums, wie die Durchsicht der Programme zeigt, voll entsprochen. Ein Musterprogramm – es handelt sich um ein Konzert des Trifailer Bergmanns-Orchesters und des Bergmanns-Chores mit der Solistin Nadja Pologar im Rahmen des Winterhilfswerks im Februar 1944[1009] – soll dies verdeutlichen:

Johann Strauß	Ouvertüre aus *„Die Fledermaus"*
	An der schönen blauen Donau
Carl Michael Ziehrer	Potpourri aus *„Der Vogelhändler"*
	Zauber der Montur
Karl Millöcker	Ouvertüre aus *„Der Bettelstudent"*
Carl Michael Ziehrer	*Faschingskinder*
Paul Lincke	*Berliner Luft*
Konrad Stekl	*Trifailer Marsch*
Franz Lehár	*Vilja-Lied*
Julius Fučik	*Florentiner Marsch*
H. Lehmacher	*Jetzt fahren wir*
Carl Maria von Weber	*Schwertlied*
Fr. Hegar	*Kapitän und Leutnant*
J. Lewalter	*Schön ist die Jugend*
Friedrich Silcher	*Tanzliedchen*
Johann Schwarz	*Glück auf*

5.3.2.4.5 Schwierigkeiten

Die Schwierigkeiten des Musikbetriebes in Trifail gliedern sich im wesentlichen in zwei Bereiche. Zum einen sind die personellen und materiellen Probleme zu nennen, die die Führung eines Krieges an mehreren gleichzeitigen Fronten mit sich bringt, zum anderen trägt der wachsende Widerstand der Bevölkerung, der seinen Ausdruck vor allem im immer stärkeren Zulauf zu den Partisanengruppen findet, zur Beendigung des Musikwesens in der Untersteiermark im allgemeinen und in Trifail im besonderen bei.

Während noch im März 1943 vom Chef der Zivilverwaltung die Notwendigkeit von sechs Glaslustern (!) für die Musikschule bestätigt wird,[1010] ist es in der gesamten Steiermark bereits ab 1940 nur unter größtem bürokratischen Aufwand – wenn überhaupt – möglich, Bezugsscheine für kriegswichtige Grundstoffe wie Metall oder Kraftstoff für kulturelle Zwecke bewilligt zu bekommen. Als Konrad Stekl im April 1942 Pauken für das Sinfonieorchester Trifail braucht, benötigt er für ein Paar einfache Pauken Bezugsscheine für 20 kg Eisen und 20 kg Leichtmetall, bzw. für Maschinenpauken 100 kg Eisen und 30 kg Kupfer sowie zwei Fellanträge.[1011] Diese Anträge werden vom Deutschen Gemeindetag abgelehnt, da *„das Kontingent des Deutschen Gemeindetages zu gering bemessen ist und für noch dringendere Bedarfszwecke benötigt wird".*[1012]

Eine ähnliche Situation herrscht im Kraftstoffbereich vor. Karl Romich, der Beauftragte des Steirischen Musikschulwerkes für die Untersteiermark, stellt im Laufe des Jahres 1942 mehrere Anträge, ihm Benzin für sein Auto oder wenigstens für ein Motorrad zu bewilligen: *„Bei den heutigen Verkehrsverhältnissen ist es ganz unmöglich, die notwendigen Dienstfahrten durchzuführen. Ich bitte daher nochmals um Zuweisung von monatlich 30 Liter Benzin und 5 Liter Öl.*"[1013]

Sämtliche Anträge werden unter Hinweis, daß *„Kraftfahrzeuge nur mehr zur Erfüllung kriegswichtiger oder kriegsentscheidender Aufgaben benutzt werden dürfen",* abgelehnt. *„Alle anderen Fahrten sind verboten. Vergasertreibstoff-Tankausweiskarten können daher an das Steirische Musikschulwerk nicht ausgegeben werden.*"[1014]

Ein weiteres auf Kriegseinflüsse zurückgehendes Problem ist jenes des Personalmangels durch Einberufungen.

> *Ich bitte die Statthalterei, die Uk-Stellungen für die Kreismusikschule mit besonderem Nachdruck zu betreiben, da die politisch unsichere Lage in diesem Kreis eine besondere Behandlung erfordert. Ich habe hier in bezug auf die Lehrkräfte den allerschwersten Stand, da niemand hierher kommen will. Die wenigen Lehrkräfte muß ich mir erhalten können, da sonst ein weiteres Arbeiten in Trifail illusorisch wird,*[1015]

schreibt Konrad Stekl anläßlich der Einberufung mehrerer seiner Lehrer an die Reichsstatthalterei. Doch auch in diesen Fällen geht der Krieg vor, und die massiven Anträge Stekls werden, da sämtliche Betroffene für Uk-Stellungen zu jung sind, abgelehnt.

Schließlich sind es auch direkte Kriegseinwirkungen, die die Aufrechterhaltung eines Musikschulbetriebes immer schwieriger erscheinen lassen. Die Musikschule in Marburg/Maribor wird Ende 1944 wiederholt durch Bombenwürfe getroffen, so daß ein Weiterverbleib in den bisherigen Räumen nicht möglich ist, andere jedoch nach Aussage des Oberbürgermeisters nicht zur Verfügung stehen und dieser daher die Schule bis auf weiteres schließen möchte,[1016] wogegen der Leiter Hermann Frisch energisch aufzutreten versucht.[1017]

Letztlich macht auch der wachsende Widerstand der Bevölkerung gegen das Besatzerregime ein geregeltes Musikleben mehr und mehr schwierig, und schließlich wird der Einfluß der

Fortsetzung auf Seite 241

Konrad Stekl, Kreismusikschulleiter von Judenburg und ab 1941 von Trifail/Trbovlje, mit dem Bergknappen-Symphonieorchester Trifail/Trbovlje. (Foto aus dem Privatbesitz von Elisabeth Stekl)

Konzert in der Kreismusikschule Trifail/Trbovlje. (Foto aus dem Privatbesitz von Elisabeth Stekl)

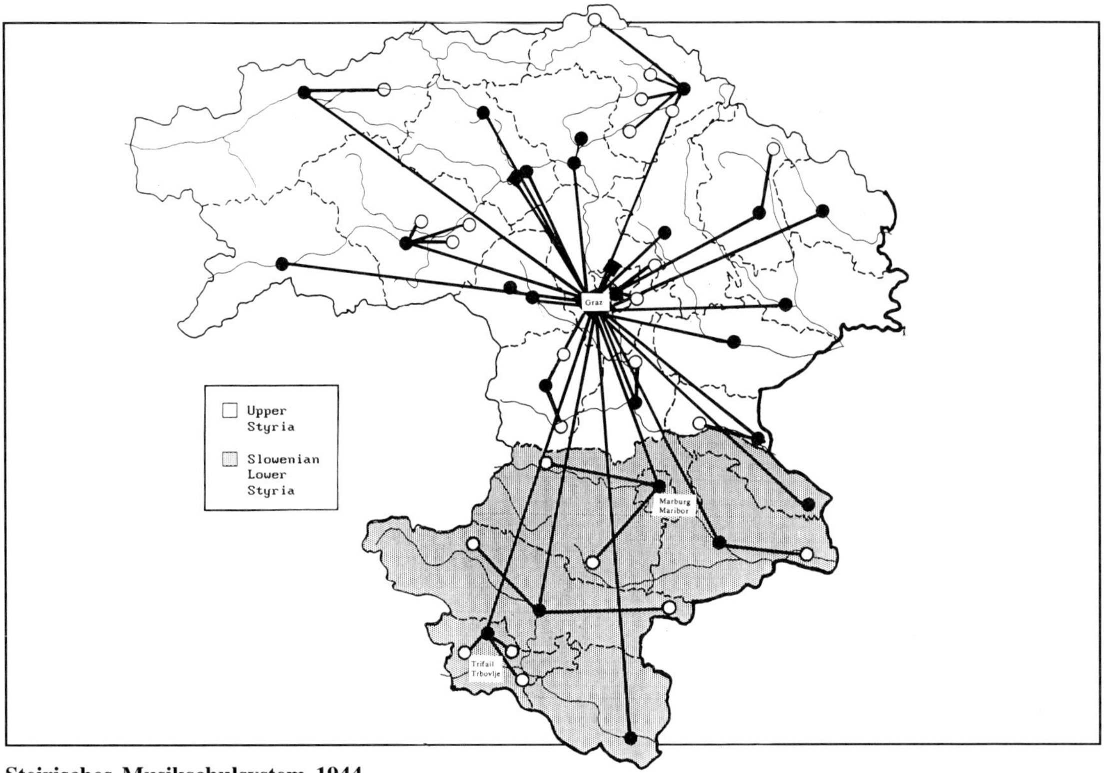

Steirisches Musikschulsystem 1944.

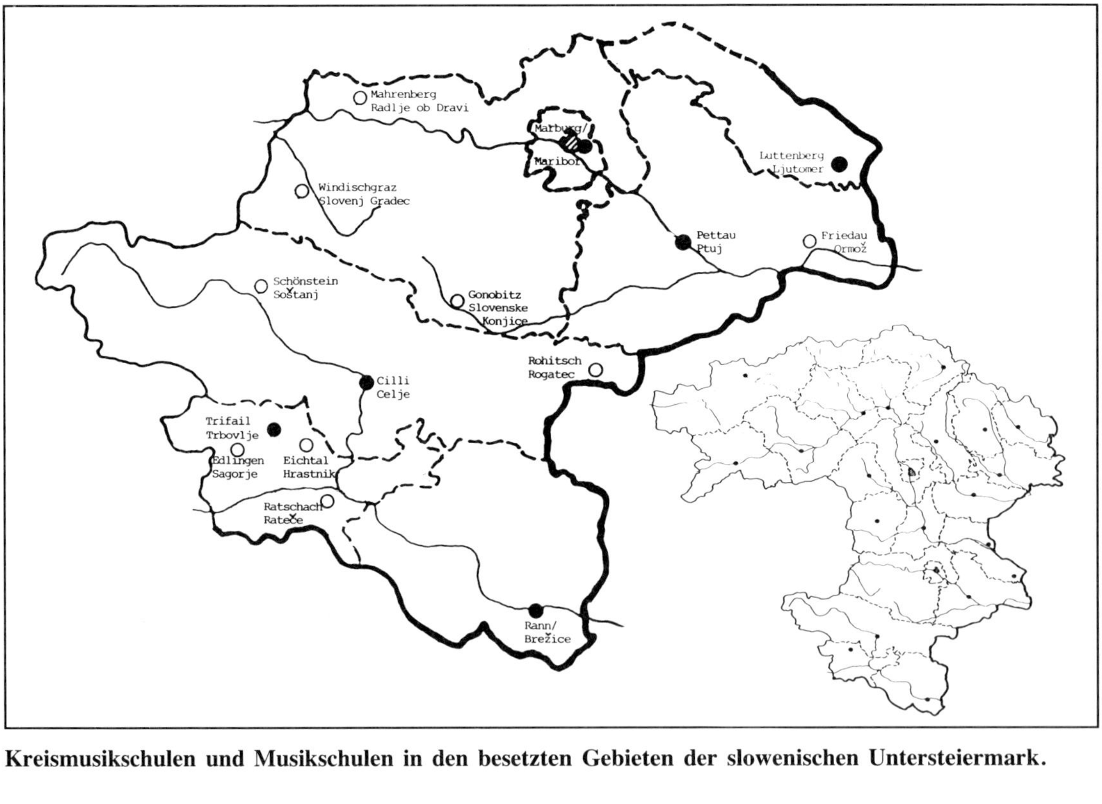

Kreismusikschulen und Musikschulen in den besetzten Gebieten der slowenischen Untersteiermark.

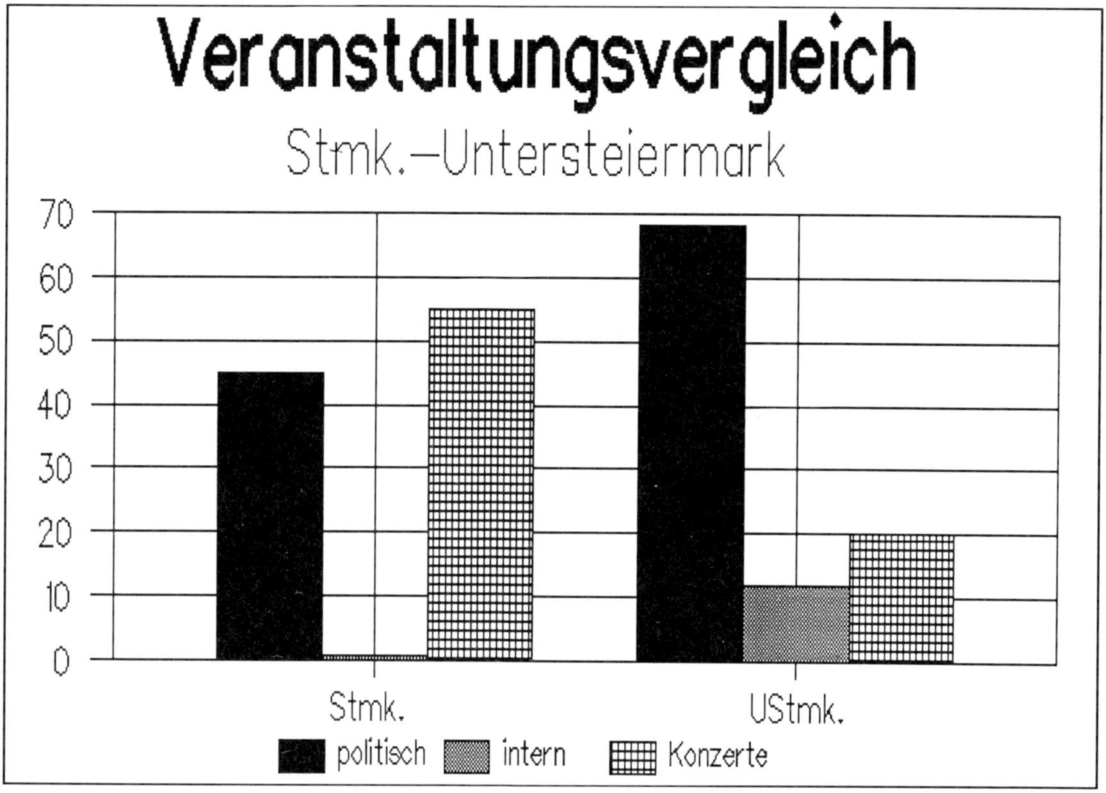

Veranstaltungsvergleich
Stmk.–Untersteiermark
70
60
50
40
30
20
10
0
Stmk.
UStmk.
politisch
intern
Konzerte

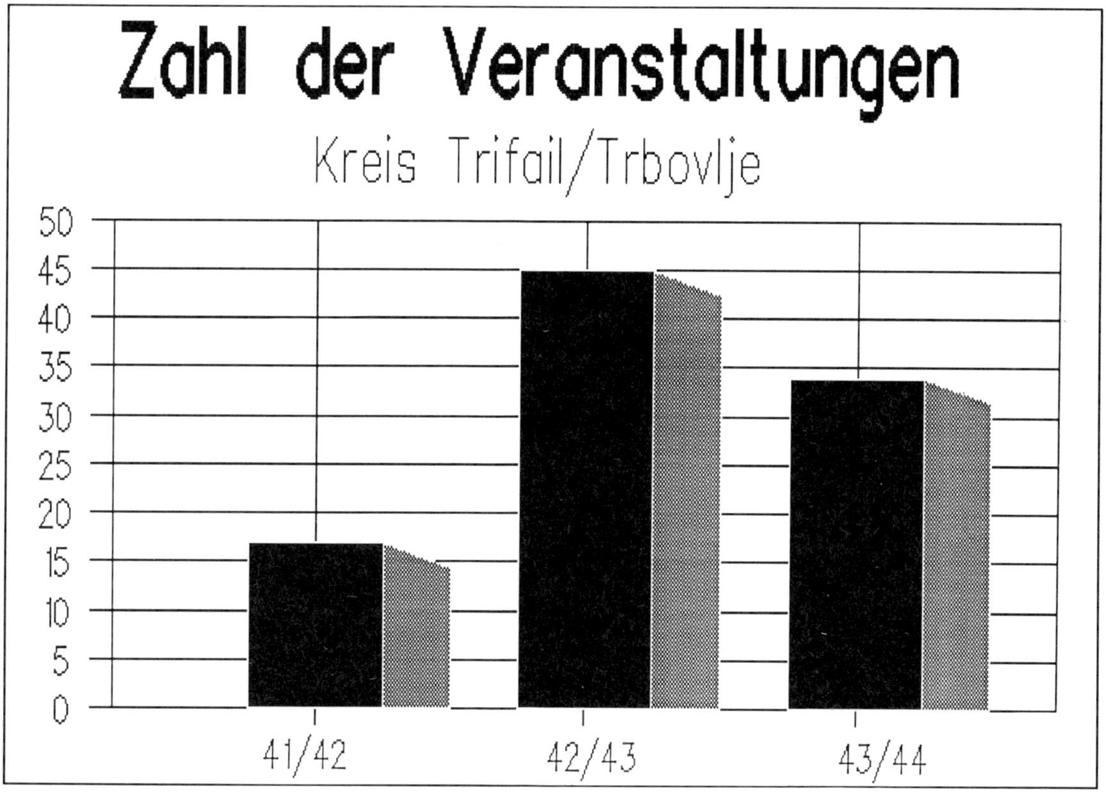

Zahl der Veranstaltungen
Kreis Trifail/Trbovlje
50
45
40
35
30
25
20
15
10
5
0
41/42
42/43
43/44

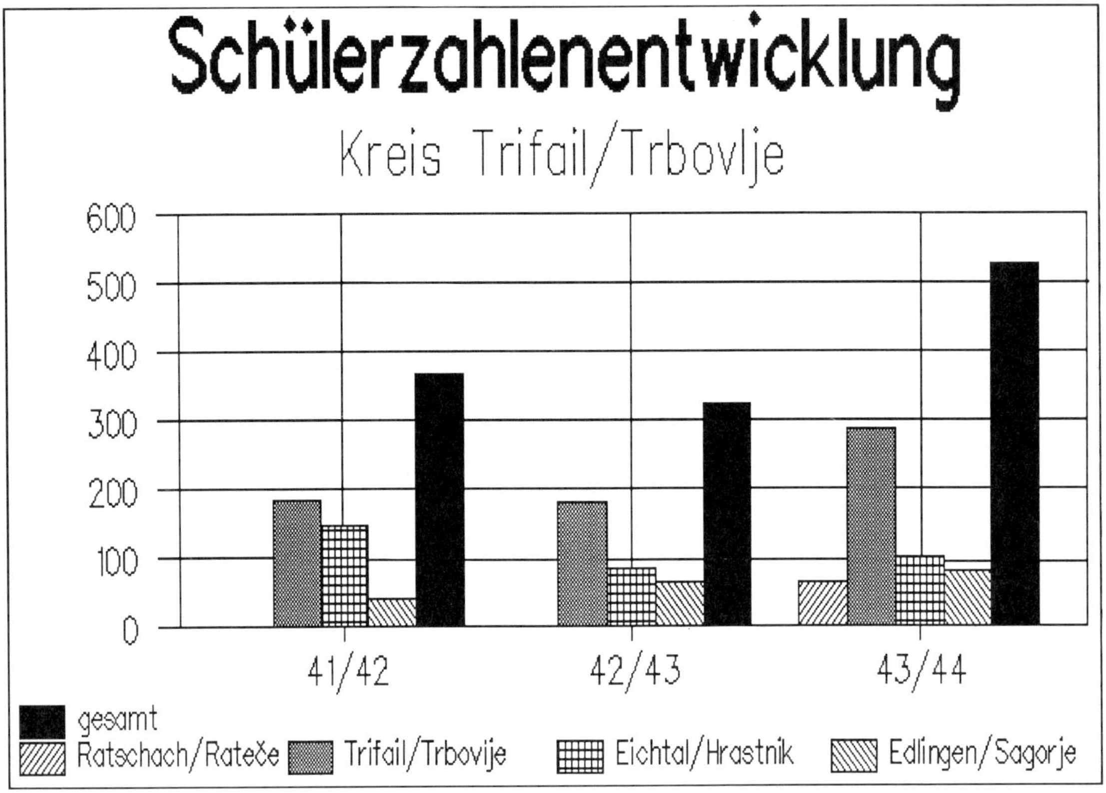
Schülerzahlenentwicklung
Kreis Trifail/Trbovlje
600
500
400
300
200
100
0
41/42
42/43
43/44
gesamt
Ratschach/Rateče
Trifail/Trbovlje
Eichtal/Hrastnik
Edlingen/Sagorje

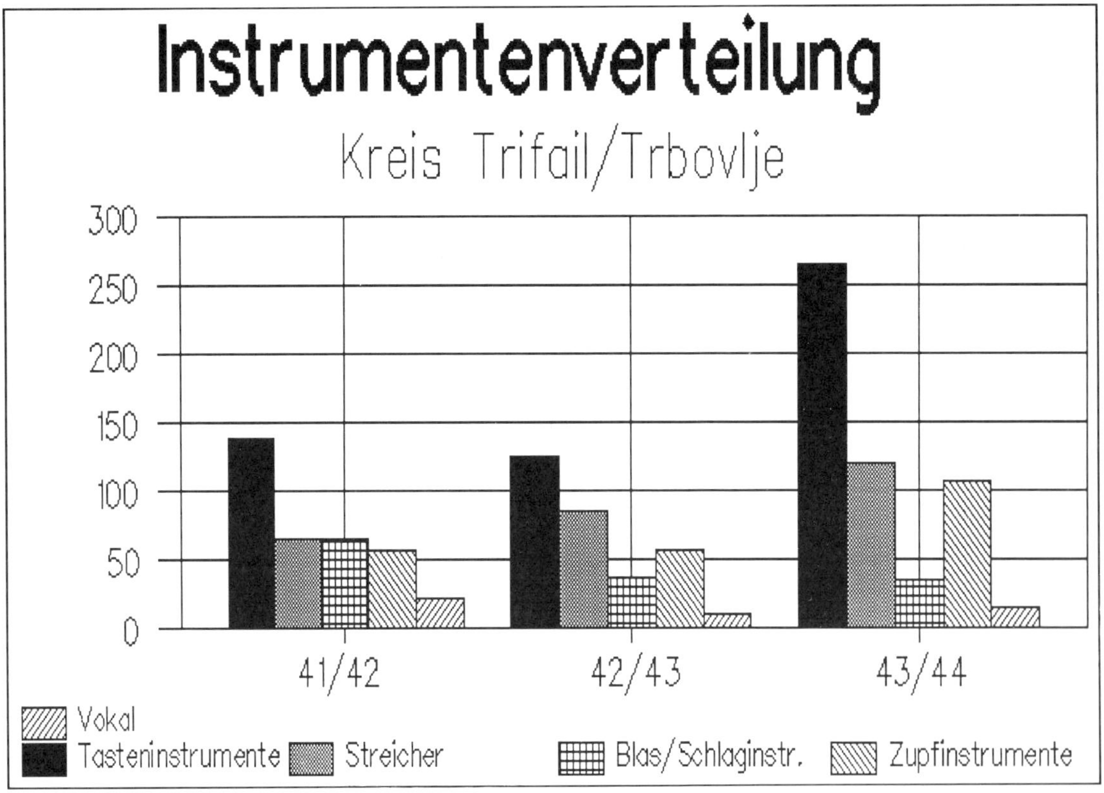
Instrumentenverteilung
Kreis Trifail/Trbovlje
300
250
200
150
100
50
0
41/42
42/43
43/44
Vokal
Tasteninstrumente
Streicher
Blas/Schlaginstr.
Zupfinstrumente

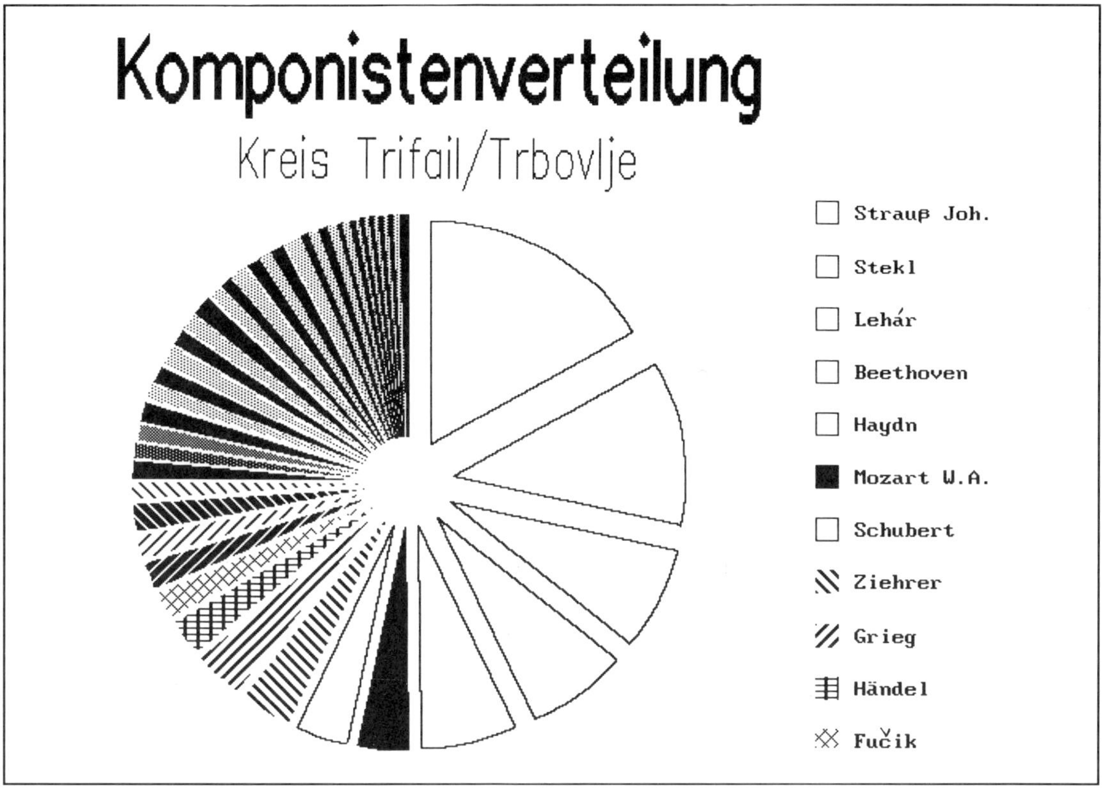
Komponistenverteilung
Kreis Trifail/Trbovlje
Strauß Joh.
Stekl
Lehár
Beethoven
Haydn
Mozart W.A.
Schubert
Ziehrer
Grieg
Händel
Fučik

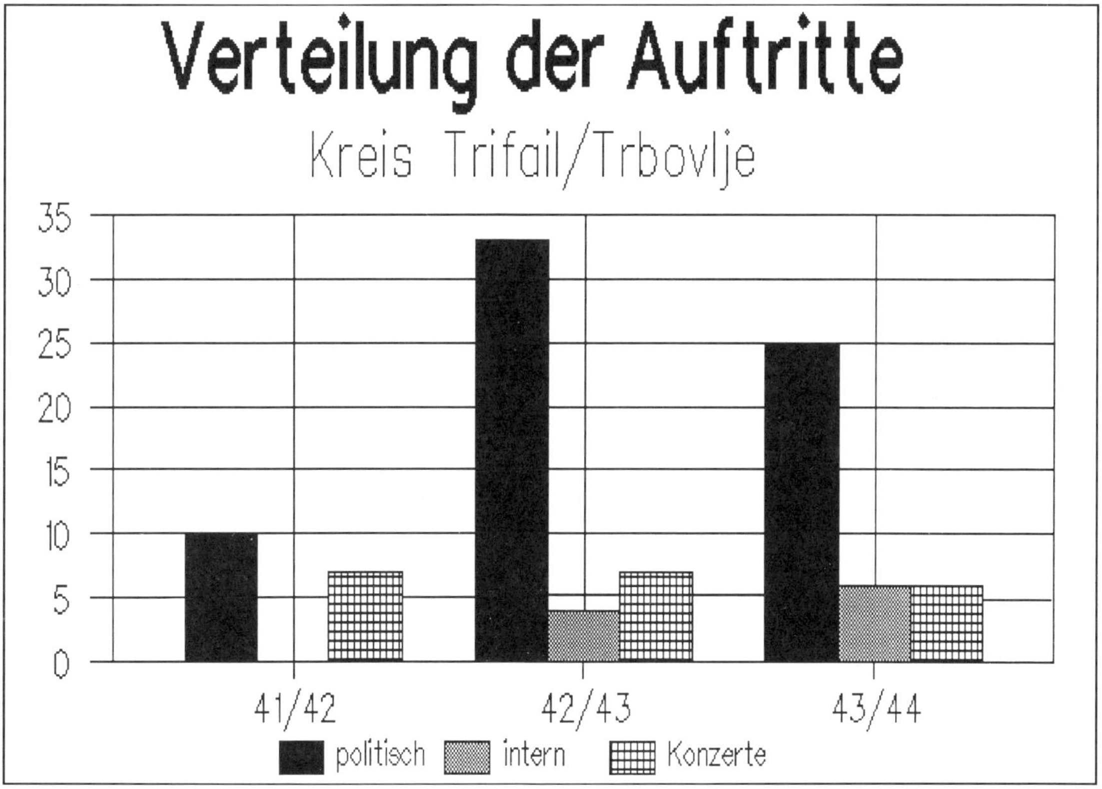
Verteilung der Auftritte
Kreis Trifail/Trbovlje
35
30
25
20
15
10
5
0
41/42
42/43
43/44
politisch
intern
Konzerte

Der Reichsminister   Berlin W 8, den 11. Mai 1943
für Wissenschaft, Erziehung   - Postfach -
und Volksbildung
Z III b Nr. 83/43

      Betr. Besuch deutscher Schulen und Hochschulen durch
          Bewohner aus den befreiten Gebieten der Unter-
          steiermark, Kärntens und Krains.

      Im Einvernehmen mit dem Reichskommissar zur Festigung
deutschen Volkstums wird folgendes bestimmt:
                      I.
      Diejenigen Personen, die auf Grund des § 1 der Verord-
nung über den Erwerb der Staatsangehörigkeit in den befreiten
Gebieten der Untersteiermark, Kärntens und Krains vom 14. Oktober 1941 - RGBl. I S. 648 - die deutsche Staatsangehörigkeit erworben haben, sind bei dem Besuch von Schulen und Hochschulen keinen Beschränkungen unterworfen.
                     II.
      Für diejenigen Personen, die auf Grund des § 2 der Ver-
ordnung vom 14. Oktober 1941 die deutsche Staatsangehörigkeit
auf Widerruf erworben haben oder auf Grund des § 3 dieser Verordnung Schutzangehörige des Deutschen Reiches sind, gilt folgendes:

               1. Allgemein.
      Auf jedem Zeugnis ist hinter dem Namen zu vermerken:
"Staatsangehöriger (e) auf Widerruf" oder "Schutzangehöriger
(e) des Deutschen Reichs".
         2. Die einzelnen Schularten.
        a) Besuch von Volksschulen.
      Staatsangehörige auf Widerruf sind zum Besuch der Volks-
schulen nach Maßgabe des Reichsschulpflichtgesetzes vom 6.
Juli 1938 - RGBl. I S. 799 - verpflichtet.
      Gegen den Besuch der Volksschule durch Schutzangehörige
bestehen keine Bedenken, sofern die schulischen Verhältnisse,
insbesondere die Anzahl der Lehrer und die zur Verfügung stehenden Räume, eine solche Beschulung zulassen.
        b) Besuch von Berufsschulen.
      Staatsangehörige auf Widerruf sind zum Besuch der Be-
rufsschule verpflichtet.
      Gegen den Besuch von Berufsschulen durch Schutzange-
hörige bestehen keine Bedenken, sofern die schulischen Verhältnisse, insbesondere die Anzahl der Lehrer und die zur Verfügung stehenden Räume, eine solche Beschulung zulassen.
        c) Besuch von Hauptschulen (Mittelschulen).
      Staatsangehörige auf Widerruf können zum Besuch der
Hauptschule zugelassen werden, wenn sie den Ausleseanforde-
rungen des Runderlasses vom 3. Juli 1941 - E II d 253 - in
vollem Umfange entsprechen und wenn gegen sie in volkstumspo-
litischer Hinsicht keine Bedenken bestehen, gegebenenfalls
ist bei dem zuständigen Chef der Zivilverwaltung wegen der
volkstumsmäßigen Einstellung des Kindes und seiner Eltern
Rückfrage zu halten.
                               Schutz-

An
a) die Unterrichtsverwaltungen der Länder,
b) die Herren Reichsstatthalter in den Reichsgauen,
c) die nachgeordneten Reichs- und preußischen
    Dienststellen.

Seite 230–231: Schreiben des Reichserziehungsministers, betreffend Zugangsbeschränkungen der Bewohner der besetzten Gebiete der Untersteiermark zu deutschen Hochschulen. (Original: Steiermärkisches
Landesarchiv)

Schutzangehörigen ist der Besuch von Hauptschulen nicht gestattet.

Für den Besuch von Mittelschulen gelten die Bestimmungen entsprechend.

d) <u>Besuch von höheren Schulen, Berufsfach- und Fachschulen sowie von Lehrerbildungsanstalten.</u>

Staatsangehörigen auf Widerruf ist der Besuch von höheren Schulen, Berufsfach- und Fachschulen nur mit Genehmigung des Chefs der Zivilverwaltung gestattet. Die Genehmigung wird unter dem Vorbehalt des Widerrufs für eine bestimmte Schule erteilt.

Staatsangehörige auf Widerruf, die zur Zeit eine solche Schule besuchen, haben die Genehmigung des Chefs der Zivilverwaltung unverzüglich nachzubringen; andernfalls müssen sie die Schule sofort verlassen.

Der Besuch von Lehrerbildungsanstalten ist den Staatsangehörigen auf Widerruf nicht gestattet. Eine Ausnahme kann der Chef der Zivilverwaltung in Graz für die Lehrerbildungsanstalten im Reichsgau Steiermark und in der Untersteiermark zulassen.

Schutzangehörigen ist der Besuch weiterführender Schulen nicht gestattet. Ausnahmeregelung für Sonderfälle bleibt vorbehalten.

e) <u>Besuch von Hochschulen (wissenschaftlichen und Kunsthochschulen).</u>

Staatsangehörige auf Widerruf dürfen zum Studium nur zugelassen werden, wenn sie

a) die allgemeinen Zulassungsvoraussetzungen erfüllen und
b) eine Unbedenklichkeitsbescheinigung des zuständigen Chefs der Zivilverwaltung vorlegen.

Die Unbedenklichkeitsbescheinigung wird unter dem Vorbehalt des Widerrufs auf ein Semester für eine bestimmte Hochschule und ein bestimmtes Studienfach erteilt.

Staatsangehörige auf Widerruf, die zur Zeit an Hochschulen studieren, haben unverzüglich eine Unbedenklichkeitsbescheinigung des Chefs der Zivilverwaltung beizubringen; andernfalls haben sie die Hochschule sofort zu verlassen.

Schutzangehörigen ist der Besuch von Hochschulen nicht gestattet. Soweit sie zur Zeit an Hochschulen studieren, haben sie diese sofort zu verlassen.

III.

Die Herren Chefs der Zivilverwaltungen in Graz und Klagenfurt werden für ihren Geschäftsbereich eine entsprechende Regelung treffen.

IV.

Dieser Erlaß wird nicht im MBlWEV. veröffentlicht.

Im Auftrage
gez. Kohlbach

Beglaubigt:

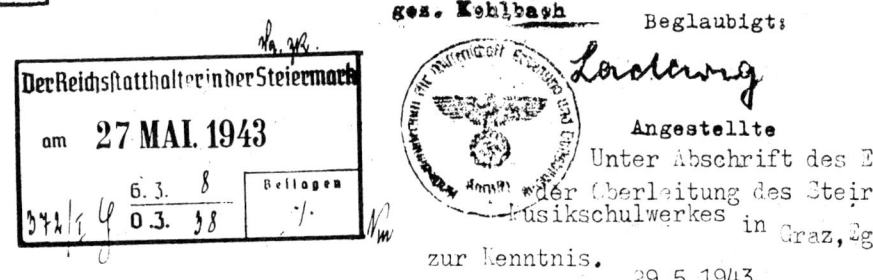

Landewig

Angestellte

Unter Abschrift des Eingangs der Oberleitung des Steirischen Musikschulwerkes in Graz, Eggenbe zur Kenntnis.

29.5.1943.

Der Leiter der U. Abteilung:

Entfertigt am 5 JUNI 1943

Kreis Trifail in treuer Gefolgschaft

Durch Schicksalsschläge und Prüfungen zu hohem Ziel

Die elfte Wiederkehr des Tages der Machtübernahme wurde auch im Kreis Trifail mit besonderer Feierlichkeit begangen, in der freudig-ernster Glaube und die unerschütterliche Siegeszuversicht zum Ausdruck kamen. In Verbindung mit dem Appell der alten Parteigenossen im Kreis waren gleichzeitig alle Amtsträger des Steirischen Heimatbundes und staatliche Behörden erschienen. Neben den Hinterbliebenen der für Führer und Volk im Kreis Trifail gefallenen heimattreuen Untersteirer war auch die Bevölkerung zahlreich vertreten.

Die musikalische Umrahmung der Feier, die mit den wuchtigen Rhythmen des Liedes „Es dröhnt der Marsch der Kolonnen" den Fahneneinmarsch begleitete, lag wie immer in den bewährten Händen von Musikdirektor Konrad Stekl. „Der festliche Ruf" von Georg Friedrich Händel bildete den feierlichen Auftakt der Gedenkstunde. Darauf gaben die frischen Stimmen der Jugend-Singschar dem Lied „Wir tragen das Vaterland in unseren Herzen" symbolisch-tiefe sinnschöne Bedeutung, die noch durch die anschließend gesprochenen Verse der Deutschen Jugend verstärkt wurde. Die wohlgeschulten Stimmen des Trifailer Bergmannschors gaben darauf dem Gelöbnis „Heilig Vaterland in Gefahren" kraftvollen Ausdruck. Ortsgruppenführer Kam. Karl Suppanz von der Ortsgruppe Trifail-Ost nahm sodann, begleitet von leisem Trommelwirbel, während dessen sich alle Anwesenden von ihren Plätzen erhoben, in würdiger und eindrucksvoller Weise die Ehrung aller im Kreis Trifail selbst und an der Front gefallenen Kreisangehörigen vor

Im Anschluß an das feierliche Gedenken für die Blutzeugen unseres Kampfes im Kreis, nahm Kreisführer Eberharth das Wort zu einer Kraft- und Siegeszuversicht ausstrahlenden Ansprache. In dieser führte er aus, daß die deutsche Geschichte seit ihren Anfängen vor zweieinhalbtausend Jahren stets von der dämonischen Schicksalsfrage Sieg oder Untergang begleitet war, die unserem Volke seine, auch heute wieder auf die Bewährungsprobe gestellte Schicksalsfestigkeit verliehen hat. Immer hat, trotz Schicksalsschlägen und Prüfungen, die unerhörte Kampfhärte unseres Volkes schließlich das Feld behauptet und den Sieg davon getragen. Niemals aber war die Gewähr des Sieges und der Führungsanspruch des deutschen Volkes in Europa so fest begründet, wie in unseren Tagen, seit der Führer vor elf Jahren das deutsche Schicksal in seine starken Hände nahm und mit der nationalsozialistischen Idee unserem Volke und mit ihm Europa Schicksalsauftrag und Lebensform zugleich vermittelte. Aus diesem Grund können wir, unserer Väter würdig, im Ertragen wie im Handeln, voll unerschütterlicher Siegesgewißheit der Zukunft ins Auge schauen, wenn wir bereit sind, wie unsere Ahnen alles für die Freiheit und das Leben unseres Volkes einzusetzen. Nach einem musikalischen Zwischenstück verlas der Kreisführer das Bekenntnis des Glaubens an den Sieg, das Reichsminister Dr Goebbels am 30. Januar 1943 öffentlich ausgesprochen hatte. Im Gruß an den Führer und den von allen Teilnehmern bekenntnisfreudig mitgesungenen Liedern der Nation fand die Feierstunde ihren würdigen Ausklang.

Wir verdunkeln vom 1. bis 5. Februar von 17.45 bis 6 Uhr!

Zeitungsartikel über die Mitwirkung der Kreismusikschule Trifail/Trbovlje bei den politischen Feiern anläßlich der Machtübernahme durch die Nationalsozialisten. (In: Marburger Zeitung vom 2. Februar 1944)

Der Reichsminister
für Wissenschaft, Erziehung
und Volksbildung

R V 550/44

Berlin W 8, den 20.10.1944
Unter den Linden 69

S c h n e l l b r i e f

Betrifft: Totaler Kriegseinsatz; hier: Kunst- und Musikhochschulen.

In Nachgang zu meinem Erlaß R V 391/44 vom 1.9.1944 ordne ich in Einvernehmen mit dem Reichsminister und Chef der Reichskanzlei, dem Leiter der Partei-Kanzlei, den Generalbevollmächtigten für die Reichsverwaltung und dem Generalbevollmächtigten für den Arbeitseinsatz folgendes an:

1. Die Kunst- und Musikhochschulen einschließlich der Hochschulen für Kunst- und Musikerziehung werden zum 31. Oktober 1944 stillgelegt. Soweit das Wintersemester 1944/45 noch nicht begonnen hat, findet eine Eröffnung nicht statt.

2. Die Studierenden werden für den Einsatz in Rüstung oder Kriegsproduktion bereitgestellt.
   Für ihre Erfassung und ihren Einsatz gelten die Bestimmungen des Erlasses des Generalbevollmächtigten für den Arbeitseinsatz vom 4.9.1944 – VI a 6411.1/95 – (mitgeteilt durch meinen Erlaß R V 400/44 vom 8.9.44 – MBlWEV.S.214 –) über die Studierenden der wissenschaftlichen Hochschulen sinngemäß mit der Maßgabe, daß sie die Meldungen der Hochschulen an die Gauarbeitsämter sich auch auf die im Wintersemester 1944/45 Neuimmatrikulierten zu erstrecken und daß die Meldungen spätestens bis zum 25.10.1944 zu erfolgen haben.
   Neuaufnahmen finden ab sofort nicht mehr statt.
   Über die berufliche Weiterbildung der Versehrten ergehen besondere Anordnungen. Sie sind nicht zum Arbeitseinsatz zu melden.

3. Die freiwerdenden Lehrkräfte sind mir bis zum 31.10.1944 zu melden (listenmäßig unter Angabe von Name, Dienststellung, Geburtsjahrgang, Familienstand, Fachrichtung, letztes akademischen Abschluß, letzter militärischer Dienstgrad und Anschrift). Soweit sie nicht zur Betreuung der Versehrten oder zur Unterrichtstätigkeit an anderer Stelle benötigt werden, werden sie von mir für den Einsatz in der Wehrmacht oder Rüstung bereitgestellt werden. Die außer den Lehrkräften freiwerdenden Gefolgschaftsmitglieder sind von den Hochschule selbst bis zum 5.11.1944 der Wehrmacht bzw. dem Arbeitsamt zum Einsatz zu melden, ggf. unter Mitteilung des Termins, zu dem sie frei werden.
   Dieser Erlaß wird noch in MBlWEV. veröffentlicht.

gez. R u s t .

Beglaubigt:

Direktoren der
Kunsthochschulen,
Schulverwaltungen der Länder
Schulen,
Reichsstatthalter in Wien.

372/I M-31/1944

Schnellbrief des Reichserziehungsministers, betreffend die Stillegung der Kunst- und Musikhochschulen.
(Original: Steiermärkisches Landesarchiv)

Der Reichsminister Berlin W 8, den 22. März 1943
für Wissenschaft, Erziehung Postfach
und Volksbildung
V a 560, W J (b)

Wie ich bereits in meinem Runderlaß vom 22. März 1943 - W J 900, Va - über den Einsatz der Studierenden der deutschen Hochschulen für Aufgaben der Reichsverteidigung bekanntgegeben habe, wird der Generalbevollmächtigte für den Arbeitseinsatz von einem allgemeinen Aufruf der Studierenden zur Meldung für den Arbeitseinsatz absehen. Weiter habe ich betont, daß diejenigen Studierenden, die sich den erhöhten Anforderungen, die der totale Krieg mit sich bringt, nicht gewachsen zeigen, oder die das Studium nur als ein Ausweichen vor einem anderen Arbeitseinsatz gewählt haben und nicht zielstrebend auf einen baldigen Berufseinsatz hinarbeiten, während des Krieges nicht auf die Hochschule, sondern auf einen anderen kriegswichtigen Arbeitsplatz gehören. Nach diesen Gesichtspunkten sollen die Studierenden zwecks Meldung für den Arbeitseinsatz ausgewählt werden.

Unter Bezugnahme auf meine Anordnungen in I 1 und 4 des obengenannten Runderlasses vom 22. März 1943 mache ich die Direktoren der Hochschulen für bildende Künste und für Musik dafür verantwortlich, daß das Ausleseverfahren unter allen Umständen unter Anlegung eines strengen Maßstabes durchgeführt wird, daß also in Zukunft nur wirklich geeignete Studierende ihr Studium fortsetzen und alle anderen Studierenden rücksichtslos zum Arbeitseinsatz gemeldet werden. Auch bei Neuaufnahmen ist der strengste Maßstab anzulegen und alles, was nicht zum Kunststudium besonders geeignet ist, ohne Ansehen der Person zurückzuweisen. Es hat sich gezeigt, daß in den Kriegsjahren der Zugang an Studierenden - insbesondere an weiblichen - stark zugenommen hat. Ich ersuche, dafür zu sorgen, daß die Zahl der Studierenden auf keinen Fall weiter ansteigt, sondern sich im Gegenteil vermindert. Auch sind die Studierenden während ihres Studiums hinsichtlich ihres Fleißes und ihrer Leistungen dauernd zu überwachen. Ergibt sich, daß jemand für ein Kunststudium nicht geeignet ist, oder daß er den erforderlichen Fleiß oder Ernst für das Studium vermissen läßt, so ist er unnachsichtlich vom weiteren Besuch der Hochschule sofort auszuschließen und dem Arbeitsamt zum Einsatz zu melden.

Ich behalte mir vor, die genaue Beachtung der vorstehenden Anordnungen durch einen von mir zu entsendenden Sonderbeauftragten nachprüfen zu lassen. Ich mache es den Direktoren der Kunsthochschulen zur besonderen Pflicht, bei der Durchführung des Ausleseverfahrens die größte Sorgfalt zu beobachten, da es im eigenen Interesse der Hochschulen liegt, nur wirklich qualifizierte junge Leute im Studium zu belassen. Die Kunsthochschulen erweisen sich keinen

An

a) die Herren Direktoren der Kunsthochschulen
   - mit je 4 Überdrucken -,

b) die Unterrichtsverwaltungen der Länder
   mit Kunsthochschulen -außer Preußen-,

c) die Herren Reichsstatthalter
   in Wien, Graz und Salzburg,

d) den Herrn Kurator der Deutschen wissenschaftlichen
   Hochschulen in Prag
   -d.d.Herrn Reichsprotektor in Böhmen u.Mähren-
   Deutsche Dienstpost Böhmen-Mähren
   - mit 4 Überdrucken -.

Zu b) - d): mit der Bitte um Kenntnisnahme.

keinen Dienst damit, wenn sie möglichst viele Studierende aufnehmen oder im Studium belassen, sondern ausschlaggebend ist
allein die Heranbildung eines guten Nachwuchses. Bei einer
nicht strengen Handhabung der Auslese würde nicht nur das Ansehen, sondern unter Umständen auch das Weiterbestehen der
Kunsthochschulen in Frage gestellt sein.
  Der Erlaß wird im MBlWEV. nicht veröffentlicht.

In Vertretung
gez. Zschintzsch

Beglaubigt:

Ministerialkanzlei-
obersekretär.

31 MRZ. 1943

Seite 234–235: Schreiben des Reichserziehungsministers, betreffend Meldung von säumigen Studierenden zum Arbeitseinsatz. (Original: Steiermärkisches Landesarchiv)

Der Reichsminister   Berlin W 8, den 22. Juni 1942
für Wissenschaft, Erziehung   Postfach
und Volksbildung

W J 1900, V, E IV (b)

Betrifft: Kriegseinsatz der Deutschen Studentenschaft 1942.

Der Reichsstudentenführer wird mit meinem Einverständnis auch in diesem Jahre die Studenten und Studentinnen an den Hoch- und Fachschulen des Deutschen Reiches wie im Vorjahre zu einem geschlossenen Kriegseinsatz in der vorlesungsfreien Zeit nach dem Sommersemester aufrufen.

Er geht dabei mit mir von der Auffassung aus, daß die Studenten und Studentinnen, die von der Wehrmacht nicht unmittelbar beansprucht werden, ihre Pflicht in der Erfüllung zweier Forderungen zu sehen haben:
1. ihr Studium mit bestem Erfolg so schnell wie möglich durchzuführen,
2. auch darüber hinaus ihre ganze Kraft in den Dienst des Sieges zu stellen.

Der Einsatz wird sich entsprechend der fachlichen Vorbildung der Studierenden in Rüstungsbetrieben, in der Landwirtschaft, in Lazaretten und Krankenhäusern, im deutschen Osten, in der kriegswichtigen Forschung und in anderen kriegswichtigen Gebieten vollziehen.

Zur Teilnahme am Einsatz sind alle Mitglieder der Deutschen Studentenschaft verpflichtet mit Ausnahme der Angehörigen der Studentenkompanien und der Wehrmachtsurlauber; diese können freiwillig teilnehmen. Ausländer können freiwillig teilnehmen.

Die Dauer des Einsatzes beträgt für alle Teilnehmer gleichmäßig acht Wochen. Er beginnt am ersten Montag nach Schluß des Sommersemesters. Eine freiwillige Verlängerung der Einsatzdauer ist in persönlicher Verabredung zwischen dem einzelnen Einsatzteilnehmer und seiner jeweiligen Einsatzstelle möglich, jedoch längstens bis zum Beginn des Wintersemesters.

<u>Der</u>

An
a) die Unterrichtsverwaltungen der Länder -außer Preußen-
   - 10 Abdrucke -,
b) die Herren Vorsteher der nachgeordneten Reichs- und
   preußischen Dienststellen der Wissenschaftsverwaltung,
c) die Herren Direktoren der Kunsthochschulen,
d) die Herren Reichsstatthalter in den Reichsgauen,
e) die Herren Regierungspräsidenten in Preußen
   - 6 Abdrucke -,
   den Herrn Stadtpräsidenten der Reichshauptstadt Berlin
   -Abteilung für Fachschulen-
   - 5 Abdrucke -,
f) die Herren Regierungspräsidenten in den Reichsgauen
   Sudetengau, Warthegau und Danzig-Westpreußen,
g) den Herrn Reichsminister des Innern,
   den Herrn Reichsforstmeister,
   den Herrn Reichsprotektor in Böhmen und Mähren in Prag.

Seite 236–237: Schreiben des Reichserziehungsministers, betreffend den Kriegseinsatz der Studierenden. (Original: Steiermärkisches Landesarchiv)

Der Einsatz wird unter der verantwortlichen Lenkung einer in Berlin befindlichen Einsatzleitung durchgeführt. Diese wird unter Ausnutzung der im Vorjahre gemachten Erfahrungen die restlose Erfassung aller in Betracht kommenden Kräfte und eine einfache und reibungslose Durchführung unter möglichst weitgehender Berücksichtigung der fachlichen Kenntnisse, der persönlichen Eignung und Neigung und des Gesundheitszustandes der Teilnehmer nach einheitlichen Einsatzbedingungen anstreben.

Der Einsatz soll möglichst am Hochschul- bezw. Hochschulort oder am Heimatort erfolgen, auswärts nur dann, wenn seitens der Einsatzstelle für eine geeignete Unterbringung gesorgt ist. Entscheidend ist immer die Kriegswichtigkeit der zu übernehmenden Tätigkeit. Für einheitliche und tragbare Vergütungssätze und Versicherungsbedingungen ist gesorgt worden.

Die Erfassung erfolgt durch die Studentenführungen. Einsatzwünsche werden, soweit sie sachlich gerechtfertigt und persönlich unbedenklich sind, berücksichtigt. Über erleichterte Einsatzbedingungen und Befreiungen entscheiden die Gaustudentenführer. Es gibt die folgenden Befreiungsgründe: Einberufung zur Wehrmacht oder zum RAD, Abschlußprüfung im Laufe des Jahres 1942, Landhilfe für Söhne oder Erben von Höfen bis Erbhofgröße, Auslandsaufenthalt von mehr als vier Wochen Dauer, Gesundheitszustand und sonstige Gründe.

Für den Fall, daß erleichterte Einsatzbedingungen oder Befreiung aus gesundheitlichen Gründen beantragt wird, nimmt der Vertrauensarzt des zuständigen Studentenwerkes nach einheitlichen Richtlinien eine Untersuchung vor.

Der Einsatz selbst erfolgt im Wege der Dienstverpflichtung durch das zuständige Arbeitsamt, nachdem die Tätigkeit unter möglichst weitgehender Berücksichtigung der Vorbildung, der Studienfachrichtung und der etwa vorhandenen besonderen Erfahrungen bestimmt worden ist.

Die Famulatur wird in den Kriegseinsatz einbezogen.

Bei den Studierenden technischer Fachrichtung, die noch Pflichtpraxis zu leisten haben, ist der Einsatz in Praktikantenstellen vorgesehen. Auch bei den Studierenden aller anderen Fachrichtungen, die eine nach den Prüfungsordnungen vorgeschriebene praktische Tätigkeit zu leisten haben, erfolgt, soweit irgend möglich, entsprechender Einsatz.

Ich ersuche die Rektoren und Direktoren der Hochschulen und Fachschulen, die Studentenführer bei der Durchführung der ihnen im Zusammenhang mit dem Kriegseinsatz obliegenden Aufgaben, soweit erforderlich, zu unterstützen. Die Studentenführer werden dieser Unterstützung vor allem bedürfen, um die vollständige Erfassung aller für den Einsatz in Betracht kommenden Studierenden zu gewährleisten.

Wenn auch die Versuche, sich der Teilnahme am Einsatz zu entziehen, zahlenmäßig kaum ins Gewicht fallen werden, so verlangt doch die Gerechtigkeit gegenüber denen, die gern und freudig ihre Pflicht erfüllen, daß solchen Versuchen wirksam entgegengetreten wird. Dazu ist ein schnelles, den besonderen Notwendigkeiten des Vorhabens gerecht werdendes disziplinarisches Einschreiten erforderlich. Ich bitte die Rektoren, hierauf ihre besondere Aufmerksamkeit zu richten. In Fällen wirklicher, nachgewiesener Drückebergerei darf angesichts der Kriegsverhältnisse gegebenenfalls auch vor der schärfsten Strafe nicht zurückgeschreckt werden.

Ich gebe der zuversichtlichen Hoffnung Ausdruck, daß auch der diesjährige Kriegseinsatz der Deutschen Studentenschaft im fruchtbaren Zusammenwirken aller beteiligten Stellen ein voller Erfolg wird, nicht zuletzt im Interesse der auch im Kriege notwendigen Fortführung der Ausbildung an den deutschen Hoch- und Fachschulen, zu deren Sicherung er beiträgt.

Beglaubigt:

In Vertretung
gez. Zschintzsch

Krause
Angestellte

237

Studienabschluß
September 1944
an der Staatlichen Hochschule für Musikerziehung in Graz
Schloß Eggenberg

1. **Kriegseinsatz.** Der Generalbevollmächtigte für den Arbeitseinsatz hat im Einvernehmen mit dem RfWEuV den Einsatz der Hochschulstudierenden verfügt.

2. **Studienabschluß.** Um den Studierenden unserer Hochschule die ihr Studium beenden, einen Nachweis über ihren derzeitigen Leistungsstand geben zu können, findet eine Leistungsprüfung für alle Studierenden statt, falls Zeit zur Durchführung bleibt.

3. Die **Leistungsprüfung** wird in drei Stufen durchgeführt:

Stufe I   für Angehörige des vollendeten 1. u. 2. Semesters
(Eignung zur Fortsetzung des Studiums)

Stufe II   für Angehörige des vollendeten 3. u. 4. Semesters
(Zwischenprüfung)

Stufe III für Angehörige des 5. und höherer Semester
(Staatsexamen).

4. **Einteilung der Prüfung.** Die Prüfung gliedert sich in eine schriftliche und mündlich-praktische Prüfung.

5. **Die schriftliche Prüfung** umfaßt

I   einen **musikalischen Rechenschaftsbericht.** Er enthält

  a) die Zahl der in Wort und Ton auswendig beherrschten Volks-
    lieder und Kanons

  b) eine Aufstellung des gespielten (gesungenen) Reperteires
    im Hauptfach nach den Gesichtspunkten "vorspielreif"
    "für den Hausgebrauch" "studiert, aber nicht mehr verspiel-
    reif"

  c) der gesungenen und begleiteten Kunstlieder

  d) eine Aufstellung des Reperteires im Sprechen: Poesie, Prosa,
    Laienspielrollen, Sprüche

  e) eine Aufstellung des Reperteires im Spielen:
    Kinderspiele, Gesellschaftsspiele, Unterhaltungsspiele.

II   eine **musikalische Hausarbeit** in Musikerziehung für die
6 Themen zur Wahl gestellt werden. Der Umfang soll wenigstens
4, höchstens 16 Din-Seiten umfassen und ist in Form von
"Leitsätzen" zu schließen, die in wenigstens 3, höchstens 12
Punkten das Ergebnis der Arbeit in Forderungen zusammenfassen.

III eine **musikalische Hausarbeit** in **Satzlehre:** es ist zu leisten:

  1. und 2. Semester: ein Volkslied im Satz für drei gleiche
  Stimmen.

  3. und 4. Semester: ein Volkslied für ein oder mehrere
  Stimmen mit begl. Instrumenten. Es werden 6 Besetzungen zur
  Wahl gestellt.

  5. und höhere Semester: eine Aufgabe nach den zuständigen
  Prüfungsvorschriften.

Die Arbeiten sind in Partitur und Stimmen zu fertigen und sind
in Vorspielstunden mit Kameraden vorzutragen. Das Stimmmaterial
geht in den Besitz der Hochschulbücherei über. Die Frist
beträgt eine Woche.

IV Drei Klausurarbeiten:

    a) Gehörbildung (Musikdiktat)   30 Minuten
    b) Musikgeschichte (Wahlthema)   2 Stunden
    c) Satzlehre (1. u. 2. Sem.: bez. Bässe, Melodien harmonisieren)
            (3. u. 4. Sem.: Modulationen, bez. Baß)
            (5. u. 6. Sem.: Examensanforderungen)
                                              2 Stunden.

6. Die mündlich-praktische Prüfung umfaßt:

    I   Vorspiel im Hauptinstrument (nach der vorgelegten
          Aufstellung - siehe 5 Ib) - 15 Min.
    II   Vorspiel im Nebeninstrument, nach Möglichkeit in Form
          des Zusammenspiels oder der Begleitung, 10 Min.
    III Vorsingen von Volksliedern und Kunstliedern.
          Das unter 5 Ia und e erwähnte Verzeichnis ist hierbei
          vorzulegen. - Probe im Vomblattsingen - 10 Min.
    IV   Vorsprechen von Poesie und Prosa laut 5 I d - 10 Min.

7. Zeugnis. Über das Ergebnis der Prüfung wird dem Studierenden ein
Abgangszeugnis nach dem anliegenden Muster ausgestellt, das die Einzel-
ergebnisse in den fünf Wertgraden: sehr gut - gut - befriedigend -
ausreichend - nicht ausreichend - zusammenfaßt.
Die drei Leistungsstufen sprechen folgende Befähigungen aus:

    Stufe I: Befähigung zur Fortsetzung des Studiums nach
                Beendigung des Arbeitseinsatzes im 2. bzw. 3. Semestr
    Stufe II: Befähigung zur Fortsetzung des Studiums im 4. bzw.
                5. Semester. Für Studierende der Schulmusik im
                4. Semester gilt die Prüfung als Zwischenprüfung.
    Stufe III: Befähigung, die Staatsprüfung für das höhere Lehr-
                amt, bzw. die FMP abzulegen. Der RMK gegenüber
                gilt dieses Zeugnis als Befähigungsnachweis zur
                Erteilung von Unterricht in dem betr. Hauptfach.

Studierende, die den Forderungen der einzelnen Leistungsstufen nicht
entsprechen, werden in die niedrigere Stufe verwiesen. Bei völlig un-
zureichenden Leistungen wird das Zeugnis verweigert.
Studierende, die sich zur Prüfung nicht stellen, erhalten lediglich das
Abtestat und den Abgangsvermerk im Studienbuch mit dem Vermerk: "Zur
Studienabschlußprüfung nicht angetreten".

8. Aushändigung. Das Zeugnis erhalten nur die Studierenden, die ihren
Verpflichtungen gegenüber der Hochschule nachgekommen sind (Abtestate,
Zahlungen, Rückgabe von Büchern, Noten und Instrumenten) und zum
Arbeitseinsatz herangezogen werden.

Seite 238–239: Rundschreiben, betreffend den kriegsbedingten vorzeitigen Studienabschluß an der Hochschule für Musikerziehung in Graz-Eggenberg. (Original: Steiermärkisches Landesarchiv)

Juli 1950.

Die Chronik wird herausgegeben von Felix Oberborbeck mit Hilfe
von Waltraut Baranowski
Die Versendung in Österreich besorgen Johanna Seelig
und Grete Trolp, Graz, Griesgasse 29.

In der Chronik 23 baten wir alle Eggenberger zur Bestreitung der
Kosten um Übersendung von 0.50 DM auf das Postscheckkonto Felix
Oberborbeck, Vechta, Köln 729 92. Alle, die unserer Bitte noch nicht
Folge leisteten, werden um baldige Erledigung gebeten; herzlichen Dank!

A u s   G r a z   u n d   d e r   S t e i e r m a r k
kommt regelmäßig gute Kunde. Nun ist endlich wieder der Drucksachen-
und Paketverkehr aus Deutschland gestattet! Die Steirischen Musikschulen hielten im April ihre Jahrestagung in St.Martin, wo im Programm bekannte Namen zu finden sind: Walter Wünsch, Karl Frießnegg,
Hans Hollmann, Franz Kapfhammer. Im Mai wirkten auf der Tagung für
zeitgenössische Musik u.a. Max Heider, Marc de Marbaix und seine Frau,
Paul Prohaska und Franz Mixa. Der Kammermusikkreis Grunsky-Günthert
macht sich durch mustergültige Programme verdient, das Wünschquartett
brachte Otto Siegls "Kreuzweg" in einer "Passionsstunde".

A u s   a l l e r   W e l t
melden sich nun unsere Ehemaligen. Ludwig de Vos gehört dem hervorragenden Brüsseler Ensemble für alte Musik "Pro musica antiqua" an,
mit dem er durch Frankreich, England, Italien, Deutschland reist,
Gerti Pakesch-von Kaan bleibt weiter die treueste Geschäftsträgerin
Eggenbergs in Deutschland, wobei sie auch die kleinen Orte nicht vergißt, wo unsere Ehemaligen wirken; Bärbel Klauser ging im Rahmen des
Studentenaustausches nach Südfrankreich; Ursula Friedrich wanderte mit
ihrem Kinde nach Melbourne (Australien) aus.

F r o h e   N a c h r i c h t e n
reißen nicht ab: Ursel von Allwörden, Drochtersen über Stade (Ostern),
Herbert Koloski, Bremen-Aumund, Lohstr.6 (18.5.) und Ursula Schmidt,
Lübeck, Blanckstr.34 (Pfingsten) meldeten ihre Verlobung. Silva
Schützsack (Tingleff/Dänemark) und Lode de Vos haben am 17.6. Hochzeit
in Brüssel gefeiert (Rue de Jean d'Ardenne 67, Brüssel-Ixelles). Liselotte Sarges heißt seit dem 8.7.50. Frau Peltner (Wetzlar, Sophienstr.
28), Gerti von Kaan hat einen Oberarzt der Städtischen Krankenanstalten
in Graz geheiratet und nennt sich seit dem 5.7. Frau Pakesch.
Otto Ogris-Mletzko hat seit dem 30.August einen Stammhalter, Eva
Gmeindl-Tolstoschejew wiegt als 3. Kind ein Mädel, Irmela Hahn-Claus-
sen in Schleswig meldete am 6.4. einen Stammhalter, Mally Schmelz-
Kreymann bekam am 5.Juli eine Irene, Annemarthe Kirchner-Lotze hat
schon seit Oktober 1949 eine kleine Barbara. Wir kommen all und gra-
tulieren!

I m   Z e i c h e n   J o h a n n   S e b a s t i a n   B a c h s
stehen fast alle Konzertprogramme, Feiern und Vorträge aus dem Eggenberger Kreis: vor mir liegen viele wunderschöne Programmfolgen: sie
atmen alle den gleichen Geist. Ein paar Beispiele seien herausgegrif-
fen: Dr. Walter Kolneder spielt und reist mit dem Innsbrucker Akademischen Orchester bis nach Zürich, Gerd Reinfeldt hat schöne Erfolge mit
seiner neuaufgebauten Kantorei in Heide/Holstein, Theodor Warners Wirken
als Chorleiter geht längst über die Grenzen seiner Flensburger Hochschule hinaus, Walter Schwertfeger macht mit seinem Chor in Menslage
bei Quakenbrück gleich Bachmotetten, Franz Conradt setzt die Buchholzer
Chortradition erfolgreich fort, Gertrud Müller und Liselotte Sarges-
Peltner singen im gleichen Kirchenkonzert in Wetzlar.

Mittels „Eggenberger Chronik" wird der Kontakt der ehemaligen Studierenden und Lehrer/innen des Steirischen Musikschulwerkes bis zum Tod Felix Oberborbecks im Jahr 1975 aufrechterhalten. (Original aus dem Privatbesitz von Klaus Oberborbeck)

Widerstandsgruppen so groß, daß mit Schluß des Schuljahres 1943/44 an die Schließung der Kreismusikschule Trifail/Trbovlje sowie der Musikschulen Eichtal/Hrastnik, Edlingen/Sagorje und Ratschach/Rateče gedacht werden muß. In einem seiner letzten Schreiben an die Statthalterei deutet Stekl auch den Zulauf von Musikschülern und auch -lehrern zu den Widerstandsgruppen an. Es wird einige Zeit in Anspruch nehmen, schreibt er, die ausgeliehenen Instrumente, *„soweit diese nicht von den Schülern und Lehrern zu den Partisanen mitgenommen wurden"*, wieder einzusammeln und er schlägt vor, die eingezogenen Instrumente und Gegenstände *„nach Graz oder sonstwo"* in Sicherheit zu bringen. *„Es ist besser, die Sachen werden dem Deutschen Volk erhalten, als daß alles fremden Partisanen in die Hände fallen sollte."*[1018] Auch in der Musikschule Marburg/Maribor sind von ursprünglich 15 Lehrkräften nur mehr 8 vorhanden, und die Schülerzahl sinkt im Zeitraum von Oktober auf Dezember 1944 von 370 auf 145 und die Stundenanzahl von 1103 auf 435 mit weiter sinkender Tendenz im Jänner 1945.[1019]

Am 30. Oktober 1944 müssen die Musikschulen des Kreises Trifail/Trbovlje geschlossen werden, um in ihren Räumen für militärische Einquartierungen Platz zu schaffen,[1020] am 8. November 1944 rückt der Leiter Konrad Stekl zur Wehrmacht ein.[1021]

5.3.2.5 Widerstand

Vor allem zwei Gründe sind es, die letztlich am Mißlingen der Germanisierungskampagne und damit auch am untersteirischen Musikschulwerk als deren wichtiges Werkzeug –

> *das Musikschulwerk in der Untersteiermark muß hier vorerst einer politischen Forderung gerecht werden und jeden Musikunterricht als Hilfsmittel zur Rückdeutschung der Bevölkerung einsetzen . . . Deutsches Lied- und Musiziergut, und damit wertvollstes deutsches Kulturgut wurde unserer Jugend durch die Musikschulen gegeben*[1022]

– maßgeblich beteiligt sind:

Einerseits die kurze dafür zur Verfügung stehende Zeit, die die nationalsozialistischen Machthaber der nicht ausgesiedelten slowenischsprachigen Bevölkerung zubilligen, womit letztere quasi in einem Gewaltakt in eine wenn schon nicht fremde, so doch andere Kultur hineingepreßt werden soll. Gerade in diesem Punkt treten auch bei durchaus dem Nationalsozialismus nahestehenden Kennern der Situation in der Untersteiermark schon bald große Zweifel über die Durchsetzbarkeit auf.

Der zweite Grund ist die enorme Brutalität, mit der sowohl gegen die auszusiedelnde als auch gegen die verbleibende Bevölkerung vorgegangen wird. Nachstehender Auszug aus dem Bericht des Kreisführers Eberharth soll dies verdeutlichen:

> *Ein unverhältnismäßig hoher Prozentsatz dieser ausgesiedelten Angehörigen von Erschossenen ist bereits in den Konzentrationslagern verstorben, und beinahe täglich kommen einige Mitteilungen über den Tod des einen oder anderen an die verschiedenen Verwandten solcher Familien im Kreise Trifail. Aufgrund dieser Mitteilungen hat sich eines großen Teiles der Bevölkerung die Meinung bemächtigt, daß die Verstorbenen nicht auf normale Art und Weise starben, sondern einfach in irgendeiner Form von unseren Behörden ins Jenseits befördert wurden.*
>
> *Ich bitte daher darauf hinzuwirken, daß bis auf weiteres keine Todesanzeigen an noch lebende Verwandte in Trifail verschickt werden, da dieses Massensterben niemandem mehr verständlich ist. Diese Unterlassung wäre umso leichter möglich, als bisher keiner der Verwandten eine Ahnung hatte, wo sich sein ausgesiedelter Verwandter befand, und sich daher über sein Schicksal nicht besonders beunruhigte, während diese laufend eingelangten Todesmeldungen eine ausgesprochene Nervosität unter dem betroffenen Teil der Bevölkerung zeitigen.*[1023]

Doch nicht nur „abstrakte" Todesmeldungen machen der Bevölkerung das wahre Gesicht der Machthaber bewußt – man ist auch „hautnah" am Geschehen. Franz Maria Kapfhammer erinnert sich später an *„unvergeßliche"* Gespräche mit dem Leiter der Schule in Cilli/Celje, Müller, *„während draußen auf dem Stadtplatz die Leichen der Geiseln hingen".*[1024]

Derartige Ereignisse bewirken, daß sich der bereits im Juni 1941 im Kreis Trifail/Trbovlje etablierten starken Widerstandbewegung,[1025] die von einer Gruppe des Kreiskomitees der Kommunistischen Partei Sloweniens namens „Revirji" vorbereitet und geführt wird, immer mehr Leute – durchaus auch solche, die bisher keineswegs als Anhänger der Kommunisten bezeichnet werden konnten – anschließen. Die ursprünglich drei separaten Gruppen werden schließlich in der Partisanenkompanie von Trbovlje zusammengeschlossen, und bereits 1941 sehen sich die Besatzer einer ersten Aufstandswelle gegenüber.[1026]

Daß sich der Widerstand zuallererst in Trifail/Trbovlje entfaltet, ist kein Zufall, sondern hat seine Ursache vielmehr in einer Sonderanweisung Himmlers. Da das Bergbaugebiet in Trifail/Trbovlje mit seinen Braunkohlevorkommen für den Krieg äußerst wichtig ist, erläßt Himmler den Sonderbefehl, aus diesem Bereich vorerst keine Deportationen durchzuführen:

> *Das Kohlengebiet von Trifail ist bei der Aussiedlung fremdvölkischer Elemente gesondert zu behandeln. Für die Dauer des Krieges werden Kohlen-Bergarbeiter und ihre Familien nicht ausgewiesen. Sie sollen durch besondere Ausweise kenntlich gemacht werden.*[1027]

Der Regierungspräsident aus Graz, Dr. Otto Müller-Haccius, präzisiert noch das weitere Vorgehen in einer Stabsbesprechung: *„Diese Gebiete sind gewissermaßen wie ein großes Konzentrationslager zu betrachten, das unter eine gewisse Bewachung gestellt werden muß."*[1028]

Somit ist also gerade in diesem Gebiet ein wesentlich größeres Widerstandspotential zurückgeblieben als in vielen anderen Kreisen.

Bereits die Aussiedlungswelle drei – wobei die obige Aussage des Kreisleiters Eberharth ja deutlich macht, was unter dem Begriff „Aussiedlung" wirklich zu verstehen ist – kann aufgrund des steigenden Widerstands seitens der Partisanen nicht mehr durchgeführt werden. Zudem operieren Partisanenverbände auch von Italien und Krain aus gegen Ziele in der Untersteiermark.

Als Antwort darauf gehen die Machthaber auf brutalste Weise nicht nur gegen die Partisanenverbände, die *„das Jagen der Banditen bis zu ihrer Auslöschung"* vorsieht, sondern auch gegen die Zivilbevölkerung, ja gegen ganze Dörfer vor. Unter dem Decknamen „Enzian" wird ab Juli 1942 eine *„Geheime Kommando-Sache"* in den Gebieten der Untersteiermark und Oberkrain durchgeführt,[1029] wie ein Auszug aus den *„Richtlinien für die Durchführung der Aktion gegen Partisanen und sonstige Banditen in Oberkrain und Untersteiermark"*, welche gemeinsam vom Reichsführer-SS und dem Führer-Hauptquartier am 25. Juni 1942 erlassen werden, verdeutlicht:

> *Die Aktion hat alle Elemente der Bevölkerung, die gutwillig die Banden durch Gestellung von Menschen, Verpflegung, Waffen und Unterschlupf unterstützt haben, unschädlich zu machen. Die Männer einer schuldigen Familie, in vielen Fällen sogar die Sippe, sind grundsätzlich zu exekutieren, die Frauen dieser Familien sind zu verhaften und in ein Konzentrationslager zu bringen, die Kinder sind aus ihrer Heimat zu entfernen und im Altreichsgebiet des Gaues zu sammeln. Über Anzahl und rassischen Wert dieser Kinder erwarte ich gesonderte Meldungen. Hab und Gut der schuldigen Familien wird eingezogen.*[1030]

Daß diese Maßnahmen angesichts ihrer Brutalität nicht nur unwirksam sind, sondern geradezu den gegenteiligen Effekt haben und immer mehr Menschen in die Wälder treiben, leuchtet – zumindest aus heutiger Sicht – ein.

Im September 1944 müssen zahlreiche Ansiedlerhöfe schließlich – „vorübergehend", wie man meint – wieder geräumt werden.[1031] Das gesamte Inventar wird in die nächstgelegene geschlossene Ortschaft gebracht, wo auch die Familien dieser Umsiedler selbst untergebracht werden. Vorläufig erfolgt die Bewirtschaftung der geräumten Höfe „im Wege der Dorfgemeinschaftsarbeit". Letztlich ist auch das nicht mehr möglich, und zahlreiche Ansiedler müssen die Untersteiermark wieder verlassen. Sie werden vorerst in ein Lager nach St. Michael bei Leoben umquartiert,[1032] wo sie vermutlich das Kriegsende erwarten.

Spätestens mit der militärischen Niederlage ist die nationalsozialistische Entnationalisierungspolitik in Slowenien endgültig gescheitert. Dem geht jedoch ein ideologisches Scheitern voraus, welches vom Widerstand weiter Bevölkerungsteile – aus welchen Gründen auch immer – spätestens seit Juni 1941 vorbereitet wird. Dieser Widerstand kann selbst durch blutigsten Terror bis zum Ende nicht gebrochen werden.

5.4 Gemeinsamkeiten mehrerer Ebenen des Musikschulwerkes

Gemäß dem Grundgedanken, das Steirische Musikschulwerk als organisches Ganzes zu sehen, gibt es neben einer gemeinsamen Führung – der sogenannten „Oberleitung des Steirischen Musikschulwerkes" – noch eine Reihe weiterer Gemeinsamkeiten, die in zwei Gruppen – gemeinsame Ensembles und gemeinsame Veranstaltungen – zusammengefaßt werden können.

5.4.1 Gemeinsame Ensembles

Neben Ensembles einzelner Schulen oder Abteilungen – etwa dem von Reinhold Heyden geleiteten Chor des Lehrgangs für Jugend- und Volksmusikleiter oder dem an der Landesmusikschule installierten Gebietsmusikzug der Hitlerjugend unter Kurt Jeßrangs Leitung – besteht eine Reihe von Ensembles – „Gemeinschaftskräften", wie man es nennt –, die aus mehreren Teilen des Musikschulwerks rekrutiert werden oder zumindest dem ganzen zur Verfügung stehen.

5.4.1.1 Das Mozart-Quartett

Das Mozart-Quartett – dies zeigt sich nicht nur in der schon erwähnten Ausstattung mit wertvollen Instrumenten, sondern auch in der besonderen Behandlung hinsichtlich Uk-Stellung seiner Mitglieder oder Sonderverträgen bezüglich Unterrichtsverpflichtung – ist eines der wichtigsten Ensembles des Musikschulwerkes.

Mit seinen Mitgliedern – Norbert Hofmann (1. Violine), Otto Pröbstle – nach dessen Einberufung vertreten durch Herta Günthert und ab 1940 durch Franz Schmidtner – (2. Violine), Joseph Schröcksnadel (Viola) und Wolfgang Grunsky (Violoncello) – besteht hinsichtlich ihrer Unterrichtsverpflichtung eine Sondervereinbarung, die eine verminderte Unterrichtsstundenzahl zugunsten von Proben und Auftritten des Quartetts vorsieht. Selbst nachdem für die Kriegsdauer die Lehrverpflichtung auf 28 Wochenstunden erhöht wurde, können für Proben und Veranstaltungen des Quartetts 6 Stunden, für Proben im Landesorchester 3 Stunden und für die Weiterbildung eine Stunde – zusammen also zehn Stunden – eingerechnet werden, so daß lediglich 18 Stunden tatsächlich zu unterrichten sind.[1033]

Auch hinsichtlich des Instrumentariums genießt das Mozart-Quartett eine Sonderstellung innerhalb des Musikschulwerkes. Trotz restriktivster Sparmaßnahmen im übrigen Bereich werden etwa für die Beschaffung erstklassiger Instrumente für das Quartett seitens der Reichsstatthalterei scheinbar keine Kosten gescheut. So wird Joseph Schröcksnadel von Gauhauptmann Armin Dadieu in diesem Zusammenhang beauftragt, *„eine erstklassige Viola ausfindig zu machen, um sie, wie bereits eine Geige und ein Cello vorher, vom Reichsgauamt anzukaufen … um vom Mozart-Quartett gespielt zu werden“.*[1034] Der Preis einer aus dem Jahr 1790 stammende Storioni-Viola aus Cremona – 5000,– Reichsmark – wird dafür durchaus als angemessen betrachtet. Für Grunsky wird auf selbe Weise ein Gofriller-Cello gekauft. Zudem beschlagnahmt die Geheime Staatspolizei im Stift Admont eine Amati- und eine Steiner-Geige, die ebenfalls dem Quartett zur Verfügung gestellt werden sollen, von dessen Mitgliedern aber aus Qualitätsgründen zurückgewiesen werden.[1035]

Das Ensemble unternimmt zahlreiche Konzertreisen nach Deutschland, Bulgarien und ist ein fester Bestandteil bei den „Steirischen Musiktagen“ sowie bei Veranstaltungen der Hitlerjugend und der NS-Gemeinschaft „Kraft durch Freude“.[1036]

5.4.1.2 Das Wünsch-Quartett (Gebietsquartett der Hitlerjugend)

Das „Wünsch-Quartett“ wird im Schuljahr 1939/40 zum „Gebietsquartett der HJ“ erklärt und besteht aus Walter Wünsch (1. Violine), Helga Reiser (2. Violine), Herta Günthert (Viola) und Paul Prohaska (Violoncello).[1037]

5.4.1.3 Das Grazer Trio

Das „Grazer Trio“ wird von Johanna Seelig (Klavier), Herta Günthert (Violine) und Paul Prohaska (Violoncello) gebildet.[1038]

5.4.1.4 Der Chor der Hochschule und Landesmusikschule

Der Chor der Hochschule und Landesmusikschule unter der Leitung von Felix Oberborbeck – für die „Dauer des Krieges“ werden beide Chöre zu einem Gemeinschaftschor zusammengefaßt – besteht aus 150 bis 200 Studierenden[1039] und ist in dieser Stärke in der Lage, große klassische und zeitgenössische Chorwerke zur Aufführung zu bringen. Klassische Oratorien, wie Haydns *„Die Schöpfung“* und *„Die Jahreszeiten“*, Händels *„Der Feldherr“*, *„Herakles“*, *„Acis und Galatea“*, Bachs *„Johannespassion“*, vor allem aber zeitgenössische Chorkompositionen, wie Hermann Grabners *„Segen der Erde“*, *„Lied vom Walde“*, Cesar Bresgens *„Die Bauernhochzeit“*, *„Das Kindlfest“* oder Karl Schäfers Kantate *„Deutsches Land“* werden von diesem Klangkörper aufgeführt. Der erhebliche Rückgang von Männerstimmen infolge Einberufungen wird durch die Unterstützung der aus der Akademischen Sängerschaft „Gothia“ in Graz hervorgegangenen „Altherrenschaft Narvik“ kompensiert.[1040] Verschiedentlich wird dieser Chor auch als „Steirischer Landeschor“ bezeichnet. Daneben besteht auch noch ein Madrigalchor des Steirischen Musikschulwerkes unter der Leitung von Theodor Warner.[1041]

5.4.1.5 Das Steirische Landesorchester

Der bedeutendste Klangkörper des Steirischen Musikschulwerkes ist zweifellos das „Steirische Landesorchester“, das im Laufe der Jahre bis 1940 offensichtlich auch immer mehr Aufgabenbereiche eines anderen Orchesters übernimmt.

Gleich nach der Machtübernahme wird für Parteiaufgaben ein eigenes NSDAP-Orchester ins Leben gerufen. Dieses Gau-Sinfonieorchester, mit dessen Aufstellung Ende 1938/Anfang 1939 begonnen wird, soll – dem Vorbild der Gaue des „Altreiches" folgend – aus ehrenamtlichen, unbezahlten Musikern bestehen und der NSDAP unentgeltlich, lediglich gegen Ersatz der Unkosten, für ihre Veranstaltungen zur Verfügung stehen,[1042] für den Sachaufwand kommt die Hauptstelle Kultur der Landeshauptmannschaft aus dem Budgetposten „Förderung steirischer Kunst" auf.[1043] Ab Herbst 1938 wird in Grazer Zeitungen mittels Inseraten für dieses Orchester geworben.[1044] Insgesamt ist eine Stärke von 50 Musikern vorgesehen, bis Jänner 1939 wird allerdings erst eine Stärke von 38 Musikern erreicht. Vor allem Bläser fehlen, und da diese in Graz kaum aufzutreiben sind,

> *ist (es) nötig, solche aus dem Gaugebiet hierherzubringen. Für schon im Berufsleben stehende Pgg.* (Parteigenossen, Verf.) *und Vgg. (Volksgenossen, Verf.) kommt eine Versetzung nach Graz in Betracht, während für arbeitslose Pgg. und Vgg. eine Existenzmöglichkeit geschaffen werden müßte.[1045]*

Um dies organisatorisch in die Wege leiten und auch finanzieren zu können, wird der Gauleiter um finanzielle Unterstützung gebeten, welche von der NSDAP verwaltet werden soll, bis das Orchester in der Lage ist, sich durch Einnahmen aus Konzerten selbst zu finanzieren.[1046] Diese erbetene Finanzhilfe wird von Uiberreither auch ohne Zögern gewährt.[1047] Die Leitung dieses Orchesters – dessen offizieller Titel „Orchester der N.S.D.A.P. Gau Steiermark" lautet – wird Emil Morocutti übertragen. Für die NSDAP sind die Auftritte, wie schon erwähnt, kostenlos, für Privatveranstaltungen belaufen sich die Kosten auf 162,– Reichsmark.[1048]

> *Das Gauorchester ist wie jede Formation auf autoritärer Grundlage aufgebaut, mit der Verpflichtung für jeden einzelnen Musiker, bei Veranstaltungen der N.S.D.A.P. mitzuwirken. Was jedoch den Einsatz bei privaten Veranstaltungen betrifft, so ist es meine Gepflogenheit, die Mitgliederschaft zu befragen.[1049]*

Ab Jänner 1939 wird jedoch parallel zum Parteiorchester mit dem Aufbau eines Landessymphonieorchesters im Bereich des Steirischen Musikschulwerkes begonnen, das aus Lehrkräften der Hochschule für Musikerziehung, der Landesmusikschule sowie fortgeschrittenen Studierenden beider Institute bestehen soll. Konzertmeister soll Norbert Hofmann werden. Ursprünglich ist eine kleinere Besetzung geplant, die nach einem Entwurf Oberborbecks zusammen mit einem künftigen Funkorchesters des geplanten Reichssenders Graz ein leistungsfähiges, etwa 60 Musiker und Musikerinnen umfassendes Symphonieorchester ergeben soll.[1050] Dieser Plan wird jedoch nicht realisiert, so daß die Kräfte ausschließlich aus dem Bereich des Steirischen Musikschulwerkes rekrutiert werden. Neben den Fachlehrkräften der einzelnen Instrumente an Hochschule und Landesmusikschule bilden nunmehr die Lehrer und Leiter der „Musikschulen für Jugend und Volk" die Stammbelegschaft, bei deren Anstellung wird daher auch auf die instrumentalen Erfordernisse des Orchesters Rücksicht genommen.[1051] Das Orchester hat eine durchschnittliche Stärke von 32 Musikern und Musikerinnen und probt wöchentlich am Mittwoch entweder in Graz oder anläßlich von Veranstaltungen in steirischen Orten. Sowohl Proben als auch Veranstaltungen finden ausschließlich mittwochs statt, so daß die übrigen Tage für den Unterricht zur Verfügung stehen. Jährlich stehen sechs Orchesterkonzerte und zwei Chorkonzerte in Graz sowie ein jährliches Orchester- oder Chorkonzert in jedem steirischen Musikschulort – insgesamt also 26 Konzertveranstaltungen – auf dem Programm. Dazu kommen noch Konzerte für die Hitlerjugend und die NS-Gemeinschaft „Kraft durch Freude", so daß faktisch fast alle 40 Arbeitswochen des Jahres ausgebucht sind.[1052] Dafür erntet das Orchester dann auch die volle Annerkennung höchster Parteistellen und des Reichsstatthalters, die am 15. September 1940 auch formal ihren Niederschlag findet:

> *Ich weiß, daß der Lohn für dieses wahrhaft sozialistische Handeln im besten Sinne des Wortes für die Mitglieder des Orchesters des Steirischen Musikschulwerkes in dem Bewußtsein liegt, damit einer großen Aufgabe zu dienen... Trotzdem aber möchte ich Ihnen meine Anerkennung als Reichsstatthalter nicht versagen und bestimme hiermit, daß in Würdigung der bisherigen Leistungen dieses Orchester ab nun den Namen „Steirisches Landesorchester" zu tragen berechtigt ist.*[1053]

Allerdings wird es mit zunehmender Kriegsdauer für manche Musiker und Musikerinnen zunehmend schwieriger, Proben- und Konzerttermine wahrzunehmen.

> *Die auswärtigen Orchestermitglieder haben bei dem gegenwärtigen eingeschränkten Zug- und Autobusverkehr immer wieder Schwierigkeiten, mitgenommen zu werden. Sie bitten daher den Reichsstatthalter um Ausweise, die ihnen die dienstliche Notwendigkeit ihrer Reise zur Orchesterprobe und zu den Musiktagen amtlich bestätigt.*[1054]

Ab November 1941 werden daher die verlangten Ausweise von der Reichsstatthalterei ausgestellt, um trotz Krieg ein unbehindertes Konzertleben in der Steiermark zu gewährleisten.[1055]

5.4.2 Gemeinsame Veranstaltungen

5.4.2.1 Steirische Musiktage

Die bedeutendsten Veranstaltungen, die über institutionale Grenzen hinaus stattfinden, sind die „Steirischen Musiktage", Gemeinschaftsveranstaltungen von der NS-Gemeinschaft „Kraft durch Freude", örtlicher „Musikschule für Jugend und Volk", Steirischem Landesorchester, teilweise Hochschulgruppen, dem Mozart-Quartett und anderen „Gemeinschaftskräften" des Musikschulwerkes. Es sollen dies Veranstaltungen sein, *„durch die wir dem Feind beweisen können, daß wir auch in einem aufgezwungenen Kriege uns in unserer kulturellen Arbeit nicht behindern lassen. Im Gegenteil: Gerade dann soll sie uns nur mehr zur Pflicht werden."*[1056]

Die örtliche Planung des Musiktages liegt beim Musikschulleiter, der sich zu diesem Zweck mit dem KdF-Kreiswart zu verständigen hat. Der ausgearbeitete Entwurf ist dann von der Oberleitung des Musikschulwerkes zu genehmigen und wird anschließend der KdF-Gauleitung übermittelt. Organisation und vertragliche Verpflichtung etwaiger Solisten liegt dann bei der KdF-Kreisdienststelle, die auch für die Übernahme einer Ausfallshaftung durch den jeweiligen Bürgermeister oder Landrat zu sorgen hat.[1057] Sollte diese verweigert werden, wird die Veranstaltung vorerst in entsprechend eingeschränktem Maße, ab Mai 1941 dann überhaupt nicht mehr durchgeführt. Der Zuschuß des Musikschulwerkes beschränkt sich von diesem Zeitpunkt an auf die Einberufung und Bereitstellung des Steirischen Landesorchesters.[1058] Die Gesamtkosten eines Musiktages liegen bei etwa 1500,– Reichsmark, davon trägt das Musikschulwerk in Form der Bereitstellung des Orchesters etwa RM 300,–, den Rest hat KdF zu übernehmen.[1059]

Der erste dieser Musiktage findet am 29. November 1939 in Fürstenfeld statt, bis Juli 1944 sollen es 54 werden.[1060] Sie sollen die Höhepunkte des Musiklebens in den Kreisstädten, aber auch in kleineren Orten darstellen, und besonders die einheimischen Musikkräfte werden an diesen Tagen hervorgehoben. Üblicherweise beginnen die Musiktage mit einer morgendlichen Turmmusik – meistens durch die in die Musikschule integrierte Fanfarengruppe der örtlichen HJ –, am Vormittag werden von einer Gruppe der Hochschule für Musikerziehung eine oder mehrere Musizierstunden in den jeweiligen Volks- und Haupt- oder Oberschulen veranstaltet, anschließend folgt ein Werkspausenkonzert in einer der umliegenden Fabriken oder ein Konzert in einem Lazarett. Der Nachmittag, während das Landesorchester eine Probe angesetzt hat und eventuell mit lokalen Chorkräften ein Chor-Orchesterwerk einstudiert, wird von der örtlichen Musikschule durch Veranstaltung einer Vorspielstunde bestritten. In der wärmeren Jahreszeit wird am Nachmittag auch ein Freiluftkonzert der Blasmusikkapelle angesetzt. Ebenfalls am Nachmittag wird eine Zusammenkunft der örtlichen Kulturschaffenden und Parteiprominenz, zu der das Sekretariat des Musikschulwerkes gesonderte schriftliche Einladungen versand hatte, organisiert, in deren Mittelpunkt ein Vortrag über Volksmusikpflege steht. Den Abschluß des Tages bildet – quasi als Höhepunkt – ein Symphonie- oder Chor-Orchesterkonzert des Landesorchesters.[1061] Das Programm des Tages der Musik vom 12. März 1941 soll exemplarisch für alle anderen – sich strukturell ohnehin ähnelnden – stehen.[1062]

11.30 Uhr   Jugendmusizierstunde für die 7–14jährigen in der Lackierhalle der Reichsbahnwerkstätte Knittelfeld. *„Instrumente stellen sich vor."*
Leitung: Ludwig Kelbetz.

11.30 Uhr   Jugendmusizierstunde für die 15–18jährigen mit dem Steirischen Landesorchester unter der Leitung von Felix Oberborbeck, Heinrich Kohnle (Flöte), Adalbert Lorenz (Oboe), Hans Reichl (Klarinette) und Franz Brugger (Trompete) im Wirtschaftsvereinssaal Knittelfeld, unter dem Motto *„Blasinstrumente stellen sich vor".*

Programm:	J. J. Quantz:	*Allegro aus dem Flötenkonzert in G-Dur*
	G. F. Händel:	*Konzert für Oboe und Orchester*
	W. A. Mozart:	*Divertimenti für zwei Klarinetten und Fagott*
	J. Haydn:	*Konzert für Trompete und Orchester in Es-Dur*

12.30 Uhr   Werkspausenkonzert für die „Gefolgschaft" der Reichsbahnbetriebe in der Lackierhalle der Reichsbahnwerkstätte Knittelfeld mit Chor und Orchester der Staatlichen Oberschule für Jungen unter der Leitung von Walter Titz.

13.00 Uhr   Werkspausenkonzert in der Werkshalle der Geschirrfabrik „Austria" mit dem Steirischen Landesorchester unter der Leitung von Felix Oberborbeck, Margit Feßler (Sopran) und Franz Brugger (Trompete).

Programm:	L. v. Beethoven:	*Mödlinger Tänze*
	F. Schubert:	Drei Lieder für Sopran und Orchester
		a) *Euleika*
		b) *An die Laute*
		c) *Seligkeit*
	J. Haydn:	*Konzert für Trompete und Orchester in Es-Dur*
	F. Schubert:	*Menuett aus der 5. Symphonie in B-Dur*
	F. Schubert:	Ballettmusik aus „Rosamunde"
	J. Strauß:	*G'schichten aus dem Wienerwald*

13.00 Uhr   Werkspausenkonzert im Wirtschaftsvereinssaal mit Herta Günthert (Violine), Ernst Günthert (Klavier) und Thea Krone (Sopran).

Programm:	G. Tartini:	*Sonate für Violine und Klavier in g-Moll*
	J. K. Fischer:	*Suite für Klavichord*
	J. F. Reichard:	*Zwei Lieder für Sopran* a) *Ich denke dein* b) *Glück*
	K. F. Zelter:	*Wo geht's Liebchen*
	G. F. Händel:	*Sonate für Violine und Klavier in A-Dur*
	K. D. v. Dittersdorf:	*Fünf Tänze für Klavichord*
	G. Ph. Telemann:	*Fantasia in g-Moll und A-Dur*
	W. A. Mozart:	*Drei Lieder für Sopran* a) *Sehnsucht nach dem Frühling* b) *Die kleine Spinnerin* c) *Zufriedenheit*
	W. A. Mozart:	*Sonate für Violine und Klavier in A-Dur*

15.30 Uhr   Vorspielstunde der „Musikschule für Jugend und Volk" unter der Leitung von Otto Krischke.

17.30 Uhr   Offene Singstunde in der Turnhalle der Kärntnerschule unter der Leitung von Reinhold Heyden.

17.30 Uhr   Platzkonzert vor dem Gaukrankenhaus mit der Reichsbahn-Kapelle unter der Leitung von Richard Lobovsky.

17.30 Uhr   Vortrag im Zeichensaal der Oberschule für Jungen vor geladenen Gästen. Ludwig Kelbetz: „*Pflege des Steirischen Musikgutes*".

20.00 Uhr   Festkonzert im Landschachersaal im ersten Teil mit dem Steirischen Landesorchester unter der Leitung von Felix Oberborbeck und Toni Frodl (Klavier)

Programm:	W. A. Mozart:	*Klavierkonzert in c-Moll*
	J. Haydn:	*Symphonie Nr. 45 in fis-Moll (Abschiedssymphonie)*

und im zweiten Teil mit den vereinigten musikalischen Kräften Knittelfelds unter der Leitung von Otto Krischke.

Programm:	Walter Titz/Otto Krischke:	*Kantate nach steirischen Volksweisen* (Uraufführung)

Vielfach finden Veranstaltungen anläßlich des Tages der Musik neben der Kreisstadt auch parallel in verschiedenen kleineren Orten des Kreises statt, oft erstreckt sich die Veranstaltungsserie über mehrere Tage, wie beispielsweise dem Steirischen Musiktag im oberen Ennstal, der von 1.–4. Juli 1942 dauert.[1063]

5.4.2.2 Serenaden im Landhaushof

Jeweils im Frühsommer finden im Arkadenhof des Landhauses in Graz vier Serenaden statt, die gemeinsam vom Steirischen Landesorchester, dem Orchester der Hochschule für Musikerziehung, dem Madrigalchor, dem Gemeinschaftschor von Hochschule und Landesmusikschule sowie von verschiedenen Kammermusikensembles bestritten werden.[1064]

5.4.2.3 Öffentliche Vorträge

In Zusammenarbeit mit dem Deutschen Volksbildungswerk der NS-Gemeinschaft „Kraft durch Freude" finden vorerst mittwochs,[1065] ab 1940 freitags, öffentliche Vorträge – zuweilen nennt man sie auch „Schulungsstunden" – im Saal der Landesmusikschule statt. Der Besuch dieser Vorträge, die auch zahlreiche auswärtige Gäste nach Graz führen, etwa im Schuljahr 1939/40 den Direktor des Salzburger Mozarteums Eberhard Preußner, Cesar Bresgen als Leiter der „Musikschule für Jugend und Volk" in Salzburg, Julius Dalke aus Berlin, Erich Schenk aus Wien, Erich Marckhl – zu diesem Zeitpunkt Landesschulinspektor für Wien und Niederösterreich[1066] –, sind für alle Studierenden und Lehrer der Hochschule und Landesmusikschule obligatorisch. Aufgrund der Kompetenzaufteilung der diversen NS-Gliederungen sind diese Vorträge allerdings nicht ganz problemfrei, da das Deutsche Volksbildungswerk der DAF Bedenken gegen die wöchentlich stattfindenen Veranstaltungen, was den betreffenden Stellen zu oft erscheint, hat. Es entsteht daher ein heftiger Konflikt zwischen Oberborbeck und der NSDAP-Gauleitung, letztere meldet die Vorfälle schließlich nach Berlin, von wo ein Verbot ausgesprochen wird, so daß vorerst die Vorträge nur mehr den Schülern und Lehrern sowie deren Angehörigen zugänglich sein dürfen. Dies wiederum läßt sich Oberborbeck, der sich auf ähnlich gelagerte Vortragsreihen an anderen Hochschulen, u. a. während seiner Zeit als Direktor der Musikhochschule in Weimar, beruft, nicht gefallen. Nach längerem Hin und Her kommt es schließlich zwischen ihm, dem Volksbildungswart des Deutschen Volksbildungswerkes Haider, Hofrat Kurt Pokorny und dem Landesleiter der Reichsmusikkammer in der Steiermark, Hans Holenia, zu einer Einigung, die eine Aufnahme der Vorträge ins Programm des Volksbildungswerkes vorsieht.[1067] In den künftigen Programmen scheinen Steirisches Musikschulwerk und Deutsches Volksbildungswerk gemeinsam als Veranstalter auf.

Die Themen der Vorträge – es wechseln sich musikalische Vorträge mit Referaten und Referate mit Live-Musikbeispielen ab – sind zum Teil musikhistorisch, zum Teil politisch. Soweit es sich um musikgeschichtliche Inhalte handelt, beziehen sich diese – mit einer einzigen Ausnahme, wo die Musikauffassung Ostasiens[1068] behandelt wird – ausschließlich auf den deutschen Bereich. *„Die Musikkultur des Beethoven-Zeitalters",*[1069] *„Aufgaben und Ziele landschaftlicher Musikforschung",*[1070] *„Johann Josef Fux; zum 200. Todestag",*[1071] *„Die Musik der Meistersinger"*[1072] oder *„Heinrich Schütz und seine Zeit"* lauten einige typische Referatsthemen aus dem musikalischen Bereich. Im politischen Bereich werden folgende Themen behandelt:

08. 11. 1939	Armin Dadieu	*Der Wirtschaftskampf der Steiermark*[1074]
13. 12. 1939	Walter Wünsch	*Das Volkslied als Ausdruck völkischer Eigenart*[1075]
20. 12. 1939	Cesar Bresgen	*Musikerziehung in der Hitlerjugend*[1076]
17. 01. 1940	Rolf Schroth	*Musikalische Aufgaben der jungen Generation*[1077]
24. 01. 1940	Wilhelm Danhofer	*Studentische Aufgaben der jungen Generation*[1078]
06. 03. 1940	Kurt Pokorny	*Die Verwaltung der Ostmark im Großdeutschen Reich*[1079]
20. 03. 1940	Felix Oberborbeck	*Arteigene Musik*[1080]

22. 05. 1940	Sepp Keller	*Volksdeutsche kehren ins Reich zurück*[1081]
29. 05. 1940	Georg Schünemann	*Das Lied der Auslandsdeutschen*[1082]
05. 06. 1940	Ludwig Kelbetz	*Kultureller Umbruch*[1083]
26. 06. 1940	Hans Joachim Moser	*Deutsche Geschichte im Liede der Reformationszeit*[1084]
03. 07. 1940	Ernst Günther Scherzer	*Deutsche Kulturarbeit in Polen*[1085]
10. 01. 1941	Josef Papesch	*Steirische Dichtung der Gegenwart*[1086]
31. 01. 1941	Else Wegener	*Deutschland und seine Kolonien*[1087]
07. 03. 1941	Albert Reitter	*Die Musik im Kulturleben unserer Zeit*[1088]
28. 03. 1941	Georg Schünemann	*Das Lied der Deutschen in Rußland*[1089]
23. 05. 1941	Ludwig Kelbetz	*Die politischen Aufgaben der Musikerziehung*[1090]
13. 06. 1941	Hans Joachim Moser	*Deutsches Grenzlandvolkslied*[1091]
26. 09. 1941	Heinrich Hoffer	*Die Gestaltung der Lebensfeiern in der Steiermark*[1092]
10. 10. 1941	Karl Hannemann	*Die Musikarbeit in der NS-Gemeinschaft „Kraft durch Freude"*[1093]
21. 11. 1941	Maria Probst	*Die Kulturarbeit der NS-Frauenschaft*[1094]
09. 01. 1942	Josef Papesch	*Deutsche Kriegsdichtung*[1095]
27. 02. 1942	Manfred Ortner	*Studentische Arbeit an der Landesmusikschule*[1096]
08. 05. 1942	Georg Götsch	*Musik und Dorfkultur*[1097]
22. 05. 1942	Peter Gericke	*Private Musikpflege und gesamtdeutsche Aufgabe*[1098]
19. 06. 1942	Hans Krieg	*Völkische Erneuerung Europas*[1099]
26. 06. 1942	Wolfgang Förster	*Musik in Fest und Feier*[1100]
25. 09. 1942	Heinrich Hoffer	*Weltanschauung und Volkstumsarbeit*[1101]
08. 01. 1943	Josef Papesch	*Das deutsche Volk und der Südosten*[1102]
05. 02. 1943	Franz Kult	*Kulturelle Aufbauarbeit in der Untersteiermark*[1103]
18. 02. 1943	Felix Oberborbeck	*Germanisches Erbe in der deutschen Tonkunst des Johann Sebastian Bach*[1104]
07. 05. 1943	Gotthold Frotscher	*Musik und Rasse*[1105]
02. 07. 1943	Tom Ammerlaan	*Musikschaffen im alten und neuen Holland*[1106]
01. 10. 1943	Armin Dadieu	*Seelische Haltung im Kriege*[1107]
22. 10. 1943	Karl Hermann	*Richard Wagners Erbe und die Gegenwart*[1108]
04. 02. 1944	Josef Papesch	*Schrifttum und Gegenwart*[1109]

5.4.2.4 Andere gemeinsame Veranstaltungen

Ebenfalls in Zusammenarbeit mit der NS-Gemeinschaft „Kraft durch Freude" und Lehrern der Hochschule für Musikerziehung und der Landesmusikschule werden eine Reihe kammermusikalischer Programme angeboten, die *„in planvoller Weise im ganzen Gaugebiet eingesetzt"* werden können[1110] und für die die Reichsstatthalterei insgesamt 3000,– Reichsmark für Ausfallshaftungen bereitstellt.[1111]

5.5 Der Neubeginn nach dem Krieg

Am 13. April 1945 wird Wien von der Roten Armee befreit, und am 8. Mai folgt schließlich die Kapitulation Deutschlands, zwölf Jahre Faschismus in Österreich sind damit beendet.

2194 Tage Krieg forderten 32 Millionen Tote[1112] und unzählige Kriegsgeschädigte, in Österreich nach dem Stand vom 1. Mai 1946 allein 116.313 Invalide, 56.584 Witwen, 46.970 Frauen mit Witwenbezügen noch nicht heimgekehrter Kriegsteilnehmer, 83.901 Waisen, dazu 54.871 versorgungsbedürftige Kinder noch nicht heimgekehrter Kriegsteilnehmer und 10.486 versorgungsberechtigte Eltern.[1113] Als aktive Widerstandskämpfer wurden 2700 Österreicher hingerichtet, 16.493 wurden dazu in Konzentrationslagern und 9687 in Gestapo-Gefängnissen ermordet. In Zuchthäusern und Gefängnissen der von der Deutschen Wehrmacht besetzten Länder kamen weitere 6250 Österreicher ums Leben, in Konzentrationslagern und Ghettos wurden 65.459 österreichische Juden umgebracht.[897]

In dieser Situation werden alle in der Zeit des Nationalsozialismus ins Leben gerufenen Einrichtungen und Institutionen – zumindest vorerst – mit großem Mißtrauen betrachtet.

An eine Weiterführung der Musikschulen ist vorerst nicht zu denken. Erst Ende August wird an einen „Umbau" des Musikschulwerkes gedacht, ohne diesen näher zu beschreiben. Die Folge ist jedenfalls eine Kündigungswelle beinahe aller Leiter und Lehrkräfte der bisherigen Musikschulen.[1115] Dies erweist sich allerdings nicht ganz so einfach, da Kündigungen nach den gesetzlichen Bestimmungen nur ausgesprochen werden können, wenn die betreffende Person vom Wehrdienst zurückgekehrt ist und sich sowohl beim Arbeitsamt als auch bei der Landeshauptmannschaft gemeldet hat. Viele der geplanten Kündigungen, denen auch das Arbeitsamt bereits zugestimmt hat, müssen daher vorerst unterbleiben. Die übrigen werden unverzüglich durchgeführt.[1116]

Der Neuaufbau eines Musikschulwerkes wird zudem durch die Tatsache, daß ehemalige Nationalsozialisten registrierungspflichtig sind und zu Aufräumungsarbeiten herangezogen werden, erschwert, da natürlich auch viele Musiklehrer darunter sind. Schon Anfang Juli wird von seiten der provisorischen Landesregierung daher durch Franz Maria Kapfhammer – den ehemaligen Sekretär des Musikschulwerkes – bemerkenswerterweise versucht, verschiedene ehemalige Parteimitglieder der NSDAP – die Namen sind bekannt – von dieser durch das Arbeitsamt beaufsichtigten Arbeitspflicht zu befreien, da sie für die Weiterführung des Unterrichtsbetriebes unentbehrlich sind.[1117]

An die Personalabteilung der Landeshauptmannschaft wird vom Direktor der Landesmusikschule, Günther Eisel, sogar eine Bestätigung über die *„provisorische österreichische Staatsbürgerschaft"* einiger Lehrer ausgestellt, die bis zur Erledigung der Überprüfung der politischen Einstellung der Genannten gelten soll.[1118] Auch Robert Lobovsky wird, obwohl von der englischen Besatzungsmacht als politisch untragbar angesehen, durch eine Hintertür wieder Leiter der Musikschule in Feldbach:

> *Ich selbst bekam vom Gemeinderat zunächst meinen Posten wieder zurück, doch wurde ich einige Wochen später über Betreiben der englischen Wehrmacht – als politisch gefährlich und untragbar – entlassen. Der Bürgermeister der Stadt, Dr. Viktor Notar, hatte aber meine Situation sehr diplomatisch und für damalige Zeiten auch mutig dadurch entschärft, daß er den Volksschuldirektor Hugo Klotzinger offiziell als Musikschulleiter meldete und mich – sozusagen illegal – auf meinem Posten beließ . . . Ungefähr nach einem Jahr lockerten sich die Bestimmungen, und ich wurde unter Wahrung meiner alten Rechte wieder als städtischer Musikdirektor eingesetzt.*[1119]

Auch die Landesmusikschule gerät in einige Turbulenzen. Am 10. Mai 1945 beginnen Besatzungssoldaten für die Kommandantur Musikinstrumente zu requirieren,[1120] wovor auch ein in cyrillischer Schrift angebrachter Zettel, der alle sich in der Landesmusikschule befindlichen Instrumente als *„Eigentum des Gouverneurs"* ausweist, scheinbar nicht schützt.[1121]

Langsam versucht man auch, die Landesmusikschule zu reaktivieren. Mitte September meldet sich der Sekretär Guido von Schragl zurück und teilt mit, daß er, sobald er von den englischen Militärbehörden offiziell entlassen wird und damit den Registrierungsort Schladming verlassen darf, wieder den Dienst aufnehmen könnte.[1122] Schon Monate zuvor wird seitens der provisorischen Landesregierung versucht, die als ehemalige Nationalsozialisten arbeitspflichtigen Lehrer des Musikschulwerkes unter Hinweis auf ein entsprechendes Schreiben des Staatssekretariats[1123] vom Arbeitseinsatz zu befreien, *„da sie für die Weiterführung des Unterrichtsbetriebes unentbehrlich sind",*[1124] was schließlich auch gelingt. Am 25. Juni 1945 wird der Unterricht wieder aufgenommen, Neuaufnahmen finden einstweilen noch nicht statt.[1125]

Im Herbst 1945 beginnt auch die dem Grazer Konservatorium angegliederte Volksmusikschule mit 38 Lehrkräften und 600 Schülern wieder den Unterrichtsbetrieb. Ihr folgen zahlreiche andere; der Übergang von der „Musikschule für Jugend und Volk" zur „Volksmusikschule" ist vollzogen. Auch Mojsisovics kehrt wieder an die Landesmusikschule zurück, ab April 1946 wird er wieder an der Opernschule beschäftigt.[1126]

Im August 1945 richtet das Staatsamt für Volksaufklärung der Republik Österreich eine Anfrage an die Landeshauptmannschaft, ob *„die in der NS-Ära gegründete Reichshochschule noch in Betrieb steht"* und stellt gleichzeitig die Frage nach deren grundsätzlicher Notwendigkeit in den Raum. Eine Vereinigung mit dem Konservatorium des Musikvereins für Steiermark in Graz, oder eine gänzliche Auflösung wird ins Auge gefaßt.[1127]

> *Aufgrund der Anfrage vom 9. 8. 1945 ... wird mitgeteilt, daß die Reichshochschule für Musik in Eggenberg nicht mehr eröffnet wurde und der brauchbare Teil der Lehrer im Lehrkörper des Grazer Konservatoriums eingeteilt wurde. Schloß Eggenberg wurde von der britischen Militärregierung für eigene Zwecke beschlagnahmt."*[1128]

Anfang 1946 wird der Landeshaupmannschaft die vollständige Auflösung der Hochschule für Musikerziehung bekanntgegeben, drei ihrer Lehrer – Günthert, Grunsky und Wünsch – werden an das Konservatorium übernommen.[1129]

Die offizielle Ära der Staatlichen Hochschule für Musikerziehung in Graz Eggenberg ist somit Ende Oktober 1944 zu Ende gegangen, ihr „Geist" übt aber ohne Zweifel noch auf Jahrzehnte hinaus nicht nur in Österreich, sondern in weiten Teilen Europas, teilweise sogar darüber hinaus, Einfluß auf die Musikerziehung aus. Noch von den 1963 an den steirischen Volks-Musikschulen wirkenden 286 Lehrkräften wurden 239 während der Zeit des Nationalsozialismus an der Landesmusikschule oder an der Hochschule für Musikerziehung ausgebildet,[1130] und ehemalige Lehrkäfte oder Studierende der Hochschule wirken auf Jahre hinaus an zahlreichen Musiklehranstalten und erreichen dort, wie die nachfolgende Auswahl zeigt, zum Teil höchste Positionen.[1131]

Eine gewisse personelle Kontinuität – unabhängig von der politischen Einstellung der jeweiligen Lehrkräfte – kann also auch über das formale Ende des Nationalsozialismus hinaus festgestellt werden.

	1939–1945	nach 1945
Hermann Achenbach	Dozent	Konzertsänger und Leiter des Kantatenchores in Tübingen
Lisa Babzzynsky-Hartmann	Studentin	Musikerzieherin an der Academia del Musico in San Christobal in Venezuela
Hilde Baier	Studentin	Musiklehrerin in Landshut, Leiterin von Musikwochen
Johanna Blum	Studentin	Dozentin an der Lehrerinnenbildungsanstalt in Bozen/Bolzano. Mitbegründerin eines Musikschulwerkes in Südtirol
Dr. Franz Bösken	Dozent	Schulmusikerzieher in Mainz
Günther Demmel	Student	Bibliothekar des Instituts für moderne Musik in Darmstadt
Luis Devos	Student	Opern- und Konzertsänger in Brüssel
Josef Friedrich Doppelbauer	Student	Dozent am Mozarteum in Salzburg
Rupert Doppelbauer	Dozent	Musikdirektor in Leoben
Martha Eitler	Studentin	Violinsolistin in London, Lehrerin an der Royal Academy in London
Kurt Felgner	MS-Leiter	Direktor der Pädagogischen Hochschule in Frankfurt/Main
Gisela Gaede	Studentin	Schulmusikerzieherin in Istanbul und Osnabrück
Esther Graf-Frank	Studentin	Musikerzieherin in Curtiba/Brasilien
Wolfgang Grunsky	Dozent	Musikerzieher und Cellist in Toronto/Kanada
Ernst Günthert	Dozent	Musikerzieher an der Lehrerinnenbildungsanstalt in Graz
Elisa Hartmann	Studentin	Musikerzieherin und Sängerin in Caracas/Venezuela
Leni Herda	Studentin	Lehrerin für rhythmische Erziehung in Stuttgart, Dozentin auf div. Musikwochen
Franz Illenberger	Dozent	Dozent am Landeskonservatorium in Graz, Dirigent des Grazer Madrigalchores
Franz Maria Kapfhammer	Sekretär	Volksbildungsreferent der Steiermark in Graz

	1939–1945	nach 1945
Heinrich Kohnle	Dozent	Dozent an der pädagogischen Hochschule in Essen
Walter Kolneder	Dozent	Direktor des Konservatoriums in Luxemburg, später Direktor der Musikakademie in Darmstadt, Privatdozent für Musikwissenschaft der Universität Gießen, Rektor der Hochschule für Musik in Karlsruhe u. a. m.
Hugo Kroemer	Dozent	Lehrer am Steirischen Landeskonservatorium
Dr. Georg Kuhlmann	Dozent	Musikerzieher und Pianist in Belo Horizonte/Brasilien
Hans Werner Lantz	Student	Geiger im Städtischen Orchester Saarbrücken
Lilli Löbmann	Dozentin	Geigerin im Münchner Rundfunkorchester
Karl Marx	Dozent	Kompositionslehrer und Leiter der Schulmusikabteilung an der Musikhochschule in Stuttgart, Mitglied des Deutschen Musikrates
Dr. Paula Muchitsch	Studentin	Dozentin an der Lehrerinnenbildungsanstalt in Graz
Heinz Müller-Beck	MS-Leiter	Musikerzieher und Chordirigent in Lichtenfels am Main
Herta Müller-Günthert	Dozentin	Musikerzieherin an der Lehrerinnenbildungsanstalt in Graz
Ilse Münnich	Studentin	Musikerzieherin am Mädchengymnasium in Bremen
Felix Oberborbeck	Direktor	Dozent an der Pädagogischen Hochschule in Vechta, Vorsitzender des Musikauschusses im Deutschen Sängerbund, Leiter der Kommission für Musikerziehung in der Gesellschaft für Musikforschung, Mitglied des Deutschen Musikrates
Peter Otten	Dozent	Lektor an der Universität in Münster
Gerti Pakesch-Kaan	Studentin	Pianistin in Graz
Josef Papesch	Kulturlandesrat	Schriftsteller, Herausgeber der „Aula"
Pernd Poieß	Dozent	Lehrer an der Philosophisch-Theologischen Hochschule Schönstatt in Vallendar

	1939–1945	nach 1945
Gerd Reinfeld	Student	Musikerzieher und Organist in Bremen
Hofrat Kurt Pokorny	Leiter Abt. IId	Rosegger-Preisträger des Landes Steiermark 1963
Paul Prohaska		Lehrer am Steirischen Landeskonservatorium in Graz
Dr. Leo Rinderer	Student	Musikfachberater des Landes Tirol
Karl Romich	MS-Leiter Beauftragter MSW in der Unterstmk.	Musikdirektor in Köflach
Irmgard Stocky	Studentin	Musikerzieherin in Münster
Joseph Schröcksnadel	Dozent	Konzertmeister des Mozarteumsorchesters in Salzburg
Walter Schwertfeger	Student	Organist und Chorleiter in Menslage
Joseph Schwirtz	Student	Oberstudiendirektor am Gymnasium in Gera
Johanna Seelig	Dozentin	Lehrerin am Steirischen Landeskonservatorium in Graz
Norbert Stocky	Student	Musikerzieher und Leiter der Kreismusikschulen in Straßburg
Theodor Warner	Dozent	Dozent und mehrjähriger Direktor der Pädagogischen Hochschule in Flensburg
Ruth Welfenberg	Studentin	Musikerzieherin in Remscheid
Walter Wünsch	Dozent	Direktor-Stv. des Steirischen Landeskonservatoriums, Mitarbeiter des Steirischen Volksbildungsreferenten, Begründer des Instituts für Musikfolklore an der Akademie und späteren Hochschule für Musik und darstellende Kunst in Graz

Die ehemaligen Lehrer und Studierenden der Hochschule für Musikerziehung in Graz-Eggenberg bleiben auch nach der Schließung der Hochschule in engem Kontakt. Dies geschieht auf zweierlei Art: zum einen in schriftlicher Form, zum anderen durch sogenannte „Eggenberger Treffen". In der unmittelbaren Nachkriegszeit werden infolge Papiermangels mit Durchschlagpapier hergestellte Rundbriefe verschickt – bis März 1948 15, bis April 1950 23 Briefe –, ab der Nr. 23 der „Eggenberger Chronik" – so der Name dieser Briefe – werden diese in hektographierter Form hergestellt.[1132] Als Herausgeber des Blattes, das eine Mischung aus Rückblicken, Karriere-Berichten von „Eggenbergern", Familienklatsch und Einberufungen und Berichten der „Eggenberger Treffen" darstellt, fungiert Felix Oberborbeck, für die Versendung für Österreich ist Johanna Seelig verantwortlich. Bis 1975 erscheinen 60 Ausgaben der Eggenberger Chronik, die Nummer 60,[1133] die den Tod Oberborbecks meldet, ist die letzte, die erscheint.

Die „Eggenberger Treffen" finden in unregelmäßiger Folge im Rahmen anderer Veranstaltungen statt – eine Assoziation mit den „Offenen Singen" drängt sich zwangsläufig auf. Bereits im September 1946 wird ein erstes Treffen in Buchholz organisiert, es folgen 1947 Vlotho, Buchholz und Waitzackerhof bei Weilheim,[1134] 1948 abermals Gut Waitzacker.[1135] Noch im selben Jahr findet in Weilheim die zweite und in Buchholz bei Harburg die dritte „Eggenberger Singwoche" statt.[1136] Am 1. März 1950 wird in Vechta bei Oldenburg ein „Steirischer Musiktag" und vom 28. Oktober bis 4. November 1950 eine „Eggenberger Woche" in Euskirchen im Rheinland abgehalten.[1137] 1959 gibt es ein „Eggenberger Treffen" in Molsheim bei Straßburg.[1138] Das erste Treffen der „Ehemaligen", wie sie sich selbst nennen, nach dem Krieg in der Steiermark – organisiert von Walter Wünsch, Karl Romich, Walter Kainz und Franz Uhl – findet 1960 in Hirschegg auf der Pack statt.[1139] Es folgen 1963 Darmstadt,[1140] 1964 Barr bei Straßburg, 1965 Graz-St. Martin.[1141] Die Treffen, deren Ähnlichkeit des Programms mit jenem der seinerzeitigen „Lager" auffällt, sind zwar unterschiedlich stark besucht,[1142] Verbindung untereinander besteht jedoch zwischen sehr vielen ehemaligen Lehrkräften und Studierenden. Noch 1967 – immerhin zweiundzwanzig Jahre nach der Schließung der Hochschule – steht Oberborbeck noch mit 213 von ihnen in Kontakt.[1143] Im Gegensatz zur „Eggenberger Chronik" gehen die „Eggenberger Treffen" über den Tod Oberborbecks hinaus weiter. Noch 1988 findet ein solches Treffen in Norddeutschland statt.[1144]

Nach dem Ende des Zweiten Weltkrieges fanden sich allwöchentlich in der Wohnung des Musikschriftstellers Hans Wamlek... Arthur Michl und Konrad Stekl, später auch... Franz Mixa zum gedanklichen Austausch über die Musiksituation in der Steiermark ein.[1145]

Die Wiedererrichtung des Steirischen Tonkünstlerbundes ist eines der Themen dieser Zusammenkünfte, und schließlich wird – als erster Schritt – 1949 ein Komponistentreffen in Frohnleiten organisiert. Viele Namen von Teilnehmern sind altbekannt: Roderich von Mojsisovics, Franz Mixa, Konrad Stekl, Hans Wamlek. Nach verschiedenen Fehlversuchen wird schließlich – diesmal ergreifen Hans Holenia, Arthur Michl, Konrad Stekl und Otto Lagler die Initiative – 1957 der 1938 aufgelöste Steirische Tonkünstlerbund wiedergegründet.[1146] Der spätere Ehrenpräsident dieser Vereinigung, Stekl, zieht allerdings eine direkte historische Linie vom Steirischen Tonkünstlerbund I über die Kameradschaft Steirischer Künstler und Kunstfreunde zum Steirischen Tonkünstlerbund II,[1147] was in den handelnden Personen seine Bestätigung zu finden scheint.

Auch im Musikverein für Steiermark findet bereits am 29. Juni 1945 eine Besprechung über die Weiterarbeit statt, bei der auch die Namen für eine neue provisorische Vereinsleitung genannt werden, und bereits im Sommer 1945 nimmt auch er seine Arbeit wieder auf.[1148]

Angesichts dessen haben die anläßlich einer Veranstaltung des Nationalsozialistischen Lehrerbundes im April 1940 artikulierten Gedanken des damaligen Landesschulinspektors für Wien und Niederösterreich, Erich Marckhl, daß jede Erziehung nachwirke – *„was wir säen, geht erst unseren Nachfahren zur Ernte auf"*[1149] –, zweifellos etwas für sich.

Seite 258–263: Faksimile über die „Illegale Musikarbeit im Gebiet und Obergau Oesterreich" von Ludwig Kelbetz. (Mit freundlicher Genehmigung von Frau Ilse Kelbetz [†])
Quelle: Musik in Jugend und Volk, 1. Jg. (1937/38), S. 270–275.

Ludwig Kelbetz, Illegale Musikarbeit im Gebiet und Obergau Oesterreich

Als Adolf Hitler im deutschen Reich die Führung übernommen hatte und mit gewaltigem Aufbau einsetzte, begann in Deutschösterreich eine fünfjährige Kampfzeit. Im Mai 1933 wurde die NSDAP. verboten. In immer stärkerem Maße begann das System die nationalsozialistische Bewegung zu unterdrücken. Bis zum Aufstand im Juli 1934 glaubte jedermann an eine unmittelbare Befreiung. Fast täglich wurden Termine des Umschwunges genannt. Erst nach dem furchtbaren Niederschlagen im Juli 1934 und der unerbittlichen Verfolgung begann ein langer und zäher „Stellungskrieg". Die Bewegung mußte sich auf einen langen Kampf einrichten, es konnte mehrere Jahre dauern, jeder billige Optimismus einer Aenderung in der nächsten Zeit schädigte die Bewegung und verhinderte eine ruhige und überlegene Planung. So galt es, alle Kräfte zu mobilisieren, die zur Stärkung der Bewegung beitragen konnten.

Immer eindringlicher wurde es klar, daß der Nationalsozialismus sämtliche Gebiete des volklichen und staatlichen Lebens neu formt und gestaltet. Während man bei einem staatspolitischen Umbruch genaue Daten angeben kann, z. B. den 30. Januar 1933 oder den 12. März 1938, vollzieht sich ein kultureller Umbruch nicht so offensichtlich, aber trotzdem in ebensolcher Tiefe und Unbedingtheit. Dieses neue Werden ist besonders eindrucksvoll in der Musik aufzuzeigen. Seit 1933 entsteht, vornehmlich aus den Reihen der HJ. heraus, ein neues Lied- und Musiziergut, das schlechthin als die „moderne" Musik unserer Zeit anzusprechen ist. Während man sich in den Jahren vor dem Umbruch in langen fachlichen Diskussionen darüber unterhielt, ob nach einer so gewaltigen Blütezeit deutschen Musikschaffens, wie es das 19. Jahrhundert war, noch Neues erwartet werden könnte, oder ob es unserer Zeit bestimmt sei, rückwärtsgewandt dies Erbe zu verwalten, entstand, geboren aus dem Marschtritt der jungen Generation, ein neues, reiches, vielgestaltiges Liedgut, verknüpft mit den Namen Hans Baumann, Heinrich Spitta, Georg Blumensaat, Werner Altenberg, Reinhold Heyden, Ernst Lothar von Knorr, Gerhard Maasz, Walter Rein und vielen anderen. Heute stehen uns für den Marsch und für die neue Fest- und Feiergestaltung eine Fülle neuer, aus dem Geiste der Zeit geborener Musik und Dichtung zur Verfügung.

Es galt nun diesen Strom nationalsozialistischen Kulturgutes trotz der hermetisch abgeschlossenen Grenzen, trotz scharfer Zensur nach Oesterreich zu lenken und ihn hier als starke seelische Kraft einzusetzen. Etwas Unerwartetes kam uns zu Hilfe. Die Gegenseite redete und schrieb zwar unentwegt vom neuen Oesterreich, neuem Geist, neuer Zeit und neuem Schaffen, aber es ist aus diesen Reihen nicht ein einziges Lied entstanden, das hätte aufhorchen lassen. Leblose Textunterlegungen und traurige Anleihen an jüdischem Geist sind alles, was zu finden war.

Deshalb hat sich die polizeiliche Zensur immer nur mit einer Textprüfung zufrieden gegeben, ohne zu ahnen, daß der revolutionäre Schwung auch ebenso in der Melodie stecken kann. Freilich war man nachträglich oft erstaunt, daß ein Lied, welches die Zensur passiert hatte, wie Hans Baumanns „Und die Morgenfrühe das ist unsere Zeit", oder oder Ernst Lothar von Knorrs „Wir Werkleute" trotzdem in der Offenen Singstunde so revolutionär und NS.-verdächtig klang. Viele Deutschösterreicher konnten vom Liede her dem Nationalsozialismus gewonnen, zumindest aber in ihrem Glauben und ihrer Zuversicht gestärkt werden. Wer zweifeln sollte, daß die Musik eine politische Macht ist, der hätte diese Macht bei uns täglich spüren können. Worte wie „Führer", „Deutschland", „Reich" waren ausgeschlossen, manche Strophe mußte gestrichen und manche textliche Wendung etwas umgebogen werden. So sangen wir „und heute da hört uns die H e i m a t, und morgen die ganze Welt, oder „Unter den Fahnen streiten wir". Die Lieder wurden lebendig und alle hatten ihre geheime Freude, wenn es wieder einmal gelungen war, die gestrenge Staatspolizei zu überlisten. Es gab für Verbote und Gebote keine objektiven Richtlinien. So geschah es, daß einmal das Lied „Vivat, jetzt gehts ins Feld" wegen der Stelle „Und Friedrich der Große" verboten wurde, daß das Lied „Es lebt der Schütze froh und frei" wegen des Kehrreimes „Es lebe hoch Deutschösterreich, mit ihm das ganze deutsche Reich" unerwünscht war, daß aber das Lied „Nur der Freiheit gehört unser Leben" zugelassen wurde. Die Genehmigung der Lieder war ein ständiger und ununterbrochener Kleinkrieg: einen Schritt vor, einen Schritt zurück, und es galt jeweils soviel wie möglich herauszuschinden. Dabei waren die großen politischen Ereignisse bestimmend für den Erfolg unserer Bemühungen. In der Woche, in der der Reichsaußenminister Freiherr von Neurath nach Budapest reiste, bemächtigte sich der Wiener Regierung besondere Nervosität, und uns wurde auch der harmloseste Text verboten.

Um das neue Liedgut in möglichst weite Kreise zu verbreiten, veranstalteten wir im ganzen Lande

Offene Singstunden.

Ueber 60 solcher Offenen Singstunden wurden von Walter Kolneder, dem Musikbeauftragten der SA., einigen anderen Mitarbeitern und mir in jedem Jahre geleitet. Der Musikverein für Steiermark zeichnete als offizieller Veranstalter, an Partei und Formationen wurde eine geheime Verständigung herausgegeben, und ohne viel öffentliche Propaganda waren die Säle gefüllt. Es war ein ganz eigenartiges Gefühl, einen solchen Saal zu betreten. Waren doch diese Singstunden neben gelegentlichen Vorträgen die einzige Möglichkeit öffentlicher Zusammenkünfte von Nationalsozialisten. In einem kleinen Industrieort in der Nähe von Graz war ein besonders heißer Boden. Die illegale nationalsozialistische Ortsgruppe zählte 170 Mitglieder, die ebenfalls illegale kommunistische an 500, und darüber thronte, gestützt von Polizei und Gendarmerie, der schwarze Bürgermeister. Unsere Singstunden waren in diesem Ort von etwa 200 Teilnehmern besucht; — zum Teil Arbeiter, zum größeren Teil Bauernburschen aus der Umgebung. Der „Sachverständige" konnte im Saale sofort die Formationen erkennen: rechts vorne saß der BDM., dahinter die Frauenschaft und PO., ganz rückwärts HJ. und links SA. So eine SA. von Holzknechten ist schon das geschlossenste an bäuerlicher Kraft, Frische und Mut, was man sich denken kann. Sie singen mit voller Kraft. Ein reichsdeutscher Besucher, den ich zu einer solchen Singstunde mitgenommen hatte, versicherte mir, er hätte noch nie die neuen Lieder mit solcher Wucht und Ursprünglichkeit singen hören wie hier. „Nun laßt die Fahnen fliegen", „Der helle Tag ist aufgewacht", „Lever dod as Slav", „Wenn die Stürme Leben wecken", „Wo wir stehen, steht die Treue", „Unser die Sonne, unser die Erde" u. v. a. wurden gesungen; daneben auch alpenländische Volkslieder und Volkslieder anderer deutscher Landschaften. In einem weststeirischen Industrieort kamen bis zu 500 Besucher. In Graz fanden jeden Monat mehrere Singstunden statt. Eine für Studenten, die besonders scharf kontrolliert wurde, für HJ., BDM. und anderes nationalsozialistisches Volk. 200 SA.-Männer waren in dem Konservatoriumssaal zu einer Offenen Singstunde „Oesterreichische Soldatenlieder" gekommen. Dazwischen saß, schon von Weitem herauszukennen, als harmloser Zivilist ein Mann der Geheimen Staatspolizei. Die Disziplin war musterhaft, das Singen mächtig, und er konnte nichts Anstoßerregendes finden. So gäbe es noch tausend Einzelheiten zu erzählen. Jedesmal leuchtende Augen und kraftvolle Worte mit schwungvollen Melodien, die in die nächsten schweren und harten Tage hineingeklungen haben. Es fehlte sehr an Singleitern. Wir konnten unmöglich die vielen Anforderungen für Singstunden erfüllen. Es mußten Hilfskräfte geschult werden, die in den Formationen das neue Liedgut weitergeben konnten und in die Formen der neuen Fest= und Feiergestaltung eingeführt wur= den. Als Erstes fand vom 6.—13. September 1936 in Fehrlach/Kärnten eine

Musikpädagogische Woche

statt. Eine Fülle von Vorarbeiten war zu leisten, um diese Woche über= haupt zustande zu bringen. Eingaben an Behörden, Rückfragen, Be= denken, Begründungen, Vorlage eines genauen Arbeitsplanes usf. Ohne unseren Schirmherrn, den Leiter des Grazer Konservatoriums Professor Hermann von Schmeidel und ohne den Musikverein für Steiermark hätten wir die Woche kaum durchsetzen können. Am Tage der Eröff= nung zunächst die bange Frage: sind auch keine Spitzel unter den Teil= nehmern? Wir gehen die Liste genau durch, finden nur einige farblose, sonst aber lauter richtige Leute. Zum Morgenturnen und zur Morgen= feier des nächsten Tages sind 80 Burschen und Mädchen angetreten — eine gute Auslese, eine einsatzfähige Gruppe. Als Lehrer wirkte außer mir noch Dr. Theodor Warner von der Hochschule für Musikerziehung in Berlin. Die Woche verläuft in strenger Lagerform; es wird fleißig gearbeitet: Mannschaftssingen, Chorsingen, Instrumentalspiel, Vorträge aus dem Gebiete Musik und Volk (in denen manches offene Wort fällt), Morgenturnen, an einem Nachmittag Ausmarsch, am letzten Sonntag großer Ferlacher Musiktag mit Morgenfeier, Volksliedsingen und großer Offener Singstunde. Durch diese Woche wurde besonders der Kärntner Arbeit ein starker Auftrieb gegeben. Mit Zuversicht gehen wir in den Winter. Es war inzwischen immer klarer geworden, daß von den vielen Hoffnungen, die wir an das Juliabkommen des Jahres 1936 geknüpft hatten, kaum welche in Erfüllung gehen würden. Der Kampf geht mit unverminderter Schärfe weiter. Wir brauchen für unsere Musik= arbeit weitere Hilfskräfte. So planen wir einen einmonatlichen Musik= führerlehrgang in Graz, zu dem aus ganz Oesterreich Teilnehmer ent= sandt werden sollen. Der illegale Verständigungsapparat arbeitet lang= sam und unsicher. Man weiß nie, was bei einem durchgegebenen Be= fehl zum Schluß herauskommt. Zweimal müssen wir den Termin ver= schieben. Am 1. Februar 1937 können wir mit 25 Teilnehmern und Teilnehmerinnen den Lehrgang eröffnen. Am Vormittag musikalische Arbeit: Neues Liedgut, praktische Singleitung, Unterweisung im Instru= mentalspiel, Satzlehre, Volkstanz, Entwürfe für Feste und Feiern; nachmittags: Weltanschauliche Schulung und Einführung in die Auf= gaben der Landdddienstführung. Wir können die Teilnehmer des Lehr= ganges schon bald als Gruppe bei Offenen Singstunden einsetzen. Die letzte Woche ist dem Volksspiel gewidmet. Ein sehr schöner und geschlosse= ner Abend beendet den Lehrgang. Wir konnten allen neuen Mut und neue Zuversicht mit auf den Weg geben. Einige Wochen später haben wir größte Schwierigkeiten. Ein Mädchen hat ein Tagebuch geschrieben, das der Polizei in die Hände fällt. Es gibt lange Verhandlungen und Vernehmungen, auch einige Verhaftungen; zum Glück sind die Aufzeichnungen sehr subjektiv, sodaß immer noch Lücken für unsere „Ergänzungen" bleiben. Der polizeiliche Akt „Musikverein und Konservatorium betreffend" schwillt an. Trotz allem haben wir für die Osterwoche eine ganz große Sache vor. Vom 20.—27. März 1937 veranstalten wir im Stockschloß bei Trofaich (Obersteiermark) eine

Arbeitswoche für Musikerziehung.

120 HJ., BDM. und Studentenbund von allen Bannen und Untergauen werden zusammengezogen — zweifellos ein großes Wagnis. Hermann von Schmeidel zeichnete wieder für die Oberleitung gegenüber den Behörden verantwortlich. Als Lehrkräfte arbeiten Helmuth Jörns vom Zentralinstitut für Erziehung und Unterricht Berlin, Walter Kolneder, Fritz Kelbeß und ich; die Lagerleitung hat Gustav Anderle, der Beauftragte für Landdienst im Gebietsstab. Es ist eine prachtvolle Lagermannschaft zusammengekommen. Wenn jemand zweifeln sollte, daß es in unserer Zeit Sinn hat, Rassenauslese und Rassenpflege zu betreiben, dann soll er hierher kommen. Nationalsozialismus und Kommunismus sind zutiefst rassische Gegensätze. Wir können in der Steiermark Beispiele zeigen. In rassisch zersetzten Teilen der Arbeiterschaft, in volklichen Mischgebieten liegen die Einbruchstellen der Kommunisten. An einem Abend gedenken wir der Toten der Bewegung. Schweigend marschieren wir das enge Gebirgstal entlang; es wird immer enger und einsamer. Wir stellen Wachen aus. Auf einer Wiese ist der Feuerstoß vorbereitet. Das Feuer wird entzündet, Worte des Gedenkens und der Treue zu unserem Führer hallen in die Nacht; nach gemeinsamen Liedern geht es wieder schweigend in das Lager zurück. Die Tage sind sehr ausgefüllt. Musikarbeit am Vormittag, Vorbereitung für den Landdienst am Nachmittag. Für den Sommer 1937 ist mit 1000 Jungen und Mädels aus HJ., BDM. und Studentenbund im Rahmen der Südmark ein Grenzlanddienst geplant. Das Lager verläuft ohne Zwischenfälle. Wir freuen uns über diesen Erfolg.

Vom 1.—10. Mai sind Walter Kolneder und ich zu einem Musikführerlehrgang in Wien. Wir arbeiten unter dem Deckmantel der akademischen Sängerschaft Ghibellinen sehr intensiv mit einem aufnahmefreudigen und aufnahmebereiten Kreis. Zum Abschluß des Lehrganges große Offene Singstunde in Wien. Die Südmark zeichnet als Veranstalter, NS.-Studentenbund, HJ. und BDM. sind die tragenden Formationen. 800 werden zu einer geschlossenen „Singenden Mannschaft". Im Sommer 1937 findet, von HJ., BDM. und Studentenbund durchgeführt, der Landdienst statt. Er wird zu einer einzigen großen Werbung der Bauernschaft für den Nationalsozialismus. Im persönlichen Ge= spräch bei gemeinsamer Arbeit konnten manches Vorurteil, manche Zu= rückhaltung überwunden und viele brennende Fragen beantwortet werden. Im Herbst rüsten wir zur neuen Winterarbeit. Ein großer Arbeitsplan für das Gebiet wird entworfen, die ersten Vorarbeiten aufgenommen. Von 17.—23. Januar 1938 fand in Graz eine A b e n d s i n g w o c h e statt. Sie ist die Krönung unserer bisherigen illegalen Mufikarbeit. Durch langwierige und umständliche Vorarbeiten gelingt es uns, als Mitarbeiter Wolfgang Stumme und Hans Baumann durchzusetzen, freilich nicht in ihrer Eigenschaft als Mitarbeiter der Reichsjugendfüh= rung, sondern Wolfgang Stumme als Lehrer an der Hochschule für Mufikerziehung und Hans Baumann als Mufiklehrer aus Berlin. Das Ministerium forderte lange Begründungen, warum die Heranziehung „ausländischer" Dozenten nötig sei. Ein genauer Arbeitsplan muß vor= gelegt werden. Damit wir nur einwandfreie Leute bekommen, setzen wir einen ganz kurzen Anmeldetermin fest und besprechen vorher mit den Formationen die Liste. Zur Eröffnung sind 214 Teilnehmer und Teilnehmerinnen anwesend: aus Graz, der Steiermark, auch aus Wien und Kärnten, und zwar 36 HJ., 20 Jungvolk, 10 SS., 30 NS.=Stu= dentenbund, 38 SA und PO., 80 BDM. Außer den Liedern der Bewegung werden die Jagdkantate von Bresgen und die Spitta=Bau= mann Kantate „Das Jahr überm Pflug" erarbeitet. Vorträge aus dem Aufgabenkreis „Mufik und Volk" zeigen die weltanschaulichen Zu= sammenhänge unserer Arbeit auf. An den Abschluß der Woche versuchen wir eine Offene Singstunde zu setzen; diesmal wird es besonders schwie= rig. Am vorhergehenden Tag wird sie zweimal verboten und zweimal wieder erlaubt; ein ununterbrochenes Telefonieren und Vorsprechen. Am Sonntag kommen 1500 Singstundenbesucher. 214 junge National= soizalisten aller Formationen stehen in Steirertracht auf dem Podium, zum ersten Mal in Graz und zum letzten Mal in den langen illegalen Kampfjahren. Obwohl niemand am 23. Januar vom bevorstehenden Um= bruch etwas ahnen konnte, so hatte doch diese große Offene Singstunde den Charakter des unter diesen Umständen Letzterreichbaren. Das von Allen gemeinsam gesungene Lied „Wenn die Stürme Leben wecken" mit der Schlußstelle „Nur wer stürmt hat Lebensrecht" ist zum Zeichen des Aufbruches geworden.

Eine Woche später fand in Klagenfurt unter der Leitung von Reinhold Heyden eine Abendsingwoche mit 100 Teilnehmern für den Bann und Untergau Kärnten statt, und Robert Treml arbeitete zur selben Zeit in Oberösterreich. Alle weiteren Pläne werden nicht mehr verwirklicht. Die illegalen Kampfjahre sind zu Ende. Nun kann auch bei uns mit vollem Einsatz aller Kräfte auf breiter Basis aufgebaut werden.

6. Bibliographie

Abel-Struth Sigrid, Grundriß der Musikpädagogik. Mainz–London–New York–Tokyo 1985.

Abel-Struth Sigrid, Jugendbewegungen und Musikpädagogik. Sitzungsbericht 1985 der Wissenschaftlichen Sozietät Musikpädagogik (= Musikpädagogik. Forschung und Lehre. Beiheft 2). Mainz 1987.

Abendroth Walter, Der Lebenskampf der deutschen Musikkultur. In: Münchner Neueste Nachrichten vom 22. 3. 1931.

Abendroth Walter, Musik und Politik in unserer Zeit. In: Allgemeine Musikzeitung, 58. Jg. (1931), S. 365.

Abendroth Walter, Musik und Rasse. In: Allgemeine Musikzeitung, 60. Jg. (1933), S. 1.

Aber Adolf, Notlage des deutschen Musiklebens. In: Leipziger Neueste Nachrichten vom 19. 6. 1920.

Aber Adolf, Wiederbelebung alter Formen in der Zeitgenössischen Musik. In: Musikblätter des Anbruchs, 8. Jg. (o.J.), S. 262.

Abert Hermann, Stellung und Aufgabe der Musik in der heutigen Kultur. In: Friedrich Blume (Hg.), Hermann Albert, Gesammelte Schriften. o.O. 1929, S. 589–609.

Abraham Lars Ulrich, Das politische Moment im unpolitischen Lied. In: Das Politische im Lied. Politische Momente in Liedpflege und Musikerziehung (= Schriftenreihe der Bundeszentrale für politische Bildung. o.Jg. (1967), H. 76, S. 80–90.

Abraham Lars Ulrich, Politische Aspekte des Musikunterrichts in der Volksschule. In: Tribüne. Zeitschrift zum Verständnis des Judentums, 4. Jg. (1965), H. 14, S. 1554–1557.

Ackermann Peter, Musikpädagogik und kritische Theorie. In: Zeitschrift für Musikpädagogik. 9. Jg. (1984), H. 27, S. 45–47.

Adler Guido, Musik in Österreich. In: Studien zur Musikwissenschaft, o.Jg. (o.J.), 16. Bd., S. 3–31.

Adler Wolfgang, Schlagerchronik: von 1892–1959; Zeittypische Musik des deutschsprachigen Raumes aus dem Bereich der Unterhaltung. [Sender Freies Berlin, Archivwesen Hfk, Schall- und Notenarchiv]. Berlin 1987.

Adorno Theodor W., Die musikalischen Monographien. Frankfurt/Main 1986.

Adorno Theodor W., Dissonanzen. Musik in der verwalteten Welt. Göttingen 1958.

Adorno Theodor W., Einleitung in die Musiksoziologie. 12 theoretische Vorlesungen. Frankfurt/Main 1980.

Adorno Theodor W., Fragment über Musik und Sprache. In: Musik und Dichtung, o.Jg. (1953), S. 146.

Adorno Theodor W., Gesellschaftstheorie und Kulturkritik. Frankfurt/Main 1975.

Adorno Theodor W., Kritik des Musikanten. In: Frankfurter Zeitung vom 12. 3. 1932.

Adorno Theodor W., Mißverständnisse. Zur Besprechung seines Buches „Die Philosophie der neuen Musik“. In: Melos, 17. Jg. (1950), H. 3, S. 75.

Adorno Theodor W., Musik und Tradition. In: Musica, 15. Jg. (1961), H.1, S. 1–10.

Adorno Theodor W., Philosophie der neuen Musik. Frankfurt/Main 1983.

Adorno Theodor W., Thesen gegen die „musikpädagogische Musik“. In: Junge Musik, o.Jg. (1954), H. 4, S. 111–113.

Adorno Theodor W., Über den Fetischcharakter und die Regression des Hörens. In: Zeitschrift für Sozialforschung, 7. Jg. (1939), S. 321–356.

Adorno Theodor W., Über den Fetischcharakter und die Regression des Höhrens. In: Dissonanzen – Musik der verwalteten Welt. Göttingen 1958, S. 9–45.

Adorno Theodor W., Zur Gesellschaftlichen Lage der Musik. In: Zeitschrift für Sozialforschung, 1. Jg. (1932) S. 103–124 und 356–378.

Akmann Johann, Politik und Kultur. In: Freie Welt, 16./17. Jg. (1936), S. 380.

Albersheim Gerhard, Zur Musikpsychologie. Wilhelmshaven 1983.

Albert Hermann, Luther und die Musik. (Vortrag) Wittenberg 1924.

Albrecht Hans, Musikpolitik. In: Deutsche Tonkünstlerzeitung, 31. Jg. (1934), S. 1.

Alt Michael, Deutsches Schrifttum über Musikerziehung. In: Internationale Zeitschrift für Erziehungswissenschaften (jetzt: Internationale Zeitschrift für Erziehung), 8. Jg. (1939), S. 384–392.

Alt Michael, Neue Ziele des Musikunterrichts. In: Die deutsche Schule, 3. Jg. (1936), S. 298–306.

Ames Russel, Protest and Irony in Negro Folksong. In: Science and Society, 14. Jg. (1950), N. 3, S. 193–213.

Ansermet Ernest, Die Grundlagen der Musik im menschlichen Bewußtsein. (Aus dem Französischen von Horst Leuchtermann und Erik Maschat). München 1973.

Antholz Heinz, Politische Lieder – in der Schule? Verlegene Variationen über ein „liederliches“ Thema der Schulmusik. In: Musik und Bildung. Zeitschrift für Theorie und Praxis der Musikerziehung, 67. Jg. (1976), H. 11, S. 562–566.

Antholz Heinz u. a., Politische Aspekte des Musikunterrichts. Problemskizzen. In: Musik und Bildung. Zeitschrift für Theorie und Praxis der Musikerziehung, 70. Jg. (1979), H. 5, S. 290–305 und 308–313.

Antholz Heinz, Unterricht in Musik. Ein historischer und systematischer Aufriß seiner Didaktik. o.O. 1970.

Arbeitsrichtlinien für städtische Musikbeauftragte. In: Amtliche Mitteilungen der Reichsmusikkammer IV/14 vom 15. September 1937, S. 64.

Arbeitstagung des Kärntner Musikschulwerkes. In: Musik für Jugend und Volk, 4. Jg. (1941), S. 181–182.

Arndt Hans, Vergleiche menschlichen Verhaltens in Geschichte und Politik: Eine Psychoanalyse historisch-politischen Geschehens. St. Michael 1980.

Arnhold Milla, Volkstums-Spielschareinsatz im Jahre 1941. In: Musik für Jugend und Volk, 5. Jg. (1942), S. 51–54.

Arteigene und Artfremde Musik. In: Völkischer Beobachter vom 10. 11. 1931.

Aufbau der Volksmusikschule in der Steiermark. Eine kulturelle Tat der Landesreg. In: Musikerziehung, 7. Jg. (1953), S. 70–72.

Aus dem Musikleben des Steirerlandes. Geschichtliche und biographische Skizzen zur steirischen Musikgeschichte. Hrg. vom Steirischen Sängerbund anläßlich der Musikausstellung 1923. Graz 1924.

Baš Franjo, Okupatorska hisoriografija o Slovenskem štajerskem (Die okkupatorische Historiographie über die slowenische Unter-steiermark. Zgodovinski časopis I/1947.

Baacke Dieter, Beat – die sprachlose Opposition. München 1968.

Baacke Dieter, Beat – ein Versuch. In: Merkur (Deutsche Zeitschrift für europäisches Denken). (1969), S. 431–444.

Bachmann Gustav, Die Musik als Faktor der Erhaltung des Volkstums. In: Montfort. Zeitschrift für Geschichte, Heimat- und Volkskunde Vorarlbergs. 19. Jg. (1967), H. 4, S. 247–257.

Badura Eva, Beiträge zur Geschichte des Musikunterrichts im 16., 17. und 18. Jahrhundert. Innsbruck 1953.

Ballusek Lothar von, Politik und Musik. In: SBZ-Archiv. Dokumente 3, Berichte, Kommentare zur gesamtdeutschen Frage. Bd. 3 (1952), S. 184–185.

Barlach Ernst u.a., Nationalsozialistische Kunstpolitik. „Entartete Kunst". München 1987.

Baruch Wolfgang G., Musik und Politik, In: Melos, 16. Jg. (1949) H. 3, S. 80.

Bastian Hans Günther, Das musikalische Urteil als Gegenstand empirischer Forschung. In: Universitas, 38. Jg. (1983), H. 5, S. 509.

Batel Günther, Zur musikalischen Sozialisation von Auszubildenden. In: Musikpädagogische Forschung, Bd. 2: Musikalische Sozialisation. Laber 1981.

Bauer Katrin, Umrisse der Arbeitermusikbewegung in Dresden von 1878–1933. In: Sächsische Heimatblätter, 30. Jg. (1984), H. 5, S. 213–215.

Bauer Rudolf, Musik und Politik. Eine Betrachtung im Hinblick auf die vom bevorstehenden Verbandstag zu beschließende Gründung eines „Deutschen Musikverbandes". In: Der Berufsmusiker", 3. Jg. (1950), S. 169–170.

Baumann Max Peter, Musik im Dialog der Kulturen. Traditionelle Musik und Kulturpolitik. Bericht über ein internationales Symposion. In: Zeitschrift für Kulturaustausch, 39. Jg. (1989), H. 2, S. 205.

Bayart Jean Fancois, Le politique par le bas en situation autoritaire. In: Esprit. Changer la culture et la politique. (1984), H. 90, S. 142.

Bech Heinrich, Das Judentum in der Musik. Breslau 1926.

Becking G., Der musikalische Rhythmus als Erkenntnisquelle nationaler Haltung. In: Musik im Leben (1930), S. 189–191.

Beer W., Die politische Deutung der deutschen Musik. In: Volk und Reich, 8. Jg. (1937), S. 674–685.

Behrendt G., Musikerziehung vor neuen Aufgaben. In: Die deutsche Schule, 2. Jg. (1935), S. 568–573.

Bekker Paul, Berliner Musikpolitik. In: Frankfurter Zeitung vom 15. 10. 1920.

Berger Karlhans, Die Funktionsbestimmung der Musik in der Sowjetideologie. Berlin 1963.

Berghahn W., In der Fremde – Sozialpsychologische Notizen zum deutschen Schlager. In: Frankfurter Hefte, 17. Jg. (1962), (H. 3, S. 193–202.

Bergsdorf Wolfgang, Politik und Sprache. München–Wien 1978.

Bericht der Ennstaler Musikvereinigung und ihrer Musikschule. o.O. 1946.

Besseler H., Musik und Nation. In: Zeitschrift für Musikwissenschaft, 17. Jg. (1935), S. 60.

Beutl Helmut, Radkersburg, die südöstlichste Musikschule. In: Titz Walter, Das Steirische Musikschulwerk (=Walter Wünsch (Hg.), Veröffentlichung des Institutes für Musikfolklore und des Archives für das Steirische Musikschulwerk an der Akademie für Musik und darstellende Kunst in Graz, 2). Graz 1967, S. 104–105.

Bieder Eugen, Zur einheitlichen Ausbildung des Musikerziehers. In: Völkische Musikerziehung, 6. Jg. (1940), S. 1–6 und 29–33.

Bierwisch M., Musik und Sprache. Überlegungen zu ihrer Struktur und Funktionsweise. In: Jahrbuch Peters 1978, Leipzig 1978, S. 9–102.

Binowski Bernhard, Musikpädagogik in der politischen Wirklichkeit. In: Musik und Bildung, 63. Jg. (1972), H.1, S. 6–10.

Birtner Herbert, Die landschaftlichen Aufgaben der Musikwissenschaft in der Steiermark. In: Schule und Gemeinschaft, o. Jg. (1941), Nr. 3, S. 57–64.

Bittner G., Rückkehr vom Jazz zur Musik. In: Münchner Neueste Nachrichten vom 15. 2. 1931.

Blacking John, Towards a Human Science of the Tonal Art: Anthropology and the Reintegration of Musicology. In: Tagungsbericht der 30. Weltkonferenz des International Council for Traditional Music (ICTM) in Schladming 1988. (=Wolfgang Suppan (Hg.), Musikethnologische Sammelbände, 11). Tutzing 1991.

Blaukopf Kurt, Musik im Wandel der Gesellschaft. Grundzüge der Musiksoziologie. München–Zürich 1982.

Blaukopf Kurt, Musikpolitik und Medienrealität. In: Media Perspektiven, (1987), H. 7, S. 428.

Blaukopf Kurt, Neue musikalische Verhaltensweisen der Jugend (= Sigrid Abel-Struth, Musikpädagogik. Forschung und Lehre, 5). Mainz 1975.

Blaukopf Kurt, Tonsysteme und ihre gesellschaftliche Geltung in Max Webers Musiksoziologie. In: International Review to the Aesthetics and Sociology of Music, (1970), I/2, S. 159–167.

Blessinger Karl, Musik und Judentum. In: Die Musik, 33. Jg. (1940/41), S. 48.

Blessinger Karl, Musik und Politik. In: Musik im Leben. 3. Jg. (1937), S. 83–86.

Bloch Ernst, Geist der Utopie. Unveränderter Nachdruck der bearbeiteten Neuauflage der 2. Fassung von 1923. Frankfurt/Main 1973.

Bloch Ernst, Zur Philosophie der Musik. Frankfurt/Main 1974.

Blume Friedrich, Das Erbe deutscher Musik. In: Deutsche Musikkultur, 7. Jg. (1942/43), S. 127–132.

Blume Friedrich, Das Rassenproblem in der Musik. Wolfenbüttel und Berlin 1939.

Blume Hermann, Erfahrungen und Betrachtungen eines kriegsbeschädigten Musikers. In: Musik im Kriege, 1. Jg. (1943), H. 1, S. 8–11.

Blumensaat Georg, Lied über Deutschland. Potsdamm [2]1936.

Bode Alfred, Die kulturpolitischen Aufgaben der Verwaltung im deutschen Musikleben. Düsseldorf 1937.

Boehmer Konrad, Revolution der Musik oder Musik der Revolution. In: Neue Volkszeitung, 18. Jg. (1969), Nr. 2, S. 3.

Boehmer Konrad, Volkston und Volksgemeinschaft. In: Konrad Boehmer, Zwischen Reihe und Pop. Musik und Klassengesellschaft. Wien–München 1970, S. 71–92.

Boetticher Wolfgang, Eine Metaphysik der Musikerziehung. In: Die Musik. 31. Jg. (1938), S. 465.

Boetticher Wolfgang, Zur Erkenntnis von Rasse und Volkstum in der Musik. In: Wolfgang Stumme (Hg.), Musik im Volk. Grundfragen der Musikerziehung. Berlin-Lichterfelde 1939, S. 217–229.

Böhm Franz, Vom Sturm der Macht. In: Musik für Jugend und Volk, 4. Jg. (1941), S. 182–183.

Bondy Curt, Die proletarische Jugendbewegung in Deutschland. Lauenburg 1922.

Bornhausen Karl, Der Anschluß als Ausdruck volksdeutscher Kulturgestaltung. In: Kleinwaechter Friedrich F.G./Heinz von Paller, Die Anschlußfrage in ihrer kulturellen, politischen und wirtschaftlichen Bedeutung. Wien–Leipzig 1930.

Bornstedt Wilhelm, Die österreichische Ostmark in deutscher Geschichte. Breslau 1942.

Bosse Fritz, Meßbare Rassenunterschiede in der Musik. In: Homo, o. Jg. (1951), H. 2, S. 147–158.

Botz Gerhard, Strukturwandlungen des österreichischen Nationalsozialismus (1904–1945). In: Isabella Ackerl, u. a. (Hg.) Politik und Gesellschaft im alten und neuen Österreich. Bd. 2, Wien 1981, S. 163–193.

Bouke E., Historisierung unseres Musiklebens. In: Die Musik, 27. Jg. (1935), S. 243.

Brand Friedrich, 5 Jahre Aufbau des Musiklebens. In: Deutsche Sängerbundeszeitung, 30. Jg. (1938), S. 185.

Brandeis Camilla, Zur Musikerziehung. In Auftakt, 15. Jg. (1935), S. 196.

Bratl Franz, Die Musikschule der Stadt Weiz. In: Titz Walter, Das Steirische Musikschulwerk (=Walter Wünsch (Hg.), Veröffentlichung des Institutes für Musikfolklore und des Archives für das Steirische Musikschulwerk an der Akademie für Musik und darstellende Kunst in Graz, 2). Graz 1967, S. 108–110.

Braun Hans Peter, „Steh auf, nimm dein Bett und wandle". Musik als Mahnmal des Humanen, als Gabe und Aufgabe. In: Württembergische Blätter für Kirchenmusik, 55. Jg. (1988), H. 2, S. 35–37.

Bräutigam Helmut, Volksliedsammelfahrten zu deutschen Bauern in Jugoslawien. In: Musik für Jugend und Volk, 3. Jg. (1940), S. 84–88.

Brecht Berthold, Zur Soziologie der Oper – Bemerkungen zu „Mahagony". In: Musik und Gesellschaft, o.Jg. (1930/31), S. 105–112.

Brenner Helmut, Die Rolle der Blasinstrumente in der nationalsozialistischen Musikerziehung am Beispiel des „Steirischen Musikschulwerkes"/The Roll of Wind Instruments in the National Socialist Music Education, by Example of the „Steirisches Musikschulwerk". In: Mitteilungsblatt der Internationalen Gesellschaft zur Erforschung und Förderung der Blasmusik. Jg. 1988, H. 1, S. 2–6.

Brenner Helmut, National Socialist Strategies for Denationalisation and „Ethnical Change" trough Music and their Practical Realisation as Attempted in Slovenian Lower Styria 1941–1945. Lecture, given at the 30th World Conference of the International Council for Traditional Music (ICTM) in Schladming 1989. In: Otto Holzapfel/Jürgen Dittmar, Jahrbuch für Volksliedforschung. 35. Jg. (1990).

Brenner Helmut, Stimmt an das Lied... Das große österreichische Arbeitersängerbuch. Graz–Wien 1986.

Brenner Helmut, Politische Aspekte in Volkslied-Editionen aus Baden und Würtemberg zwischen 1815 und 1915. In: Helmut Brenner (Hg.), Beiträge zur Erforschung und Pflege der Volksmusik in Baden-Württemberg (=Landesmusikrat Baden-Würtemberg (Hg.), Der Musikant. Zeitschrift für Volksmusik. Sonderband). Karlsruhe 1990, S. 18–50.

Bresgen Cesar, Musikschule für Jugend und Volk im Mozarteum. In: Zeitschrift für Musik, 106. Jg. (1939), S. 824.

Bresgen Cesar, Volksmusikalische Aufbauarbeit in Salzburg. In: Musik für Jugend und Volk, 3. Jg. (1940), S. 111–112.

Breuer Hans, Wandervogel und Volkslied. In: Wandervogel, 4. Jg. (1910), S. 135.

Brockhaus Heinz Alfred, Die Bedeutung der Oktoberrevolution für das Schaffen Hanns Eislers. In: Musik und Gesellschaft. 18. Jg. (1968), H.3, S. 168–172.

Brodde Otto, Politische Musik. In: Musik und Volk, 2. Jg. (1934/35), S. 81–87.

Brünning Walter (Hg.), Die Musikschule in der Deutschen Demokratischen Musik. Funktion und Leistungsangebot, Arbeitsweise, historische Aspekte. Berlin 1985.

Brusatti Otto, Nationalismus und Ideologie in der Musik. Beitrag zur geistesgeschichtlichen Entwicklung einer Kunstform. Tutzingen 1978.

Brusniak Friedhelm, Deutsch oder Undeutsch? Die Probleme eines Musikvereins im Jahre 1933. Eine Dokumentation. Mit einem Beitrag von Eva-Maria Burth (Rhoden/Waldeck). In: Geschichtsblätter für Waldeck, Bd. 77, (1989), S. 217.

Bücher Karl, Arbeit und Rhythmus. Leipzig 1902.

Buchholz Wolfhard, Die Nationalsozialistische Gemeinschaft „Kraft durch Freude". Freizeitgestaltung und Arbeiterschaft im Dritten Reich. Phil. Diss. München 1976.

Budkovič Cvetko, Glasbena šolstvo na Slovenskem od 19 Orguliaška šola u Ljubliani. Ljubljana 1975.

Bülow Paul, Der Führer und die deutsche Musik. In: Rheinische Blätter, 16. Jg. (1939), S. 185.

Burbach Hermann Josef, Studien zur Musikanschauung des Thomas von Aquin. o.O. 1966.

Büttner Horst, Grundfragen einer musikalischen Volkskunde. In: Mitteldeutsche Blätter für Volkskunde. 9. Jg. (1934), S. 1–18.

Canetti Elias, Masse und Macht. Frankfurt/Main 1987.

Cäsar Emil, Slovenska kultura v narodnoosvo – bodilem borba. (Die slowenische Kultur im Volksbefreiungskampf). In: Năsa obramba, 9. Jg. (1977), N. 10, S. 40–41.

Cerff Karl, Musikerziehung der deutschen Jugend. In: Musik und Volk, 4. Jg. (1936/37), S. 67.

Cerff Karl, Musikerziehung und Hitler-Jugend. In: Deutsche Tonkünstlerzeitung, 23. Jg. (1936/37), H. 3, S. 8.

Conradi Gerhard, Musikarbeit der baltendeutschen Jugend. In: Musik für Jugend und Volk, 4. Jg. (1941), S. 16–19.

Crepaz Gerhard, Musik als Widerstand. Manuskript zur gleichnamigen Hörfunkreihe des Landesstudios Tirol. masch., o.O., o.J.

Cunz R., Wir und die neue Musik. In: Rufer und Hörer, 4. Jg. (1934), S. 261–268.

Dahlhaus Carl, Das Verstehen von Musik und Sprache der musikalischen Analyse. In: P. Faltin/L. Reinecke, Aufsätze zur semiotischen Theorie, Ästhetik und Soziologie der musikalischen Rezeption. Köln 1973, S. 37–47.

Dahlhaus Carl, Sind musikalische Werturteile begründbar? In: Musica, 39. Jg. (1985), H. 1, S. 29–33.

Dahlhaus Carl, Über die Idee des Nationalismus in der Musik des 19. Jahrhunderts. In: Idea nationis et musica moderna. Brno 1973.

Damisch Heinrich, Verjudung des österreichischen Musiklebens. In: Weltkampf, 15. Jg. (1938), Nr. 169–174, S. 255–261.

Damm Hildegard. Musik und Politik. Tagung des Instituts für Neue Musik und Musikerziehung. In: Musica. Zweimonatsschrift für alle Gebiete des Musiklebens. 23. Jg. (1969), H. 3, S. 273–274.

Danckert Werner, Musikethnologische Erschließung der Kulturkreise. In: Mitteilungen der anthropologischen Gesellschaft Wien, o.Jg., o.J., Bd. 67, S. 53–57.

Das deutsche Lied ist eine Quelle der Kraft. In: Der Führer XI/210 vom 2. August 1937.

Das Genie schafft für das ganze Volk. Rede des Gauleiters zur Semestereröffnung des steirischen Musikschulwerkes. In: Tagespost (Graz), obersteirische Ausgabe vom 19. 9. 1940, S 5.

Das Kärntner Musikschulwerk. In Musik für Jugend und Volk, 4. Jg. (1941), S. 206–207.

Das Musikalische Feierprogramm bei öffentlichen Veranstaltungen von Partei und Staat (Richtlinien des Reichspropagandaleiters Joseph Goebbels). In: Musik für Jugend und Volk, 5. Jahrgang (1942), S. 91–93.

Das Ostmark-Musikschulungslager. In: Musik für Jugend und Volk, 3. Jg. (1940), S. 168.

Das Politische im Lied. Politische Momente in Liedpflege und Musikerziehung. Hg. von der Bundeszentrale für politische Bildung Bonn (= Schriftenreihe der Bundeszentrale für politische Bildung, H. 76), Bonn 1967.

Das steirische Musikschulwerk. In: Tagespost (Graz) vom 16. 6. 1939. S. 9.

Das steirische Musikschulwerk. Organisation und Aufbau. In: Ostland F 19 vom 11. 5. 1940, S. 5.

Dauthendey Elisabeth, Musik in der Erziehung. In: Bavaria, o. Jg. (1930), Nr. 8, S. 7–10.

Dawydow Juri, Die sich selbst negierende Dialektik. Kritik der Musiktheorie Theodor Adornos (= Manfred Buhr (Hg.), Zur Kritik der Bürgerlichen Ideologie, 6), Berlin 1971.

Dawydow Juri Nikolaevic, Die sich selbst negierende Dialektik. Kritik der Musiktheorie Theodor Adornos. Frankfurt/Main 1971.

De la Motte-Haber Helga, Psychologie und Musiktheorie. Frankfurt/Main–Berlin–München 1976.

De la Motte-Haber Helga, Handbuch der Musikpsychologie. Laaber 1985.

Denisoff R. Serge, Popular Protest Song. In: Public Opinion Quarterly, Jg. 1971, 35, S. 117–122.

Denisoff R. Serge, Sing a Song of Social Significance. Bowling Green 1972.

Denisoff R. Serge, Protest Movements: Class Consciousness and the Propaganda Song. In: Sociological Quarterly, (1968), 9, S. 228–247.

Denisoff R. Serge, Protest Songs: Those on the Top Forty and Those on the Street. In: American Quarterly, 12. Jg. (1970), H. 4, S. 807–823.

Dennewitz Bodo, Verwaltung der Ostmark. Aufbau, Organisation und Aufgaben unter Berücksichtigung des Ostmarkgesetzes. Wien 1940.

Der Gauleiter eröffnete das 5. Arbeitsjahr des Musikschulwerkes. In: Tagespost (Graz), obersteirische Ausgabe vom 16. 9. 1943, S. 3 und Kolportage-Ausgabe dess. Datums.

Der Herzschlag der Landschaft in der Musik. Fünf Jahre Steirisches Musikschulwerk. In: Tagespost (Graz), obersteirische Ausgabe vom 9. 7. 1944, S. 5 und Kolportage-Ausgabe dess. Datums.

Deutsche Kulturarbeit im Grenzgau. In: Tagespost (Graz) vom 28. 4. 1940 u. 9. 5. 1940, S. 7.

Deutsches Musikleben von heute. In: Das schaffende Ungarn (1941), S. 557–563.

Die älteste Musik der Germanen, In: Neue Preußische Zeitung vom 26. 6. 1930.

Die Aufgaben des steirischen Musikschulwerkes. In: Tagespost (Graz), obersteirische Ausgabe vom 25. 11. 1939, S. 5.

Die gesetzlichen Musikvertretungskörperschaften Österreichs. In: Musikalmanach und Sängeralmanach, 1. Jg. (1937), S. 171–175.

Die nationalen Elemente in der Musik. In: Neue Ordnung, 2. Jg. (1942/43), H. 82.

Die Nazi Horror Music Show. Rekonstruktion der Ausstellung „Entartete Musik" 1938. Wien 1988.

Die neuen Unterrichtsbestimmungen für den Privatunterricht in der Musik. In: Zeitschrift für Musik, 101. Jg. (1934), S. 1151.

Die Pflege des deutschen Liedes. 50 Jahre Männergesangverein Hönigsberg-Lechen. In: Tagespost (Graz), obersteirische Ausgabe vom 26. 9. 1941, S. 4.

Die Singbewegung und das Musikleben (Protokoll einer Rundfunkdiskussion zwischen Adorno, Oberborbeck, Werner u. a.). In: Die Hausmusik, 23. Jg. (1959), H. 4/5, S. 105–114.

Diekermann Walter, Reichsmusikerzieher-Tag[un]g Berlin 1937. In: Die deutsche höhere Schule, 41. Jg. (1937), S. 219–223.

Diekermann Walter, Vorstellung zur Aufstellung eines Lehr- und Stoffverteilungsplanes für den Musikunterricht in den unteren Volksschuljahrgängen. In: Die deutsche Schule, 41. Jg. (1937), S. 427–432.

Doßmann Gustav, Mitgliedschaft bei der Reichsmusikkammer als Voraussetzung zur Berufsausübung des Musiklehrers. In: Musikerzieher, 36. Jg. (1939/49), S. 119.

Donat Friedrich Wilhelm, Musikpflege der Industrie. Eine Forschungsaufgabe? In: Beiträge zur Musikgeschichte der Stadt Duisburg. o.Jg. (1960), H. 37, S. 36–39.

Doppelbauer Rupert, Das Steirische Musikschulwerk – Aufbau und Organisation. In: Titz Walter, Das Steirische Musikschulwerk (=Walter Wünsch (Hg.), Veröffentlichung des Institutes für Musikfolklore und des Archives für das Steirische Musikschulwerk an der Akademie für Musik und darstellende Kunst in Graz, 2). Graz 1967, S. 113–121.

Doppelbauer Rupert, Die Volksmusikschulen des Steirischen Musikschulwerkes. In: Festschrift der Akademie für Musik und darstellende Kunst in Graz. Graz 1963, S. 173ff.

Doppelbauer Rupert, Musikerziehung und Musikschulen in Leoben. In: Titz Walter, Das Steirische Musikschulwerk (=Walter Wünsch (Hg.), Veröffentlichung des Institutes für Musikfolklore und des Archives für das Steirische Musikschulwerk an der Akademie für Musik und darstellende Kunst in Graz, 2). Graz 1967, S. 80–91.

Doppelbauer Rupert, Oberborbeck – Musikschulpläne und ihr Schicksal. In: Lot und Waage. Zeitschrift des Alpenländischen Kulturverbandes Südmark, 2. Jg. (1975), H. 11/12, S. 5–11.

Doružka, Protest durch U-Musik. In: The World of Music, 12. Jg. (1970), H. 2, S. 19–31.

Drechsler Nanny, Die Funktion der Musik im deutschen Rundfunk 1933–1945. (=Musikwissenschaftliche Studien, Bd. 3), Pfaffenweiler 1988.

Dreider Simon, Music of the Revolution. Sovetsky Kompozitor. Moscow 1970.

Drewes Heinz, Aufgaben und Ziele nationalsozialistischer Kulturpolitik auf dem Gebiet der Musik. In: Unser Wille und Weg, 8. Jg. (1938), S. 37–40.

Dworczak Karl Heinz, Musikerziehung der Jugend. In: Pädagogischer Führer, 87. Jg. (1937), S. 147.

Dworczak Karl Heinz, Musikleben der Steiermark. In: Musikblätter (jetzt: Anbruch), 18. Jg. (1936), S. 257–261.

Ebel Arnold, Musikpolitisches. In: Tägliche Rundschau (Berlin) vom 30. 11. 1920.

Eberhardt Anneliese, Aufbau im Musikschulwerk. Ein Grazer Student erzählt . . . In: Tagespost (Graz), obersteirische Ausgabe vom 8. 5. 1940, S. 6 und Kolportage-Ausgabe dess. Datums.

Eberhart Anneliese, Fronteinsatz der Grazer Spielschar im Westen. In: Musik für Jugend und Volk, 3. Jg. (1940), S. 293–294.

Edelhof Heinrich, Musikalische Wirklichkeit und nationaler Aufbruch. In: Tägliche Rundschau vom 7. 6. 1933.

Egermann Walter, Musik im Dritten Reich. In: Volk im Werden, 4. Jg. (1936), S. 247–252.

Eggebrecht Hans Heinrich, Funktionale Musik. In: Archiv für Musikwissenschaft, 30. Jg. (1973), H. 1, S. 1–25.

Eggebrecht Hans Heinrich, Musik als Tonsprache. In: Archiv für Musikwissenschaft, 18. Jg. (1961), S. 73–100.

Egk Werner, Worum es ging und worum es geht. In: Musik für Jugend und Volk, 6. Jg. (1943), S. 100–101. Auch in: Völkischer Beobachter vom 14. 2. 1943.

Ehmann Wilhelm, Erbe und Auftrag musikalischer Erneuerung. Kassel 1950.

Ehmann Wilhelm, Musikalische Feiergestaltung. Eine Sammlung guter Musik für die natürlichen und politischen Feste des Jahres. o. O. 1944

Eibl-Eibesfeldt Irenäus, Die Biologie des menschlichen Verhaltens. Grundriß der Humanethologie. München–Zürich 1986.

Eibl-Eibesfeldt Irenäus, Der vorprogrammierte Mensch. Das Ererbte als bestimmender Faktor im menschlichen Verhalten. Wien 1973.

Eichenauer Richard, Deutsche a-capella-Musik. Rassengeschichtlicher Versuch. In: Die Sonne, 7. Jg. (1930), S. 164–171.

Eichenauer Richard, Musik und Rasse. München 1932.

Eichenauer Richard, Musikalische Kulturpolitik. In: Deutschlands Erneuerung, 16. Jg. (1931), S. 680–685.

Eichenauer Richard, Über die Grundsätze rassenkundlicher Musikbetrachtung. In: Guido Waldmann (Hg.), Rasse und Musik. Berlin-Lichterfelde 1939.

Eichenauer Richard, Wo steht die rassenkundliche Musikforschung. In: Rasse, 10. Jg. (1943), S. 108–116.

Ein Wort über Musikunterricht. In: Schweizer musikpädagogische Blätter, 24. Jg. (1935), S. 197.

Einsatz der Spieleinheiten an der Inneren Front. In: Musik für Jugend und Volk, 4. Jg. (1941), S. 196–197.

Einsatzfahrten der Spieleinheiten der Hitlerjugend zur Truppenbetreuung. In: Musik für Jugend und Volk, 4. Jg. (1941), S. 194–195.

Einstein Alfred, Das Barbarische in der Musik. In: Auftakt, 4. Jg. (1924), S. 272.

Einstein Alfred, Die Wiederentdeckung des Menschen in der Musik. In: Neue Rundschau (1930), S. 519–526.

Eisel Stephan, Politik und Musik: Musik zwischen Zensur und politischem Mißbrauch. München 1990.

Eisler Hanns, Gesammelte Werke. Band 2: Musik und Politik. Schriften 1948–1962. München 1982.

Eisler Hanns, Musik und Politik. Schriften (Bd. 1) 1924–1948. Textkritische Ausgabe von Günther Mayer (= Reihe Passagen, o. Bd.-Zählung). München 1973.

Elßner Mechthild, Zu Fragen der Musiksoziologie. In: Walter Siegmundt-Schulze (Hg.), Hallesche Beiträge zur Musikwissenschaft. Wissenschaftliche Beiträge der Martin-Luther-Universität Halle-Wittenberg. Halle/Saale 1968.

Elbers Wilfried, Das Soldatenlied als publizistische Erscheinung. Wege und Wirkungen der Liedpublizistik im deutschen Weltkriegsheer. Phil. Diss. Münster/Westfalen 1963.

Eli Viktoria, Das Musikschaffen in der kubanischen Revolution (1959–1980). Diss. masch. Berlin 1987.

Engel Hans, Das Chorwesen in soziologischer Sicht. In: Zeitschrift für Musikwissenschaft. (1952), 113, S. 433–439.

Engel Hans, Die sozialen Grundlagen der Chorgeschichte. In: Zeitschrift für Musik, (1956), 117, S. 267–271.

Engel Hans, Musik und Gemeinschaft, In: Zeitschrift für Musikwissenschaft, 17. Jg. (1935), S. 60.

Engelmann Hans Ulrich, Musik, Mode und Politik. In: Melos, 34. Jg. (1967), H. 12, S. 444–449.

Entfesselung des Musiklebens. In: Tag (Berlin) vom 24. 3. 1933.

Erhebung und Freude durch Musik. Eröffnung der Musikschule in Mürzzuschlag. In: Tagespost (Graz), obersteirische Ausgabe vom 6. 10. 1939, S. 5.

Erikson Erik H., Kinderspiel und politische Phantasie: Stufen in der Ritualisierung der Realität. Frankfurt/Main 1978.

Erler A., Musik und Staat. In: Der Ring, (1930), S. 535. (= Schmidt Hans Christian (Hg.), Handbuch der Musikpädagogik. 5 Bd.). Kassel–Basel–London 1987.

Erne Brand, Die Hugo-Wolf-Gedenkstätte in seinem Geburtshaus zu Windischgraz. In: Musik im Kriege, 2. Jg. (1944), H. 3/4, S. 52.

Ernst V., Der deutsche Schlagerkult um 1960. Eine soziologische, ästhetische und experimentell-musikakustische Studie. Berlin 1964.

Eröffnung der steirischen Musikschulen für Jugend und Volk. In: Großes Volksblatt vom 17. 12. 1938, S. 6.

Eschmann E. W., Steiermark. Am Südrand Deutschlands. In: Münchner Neueste Nachrichten vom 30. 3. 1938.

Etwas von Musikphilosophie. In: Pauliner Zeitung, 53. Jg. (1941), S. 128–131.

Fabisch Andreas, Musikerziehung in Österreich zur Zeit des Dritten Reiches. Hausarbeit der Hochschule für Musik und Darstellende Kunst in Graz (masch.). Graz 1983.

Farnsworth Paul R., The Social Psychology of Music. New York 1958. Reprint. Ames (Jowa) 1969.

Feder Gottfried, Das Programm der N.S.D.A.P. und seine weltanschaulichen Grundgedanken. München $^{25-40}$1931.

Federhofer Helmut, Musikleben in der Steiermark. In: Hans Koren (Hg.), Steiermark. Land, Leute, Leistung. Graz 1954.

Federhofer Helmut/Renate Federhofer–König, Geschichte der Musikerziehung bis 1800. In: Musikerziehung, 14. Jg. (1969/1961), S. 209–217.

Federhofer Helmut/Rudolf Flotzinger, Historischer Überblick. In: Musik in der Steiermark. Katalog zur steirischen Landesausstellung. Graz 1980.

Feldens F., Erblichkeit und Erziehung als Wesenszüge musikalischer Bildung. In: Die Musik, 28. Jg. (1935), S. 107.

Fellerer Karl Gustav, Musik und Politik. In: Deutsche Tonkünstlerzeitung, 30. Jg. (1933), H. 7, S. 103–104.

Ferenc Tone, Quellen zur nationalsozialistischen Entnationalisierungspolitik in Slowenien 1941–1945/Viri o nocistični raznorodo valni Politiki v sloveniji 1941–1945. Maribor 1980.

Ferro Liselotte von, Von der Organisation der Kulturpflege in der Steiermark. In: Das Joanneum VII, Graz 1944, S. 21.

Fink Friedrich, [Musikschule] Zeltweg. In: Titz Walter, Das Steirische Musikschulwerk (= Walter Wünsch (Hg.), Veröffentlichung des Institutes für Musikfolklore und des Archives für das Steirische Musikschulwerk an der Akademie für Musik und darstellende Kunst in Graz, 2). Graz 1967, S. 111–112.

Fischer Erwin, Aufgaben der Volksmusikpflege. In: Musik für Jugend und Volk, 4. Jg. (1941), S. 37–40.

Fischer Hans, Berufsständischer Aufbau der Musik in Österreich. In: Die Musikwelt, 17. Jg. (1935), S. 280–282.

Fischer Hans, Musikerziehung. In: Festschrift, Fritz Stein zum 60. Geburtstag. Braunschweig 1939, S. 119–133.

Fischer-Schwaner Ludwig, Erziehung des Menschen durch Musik. Berlin 1939.

Flammer Ernst H., Politisch engagierte Musik als kompositorisches Problem; dargestellt am Beispiel von Luigi Nono und Hans Werner Henze. Baden-Baden 1981.

Flath-Becker Sigrid, Musikpräferenzen in Situationen psychologischer Anspannung. Frankfurt/Main 1987.

Fleischer Hans, Das Musikbild des Faschismus. In: Königsberger Hartungsche Zeitung vom 18. 6. 1933.

Floros Constantin, Musik als Botschaft. Wiesbaden 1989.

Flotzinger Rudolf (Hg.), Musik in der Steiermark. Katalog zur Steirischen Landesausstellung. Graz 1980.

Focke Harald/Strocka Monika, Alltag der Gleichgeschalteten. Wie die Nazis Kirche, Kultur, Justiz und Presse braun färbten (= Alltag unterm Hakenkreuz III). Reinbeck bei Hamburg 1985.

Fohrmann F., Ein Jahr Reichsmusikkammer. In: Signale für die musikalische Welt, 92. Jg. (1934), S. 666.

Forneberg Erich, Gedanken zur Musik und Musikerziehung von Plato bis zur Gegenwart. In: Musica. Zweimonatsschrift für alle Gebiete des Musiklebens, 19. Jg. (1965), H. 2, S. 29–53.

Fränkel Richard, Unsere Arbeitersänger im Lichte der Zahlen. Wien 1930.

Frevel Bernhard, Kommunale Musikpolitik. Dokumentation des Kommunalpolitischen Akademiegesprächs vom 14. April 1988. Alfred-Nau-Bildungszentrum Bergneustadt (Hrsg. im Auftrag des Sekretariats für gemeinsame Kulturarbeit Wuppertal). Köln 1988.

Freyer Ernst, Über die ethische Bedeutung von Musik. 2 Vorträge. Wolfenbüttel 1928.

Freystätter Wilhelm, Die musikalischen Zeitschriften seit ihrer Entstehung bis zur Gegenwart. Chronologisches Verzeichnis der periodischen Schriften über Musik. Unveränderter Nachdruck der Originalausgabe von 1884. Amsterdam 1963.

Friedländer Paul, Kitsch und Tod: Der Widerschein des Nazismus. München–Wien 1984.

Fritsche A., Wirkung der Musik auf den Menschen. In: Jahrbücher der königlichen Akademie gemeinnütziger Wissenschaften zu Erfurt. Erfurt 1898, S. 111–136.

Frotscher Gotthold, Aufgabe und Weg der musikalischen Volkskunde. In: Musik für Jugend und Volk, 4. Jg. (1941), S. 66–71.

Frotscher Gotthold, Aufgaben und Ausrichtung der musikalischen Rassenforschung. In: Guido Waldmann, Rasse und Musik. Berlin 1939, S. 102–112.

Frotscher Gotthold, Der Begriff „Volksmusik". In: Wolfgang Stumme, Musik im Volk. Grundfragen der Musikerziehung. Berlin–Lichterfelde 1939, S. 229–235.

Frotscher Gotthold, Die Musikarbeit im Kriegsjahr 1942. In: Musik für Jugend und Volk, 6. Jg. (1943), S. 2–5.

Frotscher Gotthold, Ein Jahr Musikarbeit in der Hitlerjugend. In: Musik für Jugend und Volk, 3. Jg. (1940), S. 280–282.

Früh Eckart, Gott erhalte? Gott bewahre! Zur Geschichte der österreichischen Hymnen und des Nationalbewußtseins zwischen 1918 und 1938. In: Österreich in Geschichte und Literatur mit Geographie, 32. Jg. (1988), H. 5, S. 280.

Fuchs Erwin, Einführung in die Thematik Musikpädagogik und politische Wirklichkeit. In: Musik und Bildung. Zeitschrift für Theorie und Praxis der Musikerziehung, 63. Jg. (1972), H. 1, S. 3–5.

Fuchs Franz, Die Musikschule Judenburg. In: Titz Walter, Das Steirische Musikschulwerk (= Walter Wünsch (Hg.), Veröffentlichung des Institutes für Musikfolklore und des Archives für das Steirische Musikschulwerk an der Akademie für Musik und darstellende Kunst in Graz, 2). Graz 1967, S. 55–56.

Fuhr Werner, Proletarische Musik in Deutschland 1928–1933. Göppingen 1957.

Fünf Jahre Steirisches Musikschulwerk. In: Kleine Zeitung (Graz) vom 28. 6. 1944, S. 4 u. 9. 7. 1944, S. 9.

Fünf Jahre Steirisches Musikschulwerk. In: Ostland F. 29 vom 15. 7. 1944, S. 3.

Fünf Jahre Steirisches Musikschulwerk. In: Tagespost (Graz), obersteirische Ausgabe vom 28. 6. 1944, S. 4 und Kolportage-Ausgabe dess. Datums.

Fünf Jahre Steirisches Musikschulwerk. In: Tagespost (Graz) vom 9. 7. 1944, S. 5.

Gamm Hans Jochen, Ideologie und politisches Lied. In: Das Politische im Lied. Politische Momente in Liedpflege und Musikerziehung (=Schriftenreihe der Bundeszentrale für politische Bildung, 76), o. O. (Bonn) 1967, S. 34–44.

Gasenpud Abraham, Musikkultur und Faschismus. In: Sowetska Musyka. Sbornik statej, N., Moskau 1943.

Gaupropagandamt Steiermark, Hauptstelle Kultur (Hg.), Verzeichnis jüdischer und nichtarischer Komponisten. Graz 1938.

Geißmar Berta, Musik im Schatten der Politik. Freiburg [3]1951.

Geißmar Berta, Musique et politique. Paris 1949.

Gerber Walter, Zur Entstehungsgeschichte der deutschen Wandervogelbewegung. Bielefeld 1957.

Gericke Hermann Peter, „Anschluß" der Ostmark und des Sudetenlandes als Aufgabe der Musik. In: Das deutsche Volkslied, 43. Jg. (1941), S. 89.

Gericke Hermann Peter, Wandlung im Südostdeutschen Musikleben. In: Musik für Jugend und Volk, 4. Jg. (1941), S. 10.

Gerigk Herbert, Von der Einheit der deutschen Musik. In Nationalsozialistische Monatshefte, 9. Jg. (1938), S. 629–634.

Gift bleibt Gift. In: Das schwarze Korps, 10. Jg. (1944), N. 30, S. 4.

Gluck Gerhard, Fragen der staatsbürgerlichen Erziehung im Musikunterricht. In: Musik in der Schule. Zeitschrift für Theorie und Praxis des Musikunterrichts, 15. Jg. (1964), S. 353–356.

Goebbels Heiner, Rock gegen Rechts – ein Mißverständnis? In: Leukert Bernd (Hg.), Thema: Rock gegen Rechts. Musik als politisches Instrument. Frankfurt/Main 1980. S. 87–96.

Goebbels Joseph, Die deutsche Kultur vor neuen Aufgaben. In: Signale der Neuen Zeit, München 1934, S. 335–336.

Goebbels Joseph, Die deutsche Kunst vor neuen Aufgaben. In: Signale der neuen Zeit. 25 ausgewählte Reden von Dr. Josef Goebbels. München 1934.

Goebbels Joseph, Die Zeit ohne Beispiel. Reden und Aufsätze aus den Jahren 1939/40/41. München 1941.

Goebbels Joseph, Stellung der Musik im Dritten Reich. In: Deutsche Sängerbundeszeitung, 30. Jg. (1938), S. 309.

Goebel Klaus, Über allem die Partei: Schule, Kunst, Musik im Wuppertal 1933–1945. Oberhausen 1987.

Golitschek Josef von, Die Musikschule der Waffen-SS. In: Der neue Tag vom 1. 6. 1942.

Görlich Ernst Joseph/Felix Romanik, Geschichte Österreichs. Innsbruck–Wien–München 1977.

Goslich Siegfried, Musikerziehung im deutschen Volksbildungswerk. In: Wolfgang Stumme, Musik im Volk. Grundfragen der Musikerziehung. Berlin–Lichterfelde 1939, S. 122–130.

Goslich S., Volksmusik als Wertbegriff. In: Deutsche Musikkultur, 3. Jg. (1938), S. 283–291.

Götsch Georg, Aus dem Lebens- und Gedankenkreis eines Jugendchores. Jahresbericht 1925 der Märkischen Spielgemeinde (= Werkschriften der Musikantengilde, 2). Wolfenbüttel 1926.

Götsch Georg, Musische Erziehung. Eine deutsche Aufgabe. Frankfurt/Oder 1937.

Gottrau W., Vom Wesen deutscher Musik. In: Völkischer Beobachter vom 27./28. 9. 1931.

Graf Walter, Biologische Wurzeln des Musikerlebens. In: Graf Walter, Vergleichende Musikwissenschaft. Ausgewählte Aufsätze, hg. von F. Födermayr. Wien–Föhrenau 1980, S. 224–237.

Graf Walter, Biologische Wurzeln des Musikerlebens. In: Schriften des Vereins zur Verbreitung naturwissenschaftlicher Erkenntnisse. 107. Jg. (1967), S. 1–39.

Graf Walter, Musikethnologie und Quellenkritik. In: Die Wiener Schule der Völkerkunde. (1956), S. 111–124.

Gramm Hans Jochen, Ideologie und politisches Lied. In: Das Politische im Lied. Politische Momente der Liedpflege und Musikerziehung (= Schriftenreihe der Bundeszentrale für politische Bildung). Bonn 1967, S. 34–44.

Greiner Albert, Völkische Musikerziehung. In: Kirchenchor, 46. Jg. (1935), S. 8–11.

Grlič Danko, Autonome oder gesellschaftsbedingte Musik. Versuch eines marxistischen Zugangs. In: International Review of the Aesthetics and Sociology of Music, (1970), VII/2, S. 125–145.

Grunsky Carl, Richard Wagner und die Juden. München 1920.

Grünwald Alois, Die Entstehung und der Aufbau der Musikschule in Liezen. In: Titz Walter, Das Steirische Musikschulwerk (= Walter Wünsch (Hg.), Veröffentlichung des Institutes für Musikfolklore und des Archives für das Steirische Musikschulwerk an der Akademie für Musik und darstellende Kunst in Graz, 2). Graz 1967, S. 92–93.

Günther Ulrich, Die Schulmusikerziehung von der Kestenbergreform bis zum Ende des Dritten Reiches. Ein Beitrag zur Dokumentation und Zeitgeschichte der Schulmusikerziehung mit Anregungen zu ihrer Neugestaltung. Neuwied–Berlin 1967.

Gurlitt Willibald, Vom Deutschtum in der Musik. In: Musik im Zeitbewußtsein, 1. Jg. (1933), H. 4, S. 1–2.

Gusev V., V. I. Lenin in the Songs of the People of the USSR. Leningrad 1971.

Haas Wilhelm, Nationalpolitische Erziehung durch Musik. In: Deutsches Philologenblatt (1934), S. 87.

Habermas Jürgen, Bewußtmachende oder rettende Kritik. Die Aktualität Walter Benjamins. In: Habermas Jürgen, Kultur und Kritik. Verstreute Aufsätze. Frankfurt 1973.

Hager A., Aus welchem Rassengebiet stammen die für die abendländische Musik wesentlichen Formen? In: Zeitschrift für Musik, 105. Jg. (1937), S. 1003–1005.

Haider Max, [Musikschule] Kapfenberg. In: Titz Walter, Das Steirische Musikschulwerk (= Walter Wünsch (Hg.), Veröffentlichung des Institutes für Musikfolklore und des Archives für das Steirische Musikschulwerk an der Akademie für Musik und darstellende Kunst in Graz, 2). Graz 1967, S. 56–60.

Haisch Erich, Über eine psychoanalytische Deutung der Musik. In: Problem und Aufgabe der Kunsterziehung, 7. Jg. (1953), S. 81–88.

Halm August, Musik und Volk. In: Musikalische Jugendkultur, Jg. 1918, 9.

Hamburger Festschriftgruppe (Hg.), Festschrift für Gabriele Montaldi. Hamburg 1988.

Hamel Fred, Der Geist gibt wieder den Ton an. Die Wandlung in der modernen Musik. In: Sonntagsblatt, 5. Jg. (1952), H. 22, S. 7.

Hamhling Hellmut-Christoph, Soziologie der Musik und musikalische Sozialgeschichte. In: International Review of the Aesthetics and Sociology of Music, (1970), I/1, S. 92–94.

Hammel Heide, Kein schöner Land in dieser Zeit. Zur Ideologisierung der Schulmusik und deren Wurzeln in der Weimarer Republik. In: Musik und Bildung, 20. Jg. (1988), H. 4, S. 278–283.

Hanslik Eduard, Vom musikalisch-Schönen. Leipzig 1854.

Harburger Walter, Die neue Musik und das neue Weltbild. In: Zeitwende, 6. Jg. (1930), S. 293–303.

Harburger Walter, Neuer Inhalt der Musik. In: Auftakt, 9. Jg. (1929), S. 233.

Harison F. L., Music and Cult: The Function of Music in Social and Religions Systems. In: Broock B. S. u. a. (Hg.), Perspectives in Musicology. New York 1972.

Harlan Peter, Betrachtete Musikausübung. Musikerzieherisches aus 50 Jahren. In: Zeitschrift für Musik, 111. Jg. (1950), S. 22–25.

Harnouncourt Philipp, „So sie's nicht singen, so glauben sie's nicht". Singen im Gottesdienst. Ausdruck des Glaubens oder liturgische Zumutung. In: Becker H./Kaczynski R., Liturgie und Dichtung. Bd. 2. St. Ottilien 1983.

Hartmann Otto, Musikerziehung im neuen Geist. In: Die Neue Schule, 15. Jg. (1941), S. 434.

Haselauer Elisabeth (Hg.), Handbuch der Musiksoziologie. Wien–Köln–Graz 1980.

Hasl Drago, Petdesetletnica slovenske glasbene šole v Ptuj 1919–1969. Ptuj 1969.

Hasl Drago, Zgodovina glasbene šole v Ptuj (k 40. obletnici slovenske glasbene šole). Ptuj 1959.

Hasse K., Aufgabe der Musikhochschulen im neuen Reich. In: Zeitschrift für Musik, 102. Jg. (1934), S. 501.

Hauser Irene, 25 Jahre Volksmusikschule Eisenerz. In: Titz Walter, Das Steirische Musikschulwerk (= Walter Wünsch (Hg.), Veröffentlichung des Institutes für Musikfolklore und des Archives für das Steirische Musikschulwerk an der Akademie für Musik und darstellende Kunst in Graz, 2). Graz 1967, S. 33.

Hecht Wilfried, Musik in der Reichsstadt Rottweil. Rottweil 1984.

Heimes K.F., Towards a South African Sociology of Music: Preliminary questions, the situation and prospects of music in a consumer society. In: South African journal of sociology, 16. Jg. (1985), H. 4, S. 138–155.

Heimsoeth Heinz, Hegels Philosophie der Musik. Bonn 1964.

Heinz Edmund, Musik und Politik. Brief aus München vom 17. 12. 1946. (Gedanken zu einem Diskussionsabend). In: Die Besinnung, 2. Jg. (1947), H. 1/2, S. 83–86.

Heister Hans Werner, Das Konzert. Theorie einer Kulturform, 2 Bd. (= Taschenbücher zur Musikwissenschaft, Bd. 87/88). Wilhelmshaven 1983.

Heister Hans Werner/Klein Hans-Günther (Hg.), Musik und Musikpolitik im faschistischen Deutschland. Frankfurt/Main 1984.

Helms Sigmund/Müller Edmund Joseph, Musikpädagogik zwischen den Weltkriegen. Wolfenbüttel, Zürich 1988.

Henneberg Gudrun, Musik als Trägerin außermusikalischer Bedeutung. In: Musikerziehung, 28. Jg. (1974/75), H. 5, S. 201–206.

Hensel Walter, Über die gesamte Musikpflege in Jugend und Volk. In: Deutsche Zukunft (924), H. 1.

Henze Hans Werner (Hg.), Lehrgänge. Erziehung in Musik. Neue Aspekte der musikalischen Ästhetik III. Frankfurt/Main 1986.

Henze Hans Werner, Musik und Politik. Schriften und Gespräche 1955–1975. München 1976.

Henze Hans Werner, Musik und Politik. Schriften und Gespräche 1955–1984. München 1984.

Herbst Kurt, Das Wesen der zeitgenössischen Musik und ihre Beurteilung. In: Die Musik, 28. Jg. (1936), S. 657–662.

Herbst Kurt, Musikbekenntnis und Musikerziehung. In: Völkische Musikerziehung, 4. Jg. (1938), S. 63–66.

Herle K., Mißbrauch der Musik. In: Bayrische Staatszeitung vom 25. 2. 1933.

Hermann Albert, Luther und die Musik (= Flugschrift der Luthergesellschaft). Wittenberg 1924.

Hernried Robert, Musikpolitik um die Jahreswende 1928/29. In: Deutsche Optikerzeitung, 6. Jg. (1930).

Herzog Friedrich Wilhelm, Musik im Auftrag. In: Kunst und Volk, 4. Jg. (1936), H. 1–8, S. 187.

Herzog Friedrich Wilhelm, Was ist deutsche Musik? In: Die Musik, 26. Jg. (1934), H. 11, S. 806.

Hess Lilly, Parteilose Kunst, parteilose Wissenschaft. Eine Auseinandersetzung mit dem Zeitgeist in der Musik. o. O. 1967.

Hesse Max, Musikkalender. 3 Bd., Berlin–Schöneberg 1938ff.

Heuss Alfred, Die Stellung der deutschen Jugend zur Musik. In: Zeitschrift für Musik, 98. Jg. (1931), S. 217.

Heuss Alfred, Wie wird die Ausbildung der heranwachsenden Komponistengeneration beschaffen sein müssen, damit wir wieder zu echter Tonkunst gelangen. In: Zeitschrift für Musik, 92. Jg.

Heusser Hans (Hg.), Instinkte und Archetypen im Verhalten der Tiere und im Erleben des Menschen. Darmstadt 1976.

Heyden Reinhold, Das Steirische Musikschulwerk. In: Musik in Jugend und Volk, 3. Jg. (1940), S. 104–110.

Heyden Reinhold, Kameradschaftsbeziehung in den Lehrgängen für Jugend- und Volksmusikleiter. In: Musik in Jugend und Volk, 3. Jg. (1940), S. 136–138.

Heyden Reinhold, Steirische Musikschulwerke. In: Die Musik in Pommern, 3. Jg. (1940), S. 104–110.

Heyden Reinhold, Ursprung und Gestaltung des Offenen Singens. In: Wolfgang Stumme (Hg.), Musik im Volk. Grundfragen der Musikerziehung. Berlin Lichterfelde 1939, S. 182–193.

Heyden Reinhold, Von den technisch-organisatorischen Voraussetzungen Offener Singstunden. In: Musik in Jugend und Volk, 1. Jg. (1937/38), S. 35–44.

Hildebrand Mazak Kurt, Die Kameradschaft steirischer Künstler und Kunstfreunde. In: Das Joanneum VII. Graz 1944, S. 71.

Hiltenbrand Ernest, Musik und christliche Ethik. Wiesendangen 1986.

Hinz Antonie, [Musikschule] Birkfeld. In: Titz Walter, Das Steirische Musikschulwerk (= Walter Wünsch (Hg.), Veröffentlichung des Institutes für Musikfolklore und des Archives für das Steirische Musikschulwerk an der Akademie für Musik und darstellende Kunst in Graz, 2). Graz 1967, S. 24–25.

Hinze Werner, Lili Marlen – Ein Lied zwischen Soldatenromantik und Propaganda. In: Hamburger Festschriftengruppe (Hg.), Festschrift für Gabriele Montaldi. Hamburg 1988.

Hirsbrunner Theo, Prager Konferenz über das Musiktheater nach 1945. In: Dissonanz. Die neue schweizerische Musikzeitschrift (1985), H. 5, S. 17.

Hirschmann Karl Friedrich, Aufbau und Aufgabe der Musikschule für Jugend und Volk. In: Die Westmark, 6. Jg. (1938/39), S. 322.

Hitler Adolf, Kunst muß der Zeit verpflichtet sein. Rede des Führers auf der Kulturtagung. Der Reichsparteitag Großdeutschland 1938. In: Führerblätter der NSDAP, Sondernummer vom Oktober 1938.

Hitler Adolf, Mein Kampf. München [265–269]1937.

Höckner Hilmar, Die Musik der deutschen Jugendbewegung. In: Melos, 4. Jg. (1924/25), S. 580ff.

Hodek Johannes, Musikalisch-pädagogische Bewegung zwischen Demokratie und Faschismus. Weinheim–Basel 1977.

Hofer Franz, [Musikschule] Bad Aussee. In: Titz Walter, Das Steirische Musikschulwerk (Walter Wünsch (Hg.), Veröffentlichung des Institutes für Musikfolklore und des Archives für das Steirische Musikschulwerk an der Akademie für Musik und darstellende Kunst in Graz, 2). Graz 1967, S. 21–22.

Höfer Karl-Heinz, Festschrift für Felix Oberborbeck (= Beiträge zur westfälischen Musikgeschichte, hg. vom Westfälischen Musikarchiv Hagen, 6). Hagen 1970.

Hoffmann Hilmar, Musikkultur in der Demokratie – Möglichkeiten und Probleme. In: Der Städtetag, o. Jg. (1984), H. 1, S. 20–23.

Hoffmann Karl Ernst, Musikerziehung und Musikleben in der Stadt Bruck a. d. Mur. In: Titz Walter, Das Steirische Musikschulwerk (= Walter Wünsch (Hg.), Veröffentlichung des Institutes für Musikfolklore und des Archives für das Steirische Musikschulwerk an der Akademie für Musik und darstellende Kunst in Graz, 2). Graz 1967, S. 26–30.

Hohenemser J., Musikalische Erziehung der jüdischen Jugend. In: Bayrisch–israelitische Gemeindezeitung, 8. Jg. (1937), S. 251.

Holl Karl, Darf die Musik politisieren? In: Deutsche Allgemeine Zeitung vom 18. 12. 1930.

Holl Karl, Musik als Bekenntnis. In: Frankfurter Zeitung vom 28. 3. 1931.

Hollander Hans, Die Musik in der Kulturgeschichte des 19. und 20. Jahrhunderts. o. O. 1967.

Holz Hans Heinz/Schickel Joachim (Hg.), Kunst in der Zeit (= RV Paperback-Reihe, Bd. 2). Zürich 1969.

Hönigsheim Paul, Die Ähnlichkeit von Musik und Drama in primitiven und totalitären Gesellschaften. In: Kölner Zeitschrift für Soziologie und Sozialpsychologie, 16. Jg. (1964), H. 3, S. 481–490.

Hopf Helmuth, Zur Geschichte des Musikunterrichts. In: Neue Musikzeitung, 24 Jg. (1975), H. 2, S. 39–44.

Howard Walther, Musikphilosophie. Berlin 1926.

Huber E., Die Aufgabe der Schulmusiklehrer im neuen Reich. In: Die Musik, 27. Jg. (1934), S. 937.

Hugelmann Gottfried, Die politischen Parteien und die Anschlußfrage. In: Kleinwaechter Friedrich F.G./Paller Heinz von, Die Anschlußfrage in ihrer kulturellen, politischen und wirtschaftlichen Bedeutung. Wien–Leipzig 1930.

Hungen-Heere Roland, Was könnte politische Musik sein? Jede Form der Musik stellt einen gesellschaftspolitischen Akt dar. In: Neue Musikzeitung, 20. Jg. (1971), H. 5, S. 3.

Huschke Konrad, Deutsche Tonkunst in den Ländern unserer Feinde. In: Völkischer Beobachter vom 12. 6. 1930.

Huschke Konrad, Die deutsche Musik und unsere Feinde. Regensburg 1921.

Ihlert Heinz, Musikerziehung der Jugend. In: Musikpflege, 7. Jg. (1936/37), S. 372.

Istel Edgar, Revolution und Oper. Regensburg 1919.

Iwanow-Boretzky M., Weg der Musik und der Revolution. In: Auftakt, 9. Jg. (1929), S. 97.

Jacobs Werner, Österreichische Musikkultur. In: Kölnische Zeitung vom 7. 4. 1938.

James Barbara/Moßmann Walter, Glasbruch 1848. Flugblattlieder und Dokumente einer zerbrochenen Revolution. Darmstadt und Neuwied 1983.

Jenny W., Die Politisierung des deutschen Volkes. In: Der Tag (Berlin) vom 27. 10. 1921.

Jernek Josef, Der österreichische Männerchorgesang im 19. Jahrhundert. Phil. Diss. (masch.). Wien 1937.

Jiránek Jaroslav, Zu Grundfragen der musikalischen Semiotik. Berlin 1985.

Jiránek Jaroslav, Semantische Analyse der Musik. In: Archiv für Musikwissenschaft, 37. Jg. (1980), H. 3, S. 187–205.

Jiránek Jaroslav, Zum gegenwärtigen Stand der semantischen Auffassung der Musik. In: Archiv für Musikwissenschaft, 34. Jg. (1977), H. 2, S. 81–102.

Jöde Fritz (Hg.), Die Volksmusikinstrumente und die Jugend. Trossingen 1956.

Jöde Fritz, Bausteine zur Geschichte der Jugendmusikbewegung. o. O., o. J.

Jöde Fritz, Musikdienst am Volk. Wolfenbüttel 1927.

Jöde Fritz, Musikmanifest. o. O. 1921.

Jöde Fritz, Musikschulen für Jugend und Volk. Ein Gebot der Stunde. Wolfenbüttel 1924.

Johansen David Monrad, die nationalen Werte in der Musik. In: Deutsch-Nordisches Jahrbuch 1925, S. 72–83.

Jones Ernest, Theorie der Symbolik und andere Aufsätze. Frankfurt am Main–Berlin–Wien 1987.

Jung Hermann, Musik. In: Manfred Lurker (Hg.), Wörterbuch der Symbolik. Stuttgart ^{2}1983.

Jung Theo, Einsatz der Volksmusikkapellen während der Kampfzeit. In: Die Volksmusik, 4. Jg. (1938), H. 12, S. 532.

Just Herbert, Vom Privatmusiklehrer zum Volksmusikerzieher. In: Wolfgang Stumme (Hg.), Musik im Volk. Grundfragen der Musikerziehung. Berlin Lichterfelde 1939, S. 206–217.

Kaden Christian, Musiksoziologie. Wilhelmshaven 1985.

Kaden Werner, Der Einfluß der KPD auf die musikalische Entwicklung in Deutschland vor 1933. In: Musik in der Schule, 19. Jg. (1968), H. 10, S. 400–408.

Kaden Werner, Zur Stellung der Musik im menschlichen Leben. In: Wissenschaftliche Zeitschrift des Pädagogischen Instituts Zwickau (= Gesellschafts- und sprachwissenschaftliche Reihe, 2), H. 1, S. 109–118.

Kainz Walter, Die Musikschule der Gemeinde Bärnbach. In: Titz Walter, Das Steirische Musikschulwerk (= Walter Wünsch (Hg.), Veröffentlichung des Institutes für Musikfolklore und des Archives für das Steirische Musikschulwerk an der Akademie für Musik und darstellende Kunst in Graz, 2). Graz 1967, S. 23–24.

Kallenberg Siegfried, Musik der Kroaten und Slowenen. In: Deutschlands Erneuerung, 25. Jg. (1941), S. 594–600.

Kallenberg Siegfried, Musikpflege – nicht Musikabbau. In: Münchner Neueste Nachrichten vom 8. 11. 1931.

Kallmeyer Georg, Die Musik in ihrem Verhältnis zum Zeitgenössischen Geschehen. In: Musik und Volk, 4. Jg. (1936/37), S. 29.

Kannonier Reinhard, Bruchlinien in der Geschichte der modernen Kunstmusik. Wien–Köln–Graz 1987.

Kannonier Reinhard, Zeitwenden und Stilwenden. Sozial- und geistesgeschichtliche Anmerkungen zur Entwicklung der europäischen Kunstmusik. Wien–Köln–Graz 1984.

Kapfhammer Franz Maria, Neuland. Erlebnis einer Jugendbewegung. Graz–Wien–Köln 1987.

Kapfhammer Franz Maria, Titelloser Beitrag in: Piersig Fritz (Hg.), Felix Oberborbeck zum 70. Geburtstag. Wolfenbüttel und Zürich o.Jg. (1970).

Karbusicky Vladimir, Das Gebrauchsliederbuch in soziomusikologischer Untersuchung. In: ad marginem, o. Jg. (1969), H. 11, o. S.

Karbusicky Vladimir, Empirische Musiksoziologie. Erscheinungsformen, Theorie und Philosophie des Bezuges „Musik-Gesellschaft". Wiesbaden 1975.

Karbusicky Vladimir, Grundriß der musikalischen Semantik. Darmstadt 1986.

Karbusicky Vladimir, Ideologie im Lied – Lied in der Ideologie. Kulturanthropologische Strukturanalysen. Köln 1973.

Karbusicky Vladimir, Ideologie in der Kunst und Kunst in der Ideologie. Zum Wesen der musikalischen Pamphletliteratur 1948–1952. In: Stephau Rudolf (Hg.), Über Musik und Politik. Neun Beiträge, Mainz 1971, S. 67–85.

Karbusicky Vladimir, Zur Kulturanthropologie des politischen Liedes. In: ad marginem, o. Jg. (1973), H. 26, o. S.

Karner Stefan, Die Steiermark im Dritten Reich 1938–1945. Aspekte ihrer politischen, wirtschaftlich-sozialen und kulturellen Entwicklung. Zweite ergänzte Auflage. Graz 1986.

Kaufmann Alois, [Musikschule] Gnas. In: Titz Walter, Das Steirische Musikschulwerk (= Walter Wünsch (Hg.), Veröffentlichung des Institutes für Musikfolklore und des Archives für das Steirische Musikschulwerk an der Akademie für Musik und darstellende Kunst in Graz, 2). Graz 1967, S. 44–45.

Kaufmann Harald, Eine bürgerliche Musikgesellschaft. 150 Jahre Musikverein für Steiermark. Graz 1965.

Kaufmann Harald, Neue Musik in der Steiermark. Graz 1957.

Kaufmann Harald, Spurlinien. Analytische Aufsätze über Sprache und Musik. Graz 1969.

Kaulisch J., Musik und Sprache im Dienste der nationalen Erziehung. In: Beilage zur Allgemeinen Zeitung (1900), Nr. 229.

Kelbetz Friedrich, Musikerziehung in Österreich. In: Völkische Musikerziehung, 7. Jg. (1941), S. 160–161.

Kelbetz Ludwig, Aufbau einer Musikschule. o. O. 1939.

Kelbetz Ludwig, Aufbau einer Musikschule. In: Musik in Jugend und Volk, 1. Jg. (1937/38), S. 131–137, S. 188–192 u. S. 241–249.

Kelbetz Ludwig, Das steirische Musikschulwerk. In: Das Joanneum I (Ostalpenraum und das Reich), Graz 1940, S. 59ff.

Kelbetz Ludwig, Die steirischen Musikschulen für Jugend und Volk. Das erste Schuljahr 1938/39. In: Tagespost (Graz), obersteirische Ausgabe vom 14. 9. 1939, S. 7.

Kelbetz Ludwig, Die steirischen Musikschulen für Jugend und Volk. Das erste Aufbaujahr 1938/39. (masch. Manus.). Graz 1939.

Kelbetz Ludwig, Die steirischen Musikschulen für Jugend und Volk. Das erste Aufbaujahr 1938/39. In: Musik in Jugend und Volk, 3. Jg. (1940), S. 20–22.

Kelbetz Ludwig, Illegale Musikarbeit im Gebiet und Obergau Österreich. In: Musik in Jugend und Volk, 1. Jg. (1937/38), S. 270–275.

Kelbetz Ludwig, Musikerziehung in Österreich. In: Völkische Musikerziehung, Völkische Musikerziehung, 4. Jg. (1038), S. 160.

Kelbetz Ludwig, Musikschule und Heim der Hitlerjugend. Neue Wege der Entwicklung in der Steiermark. In: Musik in Jugend und Volk, 5. Jg. (1942), S. 70–73.

Kempf Paul, Die Musikschule Mürzzuschlag von der Vergangenheit bis zur Gegenwart. In: Titz Walter, Das Steirische Musikschulwerk (= Walter Wünsch (Hg.), Veröffentlichung des Institutes für Musikfolklore und des Archives für das Steirische Musikschulwerk an der Akademie für Musik und darstellende Kunst in Graz, 2). Graz 1967, S. 98–100.

Kestenberg Leo, Angewandte Musikpolitik. In: Berliner Tagblatt vom 21. 9. 1922.

Kestenberg Leo, Aufgaben des Staates auf dem Gebiet des Privatunterrichts. In: Deutsche Tonkünstlerzeitung, 24. Jg. (1929), S. 7.

Kestenberg Leo, Privatunterricht in der Musik. Berlin 1977.

Kestenberg Leo, Wandlungen des deutschen Musiklebens. In: Königsberger Hartungsche Zeitung vom 26. 10. 1931.

Kestenberg Leo, Warum allgemeine Musikerziehung? In: Auftakt, 16. Jg. (1936), S. 43.

Kestenberg Leo, Wege zur Entwicklung einer deutschen Musikerziehung. In: Die Musik, 19. Jg. (1927), S. 1–115.

Kienzl Wilhelm, Schutz der Musikschaffenden in Österreich. In: Volksbildung (jetzt Österreichische Rundschau), 3. Jg. (1937), S. 62–65.

Kiesinger Kurt Georg, Ein Politiker zur Musikerziehung. In: Kontexte, (1965), H. 6, 253–258.

Kindt Werner, Die deutsche Jugendbewegung von 1926–1933. Die bündische Zeit. Quellenschriften. Düsseldorf 1974.

Kindt Werner, Die Wandervogelzeit. Quellenschriften zur deutschen Jugendbewegung 1896–1919. Düsseldorf–Köln 1968.

Kissler Leo, Politische Sozialisation. Eine Einführung. Baden-Baden 1979.

Klausmeier Friedrich, Musik als Mittel sozialer Integration in Israel. Bericht nach einer Studienreise. In: Musik und Bildung, 4. Jg. (1972), H. 11, S. 20–24.

Kleinwaechter Friedrich F.G./Paller Heinz von, Die Anschlußfrage in ihrer kulturellen, politischen und wirtschaftlichen Bedeutung. Wien–Leipzig 1930.

Kliegl Erich, [Musikschule] Ligist. In: Titz Walter, Das Steirische Musikschulwerk (= Walter Wünsch (Hg.), Veröffentlichung des Institutes für Musikfolklore und des Archives für das Steirische Musikschulwerk an der Akademie für Musik und darstellende Kunst in Graz, 2). Graz 1967, S. 94–95.

Klingendes Herz der Steiermark. Fünf Jahre Steirisches Musikschulwerk. Rückschau im Zeichen der Selbstprüfung. In: Tagespost (Graz) vom 9. 7. 1944, S. 5.

Kneif Tibor, Der Bürger als Revolutionär. In: Melos, 36. Jg. (1969), H. 9, S. 372–374.

Kneif Tibor, Musiksoziologie. Köln 1971.

Kneif Tibor, Politische Musik? Wien–München 1977.

Knepler Georg, Musik, ein Instrument der Kriegsvorbereitung. In: Musik und Gesellschaft, (1951), H. 2, S. 24–26.

Knorr Ernst Lothar von, Musik im Heer. In: Wolfgang Stumme, Musik im Volk. Grundlagen der Musikerziehung. Berlin-Lichterfelde 1939, S. 131–139.

Koch Edward Emil, Geschichte des Kirchenlieds und Kirchengesangs der Christlichen, insbesondere der deutschen evangelischen Kirche. Stuttgart 1966/67.

Koch Wolfgang Helmuth, Aufbau des Musiklebens im Reichsgau Warteland. In: Die Volksmusik, 6. Jg. (1941), S. 52.

Koch Wolfgang Helmuth, Musikleben im Aufbau. In: Warteland, 11. Jg. (1941), H. 1/2, S. 7.

Koegel Martin, Das erste öffentliche Konzert der Waffen-SS-Musikschule ein voller Erfolg. In: Deutsche Militär-Musiker-Zeitung vom 5. April 1943, S. 43.

Koeltzsch Hans, Musizieren ohne Risiko. In: Musica, 9. Jg. (1955), H. 10, S. 469.

Koenig Otto, Kultur und Verhaltensforschung. Einführung in die Ethologie. München 1970.

Kolland Dorothea, Die Jugendmusikbewegung. Stuttgart 1979.

Kolland Dorothea (Hg.), Nachklänge: Musikerinnen, Komponistinnen im Dritten Reich. Eine Dokumentation der Beiträge zu einem Podiumsgespräch am 16. 6. 1983 an der Hochschule der Künste in Berlin. Berlin 1983.

Koller Gabriele/Witham Gloria, Die Vertreibung des Geistigen aus Österreich. Zur Kulturpolitik der Nationalsozialisten. Wien 1985.

Kolleritsch Otto, Musik zwischen Engagement und Kunst. In: Musik und Bildung 8, (1976), S. 549–551.

Kolneder Walter, Bäuerliche Blasmusik in der Ostmark. In: Die Volksmusik, Ausgabe B, (1939), H. 8, S. 346–350.

Kolneder Walter, Der organische Aufbau des deutschen Musikschulwesens. In: Das Orchester. Organ der Deutschen Orchestervereinigung Mainz, 12. Jg. (1964), S. 77–82.

Kolneder Walter, Volksmusikaufzeichnungen in der Weststeiermark. In: Musik in Jugend und Volk, 3. Jg. (1940), S. 61–63.

Kolneder Walter, Volksmusikaufzeichnungen in der Weststeiermark. In: Musik in Pommern, 3. Jg. (1940), S. 61.

Kolpp Johannes, Verklungene Volkslieder werden lebendig. In: Wolfgang Stumme (Hg.), Musik im Volk. Grundlagen der Musikerziehung. Berlin–Lichterfelde 1939, S. 245–256.

König Helmut, Politische Momente im Jugendsingen von heute. In: Das Politische im Lied. Politische Momente in Liedpflege und Musikerziehung (= Schriftenreihe der Bundeszentrale für politische Bildung, 76), o. O. (Bonn) 1967, S. 60–66.

Konoye Hidemaro, Deutsche Musik erobert Japan. In: Die Propyläen, 34. Jg. (1937), S. 148.

Kopp Karen, Form und Gehalt der Symphonien des Dimitrij Schostakowitsch (= Orpheus. Schriftenreihe zu Grundfragen der Musik, 537. Bonn 1990.

Koringer Franz, [Musikschule] Leibnitz. In: Titz Walter, Das Steirische Musikschulwerk (= Walter Wünsch (Hg.), Veröffentlichung des Institutes für Musikfolklore und des Archives für das Steirische Musikschulwerk an der Akademie für Musik und darstellende Kunst in Graz, 2). Graz 1967, S. 76–79.

Koschitz Otto, Die Untersteiermark wächst ins Reich. In: Marburger Zeitung vom 10./11. 4. 1943.

Kotlan-Werner Henriette, Kunst und Volk. David Josef Bach, 1874–1947. Wien 1977.

Křenek Ernst, Deutsches und Französisches Musikempfinden. In: Leipziger Neueste Nachrichten vom 15. 5. 1929.

Křenek Ernst, Über Sinn und Schicksal der neuen Musikpädagogik. In: Auftakt, 16. Jg. (1936), S. 48.

Kraus Egon, Musik als integrierender Bestandteil grundlegender Menschenbildung. In: Neue Zeitschrift für Musik, 122. Jg. (1961), S. 105–106.

Kraus Hans Christoph, Wissenschaft gegen Vergangenheitsbewältigung. In: Criticism. A quarterly for literature and the arts, (1987), H. 99, S. 15.

Krause Ernst, Deutsche Musik im Baltenland und Polen. In: Stuttgarter Neues Tagblatt vom 10. 9. 1931.

Kraushaar Wolfgang, Rock gegen Rechts – Ein Widerspruch in sich? In: Leukert Bernd (Hg.), Thema: Rock gegen Rechts. Musik als politisches Instrument. Frankfurt/Main 1980, S. 11–15.

Kraushaar Wolfgang, Rockmusik als politischer Deckmantel. In: Leukert Bernd (Hg.), Thema: Rock gegen Rechts. Musik als politisches Instrument. Frankfurt/Main 1980, S. 69–85.

Kreft Ekkehard, Wie politisch ist Zar und Zimmermann? Lorzings Oper als verschlüsselte Zeitkritik. In: Neue Musikzeitung, 22. Jg. (973), H. 4, S. 5.

Krieck Ernst, Musische Erziehung. Leipzig 1940.

Kriegl Herbert, Die Kreismusikschule [Deutschlandsberg] von 1939–1945. (masch.) o. O., o. J. (1989).

Krienitz E., Österreichische und deutsche Musik. In: Die Musikwoche, 4. Jg. (1938), S. 185.

Krischke Otto, Das „Knittelfelder Volkskonzert". In: Das Joanneum VII. Graz 1944, S. 349ff.

Križnar F., Glasba v narodnoasvobodilmi barbi (1941–45), (Musik im Volksbefreiungskampf), Dipl. Arb., Ljubljana 1978.

Križnar F., Glasba v narodnoasvobodilmi barbi 1941–1945. In: Borec 31 (1979), S. 85–90, 155–165, 227–237, 363–381, 451–460, 543–560, 593–602.

Kroll Erich, Verbotene Musik. In: Vierteljahreshefte für Zeitgeschichte, Juli 1959, S. 310.

Kroll Erwin, Musik und Politik. In: Musikblätter, (1948), N. 22, S. 8–10.

Krumscheid A., Das Musikleben Spaniens unter Franco. In: Völkische Musikerziehung, 6. Jg. (1940), S. 240–243.

Kühn Dieter, Musik und Revolution. In: Melos, 37. Jg. (1970), H. 10, S. 394–401.

Kühn Walter, Führung zur Musik. Voraussetzungen und Grundlagen einer einheitlichen völkischen Musikerziehung. Lahr (Baden) 1939.

Kühne Rudolf, Wandlungen in der Musikerziehung seit der Jahrhundertwende. Phil. Diss. Leipzig 1946.

Kühnl Reinhard (Hg.), Texte zur Faschismusdiskussion I. Positionen und Kontroversen. Reinbeck bei Hamburg 1974.

Kühnl Reinhard, Der deutsche Faschismus in Quellen und Dokumenten. Köln 1987.

Kühnl Reinhard, Faschismustheorien. Texte zur Faschismusdiskussion II. Ein Leitfaden. Reinbeck bei Hamburg 1979.

Kümmel Friedrich Werner, Musik und Musikgebrauch in biologischer Interpretation. In: Biologismus im 19. Jahrhundert. Vorträge eines Symposions vom 30.–31. Oktober 1970 in Frankfurt/Main. Frankfurt 1973, S. 108–146.

Kuntner Leopold, [Musikschule] Kindberg. In: Titz Walter, Das Steirische Musikschulwerk (= Walter Wünsch (Hg.), Veröffentlichung des Institutes für Musikfolklore und des Archives für das Steirische Musikschulwerk an der Akademie für Musik und darstellende Kunst in Graz, 2). Graz 1967, S. 61–62.

Kurka Walter, Musikarbeit, eine gemeinsame Aufgabe für Schule und Hitlerjugend. In: Bergland II. Alpenländische Monatsschrift, 19. Jg. (1937).

Laade Wolfgang, Musik der Götter, Geister und Dämonen. Die Musik der mythischen, fabulierenden und historischen Überlieferung der Völker Afrikas, Nordasiens, Amerikas und Ozeaniens (= Sammlung musikwissenschaftlicher Abhandlungen, 58). Baden-Baden 1975.

Lach Robert, Die großdeutsche Kultureinheit in der Musik. In: Kleinwaechter Friedrich/Paller Heinz von, Die Anschlußfrage in ihrer kulturellen, politischen und wirtschaftlichen Bedeutung. Wien–Leipzig 1930.

Lach Robert, Österreichertum in der Musik. In: Allgemeine Musikerzeitung, 65. Jg. (1938), S. 529.

Lamerdin Kurt, Die musikalische Literatur der letzten Jahre. In: Wolfgang Stumme (Hg.), Musik im Volk. Grundlagen der Musikerziehung. Berlin–Lichterfelde 1939, S. 279–292.

Lamerdin Kurt, Das Soldatenlied in der wehrhaften Erziehung. In: Musik in Jugend und Volk, 4. Jg. (1941), S. 102–110.

Lammel Inge, Das Arbeiterlied. Leipzig 1970.

Lammel Inge, Arbeitermusikbewegung in Deutschland. Berlin 1974.

Landgrebe Karl, Stellung und Aufgabe des Privatmusikerziehers im nationalsozialistischen Gesamterziehungsplan. In: Musikerzieher, 38. Jg. (1941/42), S. 1.

Landgrebe Karl/Witte E., Musikerziehung auf neuer Grundlage. Prof. Landgrebe über die neuen Richtlinien für die Musikerziehung. In: Weltanschauung und Schule, 3. Jg. (1939), S. 137.

Lang Helmut/Hoffmann Karl Ernst, [Musikschule] Murau. In: Titz Walter, Das Steirische Musikschulwerk (= Walter Wünsch (Hg.), Veröffentlichung des Institutes für Musikfolklore und des Archives für das Steirische Musikschulwerk an der Akademie für Musik und darstellende Kunst in Graz, 2). Graz 1967, S. 96–97.

Langbein Julius, Kunstpolitik. In: Musik in Jugend und Volk, 6. Jg. (1943), S. 20–26.

Lange Anny von, Vom Wandel des musikalischen Weltbildes. In: Die Kommenden, 3. Jg. (1949), H. 15, S. 5

Lechtaler Josef, Österreich in der Musik. In: Monatsschrift für Kultur und Politik, 1. Jg. (1936), H. 2, S. 142–153.

Lehmann Hansheinrich, Musikalische Umerziehung? Eine Entgegnung. In: Musikblätter, (1948), Bd. 15, S. 4.

Lemmermann Heinz, Kriegserziehung im Kaiserreich. Studien zur politischen Funktion von Schule und Schulmusik 1890–1918. 2 Bände. Bremen 1984.

Leser Wolfgang, Die soziale Funktion unserer Kunst bei der Entwicklung einer sozialistischen Volkskultur. In: Musik und Gesellschaft, 18. Jg. (1968), S. 743–814.

Leukert Bernd (Hg.), Thema: Rock gegen Rechts. Musik als politisches Instrument. Frankfurt/Main 1980.

Leukert Bernd, Zum Thema: Solidarische Skrupel. In: Leukert Bernd (Hg.) Thema: Rock gegen Rechts. Musik als politisches Instrument. Frankfurt/Main 1980.

Lew J., Musik und Rasse. In: C. V. Zeitung, 12. Jg. (1933), S. 93.

Liess Andreas, Kritische Überlegungen zu einer Ganzheitsphilosophie der Musik: Werkanalyse und Erlebnis. Wien–Köln–Graz 1980.

Lissa Zofia, Musik und Revolution. In: International Review of the Aesthetics and Sociology of Music, (1974), H., S. 113–123.

Litterscheid Richard, Die Sicherung des deutschen Musiklebens durch die RMK. In: Die Musik, 2. Jg. (1935), S. 812.

Litterscheid Richard, Reichsmusiktage 1939 in Düsseldorf. In: Die Musik, 31. Jg. (1938), S. 622.

Live-Musik im NS-Staat von der Machtübernahme bis 1938. Frankfurt/Main 1983.

Lobovsky Robert, Die Städtische Musikschule Feldbach. In: Titz Walter, Das Steirische Musikschulwerk (= Walter Wünsch (Hg.), Veröffentlichung des Institutes für Musikfolklore und des Archives für das Steirische Musikschulwerk an der Akademie für Musik und darstellende Kunst in Graz, 2). Graz 1967, S. 34–36.

Lorenz Konrad, Der Abbau des Menschlichen. München/Zürich 1983.

Lorenz Konrad, Die Rückseite des Spiegels. Versuch einer Naturgeschichte menschlichen Erkennens. München/Zürich 1973.

Lorenz Konrad, Vergleichende Verhaltensforschung. Grundlagen der Ethologie. München 1982.

Louis Rudolf, Die Weltanschauung Richard Wagners. München 1912.

Lück Rudolf, Cesar Bresgen. Wien 1974.

Lurker Manfred (Hg.), Wörterbuch der Symbolik. Stuttgart [2]1983.

Lutz Fritz, Aus der Geschichte des Musikschulwesens. Zum 125jährigen Jubiläum der Münchner Singschule. In: Neue Zeitschrift für Musik, 116. Jg. (1955), S. 486–490.

Maas Utz, Als der Geist der Gemeinschaft eine Sprache fand. Sprache im Nationalsozialismus; Versuch einer historischen Argumentationsanalyse. Opladen 1984.

Magie der Musik. In: Der Rundfunk, 3. Jg. (1948), H. 40/41, S. 12.

Mahlung Friedrich, Grundsätzliche Gesichtspunkte für die Errichtung und den Ausbau von Volk-Musikschulen. In: Musik im Zeitbewußtsein, 1. Jg. (1933), H. 2, S. 1ff.

Majewski Helmut, Die Musikarbeit der Hitler-Jugend im Kriege. In: Musik in Jugend und Volk, 4. Jg. (1941), H. 7–8, S. 171–178.

Majewski Helmut, Neugestaltung deutscher Blasmusik. In: Wolfgang Stumme (Hg.), Musik im Volk. Grundlagen der Musikerziehung. Berlin–Lichterfelde 1939, S. 31–45.

Marckhl Erich, Das Steirische Musikschulwerk. In: Titz Walter, Das Steirische Musikschulwerk (= Walter Wünsch (Hg.), Veröffentlichung des Institutes für Musikfolklore und des Archives für das Steirische Musikschulwerk an der Akademie für Musik und darstellende Kunst in Graz, 2). Graz 1967, S. 11–20.

Marckhl Erich, Der Weg zur Akademie für Musik und darstellende Kunst in Graz: In: Österreichische Musikzeitschrift, Sonderheft 1963.

Marckhl Erich, Die Volksmusikschulen in Steiermark. In: Österreichische Musikzeitschrift, 9. Jg. (1954), H. 7–8, S. 251–252.

Marckhl Erich, Engagement, Protest, Provokation und das Konservative. Vortrag, gehalten am 13. 1. 1971. Hochschule für Musik und darstellende Kunst. Graz 1971, S. 25ff.

Marckhl Erich, Geschichte und Leistung der Akademie für Musik und darstellende Kunst in Graz. In: Steiermark. Land-Leute-Leistung, S. 284ff.

Marckhl Erich, Grundsätze schulischer Musikerziehung. In: Der neue Weg (1941), S. 266–270.

Marckhl Erich, Musik als politische Lebensgegebenheit. In: Der deutsche Musikerzieher, Beilage: Der Erzieher im Donauraum, (1939), S. 18ff.

Marckhl Erich, Zum Aufbau der schulischen Musikerziehung in der Ostmark. In: Der deutsche Erzieher, Beilage: Der Erzieher im Donauland (jetzt: Mitteilungsblatt des NSLB), (1940), S. 38 u. S. 52–54.

Mark Desmond, Musikschulwesen in Österreich (=Informationen zur Soziologie des österreichischen Musiklebens, 7). Wien 1980.

Maróthy J., Music and the Bourgeois. Music and the Proletarian. Budapest 1974.

Mass Edgar, Montesquin und Jean-Jacques Rousseau. Die politische Funktion der Musik. In: Zeitschrift für französische Sprache und Literatur, 79. Jg. (1969), S. 289–303.

Matthes Wilhelm, die Musikalische Betreuung von Soldaten. In: Die Musik, 33. Jg. (1940), H. 1.

Matthes Wilhelm, Die Politisierung des deutschen Musiklebens. In: Fränkischer Kurier vom 9.11.1930.

Mauke W., Die Musik als wahre Volkskunst. In: Die neue Zeit, 15. Jg. (1897), H. 2, S. 209–211.

Mauke W., Über den universellen Erziehungswert in der Musik. In: Sozialistische Monatshefte (1897), S. 408–412.

Maurer Friedrich, Zu den frühen politischen Liedern Walthers. In: Frühmittelalterliche Studien, o. Jg. (1969), S. 362–366.

Mayer Ludwig K., Erneuerung oder Entartung. In: Völkischer Beobachter vom 28. 12. 1938.

Mayer-Rosa E., Das politische Kampflied im Musikunterricht der Oberstufe der höheren Schule. In: Die deutsche höhere Schule (1937), H. 4, S. 160–164.

Meier-Pauselius W., Volksmusik im 3. Reich. In: Zeitschrift für Instrumentenbau, 53./54. Jg. (1933), S. 306.

Meister Hans, Fürstenfeld. Musikalische Situationen einer Grenzstadt. In: Titz Walter, Das Steirische Musikschulwerk (= Walter Wünsch (Hg.), Veröffentlichung des Institutes für Musikfolklore und des Archives für das Steirische Musikschulwerk an der Akademie für Musik und darstellende Kunst in Graz, 2). Graz 1967, S. 38–40.

Mersmann Hans, Deutsche Musik des XX. Jahrhunderts im Spiegel des Weltgeschehens. In: Lindar Heinrich (Hg.), Kontrapunkte. Schriften zur deutschen Musik der Gegenwart, Bd. 1. Rodenkirchen/Rhein 1958.

Metzger Heinz-Klaus, Musikalischer Faschismus. Kritisches zur Jugend- und Schulmusikbewegung. In: Die Kultur, 5. Jg. (1975).

Michel Paul, Psychologische Grundlagen der Schulmusikerziehung. Leipzig 1975.

Michels Robert, Die Soziologie des Nationalliedes. In: Der Patriotismus. München–Leipzig 1929.

Michels Robert, Masse, Führer, Intellektuelle: politisch-soziologische Aufsätze 1906–1933. Mit einer Einführung von Joachim Milles. Frankfurt/Main–New York 1987.

Michl Paul, Auf dem Weg zur sozialistischen Musikhochschule. In: Musik und Gesellschaft, 20. Jg. (1970), H. 3, S. 148–157.

Michl Paul, Musikerziehungsgrundlage unserer sozialistischen Musikkultur. In: Musik und Gesellschaft, 19. Jg. (1969), H. 5, S. 316–321.

Miederer Martin, Das musikalische Gymnasium. In: Wolfgang Stumme (Hg.), Musik im Volk. Grundlagen der Musikerziehung. Berlin–Lichterfelde 1939, S. 64–72.

Miederer Martin, Musikschulen für Jugend und Volk. In: Deutsche Wissenschaft, Erziehung und Volksbildung, 5. Jg. (1939), S. 73.

Miessgang Thomas, Ein Engel namens Goebbels. Rezension Mike Zwerins „La Tristesse de St. Louis: Swing unter den Nazis". In: Profil Nr. 3 vom 6. Jänner 1989.

Milenchovich-Morold M. von, Wiener Musik im neuen Reich. In: Deutsche Ostmark, 4. Jg. (1938), H. 6, S. 15–22.

Möge dieses Werk jung bleiben! [Steirisches Musikschulwerk]. In: Kleine Zeitung (Graz) vom 19. 7. 1944, S. 3.

Mojsisovics Roderich von, Versuch, die verschieden geartete Musikalität der Ostmärker zu erklären. In: Die Musik, 32. Jg. (1940), S. 371–373.

Moll P., Vom Niggerjazz zum Zigeunergulasch. In: Orchestermagazin, 9. Jg. (1937), S. 4–10.

Moos Paul, Die Philosophie der Musik. Von Kant bis Eduard v. Hartmann. Ein Jahrhundert deutscher Geistesarbeit. Stuttgart ²1922.

Moser Dietz Rüdiger, Verkündigung durch Volksgesang. Studien zur Liedpropaganda und -katechese der Gegenreformation. Berlin 1981.

Moser Hans Joachim, „Stände der deutschen Musik". In: Allgemeine Musikzeitung, 52. Jg. (1955), S. 269.

Moser Hans Joachim, Der Musikunterricht an Pflichtschulen in Geschichte und Zukunft. In: Unser Weg, 10. Jg. (1955), S. 257–272.

Moser Hans Joachim, Der Wechsel nationaler und universaler Epochen in der Musikgeschichte des Abendlandes. In: Universitas, 9. Jg. (1954), S. 39–44.

Moser Hans Joachim, Deutsche Musik und Not der Gegenwart. In: Deutsche Zeitung vom 11. 3. 1922.

Moser Hans Joachim, Deutsche Musik. In: Das Echo, 39. Jg. (1919), S. 2394.

Moser Hans Joachim, Deutsche Musikgeschichte. In: Deutsches Musikjahrbuch I, (1924), S. 12–29.

Moser Hans Joachim, Deutscher Musikunterricht und seine Neugestaltung. In: Die Musik, 25. Jg. (1933), S. 659ff.

Moser Hans Joachim, Diabolus in musica. In: Musikerziehung, 6. Jg. (1952/53), S. 131–147.

Moser Hans Joachim, Die geistige Lage der heutigen deutschen Musik. In: Deutschsprachiger Almanach (1930), S. 131–151.

Moser Hans Joachim, Die neue Reichsmusikzunft. In: Allgemeine Musikzeitung, 49. Jg. (1922), S. 704.

Moser Hans Joachim, Etwas über Schule „und" Methode in der Musik. In: Die Musik, 19. Jg. (1926), S. 18–24.

Moser Hans Joachim, Geschichte der deutschen Musik vom Auftreten Beethovens bis zur Gegenwart. Reprofotografischer Nachdruck der 2. durchgesehenen Auflage. Stuttgart–Berlin 1928. Stuttgart 1968.

Moser Hans Joachim, Musik und Staat. In: Die Musik, 22. Jg. (1929), S. 7–16.

Moser Hans Joachim, Musik und Staat. In: Muse des Saitenspiels, 12. Jg. (1929), S. 33–36.

Moser Hans Joachim, Musik und Volkstum. In: Das Echo, 54. Jg. (1935), H. 2527, S. 3.

Moser Hans Joachim, Musik zur Zeit der Befreiungskriege. In: Monatsschrift für Schulmusikpflege, 19. Jg., S. 128.

Moser Hans Joachim, Musikalischer Erbgang und seelische Mutation. In: Moser Hans Joachim, Musik in Zeit und Raum. Ausgewählte Abhandlungen. Berlin 1960, S. 260–261 u. S. 346.

Moser Hans Joachim, Musikalischer Zeitenspiegel. Stuttgart 1922.

Moser Hans Joachim, Neuralgische Punkte der Musikgeschichte. In: Moser Hans Joachim, Musik in Zeit und Raum. Ausgewählte Abhandlungen. Berlin 1960, S. 9–12 u. S. 345.

Moser Hans Joachim, Österreich in der deutschen Musikgeschichte. In: Stuttgarter Neuestes Tagblatt vom 9. 4. 1938.

Moser Hans Joachim, Schulmusik im neuen Deutschland. In: Zeitschrift für Schulmusik, 4. Jg. (1933), S. 65.

Moser Hans Joachim, Stellung der Musik im deutschen Geistesleben der Gegenwart. In: Deutsches Musikjahrbuch (1955), S. 114–126.

Moser Hans Joachim, Verrauschte Sensationen in der Musik. In: Das Musikleben, 6. Jg. (1953), H. 9, S. 306.

Moser Hans Joachim, Volksbildung und Musikerziehung. In: Zeitschrift für Musik, 114. Jg. (1953), S. 721–726.

Moser Hans Joachim, Wandel und Dauer in der Musikerziehung. In: Musikerziehung, 11. Jg. (1957/58), S. 132–139.

Moser Hans Joachim, Was ist das Deutsche an der deutschen Musik? In: Sächsische Schulzeitung (jetzt: Die Volksschule), 102. Jg. (1934).

Moser Hans Joachim, Zukunftsaufgabe der Musikhochschule. In: Allgemeine Musikzeitung, 51. Jg. (1924), S. 897.

Moser Hans Joachim, Zukunftsaufgaben des Allgemeinen Deutschen Musik-Vereins. In: Bremer Nachrichten vom 10. 5. 1931.

Moser Hans Joachim, Zur Reform des Musikwissenschaftlichen Studiums. In: Zeitschrift für Musik, 103. Jg. (1935), S. 23–27.

Mosse George L., Die Nationalisierung der Massen: politische Symbolik und Massenbewegungen in Deutschland von den Napoleonischen Kriegen bis zum Dritten Reich. Frankfurt/Main–Berlin–Wien 1976.

Muchembled R., Kultur des Volkes – Kultur der Eliten. Die Geschichte einer erfolgreichen Verdrängung. Stuttgart 1982.

Müller Edmund Joseph (Hrsg.), Musik im Leben, eine Zeitschrift für Volkserneuerung, 1. Jg. (1925).

Müller Gerhard, Paul Dessaus Konzeption einer politischen Musik. In: Jahrbuch Peters 1980 III (1981), S. 9–26.

Müller Lynn E., Music in Germany during the Third Reich. The use of Music for Propaganda. In: Music Educators Journal, o. Jg. (1967), H. 6, S. 40–44.

Müller-Blattau Joseph, Kunstmusik und Volksmusik. In: Schlesische Zeitung vom 31. 8. 1930.

Müller-Blattau Joseph, Musikerziehung. In: Die Erziehung, 11. Jg. (1935/36), S. 497–500.

Müller-Blattau Joseph, Neuere Literatur zur Musikerziehung. In: Die Erziehung, 4. Jg. (1929), S. 248–252.

Müller-Schwefe Hans Rudolf, Auflösung und Erneuerung der Musik. In: Quatember, 18. Jg. (1953/54), S. 168–171.

Münnich Richard, Die nationale Revolution in der Musik. In: Zeitschrift für Schulmusik, 7. Jg. (1934), S. 60.

Münnich Richard, Musikerziehung. In: Das Atlantisbuch der Musik, o. Jg. ([2]1937), S. 81–96.

Munninger Eduard, Volksmusik, wie die Ostmark sie will. In: Die Volksmusik, 3. Jg. (1938), S. 433–436.

Mürzzuschlag. Musikschule [eröffnet]. In: Alpenländische Wochenschau vom 5. 10. 1929, S. 5.

Mürzzuschlag. Wiedereröffnung der städtischen Musikschule. Alpenländische Wochenschau vom 9. 4. 1932, S. 6.

Müsel Albrecht, Das politische Massenlied in der DDR. Pflege, Verbreitung und Wirkung. In: Deutsche Studien, 6. Jg. (1928), H. 23, S. 264–278.

Musik als Erziehungsmittel. In: Gesundheit–Kraft–Schönheit, 13. Jg. (1939), S. 429.

Musik im Klassenkampf. Zur Klassenkampfmusik Hanns Eislers. In: Sozialistische Zeitschrift für Kunst und Gesellschaft, o. Jg. (1973), H. 20/21, S. 64–122.

Musikalische Umerziehung? In: Musikblätter (1948), N. 15, S. 4.

Musikerziehung in den österreichischen Alpenländern. In: Musikblätter [jetzt: Anbruch], 18. Jg. (1936), S. 261–263.

Musikerziehung in Kriegszeiten. In: Völkische Musikerziehung, 5. Jg. (1939), S. 471–472.

Musikland Deutschland zwischen Bayreuther Festspiele und Werkskonzert. In: Leipziger Neueste Nachrichten vom 30. 1. 1938.

Musikpolitik im D. S. B. In: Hannoveresches Tagblatt vom 25. 5. 1930.

Musikpsychologische Forschung und Musikunterricht. Eine kommentierte Bibliographie zu Forschungsbereichen musikpsychologischer Psychologie. Mainz–London–New York–Tokio 1983.

Musikschule für Jugend und Volk zu Leipzig. In: Universum, 58. Jg. (1941/42), S. 123.

Nagl Hans Jürgen, Musik-Politik. Defizite und Möglichkeiten. In: Neue Zeitschrift für Musik, 141. Jg. (1980), H. 5, S. 419ff.

Nationalität und Rasse in der Musik. In: Neue Freie Presse vom 26.9.1938.

Neitmann Erich, Ideologie in der Musikerziehung. Zur kulturpolitischen und ästhetischen Bildung in der DDR. In: Deutsche Studien. Vierteljahreshefte für die vergleichende Landeskunde, Lüneburg, 16. Jg. (1978), H. 2, S. 118–120.

Nettl Paul, Musik und Deutschkunde. In: Hochschulwissen, (1930), S. 47 u. 93–98.

Neue Musikpolitik. In: Kölnische Zeitung vom 20. 3. 1933.

Neue Wege der Musikerziehung. In: Chemnitzer Tagblatt und Anzeiger vom 8. 12. 1929.

Ney Elli, Wechselwirkung zwischen Erlebnis und Tat. Kulturpolitisches Arbeitslager der Reichsjugendführung 1938. Berlin 1938.

Niechciol T., Musik und Politik. In: Allgemeine Musikzeitung, 53. Jg. (1956), S. 837.

Niemann Gottfried, Kann Musik eine Gefahr bedeuten. In: Gral, 29. Jg. (1935), S. 320.

Niermann Monika M., Sozialistische Musikerziehung und Menschenbild in der DDR. In: Pädagogik und Schule in Ost und West, 34. Jg. (1986), H. 4, S. 65.

Nietzsche Friedrich, Die Geburt der Tragödie aus dem Geist der Musik. [Nachdruck], Stuttgart 1987.

Nohl H., Die mehrseitige Funktion der Musik. In: Deutsche Vierteljahresschrift für Literaturwissenschaft und Geistesgeschichte, 2. Jg. (1924), S. 179–192.

Nolte Eckhart, Lehrpläne und Richtlinien für den schulischen Musikunterricht in Deutschland vom Beginn des 18. Jahrhunderts bis in die Gegenwart. Eine Dokumentation. Mainz 1975.

Nowottny Gerhard, Gleichschritt. Vom Sinn einer Zusammenarbeit in der Volksmusik. In: Musik in Jugend und Volk, 1. Jg. (1937), H. 1, S. 4–6.

Nowottny Gerhard, Volksmusikalische Praxis in der NS-Gemeinschaft „Kraft durch Freude". In: Wolfgang Stumme (Hg.), Musik im Volk. Grundlagen der Musikerziehung. Berlin–Lichterfelde 1939, S. 112–122.

Nüll E. von der, Musik im Ständestaat. In: Melos (ab 1934: Neues Musikblatt), 13. Jg. (1934), S. 43–47.

Nyffeler Max, Verfälscht, verdrängt, vergessen. Tradition und Traditionsbruch im oppositionellen Lied in Deutschland. In: Leukert Bernd (Hg.), Thema: Rock gegen Rechts. Musik als politisches Instrument. Frankfurt/Main 1980, S. 105–117.

Oberborbeck Felix, Aufgaben der Musikhochschulen in der Gegenwart. In: Allgemeine Musikzeitung, 61. Jg. (1934), S. 280.

Oberborbeck Felix, Das Steirische Musikschulwerk. Geschichte und Aufbau. In: Das Joanneum VII. Graz 1944, S. 78–89.

Oberborbeck Felix, Die Bücherei des Musikerziehers. In: Musik im Unterricht, 45. Jg. (1954), H. 6, S. 181.

Oberborbeck Felix, Felix Oberborbeck. (masch.). Vechta 1964.

Oberborbeck Felix, Gegenwartsaufgaben der Musikhochschule. In: Wolfgang Stumme (Hg.), Musik im Volk. Grundlagen der Musikerziehung. Berlin–Lichterfelde 1939, S. 83–101.

Oberborbeck Felix, Grazer Erinnerungen. In: Mitteilungen des Steirischen Tonkünstlerbundes, o. Jg. (1969), H. 42ff.

Oberborbeck Felix, Hans Holenia. Zum 5. Juli 1940. In: Das Joanneum II (Kunst und Volkstum). Graz 1940, S. 137ff.

Oberborbeck Felix, Landschaftlicher Musikaufbau, dargestellt am Beispiel der Steiermark. In: Zeitschrift für Musik, 107. Jg. (1940), S. 680–690.

Oberborbeck Felix, Landschaftlicher Musikaufbau, dargestellt am Beispiel der Steiermark. In: Das Joanneum III. Graz 1940, S. 69ff.

Oberborbeck Felix, Musikerziehung im Aufbau. In: Zeitschrift für Musik, 106. Jg. (1939), S. 370.

Oberborbeck Felix, Musikfahrten – Eine musikpolitische Gegenwartsaufgabe. In: Musikerzieher, 38. Jg. (1941/42), S. 86.

Oberborbeck Felix, Steirische Musiktage. In: Allgemeine Musikzeitung, 67. Jg. (1940), S. 249.

Oberborbeck Felix, Zur Soziologie der Jugendmusik. In: Musik im Unterricht, 46. Jg. (1955), H. 7, S. 97–99.

Oberborbeck Klaus, Felix Oberborbeck: Musiker zwischen den Welten – im Zeichen der drei Ringe. Erinnerung–Phantasie–Projektion. Geschichten von und über Felix Oberborbeck. Versuch einer posthumen Autobiographie. (masch.). Hannover 1980.

Oberborbeck Klaus W., Werk- und Veranstaltungsverzeichnis von Felix Oberborbeck 1900–1975. (masch.). Hannover 1981.

Obiltschnig Albin, [Musikschule] Deutschlandsberg. In: Titz Walter, Das Steirische Musikschulwerk (= Walter Wünsch (Hg.), Veröffentlichung des Institutes für Musikfolklore und des Archives für das Steirische Musikschulwerk an der Akademie für Musik und darstellende Kunst in Graz, 2). Graz 1967, S. 31–32.

Oehlmann Werner, Erziehung durch Musik. In: Deutsche Allgemeine Zeitung vom 26. 9. 1937.

Oehrlein Joseph, Kettenklirren für die Freiheit. Musik versus Diktatur: Der spanische Komponist Christobal Halffter. In: Musik und Medizin 2 (1982), S. 61–68.

Oemen-Welke Ingelore, Einigkeit und Recht und Freiheit sind des Glückes Unterpfand. Eine Unterrichtsdokumentation (Musik und Deutschunterricht). In: Praxis Deutsch. Zeitschrift für den Deutschunterricht, 15. Jg. (1988), H. 89, S. 6.

Oemen-Welke Ingelore, Frieden für die Vaterländer. Nationalhymnen von Schülern gedeutet. In: Praxis Deutsch. Zeitschrift für den Deutschunterricht, 15. Jg. (1988), H. 89, S. 20.

Oesch Hans, Der chinesische Kulturbereich. In: Außereuropäische Musik I (= neues Handbuch der Musikwissenschaft, 8). Laaber 1984, (S. 3–96).

Offene Singstunden bei deutschen Volksgruppen im Ausland. In: Musik in Jugend und Volk, 1. Jg. (1937/38), S. 54–56.

Ohlekopf Richard, Was erwartet man von den Reichsmusiktagen? In: Signale für die musikalische Welt, 96. Jg. (1938), S. 235.

Olschewsky Christa, Probleme der Erforschung des deutschen Faschismus (Kolloquium). In: Zeitschrift für Geschichtswissenschaft, 36. Jg. (1988), H. 12, S. 1104.

Oppens Kurt, Zu den musikalischen Schriften Theodor W. Adornos. Frankfurt/Main ⁴1973.

Orman John M., The Politics of Rock Music. Nelson-Hall 1984.

Österreichische Kinderfreunde (Hg.), Unser Lied. Wien o. J. (1984?).

Ostleitner Elena, Musiksoziographie in Österreich: Bibliographischer Beitrag zu einem Forschungsprojekt. Wien 1980.

Pahlen Kurt, Mensch und Musik. München 1972.

Pallmann Gerhard, Singen in der Wehrmacht. In: Wolfgang Stumme (Hg.), Musik im Volk. Grundlagen der Musikerziehung. Berlin-Lichterfelde 1939, S. 140–152.

Pander Oskar von, Die Macht der Musik. In: Münchner Neueste Nachrichten vom 21. 1. 1940.

Pander Oskar von, Musik im Dritten Reich. In: Deutschlands Erneuerung, 18. Jg. (1933), S. 304–309.

Panoff Peter, Deutsche Musik im Südosten. In: Danziger Zeitung vom 24. 2. 1933.

Papesch Josef, Kultur und Politik. In: Lot und Waage. Rundbrief des Alpenländischen Kulturverbandes Südmark, 11. Jg. (1964), H. 1, S. 3–7.

Papesch Josef, Steirisches Musikschulwerk. In: Die Pause, 6. Jg. (1941), S. 10.

Parteilichkeit und Kultus in der Musik. In: Deutsche Worte, (1900), S. 142–146.

Perris Arnold, Music as Propaganda. Art to Persuade, Art to Control. Westport/Conneticut 1985.

Perris Arnold, Music as Propaganda. Art in the Command of Doctrine in the People's Republic of China. In: Ethnomusicology, 27. Jg. (1983), S. 1–28.

Petersen J., Brachliegendes Musikerbe. In: Berliner Tagblatt vom 4. 9. 1938.

Petsch Kuno, Die musikalische Arbeit mit Kindern und Jugendlichen – eine politische Aufgabe. In: Die Sonderschule, 4. Jg. (1959), S. 19–24.

Petschnig E., Deutsche Musik in Österreich. In: Allgemeine Musikzeitung, 65. Jg. (1938), S. 536.

Petzet W., Rückkehr zur deutschen Musik. In: Signale für die musikalische Welt, Jg. 1920, S. 301.

Petzold R., Österreichische Musik – Deutsche Musik. In: Allgemeine Musikzeitung, 65. Jg. (1938), S. 213.

Pfannenstiel Ekkehard, Jugendmusik und völkische Bewegungen. In: Volk im Werden, 1. Jg. (1933), S. 40–51.

Pfannenstiel Ekkehard, Musikerziehung auf die eine oder andere Art. In: Neue deutsche Schule, 10. Jg. (1936), S. 338–344.

Pfannenstiel Ekkehard, Musikerziehung in den Adolf Hitler-Schulen. In: Musik in Jugend und Volk, 7. Jg. (1944), S. 2–8.

Pfordten Hermann von der, Deutsche Musik auf geschichtlicher und nationaler Grundlage dargestellt. Leipzig 1922.

Piersig Fritz (Hg.), Felix Oberborbeck zum 70. Geburtstag. Wolfenbüttel-Zürich o. J. (1970).

Piersig Fritz, Der Musikfestgedanke im deutschen Musikleben. In: Weser Zeitung vom 4. 4. 1931.

Pieschner Hans, Brecht und die gesellschaftliche Funktion der Musik. Zum 70. Geburtstag des Dichters am 10. Februar. In: Musik und Gesellschaft, 18. Jg. (1968), H. 2, S. 75–86.

Pietzsch G., Betreuung der Musik durch den Staat. In: Deutsche Musikkultur, 3. Jg. (1938), S. 464–469.

Pietzsch G., Die Musik im Erziehungs- und Bildungsideal des ausgehenden Altertums und Mittelalters. Halle 1932.

Platon, Der Staat (Politeia). Übersetzt und herausgegeben von Karl Vretska. Stuttgart 1985.

Poieß Bernd, Das steirische Musikschulwerk. In: Die Musikwoche, 8. Jg. (1940), S. 165.

Poieß Bernd, Deutsche Kulturarbeit im Grenzgau. Die Leistungen des Steirischen Musikschulwerkes. In: Tagespost (Graz), obersteirische Ausgabe vom 28. 4. 1940, S. 7 u. Kolportage-Ausgabe vom 28. 4. 1940.

Politik und Kunst. In: Schlesische Monatshefte, 10. Jg. (1933), S. 293.

Politikerantworten zur Frage der Kulturpolitik. In: Mitteilungen des steirischen Tonkünstlerbundes, o. Jg. (1976/77), H. 67–69.

Popper Karl, Der Zauber Platons. Bern 1957.

Preußner Eberhart, Das Singen in den gemischten Chören. In: Wolfgang Stumme (Hg.), Musik im Volk. Grundlagen der Musikerziehung. Berlin–Lichterfelde 1939, S. 164–175.

Preußner Eberhart, Musik – eine Richtschnur des Menschenlebens. In: Musikalische Jugend, 3. Jg. (1954), H. 3, S. 7.

Preußner Eberhart, Musikorganisation in der Gegenwart. In: Melos, 9. Jg. (1930), S. 210–214.

Preußner Eberhart, Musikpolitik. Ihr Aufgabenkreis und ihre Grundzüge. In: Musik und Gesellschaft, Jg. 1930/31, S. 21ff.

Preußner Eberhart, Musikpolitik. In: Musikblätter des Anbruchs (jetzt: Anbruch), 2. Jg. (1929), S. 339.

Prieberg Fred K., Musik im anderen Deutschland. o. O. 1968.

Prieberg Fred K., Musik im NS-Staat. Frankfurt/Main 1982.

Pringsheim Heinz, Politisierung der Musik. In: Allgemeine Musikzeitung, 48. Jg. (1921), S. 251, S. 267 u. S. 283.

Pringsheim Klaus, Musikdiktatur. In: Das Tagebuch, 7. Jg. (1926), S. 1676ff.

Privatunterricht in der Musik. [Bestimmungen der Reichskulturkammer]. In: Tagespost (Graz), obersteirische Ausgabe vom 1. 9. 1940, S. 19 und Kolportage-Ausgabe dess. Datums.

Problem der jüdischen Musik. In: Berliner Tagblatt vom 8. 3. 1929.

Prüfungsordnungen für Lehrgänge für Volks- und Jugendmusikleiter. In: Musik in Jugend und Volk, 1. Jg. (1937/38), S. 58–64.

Quellmalz Alfred, Die Bedeutung der Volkskunde für die Musikerziehung. In: Wolfgang Stumme (Hg.), Musik im Volk. Grundlagen der Musikerziehung. Berlin–Lichterfelde 1939, S. 235–245.

Raabe Peter, Adolf Hitlers Kulturwille und das Konzertwesen. In: Kulturwille im deutschen Konzertleben. Kulturpolitische Reden und Aufsätze, Bd. 2, Regensburg 1936.

Raabe Peter, Die Musik im Dritten Reich. Berlin 1936.

Raabe Peter, Die Musik im Dritten Reich. Kulturpolitische Reden und Aufsätze. Regensburg [8–10]1935.

Raabe Peter, Kulturmitte im deutschen Musikleben. Kulturpolitische Reden und Aufsätze. Regensburg 1936.

Raabe Peter, Musik und Jugend. In: Musik und Volk III, (1935/36), S. 37.

Rabsch Edgar, Musikwissenschaft in der Schule. Zum Problem einer Musikbiologie. In: Bericht über den 1. Musikwissenschaftlichen Kongreß in Leipzig 1925. Leipzig 1930, S. 165.

Radler Wilhelm, Musikunterricht in der nationalsozialistischen Schule. In: Archiv für Volksschullehrer, 38. Jg. (1935), S. 663–668.

Rahner H. E., Musik und Feier. Die Musikwerke für die Feierstunden bei den Gautagung des Nationalsozialistischen Lehrerbundes, Gau Baden 1937. In: Die badische Schule, 4. Jg. (1937), S. 142–146.

Ramspeck J., „Nie wieder Krieg". Musikunterricht und Musikkonjunktur. In: Weltwoche, 25. Jg. (1957), H. 1259, S. 4.

Raumschöttel Hermann, Inventarisierung von Schriftgut der NSDAP und ihrer Gliederungen aus Empfängerüberlieferung. In: Mitteilungen für die Archivpflege in Bayern, 24. Jg. (1978), S. 52–57.

Reform der Musikerziehung – so oder so? In: Das neue Blasorchester, (1951), N. 11, S. 83.

Reichmann G., Deutsche Musikerziehung und ihre sozialpädagogische Bedeutung für die Juden. In: Zeitschrift für Geschichte der Juden in Deutschland, 1. Jg. (1930), H. 1, S. 145–154.

Reinecke Hans-Peter, Erläuterungen zum Begriff der „funktionellen" Musik. In: Forschung in der Musikerziehung, o. Jg. (1976), H. 9/10, S. 1–7.

Reinecke Hans-Peter u. a. (Hg.), Musik in der politischen Wirklichkeit. Zu einer Arbeitstagung des Deutschen Musikrates. In: Musik und Bildung. Zeitschrift für Theorie und Praxis der Musikerziehung, 66. Jg. (1975), H. 2, S. 57–72.

Reinhard Rainer, Die Bedeutung der Musik im konfuzianischen System. In: Die deutsche Universitätszeitung, 15. Jg. (1960), H. 1.

Reinhard Stephan, Die deutsche musikalische Jugendbewegung. Phil. Diss. Marburg 1952.

Reisch Mathäus, Die musikalische Zeitwende und ihre tiefere Bedeutung. In: Die Drei, (1952), Bd. 22, S. 179–184.

Reusch Fritz, Die Musikerziehung an den Hochschulen für Lehrerbildung im Aufbau der Mannschaftserziehung. In: Wolfgang Stumme (Hg.), Musik im Volk. Grundlagen der Musikerziehung. Berlin-Lichterfelde 1939, S. 72–83.

Reusch Fritz, Jugend-Volk-Musik. In: Die Musikantengilde, 4. Jg. (1926), S. 1ff.

Reusch Fritz, Musik im Volk. In: Der Kreis, 5. Jg. (1927).

Reusch Fritz, Musikerziehung und nationalsozialistische Erziehungsidee. In: Schlesische Zeitung vom 19. 7. 1934.

Rexroth D. (Hg.), Zwischen den Grenzen. Zum Aspekt des „Nationalen" in der Musik. Mainz 1979.

Riemer Otto, Einführung in die Geschichte der Musikerziehung (= Schaal Richard (Hg.), Taschenbücher zur Musikwissenschaft, 4). Wilhelmshaven 1970.

Riesenfeld, Politik und Musik. Von Plato und Aristoteles bis zu Stalin und Hitler. Ramat Gau 1958.

Riethmüller Albrecht/Rösing Helmut, Musik und Politik im Dritten Reich. In: Bruhn Herbert/Oerter Rolf/Rösing Helmut (Hg.), Musikpsychologie. Ein Handbuch in Schlüsselbegriffen. München–Wien–Baltimore 1985, S. 338–344.

Ritter Leo, Einfluß des Staates auf das musikalische Schaffen. In: Stagma-Nachrichten (1938), H, 14, S. 245.

Roš Fran, Celjsko šolstvo med okupacijo. In: Borec, (1976), N. 3, S. 171–181. Bawow Irwing, The Singing Societies of European Immigrants. In: Phylon XV/3, S. 289–295.

Rocker R., Nationalism and Culture. Los Angeles 1937.

Rohrmoser Günther, Von der Totalitarismus– zur Faschismusdiskussion: eine Argumentationshilfe. Lemgo 1986.

Roiz Lothar, [Musikschule] Frohnleiten. In: Titz Walter, Das Steirische Musikschulwerk (= Walter Wünsch (Hg.), Veröffentlichung des Institutes für Musikfolklore und des Archives für das Steirische Musikschulwerk an der Akademie für Musik und darstellende Kunst in Graz, 2). Graz 1967, S. 37.

Roldemeyer Friedrichkarl, Deutsche Stimm- und Sprechbildung. In: Wolfgang Stumme (Hg.), Musik im Volk. Grundlagen der Musikerziehung. Berlin–Lichterfelde 1939, S. 176–182.

Romich Karl, Die Musikschule der Stadt Köflach. In: Titz Walter, Das Steirische Musikschulwerk (= Walter Wünsch (Hg.), Veröffentlichung des Institutes für Musikfolklore und des Archives für das Steirische Musikschulwerk an der Akademie für Musik und darstellende Kunst in Graz, 2). Graz 1967, S. 71–72.

Rommer Manfred, Abschied vom Schlaraffenland. Gedanken über Politik und Kultur. Stuttgart 1983.

Rosen Waldemar, Peter Raabe über deutsche Musikpolitik. In: Leipziger Neueste Nachrichten vom 15. 5. 1937.

Rosen Waldemar, Politische Erziehung durch Musik. Kulturarbeit auf neuen Wegen. In: Leipziger Neueste Nachrichten vom 14. 10. 1937.

Rosenberg Alfred, Ästhetik oder Volkskampf. In: Völkischer Beobachter vom 7. 12. 1934. Nachdruck in: Die Musik, 27. Jg. (1935), S. 244–245.

Rosenberg Alfred, Der Mythos des XX. Jahrhunderts. München 1935.

Roth Hermann, Die musikerzieherische Aufgabe des Rundfunks. In: Wolfgang Stumme (Hg.), Musik im Volk. Grundlagen der Musikerziehung. Berlin–Lichterfelde 1939, S. 257–268.

Rothenburg Fr., Kalter Krieg – Lauwarme Musik. Zum 15. Weltkongreß der „Jeunesses Musicales" in Westberlin. In: Sonntag, 15. Jg. (1960), N. 36, S. 5.

Rothschild Thomas, Die käufliche Revolte? Vom widersprüchlichen Zusammenhang zwischen Rock und Politik. In: Leukert Bernd (Hg.), Thema: Rock gegen Rechts. Musik als politisches Instrument. Frankfurt/Main 1980, S. 118–127.

Rotter Frank, Musik als Kommunikationsmedium; Soziologische Medientheorien und Musiksoziologie. Berlin 1985.

Rumpler Helmut/Suppan Arnold (Hg.), Geschichte der Deutschen im Bereich des heutigen Slowenien 1848–1941 (= Schriftenreihe des Österreichischen Ost- und Südosteuropainstituts, 13). Wien 1988.

Rust Bernhard, Die neue Musikerziehung. In: Gut Ton, 28./29. Jg. (1941), S. 101.

Rust Bernhard, Die Neuordnung des Musikerziehungswesens im Reich. In: Deutsche Musikkultur, 4. Jg. (1941–42), H. 5, S. 129–135.

Rust Bernhard, Musikerziehung im Dritten Reich. In: Völkische Musikerziehung, 5. Jg. (1939), S. 299–304.

Rust Bernhard, Musikerziehung im Dritten Reich. Rede bei der Erhebung des Mozarteums in Salzburg zur Staatlichen Hochschule für Musik. In: Völkische Musikerziehung, 5. Jg. (1939), S. 299ff.

Rust Bernhard, Musikschulen für Jugend und Volk. In: Völkische Musikerziehung, 5. Jg. (1939), S. 137ff.

Rust Bernhard, Neuordnung des Musikerziehungswesens im Reiche. In: Völkische Musikerziehung, 7. Jg. (1941), S. 225.

Rutz H., Politische Musikerziehung. In: Die Musik, 28. Jg. (1936), S. 525.

Saather Friedrich, Musik im Spiegel der Zeit. 1000–1975. Wien 1975.

Sappok G., Deutsche Musik und Musikkultur in Polen. In: Völkischer Beobachter vom 9. 8. 1939.

Schabl Karl, Musikleben und Musikerziehung in Gleisdorf. In: Titz Walter, Das Steirische Musikschulwerk (= Walter Wünsch (Hg.), Veröffentlichung des Institutes für Musikfolklore und des Archives für das Steirische Musikschulwerk an der Akademie für Musik und darstellende Kunst in Graz, 2). Graz 1967, S. 41-44.

Schäfke R., Schulmusikerziehung und deutsche Erhebung. o. O. 1933.

Scharnagl Karl, Musik im Dienste der Volksgemeinschaft. In: Deutsche Volksbildung, 4. Jg. (1930), S. 47.

Scheltema M. Adama von, Aufgaben der Musikerziehung. In: Völkische Musikerziehung, 5. Jg. (1939), S. 267.

Schenk Erich, Ethische Wirkungen der Musik – Ihre Voraussetzungen. In: Musikzeitung, 7. Jg. (1953/54), S. 4–6.

Scherchen Hermann, Das neue Führertum in der Musik. In: Vossische Zeitung vom 24. 6. 1920.

Scherzer Ernst Günther, Singen als Volkstumsarbeit im Grenzland Schlesien. In: Musik in Jugend und Volk, 1. Jg. (1937/38), S. 169–173.

Scheuch Otto, Schule und Musikerziehung. In: Der deutsche Erzieher, 82. Jg. (1938), S. 372.

Scheunemann M., Der Lehrplan für den Musikunterricht an höheren Schulen. In: Der deutsche Erzieher, 5. Jg. (1938), S. 375–378.

Schiedermair Ludwig, Neugestaltung des deutschen Musiklebens. In: Kölnische Volkszeitung vom 8. 6. 1921.

Schliepe Ernst, Musik, die wir (Deutschen) nicht wünschen. In: Die Musik, 32. Jg. (1939), S. 8.

Schmeidel Hermann von, Anteil der Steiermark an der deutschen Musik. In: Das Joanneum III. Graz 1940, S. 37–47.

Schmeidel Hermann von, Der Musikverein für Steiermark. In: Das Joanneum VII. Graz 1944, S. 73ff.

Schmeidel Hermann von, Musik in Österreich. In: Musik in Jugend und Volk, 1. Jg. (1937/38).

Schmid A., Politische Jugenderziehung. In: Kölnische Volkszeitung vom 25. 10. 1920.

Schmidt Adolf, Der gemeindliche Musikbeauftragte. In: Die Volksmusik, 8. Jg. (1943), S. 42.

Schmidt Leopold, Musik und Politik. In: Der Merker (1919), S. 532.

Schneider Albert, Der Musiklehrer als Lebensführer. In: Kölnische Volkszeitung vom 16. 2. 1936.

Schneider Reinhard (Hg.), Anthropolologie der Musik und der Musikerziehung: Referate des Symposions vom 24.–25. Oktober 1986 an der Pädagogischen Hochschule Flensburg. Regensburg 1987.

Schnorr Hans, Musik in der geschichtlichen Zeit. In: Allgemeine Volksmusikzeitung, 12. Jg. (1962), S. 148–150, S. 163–165 u. S. 182–183.

Schoeller Wilfried Franz, Die neue Linke nach Adorno. München 1969.

Schönberg-Urragg Gertrud, Karl Urragg – Ein Leben mit Musik. Graz 1983.

Schopp Joseph, Das deutsche Arbeiterlied. Heidelberg 1935.

Schoppenhauer Arthur, Schriften über Musik im Rahmen seiner Ästhetik. Hg. von Karl Stabenow. Regensburg 1924.

Schulze Wolfgang, Grundgedanken nationalsozialistischer Kulturpolitik. München 1939.

Schulze Wolfgang, Gegenwartsaufgaben des Schulmusikerziehers. In: Musik und Volk, 3. Jg. (1935/36), S. 186.

Schwab Heinrich W., Unterhaltendes Musizieren im Industriegebiet des 19. Jahrhunderts. In: Studien zur Trivialmusik des 19. Jahrhunderts. Regensburg 1967, S. 151–158.

Schwabe K. H., Kunst und Politik. Bemerkungen zur Diskussion um die Ideologiefunktion der Kunst. In: Wissenschaftliche Zeitschrift der Karl Marx-Universität Leipzig, 37. Jg. (1988), H. 2, S. 134.

Schwarz Rudolf, Die Volks-Musikschule Gröbming. In: Titz Walter, Das Steirische Musikschulwerk (= Walter Wünsch (Hg.), Veröffentlichung des Institutes für Musikfolklore und des Archives für das Steirische Musikschulwerk an der Akademie für Musik und darstellende Kunst in Graz, 2). Graz 1967, S. 48–51.

Seidel Wilhelm, Die Macht der Musik und des Tonkunstwerks. In: Archiv für Musikwissenschaft, 42. Jg. (1985), H. 1, S. 1–17.

Seidl Walter, Ist die Musik national? In: Deutsche Heimat, 11. Jg. (1935), S. 75.

Seifert Adolf, Politik und Kunst. In: Ackermann aus Böhmen, 4. Jg. (1936), S. 399–403.

Seifert Adolf, Rassen des deutschen Volkes und ihre Musik. In: Ackermann aus Böhmen, 5. Jg. (1937), S. 36.

Seifert Helmut, „Die Singbewegung in ihrer Zeit". Rückantwort an Karl Vötterle. In: Die Sammlung, 14. Jg. (1959), S. 163–165.

Seifert Helmut, Adorno und die Singbewegung. In: Die Sammlung, 15. Jg. (1960), S. 388–399.

Seifert Helmut, Die Singbewegung in ihrer Zeit. Eine geschichtlich-soziologische Betrachtung. In: Die Sammlung, 13. Jg. (1958), S. 468–473.

Seifert Helmut, Singbewegung und Volksbildung. Phil. Diss. Göttingen 1953.

Seifert Helmut, Zwischen „Musikdienst" und „Erziehungsmusik". Eine kritische Betrachtung zur Chorkultur der Singbewegung. In: Neue Zeitschrift für Musik, 120. Jg. (1959), H. 9, S. 443–447.

Shuter-Dyson R., Psychologie musikalischen Verhaltens. Angloamerikanische Forschungsbeiträge (= Abel-Struth Sigrid, Musikpädagogik. Forschung und Lehre, 14). Mainz 1982.

Siebert H., Das Verzeichnis H. J. singt und spielt als Wegweiser für die Musikarbeit. In: Die Spielschar, 10. Jg. (1937), S. 97.

Siegmund-Schulze Walther, Die große sozialistische Oktoberrevolution in ihrer Auswirkung auf die sowjetische Musik. In: Sowjetwissenschaft, 5. Jg. (1957), S. 1190–1205.

Siegmund-Schulze Walther, Zu Fragen des sozialistischen Realismus in der Instrumentalmusik. Hauptkommission Musikwissenschaft des Verbandes Deutscher Komponisten und Musikwissenschaftler. Berlin 1970.

Silbermann Alphons, Max Webers musikalischer Exkurs. Ein Kommentar zu seiner Studie: „Die rationalen und soziologischen Grundlagen der Musik". In: Kölner Zeitschrift für Soziologie und Sozialpsychologie, 15. Jg. (1963), Sonderheft 7, S. 448–469.

Silbermann Alphons, Organisierte Kultur. In: Kölner Zeitschrift für Soziologie, 4. Jg. (1951/52), S. 442–449.

Singen und Klingen in der ganzen Steiermark. Gauleiter und Reichsstatthalter Uiberreither eröffnet das Wintersemester 1940/41 des Musikschulwerkes. In: Kleine Zeitung (Graz) vom 16. 9. 40, S. 3.

Singer H., Berufskampf der Musiker in Österreich. In: Neue Freie Presse vom 26. 1. 1937.

Singer Kurt, Vom Wesen der Musik. Psychologische Studie. Stuttgart 1924.

Sobanski Hans Joachim, Blasmusik vor neuen Aufgaben. In: Die Spielschar, 11. Jg. (1938), S. 513.

Sonner Rudolf, Aus der Musikarbeit der NS-Kulturgemeinde. In: Deutsches Musikjahrbuch 1937, S. 96–100.

Sonner Rudolf, Musik und Staat. In: Der Tanz, 14. Jg. (1941), S. 5–10.

Sowa Georg, Ideologie und Ideologiekritik im neueren musikpädagogischen Schrifttum. In: Musik und Bild. Zeitschrift für Theorie und Praxis der Musikerziehung, 4. Jg. (1974), H. 2, S. 92–96.

Spendel Günther, Zum Deutschlandlied als Nationalhymne. In: Juristen-Zeitung, 43. Jg. (1988), H. 15/16, S. 744.

Splitt Gerhard, Ästhetik und Musikpolitik zu Beginn der NS-Herrschaft. Univ. Diss. Freiburg/Breisgau 1985. Pfaffenweiler 1987.

Splitt Gerhard, Ästhetik und Musikpolitik. Richard Strauss 1933–1935. Freiburg/Breisgau 1985.

Stang Walter, Grundlagen nationalsozialistischer Kulturpflege. Berlin 1935.

Staral Helmut, [Musikschule] Voitsberg. In: Titz Walter, Das Steirische Musikschulwerk (= Walter Wünsch (Hg.), Veröffentlichung des Institutes für Musikfolklore und des Archives für das Steirische Musikschulwerk an der Akademie für Musik und darstellende Kunst in Graz, 2). Graz 1967, S. 106–107.

Statford Peter, Rock as Politics. In: crawdadd o. Jg. (1968), H. 19, S. 31–33.

Staudacher Gundy, Musik als Instrument nationalsozialistischer Propaganda. Phil. Diss. Wien 1987.

Stege Fritz, Deutung und Bedeutung des musikpolitischen Begriffs. In: Allgemeine Musikzeitung, 55. Jg. (1928), S. 1355–1357.

Stege Fritz, Musik, Magie, Mystik. Remagen 1961.

Stege Fritz, Musikalische Volkserziehung im Geiste unserer Zeit. Ein Beitrag zum Jöde-Problem. In: Zeitschrift für Musik, 100. Jg. (1933), S. 577.

Stege Fritz, Musikpolitik im neuen Staat. In: Kölner Volkszeitung vom 3. 6. 1933.

Stein Fritz, Intimes aus der königlichen Hochschule für Musik zu Berlin. In: Moderne Kunst, 11. Jg. (1896), S. 9.

Stein Fritz, Mobilmachung der Volkskraft. Situation der Musikerziehung. In: Deutsche Zeitung in Norwegen vom 23. 3. 1944.

Stein Fritz, Musikkultur und Musikerziehung. In: Deutsche Musikkultur, 1. Jg. (1936), S. 18–24.

Steinberger-Ulberth Lina, Fünf Jahre steirisches Musikschulwerk. Vergangenes und Gegenwärtiges. In: Tagespost (Graz) vom 9. 7. 1944, S. 5.

Steinhauer W., Nationales in der Musik. In: Melos, (1933), S. 173–177.

Steinitz Wolfgang, Deutsche Volkslieder demokratischen Charakters aus 6 Jahrhunderten. Bd. 1. Berlin 1954.

Steinitz Wolfgang, Deutsche Volkslieder demokratischen Charakters aus 6 Jahrhunderten. Bd. 2. Berlin 1962.

Steirische Gesellschaft für Kulturpolitik, Grenzfeste Deutscher Wissenschaft. Über Faschismus und Vergangenheitsbewältigung an der Universität Graz. o. O. (Graz) 1985.

Steirische Musikschulen für Jugend und Volk. Feierliche Eröffnung. In: Kleine Zeitung (Graz) vom 18. 12. 1938, S. 8.

Steirischer Tonkünstlerbund, 40 Jahre Steirischer Tonkünstlerbund. Festschrift. Graz 1967.

Steirisches Musikschulwerk/Staatliche Hochschule für Musikerziehung Graz/Steirische Landesmusikschule Graz/Steirische Landesmusikschulen für Jugend und Volk. Erster Jahresbericht 1939/40. Graz 1940.

Stekl Konrad, Meine Musikschullehrer- und Musikschulleitertätigkeit in der Steiermark. In: Mitteilungen des Steirischen Tonkünstlerbundes, Jg. 1970, N. 43, S. 1–14.

Stengel Theo/Gerigk Herbert, Lexikon der Juden in der Musik (= Veröffentlichungen des Instituts der NSDAP zur Erforschung der Judenfrage. Frankfurt/Main). Berlin 1940.

Stephani Reinhart, Die deutsche musikalische Jugendbewegung. Diss. Marburg 1952.

Stephau Rudolf (Hg.), Über Musik und Politik. Neue Beiträge (= Veröffentlichungen des Institutes für neue Musik und Musikerziehung, 10). Mainz 1971.

Stockmann Erich, Trommeln und Pfeifen im deutschen Bauernkrieg. In: Hermann Strohbach (Hg.), Der arm man 1525. Volkskundliche Studien (= Akademie der Wissenschaften der DDR/Zentralinstitut für Geschichte, Veröffentlichungen zur Volkskunde und Kulturgeschichte, 59). Berlin 1975.

Stoeckel A., Musikalisches Kulturschaffen im deutschen Südosten unter Berücksichtigung der Reichskulturkammergesetzgebung. In: Der Oberschlesier, 7. Jg. (1935), S. 696–699.

Stovenrock Dietrich, Schulmusikmethodik in der Hochschule für Musikerziehung. In: Völkische Musikerziehung, 8. Jg. (1942), S. 78ff.

Strohbach Hermann (Hg.) Der arm man 1525. Volkskundliche Studien (= Akademie der Wissenschaften der DDR, Zentralinstitut für Geschichte, Veröffentlichungen zur Volkskunde und Kulturgeschichte, 59). Berlin 1975.

Strohbach Hermann, Die Bauern sind aufrührig geworden. Lieder aus dem Bauernkrieg. In: Hermann Strohbach (Hg.) Der arm man 1525. Volkskundliche Studien (= Akademie der Wissenschaften der DDR, Zentralinstitut für Geschichte, Veröffentlichungen zur Volkskunde und Kulturgeschichte, 59). Berlin 1975, S. 237–273.

Strube Adolf, Der Gemeinschaftsgedanke in der Musikerziehung, In: Die Handharmonika, 10. Jg. (1940), S. 50.

Strube Adolf, Die Volksschule im Aufbau des Musiklebens. In: Wolfgang Stumme (Hg.), Musik im Volk. Grundlagen der Musikerziehung. Berlin–Lichterfelde 1939, S. 56–64.

Strunz J., Kultur und Politik. o.O. 1932.

Stuckenschmidt Hans Heinz, Braune Klänge. In: Melos, (1946), S. 8.

Stuckenschmidt Hans Heinz, Musik unter Hitler. In: Forum Wien vom Dezember 1964, S. 510ff. u. Jänner 1963, S. 44ff.

Stuckenschmidt Hans Heinz, Quellen der Musikpolemik. In: Vossische Zeitung vom 4. 7. 1931.

Studentkowski Konrad, Weltanschauliche Schulung im Lehrgang für Jugend und Volksmusikleiter. In: Musik in Jugend und Volk, 3. Jg. (1940), S. 139–140.

Stumme Wolfgang, Das gemeinsame Ziel der Musikarbeit in der NSDAP und der Hitlerjugend. In: Musik in Jugend und Volk, 5. Jg. (1942), S. 22–32.

Stumme Wolfgang, Die deutschen „Musikschule für Jugend und Volk". In: Internationale Zeitung für Erziehungswissenschaften (jetzt: Internationale Zeitung für Erziehung), 8. Jg. (1939), S. 341–346.

Stumme Wolfgang, Freude am Instrument. Musik in Jugend und Volk, 1. Jg. (1933/38), S. 121–126.

Stumme Wolfgang, Gemeinsamkeit musikalischer Aufgaben. In: Wolfgang Stumme (Hg.), Musik im Volk. Grundlagen der Musikerziehung. Berlin–Lichterfelde 1939, S. 9–17.

Stumme Wolfgang (Hg.), Junge Gefolgschaft. Neue Lieder der Hitler-Jugend. Wolfenbüttel und Berlin 1938, S. 50.

Stumme Wolfgang (Hg.), Musik im Volk. Grundlagen der Musikerziehung. Berlin-Lichterfelde 1939.

Stumme Wolfgang, Musik in der Hitler-Jugend. In: Wolfgang Stumme (Hg.), Musik im Volk. Grundlagen der Musikerziehung. Berlin-Lichterfelde 1939, S. 17–31.

Stumme Wolfgang, Musik und Volk. In: Musik und Volk, 3. Jg. (1935), S. 4–7.

Stumme Wolfgang, Musikerziehung der deutschen Jugend. Wolfenbüttel und Berlin 1939.

Stumme Wolfgang, Musikpolitik als Führungsaufgabe. In: Musik in Jugend und Volk, 6. Jg. (1943), S. 14–19.

Stumme Wolfgang, Musikschulen für Jugend und Volk. In: Musik in Jugend und Volk, 1. Jg. (1937/38), S. 314–320.

Stumme Wolfgang, Planung der Musikerziehung in der Hitlerjugend. In: Musik und Volk, 4. Jg. (1936/37), S. 202–214.

Stumme Wolfgang, Über die Ausbildung von Musikerziehern und die Sorge um den Nachwuchs. In: Musik im Unterricht, 55. Jg. (1964), H. 10, S. 289–294.

Stumme Wolfgang, Warum eigentlich Musikschulen? In: Musik in Jugend und Volk, 2. Jg. (1939), S. 147–150.

Stumme Wolfgang, Was der Führer der Einheit vom Singen wissen muß. Eine erste musikalische Hilfe für Jugendführer und Laiensingwarte. Wolfenbüttel 1943.

Stumme Wolfgang, Wege zur Gemeinschaftsarbeit der Musikerzieher in der Schule und Hitlerjugend. In: Völkische Musikerziehung, 4. Jg. (1938), S. 140–145.

Sturzbecher Ursula, Das große Fragezeichen hinter einer gesellschaftlichen Funktion der Musik. In: Melos, 39. Jg. (1972), H. 3, S. 142–149.

Sulz Josef, Zum Problem der Vermittlung politisch engagierter Musik im schulischen Musikunterricht. In: Musikerziehung. Zeitschrift der Musikerzieher Österreichs. Organ der AGM, 41. Jg. (1987/88), S. 165–172.

Suppan Wolfgang, Biologische und kulturelle Bedingungen des Musikgebrauchs. In: Universitas. Zeitschrift für Wissenschaft, Kunst und Literatur, 37. Jg. (1982), H. 12, S. 1279–1284.

Suppan Wolfgang, Biologische und kulturelle Bedingungen des Musikgebrauchs. In: Kongreßbericht Bayreuth, Kassel u.a. 1984.

Suppan Wolfgang, Der musizierende Mensch. Eine Anthropologie der Musik (= Sigrid Abel-Struth (Hg.), Musikpädagogik. Forschung und Lehre, 10). Mainz–London–New York–Tokyo 1984.

Suppan Wolfgang, Ethnohistorische und kulturpolitische Anmerkungen zum Musik-Politik-Verhältnis. In: Geschichte und Gegenwart, (1983), 2, S. 100–115.

Suppan Wolfgang, Mitsingen heißt, dem Teufel den kleinen Finger reichen (Konrad Lorenz). In: Musik und Bildung, 19. Jg. (1987).

Suppan Wolfgang, Musica Humana (= Berthold Sutter u. a. (Hg.), Forschen–Lehren–Verantworten. Festgaben zur Vierhundertjahrfeier der Karl-Franzens-Universität Graz). Wien–Köln–Graz 1986.

Suppan Wolfgang, Steirisches Musiklexikon. Graz 1962–1966.

Tag der Musik im Kreis Mürzzuschlag. In: Tagespost (Graz), obersteirische Ausgabe vom 24. 11. 1940, S. 5.

Täubl Hans, Peter Rosegger und die Musikschule Krieglach. In: Titz Walter, Das Steirische Musikschulwerk (= Walter Wünsch (Hg.), Veröffentlichung des Institutes für Musikfolklore und des Archives für das Steirische Musikschulwerk an der Akademie für Musik und darstellende Kunst in Graz, 2). Graz 1967, S. 73–75.

Tauscher Hildegard, Musikerziehung und Psychologie. In: Musikunterricht, 4. Jg. (1949), H. 9, S. 181.

Thomas Kurt, Ein Baustein zur neuen Musikerziehung. Das musikalische Gymnasium. In: Allgemeine Musikzeitung, 66. Jg. (1939), S. 514.

Thomas Walter, Musikerziehung im Neubau der höheren Schulen. In: Leipziger Neueste Nachrichten vom 26. 9. 1938.

Titz Walter, Das Steirische Musikschulwerk (= Walter Wünsch (Hg.), Veröffentlichung des Institutes für Musikfolklore und des Archives für das Steirische Musikschulwerk an der Akademie für Musik und darstellende Kunst in Graz, 2). Graz 1967.

Titz Walter, Siebzig Jahre Städtische Musikschule Knittelfeld. In: Titz Walter, Das Steirische Musikschulwerk (= Walter Wünsch (Hg.), Veröffentlichung des Institutes für Musikfolklore und des Archives für das Steirische Musikschulwerk an der Akademie für Musik und darstellende Kunst in Graz, 2). Graz 1967, S. 63–70.

Tochoepe W., Musikleben seit dem Umbruch. In: Großdeutsche Reichsbühne, o. Jg. (1939), H. 13, S. 36.

Tolle Wilhelm, Musik und Heimat. In: Völkische Musikerziehung, 4. Jg. (1938), S. 432–437.

Tomas F., Das Reichsmusikschulungslager 1943. In: Musik in Jugend und Volk, 7. Jg. (1944), S. 9.

Tomschitz Rudolf, Die Musikschule in Hartberg. In: Titz Walter, Das Steirische Musikschulwerk (= Walter Wünsch (Hg.), Veröffentlichung des Institutes für Musikfolklore und des Archives für das Steirische Musikschulwerk an der Akademie für Musik und darstellende Kunst in Graz, 2). Graz 1967, S. 52–54.

Trautner Günther, Die Musikerziehung bei Fritz Jöde. Diss. Wolfenbüttel 1968.

Treml Sigfried, Pflege deutschen Geist und Wesens. In: Marburger Zeitung vom 10./11. 4. 1941.

Tschoepe W., Wehrgeistige Erziehung im Unterricht. In: Der deutsche Erzieher, Beilage: Der Erzieher im Donauland (jetzt: Mitteilungsblatt des NSLB), 1940, S. 30.

Twittenhof Wilhelm, Die Lehrgänge für Jugend- und Volksmusikleiter, In: Musik in Jugend und Volk, 3. Jg. (1940), S. 126–132.

Twittenhof Wilhelm, Fünf Minuten Politik . . . Ein Beitrag zur Frage der Musik als einer Angelegenheit der Öffentlichkeit. In: Musik im Unterricht, 45. Jg. (1954), H. 12, S. 349ff.

Twittenhof Wilhelm, Musikalische Erneuerungsbewegungen an dem Geiste der Jugend. In: Das Werk (= Monatsblatt der Siemens-Rheinelbe-Schukkert-Union), 10. Jg. (1930), S. 130.

Twittenhof Wilhelm, Musikarbeit in der HJ. In: Neues Musikblatt, 15. Jg. (1936), H. 19, S. 1.

Twittenhof Wilhelm, Vom Wandel der Musikerziehung. In: Musik in Jugend und Volk, 4. Jg. (1941), S. 29–32.

Twittenhoff Wilhelm, Rhythmische Erziehung. In: Wolfgang Stumme (Hg.), Musik im Volk. Grundlagen der Musikerziehung. Berlin–Lichterfelde 1939, S. 193–206.

Über den Zusammenhang von Politik und Kunst. Lillingen-Schwenningen 1984.

Übernahme der Landesmusikschule durch den Gau. In: Kleine Zeitung (Graz) vom 26. 10. 1939, S. 5.

Uiberreither Siegfried, Das Genie schafft für das ganze Volk. Rede des Gauleiters zur Semestereröffnung des Steirischen Musikschulwerkes. In: Zeitschrift für Musik, 107. Jg. (1940), H. 11, S. 677–680.

Uiberreither Siegfried, Zum Geleit. Rede des Gauleiters und Reichsstatthalters zur Eröffnung des Wintersemesters 1940/41 der Staatlichen Hochschule für Musikerziehung am 15. 9. 1940. In: Das Joanneum III, Graz 1940, S. 5ff.

Ullmann V., Musik und Staat. In: Auftakt, o. Jg. (1937), H. 17, S. 97.

Unger H., Gibt es demokratische Musik? In: Österreichische Rundschau, 17. Jg. (1921), S. 449.

Unger H., Musikalische Ziele und Aufgaben. In: Völkischer Beobachter vom 4. 5. 1933.

Unger H., Schulmusik und Privatmusiklehrer. In: Zeitschrift für Musik, 105. Jg. (1938), S. 368–375.

Unger H., Zerstörung der deutschen Musik. In: Deutsches Volkstum, o. Jg. (1931), S. 44.

Unsere Musikkultur soll das ganze Volk erfassen. In: Westdeutscher Beobachter, Morgenausgabe vom 9. 6. 1941.

Valentin Erich, Kriegerische Musik großer Meister. Vorwort zum gleichnamigen Konzert am 20. 2. 1944 in Graz.

Valentinitsch Helfried/Bouvier Friedrich (Hg.) Graz 1938. (= Historisches Jahrbuch der Stadt Graz, 18/1). Graz 1988.

Verwirklichung einer großen kulturellen Planung. In: Tagespost (Graz) vom 16. 6. 1939, S. 9.

Verzeichnis jüdischer und nichtarischer Komponisten. Hg. vom Gaupropagandaamt Steiermark, Hauptstelle Kultur. Graz 1938.

Viel M. J., Musik und schlechte Zeiten. In: Der Standpunkt, (1948), H. 3/4, S. 29–30.

Vogel Heinrich, Musikschulen für Jugend und Volk – ein Bericht. In: Musik in Jugend und Volk, 2. Jg. (1939), S. 381–384.

Vogts Werner, Musikarbeit in der Hitlerjugend. In: Völkische Musikerziehung, 4. Jg. (1938), S. 168–170.

Volek Tomislav, Einige Bemerkungen zum Thema Musik und Politik vom anthropologischen Gesichtspunkt. In: Stephan Rudolf (Hg.). Über Musik und Politik. Neun Beiträge (= Veröffentlichung des Inst. für neue Musik und Musikerziehung, 10). Mainz 1972.

Volkmar H. (Pseudonym für Suette Hugo), Untersteier, die deutsche Südostmark. Deutschlandsberg 1934.

Vötterle Karl, Antwort an Helmut Seifert, „Die Singbewegung in ihrer Zeit". In: Die Sammlung, 14. Jg. (1959), S. 161–163.

Wachenfeld Karl Heinz, Das neue Musikrecht. In: Deutsches Kulturrecht, o. Jg. (1936), S. 33–42.

Waggerl Karl Heinrich, Marschmusik. In: Programm zum Konzert „Kriegerische Musik großer Meister" am 20. 2. 1944 in Graz.

Waldmann Guido (Hg.), Rasse und Musik. Berlin–Lichterfelde 1939.

Waldmann Guido, Das politische Lied der Grenz- und Volksdeutschen. In: Musik in Jugend und Volk, 3. Jg. (1940), S. 74–78.

Waldmann Guido, Volkserzieherische Aufgaben des Rundfunks. In: Wolfgang Stumme (Hg.), Musik im Volk. Grundlagen der Musikerziehung. Berlin–Lichterfelde 1939, S. 268–279.

Walendy Udo, Die Methoden der Umerziehung. Richmond 1976.

Walter Anton, Die Ausbildung der Leiter von Sing- und Spielscharen. In: Völkische Musikerziehung, 8. Jg. (1942), S. 82ff.

Walter Anton, Musikorganisation und Staat. In: Melos, o. Jg. (1933), S. 61–64.

Walter Bruno, Von den moralischen Kräften der Musik. Stuttgart 1987.

Walther Kurt, Der Musikunterricht im Dienste der wehrgeistigen Erziehung. In: Völkische Musikerziehung, 7. Jg. (1941), S. 2–5.

Wamlek Hans, . . . und jeder, der Einblick genommen hat (Lieder der NS-Bewegung im Konservatorium). In: Joanneum III, S. 33.

Wamlek Hans, 125 Jahre Musikverein für Steiermark. Ein Stück lebensvoller Musikgeschichte. In: Zeitschrift für Musik, 107. Jg. (1940), H. 11, S. 690–692.

Wamlek Hans, 125 Jahre Musikverein für Steiermark. In: Zeitschrift für Musik, 107. Jg. (1940), S. 690.

Wamlek Hans, Aus der Musikgeschichte der Steiermark. In: Musikalmanach und Sängeralmanach Österreichs, 1. Jg. (1937), S. 140–144.

Wamlek Hans, Der Lehrer und die Musik in der Steiermark. Zeitungsausschnitt o. O., o. J. (Steiermärkisches Landesarchiv, Bd. 4, Nr. 665).

Wamlek Hans, Gauleiter Uiberreither bei der Eröffnung der steirischen Musikschulen. In: Tagespost (Graz), Morgenblatt vom 17. 12. 1938, S. 5.

Warum Musikschulen für Jugend und Volk? In: Königsberger Allgemeine Zeitung vom 23. 7. 1938.

Weber Ludwig, Musik als menschenerziehende und volkheitsschaffende Macht. In: Musikpflege, 6. Jg. (1936), S. 415ff.

Weber Max, Die rationalen und soziologischen Grundlagen der Musik. Mit einer Einleitung von Th. Kroyer. München 1924. Neuauflage (= Uni-Taschenbücher, 122). Tübingen 1972.

Weber Max, Gesammelte Aufsätze zur Wissenschaftslehre. Tübingen 1973.

Weber Max, Wirtschaft und Gesellschaft. Grundrisse der verstehenden Soziologie. Tübingen [5]1976.

Weitzsäcker Richard von, Die Bedeutung der Musik für Kultur und Erziehung. In: Württembergische Blätter für Kirchenmusik, 52. Jg. (1985), H. 6, S. 184–188.

Weitzsäcker Richard von, Die politische Kraft der Kultur. Reinbeck bei Hamburg 1987.

Weller Albert, Industrielle Revolution in der Musik. Zur „Musiksoziologie". In: Musik im Unterricht, 53. Jg. (1962), H. 6, S. 161–167.

Wer ist zur Musikausübung berechtigt? In: Die Musik, 27. Jg. (1937), S. 615.

Werle H., Erneuerung der deutschen Schul- und Volksmusik. In: Deutsche Lehrerzeitung, Beilage: Erziehung und Bildung, 13. Jg. (1933), S. 57.

Werle H., Musikpolitik des Nationalsozialismus im Kriege. In: Gut Ton, 27. Jg. (1940), S. 17.

Werle H., Volksstaat und Volksmusikschulen. In: Berliner Tagblatt vom 1. 3. 1923.

Werner Gerhard (Pseudonym für Carsanjen Helmut), Volkstum und Sprache in der Untersteiermark. Leipzig 1935.

Werner Hans, Die Musikerziehung in den neuen Ostgebieten. In: Völkische Musikerziehung, 7. Jg. (1941), S. 300–302.

Wessely Othmar, Die Entwicklung der Musikerziehung in Österreich. In: Musikerziehung, 6. Jg. (1952/53), S. 325–330.

Westphal Kurt, Musikkritik und Musikpolitik. In: Schweizer Musikzeitung, 70. Jg. (1930), S. 6–9.

Wetchy O., Wie und wodurch wirkt das musikalische Kunstwerk? In: Der getreue Eckhart, 8. Jg. (1930), S. 80.

Wie der Marxismus die deutsche Musik vernichtete. In: Völkischer Beobachter vom 7./8. 9. 1930.

Wilbert Hermann Josef, Musik und Weltbild. In: Stimmen der Zeit. Monatsschrift für das Geistesleben der Gegenwart, 102. Jg. (1970), Bd. 195, H. 5, S. 345–350.

Wiler K., Nur Musik?, In: Das Volksspiel, 9. Jg. (1933), S. 63.

Wille Günther, Musica romana. Die Bedeutung der Musik im Leben der Römer. Amsterdam 1967.

Winckler Lutz, Studie zur gesellschaftlichen Funktion faschistischer Sprache. Frankfurt/Main 1970.

Wiora Walter, Der musikalische Ausdruck von Ständen und Klassen in eigenen Stilen. In: International Review of the Aesthetics and Sociology of Music, 5. Jg. (1974), H. 1, S. 91–112 u. Jg. (1975), H. 1, S. 100–101.

Wiora Walter, Über den Anteil der Musik an den Zeitstilen der Kultur. In: Musik und Bildung. Zeitschrift für Theorie und Praxis der Musikerziehung, 68. Jg. (1977), H. 2, S. 65–71.

Wir wollen euch in eine schönere Zukunft führen. Bundesführer Steindl sprach auf einer Großkundgebung in Trifail. In: Marburger Zeitung vom 10. 8. 1941.

Wirth Günther, Verbotene Kunst 1933–1945. Stuttgart 1988. Zündende Lieder – verbrannte Musik, Folgen des Nationalsozialismus für Hamburger Musiker und Musikerinnen. Katalog zur Ausstellung in Hamburg im November/Dezember 1988. Herausgegeben von der Projektgruppe Musik und Nationalsozialismus. Hamburg 1988.

Wolf-Cerutti H., Zur Frage der musikalischen Umerziehung. In: Musikblätter, o. Jg. (1948), N. 11, S. 6–8.

Wolff Frank, Alter Wein in neuen Schläuchen. In: Leukert Bernd (Hg.), Thema: Rock gegen Rechts. Musik als politisches Instrument. Frankfurt/Main 1980. S. 97–103.

Worbs E., Musik als geistig erziehende Macht. In: Die Volksschule, o. Jg. (1922), S. 197–206.

Wörner Karl, Kunst und Politik. Politik und Kunst. In: Signale für die musikalische Welt, 91. Jg. (1933), S. 197.

Wulf Joseph, Musik im Dritten Reich. Eine Dokumentation. Frankfurt/Main 1983.

Wünsch Ria, Die Musikschule in Gratkorn. In: Titz Walter, Das Steirische Musikschulwerk (= Walter Wünsch (Hg.), Veröffentlichung des Institutes für Musikfolklore und des Archives für das Steirische Musikschulwerk an der Akademie für Musik und darstellende Kunst in Graz, 2). Graz 1967, S. 46–47.

Wünsch Walter, Das steirische Musikschulwerk. In: Die Musik, 32. Jg. (1940), S. 241.

Wünsch Walter, Das steirische Musikschulwerk. In: Kontakte, o. Jg. (1962), S. 245–246.

Wünsch Walter, Südslawische Volksmusik. In: Wünsch Walter, Vorwort zu: Titz Walter, Das Steirische Musikschulwerk (= Walter Wünsch (Hg.), Veröffentlichung des Institutes für Musikfolklore und des Archives für das Steirische Musikschulwerk an der Akademie für Musik und darstellende Kunst in Graz, 2). Graz 1967, S. 10.

Wyneken Gustav, Grundsätzliches zur Führerfrage. In: Musikalische Jugendkultur, o. Jg. (1918), S. 73ff.

Wyneken Gustav, Musikalische Weltanschauung. München 1948.

Young J. Bradford, The great abuse of music. In: fonlis artis musicae, 32. Jg. (1985), N. 3, S. 148–152.

Zak Sabine, Musik als Ehr und Zier. Neuss 1979.

Zander Otto, Musische Jugend. In: Das Reich vom 5. 10. 1941.

Zentner Christian, Adolf Hitlers „Mein Kampf". Eine kommentierte Auswahl. München 1974.

Zentner Christian/Friedemann Bedürftig, Das große Lexikon des Dritten Reiches. München 1985.

Zeyringer Franz, Geschichte der Volks-Musikschule Pöllau. In: Titz Walter, Das Steirische Musikschulwerk (= Walter Wünsch (Hg.), Veröffentlichung des Institutes für Musikfolklore und des Archives für das Steirische Musikschulwerk an der Akademie für Musik und darstellende Kunst in Graz, 2). Graz 1967, S. 101–103.

Zimmerschied Dieter, Musik als Manipulationsfaktor. Bericht über ein Unterrichtsmodell. In: Musik und Bildung. Zeitschrift für Theorie und Praxis der Musikerziehung, 63. Jg. (1972), H. 2, S. 80–84.

Zimniak H., Das deutsche Musikleben im Reichsgau Wartheland (1939–1945). In: Polnische Weststudien, Bd. 2, (1983), H. 2, S. 231–260.

Zur festlichen Eröffnung der Staatlichen Hochschule für Musikerziehung in Graz durch Reichsminister Bernhard Rust. o. O. (Graz) 1940.

3000 Schüler im Musikschulwerk. Das Programm des Steirischen Musikschulwerkes im Sommersemester 1940. Tagespost (Graz), obersteirische Ausgabe vom 16. 4. 1940, S. 6 und Kolportage-Ausgabe dess. Datums.

7. Quellen

7.1 Benützte Archive

Archiv der Hochschule für Musik und darstellende Kunst in Graz
Archiv der Musikschule Köflach
Archiv der Musikschule Leoben
Archiv der Musikschule Voitsberg
Archiv des Musikvereins für Steiermark in Graz
Archiv der Stadtgemeinde Mürzzuschlag
Archiv des Steirischen Landeskonservatoriums in Graz

Archiv SR Slovenije in Ljubljana
Berlin Document Center in Berlin
Deutsches Bundesarchiv in Koblenz
Deutsches Volksliedarchiv in Freiburg
Österreichisches Staatsarchiv / Allgemeines Verwaltungsarchiv in Wien
Steiermärkisches Landesarchiv in Graz

7.2 Benützte Privatbestände

Johanna Blum, Bolzano
Eva Gmeindl-Pokorny, Ottobrunn
Gerti Kaan, Graz
Ilse Kelbetz, Graz
Walter Kolneder, Karlsruhe
Elisabeth Mirtl-Logar, Graz
Klaus Oberborbeck, Hannover

Karl Romich, Köflach
Fritz Schaarschmidt, Solingen
Elisabeth Stekl, Graz
Wolfgang Suppan, Graz / Pürgg
Heli Steinbäcker, Graz
Erna Schlenz, Graz

7.3 Interviewte Zeitzeugen

Johanna Blum, Bolzano (22. 10. 1987)
Eva Gmeindl-Pokorny, Ottobrunn (16. 10. 1987)
Emmi Hofer, Graz (15. 1. 1988)
Gerti Kaan, Graz (29. 8. 1988)
Walter Kainz, Köflach (15. 2. 1988)
Ilse Kelbetz, Graz (21. 1. 1988)
Walter Kolneder, Karlsruhe (18. 2. 1988)
Elisabeth Mirtl-Logar, Graz (1. 12. 1987)
Egon Nesitka, Leoben (3. 11. 1987)

Werner Pucher, Leoben (26. 2. 1988)
Helga Reiser, Graz (12. 11. 1987)
Inge Reiser, Graz (12. 11. 1987)
Karl Romich, Köflach 15. 2. 1988)
Fritz Schaarschmidt, Solingen (19. 2. 1988)
Erna Schlenz, Graz (19. 1. 1988)
Heli Steinbäcker, Graz (22. 1. 1988)
Elisabeth Stekl, Graz (23. 1. 1989)
Traute Wagner (26. 1. 1988)

7.4 Schriftliche Mitteilungen von Zeitzeugen

Werner Baarts, Schwenningen
Anneliese Bones-Burgsmüller, Moers
Annemarie Brodrück, Schwarzenberg
Helene Dießner, Duderstadt
Hedwig Ebermann, Linz
Ursula Friedrich, Coburg
Irene Grohe, Bruneck
Anna Haberzettl, Wels
Prof. Dr. Josef Friedrich Doppelbauer, Salzburg
Franz Maria Kapfhammer, Graz
Hans Kracke, Frankfurt/Main
Hanswerner Lantz, Saarbrücken
Elisabeth Löbmann, München
Otti Mletzko, Villach
Ilse Münnich, Bremen

Dr. Klaus Oberborbeck, Hannover
Edith Other-Dörre, Dresden
Therese Pömsl, München
Wilma Preuß-Jessen, Wyk a. Föhr
Prof. Gerd Reinfeld, Bremen
Emmi Reintges, Essen
Irmgard Schönauer, Münster
Joseph Schröcksnadel, Kirchberg/M.
Anneliese Steffens, Großhansdorf
Ursula Steinecke, Lübeck
Roselind Voelskow-Krebs, Schönau im Schwarzwald
Anna Weilharter, Krieglach
Ursula Wiegand, Trier
Sina Winekamp-Sawade, Herford
Ilse Wresounig, Weißkirchen

8. Anmerkungen

1. Ernst Topitsch, Es gibt keine Krise der Parteien und der Politik. In: Conturen 6, Feber 1985, Nr. 18 A, S. 48.

2. Leider ist das in Rede stehende „politicum"-Heft ohne einschlägige Fachkenntnis erstellt worden. Es trifft nicht zu, daß „das Thema zu unbeackert, zu wenig aufgearbeitet" (Hg. S. 1) sei. Wie obige Zitate zeigen, ist bereits in den Alten Hochkulturen über Musik-Politik-Beziehungen nachgedacht worden – und auch in der abendländischen Geschichte finden sich zahlreiche Zeugnisse dafür. Daß gerade in Graz, wo das Institut für Musikethnologie einen seiner Forschungsschwerpunkte dem Thema widmet (und der Verf. dieses Vorwortes für das in Anm. 4 gen. Buch „Der musizierende Mensch" mit einem wesentlichen Musik-Politik-Kapitel den Forschungspreis des Landes Steiermark erhielt), dieses „politicum"-Heft erscheinen konnte, mutet seltsam an. – Zu dem „politicum"-Heft vgl. auch Salzburger Nachrichten, 4. April 1990, S. 14.

3. Hans Oesch u. a., Der chinesische Kulturbereich. In: Außereuropäische Musik I, Laaber 1984 (Neues Handbuch der Musikwissenschaft 8), S. 27.

4. Dazu Verf., Ethnohistorische und kulturpolitische Anmerkungen zum Musik-Politik-Verhältnis. In: Geschichte und Gegenwart 2, Graz 1983, S. 100–115; Der musizierende Mensch. Eine Anthropologie der Musik, Mainz–London–New York–Tokio 1984; Musica humana. Die anthropologische und kulturethologische Dimension der Musikwissenschaft. Wien–Köln–Graz 1986.

5. Zitate nach dem in Anm. 2 angezeigten Bericht.

6. Georg Picht, Wozu braucht die Gesellschaft Musik? In: Referate – Informationen 22, November 1972, S. 35–39; sowie in den folgenden Heften ders. Schriftenreihe des Deutschen Musikrates.

7. Vgl. Mitteilungen des Steirischen Tonkünstlerbundes, Nr. 67, April–Juni 1976; Nr. 68/69, Oktober 1976–März 1977.

8. Weitere einschlägige Zitate im Aufsatz des Verf.: Menschen- und/oder Kulturgüterforschung (?). Über den Beitrag der Musikwissenschaft zur Erforschung menschlicher Verhaltensformen. In: Hamburger Jahrbuch für Musikwissenschaft 9 = Karbusicky-Festschrift, 1986, S. 37–66.

9. Wolfgang Suppan, „Mitsingen heißt, dem Teufel den kleinen Finger reichen" (Konrad Lorenz). In: Musik und Bildung 19, 1987, S. 636–641.

10. Irenäus Eibl-Eibesfeldt, Die Biologie des menschlichen Verhaltens. Grundriß der Humanethologie. München–Zürich 1984, S. 850.

11. Constantin Floros, Musik als Botschaft. Wiesbaden 1989, S. 9.

12. Hans Werner Henze, Exkurs über den Populismus. In: ders. (Hg.), Zwischen den Kulturen. Neue Aspekte der musikalischen Ästhetik I. Frankfurt am Main 1979, S. 29f.

13. Kleine Zeitung (Graz) vom 10. 4. 1990. S. 40.

14. Wolfgang Suppan, Der musizierende Mensch. Eine Anthropologie der Musik. (= Sigrid Abel-Struth, Musikpädagogik. Forschung und Lehre. Band 10). Mainz–London–New York–Tokyo 1984. S. 72.

15. Vgl. dazu: Wolfgang Laade, Musik der Götter, Geister und Dämonen. Der Musik der mythischen, fabulierenden und historischen Überlieferung der Völker Afrikas, Nordasiens, Amerikas und Ozeaniens (= Sammlung musikwissenschaftlicher Abhandlungen, 58). Baden-Baden 1975.

Suppan, Der Musizierende Mensch.

16. Suppan, Der musizierende Mensch, S. 32.

17. Suppan, Der musizierende Mensch, S. 69ff.

18. Werner Danckert, Musikgötter und Musikmythen Altchinas. In: Zeitschrift für Ethnologie, 88 (1963), S. 1. Zitiert nach: Suppan, Der musizierende Mensch, S. 66.

19. Herbert Albert, Die Lehre vom Ethos in der griechischen Musik. Leipzig 1899. Zitiert nach: Suppan, Der musizierende Mensch, S. 66.

20. Platon, Der Staat (Politeia). Übersetzt und herausgegeben von Karl Vretska. Stuttgart 1988.

21. Suppan, der musizierende Mensch, S. 67.

22. Platon, Der Staat (Politeia). Zitiert nach: Suppan, Der musizierende Mensch, S. 69f.

23. Karl Popper, der Zauber Platons. Bern 1957.

24. Günther Wille, Musica Romana. Die Bedeutung der Musik im Leben der Römer. Amsterdam 1967.

25. Otto Riemer, Einführung in die Geschichte der Musikerziehung (= Richard Schaal (Hg.), Taschenbücher zur Musikwissenschaft, 4). Wilhelmshaven 1970.

26. Isidor von Sevilla, Ethymologiae sive origines. Zitiert nach: Riemer, Einführung in die Geschichte der Musikerziehung.

27. Strohbach Hermann, Die Bauern sind aufrührig geworden. Lieder aus dem Bauernkrieg. In: Hermann Strohbach (Hg.) Der arm man 1525. Volkskundliche Studien (= Akademie der Wissenschaften der DDR, Zentralinstitut für Geschichte, Veröffentlichungen zur Volkskunde und Kulturgeschichte, 59). Berlin 1975.

28. Hermann Albert, Luther und die Musik (= Flugschrift der Luthergesellschaft). Wittenberg 1924.

29. Moser Dietz Rüdiger, Verkündigung durch Volksgesang. Studien zur Liedpropaganda und -katechese der Gegenreformation. Berlin 1981.

30. Suppan, Der musizierende Mensch, S. 26.

31. Eduard Hanslik. Vom Musikalisch-Schönen. Leipzig 1854.

32. Barbara James/Walter Moßmann, Glasbruch 1848. Flugblattlieder und Dokumente einer zerbrochenen Revolution. Darmstadt und Neuwied 1983.

33. Helmut Brenner, Stimmt an das Lied... Das große österreichische Arbeitersängerbuch. Graz 1986.

Inge Lammel, Arbeitermusikbewegung in Deutschland. Berlin 1976.

34. Hitler Adolf, Mein Kampf. München $^{265-269}$1937, S. 129 und S. 198.

35. Der neue Brockhaus. Allbuch in fünf Bänden und einem Atlas. Wiesbaden 1962.

36. Vgl. dazu: Josef Sulz, Zum Problem der Vermittlung politisch engagierter Musik im Schulischen Unterricht. In: Musikerziehung. Zeitschrift der Musikerzieher Österreichs. Organ der AGMÖ. 41. Jg. 1987/88, S. 165–173.

37. Herders Konversations-Lexikon. Freiburg im Breisgau. ^{3}1906.

38. John Blacking, Towards a Human Science of the Tonal Art: Anthropology and the Reintegration of Musicology. In: Tagungsbericht der 30. Weltkonferenz des International Council for Traditional Music (ICTM) in Schladming 1988 (Wolfgang Suppan (Hg.), Musikethnologische Sammelbände, 11). Tutzing 1991.

39. Helga de la Motte-Haber, Handbuch der Musikpsychologie. Laaber 1985, S. 233ff.

40. Erwin Schwarz-Reisingen, Neues Deutschland. Die bekanntesten Kampf- und Freiheitslieder. Bd. 1. Leipzig o. J., S. 12.

41. Wolfgang Stumme (Hg.), Junge Gefolgschaft. Neue Lieder der Hitler-Jugend. Wolfenbüttel und Berlin 1938, S. 50.

42. Wolfgang Steinitz, Deutsche Volkslieder demokratischen Charakters aus sechs Jahrhunderten (= Deutsche Akademie der Wissenschaften zu Berlin, Veröffentlichungen des Instituts für deutsche Volkskunde, Bd. 4/II), Bd. 2. Berlin 1962, S. 490ff.

43a. Österreichische Kinderfreunde (Hg.), Unser Lied. S. 42f.

43b. Fred K. Prieberg, Musik im NS-Staat. Frankfurt 1982, S. 349.

44. Helga de la Motte-Haber, Musikpsychologie. S. 233ff.

45. Vladimir Karbusicky, Lied in der Ideologie, Ideologie im Lied. Kulturanthropologische Strukturanalysen (= Ernst Klusen (Hg.), Musikalische Volkskunde. Materialien und Analysen. Schriftenreihe des Instituts für musikalische Volkskunde an der Pädagogischen Hochschule Rheinland/Abteilung Neuss. Bd. 2). Köln 1973, S. 24ff.

46. Vladimir Karbusicky, Grundriß der musikalischen Semantik (= Grundrisse, Bd. 7). Darmstadt 1986. S. VII.

47. Brenner, Stimmt an das Lied..., S. 53.

48. Christian Zenter/Friedemann Bedürftig, Das große Lexikon des Dritten Reiches. München 1985, S. 56.

49. Österreichische Arbeiter-Sängerzeitung, XIV Jahrgang (1915), Nr. 1 (154), S. 4.

50. Ebd.

51. Grunsky Carl, Richard Wagner und die Juden. München 1920.

52. Brenner, Stimmt an das Lied...

53. Hermann Strohbach, Die Bauern sind aufrührig worden. Lieder aus dem Bauernkrieg. In: Hermann Strohbach (Hg.), Der arm man 1525. Volkskundliche Studien (= Akademie der Wissenschaften der DDR, Zentralinstitut für Geschichte. Veröffentlichungen zur Volkskunde und Kulturgeschichte, 59). Berlin 1975, S. 239.

54. Wolfgang Steinitz, Deutsche Volkslieder demokratischen Charakters..., S. 70.

55. Brenner, Stimmt an das Lied . . ., S. 94ff.

56. Attila Csampai, Bela Bartok. In: Attila Csampai/Dietmar Hollan (Hg.), Der Konzertführer. Orchestermusik von 1700 bis zur Gegenwart. Reinbeck bei Hamburg ^{1}1987.

57. Gerhard von Westermann, Knaurs Opernführer. Eine Geschichte der Oper. München Zürich, 1957, 1969, S. 227.

58. 78. Verordnung der Bundesregierung vom 12. Februar 1934. In: Bundesgesetzblatt für die Republik Österreich, 34. Jg., 24. Stück vom 13. Februar 1934.

59. Richard Fränkel, Unsere Arbeitersänger im Lichte der Zahlen. Wien 1930.

60. Brenner, Stimmt an das Lied..., S. 160ff.

61. Meldung des Postenkommandanten des Gendarmeriepostens Steyr an den Sicherheitsdirektor des Bundeslandes Oberösterreich vom 11. Dezember 1934. Dokumentationsarchiv des Österreichischen Widerstandes in Wien.

62. Ina-Maria Greverus, Kulturelle Praxis und Identität. In: Wolfgang R. Langenbucher/Ralf Rytlewski und Bernd Weyergraf, Kulturpolitisches Wörterbuch. Bundesrepublik Deutschland/DDR im Vergleich. Stuttgart 1983, S. 347.

63. Suppan, Der musizierende Mensch, S. 69.

64. Vgl. dazu: Karl Rappold, Die Entwicklung des Männerchorwesens in der Steiermark (= Steirischer Tonkünstlerbund, Musik aus der Steiermark. Reihe 4: Beiträge zur steirischen Musikforschung, unter Leitung von Wolfgang Suppan, Bd. 4). Graz 1962.

65. Brenner, Stimmt an das Lied . . ., S. 54.

66. Moser, Verkündigung durch Volksgesang.

67. Der Koran. Das heilige Buch des Islam. Nach der Übertragung von Ludwig Ullmann neu bearbeitet und erläutert von L. W. Winter. München 1982, S. 150ff.

68. Lobgesang. Graz 1955, S. 3f.

69. Moser, Verkündigung durch Volksgesang, S. 361ff.

70. Philipp Harnoncourt, Gottesdienst, Kirchenmusik und Bildung. In: Otto Kolleritsch/Friedrich Körner (Hg.), Festschrift zum zehnjährigen Bestand der Hochschule für Musik und darstellende Kunst in Graz. Graz 1974, S. 137.

71. Österreichische Kinderfreunde (Hg.), Unser Lied, S. 18f.

72. Österreichische Kinderfreunde (Hg.), Unser Lied, S. 124.

73. Österreichische Kinderfreunde (Hg.), Unser Lied, S. 28.

74. Reinhard Schulz, Dimitiri Schostakowitsch. In: Attila Csampai/Dietmar Hollan (Hg.), Der Konzertführer. Orchestermusik von 1700 bis zur Gegenwart. Reinbeck bei Hamburg [1]1987, S. 1038.

75. Brenner, Stimmt an das Lied . . ., S. 41ff.

76. Brenner, Stimmt an das Lied . . ., S. 41ff.

77, 77a. Brenner, Stimmt an das Lied . . ., S. 41ff.

77b. Steinitz, Deutsche Volkslieder . . ., S. 50.

78. Strohbach, S. 239.

79. Erich Stockmann, Trommeln und Pfeifen im deutschen Bauernkrieg. In: Hermann Strohbach (Hg.), Der arm man 1525. Volkskundliche Studien (= Akademie der Wissenschaften der DDR/Zentralinstitut für Geschichte, Veröffentlichungen zur Volkskunde und Kulturgeschichte, 59). Berlin 1975, S. 294ff.

81. Suppan, Der musizierende Mensch . . ., S. 71.

82. Brenner, Stimmt an das Lied . . ., S. 8.

83. Henriette Kottlan-Werner, Kunst und Volk. David Josef Bach, 1874–1947. Wien 1977, S. 24.

84. Harald Kaufmann, Eine bürgerliche Musikgesellschaft. 150 Jahre Musikverein für Steiermark. Graz 1965.

85. Brenner, Stimmt an das Lied . . ., S. 57ff.

86. Günther Wille, Musica Romana. Die Bedeutung der Musik im Leben der Römer. Amsterdam 1967, S. 202ff.

87. Adler Wolfgang, Schlagerchronik: von 1892–1959; Zeittypische Musik des deutschsprachigen Raumes aus dem Bereich der Unterhaltung. [Sender Freies Berlin, Archivwesen HfK, Schall- und Notenarchiv]. Berlin 1987.

88. W. Berghahn, In der Fremde – Sozialpsychologische Notizen zum deutschen Schlager. In: Frankfurter Hefte, 17. Jg. (1962), H. 3, S. 193ff.

89. Suppan, Der musizierende Mensch, S. 70ff.

90. Suppan, der musizierende Mensch, S. 73.

91. Max Weber, Gesammelte Aufsätze zur Wissenschaftslehre. Tübingen [4]1973, S. 191.

94. Felix Oberborbeck, Landschaftlicher Musikaufbau, dargestellt am Beispiel der Steiermark. In: Zeitschrift für Musik. Monatsschrift für eine geistige Erneuerung der deutschen Musik, 107. Jg. (1940), Heft 11, S. 682.

95. Aktenvermerk von Josef Papesch vom 31. 5. 1939. Steiermärkisches Landesarchiv, Faszikel 373 Mu 49 1939.

96. Kaufmann, 150 Jahre Musikverein, S. 10ff.

97. Kaufmann, 150 Jahre Musikverein, S. 27.

98. Kaufmann, 150 Jahre Musikverein, S. 29f.

99. Ludwig Kelbetz, Aufbau einer Musikschule. Wolfenbüttel und Berlin 1938, S. 5f.

Die Balken symbolisieren die Schülerzahl folgender Jahre: 1819, 1821, 1824, 1827, 1830, 1853, 1860, 1870, 1877, 1883, 1889, 1890, 1894, 1896, 1898, 1900, 1907, 1914, 1917, 1919, 1922, 1925, 1927, 1930.

100. Ebd.

101. Steirisches Musikschulwerk/Staatliche Hochschule für Musikerziehung, Graz/Steirische Landesmusikschule, Graz/Steirische Musikschulen für Jugend und Volk. Erster Jahresbericht 1939/40. Graz 1940, S. 8.

102. Verordnung 78 der Bundesregierung vom 13. Februar 1934. Bundesgesetzblatt Jg. 1934, 24. Stück.

103. Undatiertes Konzept „Das steirische Musikschulwerk". Steiermärkisches Landesarchiv, Faszikel 373 Mu 49 1939.

104. Steirisches Musikschulwerk/Staatliche Hochschule für Musikerziehung, Graz/Steirische Landesmusikschule, Graz/Steirische Musikschulen für Jugend und Volk. Erster Jahresbericht 1939/40. Graz 1940, S. 53.

105. Friedrich Kelbetz, Musikerziehung in Österreich. In: Völkische Musikerziehung, 7. Jg. (1941), S. 160.

106. Ebd.

107. Rupert Doppelbauer, Die Volks-Musikschulen des steirischen Musikschulwerkes. Errungenes – Rückblick – Probleme. In: Festschrift der Akademie für Musik und darstellende Kunst in Graz. Graz 1963, S. 181.

108. Felix Oberborbeck, Das Steirische Musikschulwerk. Geschichte und Aufbau. In: Das Joanneum. Beiträge zur Naturkunde, Geschichte, Kunst und Wirtschaft des Ostalpenraumes. Bd. VII, Graz 1944, S. 80.

109. Nachrichten des Musikvereines für Steiermark. 119. Arbeitsjahr 1934/35. Österreichisches Staatsarchiv Wien. Allgemeines Verwaltungsarchiv, Faszikel 3239.

110. Friedrich Kelbetz, Musikerziehung in Österreich. Völkische Musikerziehung, 7. Jg. (1941), S. 160.

111. Sigfried Uiberreither, Das Genie schafft für das ganze Volk. In: Zeitschrift für Musik. Monatsschrift für eine geistige Erneuerung der deutschen Musik, 107. Jg. (1940), Heft 11, S. 677.

112. Ulrich Günther, Die Schulmusikerziehung von der Kestenberg-Reform bis zum Ende des Dritten Reiches. Ein Beitrag zur Dokumentation und Zeitgeschichte der Schulmusikerziehung mit Anregungen zu ihrer Neugestaltung. Neuwied am Rhein und Berlin 1967, S. 21.

113. Friedrich Reusch, Musik und Musikerziehung im Dienste der Volksgemeinschaft. Berlin 1938. Zitiert nach: Ulrich Günther, Die Schulmusikerziehung von der Kestenberg-Reform bis zum Ende des Dritten Reiches. Ein Beitrag zur Dokumentation und Zeitgeschichte der Schulmusikerziehung mit Anregungen zu ihrer Neugestaltung. Neuwied am Rhein und Berlin 1967, S. 41.

114. Reinhold Heyden, Ursprung und Gestaltung des Offenen Singens. In: Wolfgang Stumme (Hg.), Musik im Volk. Grundfragen der Musikerziehung. Berlin-Lichterfelde 1939, S. 329ff.

115. Günther, S. 40.

116. Inspektionsbericht Josef Lechtalers an das Bundesministerium für Unterricht vom 24. 2. 1936. Österreichisches Staatsarchiv Wien. Allgemeines Verwaltungsarchiv, Faszikel 3238.

117. Ludwig Kelbetz, Illegale Musikarbeit im Gebiet und Obergau Österreich. In: Völkische Musikerziehung, 1. Jg. (1938), S. 270ff.

118. Hans Wamlek, 125 Jahre Musikverein für Steiermark. Ein Stück lebensvoller Musikgeschichte. In: Zeitschrift für Musik. Monatsschrift für eine geistige Erneuerung der deutschen Musik, 107. Jg. (1940), Heft 11, S. 690.

119. Felix Oberborbeck, Landschaftlicher Musikaufbau, dargestellt am Beispiel der Steiermark. In: Zeitschrift für Musik. Monatsschrift für eine geistige Erneuerung der deutschen Musik,. 107. Jg. (1940), Heft 11, S. 682.

120. Disziplinarakt gegen Prof. Dr. Hans Kloepfer vom 21. 1. 1938. Steiermärkisches Landesarchiv, Faszikel 373 Li 4 1938.

121. Ebd.

122. Aktenvermerk vom 3. 2. 1938. Steiermärkisches Landesarchiv, Faszikel 373 Li 4 1938.

123. Josef Papesch, Vorschläge zum Aufbau des Musikerziehungswesens in der Steiermark. Denkschrift an den Gauleiter und Landeshauptmann vom 17. Juni 1938. Österreichisches Staatsarchiv Wien. Allgemeines Verwaltungsarchiv, Faszikel 3239.

124. Josef Papesch, Denkschrift des Musikvereins für Steiermark. Österreichisches Staatsarchiv Wien. Allgemeines Verwaltungsarchiv, Faszikel 3239.

125. Josef Papesch, Vorschläge zum Aufbau des Musikerziehungswesens in der Steiermark. Denkschrift an den Gauleiter und Landeshauptmann vom 17. Juni 1938. Österreichisches Staatsarchiv Wien. Allgemeines Verwaltungsarchiv, Faszikel 3239.

126. Wamlek, 125 Jahre Musikverein für Steiermark, S. 690.

127. Friedrich Kelbetz, Musikerziehung in Österreich. In: Völkische Musikerziehung, 7. Jg. (1941), S. 160.

128. Schreiben Hermann von Schmeidels an den Oberregierungskommissär Herbert Friedl in Radkersburg vom 10. 12. 1936. Steiermärkisches Landesarchiv, Faszikel 373 Mu 23 1937.

129. Bericht des Gendarmeriepostenkommandos Radkersburg an die Politische Expositur in Radkersburg vom 11. 1. 1937. Steiermärkisches Landesarchiv, Faszikel 373 Mu 23 1937.

130. Ebd.

131. Bericht des Gendarmeriepostenkommandos Radkersburg an den Amtsvorstand der Politischen Expositur in Radkersburg vom 10. 1. 1937. Steiermärkisches Landesarchiv, Faszikel 373 Mu 23 1937.

132. Schreiben des Präsidiums der Landeshauptmannschaft Steiermark an den Vorstand der Abteilung für Kunst und Wissenschaft vom 1. 3. 1937. Steiermärkisches Landesarchiv, Faszikel 373 Mu 23 1937.

133. Programm zum Weihnachtssingen in Radkersburg am 19. 12. 1936. Beilage zum Gendarmerieprotokoll. Steiermärkisches Landesarchiv, Faszikel 373 Mu 23 1937.

134. Ludwig Kelbetz, Das steirische Musikschulwerk. In: Das Joanneum. Beiträge zur Naturkunde, Geschichte, Kunst und Wirtschaft des Ostalpenraumes. 1. Bd. Graz 1940, S. 60.

135. Josef Papesch, Steirisches Musikschulwerk. In: Die Pause, 6. Jg. (1941), Heft 10, S. 26.

136. Ludwig Kelbetz, Illegale Musikarbeit im Gebiet und Obergau Österreich, S. 270ff.

137. Ebd.

138. Ebd.

139. Ebd.

140. Ebd.

141. Kaufmann, 150 Jahre Musikverein für Steiermark, S. 61.

142. Josef Papesch, Vorschläge zum Aufbau des Musikerziehungswesens in Steiermark. Denkschrift vom 17. 6. 1938. Österreichisches Staatsarchiv Wien. Allgemeines Verwaltungsarchiv, Faszikel 3239.

143. Hans Wamlek, 125 Jahre Musikverein für Steiermark. In: Das Joanneum. Beiträge zur Naturkunde, Geschichte, Kunst und Wirtschaft des Ostalpenraumes. Bd. III. Graz 1940, S. 33.

144. Ludwig Kelbetz, Aufbau einer Musikschule. Wolfenbüttel und Berlin 1938, S. 4.

145. Schreiben NSDAP Gau Steiermark an Staatskommissar Plattner vom 28. 9. 1938. Österreichisches Staatsarchiv Wien. Allgemeines Verwaltungsarchiv, Faszikel 3239.

146. Aktenvermerk von Josef Papesch vom 31. 5. 1939. Steiermärkisches Landesarchiv, Faszikel 373 Mu 49 1939.

147. Aktenvermerk von Josef Papesch vom 5. 4. 1939. Steiermärkisches Landesarchiv, Faszikel 373 Mu 49 1939.

148. Schreiben des Musikvereins an die Landeshauptmannschaft, Abteilung 11 vom 3. 4. 1939 sowie Amtsvermerk vom 29. 4. 1939. Steiermärkisches Landesarchiv, Faszikel 373 Mu 49 1939.

149. Amtsvermerk vom 29. 4. 1939. Steiermärkisches Landesarchiv, Faszikel 373 Mu 49 1939.

150. Schreiben der NSDAP Steiermark (Josef Papesch) an Staatskommissar Friedrich Plattner, Wien vom 28. September 1938. Österreichisches Staatsarchiv Wien. Allgemeines Verwaltungsarchiv, Faszikel 3239.

151. Schreiben von Kurt Pokorny an Landeshauptmannschaft, Abteilung 1 vom 4. 11. 1938. Steiermärkisches Landesarchiv, Faszikel 373 Mu 1944.

152. Schreiben von Ludwig Kelbetz an Felix Oberborbeck vom 9. 5. 1939. Steiermärkisches Landesarchiv, Faszikel 373 Mu 49 1939.

153. Aktenvermerk von Josef Papesch vom 8. 12. 1939. Steiermärkisches Landesarchiv, Faszikel 373 Mu 49 1939.

154. Aktenvermerk von Josef Papesch vom 8. 12. 1939. Steiermärkisches Landesarchiv, Faszikel 373 Mu 49 1939.

155. Aktenvermerk von Josef Papesch und Kurt Pokorny vom 12. 12. 1939. Steiermärkisches Landesarchiv, Faszikel 373 Mu 49 1939.

156. Ebd.

157. Hermann von Schmeidel, Der Musikverein für Steiermark. In: Das Joanneum. Beiträge zur Naturkunde, Geschichte, Kunst und Wirtschaft des Ostalpenraumes. Bd. VII (1944), S. 76.

158. Steirisches Musikschulwerk/Staatliche Hochschule für Musikerziehung, Graz/Steirische Landesmusikschule, Graz/Steirische Musikschulen für Jugend und Volk. Erster Jahresbericht 1939/40. Graz 1940, S. 53.

159. Amtsvermerk vom 29. 4. 1939. Steiermärkisches Landesarchiv, Faszikel 373 Mu 49 1939.

160. Undatiertes Konzept des Aufgabenbereiches des Musikvereins für Steiermark (unvollständig). Archiv des Musikvereins für Steiermark, und Hermann von Schmeidel, Der Musikverein für Steiermark. In: Das Joanneum. Beiträge zur Naturkunde, Geschichte, Kunst und Wirtschaft des Ostalpenraumes. Bd. VII (1944), S. 76.

161. Kaufmann, 150 Jahre Musikverein für Steiermark, S. 61.

162. Kurt Hildebrand Matzak, Die Kameradschaft steirischer Künstler und Kunstfreunde. In: Das Joanneum. Beiträge zur Naturkunde, Geschichte, Kunst und Wirtschaft des Ostalpenraumes. Bd. VII (1944), S. 71f.

163. Ludwig Kelbetz, Das Steirische Musikschulwerk. In: Das Joanneum. Beiträge zur Naturkunde, Geschichte, Kunst und Wirtschaft des Ostalpenraumes. Bd. I (1940), S. 59.

164. Akten des Stillhaltekommissars. Bestand Bürckel. Österreichisches Staatsarchiv Wien, Allgemeines Verwaltungsarchiv.

165. Brenner, Stimmt an das Lied..., S. 175ff.

166. Brenner, Stimmt an das Lied..., S. 175f.

167. 70 Jahre Chorvereinigung „Stahlklang". Unveröffentlichtes Manuskript, masch., o.O., o.J., S. 3. Archiv des AGV „Stahlklang" Kapfenberg.

168. Schreiben des Beauftragten des Stillhaltekommissars für Vereine, Organisationen und Verbände im Gau Steiermark an den Gesangverein „Eisenblüte", z. H. d. H. Engelbert Kranabether vom 23. Juni 1939, Archiv des Stadtchores Eisenerz.

169. Chronik des AGV „Stahlklang", unveröffentlichtes Manuskript, masch., Zeltweg 1982, S. 1. Archiv des AGV „Stahlklang" in Zeltweg.

170. Schreiben von Rupert Pötsch aus Wartberg an den Verfasser.

171. Gesetz zum Schutz des deutschen Blutes und der deutschen Ehre vom 15. 9. 1935. Reichsgesetzblatt I. S. 1146.

172. Chronik der Chorvereinigung „Nordbahnbund", S. 9. Archiv der Chorvereinigung „Nordbahnbund" in Wien.

173. Otto Krischke, Das Knittelfelder Volkskonzert. In: Das Joanneum. Beiträge zur Naturkunde, Geschichte, Kunst und Wirtschaft des Ostalpenraumes. Bd. VII, S. 349.

174. Undatiertes Konzept des Aufgabenbereiches des Musikvereins für Steiermark (unvollständig). Archiv des Musikvereins für Steiermark.
Hermann von Schmeidel, Der Musikverein für Steiermark. In: Das Joanneum. Beiträge zur Naturkunde, Geschichte, Kunst und Wirtschaft des Ostalpenraumes. Bd. VII (1944), S. 76.

175. Gesetz über das Vereinsrecht (Nr. 134) und Gesetz über das Versammlungsrecht (Nr. 135) vom 15. 11. 1867. In: Reichs-Gesetzblatt für das Kaiserthum Österreich, Jg. 1867.

176. Vgl. dazu die Diplomarbeiten am Institut für Musikethnologie der Hochschule für Musik und darstellende Kunst in Graz. In: Wolfgang Suppan (Hg.), Musikethnologische Sammelbände, Bd. 12, S. 257–284.

177. Matzak, Die Kameradschaft steirischer Künstler und Kunstfreunde, S. 71f.

178. Matzak, Die Kameradschaft steirischer Künstler und Kunstfreunde, S. 71.

179. Matzak, Die Kameradschaft steirischer Künstler und Kunstfreunde, S. 73.

180. Matzak, Die Kameradschaft steirischer Künstler und Kunstfreunde, S. 72.

181. Matzak, Die Kameradschaft steirischer Künstler und Kunstfeunde, S. 72.

182. Werkszeitung der Schoeller-Bleckmann Stahlwerke Aktiengesellschaft, 9. Jg. (1938), Heft 10/11, S. 103ff.

183. Werkszeitung der Schoeller-Bleckmann Stahlwerke Aktiengesellschaft, 12. Jg. (1941), Heft 7, S. 91.

184. Felix Oberborbeck, Landschaftlicher Musikaufbau, dargestellt am Beispiel der Steiermark. In: Zeitschrift für Musik. Monatsschrift für eine geistige Erneuerung der deutschen Musik, 107. Jg. (1940), Heft 11, S. 686f.

185. Österreichisches Staatsarchiv Wien. Allgemeines Verwaltungsarchiv, Faszikel 3239.

186. Oberborbeck, Landschaftlicher Musikaufbau in der Steiermark, S. 685.

187. Schreiben von Josef Papesch an den Gauleiter. Österreichisches Staatsarchiv, Allgemeines Verwaltungsarchiv, Faszikel 3239.

188. Interview des Verfassers mit Walter Kolneder vom 18. 02. 1988 in Karlsruhe sowie mit Ilse Kelbetz vom 21. 1. 1988 in Graz.

189. Steirisches Musikschulwerk. Erster Jahresbericht 1939/40, S. 7.

190. Ludwig Kelbetz, Aufbau einer Musikschule. Wolfenbüttel und Berlin 1938.

191. Schreiben von Josef Papesch an den Gauleiter und Landeshauptmann vom 17. 6. 1938. Steiermärkisches Landesarchiv, Faszikel 372/I MV 1941.

192. Ebd.

193. Ebd.

194. Ebd.

195. Ebd.

196. Ebd.

197. Zitiert nach dem Schreiben von Josef Papesch an den Gauleiter. Das zitierte Schreiben Ludwig Kelbetz' ist nicht auffindbar. Nach dem entsprechenden Akt des Ministeriums für innere und kulturelle Angelegenheiten (Geschäftszahl IV-4-37718-a vom 24. 10. 1938) ist der Bau des Hauses der Musikerziehung erst im Zuge des Ausbaues des Grazer Stadtbildes geplant. Österreichisches Staatsarchiv, Allgemeines Verwaltungsarchiv, Faszikel 3239.

198. Schreiben des Steiermärkischen Landesschulrates an das Ministerium für innere und kulturelle Angelegenheiten in Wien vom 6. 4. 1939. Österreichisches Staatsarchiv, Allgemeines Verwaltungsarchiv, Faszikel 3238.

199. Stellungnahme des Ministeriums für innere und kulturelle Angelegenheiten in Wien vom 10. 10. 1938. Österreichisches Staatsarchiv, Allgemeines Verwaltungsarchiv, Faszikel 3239.

200. Sitzungsbericht vom 30. 9. 1938. Steiermärkisches Landesarchiv, Faszikel 373 Mu 1944.

201. Schreiben von Gauleiter Sigfried Uiberreither an Staatskommissar Friedrich Plattner vom 3. 5. 1939. Österreichisches Staatsarchiv, Allgemeines Verwaltungsarchiv, Faszikel 3239.

202. Wolfgang Stumme, Die deutschen Musikschulen für Jugend und Volk. In: Internationale Zeitung für Erziehungswissenschaften (jetzt: Internationale Zeitung für Erziehung), 8. Jg. (1939), S. 342.

203. Fritz Jöde, Musikschulen für Jugend und Volk. Ein Gebot der Stunde. Wolfenbüttel 1924.

204. Ulrich Günther, Die Schulmusikerziehung von der Kestenbergreform bis zum Ende des Dritten Reiches. Ein Beitrag zur Dokumentation und Zeitgeschichte der Schulmusikerziehung mit Anregungen zu ihrer Neugestaltung. Neuwied–Berlin 1967, S. 60f.

205. Erlaß des Reichsministeriums für Wissenschaft, Erziehung und Volksbildung, Va 2820/38 WR, E (a) vom 10. 2. 1939 an die Unterrichtsverwaltungen der Länder, einschließlich Österreichs. Österreichisches Staatsarchiv, Allgemeines Verwaltungsarchiv, Faszikel 3238.

206. Runderlaß des Reichsministers für Wissenschaft, Erziehung und Volksbildung V a 2820/38, WR, E (a) vom 10. 2. 1939 und V a 3059 vom 18. 12. 1939 an die Regierungspräsidenten in Gumbinnen, Allenstein, Marienwerder, Potsdamm, Stettin, Schneidemühl, Breslau, Liegnitz, Oppeln, Magdeburg, Schleswig, Stade, Sigmaringen, den Stadtpräsidenten der Reichshauptstadt Berlin, das Bayerische Staatsministerium für Unterricht und Kultus, den Reichskommissar für die Wiedervereinigung Österreichs mit dem Deutschen Reich in Wien, den Reichsstatthalter in Sachsen, das Württembergische Kultusministerium, die Thüringische Ministerium für Volksbildung, den Reichsstatthalter in Hessen, den Reichsstatthalter in Hamburg, das Braunschweigische Ministerium für Volksbildung, das Ministerium für Kirchen und Schulen in Oldenburg, das Anhaltische Staatsministerium in Dessau, den Regierenden Bürgermeister in Bremen, den Reichsstatthalter in Lippe und Schaumburg Lippe in Detmold, die Schaumburg-Lippesche Landesregierung in Bückeburg, den Reichskommissar für das Saarland und den Reichsstatthalter in Reichenberg.

207. Schreiben des Reichskommissars für die Wiedervereinigung Österreichs mit dem Deutschen Reich an das Ministerium für innere und kulturelle Angelegenheiten in Wien vom 19. 10. 1938. Österreichisches Staatsarchiv Wien. Allgemeines Verwaltungsarchiv, Faszikel 3238.

208. Schreiben des Landeshauptmannes in Niederdonau an das Ministerium für innere und kulturelle Angelegenheiten in Wien vom 23. 1. 1940. Österreichisches Staatsarchiv Wien. Allgemeines Verwaltungsarchiv, Faszikel 3238.

Es handelt sich dabei um Musikschulen in folgenden Orten (* = noch nicht eröffnet): Amstetten*, Aschbach*, Baden*,

Berndorf*, Böheimkirchen, Bromberg, Deutsch Wagram, Drosendorf*, Drösing, Dürnkrut, Eggenberg, Eichgraben, Engerau*, Enzesfeld*, Frauenkirchen, Gänserndorf, Gföhl, Gloggnitz, Gmünd, Gold, Haag*, Hainburg, Hainfeld, Halbturn*, Heidenreichstein, Herzogenburg, Hofstetten, Hohenau, Hollabrunn, Horn, Nikolsburg, Kilb, Kirchberg am Wechsel, Korneuburg, Krems, Laa an der Thaya, Litschau, Lundenburg, Lutzmannsdorf, Mank, Mannersdorf, Mattersburg, Matzen*, Melk, Neulengbach, Neunkirchen, Neusiedl am See, Niederabsdorf, Ober-Grafendorf, Ober-Ölbling, Ober-Pullendorf, Pöchlarn*, Pyrawarth*, Rehberg, Reichenau*, Retz, Rohrendorf, St. Pölten, St. Valentin*, Scheibbs, Schrems, Seitenstetten*, Spitz an der Donau, Stockerau, Ternitz*, Traisen, Traismauer, Tulln, Waidhofen an der Thaya, Waidhofen, Weitra, Wiener Neustadt, Wullersdorf, Ybbs*, Zistersdorf, Znaim*, Zwettl.

209. Schreiben des Landeshauptmannes von Oberdonau an das Ministerium für innere und kulturelle Angelegenheiten in Wien vom 27. 1. 1940. Österreichisches Staatsarchiv Wien. Allgemeines Verwaltungsarchiv, Faszikel 3238.

   Es handelt sich dabei um Musikschulen in folgenden Orten: Altheim, Attnang-Puchheim, Bad Ischl, Braunau, Ebensee, Eferding, Gmunden, Grieskirchen, Kirchdorf a.d.K., Krummau a.d.M., Linz Stadt, Mattighofen, Mauerkirchen, Raab, Uttendorf, Vöcklabruck, Wels.

210. Schreiben des Landesschulrates für Kärnten an das Ministerium für innere und kulturelle Angelegenheiten in Wien vom 30. 1. 1940. Österreichisches Staatsarchiv Wien. Allgemeines Verwaltungsarchiv, Faszikel 3238.

   Es handelt sich um Musikschulen in folgenden Städten: Klagenfurt, Lienz, St. Veit an der Glan, Villach.

211. Schreiben des Landesschulrates für Tirol an das Ministerium für innere und kulturelle Angelegenheiten in Wien vom 19. 1. 1940. Österreichisches Staatsarchiv Wien. Allgemeines Verwaltungsarchiv, Faszikel 3238.

   Es handelt sich dabei um eine Musikschule in Innsbruck.

212. Schreiben des Landeshauptmannes von Salzburg an das Ministerium für innere und kulturelle Angelegenheiten in Wien vom 16. 1. 1940. Österreichisches Staatsarchiv Wien. Allgemeines Verwaltungsarchiv, Faszikel 3238.

213. Brief der NSDAP – Gau Steiermark (Josef Papesch) an Staatskommissar Friedrich Plattner vom 28. 9. 1938. Österreichisches Staatsarchiv, Allgemeines Verwaltungsarchiv, Faszikel 3239.

214. Die Neuordnung der Musikerziehung in Graz und Umgebung. Prospekt. Österreichisches Staatsarchiv, Allgemeines Verwaltungsarchiv, Faszikel 3239.

215. Es handelt sich dabei um die Musikschule Leoben.

   Felix Oberborbeck, Das Steirische Musikschulwerk. Geschichte und Aufbau. In: Das Joanneum VII. Graz 1944, S. 83.

216. Es handelt sich dabei um die Musikschule für Jugend und Volk Graz.

   Oberborbeck, Das Steirische Musikschulwerk. Geschichte und Aufbau, S. 83.

217. Oberborbeck, Das Steirische Musikschulwerk. Geschichte und Aufbau, S. 83.

218. Kelbetz Ludwig, Die steirischen Musikschulen für Jugend und Volk. Das erste Aufbaujahr 1938/39 (masch.).

219. Ebd., S. 8.

220. Ebd.

221. Ebd.

222. Aktenvermerk der Landeshauptmannschaft, Abteilung II vom 14. 9. 1939. Steiermärkisches Landesarchiv, Faszikel 372/I Sch 3 1944.

223. Steirisches Musikschulwerk. 1. Jahresbericht 1939/40, S. 80f.

224. Steirisches Musikschulwerk. Jahresbericht 1941/42.

225. Schreiben des Landesleiters der Reichsmusikkammer an den Präsidenten der Reichsmusikkammer Berlin vom 8. 3. 1943. Steiermärkisches Landesarchiv, Faszikel 372/I M 4 1941.

226. Steirisches Musikschulwerk. 1. Jahresbericht 1939/40, S. 80f.

227. Ebd.

228. Ebd.

229. Schreiben des Landesleiters der Reichsmusikkammer an den Präsidenten der Reichsmusikkammer Berlin vom 8. 3. 1943. Steiermärkisches Landesarchiv, Faszikel 372/I M 4 1941.

230. Steirisches Musikschulwerk. 1. Jahresbericht 1939/40, S. 80f.

231. Ebd.

232. Ebd.

233. Ebd.

234. Ebd.

235. Schreiben des Landesleiters der Reichsmusikkammer an den Präsidenten der Reichsmusikkammer Berlin vom 8. 3. 1943. Steiermärkisches Landesarchiv, Faszikel 372/I M 4 1941.

236. Ebd.

237. Steirisches Musikschulwerk. Jahresbericht 1941/42.

238. Wünsch Ria, Die Musikschule in Gratkorn. In: Titz Walter, Das Steirische Musikschulwerk (=Walter Wünsch (Hg.), Veröffentli-

chung des Institutes für Musikfolklore und des Archives für das Steirische Musikschulwerk an der Akademie für Musik und darstellende Kunst in Graz, 2). Graz 1967, S. 46.

239. Steirisches Musikschulwerk. Jahresbericht 1941/42.

240. Oberborbeck, Das Steirische Musikschulwerk. Geschichte und Aufbau, S. 79.

241. Oberborbeck, Das Steirische Musikschulwerk. Geschichte und Aufbau, S. 79.

242. Schreiben der Oberleitung des Steirischen Musikschulwerkes (Felix Oberborbeck) an den Reichsstatthalter, Abt. IId vom 20. 4. 44. Steiermärkisches Landesarchiv, Faszikel 372/I Sch 3 1944.

243. Ruppert Doppelbauer, Oberborbeck – Musikschulpläne und ihr Schicksal. In: Lot und Waage. Zeitschrift des Alpenländischen Kulturverbandes Südmark, 2. Jg. (1975), H. 11/12, S. 5.

244. Walter Titz, Das Steirische Musikschulwerk. (= Walter Wünsch (Hg.), Veröffentlichung des Institutes für Musikfolklore und des Archives für das Steirische Musikschulwerk an der Akademie für Musik und darstellende Kunst in Graz, 2). Graz 1967.

245. Schreiben des Reichsstatthalters von Oberdonau an die Reichsstatthalterei Steiermark, Unterabteilung IId vom 12. 12. 1940. Steiermärkisches Landesarchiv, Faszikel 373 Mu 49 1939.

246. Schreiben des Reichspropagandaamtes Frankfurt an Hans Holenia, Graz Burg vom 27. 5. 1941. Steiermärkisches Landesarchiv, Faszikel 372/I M 4 1941.

247. Schreiben der NSDAP-Hitlerjugend (Ludwig Kelbetz) an Landeshauptmannschaft (Kurt Pokorny) vom 8. 10. 1938. Steiermärkisches Landesarchiv, Faszikel 373, Steiermärkisches Landesarchiv, Faszikel 372/I Mu 44 1938.

248. Interview des Verfassers mit Walter Kolneder in Karlsruhe.

249. Gedächtnisprotokoll von Ludwig Kelbetz über die Verhandlungen in Judenburg und Knittelfeld vom 16. 8. 1939. Steiermärkisches Landesarchiv, Faszikel 372/I E 8 1941.

250. Schreiben von Ludwig Kelbetz an die Landeshauptmannschaft (Kurt Pokorny) vom 21. 12. 1939. Steiermärkisches Landesarchiv, Faszikel 372/I E 8 1941.

251. Schreiben des Männergesangvereines Birkfeld an das Hauptkulturamt Berlin, an den Gauleiter, Landrat und die Landesmusikschule vom 4. 11. 42. Steiermärkisches Landesarchiv, Faszikel 372/I B 4 1942.

252. Schreiben des Bürgermeisters von Mariazell vom 26. 10. 1943 an das Hochschulinstitut für Musikerziehung Graz-Eggenberg. Steiermärkisches Landesarchiv, Faszikel 372/I M 26 1943.

253. Schreiben der Oberleitung des Steirischen Musikschulwerkes (Felix Oberborbeck) an die Reichsstatthalterei, Abteilung IId vom 20. 4. 1944. Steiermärkisches Landesarchiv, Faszikel 372/I Sch 3 1944.

254. Schreiben des Bürgermeisters der Stadt Mürzzuschlag an den Landrat des Kreises Mürzzuschlag vom 20. 9. 1940. Steiermärkisches Landesarchiv, Faszikel 372/I M 1 1941.

255. Schreiben des Bürgermeisters der Stadt Mürzzuschlag an den Landrat des Kreises Mürzzuschlag vom 5. 3. 1941. Steiermärkisches Landesarchiv, Faszikel 372/I M 1 1941.

256. Bericht des Musikschulleiters von Mürzzuschlag vom 24. 3. 1941. Steiermärkisches Landesarchiv, Faszikel 372/I M 1 1941.

257. Gesamter Briefwechsel: Steiermärkisches Landesarchiv, Faszikel 372/I M 1 1941.

258. Günther, S. 61.

259. Vertrauliches Schreiben des Deutschen Gemeindetages an Regierungsdirektor Josef Papesch vom 2. 7. 1943. Steiermärkisches Landesarchiv, Faszikel 372/I M 4/1941.

260. Rundschreiben an die Landräte betreffend Erlaß über den Aufbau der Selbstverwaltungen der Musikschulen vom 30. 11. 1940. Steiermärkisches Landesarchiv, Faszikel 373 Mu 44 1940.

261. Vorläufige Dienstanweisung für die Leiter der Kreismusikschulen vom 7. 5. 1942. Steiermärkisches Landesarchiv, Faszikel 372/I K 3 1941.

262. Rundschreiben von Josef Papesch an die Landräte vom 21. 4. 1941. Steiermärkisches Landesarchiv, Faszikel 372/I K 3 1941.

263. Ebd.

264. Josef Papesch, Steirisches Musikschulwerk. In: Die Pause, 6. Jg. (1941), S. 29.

265. Undatierte (1942) Dienstanweisung für die Leiter der Steirischen Musikschulen für Jugend und Volk. Steiermärkisches Landesarchiv, Faszikel 372/I K 3 1941.

266. Kreismusikschulordnung der Kreismusikschule Mürzzuschlag (Formblatt). Steiermärkisches Landesarchiv, Faszikel 373 Mu 44 1938.

267. Führererlaß „Aktivierung der Dorfkultur" vom 31. 8. 1941. Steiermärkisches Landesarchiv, Faszikel 373 Mu 44 1939.

268. Franz Koringer, Musikschule Leibnitz. In: Titz, Das Steirische Musikschulwerk, S. 76.

269. Bericht über die Betreuung der Schüler durch Hitlerjugend und Volksbildungswerk. Steiermärkisches Landesarchiv, Faszikel 373 Mu 49 1939.

Diese Verpflichtung wurde auch in Werbeschriften und zahlreichen anderen Publikationen immer wieder betont. Vgl. dazu:

Ludwig Kelbetz, die steirischen Musikschulen für Jugend und Volk. Das erste Schuljahr 1938–39. In: Tagespost, obersteirische Ausgabe vom 14. 9. 1939, S. 7.

Ludwig Kelbetz, Das Steirische Musikschulwerk. In: Das Joanneum. Beiträge zur Naturkunde, Geschichte, Kunst und Wirtschaft des Ostalpenraumes. Bd. 1 ^{2}1940, S. 61.

Das steirische Musikschulwerk. In: Tagespost vom 16. 6. 1939, S. 9.

270. Das steirische Musikschulwerk. In: Tagespost vom 16. 6. 1939, S. 9.

271. Verordnung des Reichsstatthalters in der Steiermark vom 17. 2. 1941. Steiermärkisches Landesarchiv, Faszikel 372/I Ka 28 1941.

272. Brief Eberhard Harnoncourts an Kurt Pokorny vom 20. 9. 1944. Steiermärkisches Landesarchiv, Faszikel 372/I H 18 1944.

273. Klingendes Herz der Steiermark. Fünf Jahre Steirisches Musikschulwerk. Rückschau im Zeichen der Selbstprüfung. In: Tagespost vom 9. 7. 1944, S. 5.

274. Steiermärkisches Landesarchiv, Faszikel 372/I 1942.

275. Günther, S. 62.

276. Prospekt „Die Neuordnung der Musikerziehung in Graz und Umgebung." Österreichisches Staatsarchiv Wien. Allgemeines Verwaltungsarchiv, Faszikel 3239.

277. Steiermärkisches Landesarchiv, Faszikel 373 Mu 1944.

278. Steiermärkisches Landesarchiv, Faszikel 373 Mu 1944.

279. Steiermärkisches Landesarchiv, Faszikel 372/I I 1 1941, 372/I M 1 1941, 372/I L 2 1941, 372/I E 8 1941, 373 Ra 12 1941, 373 We 13 1939.

280. Steiermärkisches Landesarchiv, Faszikel 372/I M 1 1941.

281. Steiermärkisches Landesarchiv, Faszikel 373 Ra 12 1941 und 373 We 13 1939.

282. Schreiben der Musikschule für Jugend und Volk Weiz (Langer) an Reichsstatthalterei, Abteilung IId vom 14. 1. 1941. Steiermärkisches Landesarchiv, Faszikel 373 We 13 1939.

283. Schreiben der Musikschule für Jugend und Volk Leoben vom 28. 1. 1941. Steiermärkisches Landesarchiv, Faszikel 372/I L 2 1941.

284. Aufstellung Kurt Felgners über den Instrumentenbedarf der Musikschule Eisenerz vom 10. 2. 1941. Steiermärkisches Landesarchiv, Faszikel 372/I L 2 1941.

285. Schreiben des Landrates von Radkersburg an die Reichsstatthalterei, Abteilung IId vom 2. 1. 1941. Steiermärkisches Landesarchiv, Faszikel 373 Ra 12 1941.

286. Ludwig Kelbetz, Das steirische Musikschulwerk. In: Das Joanneum. Beiträge zur Naturkunde, Geschichte, Kunst und Wirtschaft des Ostalpenraumes. Bd. 1, Graz 1940, S. 61.

287. Steirisches Musikschulwerk, Erster Jahresbericht 1939/40.

288. Felix Oberborbeck, Landschaftlicher Musikaufbau, dargestellt am Beispiel der Steiermark. In: Zeitschrift für Musik. Monatsschrift für die geistige Erneuerung der deutschen Musik, 107. Jg. (1940), Heft 11, S. 682.

289. Steiermärkisches Landesarchiv, Faszikel 372/I M 22 1943.

290. Helmut Majewsky, Neugestaltung deutscher Blasmusik. In: Wolfgang Stumme (Hg.), Musik im Volk. Grundfragen der Musikerziehung. Berlin-Lichterfelde 1939, S. 34f.

291. Ebd.

292. Ebd.

293. Steiermärkisches Landesarchiv, Faszikel 373 Hi 8 1939.

294. Prospekt „Die Neuordnung der Musikerziehung in Graz und Umgebung". Österreichisches Staatsarchiv Wien. Allgemeines Verwaltungsarchiv, Faszikel 3239.

295. Ebd.

296. Wolfgang Stumme, Die deutschen Musikschulen für Jugend und Volk. In: Internationale Zeitung für Erziehungswissenschaften (jetzt: Internationale Zeitung für Erziehung), 8. Jg. (1939), S. 342.

297. Merkblatt der Oberleitung des Steirischen Musikschulwerkes vom 12. 7. 1944. Archiv der Musikschule Leoben.

298. Ebd.

299. Georg Blumensaat, Lied über Deutschland. Potsdam ²1936.

300. Merkblatt 5 des Steirischen Musikschulwerkes vom 1. 6. 1944. Archiv der Musikschule Leoben.

301. Formblatt des Steirischen Musikschulwerkes. Steiermärkisches Landesarchiv, Faszikel 372/I K 9 1942.

302. Ludwig Kelbetz, Die Steirischen Musikschulen für Jugend und Volk in ihrem ersten Jahre des Aufbaus (1938/39). Jahresbericht, (hektographiert). Graz 1939, S. 10ff.

Steirisches Musikschulwerk, Erster Jahresbericht 1939/40, S. 80ff.

Die hektographierte Fassung weist der Druckfassung gegenüber eine Differenz von 145 Schülern (2.212/2.067) zuungunsten der Druckversion auf. Die erste Kolonne bezieht sich auf die Druckfassung.

303. Felix Oberborbeck, Landschaftlicher Musikaufbau, dargestellt am Beispiel der Steiermark, S. 682.

304. Steirisches Musikschulwerk, Erster Jahresbericht 1939/40, S. 80ff.

305. Ebd.

306. Steirisches Musikschulwerk, Erster Jahresbericht 1939/40, S. 80ff.

307. Konrad Stekl, Steirisches Musikschulwerk, Musikschule für Jugend und Volk, Zweigschule Fohnsdorf, Bericht über das erste Schuljahr 1939/40. o.O. 1940, S. 9.

308. Konrad Stekl, Steirisches Musikschulwerk, Musikschule für Jugend und Volk, Zweigschule Fohnsdorf, Bericht über das zweite Schuljahr 1940/41. o.O. 1941, S. 10.

309. Konrad Stekl, Steirisches Musikschulwerk, Kreismusikschule Judenburg, Musikschule Fohnsdorf, Musikschule Zeltweg, Bericht über das dritte Schuljahr 1941/42. Zugleich Bericht über das erste Schuljahr der Kreismusikschule Trifail und der Musikschulen Eichtal und Edlingen. o.O. 1942, S. 5.

310. Ebd.

311. Steirisches Musikschulwerk, Erster Jahresbericht 1939/40, S. 80ff.

312. Jahresbericht der Städtischen Musikschule Leoben. Archiv der Musikschule Leoben.

313. Bericht der Städtischen Musikschule Leoben vom 16. 10. 1942. Archiv der Musikschule Leoben.

314. Bericht der Städtischen Musikschule Leoben vom 22. 6. 1944. Archiv der Musikschule Leoben.

315. Titz, Das Steirische Musikschulwerk, S. 87.

316. Mitgliedskarteikarte Konrad Stekls. NSDAP Zentralkartei, Parteikorrespondenz. Berlin Document Center.

317. Schreiben des Mitgliedschaftsamtes München an den Gauschatzmeister des Gaues Steiermark Max Hruby vom 25. April 1940. NSDAP Zentralkartei, Parteikorrespondenz. Berlin Document Center.

318. Konrad Stekl, Steirisches Musikschulwerk, Musikschule für Jugend und Volk, Zweigschule Fohnsdorf, Bericht über das erste Schuljahr 1939/40. o.O. 1940.

Konrad Stekl, Steirisches Musikschulwerk, Musikschule für Jugend und Volk, Zweigschule Fohnsdorf, Bericht über das zweite Schuljahr 1940/41. o.O. 1941.

Konrad Stekl, Steirisches Musikschulwerk, Kreismusikschule Judenburg, Musikschule Fohnsdorf, Musikschule Zeltweg, Bericht über das dritte Schuljahr 1941/42. Zugleich Bericht über das erste Schuljahr der Kreismusikschule Trifail und der Musikschulen Eichtal und Edlingen. o.O. 1942.

319. Felix Oberborbeck, Landschaftlicher Musikaufbau, dargestellt am Beispiel der Steiermark, S. 686f.

320. Jahresbericht von Hugo Miksch über das Schuljahr 1940/41 vom 21. 7. 1941. Archiv der Musikschule Leoben.

321. Konrad Stekl, Steirisches Musikschulwerk, Musikschule für Jugend und Volk, Zweigschule Fohnsdorf, Bericht über das zweite Schuljahr 1940/41. o.O. 1941, S. 16ff.

322. Konrad Stekl, Steirisches Musikschulwerk, Musikschule für Jugend und Volk, Zweigschule Fohnsdorf, Bericht über das erste Schuljahr 1939/40. o.O. 1940, S. 14ff.

323. Konrad Stekl, Steirisches Musikschulwerk, Kreismusikschule Judenburg, Musikschule Fohnsdorf, Musikschule Zeltweg, Bericht über das dritte Schuljahr 1941/42. Zugleich Bericht über das erste Schuljahr der Kreismusikschule Trifail und der Musikschulen Eichtal und Edlingen. o.O. 1942, S. 6ff.

324. Brief der NSDAP an Staatskommissar Plattner, Wien, vom 31. 10. 1938. Österreichisches Staatsarchiv Wien. Allgemeines Verwaltungsarchiv, Faszikel 3239.

325. Brief der NSDAP, Gau Steiermark, Propagandaleiter an Staatskommissar Plattner vom 31. 10. 1938. Österreichisches Staatsarchiv Wien. Allgemeines Verwaltungsarchiv, Faszikel 3239.

326. Schriftverkehr des Steiermärkischen Landesschulrates mit der Reichsstatthalterei, Büro Papesch. Steiermärkisches Landesarchiv, Faszikel 373 Ao 8 1938.

327. Ludwig Kelbetz, Die Steirischen Musikschulen für Jugend und Volk im ersten Jahres ihres Aufbaues 1938/39. Bericht (hektographiert). Graz 1939, S. 9ff.

328. Ebd., S. 8.

329. Ebd., S. 9.

330. Brief Steirisches Musikschulwerk (Ludwig Kelbetz) an die Reichsstatthalterei (Josef Papesch) vom 13. 6. 1940. Steiermärkisches Landesarchiv, Faszikel 373 Mu 49 1939.

331. Aktenvermerk von Josef Papesch an Kurt Pokorny vom 13. 6. 1940. Steiermärkisches Landesarchiv, Faszikel 373 Mu 49 1939.

332. Vermerk ohne Datum. Steiermärkisches Landesarchiv, Faszikel 372/I Sch 1 1941.

333. Merkblatt vom 1. April 1941. Steiermärkisches Landesarchiv, Faszikel 373 Mu 49 1939.

334. Vgl. auch: Helmut Brenner, Nationalsocialist Strategies for Denationalisation und Ethnical „Change" Trough Music and its Practical Realisation as Attempted in Slowenian Lower Styria 1941–1945. Lecture given at the 30. ICTM World Conference in Schladming 1989. In: Jahrbuch für Volksliedforschung, 35. Jg. (1990).

335. Undatierter Vermerk. Steiermärkisches Landesarchiv, Faszikel 372/I Sch 1 1941.

336. Brief der Hochschule für Musikerziehung an Kurt Pokorny vom 13. 8. 1941. Steiermärkisches Landesarchiv, Faszikel 372/I U 1941.

337. Brief des Musikschulwerkes (Felix Oberborbeck) an die Reichsstatthalterei (Josef Papesch) vom 14. 6. 41. Steiermärkisches Landesarchiv, Faszikel 372/I M 6 1941.

338. Undatierter Vermerk. Steiermärkisches Landesarchiv, Faszikel 372/I Sch 1 1941.

339. Ebd.

340. Ebd.

341. Ebd.

342. Brief des Reichspropagandaamtes Steiermark an Josef Papesch vom 14. 2. 1942. Steiermärkisches Landesarchiv, Faszikel 372/I V 6 1942.

343. Steiermärkisches Landesarchiv, Faszikel 372/I St 10 1942.

344. Undatierter Entwurf Felix Oberborbecks. Österreichisches Staatsarchiv Wien. Allgemeines Verwaltungsarchiv, Faszikel 3239.

345. Tagesplan der Chor- und Kammermusikwoche. Steiermärkisches Landesarchiv, Faszikel 372/I Sch 1 1941.

346. Merkblatt vom 1. 9. 1943. Steiermärkisches Landesarchiv, Faszikel 372/I K 3 1941.

347. Ludwig Kelbetz, Die steirischen Musikschulen für Jugend und Volk in ihrem ersten Jahr des Aufbaues 1938/39. Graz 1939 (hektographiert), S. 8.

348. Felix Oberborbeck, Landschaftlicher Musikaufbau, dargestellt am Beispiel der Steiermark, S. 686f.

349. Steirisches Musikschulwerk, Erster Jahresbericht 1939/40. S. 79.

350. Schreiben Ludwig Kelbetz' an Josef Papesch vom 17. 1. 1939. Steiermärkisches Landesarchiv, Faszikel 373 Ste 11 1939.

351. Schreiben des Musikvereins für Steiermark (Ludwig Kelbetz) an Kurt Pokorny vom 1. 2. 39. Steiermärkisches Landesarchiv, Faszikel 373 Mu 1944.

352. Interview des Verfassers mit Fritz Schaarschmidt vom 19. 2. 1988 in Solingen.

353. Franz Bratl, Die Musikschule der Stadt Weiz. In: Titz (Hg.), Das Steirische Musikschulwerk, S. 108f.

354. Undatierte Dienstanweisung für die Leiter der Steirischen Musikschulen für Jugend und Volk (Merkblatt 2). Steiermärkisches Landesarchiv, Faszikel 372/I K 3 1941.

355. Schreiben der Reichsstatthalterei (Abteilung IId) an die Landräte vom 7. Mai 1942. Steiermärkisches Landesarchiv, Faszikel 372/I K 3 1941.

356. Schreiben des Landeskulturwalters der Reichsmusikkammer Steiermark an die Bürgermeisterämter vom 20. 7. 1943. Steiermärkisches Landesarchiv, Faszikel 372/I M 23 1943.

357. Schreiben der Reichsstatthalterei (Josef Papesch) an die Landräte vom 19. 2. 1944. Steiermärkisches Landesarchiv, Faszikel 372/I K 3 1941.

358. Aktenvermerk Kurt Pokornys vom 25. 5. 1939. Steiermärkisches Landesarchiv, Faszikel 373 Mu 1944.

359. Schreiben des Musikvereins für Steiermark (Ludwig Kelbetz) an Kurt Pokorny vom 12. 10. 1938. Steiermärkisches Landesarchiv, Faszikel 373 Mu 1944.

360. Schreiben der Landeshauptmannschaft (Abteilung 11) an das Präsidium der Landeshauptmannschaft vom 14. 4. 1939. Steiermärkisches Landesarchiv, Faszikel 373 U 49 1939.

361. Amtsvermerk Kurt Pokornys vom 28. 4. 1939. Steiermärkisches Landesarchiv, Faszikel 373 Mu 49 1939.

362. Schreiben Kurt Pokornys an das Präsidium der Landeshauptmannschaft vom 16. 5. 1939. Steiermärkisches Landesarchiv, Faszikel 373 Mu 49 1939.

363. Personalliste des Steirischen Musikschulwerkes. Steiermärkisches Landesarchiv, Faszikel 373 Mu 44 1938.

364. Brief von Ludwig Kelbetz an Josef Papesch vom 17. 6. 1939. Steiermärkisches Landesarchiv, Faszikel 373 Mu 1944.

365. Rundschreiben Nr. 8 des Steirischen Musikschulwerkes vom 10. 2. 1940. Steiermärkisches Landesarchiv, Faszikel 373 Mu 44 1938.

366. Schreiben von Josef Papesch an die Oberleitung des Steirischen Musikschulwerkes vom 12. 2. 1943. Steiermärkisches Landesarchiv, Faszikel 372/I P 6a 1942.

367. Muster eines Dienstvertrages. Steiermärkisches Landesarchiv, Faszikel 373 Mu 49 1939.

368. Das Steirische Musikschulwerk, Erster Jahresbericht, S. 80ff.

369. Felix Oberborbeck, Landschaftlicher Musikaufbau, dargestellt am Beispiel der Steiermark, S. 689.

370. Liste der Kreismusikschulen vom 1. 2. 1942. Steiermärkisches Landesarchiv, Faszikel 372/I K 3 1941.

371. Rita Wünsch, Die Musikschule in Gratkorn. In: Titz (Hg.), Das Steirische Musikschulwerk, S. 46. Die Schule wird jedoch in den Dokumenten nirgends erwähnt.

372. Rita Wünsch, Die Musikschule in Gratkorn. In: Titz (Hg.), Das Steirische Musikschulwerk, S. 46. Die Schule wird jedoch in den zeitgenössischen Dokumenten nirgends erwähnt.

373. Steirisches Musikschulwerk. Erster Jahresbericht 1939/40. S. 75.

374. Robert Lobovsky, Die Städtische Musikschule Feldbach. In: Titz (Hg.), Das Steirische Musikschulwerk, S. 34f.

375. Walter Titz, Siebzig Jahre Städtische Musikschule Knittelfeld. In: Titz (Hg.), Das Steirische Musikschulwerk, S. 69.

376. Franz Koringer, Leibnitz. In: Titz (Hg.), Das Steirische Musikschulwerk, S. 76.

377. Steirisches Musikschulwerk. Erster Jahresbericht 1939/40. S. 78.

378. Schreiben Ludwig Kelbetz' an Regierungsrat Bassini vom 12. 7. 1939. Steiermärkisches Landesarchiv, Faszikel 373 Mu 49 1939.

379. Steirisches Musikschulwerk. Erster Jahresbericht 1939/40 S. 73ff.

380. Ebd., S. 81ff.

381. Ebd., S. 75.

382. Ebd., S. 78.

383. Brief Felix Oberborbecks an die Reichsstatthalterei, Abteilung IId vom 20. 4. 1944 und Aktenvermerk Franz Maria Kapfhammers vom 29. 1. 1945. Steiermärkisches Landesarchiv, Faszikel 372/I Sch 3 1944.

384. Gedächtnisprotokoll Ludwig Kelbetz' vom 22. 4. 1940. Steiermärkisches Landesarchiv, Faszikel 372/I L 2 1941.

385. Undatiertes Schreiben des Landrates von Leoben an Josef Papesch. Steiermärkisches Landesarchiv, Faszikel 372/I L 2 1941.

386. Aktenvermerk Kurt Pokornys vom 22. 8. 1940. Steiermärkisches Landesarchiv, Faszikel 372/L 2 1941.

387. Josef Papesch, Vorschläge zum Aufbau des Musikerziehungswesens im Lande Steiermark. Graz 17. 6. 1938. Österreichisches Staatsarchiv Wien. Allgemeines Verwaltungsarchiv, Faszikel 3239.

388. Ebd.

389. Steirisches Musikschulwerk. Erster Jahresbericht 1939/40, S. 75.

390. Schreiben der NSDAP-Hitlerjugend (Ludwig Kelbetz) an Kurt Pokorny vom 8. 10. 1938. Steiermärkisches Landesarchiv, Faszikel 373 Mu 44 1938.

391. Ebd.

392. Ebd.

393. Schreiben von Josef Papesch an das Finanzreferat des Landes Steiermark vom 29. 3. 1939. Steiermärkisches Landesarchiv, Faszikel 373 Mu 49 1939.

394. Brief von Josef Papesch an das Ministerium für innere und kulturelle Angelegenheiten in Wien vom 6. 11. 1939. Österreichisches Staatsarchiv Wien. Allgemeines Verwaltungsarchiv, Faszikel 3239.

395. Haushaltsplan 1941. Steiermärkisches Landesarchiv, Faszikel 372/I M 4 1941.

396. Erlässe des Reichsstatthalters 373 Mu 44/53 vom 22. 4. 1940, 373 Mu 44/64 vom 2. 8. 1940 und 46 La 46/1 vom 30. 11. 1940. Zitiert nach: Rundschreiben Josef Papesch an die Landräte mit Ausnahme des Landkreises Graz vom 21. 4. 1941. Steiermärkisches Landesarchiv, Faszikel 372/I K 3 1941.

397. Rundschreiben von Josef Papesch an die Landräte mit Ausnahme des Landkreises Graz vom 21. 4. 1941. Steiermärkisches Landesarchiv, Faszikel 372/I K 3 1941.

398. Schreiben der Oberleitung des Steirischen Musikschulwerkes (Franz Maria Kapfhammer) an Reichsstatthalterei, Abteilung IId vom 23. 2. 1942. Steiermärkisches Landesarchiv, Faszikel 372/I K 3 1941.

399. Rundschreiben von Josef Papesch an alle Landräte mit Ausnahme des Landkreises Graz vom 21. 4. 1941. Steiermärkisches Landesarchiv, Faszikel 372/I K 3 1941.

400. Brief des Mürzzuschlager Bürgermeisters an den Landrat vom 5. 3. 1941. Steiermärkisches Landesarchiv, Faszikel 372/I M 1 1941.

401. Brief des Leibnitzer Bürgermeisters an das Steirische Musikschulwerk vom 2. 5. 1939. Steiermärkisches Landesarchiv, Faszikel 373 Mu 1944.

402. Schreiben des Fürstenfelder Bürgermeisters an das Steirische Musikschulwerk vom 3. 5. 1939. Steiermärkisches Landesarchiv, Faszikel 373 Mu 1944.

403. Schreiben des Donawitzer Bürgermeisters an das Steirische Musikschulwerk vom 3. 5. 1939. Steiermärkisches Landesarchiv, Faszikel 373 Mu 1944.

404. Schreiben des Hartberger Bürgermeisters an das Steirische Musikschulwerk vom 5. 5. 1939. Steiermärkisches Landesarchiv, Faszikel 373 Mu 1944.

405. Schreiben des Brucker Bürgermeisters an das Steirische Musikschulwerk vom 6. 5. 1939. Steiermärkisches Landesarchiv, Faszikel 373 Mu 1944.

406. Schreiben des Feldbacher Bürgermeisters an das Steirische Musikschulwerk vom 8. 5. 1939. Steiermärkisches Landesarchiv, Faszikel 373 Mu 1944.

407. Schreiben des Kapfenberger Bürgermeisters an das Steirische Musikschulwerk vom 9. 5. 1939. Steiermärkisches Landesarchiv, Faszikel 373 Mu 1944.

408. Schreiben des Leobner Bürgermeisters an das Steirische Musikschulwerk vom 12. 5. 1939. Steiermärkisches Landesarchiv, Faszikel 373 Mu 1944.

409. Schreiben des Knittelfelder Bürgermeisters an das Steirische Musikschulwerk vom 26. 7. 1939. Steiermärkisches Landesarchiv, Faszikel 373 Mu 1944.

410. Schreiben Ludwig Kelbetz' an Kurt Pokorny vom 21. 12. 1939. Steiermärkisches Landesarchiv, Faszikel 372/I E 8 1941.

411. Etat-Vorschlag für die Musikschule für Jugend und Volk Murau–Neumarkt vom 1. 4. 1939 – 31. 5. 1940. Steiermärkisches Landesarchiv, Faszikel 373 Mu 52 1939.

412. Steiermärkisches Landesarchiv, Faszikel 372/I L 2 1941, 372/I Sch 3 1944, 372/I R 5 1943, 273/I E 8 1941, 373 Mu 1944, 373 MU 44 1938, 373 We 13 1939.

413. Schreiben Eberhard Harnoncourts an Kurt Pokorny vom 20. 9. 1944. Steiermärkisches Landesarchiv, Faszikel 372/I H 18 1944.

414. Steiermärkisches Landesarchiv, Faszikel 372/I E 8 1941.

415. Brief Steirisches Musikschulwerk (Ludwig Kelbetz) an Kurt Pokorny vom 3. 11. 1939. Steiermärkisches Landesarchiv, Faszikel 373 Mu 49 1939.

416. Schreiben Kurt Pokornys an das Wirtschaftsamt vom 21. 11. 1939. Steiermärkisches Landesarchiv, Faszikel 373 Mu 49 1939.

417. Schreiben des Landrates von Leoben an die Reichsstatthalterei, Abteilung IId vom 20. 9. 1940. Steiermärkisches Landesarchiv, Faszikel 372/I E 8 1941.

418. Schreiben des Landrates von Murau an die Reichsstatthalterei, Abteilung IId vom 25. 9. 1940. Steiermärkisches Landesarchiv, Faszikel 373 Mu 52 1939.

419. Schreiben Ludwig Kelbetz' an die Reichsstatthalterei, Abteilung IId vom 13. 8. 1941. Steiermärkisches Landesarchiv, Faszikel 372/ I U 3 1941.

420. Schreiben des Leiters der Unterabteilung IId an das Steirische Musikschulwerk vom 22. 8. 1941. Steiermärkisches Landesarchiv, Faszikel 372/I U 3 1941.

421. Schreiben des Landeskulturwalters der Reichsmusikkammer Steiermark an die Bürgermeisterämter vom 20. 7. 1943. Steiermärkisches Landesarchiv, Faszikel 372/I M 23 1943.

422. Schreiben Steirisches Musikschulwerk (Franz Maria Kapfhammer) an den Landeskulturwalter in der Steiermark (Walenta) vom 19. 7. 1943. Steiermärkisches Landesarchiv, Faszikel 372/I M 23 1943.

423. Schreiben des Landeskulturwalters der Reichsmusikkammer Steiermark an die Bürgermeisterämter vom 20. 7. 1943. Steiermärkisches Landesarchiv, Faszikel 372/I M 23 1943.

424. Schreiben des Reichsministeriums für Unterricht, Kunst und Volksbildung (Miederer) an Felix Oberborbeck vom 15. 7. 1941. Steiermärkisches Landesarchiv, Faszikel 372/I S 1 1941.

425. Schreiben Felix Oberborbecks an das Reichsministerium für Wissenschaft, Erziehung und Volksbildung vom 22. 10. 1941. Steiermärkisches Landesarchiv, Faszikel 372/I G 1 1941.

426. Ebd.

427. Der Reichsminister für Wissenschaft, Erziehung und Volksbildung an die Direktoren der Kunsthochschulen, die Unterrichtsverwaltungen der Länder mit Kunsthochschulen, die Herren Reichsstatthalter in Wien, Graz und Salzburg und den Kurator der Deutschen wissenschaftlichen Hochschulen in Prag vom 27. 3. 1943. Va 624/43 (b).

428. 30. Leiterrundschreiben des Steirischen Musikschulwerkes vom 15. 2. 1944. Steiermärkisches Landesarchiv, Faszikel 373 Mu 1944.

429. Schreiben der Landesmusikschule (Ludwig Kelbetz) an die Landeshauptmannschaft, Abteilung IId vom 11. 10. 1939. Steiermärkisches Landesarchiv, Faszikel 373 Mu 49 1939.

430. Aktenvermerk des Leiters der Unterabteilung IId der Reichsstatthalterei vom 6. 10. 1943. Steiermärkisches Landesarchiv, Faszikel 372/I H 13 1943.

431. Schreiben des Steirischen Musikschulwerkes (Felix Oberborbeck) an die Reichsstatthalterei, Abteilung IId vom 24. 3. 1944. Steiermärkisches Landesarchiv, Faszikel 372/I W 8 1944.

432. 4. Verordnung des Reichsbevollmächtigten für den totalen Kriegseinsatz über die Meldung von Männern und Frauen für Aufgaben der Reichsverteidigung vom 29. 8. 1944.

433. Verschiedene Meldebögen für den Arbeitseinsatz. Steiermärkisches Landesarchiv, Faszikel 372/I M 31 1944.

434. Beilage zu einem nicht erhaltenen Schreiben Felix Oberborbecks. Undatierte Liste (1944) der Lehrkräfte des Steirischen Musikschulwerkes, die für einen Kriegseinsatz nicht in Frage kommen. Steiermärkisches Landesarchiv, Faszikel 372/I L 3 1941.

435. Presseaussendung der Reichsstatthalterei an alle Tageszeitungen vom 1. 9. 1944. Steiermärkisches Landesarchiv, Faszikel 372/I M 4 1941.

436. Undatierter Bericht der Staatlichen Hochschule für Musikerziehung in Graz-Eggenberg zum Runderlaß V 3, Nr. 31/84/44 vom 17. 10. 1944. Steiermärkisches Landesarchiv, Faszikel 372/I M 31 1944.

437. Schreiben der Musikschule Marburg (Frisch) an Josef Papesch vom 3. 10. 1944. Steiermärkisches Landesarchiv, Faszikel 372/I M 3 1941.

438. Schreiben des Landrates von Mürzzuschlag an Kurt Pokorny vom 18. 2. 1944. Steiermärkisches Landesarchiv, Faszikel 372/I M 1 1941.

444. Undatiertes anonymes Denunziationsschreiben an den Gauleiter Uiberreither aus dem Jahr 1939. Steiermärkisches Landesarchiv, Faszikel 373 Pi 12 1939.

445. Steirisches Musikschulwerk/Staatliche Hochschule für Musikerziehung, Graz/Steirische Landesmusikschule, Graz/Steirische Musikschulen für Jugend und Volk. Erster Jahresbericht 1939/40. Graz 1940, S. 54.

446. Aktenvermerk von Dr. Passini vom 8. 2. 1940. Steiermärkisches Landesarchiv, Faszikel 373 Mu 49 1939.

447. Aktenvermerk vom 15. 2. 1943. Steiermärkisches Landesarchiv, Faszikel 372/I L 3 1943.

448. Christian Zentner/Friedemann Bedürftig, Das große Lexikon des Dritten Reiches. München 1985, S. 410.

449. Steirisches Musikschulwerk, Erster Jahresbericht 1939/40, S. 58.

450. Steirisches Musikschulwerk, Erster Jahresbericht 1939/40, S. 58f.

451. Steirisches Musikschulwerk, Erster Jahresbericht 1939/40, S. 75.

452. Josef Papesch, Vorschläge zum Aufbau des Musikerziehungswesens im Lande Steiermark. Denkschrift vom 17. 6. 1938. Österreichisches Staatsarchiv Wien. Allgemeines Verwaltungsarchiv, Faszikel 3239.

453. Steirisches Musikschulwerk, Erster Jahresbericht 1939/40, S. 55.

454. Steirisches Musikschulwerk, Erster Jahresbericht 1939/40, S. 50.

455. Steirisches Musikschulwerk, Erster Jahresbericht 1939/40, S. 47.

456. Steirisches Musikschulwerk, Erster Jahresbericht 1939/40, S. 50.

457. Steirisches Musikschulwerk, Erster Jahresbericht 1939/40, S. 47.

458. Steirisches Musikschulwerk, Erster Jahresbericht 1939/40, S. 47.

459. Schreiben von Ludwig Kelbetz an Kurt Pokorny vom 3. 1. 1939. Steiermärkisches Landesarchiv, Faszikel 373 Bu 11 1939.

460. Steirisches Musikschulwerk, Erster Jahresbericht 1939/40, S. 50.

461. Steirisches Musikschulwerk, Erster Jahresbericht 1939/40, S. 47.

462. Schreiben Franz Mixas an die Oberleitung des Steirischen Musikschulwerkes vom 2. 5. 1939. Steiermärkisches Landesarchiv, Faszikel 373 Bu 11 1939.

463. Schreiben von Ludwig Kelbetz an die Reichsstatthalterei, Abteilung IId vom 8. 5. 1939 und von Felix Oberborbeck an Josef Papesch vom 10. 6. 1939. Steiermärkisches Landesarchiv, Faszikel 373 Bu 11 1939.

464. Schreiben Hans Holenias an Josef Papesch vom 25. 11. 1941. Steiermärkisches Landesarchiv, Faszikel 372/I O 2 1941.

465. Steirisches Musikschulwerk, Erster Jahresbericht 1939/40, S. 50.

466. Steirisches Musikschulwerk, Erster Jahresbericht 1939/40, S. 47.

467. Schreiben Felix Oberborbecks an die Reichsstatthalterei, Abteilung IId vom 10. 7. 1943. Steiermärkisches Landesarchiv, Faszikel 372/I L 2 1941.

468. Undatierter Aktenvermerk des Hauptamtswalters des RAG (Theodor Kirchner) an den Reichsarbeitsführer. Steiermärkisches Landesarchiv, Faszikel 372/I R 3 1941.

469. Schreiben Felix Oberborbecks (noch in der Funktion des Direktors der Hochschule für Musik in Weimar) vom 11. 7. 1939. Steiermärkisches Landesarchiv, Faszikel 372/I R 3 1941.

470. Schreiben des Oberbürgermeisters von Graz (Julius Kaspar) an Josef Papesch vom 5. 7. 1940. Steiermärkisches Landesarchiv, Faszikel 372/I R 3 1941.

471. Schreiben Felix Oberborbecks an die Reichsstatthalterei, Abteilung IId vom 24. 9. 1941. Steiermärkisches Landesarchiv, Faszikel 372/I R 3 1941.

472. Steirisches Musikschulwerk, Erster Jahresbericht 1939/40, S. 55.

473. Reifeprüfungsordnung der Landesmusikschule. Steiermärkisches Landesarchiv, Faszikel 372/I L 9 1941.

474. Undatierter Aktenvermerk Kurt Pokornys. Steiermärkisches Landesarchiv, Faszikel 372/I P 7 1943.

475. Steirisches Musikschulwerk, Erster Jahresbericht 1939/40, S. 51.

476. Schreiben Felix Oberborbecks an die Reichsstatthalterei, Abteilung IId vom 27. 4. 1943. Steiermärkisches Landesarchiv, Faszikel 372/I L 21 1943.

477. Schreiben der Landesmusikschule (Felix Oberborbeck) an die Reichsstatthalterei, Abteilung IId vom 8. 11. 1944. Steiermärkisches Landesarchiv, Faszikel 372/I L 27 1943.

478. Schreiben der Reichsstatthalterei, Abteilung IId an die Landesmusikschule vom 16. 10. 1941. Steiermärkisches Landesarchiv, Faszikel 372/I L 11 1941.

480. Steirisches Musikschulwerk, Erster Jahresbericht 1939/40, S. 56.

481. Steirisches Musikschulwerk, Erster Jahresbericht 1939/40, S. 55f.

482. Schreiben des Österreichischen Unterrichtsministeriums an den Steiermärkischen Landesschulrat in Graz vom 21. 3. 1938. Steiermärkisches Landesarchiv, Faszikel 373 Sche 8 1938.

483. Steirisches Musikschulwerk, Erster Jahresbericht 1939/40, S. 47ff.

484. Schreiben der Gauselbstverwaltung an die Gaukämmerei vom 27. 6. 1942. Steiermärkisches Landesarchiv, Faszikel 372/I St 3 1941.

485. Undatierter Aktenvermerk von Ludwig Kelbetz. Steiermärkisches Landesarchiv, Faszikel 372/I L 9 1941.

486. Kaufmann, 150 Jahre Musikverein für Steiermark, S. 58f.

487. Schreiben von Roderich von Mojsisovics an das Reichsministerium für Wissenschaft, Erziehung und Volksbildung vom 11. 11. 1938. Österreichisches Staatsarchiv Wien. Allgemeines Verwaltungsarchiv, Faszikel 3239.

488. Ebd.

489. Schreiben des Reichsministers für Wissenschaft, Erziehung und Volksbildung an den Reichsstatthalter in Österreich vom 19. 5. 1939. Österreichisches Staatsarchiv Wien. Allgemeines Verwaltungsarchiv, Faszikel 3239.

490. Schreiben von Roderich von Mojsisovics an den Reichsminister für Wissenschaft, Erziehung und Volksbildung vom 15. 2. 1939. Österreichisches Staatsarchiv Wien. Allgemeines Verwaltungsarchiv, Faszikel 3239.

491. Schreiben der Reichsstatthalterei an das Ministerium für innere und kulturelle Angelegenheiten in Wien vom 11. 3. 1939. Österreichisches Staatsarchiv Wien. Allgemeines Verwaltungsarchiv, Faszikel 3239.

492. Schreiben des Ministeriums für innere und kulturelle Angelegenheiten in Wien an das Reichsminister für Wissenschaft, Erziehung und Volksbildung vom 27. 3. 1939. Österreichisches Staatsarchiv Wien. Allgemeines Verwaltungsarchiv, Faszikel 3239.

493. Suppan, Steirisches Musiklexikon. Graz 1962–1966, S. 388ff.

495. Kaufmann, 150 Jahre Musikverein für Steiermark, S. 56.

496. Schreiben des Musikvereins für Steiermark (Ludwig Kelbetz) an das Ministerium für innere und kulturelle Angelegenheiten in Wien vom 29. 8. 1938. Österreichisches Staatsarchiv Wien. Allgemeines Verwaltungsarchiv, Faszikel 3239.

497. Schreiben des Musikvereins für Steiermark an den Steiermärkischen Landesschulrat vom 29. 8. 1938. Österreichisches Staatsarchiv Wien. Allgemeines Verwaltungsarchiv, Faszikel 3239.

498. Schreiben des Steiermärkischen Landesschulrates an das Ministerium für innere und kulturelle Angelegenheiten in Wien vom 7. 9. 1938. Österreichisches Staatsarchiv Wien. Allgemeines Verwaltungsarchiv, Faszikel 3239.

499. Konzept des Ministeriums für innere und kulturelle Angelegenheiten in Wien vom 22. 9. 1938. Österreichisches Staatsarchiv Wien. Allgemeines Verwaltungsarchiv, Faszikel 3239.

500. Schreiben des Reichsministers für Wissenschaft, Erziehung und Volksbildung an die Reichsstudentenführung vom 17. 9. 1942. Steiermärkisches Landesarchiv, Faszikel 372/I L 9 1941.

501. Schreiben der Landesmusikschule (Felix Oberborbeck) an die Reichsstatthalterei, Abteilung IId vom 9. 9. 1943. Steiermärkisches Landesarchiv, Faszikel 372/I L 24 1943.

502. Schreiben der Reichsstatthalterei, Abteilung IId an den Leiter des Dezernates für Schülerheime (Jessernig) vom 11. 11. 1943. Steiermärkisches Landesarchiv, Faszikel 372/I L 24 1943.

503. Schreiben von Josef Papesch an das Reichsminister für Wissenschaft, Erziehung und Volksbildung (Miederer) vom 12. 11. 1943. Steiermärkisches Landesarchiv, Faszikel 372/I L 9 1941.

504. Undatierter Erlaß des Reichsministers für Wissenschaft, Erziehung und Volksbildung an den Reichsstatthalter in Graz. Steiermärkisches Landesarchiv, Faszikel 372/I L 9 1941.

505. Kaufmann, 150 Jahre Musikverein für Steiermark, S. 59f.

506. Josef Papesch, Vorschläge zum Aufbau des Musikerziehungswesens im Lande Steiermark vom 17. Juni 1938. Österreichisches Staatsarchiv, Allgemeines Verwaltungsarchiv, Faszikel 3239, S. 3f.

507. Ebd., S. 4f.

508. Schreiben des Konservatoriums des Musikvereins für Steiermark an die Reichsstatthalterei, Abteilung 11 vom 24. 4. 1939. Steiermärkisches Landesarchiv, Faszikel 373 Mu 49 1939.

509. Schreiben der Reichsstatthalterei, Abteilung IId an die Direktion der Landesmusikschule vom 16. 10. 1941. Steiermärkisches Landesarchiv, Faszikel 372/I L 11 1941.

510. Undatierte Liste der außerplanmäßigen Anstellungen an der Landesmusikschule und Musikschule für Jugend und Volk in Graz sowie der Gehälter der betreffenden Personen. Steiermärkisches Landesarchiv, Faszikel 372/I P 6a 1942.

511. Schreiben Felix Oberborbecks an die Reichsstatthalterei, Abteilung IId vom 31. 3. 1941. Steiermärkisches Landesarchiv, Faszikel 372/I E 1 1941.

512. Aktenvermerk von Ludwig Kelbetz vom 1. 10. 1942. Steiermärkisches Landesarchiv, Faszikel 372/I L 9 1941.

513. Ebd.

514. Schreiben Felix Oberborbecks an Reichsstatthalterei vom 20. 10. 1942. Steiermärkisches Landesarchiv, Faszikel 372/I L 9 1941.

515. Schreiben von Ludwig Kelbetz an die Landeshauptmannschaft, Abteilung 11 vom 11. 10. 1939. Steiermärkisches Landesarchiv, Faszikel 373 Mu 49 1939.

516. Schreiben Felix Oberborbecks an Josef Roeger vom 23. 3. 1944 und an die Reichsstatthalterei, Abteilung IId vom 31. 3. 1944. Steiermärkisches Landesarchiv, Faszikel 372/I L 9 1941.

517. Schreiben Felix Oberborbecks an den Direktor der Lehrerinnenbildungsanstalt Hasnerplatz (Hans Leg) vom 2. 1. 1945. Steiermärkisches Landesarchiv, Faszikel 372/I L 3 1941.

518. Schreiben von Ludwig und Maria von Aschauer an die Landesmusikschule (nicht erhalten) und Antwortschreiben Felix Oberborbecks vom 21. 4. 1944 sowie Aktenvermerk Felix Oberborbecks vom 10. 5. 1944. Steiermärkisches Landesarchiv, Faszikel 372/I L 3 1941.

519. Schreiben Felix Oberborbecks an den Direktor der Lehrerinnenbildungsanstalt Hasnerplatz (Hans Leg) vom 2. 1. 1945. Steiermärkisches Landesarchiv, Faszikel 372/I L 3 1941.

520. Anonymer Amtsvermerk vom 23. 2. 1945. Steiermärkisches Landesarchiv, Faszikel 372/I L 23 1943.

521. Diverse Belege der provisorischen Landesregierung aus dem Jahr 1946. Steiermärkisches Landesarchiv, Faszikel 372/I L 11 1941.

522. Gesetz zum Schutz des deutschen Blutes und der deutschen Ehre vom 15. 9. 1935. Reichsgesetzblatt I, S. 1146.

523. Schreiben von Roderich von Mojsisovics an das Reichsministerium für Wissenschaft, Erziehung und Volksbildung vom 11. 11. 1938. Österreichisches Staatsarchiv Wien. Allgemeines Verwaltungsarchiv, Faszikel 3239.

524. Theo Stengel/Herbert Gerigk, Lexikon der Juden in der Musik. (= Veröffentlichung des Instituts der NSDAP zur Erforschung der Judenfrage in Frankfurt am Main). Berlin 1940.

525. Gaupropagandaamt Steiermark, Hauptstelle Kultur (Hg.), Verzeichnis jüdischer und nichtarischer Komponisten. Graz 1938.

526. Ebd.

527. Schreiben der Steiermärkischen Sparkasse in Graz an Josef Papesch vom 21. 10. 1940. Steiermärkisches Landesarchiv, Faszikel 373 St 18 1940.

528. Schreiben von Archivdirektor Nösselböck an den Vorstand der Landeshauptmannschaft vom 1. 11. 1939. Steiermärkisches Landesarchiv, Faszikel 373 Sche 16 1939.

529. Gesetz zum Schutz des deutschen Blutes und der deutschen Ehre vom 15. 9. 1935. Reichsgesetzblatt I, S. 1146.

530. Staatliche Hochschule für Musikerziehung Graz, Hochschulführer. Graz o. J., S. 12.

531. Vgl. dazu: Artikel „Nürnberg". In: Christian Zentner/Friedemann Bedürftig, Das große Lexikon des Dritten Reiches. München 1985, S. 423ff.

532. Erlaß des Reichsministers für Wissenschaft, Erziehung und Volksbildung V a 220/42, WJ vom 4. 2. 1942. Steiermärkisches Landesarchiv, Faszikel 372/I H 8 1941.

533. Schreiben des Reichsministers für Wissenschaft, Erziehung und Volksbildung an die Reichsstatthalterei vom 25. 7. 1944. Steiermärkisches Landesarchiv, Faszikel 372/I M 2 1944.

534. Schreiben der Reichsstatthalterei, Abteilung IId an die Oberleitung des Steirischen Musikschulwerkes vom 18. 4. 1944. Steiermärkisches Landesarchiv, Faszikel 372/I G 9 1944.

535. Schreiben der Landesmusikschule (Felix Oberborbeck) an die Reichsstatthalterei, Abteilung IId vom 20. 9. 1944. Steiermärkisches Landesarchiv, Faszikel 372/I G 9 1944.

536. Aktenvermerk Franz Maria Kapfhammers vom 28. 11. 1944. Steiermärkisches Landesarchiv, Faszikel 372/I G 9 1944.

537. Schreiben der NSDAP Steiermark (Kotzmann) an Josef Papesch vom 30. 6. 1939. Steiermärkisches Landesarchiv, Faszikel 373 Pi 12 1939.

538. Undatiertes anonymes Denunziationsschreiben an den Gauleiter Sigfried Uiberreither aus dem Jahr 1939. Steiermärkisches Landesarchiv, Faszikel 373 Pi 12 1939.

539. Wolfgang Stumme, Gemeinsamkeiten musikerzieherischer Aufgaben. In: Wolfgang Stumme (Hg.), Musik im Volk. Grundfragen der Musikerziehung. Berlin-Lichterfelde 1939, S. 9.

540. Zeitungsnotiz vom 1. 11. 1944. Steiermärkisches Landesarchiv, Faszikel 372/I M 4/9 1941.

541. Ebd.

542. Ebd.

543. Undatiertes Schreiben Kurt Pokornys an den Reichsverteidigungsreferenten beim Reichsstatthalter. Steiermärkisches Landesarchiv, Faszikel 372/I M 31 1944.

544. Antwortbogen der Hochschule für Musikerziehung zum Runderlaß vom 17. 10. 1944. Steiermärkisches Landesarchiv, Faszikel 372/I M 31 1944.

550. Schreiben der provisorischen Landesregierung an die Schriftleitung der Neuen Steirischen Zeitung in Graz vom 20. 6. 1945. Steiermärkisches Landesarchiv, Faszikel 372/I L 9 1941.

551. Die Kunst diene dem ganzen Volke. Reichsminister Rust eröffnete die Staatliche Hochschule für Musikerziehung in Graz. In: Tagespost vom 12. 5. 1940.

552. Antwort Felix Oberborbecks auf das Schreiben des Reichsministers für Wissenschaft, Erziehung und Volksbildung an die Reichsstudentenführung vom 17. 9. 1942. Steiermärkisches Landesarchiv, Faszikel 372/I L 9 1941.

553. Staatliche Hochschule für Musikerziehung Graz, Hochschulführer für das Sommersemester 1940. o. O. (Graz) 1940, S. 34.

554. Josef Papesch, Vorschläge zum Aufbau des Musikerziehungswesens im Lande Steiermark. Vom 17. Juni 1938. Österreichisches Staatsarchiv. Allgemeines Verwaltungsarchiv, Faszikel 3239.

555. Ebd., S. 6f.

556. Rupert Doppelbauer, Die Volks-Musikschulen des steirischen Musikschulwerks. Errungenes – Rückblick – Probleme. In: Festschrift der Akademie für Musik und darstellende Kunst in Graz. Graz 1963, S. 173.

557. Josef Papesch, Vorschläge zum Aufbau des Musikerziehungswesens im Lande Steiermark. Vom 17. Juni 1938. Österreichisches Staatsarchiv. Allgemeines Verwaltungsarchiv, Faszikel 3239, S. 6.

558. Schreiben vom Reichskommissar für die Wiedervereinigung Österreichs mit dem Deutschen Reich an den Reichsstatthalter im Ministerium für innere und kulturelle Angelegenheiten in Wien vom 8. 8. 1938. Österreichisches Staatsarchiv Wien. Allgemeines Verwaltungsarchiv, Faszikel 3239.

559. Gutachten Prof. Viktor Junks vom 18. 8. 1938. Österreichisches Staatsarchiv Wien. Allgemeines Verwaltungsarchiv, Faszikel 3239.

560. Josef Papesch, Vorschläge zum Aufbau des Musikerziehungswesens im Lande Steiermark. Vom 17. Juni 1938. Österreichisches Staatsarchiv. Allgemeines Verwaltungsarchiv, Faszikel 3239, S. 7.

561. Schreiben der NSDAP Steiermark (Josef Papesch) an den Staatskommissar Friedrich Plattner vom 28. 8. 1938. Österreichisches Staatsarchiv Wien. Allgemeines Verwaltungsarchiv, Faszikel 3239.

562. Stellungnahme des Ministeriums für innere und kulturelle Angelegenheiten in Wien vom 10. 10. 1938. Österreichisches Staatsarchiv Wien. Allgemeines Verwaltungsarchiv, Faszikel 3239.

563. Ebd.

564. Schreiben des Reichsstatthalters in Wien an den Staatskommissar Friedrich Plattner vom 4. 11. 1938. Österreichisches Staatsarchiv Wien. Allgemeines Verwaltungsarchiv, Faszikel 3239.

565. Schreiben von Josef Papesch an das Präsidium der Landeshauptmannschaft Steiermark vom 14. 12. 1938. Steiermärkisches Landesarchiv, Faszikel 373 Ke 10 1938.

566. Schreiben des Reichsministeriums für Wissenschaft, Erziehung und Volksbildung (Miederer) an Josef Papesch vom 28. 1. 1939. Steiermärkisches Landesarchiv, Faszikel 373 Mu 49 1939.

567. Schreiben des Reichsministers für Wissenschaft, Erziehung und Volksbildung an das Ministerium für innere und kulturelle Angelegenheiten in Wien vom 17. 2. 1939. Steiermärkisches Landesarchiv, Faszikel 372/I H 12 1943.

568. Kaufvertrag zwischen Leopold Graf Herberstein und dem Land Steiermark vom 29. 3. 1939. Steiermärkisches Landesarchiv, Faszikel 372/I E 2 1941.

569. Verordnung über die Neugestaltung der Stadt der Volkserhebung Graz (Führerbefehl). Reichsgesetzblatt 1, 1328, veröffentlicht im Reichsarbeitsblatt Teil 1, 504, Nr. 29 vom 15. 10. 1940.

570. Schreiben des Reichsministers für Wissenschaft, Erziehung und Volksbildung an das Ministerium für innere und kulturelle Angelegenheiten in Wien vom 13. 4. 1939. Österreichisches Staatsarchiv Wien. Allgemeines Verwaltungsarchiv, Faszikel 3239.

571. Zur festlichen Eröffnung der Staatlichen Hochschule für Musikerziehung in Graz durch Reichsminister Bernhard Rust. Graz 1940.

572. Die Kunst diene dem ganzen Volke. Reichsminister Rust eröffnete die Staatliche Hochschule für Musikerziehung in Graz. In: Tagespost vom 12. 5. 1940.

573. Erlaß des Reichsminister für Wissenschaft, Erziehung und Volksbildung an den Reichsstatthalter für Steiermark vom 2. 8. 1941. Steiermärkisches Landesarchiv, Faszikel 372/I H 8 1941.

574. Günther, S. 103f.

575. Staatliche Hochschule für Musikerziehung Graz, Hochschulführer für das Sommersemester 1941. o. O. (Graz) 1941, S. 10.

576. Aktenvermerk des Ministerium für innere und kulturelle Angelegenheiten in Wien vom 20. 10. 1939 sowie Schreiben des Reichsministers für Wissenschaft, Erziehung und Volksbildung an den Reichsstatthalter in Österreich vom 17. 2. 1939. Österreichisches Staatsarchiv Wien. Allgemeines Verwaltungsarchiv, Faszikel 3239.

577. Schreiben der Landeshauptmannschaft Steiermark (Josef Papesch) an das Ministerium für innere und kulturelle Angelegenheiten in Wien vom 6. 11. 1939. Österreichisches Staatsarchiv Wien. Allgemeines Verwaltungsarchiv, Faszikel 3239.

578. Erlaß des Reichsministers für Wissenschaft, Erziehung und Volksbildung V a 880, V c, E IV (a) vom 2. 8. 1941. Steiermärkisches Landesarchiv, Faszikel 372/I St 8 1941.

579. Stellungnahme des Ministeriums für innere und kulturelle Angelegenheiten in Wien zur Errichtung einer Hochschule für Musikerziehung in Graz vom 10. 10. 1938. Österreichisches Staatsarchiv Wien. Allgemeines Verwaltungsarchiv, Faszikel 3239.

580. Schreiben Felix Oberborbecks an den Reichsminister für Wissenschaft, Erziehung und Volksbildung vom 31. 10. 1942. Steiermärkisches Landesarchiv, Faszikel 372/I H 8 1941.

581. Erlaß des Reichsministers für Wissenschaft, Erziehung und Volksbildung V a 2989/39 (a) vom 17. 2. 1940. Österreichisches Staatsarchiv Wien. Allgemeines Verwaltungsarchiv, Faszikel 3239.

582. Undatiertes Schreiben Felix Oberborbecks an Josef Papesch (1940). Steiermärkisches Landesarchiv, Faszikel 372/I P 1 1941.

583. Schreiben Felix Oberborbecks an den Reichsminister für Wissenschaft, Erziehung und Volksbildung vom 25. 6. 1940. Steiermärkisches Landesarchiv, Faszikel 372/I P 1 1941.

584. Schreiben des Reichsministers für Wissenschaft, Erziehung und Volksbildung an den Landeshauptmann von Steiermark vom 23. 3. 1940. Steiermärkisches Landesarchiv, Faszikel 372/I 1 1941.

585. Undatiertes Schreiben des Reichsministers für Wissenschaft, Erziehung und Volksbildung an die Reichsstatthalterei Steiermark. Steiermärkisches Landesarchiv (1941 ?), Faszikel 372/I P 1 1941.

586. Es handelt sich dabei um Eva Gmeindl, Resl Knoll, Josefine Lorenz und Pauli von Mack. Der Prüfungsausschuß besteht infolge der Einberufung von mehreren Mitgliedern des regulären Ausschusses aus dem Vorsitzenden Oberborbeck, dem stellvertretenden Vorsitzenden Illenberger sowie aus Hofmann, Seelig, Marx und Warner.

Schreiben Felix Oberborbecks an die Reichsstatthalterei, Abteilung IId vom 4. 3. 1942. Steiermärkisches Landesarchiv, Faszikel 372/I P 1 1941.

587. Schreiben von Josef Papesch an den Reichsminister für Wissenschaft, Erziehung und Volksbildung vom 37. 1. 1941. Steiermärkisches Landesarchiv, Faszikel 372/I P 1 1941.

Dem Prüfungsausschuß gehören demnach an:

Vorsitzender:	Univ.-Prof. Dr. Rudolf Scharfetter,
Stellvertretender Vorsitzender,	
Chor- und Orchesterleitung:	Dr. Felix Oberborbeck,
Singen und Sprechen:	Dr. Theodor Warner,
Klavier:	Ernst Günthert,
Orgel:	Franz Illenberger,
Violine:	Norbert Hofmann,
Violoncello:	Wolfgang Grunsky,
Gehörbildung, Musiklehre und Komposition:	Karl Marx,
Musikalische Volkskunde	
und Musikgeschichte:	Dr. Walter Wünsch,
Musikerziehung und Rhythmische Erziehung:	Dr. Ludwig Kelbetz,
Musikwissenschaft:	Dr. Herbert Birtner,
Übrige Instrumentalfächer:	Jeweilige/r Hauptfachlehrer/in.

588. Schreiben der NSDAP-Gauleitung Steiermark vom 10. 2. 1941. Steiermärkisches Landesarchiv, Faszikel 372/I P 1 1941.

589. Schreiben Felix Oberborbecks an den Reichsminister für Wissenschaft, Erziehung und Volksbildung vom 13. 10. 1941. Steiermärkisches Landesarchiv, Faszikel 372/I St 6 1941.

590. Erlaß des Reichsministers für Wissenschaft, Erziehung und Volksbildung Va 2744 Rv vom 9. 12. 1941 sowie Erlaß des Reichsministers für Wissenschaft, Erziehung und Volksbildung V a 1144 vom 31. 5. 1940. Steiermärkisches Landesarchiv, Faszikel 372/I H 8 1941.

591. Schreiben Felix Oberborbecks an den Reichsminister für Wissenschaft, Erziehung und Volksbildung vom 21. 2. 1942. Steiermärkisches Landesarchiv, Faszikel 372/I H 8 1941.

592. Erlaß des Reichsministers für Wissenschaft, Erziehung und Volksbildung Va 736 (b) an die Reichsstatthalter vom 18. 4. 1942. Steiermärkisches Landesarchiv, Faszikel 372/I H 8 1941.

593. Schreiben des Reichsministers für Wissenschaft, Erziehung und Volksbildung an die Reichsstatthalterei und an Felix Oberborbeck vom 16. 10. 1942. Steiermärkisches Landesarchiv, Faszikel 372/I H 8 1941.

594. Felix Oberborbeck, Aufgaben einer Musikhochschule im Grenzland. Bericht und Forderung. Rede, gehalten auf dem zweiten Gaustudententag des Reichsgaues Steiermark am 27. Februar 1942. Unveröffentlichtes Manuskript im Berlin Document Center.

595. Ebd., S. 4f

596. Christian Zentner/Friedemann Bedürftig, Das große Lexikon des Dritten Reiches. München 1985, S. 194.

597. Jahresbericht 1941/42. Ungedrucktes Manuskript. Steiermärkisches Landesarchiv, Faszikel 372/I M 9 1941.

598. Felix Oberborbeck, Aufgaben einer Musikhochschule im Grenzland, S. 12.

599. Schreiben des Reichsministers für Wissenschaft, Erziehung und Volksbildung an Felix Oberborbeck vom 4. 4. 1942. Steiermärkisches Landesarchiv, Faszikel 372/I H 8 1941.

600. Steirisches Musikschulwerk/Erster Jahresbericht 1939/40, S. 5.

601. Steirisches Musikschulwerk, Erster Jahresbericht 1939/40, S. 30.

602. Erlaß des Reichsministers für Wissenschaft, Erziehung und Volksbildung E VII a, 726 E II c, V a, E II a (a) vom 20. 8. 1940. Zitiert nach: Deutsche Wissenschaft, Erziehung und Volksbildung. 1940, S. 416ff.

603. Staatliche Hochschule für Musikerziehung Graz, Hochschulführer. Graz o. J., S. 5.

604. Schreiben von Josef Papesch an den Leiter der Unterabteilung der Reichsstatthalterei 2b (Greil) vom 12. 8. 1941. Steiermärkisches Landesarchiv, Faszikel 372/I L 4 1941.

605. Die anderen Institute bestehen in Berlin, Köln, Leipzig, Karlsruhe, Stuttgart, Weimar, Frankfurt am Main, München, Wien, Breslau, Prag und Königsberg. Zitiert nach: Günther, S. 103ff.

606. Günther, S. 134.

607. Einführungserlaß des Reichsministers für Wissenschaft, Erziehung und Volksbildung zur Neuordnung des höheren Schulwesens vom 29. 1. 1938. Zitiert nach: Günther, S. 265ff.

608. Günther, S. 133.

609. Staatliche Hochschule für Musikerziehung Graz, Hochschulführer. Graz o. J., S. 7.

610. Entwurf der Prüfungsordnung des Reichsministers für Wissenschaft, Erziehung und Volksbildung zur Abhaltung von Musiklehrerprüfungen an der Staatlichen Hochschule für Musikerziehung in Graz, genehmigt durch Erlaß V e 588/1941 vom 22. 3. 1941, mitgeteilt durch die Verfügung der Reichsstatthalterei IId, 372 I P 1/1 – 1941 vom 7. 4. 1941. Steiermärkisches Landesarchiv, Faszikel 372/I P 1 1941.

611. Schreiben des Landesschulrates für Steiermark an das Ministerium für innere und kulturelle Angelegenheiten in Wien vom 18. 8. 1939. Österreichisches Staatsarchiv Wien. Allgemeines Verwaltungsarchiv, Faszikel 3238.

612. Steirisches Musikschulwerk, Erster Jahresbericht, S. 15.

613. Staatliche Hochschule für Musikerziehung Graz, Hochschulführer. Graz o. J., S. 20.

614. Steirisches Musikschulwerk, Erster Jahresbericht, S. 17.

615. Staatliche Hochschule für Musikerziehung Graz, Hochschulführer. Graz o. J., S. 20.

616. Prüfungsordnung des Reichsministers für Wissenschaft, Erziehung und Volksbildung in Vereinbarung mit der Reichsjugendführung V a 2036 (b) vom 15. 9. 1937, auf die Staatliche Hochschule für Musikerziehung in Graz ausgedehnt durch Erlaß V a 349 vom 23. 3. 1940. Zitiert nach: Staatliche Hochschule für Musikerziehung Graz, Hochschulführer. Graz o. J., S. 20.

617. Staatliche Hochschule für Musikerziehung Graz, Hochschulführer. Graz o. J., S. 22.

618. Staatliche Hochschule für Musikerziehung Graz, Hochschulführer. Graz o. J., S. 21.

619. Schreiben der Landeshauptmannschaft an das Ministerium für innere und kulturelle Angelegenheiten in Wien vom 22. 1. 1940. Steiermärkisches Landesarchiv, Faszikel 372/I P 1 1941.

Die Zahl wird infolge von Einberufungen jedoch bald auf 20/21 dezimiert.

620. Felix Oberborbeck, Aufgaben einer Musikhochschule im Grenzland, S. 7.

621. Schreiben der NSDAP Steiermark (Josef Papesch) an Staatskommissar Friedrich Plattner vom 28. 9. 1938. Österreichisches Staatsarchiv Wien. Allgemeines Verwaltungsarchiv, Faszikel 3239.

622. Schreiben des Ministeriums für innere und kulturelle Angelegenheiten in Wien an den Landeshauptmann von Steiermark vom 30. 8. 1938. Österreichisches Staatsarchiv Wien. Allgemeines Verwaltungsarchiv, Faszikel 3239.

623. Staatliche Hochschule für Musikerziehung Graz, Hochschulführer. Graz o. J., S. 9.

624. Gesetz über die Hitlerjugend vom 1. 12. 1936. Zitiert nach: Günther, S. 48.

625. Wolfgang Stumme, Musik in der Hitler-Jugend. In: Wolfgang Stumme (Hg.), Musik im Volk. Grundfragen der Musikerziehung. Berlin-Lichterfelde 1939, S. 19.

626. Günther, S. 63.

627. Interview des Verfassers mit Inge und Helga Reiser am 12. 11. 1987 in Graz.

628. Steirisches Musikschulwerk, Erster Jahresbericht, S. 18.

629. Schreiben Felix Oberborbecks an das Reichsministerium für Wissenschaft, Erziehung und Volksbildung vom 23. 9. 1941. Steiermärkisches Landesarchiv, Faszikel 372/I G 1 1941.

630. Ebd.

631. Schreiben Felix Oberborbecks an den Reichsminister für Wissenschaft, Erziehung und Volksbildung vom 13. 10. 1941. Steiermärkisches Landesarchiv, Faszikel 372/I St 6 1941.

632. Schreiben Wolfgang Stummes an Felix Oberborbeck vom 21. 9. 1942. Steiermärkisches Landesarchiv, Faszikel 372/I H 8 1941.

633. Merkblatt 8 der Staatlichen Hochschule für Musikerziehung. Studierende des Wintersemesters 1942/43. Steiermärkisches Landesarchiv, Faszikel 372/I L 21 1943.

634. Das Joanneum. Beiträge zur Naturkunde, Geschichte, Kunst und Wirtschaft des Ostalpenraumes. Band IV (1944), S. 81.

635. Christian Zentner/Friedemann Bedürftig, Das große Lexikon des Dritten Reiches. München 1985, S. 410.

636. Steirisches Musikschulwerk, Erster Jahresbericht, S. 15.

637. Staatliche Hochschule für Musikerziehung Graz, Hochschulführer für das Sommersemester 1940, Graz 1940, S. 9ff.

638. Ebd., S. 13.

639. Schreiben Felix Oberborbecks an die Reichsstatthalterei, Abteilung IId vom 11. 6. 1941. Steiermärkisches Landesarchiv, Faszikel 372/I St 1 1941.

640. Ebd.

641. Gaustudentenführer Wilhelm Dornhofer, Die Kameradschaftserziehung des NSD-Studentenbundes. In: Staatliche Hochschule für Musikerziehung Graz, Hochschulführer für das Sommersemester 1940. Graz 1940, S. 8f.

642. Steirisches Musikschulwerk, Erster Jahresbericht, S. 15.

643. Antwortschreiben Felix Oberborbecks an den Gaustudentenführer Franz Höfler vom 21. 4. 1940. Steiermärkisches Landesarchiv, Faszikel 372/I H 8 1941.

644. Staatliche Hochschule für Musikerziehung Graz, Hochschulführer für das Sommersemester 1940. Graz 1940, S. 9.

645. Steirisches Musikschulwerk, Erster Jahresbericht, S. 4f.

646. Ulrich Günther, Die Schulmusikerziehung von der Kestenberg-Reform bis zum Ende des Dritten Reiches. Ein Beitrag zur Dokumentation und Zeitgeschichte der Schulmusikerziehung mit Anregungen zu ihrer Neugestaltung. Neuwied am Rhein und Berlin 1967.

647. Staatliche Hochschule für Musikerziehung Graz, Hochschulführer. Graz o. J., S. 12.

648. Erlaß des Reichsminister für Wissenschaft, Erziehung und Volksbildung Z III b Nr. 83/43 vom 11. 5. 1943. Steiermärkisches Landesarchiv, Faszikel 372/I H 8 1941.

649. Erlässe des Reichsministers für Wissenschaft, Erziehung und Volksbildung W J 2030, V vom 4. 7. 1942, W J 370/43, V a vom 2. 2. 1943, Va 1394, W J vom 22. 6. 1943 und V 3 2552/44 2562 vom 3. 8. 1944. Steiermärkisches Landesarchiv, Faszikel 372/I St 10 1943, 372/I H 8 1943 und 372/I J 8 1942.

650. Frequenzmeldung der Hochschule für Musikerziehung (Franz Maria Kapfhammer) an den Reichsminister für Wissenschaft, Erziehung und Volksbildung vom 25. 7. 1942. Steiermärkisches Landesarchiv, Faszikel 372/I H 8 1941.

651. Erlaß des Reichsministers für Wissenschaft, Erziehung und Volksbildung K I 8600/23. 12. 39 (342), W. E. V. (b) vom 10. 1. 1940. Steiermärkisches Landesarchiv, Faszikel 372/I St 10 1942.

652. Erlaß des Reichsminister für Wissenschaft, Erziehung und Volksbildung W J 460 vom 5. 4. 1944. Steiermärkisches Landesarchiv, Faszikel 372/I M 8 1941.

653. Erlaß des Reichsministers für Wissenschaft, Erziehung und Volksbildung V a 429 II/44 K I b vom 20. 7. 1944. Steiermärkisches Landesarchiv, Faszikel 372/I H 8 1944.

654. Erlaß des Reichsministers für Wissenschaft, Erziehung und Volksbildung W I 4310 M vom 13. 12. 1935 und Va 1191, WF, WJ vom 4. 8. 1942. Steiermärkisches Landesarchiv, Faszikel 372/I H 8 1941.

655. Gesetz zum Schutz des deutschen Blutes und der deutschen Ehre vom 15. 9. 1935. Reichsgesetzblatt I, S. 1146.

656. Staatliche Hochschule für Musikerziehung Graz, Hochschulführer. Graz o. J., S. 12.

657. Artikel „Nürnberg". In: Christian Zentner/Friedemann Bedürftig, Das große Lexikon des Dritten Reiches. München 1985, S. 423ff.

658. Erlaß des Reichsministers für Wissenschaft, Erziehung und Volksbildung V a 220/42, WJ vom 4. 2. 1942. Steiermärkisches Landesarchiv, Faszikel 372/I H 8 1941.

659. Schreiben des Reichsministers für Wissenschaft, Erziehung und Volksbildung an die Reichsstatthalterei vom 25. 7. 1944. Steiermärkisches Landesarchiv, Faszikel 372/I M 2 1944.

660. Schreiben des Reichsministers für Wissenschaft, Erziehung und Volksbildung an die Reichsstatthalterei vom 25. 7. 1944. Steiermärkisches Landesarchiv, Faszikel 372/I M 2 1944.

661. Matrikenbuch der Staatlichen Hochschule für Musikerziehung Graz, S. 34, Laufzahl 144. Archiv der Hochschule für Musik und darstellende Kunst in Graz.

662. Frequenzmeldung der Hochschule für Musikerziehung (Franz Maria Kapfhammer) an den Reichsminister für Wissenschaft, Erziehung und Volksbildung vom 25. 7. 1942. Steiermärkisches Landesarchiv, Faszikel 372/I H 8 1941.

663. Staatliche Hochschule für Musikerziehung Graz, Hochschulführer. Graz o. J., S. 16.

664. Staatliche Hochschule für Musikerziehung Graz, Hochschulführer. Graz o. J., S. 18.

665. Staatliche Hochschule für Musikerziehung Graz, Hochschulführer. Graz o. J., S. 18.

666. Schnellbrief des Reichsministers für Wissenschaft, Erziehung und Volksbildung V a Nr. 1007, RV vom 6. 5. 1941. Steiermärkisches Landesarchiv, Faszikel 372/I St 2 1941.

667. Erlaß des Reichsministers für Wissenschaft, Erziehung und Volksbildung WJ 2396 vom 21. 10. 1943. Steiermärkisches Landesarchiv, Faszikel 372/I St 2 1941.

668. Erlaß des Oberkommandos der Wehrmacht Nr. 9087/42 AHA/Ag/E (Ia) vom 26. 5. 1942 und Erlaß des Reichsministers für Wissenschaft, Erziehung und Volksbildung V a 2604, RV vom 16. 11. 1942. Steiermärkisches Landesarchiv, Faszikel 372/I St 2 1941.

669. Schnellbrief des Reichsministers für Wissenschaft, Erziehung und Volksbildung W J 1310, Va (a) vom 30. 4. 1943. Steiermärkisches Landesarchiv, Faszikel 372/I H 13 1943.

670. Schnellbrief des Reichsministers für Wissenschaft, Erziehung und Volksbildung W J 1310, Va (a) vom 30. 4. 1943. Steiermärkisches Landesarchiv, Faszikel 372/I H 13 1943.

671. Erlaß des Oberkommandos der Wehrmacht, Abt. E (Ib) Nr. 33 895/43 vom 8. 10. 1943 und Erlaß des Reichsministers für Wissenschaft, Erziehung und Volksbildung Va 2236, RV vom 13. 11. 1943 und Va 345/44 vom 13. 6. 1944. Steiermärkisches Landesarchiv, Faszikel 372/I St 2 1941.

672. Erlässe des Reichsministers für Wissenschaft, Erziehung und Volksbildung V a 744 W J vom 1. 4. 1991, V a 1346 W J vom 1. 8. 1941, V a 828, W J vom 14. 4. 1942 und V a 375/43 W J vom 13. 3. 1943. Steiermärkisches Landesarchiv, Faszikel 372/I St 1 1941.

673. Staatliche Hochschule für Musikerziehung Graz, Hochschulführer. Graz o. J., S. 23f.

674. Staatliche Hochschule für Musikerziehung Graz, Hochschulführer. Graz o. J., S. 14ff.

675. Schreiben der Hochschule für Musikerziehung (Franz Maria Kapfhammer) an die Reichsstatthalterei, Abteilung IId vom 11. 6. 1943. Steiermärkisches Landesarchiv, Faszikel 372/I St 13 1943.

676. Erlaß des Reichsministers für Wissenschaft, Erziehung und Volksbildung vom 8. 11. 1944. Steiermärkisches Landesarchiv, Faszikel 372/I Sch 1 1941.

677. Günther, S. 108.

678. Vorlesungsankündigung für das Sommersemester 1942. Privatarchiv Klaus Oberborbeck, Hannover.

679. Günther, S. 151ff.

680. Günther, S. 157f.

681. Günther, S. 162.

682. Erlaß des Reichsministers für Wissenschaft, Erziehung und Volksbildung V 3 Nr. 449 II vom 4. 7. 1944. Steiermärkisches Landesarchiv, Faszikel 372/I H 8 1944.

683. Felix Oberborbeck, Das Steirische Musikschulwerk. Geschichte und Aufbau. In: Das Joanneum. Beiträge zur Naturkunde, Geschichte, Kunst und Wirtschaft des Ostalpenraumes. Band VII (1944), S. 88.

684. Josef Papesch, Vorschläge zum Aufbau des Musikerziehungswesens im Lande Steiermark. vom 17. Juni 1938. Österreichisches Staatsarchiv, Allgemeines Verwaltungsarchiv, Faszikel 3239, S. 10.

685. Staatliche Hochschule für Musikerziehung Graz, Hochschulführer. Graz o. J., S. 17.

686. Staatliche Hochschule für Musikerziehung Graz, Hochschulführer. Graz o. J., S. 18.

687. Staatliche Hochschule für Musikerziehung Graz, Hochschulführer. Graz o. J., S. 18.

688. Staatliche Hochschule für Musikerziehung Graz, Hochschulführer. Graz o. J., S. 21f.

689. Staatliche Hochschule für Musikerziehung Graz, Hochschulführer für das Wintersemester 1940/41. o. O. (Graz) 1940, S. 18.

690. Staatliche Hochschule für Musikerziehung Graz, Hochschulführer für das Sommersemester 1941. o. O. 1941, S. 20ff.

691. Staatliche Hochschule für Musikerziehung in Graz, Vorlesungen, Übungen und Unterricht im Sommersemester 1942. Graz 1942.

692. Staatliche Hochschule für Musikerziehung in Graz, Vorlesungen, Übungen und Unterricht im Wintersemester 1942/43. Graz 1942.

693. Staatliche Hochschule für Musikerziehung in Graz, Vorlesungen, Übungen und Unterricht im Sommersemester 1943. Graz 1943.

694. Staatliche Hochschule für Musikerziehung in Graz, Vorlesungen, Übungen und Unterricht im Wintersemester 1943/44. Graz 1943.

695. Schreiben Felix Oberborbecks an die Reichsstatthalterei, Abt. IId vom 31. 3. 1944. Steiermärkisches Landesarchiv, Faszikel 372/I G 1 1941.

696. Günther, S. 104ff.

697. Ordnung der Prüfung für das künstlerische Lehramt an höheren Schulen im Deutschen Reich des Reichsministers für Wissenschaft, Erziehung und Volksbildung E VII a 726 E III c, V a E II a (a) vom 20. 8. 1940. Steiermärkisches Landesarchiv, Faszikel 372/I P 1 1941.

698. Staatliche Hochschule für Musikerziehung Graz, Vorlesungen, Übungen und Unterricht im Wintersemester 1941/42. Graz 1941.

699. Staatliche Hochschule für Musikerziehung Graz, Vorlesungen, Übungen und Unterricht im Wintersemester 1941/43. Graz 1941.

700. Staatliche Hochschule für Musikerziehung Graz, Vorlesungen, Übungen und Unterricht im Wintersemester 1941/42. Graz 1941.

701. Staatliche Hochschule für Musikerziehung Graz, Vorlesungen, Übungen und Unterricht im Wintersemester 1941/42. Graz 1941.

702. Merkblatt 8 der Staatliche Hochschule für Musikerziehung Graz, Studierende des Wintersemesters 1942/43. Steiermärkisches Landesarchiv, Faszikel 372/I L 21 1943.

703. Merkblatt 8a der Staatliche Hochschule für Musikerziehung Graz, Studierende des Sommersemesters 1943. Steiermärkisches Landesarchiv, Faszikel 372/I L 21 1943.

704. Schreiben Felix Oberborbecks an den Reichsminister für Wissenschaft, Erziehung und Volksbildung vom 2. 11. 1944. Steiermärkisches Landesarchiv, Faszikel 372/I M 31 1944.

705. Merkblatt 8a der Staatliche Hochschule für Musikerziehung Graz, Studierende des Sommersemesters 1943. Steiermärkisches Landesarchiv, Faszikel 372/I L 21 1943.

706. Matrikenbuch der Staatlichen Hochschule für Musikerziehung in Graz. Archiv der Hochschule für Musik und darstellende Kunst in Graz.

707. Matrikenbuch der Staatlichen Hochschule für Musikerziehung in Graz. Archiv der Hochschule für Musik und darstellende Kunst in Graz.

708. Matrikenbuch der Staatlichen Hochschule für Musikerziehung in Graz. Archiv der Hochschule für Musik und darstellende Kunst in Graz.

709. Schreiben der NSDAP Steiermark (Josef Papesch) an Staatskommissar Friedrich Plattner vom 28. 9. 1938. Österreichisches Staatsarchiv. Allgemeines Verwaltungsarchiv, Faszikel 3239.

710. Josef Papesch, Vorschläge zum Aufbau des Musikerziehungswesens im Lande Steiermark. Vom 17. Juni 1938. Österreichisches Staatsarchiv. Allgemeines Verwaltungsarchiv, Faszikel 3239.

711. Schreiben des Gauleiters und Landeshauptmannes von Steiermark Sigfried Uiberreither an Staatskommissar Friedrich Plattner in Wien vom 3. 5. 1939. Österreichisches Staatsarchiv Wien. Allgemeines Verwaltungsarchiv, Faszikel 3239.

712. Erlaß des Reichsministers für Wissenschaft, Erziehung und Volksbildung Va 1200, ZIb (b) vom 2. 6. 1942. Steiermärkisches Landesarchiv, Faszikel 372/I H 8 1941.

713. Erlaß des Reichsministers für Wissenschaft, Erziehung und Volksbildung Va 1200 ZIb (b) vom 30. 8. 1937.

714. Günther, S. 103 und S. 376.

Felix Oberborbeck, Grazer Erinnerungen. In: Mitteilungen des Steirischen Tonkünstlerbundes, Nr. 42 (Oktober–Dezember 1969), S. 2f.

715. Karteiblätter Felix Oberborbeck, NSDAP-Nummer 350 575. Berlin Document Center.

716. Schreiben der NSDAP-Gauleitung Steiermark an den Reichsstatthalter in Graz vom 10. 2. 1941. Österreichisches Staatsarchiv Wien. Allgemeines Verwaltungsarchiv, Faszikel 3239.

717. Felix Oberborbeck, Aufgaben einer Musikhochschule im Grenzland, S. 5.

718. Staatliche Hochschule für Musikerziehung Graz, Hochschulführer für das Wintersemester 1940/41, S. 9.

719. Ebd.

720. Ebd.

721. Ebd., S. 10.

722. Ebd.

723. Ebd.

724. Ebd.

725. Ebd.

726. Ebd.

727. Ebd., S. 10f.

728. Ebd., S. 11.

729. Ebd.

730. Ebd.

731. Staatliche Hochschule für Musikerziehung Graz, Hochschulführer. Graz o. J., S. 11.

732. Ebd., S. 10.

733. Staatliche Hochschule für Musikerziehung Graz, Vorlesungen, Übungen und Unterricht im Sommersemester 1942. Graz 1942.

734. Steirisches Musikschulwerk, Erster Jahresbericht, S. 4.

735. Staatliche Hochschule für Musikerziehung Graz, Hochschulführer für das Sommersemester 1941. Graz 1941, S. 8f.

736. Ebd.

737. Ebd.

738. Ebd.

739. Staatliche Hochschule für Musikerziehung Graz, Vorlesungen, Übungen und Unterricht im Sommersemester 1942. Graz 1942.

740. Staatliche Hochschule für Musikerziehung Graz, Hochschulführer für das Sommersemester 1941. Graz 1941, S. 8f.

741. Staatliche Hochschule für Musikerziehung Graz, Vorlesungen, Übungen und Unterricht im Sommersemester 1942. Graz 1942.

742. Ebd.

743. Ebd.

744. Ebd.

745. Staatliche Hochschule für Musikerziehung Graz, Hochschulführer für das Sommersemester 1940, S. 9.

746. Staatliche Hochschule für Musikerziehung Graz, Hochschulführer für das Sommersemester 1941, S. 8f.

747. Staatliche Hochschule für Musikerziehung Graz, Vorlesungen, Übungen und Unterricht im Sommersemester 1942. Graz 1942.

748. Staatliche Hochschule für Musikerziehung Graz, Hochschulführer für das Sommersemester 1941. Graz 1941, S. 8f.

749. Staatliche Hochschule für Musikerziehung Graz, Vorlesungen, Übungen und Unterricht im Sommersemester 1943.

750. Staatliche Hochschule für Musikerziehung Graz, Hochschulführer. Graz o. J., S. 8.

751. Staatliche Hochschule für Musikerziehung Graz, Vorlesungen, Übungen und Unterricht im Sommersemester 1942. Graz 1942.

752. Ebd.

753. Staatliche Hochschule für Musikerziehung Graz, Vorlesungen, Übungen und Unterricht im Sommersemester 1943.

754. Staatliche Hochschule für Musikerziehung Graz, Vorlesungen, Übungen und Unterricht im Sommersemester 1944.

755. Staatliche Hochschule für Musikerziehung Graz, Vorlesungen, Übungen und Unterricht im Sommersemester 1944.

756. Staatliche Hochschule für Musikerziehung Graz, Vorlesungen, Übungen und Unterricht im Sommersemester 1942. Graz 1942.

757. Staatliche Hochschule für Musikerziehung Graz, Vorlesungen, Übungen und Unterricht im Sommersemester 1944.

758. Staatliche Hochschule für Musikerziehung Graz, Vorlesungen, Übungen und Unterricht im Sommersemester 1942. Graz 1942.

759. Staatliche Hochschule für Musikerziehung Graz, Vorlesungen, Übungen und Unterricht im Wintersemester 1942/43. Graz 1942.

760. Staatliche Hochschule für Musikerziehung Graz, Vorlesungen, Übungen und Unterricht im Sommersemester 1943.

761. Staatliche Hochschule für Musikerziehung Graz, Vorlesungen, Übungen und Unterricht im Wintersemester 1942/43. Graz 1942.

762. Staatliche Hochschule für Musikerziehung Graz, Vorlesungen, Übungen und Unterricht im Wintersemester 1942/43. Graz 1942.

763. Staatliche Hochschule für Musikerziehung Graz, Vorlesungen, Übungen und Unterricht im Sommersemester 1943.

764. Staatliche Hochschule für Musikerziehung Graz, Vorlesungen, Übungen und Unterricht im Sommersemester 1943.

765. Ebd.

766. Ebd.

767. Ebd.

768. Ebd.

769. Ebd.

770. Ebd.

771. Ebd.

772. Ebd.

773. Ebd.

774. Ebd.

775. Ebd.

776. Ebd.

777. Ebd.

778. Staatliche Hochschule für Musikerziehung Graz, Vorlesungen, Übungen und Unterricht im Sommersemester 1944.

779. Schreiben der Hochschule für Musikerziehung an den Reichsminister für Wissenschaft, Erziehung und Volksbildung vom 18. 8.

1941 und der Reichsstatthalterei (Kurt Pokorny) an den Reichsminister für Wissenschaft, Erziehung und Volksbildung vom 11. 9. 1941. Steiermärkisches Landesarchiv, Faszikel 372/I P 5 1941.

780. Schreiben des Reichsministers für Wissenschaft, Erziehung und Volksbildung an die Reichsstatthalterei in Graz vom 17. 4. 1943. Steiermärkisches Landesarchiv, Faszikel 372/I P 5 1941.

781. Aktenvermerke vom 23. 4. 1939, 3. 5. 1943 und 29. 6. 1943 sowie Schreiben des Reichsministers für Wissenschaft, Erziehung und Volksbildung an die Reichsstatthalterei in Graz vom 25. 6. 1943, vom 13. 7. 1943 und vom 17. 9. 1943 sowie vom 19. 11. 1943. Steiermärkisches Landesarchiv, Faszikel 372/I P 5 1941.

782. Abschrift der Ernennungsurkunde des Reichsministers für Wissenschaft, Erziehung und Volksbildung vom 19. 6. 1944. Die Urkunde wurde Felix Oberborbeck laut Aktenvermerk am 30. 7. 1944 ausgefolgt. Steiermärkisches Landesarchiv, Faszikel 372/I P 5 1941.

783. Josef Papesch, Vorschläge zum Aufbau des Musikerziehungswesens im Lande Steiermark. vom 17. Juni 1938. Österreichisches Staatsarchiv. Allgemeines Verwaltungsarchiv, Faszikel 3239. S. 11ff.

784. Stellungnahme des Ministeriums für innere und kulturelle Angelegenheiten in Wien vom 10. 10. 1938. Österreichisches Staatsarchiv Wien. Allgemeines Verwaltungsarchiv, Faszikel 3239.

785. Schreiben des Reichsministers für Wissenschaft, Erziehung und Volksbildung an die Reichsstatthalterei in Wien 17. 2. 1939. Österreichisches Staatsarchiv Wien. Allgemeines Verwaltungsarchiv, Faszikel 3239.

786. Schreiben von Sigfried Uiberreither an Staatskommissar Friedrich Plattner vom 3. 5. 1939. Österreichisches Staatsarchiv Wien. Allgemeines Verwaltungsarchiv, Faszikel 3239.

787. Schreiben des Gauleiters Sigfried Uiberreither an den Reichsminister für Wissenschaft, Erziehung und Volksbildung vom 9. 6. 1939. Österreichisches Staatsarchiv Wien. Allgemeines Verwaltungsarchiv, Faszikel 3239.

788. Schreiben des Reichsfinanzministers an den Reichsminister für Wissenschaft, Erziehung und Volksbildung vom 26. 8. 1939. Österreichisches Staatsarchiv Wien. Allgemeines Verwaltungsarchiv, Faszikel 3239.

789. Erklärung des Reichsgaues Steiermark vom 9. 6. 1939. Österreichisches Staatsarchiv Wien. Allgemeines Verwaltungsarchiv, Faszikel 3239.

790. Schreiben der Landeshauptmannschaft Steiermark an das Ministerium für innere und kulturelle Angelegenheiten in Wien vom 12. 6. 1939. Österreichisches Staatsarchiv Wien. Allgemeines Verwaltungsarchiv, Faszikel 3239.

791. Schreiben des Reichsministers für Wissenschaft, Erziehung und Volksbildung an den Reichsstatthalter in Österreich vom 17. 2. 1939. Österreichisches Staatsarchiv Wien. Allgemeines Verwaltungsarchiv, Faszikel 3239.

792. Schreiben des Reichsfinanzministers an den Reichsminister für Wissenschaft, Erziehung und Volksbildung vom 26. 8. 1939. Österreichisches Staatsarchiv Wien. Allgemeines Verwaltungsarchiv, Faszikel 3239.

793. Die Reichsjugendführung übernimmt die Kosten für das Kameradschaftshaus (Wohnhaus der Lehrgangsteilnehmer), die Verköstigung der Heimleiterin und die Besoldung von zwei Hausgehilfinnen. (Vereinbarung zwischen Reichsjugendführung (Stumme) und Hochschule für Musikerziehung (Oberborbeck) vom 2. 12. 1939. Österreichisches Staatsarchiv Wien. Allgemeines Verwaltungsarchiv, Faszikel 3239). Gleichzeitig mietet die Reichsjugendführung die erforderlichen Räume im Schloß Eggenberg vom Reichsgau Steiermark (Mietvertrag zwischen Reichsstatthalterei Steiermark und der NSDAP vom 18. 10. 1944. Steiermärkisches Landesarchiv, Faszikel 372/I K 2 1941).

794. Schreiben der Landeshauptmannschaft Steiermark an das Ministerium für innere und kulturelle Angelegenheiten in Wien vom 6. 11. 1939. Österreichisches Staatsarchiv Wien. Allgemeines Verwaltungsarchiv. Faszikel 3239 und Kaufvertrag zwischen dem Leopold Graf Herbersteinschen Fideikommiß Eggenberg und dem Land Steiermark vom 29. 3. 1939. Steiermärkisches Landesarchiv, Faszikel 372/I E 2 1941.

795. Stellungnahme des Ministeriums für innere und kulturelle Angelegenheiten in Wien vom 10. 10. 1938. Österreichisches Staatsarchiv Wien. Allgemeines Verwaltungsarchiv, Faszikel 3239.

796. Schreiben der Landeshauptmannschaft Steiermark an das Ministerium für innere und kulturelle Angelegenheiten in Wien vom 6. 11. 1939. Österreichisches Staatsarchiv Wien. Allgemeines Verwaltungsarchiv, Faszikel 3239.

797. Schreiben Felix Oberborbecks an Reichsstatthalterei, Abteilung IIe vom 8. 1. 1940. Steiermärkisches Landesarchiv, Faszikel 372/I E 2 1941.

798. Satzungen der Staatlichen Hochschule für Musikerziehung, § 12. Österreichisches Staatsarchiv Wien. Allgemeines Verwaltungsarchiv, Faszikel 3239.

799. Haushaltsplan des Steirischen Musikschulwerkes für das Jahr 1941. Steiermärkisches Landesarchiv, Faszikel 372/I M 4 1941.

800. Erlaß des Reichsministers für Wissenschaft, Erziehung und Volksbildung V a 880, V c, E IV (a) vom 2. 8. 1941. Steiermärkisches Landesarchiv, Faszikel 372/I St 8 1941.

801. Dienstvertrag zwischen der Reichsstatthalterei Steiermark und Felix Oberborbeck vom 18. 8. 1943. Steiermärkisches Landesarchiv, Faszikel 372/I P 5 1941.

802. Übersicht über die Einstufung der Hochschullehrer vom 1. 5. 1941. Steiermärkisches Landesarchiv, Faszikel 372/I H 8 1941.

803. Schreiben von Josef Papesch an die Oberleitung des Steirischen Musikschulwerkes vom 12. 2. 1943. Steiermärkisches Landesarchiv, Faszikel 372/I P 6a 1942.

804. Schreiben Felix Oberborbecks an die Mitglieder des Mozart-Quartetts vom 1. 7. 1941. Steiermärkisches Landesarchiv, Faszikel 372/I M 7 1941.

805. Gedächtnisprotokoll Felix Oberborbecks über die Besprechung in der Reichsstatthalterei, Abteilung IIe vom 21. 2. 1941. Steiermärkisches Landesarchiv, Faszikel 373 Mu 49 1939.

806. Schreiben Franz Maria Kapfhammers an die Sanitätsstelle der Luftpolizei Graz vom 8. 3. 1944. Steiermärkisches Landesarchiv, Faszikel 372/I H 5 1941.

807. Schreiben der Landeshauptmannschaft Steiermark an das Ministerium für innere und kulturelle Angelegenheiten in Wien vom 6. 11. 1939. Österreichisches Staatsarchiv Wien. Allgemeines Verwaltungsarchiv, Faszikel 3239.

Aufstellung der zur Verfügung stehenden Räume: Steiermärkisches Landesarchiv, Faszikel 372/I E 2 1941.

808. Schreiben Felix Oberborbecks an die Landeshauptmannschaft, Abteilung 11 vom 14. 10. 1939. Steiermärkisches Landesarchiv, Faszikel 372/I E 2 1941.

809. Schreiben Felix Oberborbecks an die Landeshauptmannschaft, Abteilung 11 vom 9. 10. 1939. Steiermärkisches Landesarchiv, Faszikel 372/I E 2 1941.

810. Schreiben von Ludwig Kelbetz an die Reichsstatthalterei, Abteilung IId vom 25. 7. 1940. Steiermärkisches Landesarchiv, Faszikel 372/I E 2 1941.

811. Aktenvermerk von Josef Papesch vom 22. 2. 1940. Steiermärkisches Landesarchiv, Faszikel 372/I E 2 1941.

812. Schreiben von Josef Papesch an Reichsstatthalterei, Abteilung IId vom 10. 6. 1941.

813. Schreiben von Josef Papesch an die Reichsstatthalterei, Abteilung IIe vom 16. 10. 1941. Steiermärkisches Landesarchiv, Faszikel 372/I E 2 1941.

814. Schreiben Felix Oberborbecks an das Landesbauamt vom 12. 7. 1940. Steiermärkisches Landesarchiv, Faszikel 372/I E 2 1941.

815. Schreiben von Ludwig Kelbetz an Reichsstatthalterei, Abteilung IId vom 25. 7. 1940. Steiermärkisches Landesarchiv, Faszikel 372/I E 2 1941.

816. Schreiben Franz Maria Kapfhammers an die Reichsstatthalterei, Abteilung IId vom 18. 4. 1942. Steiermärkisches Landesarchiv, Faszikel 372/I H 5 1941.

817. Vereinbarung zwischen Reichsstatthalterei (Kurt Pokorny) und Polizeipräsidium (SS-Oberführer Brandt) vom 5. 6. 1942. Steiermärkisches Landesarchiv, Faszikel 372/I H 5 1941.

818. Akt Luftschutzangelegenheiten. Steiermärkisches Landesarchiv, Faszikel 372/I L 8 1941.

819. Schreiben des Steirischen Musikschulwerkes an die Reichsstatthalterei, Abteilung IId vom 24. 3. 1944. Das Schreiben beinhaltet auch eine Liste von 29 Lehrerinnen und Lehrern, die in ihren Privatwohnungen unterrichten. Steiermärkisches Landesarchiv, Faszikel 372/I W 8 1944.

820. Aktenvermerk des 9. Polizeireviers vom 20. 7. 1944. Steiermärkisches Landesarchiv, Faszikel 372/I E 18 1944.

821. Aktenvermerk Kurt Pokornys vom 13. 8. 1944. Steiermärkisches Landesarchiv, Faszikel 372/I E 18 1944.

822. Schreiben Felix Oberborbecks an Reichsstatthalterei, Abteilung IIe vom 24. 5. 1940. Steiermärkisches Landesarchiv, Faszikel 372/I E 2 1941.

823. Erlaß des Reichsministers für Wissenschaft, Erziehung und Volksbildung V a 2272 vom 3. 11. 1943. Steiermärkisches Landesarchiv, Faszikel 372/I L 8 1941.

824. Schreiben der Hochschule für Musikerziehung (Felix Oberborbeck) an die Reichsstatthalterei, Abteilung IId vom 3. 4. 1944. Steiermärkisches Landesarchiv, Faszikel 372/I B 6 1944.

825. Erlaß des Reichsministers für Wissenschaft, Erziehung und Volksbildung V a 223/44 vom 3. 4. 1944. Steiermärkisches Landesarchiv, Faszikel 372/I H 13 1944.

826. Schreiben Felix Oberborbecks an die Reichsstatthalterei, Abteilung IId vom 21. 1. 1944. Steiermärkisches Landesarchiv, Faszikel 372/I H 13 1943.

827. Amtsvermerk vom 23. 2. 1945. Steiermärkisches Landesarchiv, Faszikel 372/I L 23 1943.

828. Durchführungsbestimmungen für die Verordnung über die Weiterbenützung von Kraftfahrzeugen vom 6. 9. 1939 (Reichsverkehrsblatt B. Nr. 42, S. 304.). Zitiert nach: Heinz Boberach (Hg.), Meldungen aus dem Reich. Die geheimen Lageberichte des Sicherheitsdienstes der SS 1938–1945. Band 3, S. 469f.

829. Schreiben des Steirischen Musikschulwerkes (Ludwig Kelbetz) an Kurt Pokorny vom 3. 11. 1939. Steiermärkisches Landesarchiv, Faszikel 373 Mu 49 1939.

830. Bescheid des Polizeipräsidenten, Zl. III-3496-1940 vom 2. 9. 1940. Steiermärkisches Landesarchiv, Faszikel 373 Mu 49 1939.

831. Schreiben Felix Oberborbecks an die Reichsstatthalterei, Abteilung IId vom 6. 9. 1940, Schreiben von Josef Papesch an die Reichsstatthalterei, Abteilung IVc vom 19. 9. 1940 und Schreiben Kurt Pokornys an den Polizeipräsidenten vom 25. 9. 1940. Alle: Steiermärkisches Landesarchiv, Faszikel 373 Mu 49 1940.

832. Bescheid des Polizeipräsidenten vom 18. 11. 1940. Steiermärkisches Landesarchiv, Faszikel 373 Mu 49 1939.

833. Aktenvermerk Kurt Pokornys vom 4. 3. 1941. Steiermärkisches Landesarchiv, Faszikel 373 Mu 49 1939.

834. Erlaß des Reichsministers für Wissenschaft, Erziehung und Volksbildung V a 582 vom 7. 6. 4943. Steiermärkisches Landesarchiv, Faszikel 372/I M 21 1943.

835. Schnellbrief des Reichsministers für Wissenschaft, Erziehung und Volksbildung V a 1626, V, EIV, EV vom 19. 6. 1943.

836. Schreiben Felix Oberbecks an den Reichsminister für Wissenschaft, Erziehung und Volksbildung vom 27. 10. 1943. Steiermärkisches Landesarchiv, Faszikel 372/I M 21 1943.

837. Richtlinien für die Schaffung einer steirischen Notenbibliothek. Steiermärkisches Landesarchiv, Faszikel 373 Mu 49 1939.

838. Schreiben der Reichsstatthalterei an die Gaukämmerei vom 16. 2. 1944. Steiermärkisches Landesarchiv, Faszikel 372/I H 9 1942.

314

839. Antrag der Reichsstatthalterei, Abteilung IId an den Deutschen Gemeindetag in Berlin um Zuweisung einer Lieferfirma vom 14. 10. 1943. Steiermärkisches Landesarchiv, Faszikel 372/I H 9 1942.

840. Felix Oberborbeck, Aufgaben einer Musikhochschule im Grenzland, S. 5.

841. Schreiben Felix Oberborbecks an den Reichsminister für Wissenschaft, Erziehung und Volksbildung vom 8. 4. 1943. Steiermärkisches Landesarchiv, Faszikel 372/I H 13 1943.

842. Steirisches Musikschulwerk, Erster Jahresbericht, S. 7.

843. Bericht Felix Oberborbecks vom 19. 1. 1942. Steiermärkisches Landesarchiv, Faszikel 372/I U 6 1942.

844. Handschriftlicher Vermerk von Josef Papesch auf dem Akt Anton Maier. Steiermärkisches Landesarchiv, Faszikel 372/I Ma 19 1940.

845. Schreiben des Reichsministers für Wissenschaft, Erziehung und Volksbildung an die Reichsstatthalter vom 12. 11. 1940 und Schreiben Felix Oberborbecks an die Reichsstatthalterei vom 18. 12. 1940. Steiermärkisches Landesarchiv, Faszikel 372/I Ko 44 1940.

846. Akt Anton Maier. Steiermärkisches Landesarchiv, Faszikel 372/I Ma 19 1940.

847. Steirisches Musikschulwerk, Erster Jahresbericht, S. 3f.

848. Staatliche Hochschule für Musikerziehung Graz, Vorlesungen, Übungen und Unterricht im Sommersemester 1942. Graz 1942.

849. Staatliche Hochschule für Musikerziehung Graz, Vorlesungen, Übungen und Unterricht im Wintersemester 1942/43. Graz 1942.

850. Staatliche Hochschule für Musikerziehung Graz, Vorlesungen, Übungen und Unterricht im Sommersemester 1943. Graz 1943.

851. Staatliche Hochschule für Musikerziehung Graz, Vorlesungen, Übungen und Unterricht im Wintersemester 1943/44. Graz 1943.

852. Staatliche Hochschule für Musikerziehung Graz, Vorlesungen, Übungen und Unterricht im Sommersemester 1944. Graz 1944.

853. M. B., Frauen überall. In: Werkszeitung der Schoeller-Bleckmann Stahlwerke Aktiengesellschaft, 13. Jg. (1942), Heft 8/9, S. 69f.

854. R. H., Alle Kräfte für den Sieg. Verstärkter Fraueneinsatz im Kriege. In: Werkszeitung der Schoeller-Bleckmann Stahlwerke Aktiengesellschaft, 14. Jg. (1943), Heft 1/2, S. 3.

855. Steirisches Musikschulwerk, Erster Jahresbericht, S. 3f.

856. Staatliche Hochschule für Musikerziehung Graz, Hochschulführer für das Sommersemester 1940. Graz 1940, S. 20.

857. Staatliche Hochschule für Musikerziehung Graz, Hochschulführer für das Wintersemester 1940/41. Graz 1940, S. 8f.

858. Staatliche Hochschule für Musikerziehung, Graz, Hochschulführer für das Sommersemester 1941. Graz 1941, S. 8f.

859. Staatliche Hochschule für Musikerziehung Graz, Hochschulführer. Graz o. J., S. 7f.

860. Staatliche Hochschule für Musikerziehung Graz, Hochschulführer für das Sommersemester 1942. Graz 1942.

861. Staatliche Hochschule für Musikerziehung Graz, Vorlesungen, Übungen und Unterricht im Wintersemester 1942/43. Graz 1942, S. 6.

862. Staatliche Hochschule für Musikerziehung Graz, Vorlesungen, Übungen und Unterricht im Sommersemester 1943. Graz 1943.

863. Staatliche Hochschule für Musikerziehung Graz, Vorlesungen, Übungen und Unterricht im Wintersemester 1943/44. Graz 1943.

864. Staatliche Hochschule für Musikerziehung Graz, Vorlesungen, Übungen und Unterricht im Sommersemester 1944. Graz 1944.

865. Mitteilung Felix Oberborbecks (vermutlich an die Reichsstatthalterei) vom 31. 1. 1942. Steiermärkisches Landesarchiv, Faszikel 372/I P 4 1941.

866. Schreiben Felix Oberborbecks an die Reichsstatthalterei, Abteilung IId vom 20. 10. 1944. Steiermärkisches Landesarchiv, Faszikel 372/I M 4 1941.

867. Schreiben Felix Oberborbecks an die Reichsstatthalterei vom 4. 1. 1945. Steiermärkisches Landesarchiv, Faszikel 372/I L 9 1941.

868. Schreiben der Landesmusikschule (Ludwig Kelbetz) an die Landeshauptmannschaft vom 11. 10. 1939. Steiermärkisches Landesarchiv, Faszikel 373 Mu 49 1939.

869. Erlaß des Reichsministers für Wissenschaft, Erziehung und Volksbildung Va 624/43 (b) vom 27. 3. 1943.

870. Schreiben Felix Oberborbecks an den Reichsminister für Wissenschaft, Erziehung und Volksbildung vom 8. 4. 1943.

871. Matrikenbuch der Staatlichen Hochschule für Musikerziehung in Graz. Archiv der Hochschule für Musik und darstellende Kunst in Graz.

872. Schreiben Felix Oberborbecks an den Reichsminister für Wissenschaft, Erziehung und Volksbildung vom 8. 4. 1943. Steiermärkisches Landesarchiv, Faszikel 372/I H 13 1943.

873. Christian Zentner/Friedemann Bedürftig, Das große Lexikon des Dritten Reiches. München 1985, S. 592.

874. Schreiben von Ludwig Kelbetz an den Gauleiter Sigfried Uiberreither vom 13. 8. 1941. Steiermärkisches Landesarchiv, Faszikel 372/I M 12 1941.

875. Schreiben Felix Oberborbecks an Josef Papesch vom 21. 8. 1941. Steiermärkisches Landesarchiv, Faszikel 372/I M 12 1941.

876. Vertrauliches Rundschreiben des Amtes für Konzertwesen im Reichsministerium für Volksaufklärung und Propaganda vom 9. 9. 1939. Steiermärkisches Landesarchiv, Faszikel 373 Ko 32 1939.

877. Aktenverk der Reichsstatthalterei vom 17. 2. 1942. Steiermärkisches Landesarchiv, Faszikel 372/I M 12 1941.

878. Schreiben Felix Oberborbecks an die Reichsstatthalterei vom 15. 9. 1942. Steiermärkisches Landesarchiv, Faszikel 372/I U 6 1942.

879. Erlaß des Führers über den umfassenden Einsatz von Männern und Frauen für Aufgaben der Reichsverteidigung vom 13. Jänner 1943. Steiermärkisches Landesarchiv, Faszikel 372/I H 13 1943.

880. Ebd.

881. Ebd.

882. Erlaß des Reichsministers für Wissenschaft, Erziehung und Volksbildung V a 560, W J (b) vom 22. 3. 1943. Steiermärkisches Landesarchiv, Faszikel 372/I H 13 1943.

883. Erlaß des Reichsministers für Wissenschaft, Erziehung und Volksbildung V a 345/44 vom 13. 6. 1944. Steiermärkisches Landesarchiv, Faszikel 372/I St 2 1941.

884. Schreiben Felix Oberborbecks an die Reichsstudentenführung in Berlin vom 20. 3. 1944. Steiermärkisches Landesarchiv, Faszikel 372/I St 10 1942.

885. Erlaß des Reichsministers für Wissenschaft, Erziehung und Volksbildung Z I b 655 vom 1. 9. 1944. Steiermärkisches Landesarchiv, Faszikel 372/I M 4 1941.

886. Genehmigung des Reichsstatthalters IId-372 I P 1/41-1944 vom 5. 10. 1944 und Erlaß des Reichsministers für Wissenschaft, Erziehung und Volksbildung RV 391/44 vom 1. 9. 1944. Steiermärkisches Landesarchiv, Faszikel 372/I P 1 1941.

887. Schreiben Wolfgang Grunskys an Josef Papesch vom 20. 10. 1944. Steiermärkisches Landesarchiv, Faszikel 372/I M 31 1944.

888. Schreiben Felix Oberborbecks an den Reichsminister für Wissenschaft, Erziehung und Volksbildung vom 2. 11. 1944. Steiermärkisches Landesarchiv, Faszikel 372/I M 31 1944.

889. Schnellbrief des Reichsministers für Wissenschaft, Erziehung und Volksbildung R V 550/44 vom 20. 10. 1944. Steiermärkisches Landesarchiv, Faszikel 372/I M 3 1944.

890. Erlaß des Reichsministers für Wissenschaft, Erziehung und Volksbildung vom 11. 10. 1944. Steiermärkisches Landesarchiv, Faszikel 372/I H 8 1941.

891. Schreiben Felix Oberborbecks an den Reichsminister für Wissenschaft, Erziehung und Volksbildung vom 2. 11. 1944. Steiermärkisches Landesarchiv, Faszikel 372/I M 31 1944.

892. Schreiben Felix Oberborbecks an die Reichsstatthalterei, Abteilung IId vom 21. 10. 1944. Steiermärkisches Landesarchiv, Faszikel 372/I G 1 1941.

893. Telegramm Felix Oberborbecks an die Verwaltung der Hochschule für Musikerziehung vom 2. 12. 1944. Steiermärkisches Landesarchiv, Faszikel 372/I; 31 1944.

894. Schreiben Felix Oberborbecks an den Reichsminister für Wissenschaft, Erziehung und Volksbildung vom 21. 12. 1944. Steiermärkisches Landesarchiv, Faszikel 372/I St 15 1945.

895. Ernst Joseph Görlich/Felix Romanik, Geschichte Österreichs. Innsbruck–Wien–München 1977, S. 552.

896. Görlich/Romanik, S. 552.

897. Nach Angaben des Dokumentationsarchives des österreichischen Widerstandes in Wien. Zitiert nach: Görlich/Romanik, S. 552.

917. Schreiben des Kreisleiters des Steirischen Heimatbundes (Eberharth) an die Bundesführung des Heimatbundes vom 16. 11. 1942. Zitiert nach: Ferenc, S. 546f.

918. Bericht des Beauftragten des Steirischen Musikschulwerkes für die Untersteiermark (Karl Romich) über die Aufbauarbeit vom 8. 12. 1942. Steiermärkisches Landesarchiv, Faszikel 372/I U 1 1941.

919. Helmut Rumpler/Arnold Suppan, Geschichte der Deutschen im Bereich des heutigen Slowenien 1848–1941. Zgodovina Nemcev na Obmocju Danasnje Slovenije 1848–1941. Wien–München 1988.

920. H. Volkmar (Pseudonym für Dr. Hugo Suette), Untersteier, die deutsche Südostmark. Deutschlandsberg 1934.

Gerhard Werner (Pseudonym für Dr. Helmut Carstanjen), Volkstum und Sprache in der Untersteiermark. Leipzig 1935.

Hermann Ibler, Des Reiches Südgrenze in der Steiermark. Graz 1940. (Diese Schrift wurde nur für den inneren Gebrauch vervielfältigt).

921. Helmut Carstanjen, Die Südgrenze der Steiermark. Ein Unrecht der Pariser Vorortsverträge am deutschen Volk. Denkschrift des Südostdeutschen Institutes in Graz. Zitiert nach: Ferenc, S. 11ff.

922. Schreiben des Reichsministeriums des Inneren über die Grenzziehung in der Steiermark in den Jahren 1918–1919 vom 12. 8. 1940. Zitiert nach Ferenc, S. 21f.

923. Vorschlag des Gauleiters Sigfried Uiberreither (Steiermark) für neue Grenzziehung an der Grenze der Gaue Steiermark und Kärnten gegen Jugoslawien laut einem Bericht des Leiters des „Referates Friedensfragen bei der Politischen Abteilung des Auswärtigen Amtes", Hohenthal, vom 10. 9. 1940. Zitiert nach: Ferenc, S. 26.

924. Merkblatt des Musikschulwerkes vom 1. 4. 1941. Steiermärkisches Landesarchiv, Faszikel 373 Mu 49 1939.

925. Vermerk des Reichsministeriums des Inneren über die Besprechungen in Graz betreffend Okkuptionsmaßnahmen in den besetzten slowenischen Gebieten. Bundesarchiv Koblenz, Faszikel RMI, R 8/5429.

926. Ebd.

927. Ebd.

928. Rede am 28. 4. 1941 an die am Einsatz in der Untersteiermark beteiligten SA-Männer. Marburger Zeitung vom 29. 4. 1941. Zitiert nach: Ferenc, S. 49ff. und Rede in Marburg am 14. 4. 1941. Marburger Zeitung vom 15. 4. 1941. Ebd.

929. Bericht des Verbindungsmannes des Reichsministers des Inneren zum Chef der Zivilverwaltung in der Untersteiermark über die Entwicklung und Gesamtlage in der Untersteiermark vom 30. 5. 1941. Bundesarchiv Koblenz, Faszikel RMI, R 18/6056.

930. Ebd.

931. Bericht des Verbindungsmannes des Reichsministers des Inneren zum Chef der Zivilverwaltung in der Untersteiermark vom 30. 5. 1941. Deutsches Bundesarchiv Koblenz, Faszikel RMI, R 18/6056.

932. Ebd.

933. Ebd.

934. Ebd.

935. Bericht des Verbindungsmannes des Reichsministers des Inneren zum Chef der Zivilverwaltung in der Untersteiermark über die Entwicklung und Gesamtlage in der Untersteiermark vom 30. 5. 1941. Deutsches Bundesarchiv Koblenz, Faszikel RMI, R 18/6056.

936. Vermerk des Stabshauptamtes des Reichskommissars für die Festigung deutschen Volkstums über die Zahl der ausgesiedelten Slowenen und angesiedelten Deutschen im Siedlungsgebiet A der Untersteiermark vom 13. 4. 1943. Zitiert nach: Ferenc, S. 604.

937. Anweisung der Bundesführung des Steirischen Heimatbundes für Entfernung der slowenischen Anschriften vom 25. 4. 1941. Zitiert nach: Ferenc, S. 78.

938. Anweisung des Bundesführers des Steirischen Heimatbundes zur Beschlagnahme des slowenischen Schriftgutes vom 25. 4. 1941. Zitiert nach: Ferenc, S. 77.

939. Verordnung des Chefs der Zivilverwaltung in der Untersteiermark über die deutsche Schreibweise von Vor- und Familiennamen vom 20. 10. 1941. Zitiert nach: Ferenc, S. 321ff.

940. Wir wollen Euch in eine schönere Zukunft führen. Bundesführer Steindl sprach auf einer Großkundgebung in Trifail. In: Marburger Zeitung vom 10. 8. 1941. Zitiert nach: Ferenc, S. 221f.

941. Siegfried Treml, Pflege deutschen Geist und Wesens. In: Marburger Zeitung vom 10./11. 4. 1941. Zitiert nach: Ferenc, S. 591ff.

942. Otto Koschitz, Die Untersteiermark wächst ins Reich. In: Marburger Zeitung vom 10./11. 4. 1943. Zitiert nach: Ferenc, S. 598ff.

943. Siegfried Treml, Pflege des deutschen Geistes und Wesens. In: Marburger Zeitung vom 10./11. 4. 1943. Zitiert nach: Ferenc, S. 593.

944. Schreiben Hermann von Schmeidels an die Reichsstatthalterei, Abteilung II (Josef Papesch) vom 28. 4. 1941. Steiermärkisches Landesarchiv, Faszikel 372/IV U 1941.

945. Hierbei handelt es sich um folgende Personen: für Marburg/Maribor: Musikdirektor Hermann Frisch, Kapellmeister Max Schönherr sen., Rechtsanwalt Dr. Butscher, Prof. Heinrich Druzovics, Schriftleiter Golob, Familie Reiser, für Cilli/Celje: evangelischer Pfarrer Gerhard May, Dipl.-Ing. Edmund Unger-Ullmann, Rechtsanwalt Dr. Skoberne, für Pettau/Ptuj: Familie Pirich, Josef Kreuz.

Als Kenner der Marburger Verhältnisse wird der dort geborene Hans Wamlek empfohlen.

946. Schreiben Hermann von Schmeidels an die Reichsstatthalterei, Abteilung II (Josef Papesch) vom 28. 4. 1941. Steiermärkisches Landesarchiv, Faszikel 372/IV U 2 1941.

947. Schreiben von Josef Papesch an den Vizebürgermeister der Stadt Wien vom 16. 6. 1941. Steiermärkisches Landesarchiv, Faszikel 372/IV K 1 1941.

948. Schreiben des Steirischen Heimatbundes an Josef Papesch vom 16. 7. 1941. Steiermärkisches Landesarchiv, Faszikel 372/IV M 9 1941.

949. Schreiben des Steirischen Heimatbundes an Josef Papesch vom 16. 7. 1941. Steiermärkisches Landesarchiv, Faszikel 372/IV M 9 1941.

950. Siegfried Treml, Pflege deutschen Geistes und Wesens. In: Marburger Zeitung vom 10./11. 4. 1943. Zitiert nach: Ferenc, S. 591ff.

951. Undatiertes Schreiben von Ludwig Kelbetz an Josef Papesch, Gaureferent Klausen, Manfred Straka und Gauamtsleiter Urragg von Ende Mai 1941. Steiermärkisches Landesarchiv, Faszikel 372/I U 2 1941.

952. Felix Oberborbeck, Das Steirische Musikschulwerk. Geschichte und Aufbau. In: Das Joanneum. Beiträge zur Naturkunde, Geschichte, Kunst und Wirtschaft des Ostalpenraumes. Bd. VII (1944), S. 80.

953. Erlaß des Reichsminister für Wissenschaft, Erziehung und Volksbildung Z III b Nr. 83/43 vom 11. 5. 1943. Steiermärkisches Landesarchiv, Faszikel 372/I H 8 1941.

954. Siegfried Treml, Pflege des deutschen Geistes und Wesens. In: Marburger Zeitung vom 10./11. 4. 1943. Zitiert nach: Ferenc, S. 592.

955. Ebd.

956. Ebd.

957. Anmerkung: Musikschule Pettau, siehe: Drago Hask, Zgodovina glasbene šole v Ptuju (K 40. obletniči slovenske glasbene šole). Ptuj 1959.

Musikschule Marburg, siehe: Tone Ferenc, Quellen zur nationalsozialistischen Entnationalisierungspolitik in Slowenien 1941–1945. Viri o nacistični raznarodovalni politiki v Sloveniji 1941–1945. Maribor 1980, S. 106.

Musikschule Edlingen, siehe: Vzgojno izobraževalni zavod Zagorje ob Savi glasbena šola Zagorje. 1871–1946, 1987. Koncert ob 40 – (115) letnici dela v soboto, 23. maja 1987.

Musikschule Cilli, siehe: Ivan Mlinar, Glasbena šola v Celju 1908–1941 (Kronika). In: Celjski zbornik (1973–1974), S. 457–503.

958. Schreiben des Steirischen Musikschulwerkes an den Chef der Zivilverwaltung in der Untersteiermark vom 12. 5. 1941. Steiermärkisches Landesarchiv, Faszikel 372/I U 1 1941.

959. Schreiben Felix Oberborbecks an den Reichsstatthalter Sigfried Uiberreither vom 14. 8. 1941. Steiermärkisches Landesarchiv, Faszikel 372/I U 1 1941.

960. Schreiben Steirisches Musikschulwerk (Ludwig Kelbetz) an Karl Romich vom 27. April 1941. Original im Besitz Karl Romichs, Kopie im Besitz des Verfassers. Entweder wurde dieses Schreiben nachträglich verfaßt und rückdatiert oder Karl Romich gab in seinem Tätigkeitsbericht (siehe Anm. 16) ein falsches Beginndatum an. Für erstere Variante spricht, daß sowohl auf dem Original als auch auf der Kopie deutlich sichtbar das Datum des Schreibens nachträglich verändert wurde (ursprüngliches Datum vermutlich 19. Juli). Allerdings steht Karl Romich bereits im Mai auf der Gehaltsliste (Steiermärkisches Landesarchiv, Faszikel 372/I U 1 1941).

961. Bericht Karl Romichs über die Aufbauarbeit in der Untersteiermark vom 8. 12. 1942. Steiermärkisches Landesarchiv, Faszikel 372/I U 1 1941.

962. Schreiben des Chefs der Zivilverwaltung in der Untersteiermark an die Oberleitung des Steirischen Musikschulwerkes vom 30. 5. 1941. Steiermärkisches Landesarchiv, Faszikel 372/I U 1 1941.

963. Ebd. An der Besprechung nahmen Regierungsdirektor Dr. Josef Papesch, Hofrat Dr. Kurt Pokorny, der Direktor des Steirischen Musikschulwerkes Dr. Felix Oberborbeck, Dr. Ludwig Kelbetz, Franz Kult vom Propagandaeinsatzstab Marburg, der Vertreter des Steirischen Heimatbund Dr. Manfred Straka, für die Stadt Marburg Dr. Weber und für das Steirische Volksbildungswerk Klausen und Prof. Hermann Frisch teil.

964. Ebd.

965. Schreiben von Landesrat Josef Papesch an die Steiermärkische Landesregierung, Abteilung 1b, Reichsstatthalterei vom 11. 10. 1941. Steiermärkisches Landesarchiv, Faszikel 372/I 1 1941.

966. Als „Volksdeutsche" wurden im NS-Sprachgebrauch Personen mit deutscher Muttersprache, die nicht Staatsbürger des Deutschen Reiches waren, bezeichnet.

967. Schreiben des Steirischen Musikschulwerkes an den Chef der Zivilverwaltung in der Untersteiermark vom 12. 5. 1941. Steiermärkisches Landesarchiv, Faszikel 372/I 1 1941.

968. Ebd.

969. Ebd.

970. Bericht über das Musikleben in Marburg vom Mai 1941 (Absender und Empfänger nicht mehr feststellbar). Steiermärkisches Landesarchiv, Faszikel 372/I M 3 1941.

971. Schreiben vom Chef der Zivilverwaltung in der Untersteiermark an den Politischen Kommissar der Stadt Marburg vom 30. 5. 1941. Steiermärkisches Landesarchiv, Faszikel 372/I U 1 1941.

972. Schreiben vom Chef der Zivilverwaltung in der Untersteiermark an den Politischen Kommissar der Stadt Marburg vom 30. 5. 1941. Steiermärkisches Landesarchiv, Faszikel 372/I U 1 1941.

973. Schreiben von Josef Papesch an den Oberbürgermeister der Stadt Marburg vom 18. 2. 1942. Steiermärkisches Landesarchiv, Faszikel 372/I U 1 1941.

974. Schreiben von Karl Romich an den Chef der Zivilverwaltung in der Untersteiermark vom 1. 4. 1942. Steiermärkisches Landesarchiv, Faszikel 372/I U 1 1941.

975. Bestätigung der Reichsstatthalterei, Abteilung IId vom 6. 9. 1943. Steiermärkisches Landesarchiv, Faszikel 372/I W 4 1943.

976. Schreiben des Politischen Kommissars des Landkreises Pettau/Ptuj an den Chef der Zivilverwaltung in der Untersteiermark vom 22. 4. 1941. Steiermärkisches Landesarchiv, Faszikel 372/I P 2 1941.

977. Schreiben von Ludwig Kelbetz an die Reichsstatthalterei, Abteilung IId vom 12. 12. 1941. Steiermärkisches Landesarchiv, Faszikel 372/I U 1 1941.

978. Undatierter Amtsvermerk von Josef Papesch an Kurt Pokorny. Steiermärkisches Landesarchiv, Faszikel 372/I L 12 1941.

979. Schreiben des Politischen Kommissars für den Amtsbezirk Luttenberg in Oberradkersburg an die Reichsstatthalterei, Abteilung IId vom 2. 10. 1941. Steiermärkisches Landesarchiv, Faszikel 372/I L 12 1941

980. Schreiben Kurt Pokornys an den Politischen Kommissar für den Amtsbezirk Luttenberg in Oberradkersburg vom 15. 11. 1941. Steiermärkisches Landesarchiv, Faszikel 372/I L 12 1941.

981. Schreiben des Steirischen Heimatbundes an den Politischen Kommissar für den Amtsbereich Luttenberg in Oberradkersburg vom 24. 11. 1941. Steiermärkisches Landesarchiv, Faszikel 372/I L 12 1941.

982. Schreiben des Steirischen Musikschulwerkes an den Chef der Zivilverwaltung in der Untersteiermark vom 14. 8. 1941. Steiermärkisches Landesarchiv, Faszikel 372/I U 1 1941.

983. Bericht Karl Romichs über die Aufbauarbeit in der Untersteiermark vom 8. 12. 1942. Steiermärkisches Landesarchiv, Faszikel 372/I U 1 1941.

984. Ebd.

985. Ebd.

986. Brief des Chefs der Zivilverwaltung in der Untersteiermark an die Oberleitung des Steirischen Musikschulwerkes vom 30. 5. 1941. Steiermärkisches Landesarchiv, Faszikel 372/I U 1 1941.

987. Schreiben von Josef Papesch an den Chef der Zivilverwaltung in der Untersteiermark vom 11. 10. 1941. Steiermärkisches Landesarchiv, Faszikel 372/I U 1 1941.

988. Haushaltspläne 1941/42. Steiermärkisches Landesarchiv, Faszikel 372/I U 1 1941.

989. Schreiben von Kurt Pokorny an Oberregierungsrat Dr. Wöhrer vom 7. 4. 1942. Steiermärkisches Landesarchiv, Faszikel 372/I U 1 1941.

990. Schreiben Kurt Pokornys an Oberregierungsrat Dr. Wöhrer vom 7. 4. 1942. Die von Hofrat Pokorny weitergegebene Summe, die angeblich von Karl Romich als Zuschußbedarf angegeben wurde, entspricht allerdings nicht den Tatsachen. In Romichs Schreiben an den Chef der Zivilverwaltung in der Untersteiermark vom 1. 4. 1942 nennt dieser die wesentlich niedrigere Summe vom 331.969,– RM. Beide Schreiben: Steiermärkisches Landesarchiv, Faszikel 372/I U 1 1941.

991. Schreiben Karl Romichs an den Chef der Zivilverwaltung in der Untersteiermark vom 1. 4. 1942. Steiermärkisches Landesarchiv, Faszikel 372/I U 1 1941.

992. Im Erfordernis des Beauftragten sind die Gehälter von neun Musikschulleitern enthalten.

993. Aufstellung Karl Romichs vom 18. 3. 1942. Steiermärkisches Landesarchiv, Faszikel 372/I U 1 1941.

994. Haushaltsplan der Musikschule Luttenberg/Ljutomer. Steiermärkisches Landesarchiv, Faszikel 372/I L 12 1941.

995. Schreiben Kurt Pokornys an die Reichsstatthalterei, Unterabteilung Ib vom 29. 1. 1943. Steiermärkisches Landesarchiv, Faszikel 372/I U 1 1941.

996. Schreiben von Josef Papesch an die Steiermärkische Landesregierung, Abteilung 1b, Reichsstatthalterei vom 11. 10. 1941. Steiermärkisches Landesarchiv, Faszikel 372/I U 1 1941.

997. Schreiben von Ludwig Kelbetz an die Reichsstatthalterei, Abteilung IId vom 12. 12. 1941. Steiermärkisches Landesarchiv, Faszikel 372/I U 1 1941.

998. Jahresbericht 1941/42 von Franz Maria Kapfhammer vom 24. Juni 1942. Steiermärkisches Landesarchiv, Faszikel 372/I M 9 1941.

999. Schreiben Karl Romichs an die Reichsstatthalterei, Abteilung IId vom 8. 12. 1942. Steiermärkisches Landesarchiv, Faszikel 372/I U 1 1941.

1000. Schreiben von Franz Maria Kapfhammer an die Reichsstatthalterei, Abteilung IId vom 4. 10. 1943. Steiermärkisches Landesarchiv, Faszikel 372/I R 6 1943.

1001. Schreiben Karl Romichs an die Reichsstatthalterei, Abteilung IId vom 8. 12. 1942. Steiermärkisches Landesarchiv, Faszikel 372/I U 1 1941.

1002. Konrad Stekl wurde am 21. Juli 1901 in Ragusa/Dubrovnik geboren und studierte an der Musikschule des Musikvereins für Steiermark, dem späteren Konservatorium.

1003. Konrad Stekl, Meine Musikschullehrer- und Musikschulleitertätigkeit in der Steiermark. In: Mitteilungen des Steirischen Tonkünstlerbundes. Nr. 43, Jänner–März 1970, S. 2.

1004. Steirisches Musikschulwerk/Kreismusikschule Trifail/Musikschulen in Eichtal, Edlingen und Ratschach, Bericht über das dritte Schuljahr 1943/44. Trifail 1944, S. 1.

1005. Steirisches Musikschulwerk, Kreismusikschule Judenburg/Musikschule Fohnsdorf/Musikschule Zeltweg, Bericht über das dritte Schuljahr 1941/42. Zugleich Bericht über das erste Schuljahr der Kreismusikschule Trifail und der Musikschulen Eichtal und Edlingen. o. O., o. J., S. 4ff.

Steirisches Musikschulwerk, Kreismusikschule Trifail/Musikschule Eichtal/Musikschule Edlingen, Bericht über das zweite Schuljahr 1942/43. o. O., o. J., S. 4ff.

Steirisches Musikschulwerk, Kreismusikschule Trifail, Musikschulen in Eichtal, Edlingen und Ratschach, Bericht über das dritte Schuljahr 1943/44. o. O., o. J., S. 3ff.

Die jeweils erste Zahl gibt die Unterrichtsstunden an, die Zahl in der Klammer die absolute Schülerzahl. Die Differenzen ergeben sich dadurch, daß manche Schüler auf mehreren Instrumenten Unterricht nehmen.

1006. Helmut Brenner, Die Rolle der Blasinstrumente in der nationalsozialistischen Musikerziehung am Beispiel des „Steirischen Musikschulwerkes". In: Mitteilungsblatt der Internationalen Gesellschaft zur Erforschung der Blasmusik, Jg. 1988, Nr. 1 (März), S. 2ff.

1007. Die komplette Reihung ist folgende (in Klammer die Zahl der Aufführungen): Johann Strauß (56), Stekl (39), Lehár (25), Beethoven (23), Josef Haydn (22), Wolfgang Amadeus Mozart (12), Schubert (12), Ziehrer (12), Grieg (11), Händel (8), Fučik (7), Millöcker (65), Josef Strauß (6), Emanuel Bach (4), Carl Philipp Emanuel Bach (4), Czibulka (4), Flotow (4), Giordano (4), Herzer (4), Frieda Kern (4), Linke (4), Mojsisovics (4), Reger (4), Wagner (4), Arditi (3), Bialas (3), Lorzing (3), Nikolai (3), Rossini (3), Seifert (3), Christian Sinding (3), Albinetz (2), Grothe (2), Reznicek (2), Zeller (2), Christian Bach (1), Boccerini (1), Brahms (1), Bresgen (1), Bruckner (1), Dohnanyi (1), Fux (1), Gluck (1), Jomelli (1), Maß (1), Leopold Mozart (1), Spitta (1), Telemann (1), Weber (1).

1008. Vertrauliches Rundschreiben Nr. 6 des Amtes für Konzertwesen an die Städtischen und Kreismusikbeauftragten vom 9. 9. 1939, Aktenzeichen Nr. 3010/39.

1009. Programm des Winterhilfswerks-Konzertes vom 12. 2. 1944 in Trifail/Trbovlje. Privatbestand Elisabeth Stekl, Graz.

1010. Bestätigung des Chef der Zivilverwaltung für die Untersteiermark (Kurt Pokorny) an die Kreismusikschule Trifail vom 19. 3. 1943. Steiermärkisches Landesarchiv, Faszikel 372/I T 4 1942.

1011. Schreiben der Musikschule für Jugend und Volk Trifail (Konrad Stekl) an die Reichsstatthalterei Graz, Abteilung 2b vom 12. 4. 1942 und vom 19. 5. 1942. Steiermärkisches Landesarchiv, Faszikel 372/I 1 1941.

1012. Schreiben des Deutschen Gemeindetages an die Reichsstatthalterei Graz vom 2. 7. 1942. Steiermärkisches Landesarchiv, Faszikel 372/I 1 1941.

1013. Schreiben Karl Romichs an den Chef der Zivilverwaltung in der Untersteiermark vom 28. 5. 1942. Steiermärkisches Landesarchiv, Faszikel 372/I U 1 1941.

1014. Schreiben des Chefs der Zivilverwaltung für die Untersteiermark an Karl Romich vom 18. 2. 1942. Steiermärkisches Landesarchiv, Faszikel 372/I U 1 1941.

1015. Schreiben Konrad Stekls an die Reichsstatthalterei Graz, Abteilung IId vom 23. 10. 1942. Steiermärkisches Landesarchiv, Faszikel 372/I T 4 1942.

1016. Schreiben des Oberbürgermeisters der Stadt Marburg an Josef Papesch vom 13. 12. 1944. Steiermärkisches Landesarchiv, Faszikel 372/I M 3 1941.

1017. Schreiben von Hermann Frisch an Josef Papesch vom 3. 10. 1944. Steiermärkisches Landesarchiv, Faszikel 372/I M 3 1941.

1018. Schreiben der Kreismusikschule Trifail (Konrad Stekl) an die Reichsstatthalterei Graz, Abteilung IId vom 28. 9. 1944. Steiermärkisches Landesarchiv, Faszikel 372/I T 4 1942.

1019. Schreiben des Oberbürgermeisters der Stadt Marburg an den Chef der Zivilverwaltung in der Untersteiermark vom 25. 1. 1945. Steiermärkisches Landesarchiv, Faszikel 372/I M 3 1941.

1020. Schreiben des Steirischen Musikschulwerkes (Franz Maria Kapfhammer) an die Reichsstatthalterei, Abteilung IId vom 30. 10. 1944. Steiermärkisches Landesarchiv, Faszikel 372/I T 4 1942.

1021. Aktenvermerk Franz Maria Kapfhammers. Steiermärkisches Landesarchiv, Faszikel 372/I T 4 1942.

1022. Bericht des Beauftragten des Steirischen Musikschulwerkes für die Untersteiermark, Karl Romich, über die Aufbauarbeit vom 8. 12. 1942. Steiermärkisches Landesarchiv, Faszikel 372/I U 1 1941.

1023. Schreiben des Kreisführers des Steirischen Heimatbundes, Eberharth, an die Bundesführung des Heimatbundes vom 16. 11. 1942. Zitiert nach: Ferenc, S. 546f.

1024. Franz Maria Kapfhammer, Titelloser Beitrag in: Fritz Piersig (Hg.), Felix Oberborbeck zum 70. Geburtstag. Wolfenbüttel und Zürich o.D. (1970), S. 19.

1025. Ferenc, S. 221, Fußnote 2.

1026. Ebd.

1027. Sonderanweisung des Reichskommissars für die Festigung deutschen Volkstums zur Aussiedlung von Slowenen und Ansiedlung von Deutschen in der Untersteiermark vom 18. 4. 1941. Zitiert nach: Ferenc, S. 62.

1028. Stabsbesprechung vom 30. 4. 1941. Zitiert nach: Ferenc, S. 62, Fußnote 4.

1029. Schreiben des Kommandostabes des Reichsführer-SS vom 30. 6. 1942. Bundesarchiv Koblenz, Faszikel R 19/320.

1030. Richtlinien für die Durchführung der Aktion gegen Partisanen und sonstige Banditen in Oberkrain und Untersteiermark vom 25. 6. 1942. Bundesarchiv Koblenz, Faszikel R 19/320.

1031. Bericht des Stabshauptamtes des Reichskommissars für die Festigung deutschen Volkstums über die Sicherheitslage im Ansiedlungsgebiet A der Untersteiermark vom 13. 9. 1944. Zitiert nach: Ferenc, S. 642ff.

1032. Bericht der Dienststelle des Beauftragten des Reichskommissars für die Festigung deutschen Volkstums in der Untersteiermark über die Zurückziehung der deutschen Umsiedler aus dem Ansiedlungsgebiet. Zitiert nach: Ferenc, S. 647ff.

1033. Schreiben Felix Oberborbecks an die Mitglieder des Mozartquartetts vom 1. 7. 1941. Steiermärkisches Landesarchiv, Faszikel 372/I M 7 1941.

1034. Schreiben des Gauhauptmannes Armin Dadieu an Josef Papesch vom 24. 7. 1940. Steiermärkisches Landesarchiv, Faszikel 372/I I 1 1941.

1035. Akt Instrumentenbeschaffung. Steiermärkisches Landesarchiv, Faszikel 372/I I 1941.

1036. Steirisches Musikschulwerk/Staatliche Hochschule für Musikerziehung, Graz/Steirische Landesmusikschule, Graz/Steirische Musikschulen für Jugend und Volk. Erster Jahresbericht 1939/40. Graz 1940, S. 12.

1037. Steirisches Musikschulwerk, Erster Jahresbericht 1939/40, S. 12.

1038. Steirisches Musikschulwerk, Erster Jahresbericht 1939/40, S. 6.

1039. Steirisches Musikschulwerk, Erster Jahresbericht 1939/40, S. 6.

1040. Felix Oberborbeck, Das Steirische Musikschulwerk. Geschichte und Aufbau. In: Das Joanneum. Beiträge zur Naturkunde, Geschichte, Kunst und Wirtschaft des Ostalpenraumes. Bd. VII (1944), S. 84.

1041. Steirisches Musikschulwerk, Erster Jahresbericht 1939/40, S. 6.

1042. Schreiben Hans Holenias und Emil Morettis an Josef Papesch vom 12. 1. 1939. Steiermärkisches Landesarchiv, Faszikel 373 Ku 59 1938.

1043. Aktennotiz von Josef Papesch an Kurt Pokorny vom 26. 11. 1939 und Aktenvermerk von Josef Papesch vom 6. 12. 1938. Steiermärkisches Landesarchiv, Faszikel 373 Ku 59 1938.

1044. Aktenvermerk Kurt Pokornys vom 17. 11. 1938. Steiermärkisches Landesarchiv, Faszikel 373 Ku 59 1938.

1045. Schreiben Hans Holenias und Emil Morettis an Josef Papesch vom 12. 1. 1939. Steiermärkisches Landesarchiv, Faszikel 373 Ku 59 1938.

1046. Schreiben von Josef Papesch an Gauleiter Sigfried Uiberreither vom 17. 1. 1939. Steiermärkisches Landesarchiv, Faszikel 373 Ku 59 1938.

1047. Schreiben des Gauleiterbüros (Wöhrer) an Josef Papesch vom 4. 2. 1939. Steiermärkisches Landesarchiv, Faszikel 373 Ku 59 1938.

1048. Schreiben der NSDAP Steiermark, Propagandaleiter, Hauptstelle Kultur (Hans Holenia) an den Musikverein für Steiermark vom 25. 11. 1939. Österreichisches Staatsarchiv Wien. Allgemeines Verwaltungsarchiv, Faszikel 3239.

1049. Ebd.

1050. Schreiben von Ludwig Kelbetz an Josef Papesch vom 20. 1. 1939. Steiermärkisches Landesarchiv, Faszikel 373 Se 13 1939.

1051. Steirisches Musikschulwerk, Erster Jahresbericht 1939/40, S. 12.

1052. Steirisches Musikschulwerk, Erster Jahresbericht 1939/40, S. 11ff.

1053. Sigfried Uiberreither, Das Genie schafft für das ganze Volk. Rede zur Semestereröffnung des Steirischen Musikschulwerkes. In: Zeitschrift für Musik. Monatsschrift für eine geistige Erneuerung der deutschen Musik, 107. Jg. (1940), S. 679.

1054. Schreiben Franz Maria Kapfhammers an die Reichsstatthalterei, Abteilung IId vom 6. 11. 1941. Steiermärkisches Landesarchiv, Faszikel 372/I R 4 1941.

1055. Schreiben Kurt Pokornys an Franz Maria Kapfhammer vom 10. 11. 1941.

1056. Studentenführer Gerd Reinfeld in: Staatliche Hochschule für Musikerziehung Graz, Hochschulführer für das Sommersemester 1940. Graz 1940, S. 4.

1057. Undatierte Geschäftsordnung der Musiktage der Oberleitung des Steirischen Musikschulwerkes. Steiermärkisches Landesarchiv, Faszikel 372/I S 2 1941.

1058. Schreiben des Reichsstatthalters an alle Landräte vom 6. 5. 1941. Steiermärkisches Landesarchiv, Faszikel 373 Mu 66 1941.

1059. Schreiben der Reichsstatthalterei an die KdF-Gaudienststelle Graz vom 3. 4. 1941. Steiermärkisches Landesarchiv, Faszikel 373 Mu 66 1941.

1060. Felix Oberborbeck, Das Steirische Musikschulwerk. Geschichte und Aufbau. In: Das Joanneum. Beiträge zur Naturkunde, Geschichte, Kunst und Wirtschaft des Ostalpenraumes. Bd. VII (1944), S. 85.

1061. Felix Oberborbeck, Das Steirische Musikschulwerk. Geschichte und Aufbau, S. 85f.

1062. Programm des Tages der Musik in Knittelfeld am 12. 3. 1941. Privatarchiv Klaus Oberborbeck in Hannover.

1063. Schreiben Felix Oberborbecks an Operndirektor Fischer vom 14. 6. 1941. Steiermärkisches Landesarchiv, Faszikel 372/IV K 1 1941.

1064. Felix Oberborbeck, Das steirische Musikschulwerk. Geschichte und Aufbau. In: Das Joanneum. Beiträge zur Naturkunde, Geschichte, Kunst und Wirtschaft des Ostalpenraumes. Bd. VII (1944), S. 85.

1065. Steirisches Musikschulwerk, Erster Jahresbericht 1939/40, S. 55f.

1066. Steirisches Musikschulwerk, Erster Jahresbericht 1939/40, S. 55f.

1067. Bericht über das Ergebnis der Besprechungen in der Kanzlei von Josef Papesch vom 5. 12. 1939. Steiermärkisches Landesarchiv, Faszikel 373 Mu 49 1939.

1068. Hans Penzel, Ostasiatische Musikauffassung. Staatliche Hochschule für Musikerziehung Graz, Hochschulführer für das Sommersemester 1941. Graz 1941, S. 33.

1069. Eberhard Preußner, Die Musikkultur des Beethovenzeitalters. Vortrag am 6. 12. 1939. Steirische Landesmusikschule. Veranstaltungen im Wintersemester 1939/40. Graz 1939.

1070. Erich Schenk, Aufgaben und Ziele landschaftlicher Musikforschung. Vortrag am 27. 1. 1940. Steirisches Musikschulwerk, Erster Jahresbericht 1939/40, S. 19f.

1071. Hermann von Schmeidel, Johann Joseph Fux; zum 200. Todestag. Vortrag am 14. 2. 1941. Steirisches Musikschulwerk, Veranstaltungen im Wintersemester 1940/41, S. 10ff.

1072. Felix Oberborbeck, Die Musik der Meistersinger. Vortrag am 12. 6. 1940. Steirische Landesmusikschule, Veranstaltungen im Wintersemester 1939/40. Graz 1939, S. 6f.

1073. Herbert Birtner, Heinrich Schütz und seine Zeit. Vortrag am 14. 3. 1941. Steirisches Musikschulwerk, Veranstaltungen im Wintersemester 1940/41, S. 10ff.

1074. Steirisches Musikschulwerk, Erster Jahresbericht 1939/40, S. 19f.

1075. Steirische Landesmusikschule, Veranstaltungen im Wintersemester 1939/40. Graz 1939, S. 3ff.

1076. Ebd.

1077. Steirisches Musikschulwerk, Veranstaltungen im Wintersemester 1939/40, S. 4f.

1078. Steirisches Musikschulwerk, Erster Jahresbericht 1939/40, S. 19f.

1079. Steirisches Musikschulwerk, Veranstaltungen im Wintersemester 1939/40, S. 4f.

1080. Steirisches Musikschulwerk, Erster Jahresbericht 1939/40, S. 19f.

1081. Ebd.

1082. Staatliche Hochschule für Musikerziehung Graz, Hochschulführer für das Sommersemester 1940. Graz 1940, S. 28.

1083. Steirisches Musikschulwerk, Erster Jahresbericht 1939/40, S. 19f.

1084. Ebd.

1085. Staatliche Hochschule für Musikerziehung Graz, Hochschulführer für das Sommersemester 1940. Graz 1940, S. 28.

1086. Steirisches Musikschulwerk, Veranstaltungen im Wintersemester 1940/41. Graz 1940, S. 10ff.

1087. Ebd.

1088. Ebd.

1089. Ebd.

1090. Staatliche Hochschule für Musikerziehung Graz, Hochschulführer für das Sommersemester 1941. Graz 1941, S. 32.

1091. Ebd.

1092. Staatliche Hochschule für Musikerziehung Graz, Hochschulführer. Graz o. J., S. 7f.

1093. Ebd.

1094. Ebd.

1095. Ebd.

1096. Ebd.

1097. Steirisches Musikschulwerk, Veranstaltungen in Graz im Sommersemester 1942. Graz 1942.

1098. Ebd.

1099. Ebd.

1100. Ebd.

1101. Steirisches Musikschulwerk, Veranstaltungen in Graz im Wintersemester 1942/43. Graz 1942, S. 8f.

1102. Ebd.

1103. Ebd.

1104. Klaus W. Oberborbeck, Werk- und Veranstaltungsverzeichnis von Felix Oberborbeck 1900–1975 (masch.). Hannover 1981, S. 83.

1105. Steirisches Musikschulwerk, Veranstaltungen in Graz im Sommersemester 1943.

1106. Ebd.

1107. Steirisches Musikschulwerk, Veranstaltungen in Graz im Wintersemester 1943/44.

1108. Ebd.

1109. Ebd.

1110. Schreiben von KdF an die Hochschule für Musikerziehung vom 21. 7. 1940. Steiermärkisches Landesarchiv, Faszikel 373 Ko 32 1939.

1111. Schreiben von KdF an die Hochschule für Musikerziehung vom 8. 7. 1940 und vom 21. 7. 1940, Schreiben Felix Oberborbecks an die Reichsstatthalterei, Abteilung IId vom 9. 7. 1940, Schreiben von KdF an die Reichsstatthalterei, Abteilung IId vom 10. 10. 1940 und Schreiben von Josef Papesch an KdF vom 16. 10. 1940. Steiermärkisches Landesarchiv, Faszikel 373 Ko 32 1939.

1112. Görlich/Romanik, S. 552.

1113. Görlich/Romanik, S. 552.

1114. Nach Angaben des Dokumentationsarchives des österreichischen Widerstandes in Wien. Zitiert nach: Görlich/Romanik, S. 552.

1115. Steiermärkisches Landesarchiv, Faszikel 372/I L 27 1941, 372/I P 4 1941.

1116. Schreiben des Steirischen Musikschulwerkes an die Landeshauptmannschaft, Abteilung 6 vom 17. 9. 1945. Steiermärkisches Landesarchiv, Faszikel 372/I L 27 1945.

1117. Schreiben der Provisorischen Landesregierung (Franz Maria Kapfhammer) an das Arbeitsamt Graz vom 4. 7. 1945. Steiermärkisches Landesarchiv, Faszikel 372/I P 6a 1942.

1118. Schreiben der Landesmusikschule (Günther Eisel) an die Personalabteilung der Landeshauptmannschaft vom 10. 10. 1945. Steiermärkisches Landesarchiv, Faszikel 372/I St 16 1945.

1119. Robert Lobovsky, Die Städtische Musikschule Feldbach. In: Titz (Hg.), Das Steirische Musikschulwerk, S. 35.

1120. Bericht Josef Roegers an die provisorische Landesregierung, Abteilung IId vom 24. 5. 1945. Steiermärkisches Landesarchiv, Faszikel 372/I L 9 1941.

1121. Zettel in cyrillischer Aufschrift. Die Übersetzung des in fehlerhaftem Ukrainisch verfaßten Textes lautet: „Das Musikschulgebäude und alle Musikinstrumente sind Eigentum des Gouverneurs" (Übersetzung: Institut für Slavistik der Karl Franzens-Universität Graz).

1122. Schreiben Guido von Schragls an die Steiermärkische Landesregierung vom 15. 9. 1945. Steiermärkisches Landesarchiv, Faszikel 372/I Sch 3 1944.

1123. Rundschreiben des Staatssekretärs vom Staatsamt für Inneres, Zl. 14.267-2/45 vom 9. 6. 1945.

1124. Schreiben der provisorischen Landesregierung an das Arbeitsamt Graz vom 4. 7. 1945. Steiermärkisches Landesarchiv, Faszikel 372/I P 6a 1942.

1125. Schreiben der provisorischen Landesregierung an die Schriftleitung der Neuen Steirischen Zeitung in Graz vom 20. 6. 1945. Steiermärkisches Landesarchiv, Faszikel 372/I L 9 1941.

1126. Undatierte Liste der weiterbeschäftigten Lehrkräfte. Steiermärkisches Landesarchiv, Faszikel 372/I St 3 1941.

1127. Schreiben der Republik Österreich, Staatsamt für Volksaufklärung an die Landeshauptmannschaft Steiermark vom 9. 8. 1945. Steiermärkisches Landesarchiv, Faszikel 372/I H 8 1941.

1128. Schreiben der Hochschule für Musikerziehung an das Staatsamt für Volksaufklärung vom 3. 11. 1945. Steiermärkisches Landesarchiv, Faszikel 372/I H 8 1941.

1129. Schreiben Franz Maria Kapfhammers (?) an die Landeshauptmannschaft, Besoldungsstelle vom 5. 2. 1946. Steiermärkisches Landesarchiv, Faszikel 372/I P 6a 1942.

1130. Rupert Doppelbauer, Die Volks-Musikschulen des steirischen Musikschulwerkes. In: Festschrift der Akademie für Musik und darstellende Kunst in Graz. Graz 1963, S. 173.

1131. Felix Oberborbeck, Es steht ein Schloß in Österreich. Kleines Eggenberger Lexikon. o. O., o. J. (1962).

1132. Eggenberger Chronik 23 (April 1950).

1133. Eggenberger Chronik 60 (1975).

1134. Eggenberger Chronik 50 (September 1967).

1135. Eggenberger Chronik 15 (März 1948).

1136. Eggenberger Chronik 16 (Mai 1948).

1137. Eggenberger Chronik 24 (Juli 1950).

1138. Eggenberger Chronik 50 (September 1967).

1139. Eggenberger Chronik 36 (Dezember 1960).

1140. Eggenberger Chronik 39 (Mai 1963).

1141. Eggenberger Chronik 43 (März 1965).

1142. Eggenberger Chronik 50 (1967).

28./29. 9. 1946	Buchholz	35
6.–16. 1. 1947	Vlotho	14
31. 5.–9. 6. 1947	Weilheim	38
13./14. 9. 1947	Buchholz	8
15. 5. 1948	Weilheim	54
1. 3. 1950	Vechta	7
Ostern 1959	Molsheim	15
3.–7. 6. 1960	Hirschegg	30
6.–7. 4. 1963	Darmstadt	15
27.–30. 3. 1964	Barr	30

1143. Eggenberger Chronik 48 (Februar 1967), 49 (April 1967), 50 (September 1967).

1144. Interview des Verfassers mit Dr. Pakesch-Kaan am 8. 7. 1988 in Graz.

1145. Konrad Stekl, Der Steirische Tonkünstlerbund 1927–1938 und 1957–1967. In: 40 Jahre Steirischer Tonkünstlerbund. Festschrift. Graz 1967, S. 15f.

1146. Ebd., S. 16ff.

1147. Ebd., S. 11.

1148. Kaufmann, 150 Jahre Musikverein für Steiermark, S. 151.

1149. Erich Marckhl, Zum Aufbau der schulischen Musikerziehung in der Ostmark. In: Der deutsche Erzieher im Donauland (Jetzt: Mitteilungsblatt der NSLB), Jg. 1940/41, S. 37.

9. Register

9.1 Personenregister

9.2 Ortsregister

9.3 Sachregister